Hannes Brachat (Hrsg.)

Autohaus-Management 2015

Das Buch sei gewichtigen Wegbegleitern gewidmet:

Helmuth H. Lederer
Albert Still
Peter Patzelt
Fritz Haberl
Friedrich-Karl Bonten
Klaus-Dieter Breitschwert
Michael Kratzmeier
Siegfried Ernst
Helmut Peter
Marion Johl
Andreas Finkenberg
Ralph Meunzel
Dieter Radl
Claudius, Leopold, Ludwig, Arthur, Elvira und Elmar Brachat

HANNES BRACHAT (HRSG.)

AUTOHAUS MANAGEMENT 2015

2015

AUTOHAUS
Buch & Formular

Neumarkter Straße 18, 81673 München
www.auto-business-shop.de
Springer Transport Media ist Teil der Fachverlagsgruppe Springer science + business media
3. Auflage 2009
Stand 09/2009

Lektorat: Sarah Weiß
Herstellung: Markus Tröger, Silvia Hollerbach
Innengestaltung und Satz: Uhl + Massopust, Aalen
Umschlaggestaltung: Silvia Hollerbach
Titelbild: WELLERGRUPPE, Berlin
Druck: Media-Print Informationstechnologie GmbH, Eggertstr. 28, 33100 Paderborn

ISBN: 978-3-89059-071-4

Inhalt

Vorwort

Das Automobiljahr 2009 setzte für die gesamte Automobilwirtschaft »ver-rückte« Branchenmarkierungen. GM, der seit 1929 weltgrößte Automobilhersteller, meldet Konkurs an. Chrysler in Folge. Was wird aus Opel? Nicht Porsche übernimmt Volkswagen, sondern Volkswagen Porsche etc. Die Automobil-Herstellerwelt steht quasi Kopf! Brüssel kündigt an, die GVO 2002 in Sachen Vertrieb bis 2013 zu verlängern. Danach ist für die Branche mit weiteren Liberalisierungstendenzen zu rechnen. Welche Schlüsselfragen prägen die Branchenperspektiven bis 2015?

- Welche Marke wird unter welchem globalisierenden Konzerndach eine neue Heimat finden? Oder sich vom Markt verabschieden?
- Wann treten die Chinesen, wann die Inder ins deutsche wie ins europäische Handelsgeschehen ein?
- Welche Formen nimmt der »faire Wettbewerb« zwischen den Automobilherstellern an? Wirtschaftskrieg oder Koexistenz?
- Welche Herausforderungen gehen von den Kunden aus?
- Welche (neuen) Wettbewerber werden den Automobilhandel – auch den eigenen vor Ort – beeinflussen? Auch im Service?
- Wird sich der klassische Automobilhandel aus der Umklammerung der Automobilhersteller lösen? Sich emanzipieren?
- Geraten die automobilen Preisschlachten zu folgenschwerem Vernichtungswettbewerb? Oder gelingt die Kehrtwende über realistische Mengenanpassung und klügere Preisstrategien?
- Wird Internet den Handel beflügeln und die Vertriebslandschaft weiter wesenhaft verändern?
- Findet der Handel den Weg aus der Renditetalsohle? Löst sich damit die permanente Anspannung von Eigenkapital und Liquidität auf?
- In welchen Leistungsbereichen des Autohauses bestehen bis 2015 realistische Ertragserwartungen?

Auf diese Fragen möchte das vorliegende Buch praxisnahe Antworten aufzeigen, Impulse setzen und damit Orientierung geben. Wir sind überzeugt: Wer die Kernprozesse mit Kernkompetenzen besetzt, schiebt noch ein Optimierungspotenzial von 20 Prozent vor sich her. Worauf man sich konzentriert, das wächst. Die Konsequenz: Kernprozesse modernisieren. Man muss der Beste, nicht der Größte sein wollen.

Ein Buch in dieser thematischen Breite kann nur entstehen, wenn es gelingt, für die unterschiedlichen Branchenkomplexitäten die richtigen Autoren zu gewinnen. Meinen Co-Autoren Andreas Finkenberg, Erwin Wagner, Prof. Dr. Ralf Mertens, Hubert Aichler, Martin Sauer und Manfred Schlegel, Ihnen schulde ich für ihre Fachbeiträge ganz besonderen kollegialen Dank.

Das Automobil hat eine sehr gute Zukunft. Ebenso zahlreiche Automarken. Der einzelne Händler verkörpert vor Ort die jeweilige Marke. Ohne ihn geht nichts! Wir alle sind automobile Dienstleister. Dienstleister verkaufen primär keine Produkte, sondern Vertrauen. Der qualitative Dienstleister strebt nicht Maximierung, sondern Optimierung an. Setzen wir auf jeden persönlichen Kontakt mit dem Kunden. Die persönliche Begegnung hat stets die größte Kraft. Jedes Geschäft ist eine Vereinbarung mit der Zukunft, jeder Kundenkontakt eine Chance! Trauen wir uns etwas zu. Bitte, für 2010 ff. das Beste! Auf sichtbare Erfolge!

Prof. Hannes Brachat
Herausgeber AUTOHAUS

Iphofen, im Dezember 2009

Das Autohaus 2015 – Mobilitätsdienstleister Nr. 1

Das Autohaus im Jahr 2015. Wird es das in der heutigen »reinen« Form noch geben? Keiner weiß es genau. Es lässt sich jedoch vermuten, dass der bereits begonnene gesellschaftliche Wertewandel in Bezug auf des Deutschen »liebstes Kind« – das Auto – nicht ohne Folgen für den Kfz-Handel bleiben wird: Weg vom Besitzdenken und Imponiergehabe hin zu bezahlbarer Mobilität. Vielmehr wird im Kfz-Handel eine Entwicklung hin zum Mobilitätsdienstleister oder auch Full-Service-Betrieb stattfinden müssen. Einige Unternehmen arbeiten bereits nach diesem Muster, viele andere werden folgen. Warum diese Entwicklung? Einerseits liegt es an den guten Verdienstmöglichkeiten im Service-, Finanz- und Versicherungsbereich, andererseits liegt es am Kunden selber, an seinem gesteigerten Bedürfnis nach Mobilitäts-Komplettlösungen.

»All Inclusive«, alles aus einer Hand. Der Idealfall für den Kunden sieht so aus: »Denke ich an mein Fahrzeug, ist der Autohändler meines Vertrauens mein Ansprechpartner«. Das fängt beim Fahrzeugkauf an und geht von der Finanzierung über die Versicherungen bis hin zur Wartung und Reparatur. In Zukunft werden insbesondere die so genannten Mobilitätsdienstleistungen immer wichtiger werden. Für den Autohandel ist Kundenbindung, also klassisches Customer-Relationship-Management existenziell. Dieses bietet ihm zudem die Möglichkeit, seine Wertschöpfungskette auszuweiten. Der Kunde wünscht sich zur Fahrzeugfinanzierung und -versicherung auch einen umfassenden Reparaturservice, Mobilitätsdienst mit Pannenservice, Reifenservice mit Einlagerungsmöglichkeiten, Erinnerungsdienst für Wartungsarbeiten, TÜV und Abgasuntersuchung sowie einen Versicherungsservice im Schadensfall. Kurz, den »einen« Ansprechpartner rund ums Auto. Die Kfz-Handelsbetriebe, die solche Services bieten können, werden um die Loyalität von Bestandskunden und Neukunden weit weniger zu kämpfen haben als andere. Das Ziel muss es sein, das Autohaus als Marke langfristig zu etablieren. Um die Händler-Partner der Santander Consumer Bank und die, die es noch werden wollen, hierbei zu unterstützen, begleiten wir sie mit einer Vielzahl von Finanzdienstleistungs- und Versicherungsprodukten. Hiermit hat der Autohandel genau die richtigen Instrumente, um die Kundenbindung für sein Unternehmen zu erhöhen und die Entwicklung zum Mobilitätsdienstleister voranzutreiben.

Wir unterstützen den Handel aber nicht nur durch unsere Produkte und Dienstleistungen. Darüber hinaus liegt unser Hauptaugenmerk auf der langfristigen, partnerschaftlichen und kontinuierlichen Begleitung unserer Händler-Partner. Ganz egal wie die Entwicklung 2015 auch sein wird – wir sind für Sie da – und das weit über 2015 hinaus.

Thomas Hanswillemenke
Vorstand Kfz
Santander Consumer Bank AG

1 Kunde – Autoland Deutschland – Familienbetriebe (von Hannes Brachat)

Die automobile Welt ändert sich. Die Pkw-Bestandszahlen, die Zulassungszahlen und die Bevölkerung ändern sich; ebenso – und das ist von entscheidender Bedeutung für den Automobilhandel – die Ansprüche und Wünsche der Kunden. Um auch in Zukunft erfolgreich wirtschaften zu können, muss der Autohandel sich auf die sich ändernden Verhältnisse der deutschen Wirtschaft einstellen. Auch die Rolle der klein- und mittelständischen Unternehmen sowie der Verbände wird sich verändern.

1.1 Der Kunde – Mittelpunkt automobilen Handelns

Das Autohaus steht als Kommunikator vor Ort Tag für Tag in ständigem Dialog mit der Öffentlichkeit. Ziel dabei ist es, für die automobilen Leistungsbereiche im Autohaus für den Kunden[1] prägende Substanz zu »produzieren«. Dienstleistungen! Dienstleistungen sind das originäre Produkt einer Vertriebsorganisation. Das sollte stets ganzheitlich passieren, aus welchem Grunde auch immer ein Kunde den Kontakt zum Autohaus sucht. Ganzheitlich meint, ob sich ein Kunde telefonisch meldet, Werkstattbesucher ist, zu reinen Informationszwecken den Verkaufsraum aufsucht, ob er eine E-Mail-Anfrage schreibt oder im Falle einer Reklamation vorspricht, der Kunde sollte stets prägende Substanz, Individualität erfahren. Individualität ist die Sehnsucht nach Einzigartigkeit. Gesucht sind individuelle Lösungen für individuelle Lebensmuster. Individualität hat mit Kreativität zu tun. Beispiel: Individuell bedruckte Fußmatten in jeder gewünschten Kontur.

! *Die Zukunft ist nicht vorhersehbar, die Menschen nicht vorhersagbar.*

Auf dem Globus leben in naher Zukunft 7 Milliarden Menschen. Jeder mit anderen Haarspitzen, mit anderen Fingerabdrücken; jeder ist ein Individuum. Die Kunst liegt darin, den Kunden stets auf dem Bahnhof abzuholen, auf dem er gerade ankommt. Frage also: Was tun wir dafür, dass die Kunden bei unserer Marke Mitglied werden, zumal 50 Prozent aller Kaufentscheidungen auf Grund von Empfehlungen getroffen werden!? Gewichtiges Resümee: Stellen wir den Menschen in den Mittelpunkt unseres Handelns!

Individualität vs. Konformität!

Die besten Verkäufer auf der Straße sind zufriedene oder gar begeisterte Kunden. Sie sprechen die Weiterempfehlung aus. Ihnen vertraut man. Es geht also um die Magnetwirkung des Autohauses. Durch die Hersteller-Vorgabe der Standards und deren strikte Identity-Vorschriften besteht die große Gefahr, dass hier eine Marken-Uniformität geschaffen wird, die Individualität behindert. Ein Autohaus gleicht optisch und inhaltlich dem anderen. Die Mitarbeiter besuchen dieselben Schulungen, haben dieselbe Schulbildung und vollziehen dieselben Arbeitsabläufe. Es werden vielfach dieselben Ideen, zu vergleichbaren Preisen und in ähnlicher Qualität umgesetzt. Und dann kopiert eine Automarke die andere! Pointiert formuliert, es macht heute so gut wie keinen Unterschied mehr, ob man

TIPP In der Begeisterung für die Händler- wie der Herstellermarke liegt der Motor zur Wertschöpfung. Produkte sind kopierbar, Menschen und Marken sind es nicht.

1 *Im Folgenden wird aus Gründen der Lesbarkeit die männliche Form verwendet. Alle personenbezogenen Aussagen gelten immer für Frauen wie Männer gleichermaßen.*

sich in einen BMW, einen Audi, einen Mercedes oder in einen Golf setzt. Automobile werden immer vergleichbarer! Wo bleibt da die Differenzierungschance?

Kundengewinnungsprozesse

Der gesamte Kommunikationsprozess mit dem Kunden ist ein nachhaltiger Prozess, der über mehrere Stufen läuft und von der Bekanntheit, über das Image (Reputation), dann zur Kundengewinnung und zuletzt zur Kundenbindung führt. Basis ist eine hohe Kundenzufriedenheit. Sie wird – siehe oben – durch Individualität geschaffen. Das setzt Qualitätsmanagement, das setzt klare Prozesse, das setzt hohe Emotionalität aller Akteure voraus.

! *Es sind die handelnden Menschen vor Kunde, die den Unternehmenserfolg ausmachen.*

Jede Maschine wird buchhalterisch bilanziell im Anlagevermögen erfasst. Und die im Unternehmen agierenden Menschen? Sie werden als größter Kostenfaktor im Autohaus geführt. Aufwand! Warum? Weil sie die schwer zu gewichtende Größe namens Vertrauen produzieren. Ein Autohaus ist Dienstleister.

! *Dienstleister verkaufen primär keine Produkte, sondern Vertrauen.*

Fehlt das Vertrauen, kann es bei allen Beteiligten keine Motivation geben. Anders formuliert, wir haben auf der einen Seite das Produkt, also das »Was« und auf der anderen Seite die Servicequalität, das »Wie«.

! *Der qualitative Dienstleister strebt nicht Maximierung, sondern Optimierung an.*

Das Bessere, nicht das Größere ist das Ziel! Jede Marke verkörpert immer auch Vertrauen, Zutrauen. Der Mensch sucht und braucht das persönliche Erlebnis. Deshalb sind alle Mitarbeiter, die im Kundenkontakt stehen, Botschafter der Händler- wie der Hersteller-Marke. Nochmals wie bereits oben angesprochen: Was tun wir – alle! – dafür, dass unsere Kunden bei unserer Marke gerne Mitglied werden? Wohl wissend, dass die Kunden immer kritischer und individueller werden. Das kostet Kraft. Das ist anstrengend. Dennoch:

! *Der persönliche Kontakt zum Kunden hat stets die größte Kraft.*

Welche Chance! Ein Neukunde kostet sechsmal soviel wie die Stammkundenpflege. Was ein Stammkunde im Rahmen seines Autofahrerlebens an Potential darstellt, zeigt Abb. 1.1.1. Kundenwertanalysen sollten – trotz rückläufiger Kundenloyalität – unter dem Aspekt des gesamten »Kundenlebenszyklus« angelegt sein.

AUSGABEN PRO FAHRERLEBEN

Kostenart	Aufwand €	Anteil %
1. Anschaffungskosten Neuwagen (3 x 17.475,–)	52.425	19,1
1. Anschaffungskosten Gebrauchtwagen (7 x 7.750,–)	54.250	19,8
2. Erlöse aus Vorwagen (3 x 3.550,– + 6 x 1.600)	– 20.250	– 7,4
3. Verzinsung (ohne Zinseszins)	28.899	10,5
4. Kraftstoff gesamt	58.482	21,3
5. Ölnachfüllkosten gesamt	1.093	0,4
6. Garage (lt. ADAC 480,–/Jahr, davon 50 %)	12.960	4,7
7. Waschen und Pflegen (lt. ADAC)	13.500	4,9
8. Nebenausgaben (lt. ADAC)	10.800	3,9
9. Wartung (1999 = 208,–/Jahr)	11.205	4,1
10. Verschleiß (1999 = 150,–/Jahr)	8.100	2,9

AUSGABEN PRO FAHRERLEBEN		
Kostenart	**Aufwand €**	**Anteil %**
11. Reifen (1x pro Fahrzeug à 375,–/Satz))	3.750	1,4
12. Steuer	5.832	2,1
13. Haftpflichtversicherung 355,–/Jahr	19.170	7,0
14. 36 Jahre Teilkasko 172,50/Jahr	6.210	2,3
15. 18 Jahre Vollkasko 457,50/Jahr	8.235	3,0
Gesamtkosten:	274.661	100,0
davon Kosten für Versicherung:	33.615	12,3

Abb. 1.1.1 Ausgaben pro Fahrerleben

Kompetenz und Sympathie

Es lassen sich eine ganze Reihe an kundenorientierten Eigenschaften aufzählen, die Kundenzufriedenheit schaffen: Freundlichkeit, Höflichkeit, Herzlichkeit, Zuvorkommenheit, Beratung, Betreuung u.a. Oder auch Themen wie Sicherheit, Mobilität, Umwelt, Erlebnis u.a. Abb. 1.1.2 reduziert den gesamten »Vertrauensakt« auf zwei entscheidende Größendimensionen.

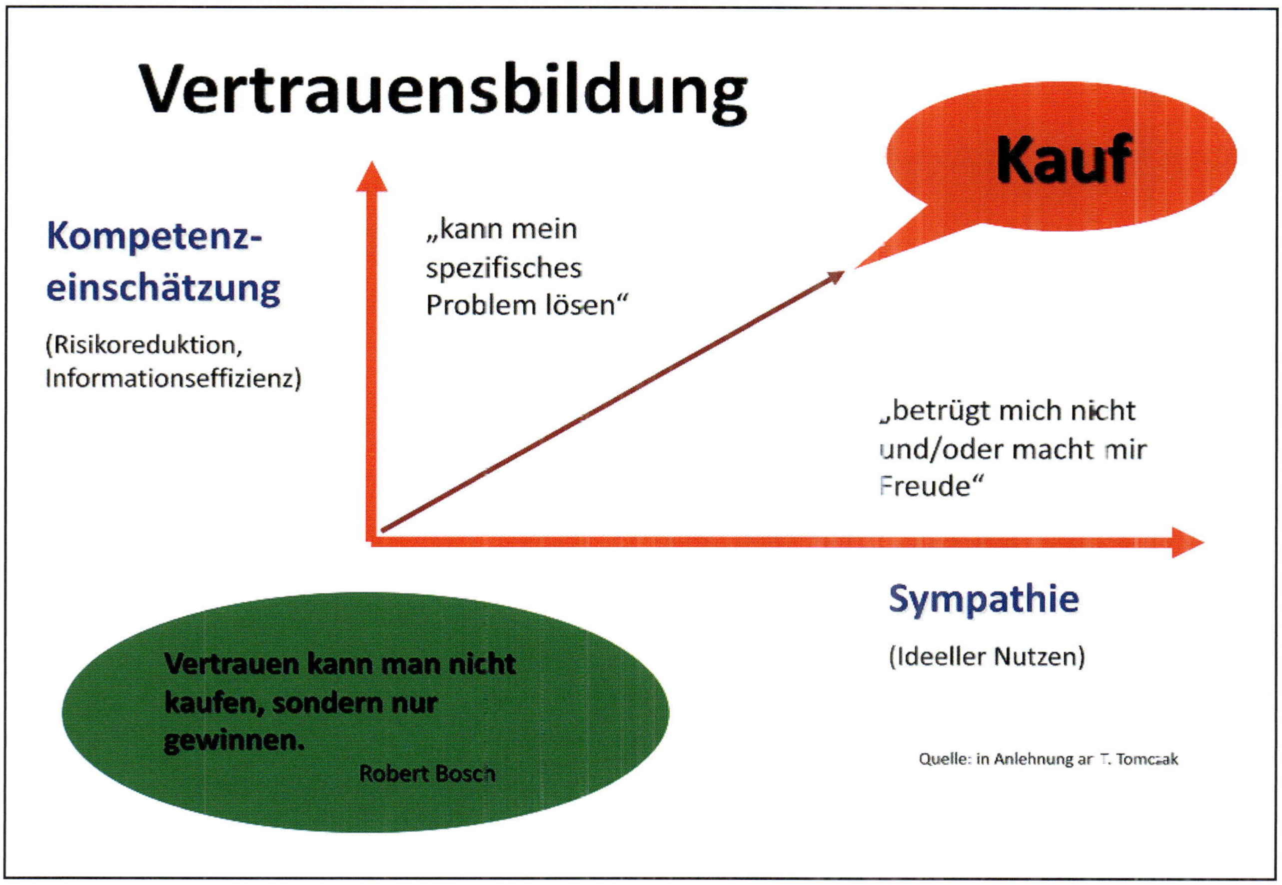

Abb. 1.1.2 So entsteht Vertrauen

Wer diese Achsen kontinuierlich in seinem Autohaus entwickelt, wird starke Verkaufserfolge erzielen. Es ist das zum einen die Schiene der Sympathie und auf der anderen Achse die Kompetenz. Wie schätzt der Kunde die Kompetenz eines Autohauses ein? Wird hier sein spezifisches Problem gelöst? Auf der anderen Seite ist es die persönliche Vertrauensachse der Fairness, der (ideellen) Nutzenstiftung, der gegenseitigen Freude aneinander. Die schwäbische Variante lautet:

! *H^4: Mit Herz, Hirn, Hand und Humor für den Kunden da sein.*

Abb. 1.1.3 verdeutlicht, wer so, mit einer guten Grundstimmung auf den Kunden zugeht, wird immer Positives bewirken. Eine Mannschaft mit guter Stimmung wird immer zu den Erfolgreichen gehören. Noch eine mentale Stütze für alle Kommunikatoren im Autohaus:

! *Berate, behandle, betreue den Kunden so, wie du gerne beraten, behandelt und betreut werden möchtest.*

Wer seine Kunden so behandelt und betreut wie seine Gäste, die er zu Hause empfängt, wird 90 Prozent im Verhalten ganz natürlich richtig machen.

Abb. 1.1.3 Beispiel aus dem Autohaus Kestenholz, Basel

1.1.1 Das Auto – Nr. 1 der Begehrlichkeit?

Die Entwicklung des Automarktes ist wesentlich davon abhängig, was der Kunde wirklich möchte. Gegenwärtig geht der grundsätzliche Trend hin zu klimafreundlichen, benzinsparenden und kleineren Fahrzeugen. Das kann und wird sich auch wieder ändern wie die Priorität für eine bestimmte Autofarbe. Nr. 1 derzeit: Grau! Vor schwarz. Führen selbst neue, umweltfreundliche und sparsamere Antriebssysteme zu einem Umschwung in der Marktentwicklung? Die anhaltende Klimadebatte, der Benzinhöchstpreis im Jahre 2008 (1,42 €) – und er kann wieder kommen -, die Finanzkrise, selbst der Konkurs von GM oder Chrysler 2009 machen deutlich, dass Autokäufe nicht ins Unendliche wachsen. Das Automobil ist – bei all seinen einmaligen Vorzügen – auf breiter Ebene zum Alltagsprodukt geworden. Prestigeobjekt? Kultobjekt? Objekt der Begierde? Das Auto hat seine Pole-Position als Konsumobjekt mit höchster emotionaler Aufladung vielfach verloren. Seit Jahren geht die Anzahl der gefahrenen Kilometer je Autobesitzer kontinuierlich zurück. Das Auto ist für viele mehr und mehr nüchternes Werkzeug reiner Mobilität. Dazu tragen sicher auch die seit Jahren sehr anspruchsvollen Neufahrzeugpreise bei. Gegenwärtig ist ein Trend zu kleineren Fahrzeugen auszumachen, gerade in Ballungszentren. Das führt bei neuen Autos zu niedrigeren Durchschnittspreisen. Diese und die Tatsache, dass die Autos heute länger halten, zeigen in Folge, dass das Durchschnittsalter der registrierten Autos in der vergangenen Dekade von sechs auf über acht Jahre gestiegen ist.

Mit der Euro-Einführung zum 1. Januar 2002 war ohne Frage in vielen Bereichen (Gastronomie, Lebensversicherungen, Neuwagenpreise u. a.) ein gigantischer Geldwertverlust verbunden. Umgekehrt, die Einkommen wuchsen nicht in selbigen Rahmen mit. Der Statusbegriff Auto bekam inzwischen eine geänderte Statur. Gerade die Ober- und Mittelklassewagen haben stark an Attraktivität eingebüßt. Die Autos sind (unnötig) schwerer, größer, komplexer und unübersichtlicher geworden. Würde man den Body-Mass-Index für Automobile ausweisen, so wären die heutigen Fahrzeuge vom gesunden Schönheitsideal weit entfernt. Auch die emotionalen Mehrwerte der Automarken fallen inzwischen recht unterschiedlich aus. Wenn Discounter wie Aldi neben verbilligten Bahnkarten nun attraktive Gutscheine für Mietwagen offeriert, dann zeigt auch das die neue Wertewelt in Sachen Mobilität! Heißt die neue Tendenz Premium-Mobilität statt Premium-Fahrzeuge?! In Sachen Mobilität gilt es gerade für Ballungszentren eine Vernetzung der Verkehrsträger herzustellen.

Abb. 1.1.4 + 1.1.5 Gegensätzlicher können Autos nicht sein: Bugatti Veyron und Tata!

» NEBEN DIE BISLANG DOMINIERENDEN ASPEKTE VON DYNAMIK, GESCHWINDIGKEIT, FREIHEIT, SICHERHEIT UND KOMFORT TRITT EIN ZWEITES, DAVON DEUTLICH UNTERSCHEIDBARES RESONANZFELD, IN DEM DIE KONSUMENTEN FAHRSPASS MIT VERNUNFT, SPARSAMKEIT, SOZIALER VERANTWORTUNG, MENSCHLICHER NÄHE UND SCHÖNHEIT IN VERBINDUNG BRINGEN. «

Peter Kruse

Wertschöpfung entsteht also weniger durch das Kaufen und Verkaufen von Gütern, sondern mehr durch ein Ökosystem aus Informationen, Services, Erfahrungen und Lösungen. Abb. 1.1.4 und 1.1.5 zeigen das automobile Spektrum, hier die Freiheit des teuersten Automobils, der zur Gattung der Volkswagen-Edelmarke gehörende Bugatti Veyron, 1001 PS, Höchstgeschwindigkeit – für die Landstraße – 400 km/h, Kostenpunkt: 1,3 Mio. EUR, Verbrauch 24,1 Liter, 7-Gang-Getriebe, Beschleunigung von 0-100 km/h in 2,5 Sec. Dort der indische Tata Nano, 1.750 EUR, Europapreis 5.000 EUR, 33 PS, Euro-IV-Norm-tauglich, 623 Kubikzentimeter-Zweizylindermotor, 5-Liter-Verbrauch. In dieser großartigen Bandbreite wird sich künftig das automobile Spektrum zutragen. Besser so, als zu DDR-Zeiten 16 Jahre lang auf ein Auto aus dem Neandertal zu warten.

1.1.2 Kundenbeziehungsmanagement (CRM)

! *Kundenbeziehungsgestaltung erfordert einen langen Atem.*

Der Kunde kommt nicht mehr von sich aus ins Autohaus. Er ist vom Komm- zum Holkunden mutiert. Wir müssen ihn holen! Wer die Anzahl der Haushalte in seinem Marktgebiet anschaut, wer deren langfristiges Marktvolumen ermittelt, erkennt, um was es sich zu kümmern lohnt. Wer die Kundenarten analysieren möchte, von den preissensiblen, der etablierten, den Doppelverdienern, den abgesprungenen Kunden, den Neukunden, Großkunden, den Führerscheinerwerbern – pro Jahr in Deutschland 700.000 –, wer die Inhalte des Buches »Kundinnen gewinnen«* aufgesogen hat, erkennt die hohen Anforderungen, die an ein CRM-System (Customer-Relationship-Management-System) gestellt werden. Es geht um die jederzeit reproduzierbare Kenntnis über den »gesamten« Kunden. Dazu bedarf es zuverlässiger Zahlen, Daten und Fakten. Dann lassen sich A-,B-,C-Kundenqualitäten bilden. A als der Superkunde! Und nun besteht abermals die Kunst in der richtigen Selektion. Selbst wenn bis dahin alles professionell steht, sind die mittel- und langfristigen Ziele und Wünsche des Kunden immer noch unbekannt. CRM hat eigentlich das langfristige Denken zum Ziel. Bislang wird automobilistisch allerdings nur der kurzfristige Erfolg belohnt. Der Verbraucher ist unberechenbar! Es erinnert an die Quadratur des Kreises,

* *Das Buch können Sie unter www.auto-business-shop.de bestellen. Bestell-Nr. 170.*

die sicherlich im Klein- und Mittelbetrieb an Grenzen stößt. Wir sprechen beim Thema Kundenbindung von der Königsdisziplin! Das Instrument, das Klavier, ist vorhanden. Man bedarf inzwischen des Profispielers!

Jeder Kunde ist anders. Das war oben die Feststellung. Dennoch macht es hohen Sinn, sich mit diversen Zielgruppen zu beschäftigen, von den Führerscheinneulingen bis zum Thema Frau oder junge Mutter und Auto bis hin zu den neuen »Alten«. Es sei beispielhaft dargestellt. 2009 sind in den neuen wie alten Bundesländern mehr Arbeitnehmer über 50 als unter 30. Und das lässt sich konkret nachweisen.

! *Die »neuen Alten« werden künftig für Umsatz und Wachstum sorgen und damit für Arbeitsplätze und Steuereinnahmen.*

Sie sind ein höchst notwendiges Gegengewicht zur derzeitigen »Discountierung« und Wertevernichtung, weil sie qualitäts- und markenorientiert handeln. Konkret:

! *Man stelle sich auf die älteren Konsumenten ein!*

Das zeigen auch die Erkenntnisse aus den aktuellen Shell-Szenarien – Kap. 5.1. Denn »die Alten«, sie werden in Zukunft eine viel aktivere Rolle spielen. Jeder weiß um das Renteneintrittsalter 67 oder gar 69. Ein möglichst früher Ruhestand kann nicht primäres Ziel sein, sondern die Teilnahme an der Arbeitswelt mit all ihren Vorteilen. Die Älteren sind heute »jugendlicher« als es die Älteren früherer Generationen waren. Jeder weiß um den »Udo-Jürgens-Effekt«!

Man muss nach dem überzogenen Jugendkult ja nicht gleich nach dem »Seniorenkult« rufen. Es wäre aber kein Fehler, mal wie ein 70-Jähriger zu denken, um festzustellen, was einen 20-Jährigen daran stört. 50 verschiedene Kleinwagenmodelle der Gattung Polo sind auch für den 20-Jährigen nicht überschaubar. Überglanzprospekte blenden nicht nur die Alten. Betriebsanleitungen von 480 Seiten, und das in Minilettern, können sich auch die Jungen anders vorstellen. Oder größere Buchstaben bei den Navigationssystemen. Die Konzentration der Alten auf den Grundnutzen schließt Additive für die Jungen nicht aus. Für die Alten ist der Standort eines Betriebs von größerer Bedeutung. Sie warten während des Services und suchen eine kommode Sitzgelegenheit. Ganz konkrete Fragen zu dieser Altersgruppe: Lässt sich die Gruppe der Senioren vor dem Autokauf beim Händler beraten? Recherchiert diese Gruppe im Internet? Würden sie gerne ihr neues Auto direkt beim Hersteller kaufen und dort selbst abholen? Welche Zahlungsbereitschaft ist gegeben? Auf welche technischen Ausstattungsdetails wird Wert gelegt? Design? Welches sind die beliebtesten Marken? Markentreue? Händlertreue? Serviceverhalten? Gemeinsam ist allen »Alten«, dass sie ihre Lebensqualität mit sinnvollen Produkten maximieren wollen. Da haben beispielsweise die Mercedes A-Klasse mit bequemer Einstiegshöhe oder der Peugeot 1007 mit Schiebetür starke Nutzenmerkmale geprägt. Auf die Kultivierung des Automobilvertriebs! Mit erlesenen Zielgruppen!

1.1.3 Die Grenzen der Kundenzufriedenheit

Ein Kunde, aus welchem Grunde er auch immer ein Autohaus betritt, hat eine Soll-Vorstellung, wie aus seiner Sicht der Gang der Dinge ablaufen sollte. Nun hat er das Ist-Erlebnis, die konkrete Erfahrung gemacht. Deckt sich sein Soll- mit dem Ist-Erlebnis, sprechen wir von 100 Prozent Kundenzufriedenheit. Wurde gar seine Vorstellungswelt übertroffen, sprechen wir von Kundenbegeisterung. Wird selbst diese – wann auch immer – übertroffen, ist Kundenbeglückung das Sein der Dinge.

! *Jedes Geschäft ist eine Vereinbarung mit der Zukunft.*

Ohne der Darstellung in Kap. 1.1.1 zu widersprechen, sei nochmals deutlich gemacht, jeder Euro, den ein Autohaus vereinnahmt, kommt vom Kunden! Es besteht ohne Frage die hohe Wahrscheinlichkeit, dass ein Autohaus mit höherer Kundenzufriedenheit auch höhere Umsätze erwirtschaftet, auf eine größere Preisbereitschaft beim Kunden trifft und für eine höhere Toleranzschwelle bei einem Marken- oder Autohauswechsel sorgt. Der Nachweis, dass das Autohaus mit der höchsten Kundenzufriedenheit auch die höchsten Gewinne einfährt, ist bislang nicht erbracht. Das wird zwar behauptet, trifft aber meist nicht zu.

Entspricht die Aufforderung nach maximaler Kundenzufriedenheit gar einer irrigen Illusion? Grundsätzlich möchte der Kunde Rolls Royce fahren, aber nicht mehr als für einen Golf bezahlen. Wer wirklich ein Maximum an Zufriedenheit bei seinen Kunden möchte, der sollte seine Leistungen verschenken oder dem Kunden einmal pro Monat einen Gratisurlaub auf Elba oder kostenlos all seine Ersatz- und Vorführwagen anbieten, die Autos nach jedem Werkstattbesuch reinigen und volltanken. Steckt doch hinter jedem Service der Kundenwunsch nach Einfachheit!

! *Die höchste Form des Tauschhandels ist das Schenken!*

Damit maximiert der Händler allerdings auch den eigenen Ruin. Gelingt es, Differenzierungsmöglichkeiten zu schaffen, für die der Kunde auch bereit ist zu bezahlen, haben wir eine Zufriedenheit auf beiden Seiten geschaffen. Das Unternehmen Autohaus ist keine Fürsorgeveranstaltung, sondern ein Dienstleistungsgeschäft, das nachhaltig Gewinne erforderlich macht. Hersteller streuen hier ferngesteuerte Königswünsche!

In der Tat ist der Verbraucher nicht nur Opfer, sondern oft genug auch Täter. Ein Flug nach New York bedeutet doppelt soviel Klimaschaden wie ein ganzes Jahr Auto zu fahren. Alle reden vom Umweltschutz. Aber nur, solange er nicht viel kostet. Industrie und Politik haben sich in den letzten Jahren durchaus bewegt. Der deutsche Verbraucher dagegen wenig.

! *Politik lebt vom Mitmachen.*

Und wer erinnert die Verbraucher an ihre Pflichten? Verbraucherschutz definiert sich als Politik der niedrigen Preise mit vielen Rechten für den Konsumenten. Das Fleisch soll billig und nahrhaft sein. Ob diese Art der Produktion die Tiere quält, die Böden vergiftet, die Landschaft leer räumt und die Bauern verarmen lässt, das ist nicht das Problem des Produkts.

! *Wissen und Tun klaffen oft auseinader.*

Ein makabres Beispiel aus Amerika: 85 % der Kinder sind im Auto nicht richtig angeschnallt. Für Kinder zwischen 5 und 9 ist die häufigste Todesursache ein Autounfall. Theorie und Praxis des Kunden, des Menschen!

Es müssen hinter dem Begriff der Nachhaltigkeit die Werte Vernunft, Verantwortung, Gerechtigkeit, Zukunft stehen. Eine bessere Zukunft muss man sehen, riechen und schmecken können. Nur so kann der Verbraucher als »dritte Kraft« neben Wirtschaft und Politik zu Recht gesehen werden. Das Olympia-Motto »schneller, höher, weiter« hat beim Konsum ausgedient.

! *Die Zukunft gehört den Werten: »besser, gesünder, gerechter«.*

1.1.4 Weg mit dem Margenbestandteil Kundenzufriedenheit!

Kundenorientierung ist und bleibt Überlebensvoraussetzung für jedes Unternehmen. Ein fürchterlicher Preiskrieg, eine zunehmende Modellvielfalt, austauschbare Leistungsangebote, ein Kunde, der immer kritischer, widersprüchlicher, enthemmter und dank Internet immer aufgeklärter, informierter, mächtiger wird, all das wirft die Frage auf: Wo liegen die automobilen Handlungschancen? Antwort: In der oben dargestellten Individualisierung! Wir müssen Maß-Anzüge produzieren!

Wie gut die Kundenorientierung gelingt, wird von den Herstellern über die Kundenzufriedenheit gemessen. Ursächlich wurden diese Kundenzufriedenheitsbefragungen als Frühwarnsystem für Betriebe und als Stärke-Schwäche-Analyse vorgesehen. Inzwischen sind sie vielfach für den Handel zum Margenbestandteil gemacht worden. Das hat eine ganz andere Intention. Im Rahmen neu zu gestalter der Geschäftsmodelle ist die Kundenzufriedenheit als Margenbestandteil dringlich zu schleifen. Warum? Weil Kundenzufriedenheit eine subjektive Größe mit relativem Aussagewert ist. Weil jeder Fragebogen fragwürdige Inhalte hat, weil die Zufriedenheitsmessung außerordentlich schwierig ist. Wenn der Hersteller z. B. den Kunden fragt, ob er mit dem GW-Hereinnahmepreis zufrieden war, gleicht dies der Frage, ob ein Mitarbeiter mit seinem Gehalt zufrieden ist.

Es geht den Herstellern bei diesen Befragungen gar nicht um den Kunden, sondern um ein System. Der Hersteller will bei J. D. Power & Co. der öffentlichen Wirkung wegen an erster Stelle stehen. Oder glaubt wirklich einer an die Mär, dass all die Glaspaläste im Markenhandel auf Kundenwunschbefragungen zurückgehen? 60 % der dem Kunden ursprünglich zugesagten Neufahrzeugauslieferungstermine können nicht eingehalten werden. Das schafft hohe Kundenzufriedenheit! Auch bei der Garantie- und Kulanzabwicklung geht es um Kundenzufriedenheit. Wer das restriktive Verhalten und die bewusste Komplexitätsmehrung im Antragsverfahren vor Augen hat, muss den Glauben an Kundenzufriedenheit verlieren. Hier werden berechtigte Ansprüche des Kunden vielfach dem Handel aufgeladen. Es wird querbeet Produkt-, Kauf- und Servicezufriedenheit vermengt. Die Zufriedenheit ist damit auch nicht verursachungsgerecht messbar.

Hohe Kundenzufriedenheit setzt außerdem ausreichend Personal voraus. Immer weniger Mitarbeiter müssen in immer kürzerer Zeit immer komplexere Aufgaben bewältigen. Wie soll und kann Service für den einzelnen Mitarbeiter Freude machen!? Sie sind als Zehnkämpfer gefordert, haben aber für diverse Disziplinen nicht die ausreichende Kraft, sprich Zeit. Oder wenn ein Hersteller bei einem spezifischen Produkt unhaltbare Elektronikmängel produziert, dann hat das der Handel ganz massiv mit negativer Kundenzufriedenheit auszubaden. Letztlich befinden – wie bei der Formel I – 4/100-Sekunden über den ersten Platz! In Wahrheit ist das ein wenig sinnhafter Streit um Kaisers Bart.

Kundenanforderungen

Der Handel wird über die völlig unzureichende Ertragssituation in seiner Substanz und in seinen Zukunftsinvestitionen über jedes Maß strapaziert.

! *Der Kunde wünscht Freundlichkeit, Schnelligkeit in der Bedienung, Bearbeitung oder Belieferung, eine gute Beratung und einen fundierten Preis.*

So einfach ist das! Weg mit all dem Papierkram um (nachträgliche) Befragungen, die den Kunden nur nerven und keine Erkenntnis bringen. Inzwischen wird man schon wegen eines Winterreifenwechsels angerufen. Lachhaft! Es wäre viel nützlicher, die Werksstrategen würden sich statt auf Befragungsrituale auf Umsatzinitiativen stürzen.

Wenn wenigstens der Händler mit der höchsten Kundenzufriedenheit am meisten verdienen würde! Tatsache ist: Wer je 100 Prozent Kundenzufriedenheit erreicht, ist pleite! Ein weiterer Aspekt: 85 Prozent der Kunden behaupten zufrieden zu sein. Aber nur 40 Prozent kommen wieder.

! *Der Anteil der wiederkommenden Kunden ist der wahre Maßstab für die Zufriedenheit.*

Und wie oft werden die falschen Kunden zufrieden gestellt? Wer jeden Kunden gleich gut behandelt, wird jene 20 Prozent, die 80 Prozent der Erlöse bringen, nicht gut genug behandeln. Nochmals: Hohe Kundenorientierung ist im gesamten Autohaus ein Muss! Befragungen dazu sollten aber auf ein Normalmaß zurückgeführt werden. Fehleranalysen sollten bei abgesprungenen Kunden ansetzen. Schließlich: Nicht jeder Kunde, den man von hinten sieht, ist auf Dauer ein Verlust. Leben wir im Alltag die Basics. Da schaffen die beiden Fundamente – siehe Abb. 1.1.2 – Kompetenz und Sympathie 80 Prozent der Kundenzufriedenheit. Und das reicht! Dazu bedarf es aber keiner subjektiven Kundenzufriedenheits-Willkürmarge!

! *Fazit:*
Jeder Kundenkontakt ist eine Chance.

Stellen Sie für Ihr Haus fest, wie viele Kundenkontakte Sie pro Tag in Ihrem Hause insgesamt gestalten. Kommunizieren Sie diese »Größendimension« immer wieder. Es kommt im Leben auf Kleinigkeiten an. Werden wir »Weltmeister« im Beherrschen von Kleinigkeiten, von vielen kleinen, aber besseren Verhaltensweisen, schnelleren Reaktionen, freundlicheren Worten, engagierteren Bemühungen.

! *Wer das Gewöhnliche mit außergewöhnlicher Begeisterung gestaltet, wird immer zu den Erfolgreichen gehören!*

Der Mensch steht im Mittelpunkt. Die Betriebe, die die höchste Mitarbeiterzufriedenheit haben, erzielen auch die wirtschaftlich besten Ergebnisse. Wie sagte der legendäre Chrysler-Chef Lee Iacocca: »Der Erfolg eines Herstellers ist proportional abhängig von der Professionalität und dem Erfolg seiner Händlerorganisation.«

1.1.5 Impulse für hohe Kundenzufriedenheit

Namhafte Autohäuser haben Leitsätze zur Unternehmenskultur zusammen mit ihren Mitarbeitern entwickelt und daraus Leitsätze für den Kundenumgang formuliert. Das folgende Beispiel zeigt die praktische Umsetzung.

Telefon-Management: Ein telefonischer Erfüllungsgrad im Autohaus von 60 Prozent ist schon hoch gegriffen. Mindestens 40 Prozent der Anrufer fallen nachhaltig vom Glauben ab. Sie warten und warten, niemand reagiert. Für sie ist die Leitung zum gewünschten Autohaus tot! Und wie sieht die Erreichbarkeit außerhalb der Öffnungszeit aus? Wie lange dauert es am Telefon, bis ein Kunde einen geeigneten Werkstatttermin erhält? Kann man sich vorstellen, dass beispielsweise eine große Niederlassung, die monatlich 40.000 Anrufe bewältigen muss, die Telefonzentrale »außer Haus« geschaltet hat? Oder dass ein anderes großes Autohaus mit 90 Werkstattdurchgängen pro Tag die Werkstatttermine außer Haus vergibt? Dritte bestimmen die Werkstattauslastung!

www Ocon in Stuttgart (www.ocon.de) ist beispielsweise einer der Dienstleister, die das möglich machen. Das Ganze ist nicht nur billiger, sondern viel professioneller und wirkungsvoller.

Und wie wird heute die Welt der **SMS-Infos** genutzt? Auch hier gibt es spezielle Anbieter, die den Kunden zeitsparend informieren, die Serviceleistung steigern und zusätzlichen Umsatz generieren (AU-/HU-Erinnerung, Sommer-/Winterreifenwechsel u. a.).

Details siehe beispielhaft unter www.automobil-message.de.

Und wie lässt sich heute die **E-Mail-Kommunikation** optimal gestalten? Automatische Kontaktantworten, bis hin zu Finanzierungs- und Leasingangeboten, einer Anfahrtsbeschreibung und das alles in Sekundenschnelle. Dazu kann ein Bild eines Mitarbeiters hinterlegt werden, um die E-Mail auch farblich individualisieren zu können.

Details beispielsweise bei www.auto.de.

1.2 Reform des Seins – Wirtschaftliche Großwetterlage

Der süße Traum vom schwerelosen, virtuellen Kapitalismus ist mit dem Ende der Wall Street weltweit hörbar geplatzt. »Das ist für den Marktfundamentalismus das, was der Fall der Mauer für den Kommunismus war«, meint Joseph Stiglitz, Nobelpreisträger für Wirtschaft und vermutlich der prominenteste Ökonom unserer Zeit. Von der größten Börse der Welt ging ein gewaltiger globaler Wachstumseinbruch aus. Seither kämpft die Welt mit einer tiefwirkenden Wirtschaftskrise.

Grundlegende Veränderungen

Bereits sieben Mal geriet die Bundesrepublik Deutschland in der Nachkriegsära in die Krise:

- 1966 – Ende des Wirtschaftswunders
- 1973 – erste Ölkrise
- 1980 – zweite Ölkrise
- 1987 – Börsenkrise
- 1993 – Ende des Wiedervereinigungsboom
- 2000 – Platzen der Internetblase – New Economy
- 2008 – Globale Finanzkrise bzw. zweite Weltwirtschaftskrise

Spätestens 2011 wird man wissen, ob die große Depression 1929 oder die Rezession 2008 größere Ausmaße hatte. Experten sagen jetzt schon, dass der heutige Absturz steiler als 1929 sei, die Politik aber härter dagegen steuere. Auf dem Höhepunkt der Großen Depression (1929-1932) standen 30 % der Deutschen auf der Straße, heute sind es 8,2 %. Ein Anstieg auf 30 % würde 13 Millionen Jobsuchende bedeuten. Was ist bislang bedeutend geschehen, um eine Wiederholung des Feuersturms an den Kapitalmärkten wie 2008 zu verhindern? Keines der riskanten Finanzinstrumente, die den Weltbrand entfacht hatten, ist bislang verboten. Einen Finanz-TÜV, eine staatliche Zulassungspflicht für alle Finanzprodukte, gibt es noch immer nicht. Eine europäische Ratingagentur ist nicht in Sicht. Das Finanzsystem ist und bleibt ein Monster! Die Staaten haben in der Folge die Märkte geflutet und Geld gedruckt, um das System zu stabilisieren. Mit dem Geld des Steuerzahlers. Der zahlt und haftet. Der Staat hat auf Pump ein Rettungspaket für die Banken aufgelegt, zwei Konjunkturprogramme, u. a. 2009 die Abwrackprämie. Der defizitäre Staatshaushalt wurde massiv zusätzlich belastet. Man kann sich des Eindrucks nicht erwehren:

Die Weltwirtschaft ist außer Kontrolle geraten.

Und der Auslöser ging von einer Institution aus, die sich stets als Saubermann darzustellen wusste: der Bank! Der Vertrauensverlust, der mit der Finanzkrise einhergeht, wiegt am schwersten. Das Ausmaß ist noch immer nicht absehbar, vielleicht sogar jenseits unserer Vorstellungskraft. Unser Wissen entspricht kritischem Raten. Wir alle werden sicher den Gürtel viel enger schnallen müssen.

Das klingt alles wie Weltuntergang. Aber der war schon immer der Größenwahn der Depressiven. Was man mit Sicherheit sagen kann ist, dass ein Optimist immer eine gute Zukunft haben wird und ein Pessimist eine schlechte. Die Zukunft ist grundsätzlich viel robuster als wir glauben. Schließlich wandeln wir Menschen seit gut 100.000 Jahren auf diesem Planeten.

Die einzige Zeit, die wir wirklich beherrschen, ist die Zukunft.

Schließlich kommt es weniger darauf an die Zukunft vorherzusagen, sondern auf die Zukunft vorbereitet zu sein.

Wandlungen durch die Technik

Es waren in den vergangenen 200 Jahren weniger die politischen und gesellschaftlichen Veränderungen, die den Wandel vorantrieben, sondern die Erfindung neuer Technologien und Produkte. Wie gelegentlich der technische Fortschritt schneller ist als der geistige. Um es ganz klar und hoffnungsträchtig für Deutschland zu sagen: Der technische Fortschritt war und ist der Hauptmotor des deutschen Wirtschaftswachstums. Die deutsche Position als Exportweltmeister, noch vor den Chinesen, ist ein zuversichtlich stimmender Beweis. Hier gewichtige technische Entwicklungsstationen, die die Welt veränderten und noch weiter verändern werden:

- 1886 – Benz Patent-Motorwagen Nr. 1, das erste Automobil!
- 1927 – der erste Flug über den Atlantik – Charles Lindberg
- 1970 – der erste Taschenrechner
- 1980 ff. – die ersten EDV-Schritte in der Kfz-Branche
- 1989 – die ersten Laptops in Deutschland
- 1992 – Motorola bringt das erste Handy auf den Markt
- 1994 – der Start des Internets schafft neue Dimensionen

Nochmals: Die Technik verändert die Verhältnisse mehr als alle Politik es vermag! Auch das darf uns in und für Deutschland zuversichtlich stimmen. Nachdem sich das Wissen der Menschheit alle fünf Jahre verdoppelt, wird sich das Zukunfts-Tempo beschleunigen. Die Konsequenzen sind völlig neue Dimensionen des Fortschritts!

Grenzen des Wachstums

Industrialisieren, produzieren, expandieren, konsumieren, im großen wie im kleinen, Wachstum, Fortschritt, Perfektion, Verbesserung des Lebensstandards in jeder Hinsicht: Ist nicht das heute der Sinn des Lebens? Der wahre Sinn? Die ökonomischen Werte rangieren zuoberst. Beruf und Tüchtigkeit bestimmen den sozialen Status. Wird aber gerade dieses Leistungsdenken nicht immer mehr zu einer ernsthaften Bedrohung für die Menschlichkeit? Je größer Fortschritt und Perfektion, umso stärker die Einordnung des Menschen in den komplexen ökonomisch-sozialen Prozess. Stehen wir bei nahezu 7 Mrd. Menschen auf dem Globus nun am Ende immerwährender Wohlstandsmehrung? Es liegt an der Begrenztheit der Ressourcen: Luft, Wasser, Boden, Energie und Rohstoffe. Es geht bei diesen Mengen nicht mehr um das Gebrauchen, sondern um das Verbrauchen. Viele Menschen auf dem Erdball kämpfen ums Überleben und die anderen sollen Jahr um Jahr immer noch mehr konsumieren, sprich Wünsche realisieren. Stetig steigendes Wachstum zieht aber immer größere Gütermengen nach sich. Meinhard Miegel meint: »Wem nützt es, wenn vor lauter Wachstumsanstrengungen Menschen depressiv werden, Familien zerbrechen und Gesellschaften verfallen?!« Die Reaktionen werden von alleine kommen, wenn die Menschen merken, dass das Heilsversprechen immerwährender materieller Wohlstandsmehrung nicht mehr eingelöst werden kann. Das Ende der Wohlstandsmehrung ist aber nicht gleichzusetzen mit dem Ende der Welt. Es geht um neue, bescheidenere Relationen, ohne Wachstumsfetischismus. Know-how, Innovationskraft, Einfallsreichtum, Fantasie, darin liegen deutsche Stärken. Alte Tugenden wie Tüchtigkeit, Redlichkeit, Loyalität, Selbstdisziplin sind immer noch die Basis für Erfolg. Kreativität setzt Ruhe, Abstand, Gelassenheit und Freiheit voraus. Auch Mut zum Unvollkommenen. Man muss Freude am Schaffen und Gestalten haben.

! *Trauen wir uns etwas zu.*

Nicht wie in der Vergangenheit nur das Schlechteste, sondern wieder das Beste. Protegieren wir nicht die Verweigerer, Aussteiger, Ablehner und Drückeberger, sondern die Einsteiger, die Macher, die Tüchtigen, die Kreativen, die Innovativen, die Wagemutigen, alle, die bereit sind, sich für das Ganze umsichtig und bewusst zu engagieren.

»WENN DEIN HAUS ETWAS ANDERES ALS EINEN LEHMBODEN HAT, GEHÖRST DU ZUR OBEREN HÄLFTE DER WELTBEVÖLKERUNG.

WENN DEIN HAUS EIN DACH, EINE TÜR, FENSTER UND MEHR ALS EIN ZIMMER HAT, GEHÖRST DU ZU DEN OBEREN 20 PROZENT.

WENN DU EINEN KÜHLSCHRANK HAST, GEHÖRST DU ZU DEN OBEREN 5 PROZENT.

WENN DU EIN AUTO, EINE MIKROWELLE, EINEN VIDEOREKORDER UND EINEN COMPUTER HAST UND DEINE TOILETTE EINE EINZIGE TÜR HAT, GEHÖRST DU ZU DEN OBEREN 1 PROZENT.«

(aus: we are what we do)

1.3 Autoland Deutschland

1.3.1 Deutschland und das Auto

Deutschland ist – dank seiner Automobilindustrie – eine hoch entwickelte Auto-Nation. 1886 wurde das Automobil in Deutschland erfunden, der Motorwagen von Benz. Die erste Eisenbahn nahm 1835 ihre erste Fahrt von Nürnberg nach Fürth auf. Die Bahn hatte damit 51 Jahre Entwicklungs-, heute würden wir vom Wettbewerbsvorsprung sprechen! Das Automobil ist Mobilitätsträger Nr. 1. Das Automobil schafft – wie kein anderer Verkehrsträger – Individualität, Mobilität und Lebensqualität.

! *Das Automobil ist das erfolgreichste Industrieprodukt des 20. Jahrhunderts.*

Der deutsche Pkw-Markt ist heute der volumenstärkste Pkw-Markt in Europa. Deutschland ist führender Logistik-Standort. Das ist ein wichtiger Wettbewerbsfaktor. Wer derart in den globalen Handel verstrickt ist wie Deutschland, kommt ohne gigantische Transportleistungen nicht aus. Wer mitten in Europa lebt, muss auch den Transit ertragen. Nur, der Verkehr darf nicht stehen! Sonst steht am Ende auch die Wirtschaft still. Im Stau!

1.3.2 Pkw-Bestand und Fahrzeugdichte

Die zentrale Kenngröße der Pkw-Mobilität hängt wesentlich mit der Bevölkerungsentwicklung zusammen. Laut aktueller Shell-Prognose geht die Einwohnerzahl in Deutschland bis 2030 von derzeit 82 Mio. auf 78,5 Mio. Einwohner zurück. Der Pkw-Bestand soll aber umgekehrt von heute 47 Mio. Fahrzeugen auf 49,5 Mio. Fahrzeuge in Jahr 2030 ansteigen. Die Motorisierungsdichte soll damit pro 1.000 Einwohner von 570 auf 630 Pkw ansteigen – siehe Abb. 1.3.2.1. Deutschland hat damit im internationalen Vergleich nach den USA die höchste Pkw-Dichte. Die höhere Dichte beinhaltet pro Haushalt eine höhere Anzahl an Fahrzeugen. Die jährliche Fahrleistung soll bis 2030 von 12.500 Kilometern auf 11.900 Kilometer zurückgehen.

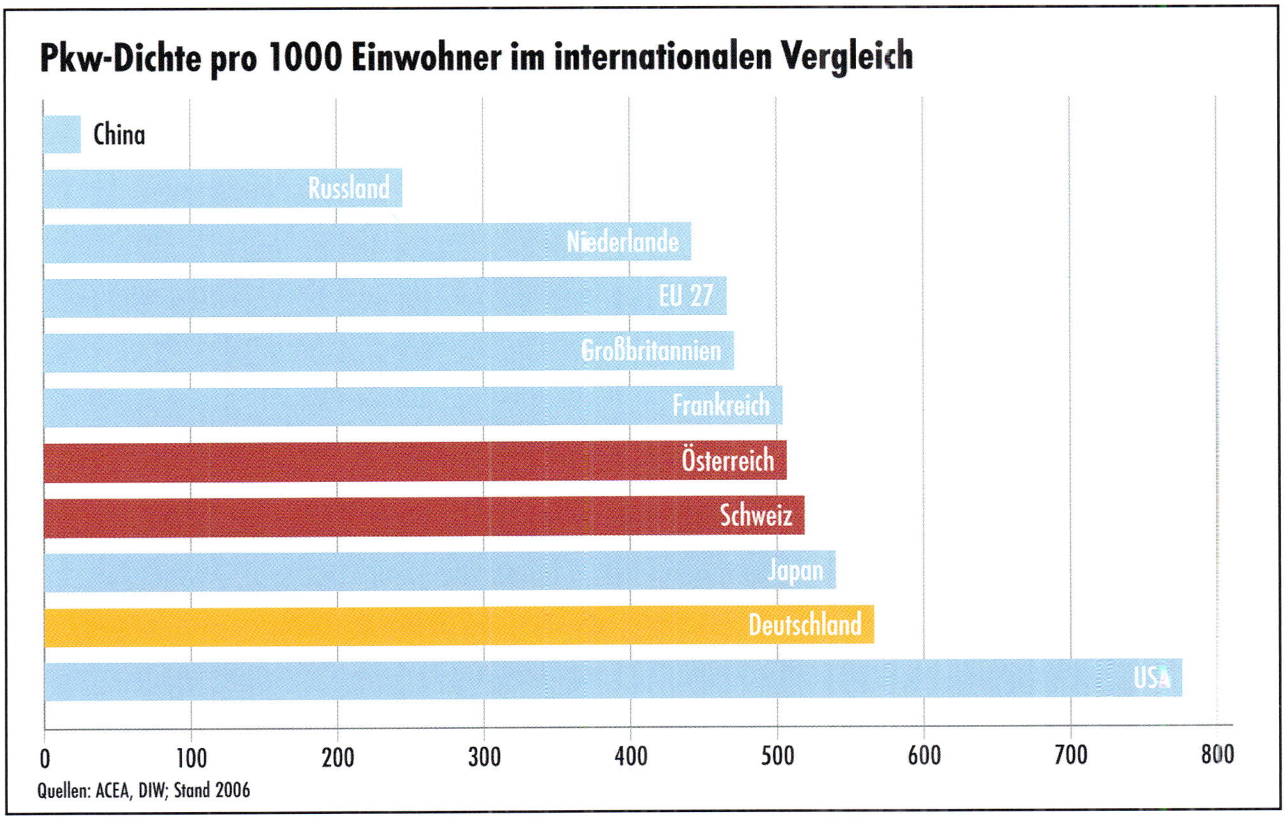

Abb. 1.3.2.1 Die Motorisierung der deutschen Bevölkerung wird weiter ansteigen (aus Shell-Pkw-Szenarien).

1.3.3 Gesellschaft – Klima – Auto

Die Einstellung der Deutschen zum Automobil ist grundsätzlich positiv, wenn auch kritisch. Zu groß sind die Mobilitätsvorteile, die für das Automobil sprechen. Umgekehrt ist in der Gesellschaft eine große Offenheit für Verkehrs- und Umweltfragen gegeben. In Umweltfragen herrscht hinsichtlich der Zukunftsalternativen große Verunsicherung. Welcher (Kraftstoff-)Technologie gehört die Zukunft? Den Biokraftstoffen, den synthetischen Kraftstoffen, der Elektromobilität, dem Auto- oder Erdgas oder der Wasserstoff-Technologie? Grundlegend ist deren Durchbruch abhängig von der Entwicklung des Benzinpreises. Je höher der Benzinpreis ausfällt, umso rascher werden alternative Energien aufgelegt werden. Der spezifische Benzin-Verbrauch wird von derzeit 7,8 auf 5,2-6,1 l/100 km in 2030 zurückgehen. Es ist durchaus möglich, dass bis 2030 noch drei Viertel aller Pkw im Wesentlichen mit klassischen Verbrennungsmotoren ausgestattet sind, inklusive Hybrid sogar über 90 Prozent. Die CO_2-Emissionen sollen bis 2020 um 14 bis 21 Prozent, bis 2030 um über 23 bis 38 Prozent zurückgehen. Ob die politisch gestellten Zielvorgaben bis 2030 mit 40 Prozent nicht zu hoch gesteckt sind? Abb. 1.3.3.1 zeigt die Aufteilung der Antriebsarten in den Jahren 2000 bis 2030. Es ist nicht abwegig, dass es zu einer weiteren Verdieselung der Pkw-Flotte kommt. Möglich, dass 2030 die Hälfte aller Neuzulassungen Hybrid-Fahrzeuge sind, mehr als reine Otto- und Diesel-Antriebe zusammen. Biokraftstoffe erreichen möglicherweise 2030 einen Anteil von 15 Prozent an konventionellen Flüssigkraftstoffen. Elektrofahrzeuge kommen auf einen Anteil von 15 Prozent und machen dann 2 Mio. Fahrzeuge im Pkw-Bestand aus. Wasserstoff lässt sich mit zwei Antriebsformen kombinieren. Wasserstoff kann grundsätzlich über eine Brennstoffzelle in Strom und dann in mechanische Energie umgewandelt werden. Oder er wird direkt in einem Verbrennungsmotor eingesetzt.

Eine ökologische Modernisierung des Pkw-Bestandes geht einher mit einem schnelleren Fahrzeug-Bestandsumschlag. Die Pkw-Lebenserwartung liegt zwischen 13 und 15 Jahren. Daraus wird ersichtlich, dass Auto-Mobilität nicht in kurzer Zeit revolutioniert werden kann. Die Abwrackprämie 2009 ist ein guter Beweis dafür. Das Auto ist für den Verbraucher nach der Immobilie das langlebigste Wirtschaftsgut. Man muss zur Kenntnis nehmen, dass alternative Antriebs- und Kraftstoff-Technologien sehr aufwendig sind. Sie setzen für die Umset-

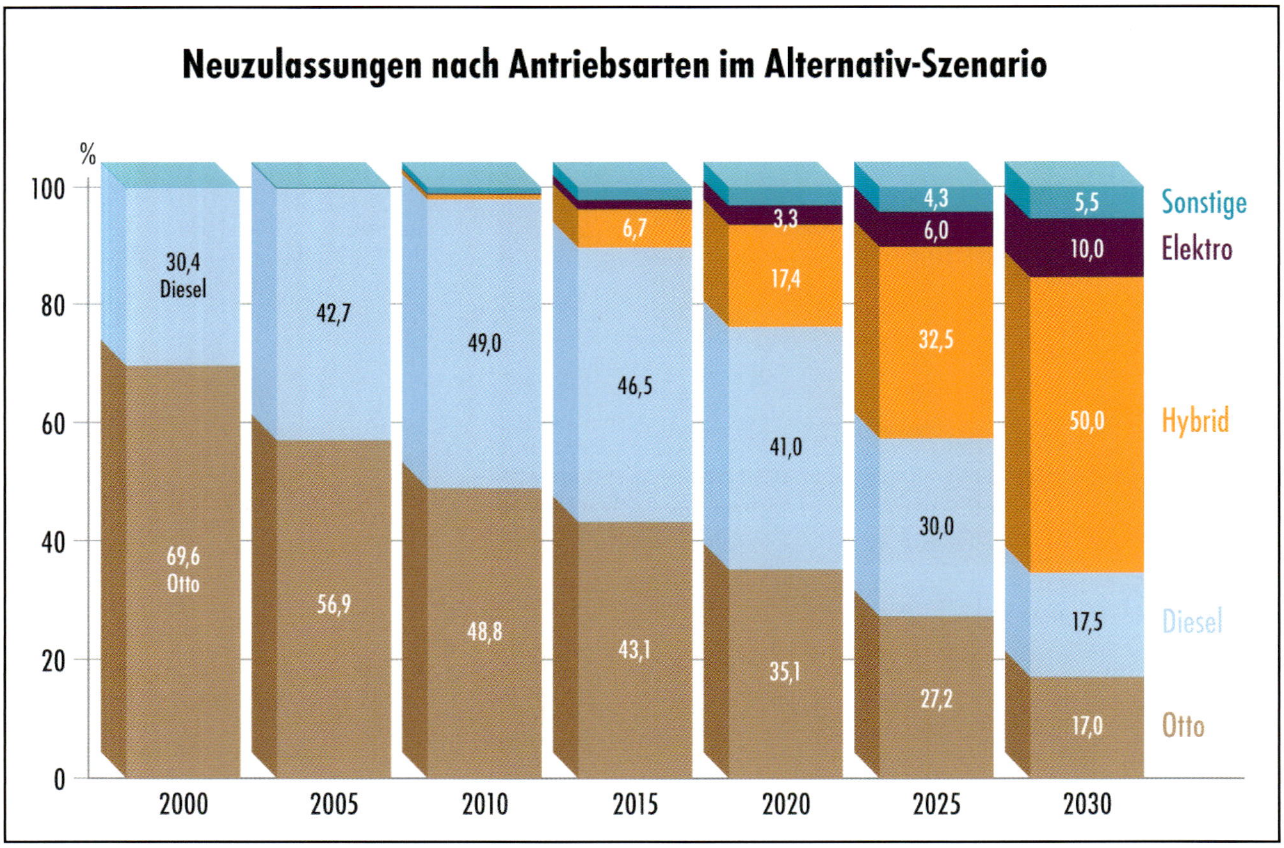

Abb. 1.3.3.1 Neuzulassungen und Antriebsart: möglich Entwicklung bis 2030 (aus Shell-Pkw-Szenarien)

zung auf der Straße daher stabile politische Rahmenbedingungen voraus. Es sei auch daran erinnert, dass in Sachen automobiler Umwelt grundsätzlich große Fortschritte erzielt wurden. Welcher Umweltbogen wurde seit der Einführung des Katalysators 1985 geschlagen? Mit der Einführung der ASU (AU) 1985? In der optimierten Motortechnik! Ein Motor aus dem Jahr 1995 mit 90 PS verbrauchte 8 Liter. Heute leistet ein vergleichbarer Motor 115 PS und verbraucht 6,4 Liter auf 100 Kilometer.

Weltweit fahren 1 Mrd. Fahrzeuge. Es werden im Jahre 2030 ca. 2 Mrd. sein. Grundsätzlich ist daher ein sparsamerer Umgang mit den Rohstoffen der Erde gefordert. Außerdem sind gesündere Energiequellen zu erschließen. Das ist die große Herausforderung. Die deutsche Automobilindustrie, als Weltprimus in Sachen Umwelttechnologie! Bislang hat aber keiner den Mumm, den Vorreiter in der Umwelttechnologie zu spielen. Ökologische Aufgabe im Autohaus ist, bei den Autofahrern über einschlägige Informationen Verhaltenssicherheit zu schaffen (s. Kap. 8.7.1). Eigentlich bedarf es seitens aller Verkehrsteilnehmer der Verhaltensveränderung. Die Botschaft ruft nach Verinnerlichung. Es geht nicht darum, eine Weltuntergangsstimmung hervorzurufen. Das stumpft ab. Die Temperaturen gingen auch in früheren Zeiten rauf und runter. Es geht bei allen Überlegungen auch nicht nur um die Umwelt, sondern um politische und wirtschaftliche Interessen. Es geht um den Respekt vor der Natur. Es geht um Ressourcenschonung. Es geht um eine vernünftige Gestaltung des Lebensraumes für bald 7 Mrd. Menschen. Vielleicht kommen auch noch ganz neue Konzepte. Man überdache sämtliche Autobahnen und bestücke die Dächer mit Solarzellen etc. Der ADAC hat beispielsweise unter »EcoTest-Flotte« die Fahrzeuge entsprechend ihrer Umweltklassifikation mit Öko-Sternen ausgezeichnet. Weitere Details unter www.adac.de/autokosten. Wer in Google unter Benzinspartipps nachschaut, kann dort auf viele wichtige Details zurückgreifen. Bis zu 10 Prozent Benzinreduzierung sind für jeden Fahrer drin – siehe www.savemorethanfuel.eu. Wenn es um den Einsatz von Benzin – Diesel – Gas geht, bringt der Amortisationsrechner von www.amortisationsrechner.de Klarheit.

Die Forderung: Wir sollten Autos bauen

- die ohne Giftstoffe, ressourcen- und energiesparend hergestellt sind,
- die systematisch wieder verwertbar sind,
- die leise und ohne Abgase sowie möglichst auf der Basis erneuerbarer Energiequellen beruhen,
- die die Optimierung der Fahrzeugsicherheit darstellen.

1.3.4 Sicherheit und Auto

Seit 1995 gehört der Airbag zu den Sonderausstattungen. Heute ist er Standard – neben dem Gurtstraffer. ABS und Stabilitätsprogramme, elektronische Fahrsicherheitsprogramme gehören mit zur Offerte. Mehr Sicherheit bedeutet aber auch mehr Gewicht. Mehr Gewicht bedeutet höheren Verbrauch. Ökologie vs. Sicherheit. Ein klassischer Zielkonflikt.

Trotz einer Zunahme des Verkehrs um mehr als 40 Prozent seit 1985 haben die Verkehrsunfälle Jahr für Jahr abgenommen. Die angesprochenen Sicherheitshilfen sind die eine Ursachenquelle dafür, die längere Fahrpraxis der Verkehrsteilnehmer aber der gewichtigere Teil für die erfreuliche Bewegung in der Statistik. Auch die 0,0-Promille-Grenze für Fahranfänger zeigt positive Wirkung. Die Entwicklung der Unfälle zeigt, dass die Unfallzahlen seit 1995 stagnieren und die Getötetenzahl sinkt. 2008 ließen 4.477 Personen ihr Leben auf der Straße. Statistisch gesehen stirbt in Deutschland alle zwei Stunden ein Mensch durch einen Verkehrsunfall. Jeder, der persönlich in die Tragik eines tödlichen Unfalls eingebunden ist, weiß um die Dimensionen des individuellen Schicksals. Die 27 EU-Staaten registrieren jährlich 42.500 Verkehrstote. Deren Halbierung ist das politische Nahziel.

Auf deutschen Autobahnen gilt die Richtgeschwindigkeit von 130 km/h. Wer hält sich daran? Wer weiß es überhaupt? Faktum ist, dass sich die Mehrheit der Deutschen für ein Tempolimit ausspricht. Ein Tempolimit schützt das Klima und spart Sprit. Ein Tempolimit schafft mehr Sicherheit für alle. Automobilisten betonen stets die Bedeutung der deutschen Premiumfahrzeuge und deren freie Fahrt für die Exportwelt. Ein weiterer Zielkonflikt. Die Mitte liegt in der Flexibilisierungsmöglichkeit elektronischer Verkehrsleitsysteme, die die freie Fahrt abhängig von der jeweiligen Verkehrsmenge steuert.

1.3.5 Straßen-Infrastruktur

Deutschland hat ein Straßenverkehrsnetz von insgesamt 645.000 km Länge. Es ist nach den USA das größte Straßennetz auf der Erde. Von 231.000 km überörtlichen Straßen in Deutschland sind 12.600 km Autobahnen. Davon sind 3.000 km mit sechs und mehr Spuren ausgebaut. Die Bundesstraßen entsprechen mit 40.000 km der Dimension einer Fahrt einmal um den Globus. Obwohl die Autobahnen nur einen Anteil von 5,5 Prozent Längenanteil an den überörtlichen Straßenverbindungen haben, läuft über die Autobahn ein Drittel der gesamten Kfz-Fahrleistung.

1.3.6 Energiesteuereinnahmen – Herausforderung Stau

Mineralölsteuer, heute Energiesteuer genannt, Mehrwertsteuer auf Benzin, Kfz-Steuer, Lkw-Maut, Versicherungssteuer auf die Kfz-Versicherung tragen dem Staat in Deutschland Jahr für Jahr über 60 Mrd. EUR ein. Da sind Parkgebühren, Bußgelder und Umweltplaketten noch nicht eingerechnet! Die Bundesländer kassierten 2008 181 Mio. EUR an Bußgeldern. Das Durchschnittsniveau pro Strafzettel liegt bei 65 EUR. Von diesen stattlichen Einnahmen der 60 Mrd. fließen umgekehrt 17 Mrd. in den Erhalt und Ausbau des Straßennetzes. 5 Mrd. EUR in den Autobahnbau. Über 30 Mrd. EUR der Gesamteinnahmen fließen in die Finanzierung der 21 Mio. Rentner! Alle Jahre setzen die Politiker ein gut ausgedachtes Straßenfinanzierungsgesetz außer Kraft. Die Schere von höherem Ausbau- und Erhaltungsbedarf und weniger Geld öffnet sich trotz Lkw-Mauteinnahmen weiter. Trotz höherer Steuermilliarden aus der Energiesteuer werden die Staus länger und die Straßen pflegebedürftiger. Es wird nur geflickt! Auf der Grundlage des Fernstraßenbauprivatfinanzierungsgesetzes (FstrPrivFinG) soll in Deutschland ein Betreibermodell favorisiert werden, das den Bundesfernstraßenbau an Private überträgt, die zur Refinanzierung das Recht zur Erhebung von Mautgebühren haben.

Stau

Die große Herausforderung lautet: Wie kann die Personen-Mobilität in Deutschland künftig bedürfnisgerecht erfüllt werden? Wird der **Stau** zum Dauerthema, wäre das für die gesamte Volkswirtschaft ein untragbarer Schaden. Ein Fünftel der 12.500 Autobahnkilometer gelten heute schon als staugefährdet. Staus und Baustellen ersticken den Fahrspaß. Ja, der Stau ist gleichermaßen eine Umweltbedrohung! 67 Stunden verbringt der Deutsche durchschnittlich pro Jahr im Stau, deutlich mehr also als mit Sex (40 Stunden). Statistik! Daher muss die Branche das Phänomen Stau in die Mitte der verkehrspolitischen Zukunft stellen, um automobile Mobilität zu wahren. Wie schafft es die Kneipp-Stadt Bad Wörishofen mit 15.000 Einwohnern, wie die südlichste Stadt Deutschlands, Oberstdorf, ohne eine einzige Verkehrsampel auszukommen?

Seit Jahrzehnten dient Verkehrspolitik in Deutschland vor allem der Befriedigung von Interessen. Wahlkreise werden mit Straßen beschenkt oder mit sündhaft teuren Bahnhöfen. Bundesländer missgönnen den Nachbarländern jede Million zu viel; Verbände wachen darüber, dass ja nicht die Schiene gegenüber der Straße bevorzugt wird oder umgekehrt.

Wer den deutschen Stau lösen will, der darf nicht nur neue Straßen bauen, der muss alles mit allem verzahnen: Lastwagen, Güterzüge, Schiffe, Flugzeuge. Anders wird es nicht vorangehen. Es gilt, Verkehrsbeeinflussungsmaßnahmen auszubauen. Man würde viel durch verbesserte Verkehrsinformationen erreichen. Ein bundeseinheitlicher Stausender zum Beispiel, der Ursachen und Zusammenhänge erläutert und den Verkehrsteilnehmern ihr Fehlverhalten erklärt, wäre sinnvoll. Ballungszentren sollten zu Stoßzeiten gemieden werden. City-Maut! Die Regelung in London (Congestion Charge – seit 2003) sieht vor, wer wochentags zwischen 7 Uhr und 18 Uhr in die Londoner Innenstadt fahren möchte, hat eine Tagespauschale von 8 Pfund zu entrichten. Fußgänger, Fahrradfahrer und Elektrofahrzeuge sollten sich in den Metropolen künftig die innerstädtischen Verkehrsflächen teilen. Die Hälfte aller Wege zum Arbeitsplatz ließe sich per Fahrrad absolvieren – siehe Abb. 1.3.6.1. Holland, hier in Nimwegen vor dem Bahnhof macht beispielsweise vor, was das Fahrrad alles vermag.

Abb. 1.3.6.1 Nimwege in Holland – das Fahrrad als Fortbewegungsmittel Nr. 1.

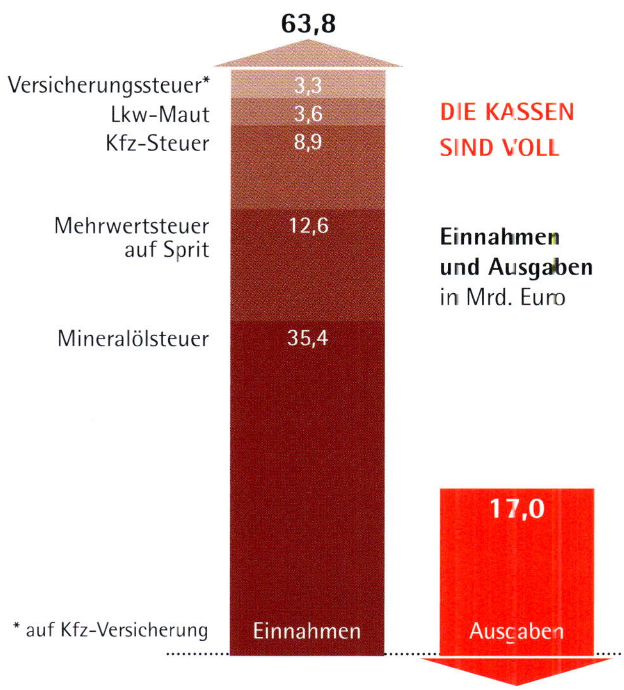

EINGESPART Auf den Straßen kassiert der Staat Milliarden, aber weniger als ein Drittel investiert er in den Erhalt und Ausbau dieser Verkehrswege

Quelle: Focus

AUTO UND STAATSKASSE

- Mobilität ist maßgeblich von der Abwendung eines Verkehrsinfarktes abhängig.
- Bis 2025 soll der Lkw-Verkehr um 70 Prozent zunehmen.

Abb. 1.3.6.2 Einnahmen des Staates

Radwege als »Grüne Welle«. Urlaubsreisende tun gut daran, nur nachts in den Urlaub aufzubrechen etc. Ein allgemeines Tempolimit auf Autobahnen würde nicht nur die Zahl der Verkehrstoten reduzieren, sondern auch die staufördernden Geschwindigkeitsunterschiede entschärfen. 2.500 km Autobahn sind bereits mit modernster elektronischer Verkehrsleittechnik ausgestattet. Das soll bis 2013 verdoppelt werden. Man darf daran erinnern, dass über die Wiedervereinigung seit 1990 über 188 Mrd. EUR in die Verkehrsinvestitionen Ost geflossen sind.

1.3.7 Lkw-Trends in Deutschland

Der Lkw-Verkehr macht in Europa rund 7 Prozent des Straßenverkehrs aus. Vergleicht man die Güterverkehrsleistungen von Straße, Schiene und Binnenstraße, so ist der Transportanteil über die Straße von 1995 von 70,7 Prozent auf 76,3 Prozent gestiegen. Der Güterverkehr erlebt gegenwärtig eine bescheidene Renaissance. Die Güterverkehrsleistungen werden bis 2030 um prognostizierte 43 Prozent zulegen. Die Bahn ist im Transport – wie Fahrzeuge, Maschinen, Energie und Chemie sowie Metalle und Steine – konjunkturanfällig. Über die Schiene werden etwa 19 Prozent der Gütertransportleistung erbracht. 5 Prozent über die Binnenwasserwege. Die umweltfreundlichste Straße ist die Wasserstraße. Sie wird am wenigsten genutzt. Der Luftfrachtbereich wird hier im Vergleich nicht herangezogen. Ein Lkw fährt pro Jahr im Schnitt 122.500 Kilometer, ein Sattelzug mehr als 80.000 km.

1.3.8 Der Deutsche und das Fahrrad

Wer über die vergangenen Jahre die Fahrradbranche beobachtet, kann feststellen, dass sie boomt und sich quasi neu erfindet. Das Zweirad als Alternative zum Wagen, als Fitnessgerät oder sogar als Lifestyle-Accessoire. 67 von 82 Mio. Einwohnern besitzen ein Rad. Der Deutsche legt im Schnitt pro Jahr 290 km mit dem Rad zurück. Die Niederländer sind 850 km, die Dänen gar 940 km mit dem Velo unterwegs. Als Radmuffel sind all jene Treter eingestuft, deren Jahresfahrleistung bei 30 km stehen bleibt.

Die Bundesregierung hat bis 2012 einen »Nationalen Radverkehrsplan« aufgelegt. Die politischen Parteien haben sich für die Stärkung des Radverkehrs ausgesprochen. Inzwischen fördern auch mehr und mehr Firmen den Weg zur Arbeit mit dem Fahrrad. Die Soll-Messlatte: 15 Prozent sollen mit dem Rad zur Arbeit anfahren! Dazu werden in den Betrieben die Fahrradabstellanlagen verbessert. Im Stadtverkehr kommen Radler bei Strecken unter sechs Kilometern erfahrungsgemäß im Schnitt schneller ans Ziel als Autofahrer. Daher möchte mancher Oberbürgermeister den Radleranteil von derzeit 7 auf 20 Prozent steigern. Der »Allgemeine Deutsche Fahrrad-Club (ADAFC – www.adafc.de)« wie der Branchenverband »VDZ« (www.vdz2rad.de) haben dazu gezielte Programme aufgelegt. Pedelecs (Pedal Electric Cycle) bilden die neue Velo-Variante. Jährlich werden inzwischen davon 100.000 Einheiten abgesetzt. Sie liegen im Anschaffungspreis zwischen 700 EUR und 2.500 EUR und stellen einen Marktanteil von 1,5 Prozent dar. Verleihsysteme, von Privatunternehmen betrieben, sollen quer über die Stadt eine »Vélorution« auslösen. Die Deutsche Bahn betreibt mit »Call a Bike« ein ähnliches System, das in fünf Städten 4.500 Räder bereitstellt. Radlervorzüge: Schon bei 10-Minuten-Portionen im Sattel wird die eigene Muskulatur besser durchblutet, der Stoffwechsel angeregt. Jede Bewegung ist besser als keine Bewegung!

Abb. 1.3.8.1 Das Fahrradgeschäft ist bei einigen Marken im Zubehörprogramm. Hier im Zubehörshop bei BMW.

1.3.9 Carsharing – die Alternative

Wer ein Fahrzeug nur stundenweise braucht, fährt mit Carsharing oft besser als mit einem klassischen Autovermieter. Das gilt für private wie für gewerbliche Nutzer. Rund 90.000 Nutzer zählen derzeit die Car-Sharing-Anbieter in Deutschland. Wer pro Jahr mit einem Fahrzeug weniger als 9.000 km unterwegs ist, fährt in der Regel mit Carsharing besser. Gerade für gewerbliche Nutzer ist der Abgleich zur Fahrzeugvermietung zu prüfen. Die Fahrtkosten errechnen sich aus Zeit- plus Kilometerpreis. Carsharing ist vor allem in Großstädten und Ballungszentren populär. Nähere Details sind beim Bundesverband der Carsharingbetreiber (BCS) Hannover (www.carsharing.de) einzusehen. DB Carsharing unterhält als Marktführer ein flächendeckendes Netz (www.dbcarsharing.de). Sixt lässt sein Carsharing über die Billigmarke Sixti laufen (www.sixticarclub.com).

In Wien betreibt die automobile Handelsgruppe Denzel ein eigenständiges Carsharing-Konzept (www.carsharing.at). Das Carsharingkonzept läuft unter »Denzel mobility« und wird seit zehn Jahren betrieben. Derzeit sind 211 Fahrzeuge in Wien im Dauereinsatz. Die Nutzung kostet pauschal pro Jahr 29 EUR. Davon sind 20 EUR Fahrguthaben. Abgerechnet wird über Kilometer- und Stundennutzung. Dazu müssen die einzelnen Fahrzeuge mit einem Spezialcomputer ausgerüstet werden. Meist ist das einzelne Fahrzeug drei bis fünf Stunden bzw. 30 Kilometer im Einsatz. Die Fahrzeuge selbst sind normalerweise drei Jahre im Einsatz. Für die einzelne Kategorie wird in der Regel ein Fahrzeug bereitgehalten. Dabei wird auf leichte Bedienbarkeit Wert gelegt. Für die Sauberkeit der Fahrzeuge ist zum einen der Fahrer selbst verantwortlich, andererseits sind vier weitere Kräfte stets von Auto zu Auto unterwegs, um für deren Einsatzfähigkeit bzw. Sauberkeit zu sorgen. Allenfalls 15 Prozent der Schäden werden nicht gemeldet, wobei die Hälfte davon aufgeklärt werden kann. Die Verfügbarkeitsrate liegt bei 50 Prozent. Mehr ist nicht darstellbar. Praktische Erkenntnis: Der klassische Autofahrer wechselt nicht zu Carsharing. Das ist eine eigene Spezies von Fahrzeugnutzern.

1.4 KMU, Familienbetriebe und verbandspolitische Vertretung

In Deutschland gibt es insgesamt 3,38 Mio. Unternehmen. In diesen Unternehmen stehen etwa 26,5 Mio. Personen in sozialversicherungspflichtigen und je nach Jahreszeit noch etwa 4 bis 5 Mio. in geringfügigen Beschäftigungsverhältnissen. 70 % davon arbeiten in KMU-Betrieben. KMU-Betriebe tätigen 39,8 % aller Wirtschaftsumsätze und 46 % der Bruttowertschöpfung. Unabhängig vom Ausbildungsjahr stehen rund 1,377 Mio. Personen in einem Ausbildungsverhältnis. Davon 82 % in KMU-Betrieben. Kleine Unternehmen sind jene, die weniger als 1 Mio. EUR Jahresumsatz bzw. bis zu zehn Beschäftigte, mittlere einen Jahresumsatz bis zu 50 Mio. EUR bzw. bis 499 Beschäftigte unter Vertrag haben.

Die rund 39.000 markengebundenen und freien Unternehmen des Kfz-Gewerbes gehören damit zum größten Teil der Gattung der KMU (kleine und mittlere Unternehmen) an – siehe Kap. 1.4.5 . Das ist die quantitative Betrachtung. 95 % davon weisen die für den Mittelstand charakteristische Einheit von Eigentum und Leitung aus. Das ist die qualitative Betrachtung von Mittelstand. Die meisten KMU-Betriebe sind daher als Familienunternehmen anzusehen. Familienunternehmen sind grundsätzlich in Deutschland der dominierende Unternehmenstyp und bilden eine tragende Säule für Wachstum und Beschäftigung. Wirtschafts- wie steuerpolitisch fehlt es oft an dieser Wertschätzung. Der Begriff Mittelstand hat als Lehnwort *mittelstand* zum Inhalt. Und dieser mittlere Stand wird auch standesgemäß behandelt. Mittelstandsbetriebe weisen im Schnitt 15 % Eigenkapital der Bilanzsumme aus. Das Fremdkapital wird zu 80 % durch Kredite finanziert.

1.4.1 Industrie- und Handelskammern

Die deutsche Wirtschaft ist in den 79 regionalen Industrie- und Handelskammern (IHK) und deren Dachorganisation Deutscher Industrie- und Handelskammertag (DIHK) organisiert. Alle Unternehmen, mit Ausnahme reiner Handwerksunternehmen, Landwirtschaften und Freiberufler (welche nicht ins Handelsregister eingetragen sind), sind zu einer Mitgliedschaft in ihrer regionalen IHK verpflichtet. Das Kfz-Gewerbe ist mehrheitlich der Auffassung, dass die Pflichtbeiträge der IHK abzuschaffen sind und die konkreten Leistungen individuell verrechnet werden sollten. Selbiges gilt für die Handwerkskammern.

1.4.2 Handwerkskammern

Die 54 Handwerkskammern in Deutschland sind Körperschaften des öffentlichen Rechts und stellen als solche die Selbstverwaltungseinrichtung des gesamten Handwerks in einem Kammerbezirk da. In Abgrenzung zu der Industrie- und Handelskammer (IHK) vertritt die Handwerkskammer die Interessen des Handwerks. Wie bei allen Berufskammern handelt es sich um eine Pflichtmitgliedschaft. Auch hier gehört die Pflichtmitgliedschaft aufgehoben. IHK und die Handwerkskammer gehören unter einem Dach zusammengefasst. Man staunt, wie lange sich derartige Institutionen in dieser Konstellation halten können. Die vereinzelten Institutionen, die hier etwas bewegen, bilden die rühmliche Ausnahme!

1.4.3 Kfz-Innung

Eine Innung ist die fachliche Organisationsform des Handwerks auf lokaler bzw. regionaler Ebene. Sie ist eine Körperschaft des öffentlichen Rechts und untersteht der Rechtsaufsicht der jeweiligen Handwerkskammer. Die wesentlichen Aufgaben der Innung sind in der Handwerksordnung festgelegt (Gesetz zur Ordnung des Handwerks). Häufig haben die Innungen gemeinsame Geschäftsstellen mit den Kreishandwerkerschaften. Der Vorstandsvorsitzende der Innung ist der Obermeister. Übergeordnete Fachverbände sind die Landesinnungsverbände mit dem jeweiligen Landesinnungsmeister sowie auf Bundesebene der Zentralverband mit dem Bundesinnungsmeister.

1.4.4 ZDK (Zentralverband Deutsches Kfz-Gewerbe)

Die Gliederung der Verbandsorganisation im Kfz-Gewerbe zeigt Abb. 1.4.4.1. Der ZDK (Zentralverband Deutsches Kfz-Gewerbe, www.kfzgewerbe.de) hat seinen Sitz nicht in Berlin, sondern in Bonn. Ihm gehören 15 Landesverbände und 239 Kfz-Innungen an. Die Verbandsstrukturreform 2000 mit erheblich weniger Landesverbänden und erheblich weniger Kfz-Innungen blieb bis heute auf der Strecke. Die größte Kfz-Innung, München-Oberbayern, hat beispielsweise 2.000 Mitglieder, die kleinste Innung 32. 30 Innungen haben überhaupt eine eigene Geschäftsstelle. Die Aufgaben der Landesverbände könnten von der jeweiligen Landes-Hauptstadt-Innung mit übernommen werden. Es gibt durchaus Kfz-Innungen mit Vorbildcharakter. Sie haben aber alle eine bestimmte Größe mit eigener Geschäftsführung. Sie verstehen es, ihren Mitgliedern echte Dienstleistungen zukommen zu lassen. Die meisten sehen sich aber als verwaltungstechnische Pflichterfüller. Die Grundfrage ist zu stellen, worin die konkrete Nutzenleistung für das einzelne Mitglied liegt? Beispielsweise erfüllen die 130 Kfz-Schiedsstellen eine wichtige Verbraucherfunktion. Kunden, die mit ihrem Fahrzeug in einem Mitgliedsbetrieb der Innung in der Werkstatt waren und Beanstandungen zu machen haben, können kostenfrei ihren Sachverhalt vor der Schiedsstelle prüfen lassen. Selbiges gilt für den Erwerb eines Gebrauchtwagens. Die ersten Schiedsstellen wurden 1970 in München und Hamburg gegründet. Es sei die Frage gestellt, wo sich die Autovermieter, die freien Leasingunternehmen, die freien Kfz-Importeure, der freie Kfz-Handel, die Flottenverbände, auch die Auto-Spezialbanken, die 3.500 Karosserie- und Lackierbetriebe formieren? Sie gehörten eigentlich unter das neu zu schaffende Dach einer national wie europäisch ausgerichteten Handelsvertretung mit Sitz in Berlin!
Daneben haben die einzelnen Automobilmarken eigenständige Händlerverbände. Sie sind meist Mitglied im ZDK, vertreten aber ihre Interessen gegenüber dem Hersteller oder Importeur eigenständig. Die europäischen Händlerinteressen werden über den CECRA (Conseil Européen du Commerce et de la Réparation Automobiles) vertreten (www.cecra.org). Abb. 1.4.4.2 dokumentiert die Wirtschaftsleistung des Deutschen Kfz-Gewerbes.

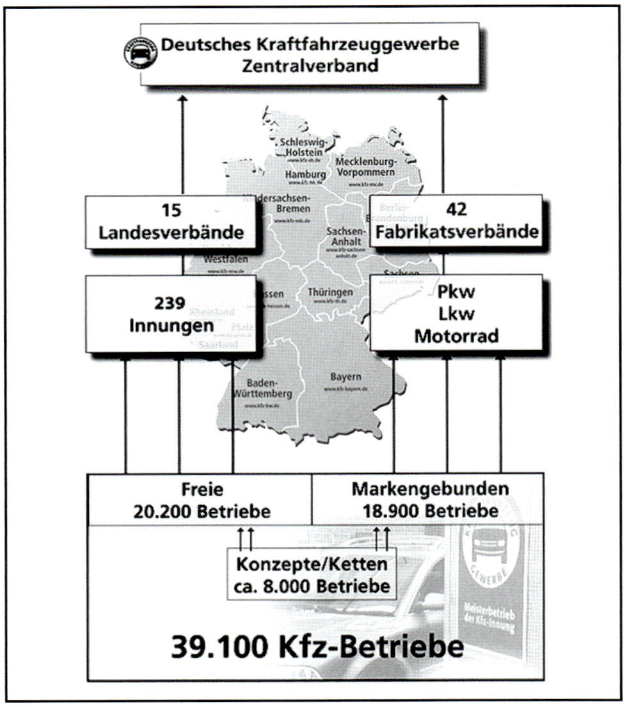

Abb. 1.4.4.1 Organisationsstruktur des ZDK (aus Zahlen/Fakten 2009)

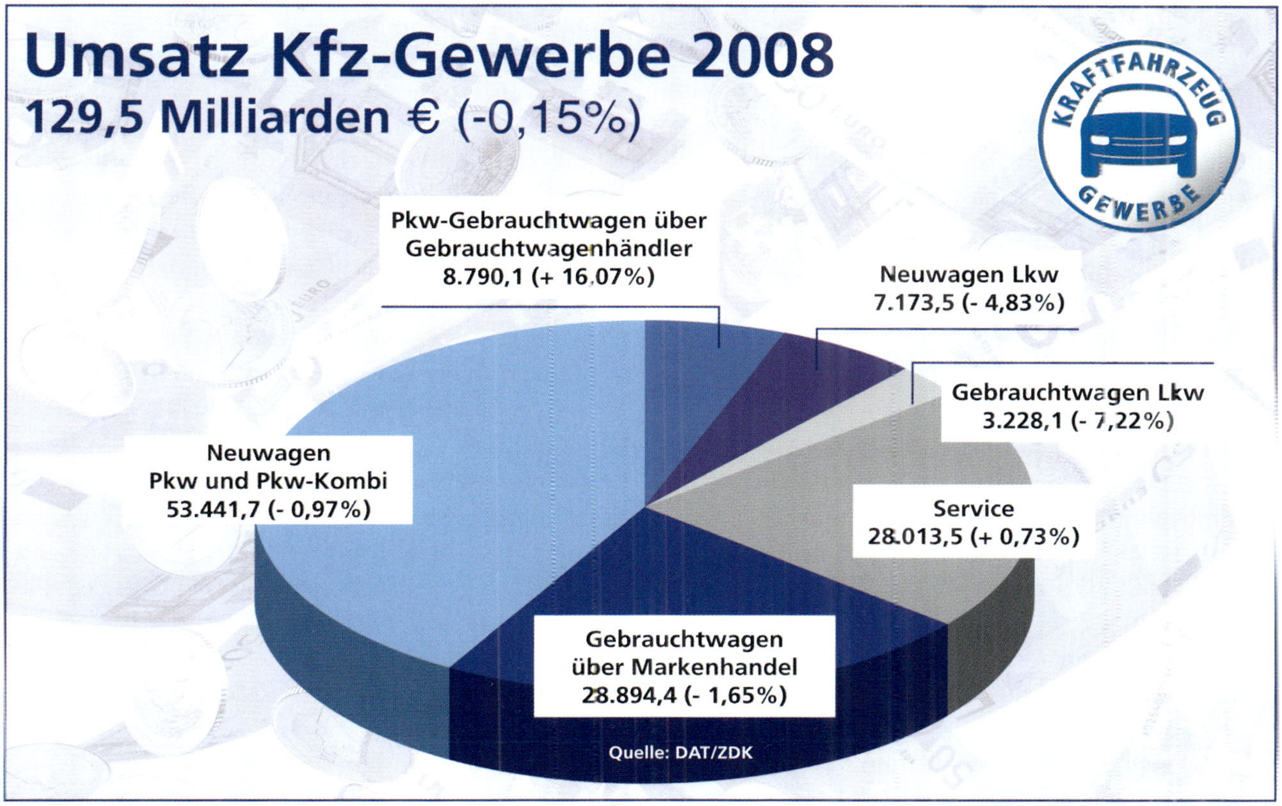

Abb. 1.4.4.2 Der Umsatz im deutschen Kfz-Gewerbe 2008

1.4.5 Mittelständische Familienbetriebe

»Kinder kriegen die Leute immer!« Das war 1957 die Meinung des ersten Kanzlers der Bundesrepublik Deutschland, Konrad Adenauer, als er den »Generationenvertrag« einführte. Seit nunmehr dreißig Jahren sind in Deutschland die Geburtenraten unter die bestandserhaltende Rentensubstanz gefallen. Das bedeutet für die Kfz-Branche, dass auch hier mehr und mehr der »Nachschub« über die eigene Familie zum Engpassfaktor wird. Bundeskanzlerin Angela Merkel forderte »mehr Freiheit« zu wagen. Zur Freiheit gehört auch die Freiheit auszusterben. Man kann sich ja bewusst weigern, das Leben weiterzugeben. Oder anders, die Schrumpfung einer Gesellschaft ist als Ausdruck individueller Entscheidungen hinzunehmen. Basta! Man könnte dies ja durch geeigneten »Import« egalisieren. Amerika ist doch deswegen so erfolgreich, weil es die richtigen Leute aus der ganzen Welt zu sich kommen lässt. Schlimm? Die beste Familienpolitik wäre demnach die Beerdigung der Familienpolitik. Mit anderen Worten: Entweder wir importieren die nötigen Talente, die wir brauchen, um Innovationen zur Routine zu machen oder die Unternehmen exportieren ihre Arbeitsplätze nach Asien. Die aufgezeigten Sichtweisen haben viel für sich, verkennen aber fundamentale Wertigkeiten.

Der Erfolg einer gesunden Gesellschaft basiert auf gesichertem **Privateigentum** und **stabilen Familien**. Die Betonung liegt auf »stabil«. Warum? Bildung und vor allem Werte werden primär über die Familie von Generation zu Generation weitergereicht. Und diese Weitergabe entscheidet über die Zukunftsfähigkeit einer Gesellschaft wie über das ökonomische Wachstumspotential. Und darin liegt das Geheimnis des Familienbetriebes. Die Gene für Unternehmertum, für Eigenverantwortung, für die freiwillige Übernahme von Risiko sollte im Lande wachsen und sich mehren. Wer diesen unschätzbaren Wert im eigenen Elternhause erfahren hat, weiß, wovon die Rede ist. Helfen, lehren, demonstrieren und leiten, diese erzieherischen Fundamente werden hier vorbildlich gelebt.

Mittelständler haben hohen **Bürgersinn**. Und darin zeigt sich ein weiteres Geheimnis der Familienbetriebe. Sie werden ihrer Aufgabe fürs Gemeinwohl in besonderem Maße gerecht. Dieser Tage berichtete ein Subaru-Händler, der neun Beschäftigte hat, dass er jetzt drei jungen Menschen einer Ausbildungsplatz zur Verfügung stelle. Das nennt man bürgerlichen Gemeinsinn! Womit bewiesen wäre: Wer persönlich das wirtschaftliche Risiko trägt, stellt sich besonderer Verantwortung, der Eigenverantwortung. Und diese ist in Zukunft auf allen Ebenen ganz besonders gefordert.

1.4.6 Spitzenleistungen und Erfolgsfaktoren im Familienbetrieb

1. Der Grund für Solidität und Langlebigkeit liegt außerhalb des streng Wirtschaftlichen. Jedes inhabergeführte Unternehmen hat einen nichtmateriellen Kern.
2. Mit der richtigen Anwendung von bewährtem Managementwissen allein sind langfristige Unternehmenserfolge nicht zu erklären.
3. Ein gut geführtes Autohaus in der Hand einer Familie ist besser als jeder Kettenbetrieb. Es ist schwer kopierbar und voller erfolgsträchtiger Überlebensenergie.
4. Familienunternehmen müssen mit dem wirtschaften, was sie haben. Damit gibt es natürliche Grenzen, die oftmals den Aktionsradius bestimmen.
5. Der Inhaber ist die Energiequelle und der Erfolgsmotor des Unternehmens. Energiequellen von Inhaber-Unternehmen sind Lebenskraft, Zielbewusstsein und Durchhaltevermögen.
6. Mittelständler sind oftmals keine Freunde schneller Entschlüsse. Anders, Strategien sind bedeutend kurzlebiger als das Engagement einer Inhaberfamilie.
7. Der Inhaber-Bonus schafft Kundenbindung und wirkt auch bindend auf die Mitarbeiter. Das will erarbeitet sein. Dahinter steht Kontinuität und Verlässlichkeit.
8. Die Person des Unternehmens kann eine Marke stärken und überhöhen.
9. Die Energie des Inhabers wird zum Wettbewerbsvorteil.
10. Seine Art zu führen, die Person und die Präsenz sind wichtiger als das System.
11. Ein Inhaber bindet sich in den meisten Fällen für sein gesamtes Berufsleben an den Betrieb.
12. Inhaber sind keine Einheitstypen. Sie alle verbindet Disziplin, Willensenergie, sie sind sorgfältig und verantwortungsbewusst. Das ist Kapital, das nicht in der Bilanz steht.
13. Seine persönliche Strategie stellt sicher, dass seine Schaffenskraft über Jahrzehnte erhalten bleibt. Er pflegt die Arbeitsfreude, die Gesundheit und persönliches Wohlbefinden.
14. Anspruchsvolle Ziele motivieren und mobilisieren. Ohne Ziele keine Entwicklung. Nur Richtung schafft Orientierung. Jeder Mitarbeiter sollte die Ziele des Hauses kennen und sich für die Ziele des Unternehmens begeistern.
15. Gute Mitarbeiter können sich als das entscheidende Plus auswirken.
16. Menschen zu begeistern hat etwas mit Emotion zu tun. Wer begeistern will, muss von einem Geist erfüllt sein. Er versteht es, Talente wachzurufen.
17. Viele gute Ideen brauchen Zeit.
18. Wichtig ist nicht der Gedanke, sondern das Ergebnis! Ergo: Tatendrang!
19. Der Vorsprung am Markt entsteht aus einer Summe perfekt ausgeführter Details.
20. Die einfachsten Mittel sind oft die wichtigsten: das Denken vom Kunden her, Intuition, Mut und Entschlossenheit.
21. Wer sich im Wettbewerb der Vergleichbarkeit entzieht, hat die besseren Preis- und Renditepotentiale.
22. Die Kernkompetenz modernisieren, der Beste am Markt sein, nicht erlahmen in den Anstrengungen, auf Produkte und Leistungen verzichten, die nichts bringen.
23. Die permanente Erneuerung ist ein Muss.

2 Globalisierte Automobil-Herstellerwelt (von Hannes Brachat)

Globalisierung, veränderte wirtschaftliche Rahmenbedingungen und sinkende Zulassungszahlen fordern auch von den Herstellern Veränderung. Wichtig ist dabei, die Anpassung der Vertriebsstruktur und die (inter)nationale Ausrichtung.

2.1 Kurzanalyse der automobilen Herstellerwelt

2.1.1 Die Automobil-Herstellerwelt steht Kopf!

Die automobile Herstellerwelt ist in den vergangenen zwanzig Jahren international transparenter, offener, aber nicht einfacher geworden. Von einst 35 Herstellern 1970 sprechen wir heute noch von 15 namhaften Herstellern, auch wenn neue Giganten aus Asien, China (Geely, Chery, BYD, Brilliance, Dongfeng, Changan, Great Wall Motors, SAIC, BAIC, Landwind) und Indien (Tata, Maruti, Hindustan Motors) nach und nach zusätzlich auf den Weltmarkt drängen – siehe Abb. 2.1.1. China wird zum größten Markt der Welt. Die Inder sind etwas später dran, werden aber folgen. Da wachsen junge Kapitalisten ran, die wie der Teufel arbeiten können.

GM

GM, von 1929 bis 2008 der weltgrößte Automobilhersteller, engagierte sich bei Daewoo/Chevrolet (2000), Saab (1990), Fiat (2000), Saturn (1990), Hummer (1999) und verstand es bis heute nicht, die erkaufte Größe auch über die angestammten Marken Cadillac, Chevrolet, Buick und Opel als Wettbewerbsvorteil in sichtbare Münzen umzusetzen. Man setzte auf die Strategie globaler Energien. Jetzt sucht man das Heil in der Autonomie der Marken. Und defizitäre Marken aufzulösen geht schon aufgrund der hohen Händlerabfindungen nicht. Man lässt die Kiste lieber nach und nach ausbluten und dünnt so aus. Die Marke Saturn übernahm 2009 der zweitgrößte Automobilhändler Amerikas, die Penske-Group. Ein Händler übernimmt eine Herstellermarke! Der Astra wurde beispielsweise in den USA über Saturn verkauft. 2005 löste GM nach fünf Jahren seine 20-Prozent-Beteiligung an Fiat und bezahlte 1,55 Mrd. EUR, um die mit acht Milliarden EUR verschuldete und Verluste schreibende Autosparte von Fiat nicht ganz übernehmen zu müssen. Fiat wurde für GM ein Fass ohne Boden. Nach der Fastpleite von Fiat sollten sich die Turiner nach und nach wieder fangen. Aber GM nicht und musste 2009 Insolvenz anmelden. Etwas, das es in der Automobilgeschichte so noch nie gab: Der amerikanische Präsident Barack Obama musste im Februar 2009 GM-Chef Rick Wagoner nach acht Jahren fortlaufendem Erfolg als Vorstandsvorsitzenden von GM demissionieren. Es sind eben auch gravierende Managerfehler, die mit zur GM-Malaise beigetragen haben. GM ist zunächst in Staatshand!

Chrysler

Auch der drittgrößte Autobauer der Welt, Chrysler, rutschte 2009 in die Insolvenz. Fiat, nach wie vor hoch verschuldet, »kauft« sich mit einer Beteiligung von 20 Prozent bei Chrysler ein, um über Chryslerhändler zukünftig am amerikanischen Markt dabei zu sein. Man kann es auch so interpretieren, dass der Investor Ceberus, der von Daimler die Chryslerhypothek übernahm, die Beteiligung von Fiat mehr als nötig hat. Und an Chrysler haben sich außer Fiat schon andere ihre »schwäbischen Zähne« ausgebissen und böse geblutet.

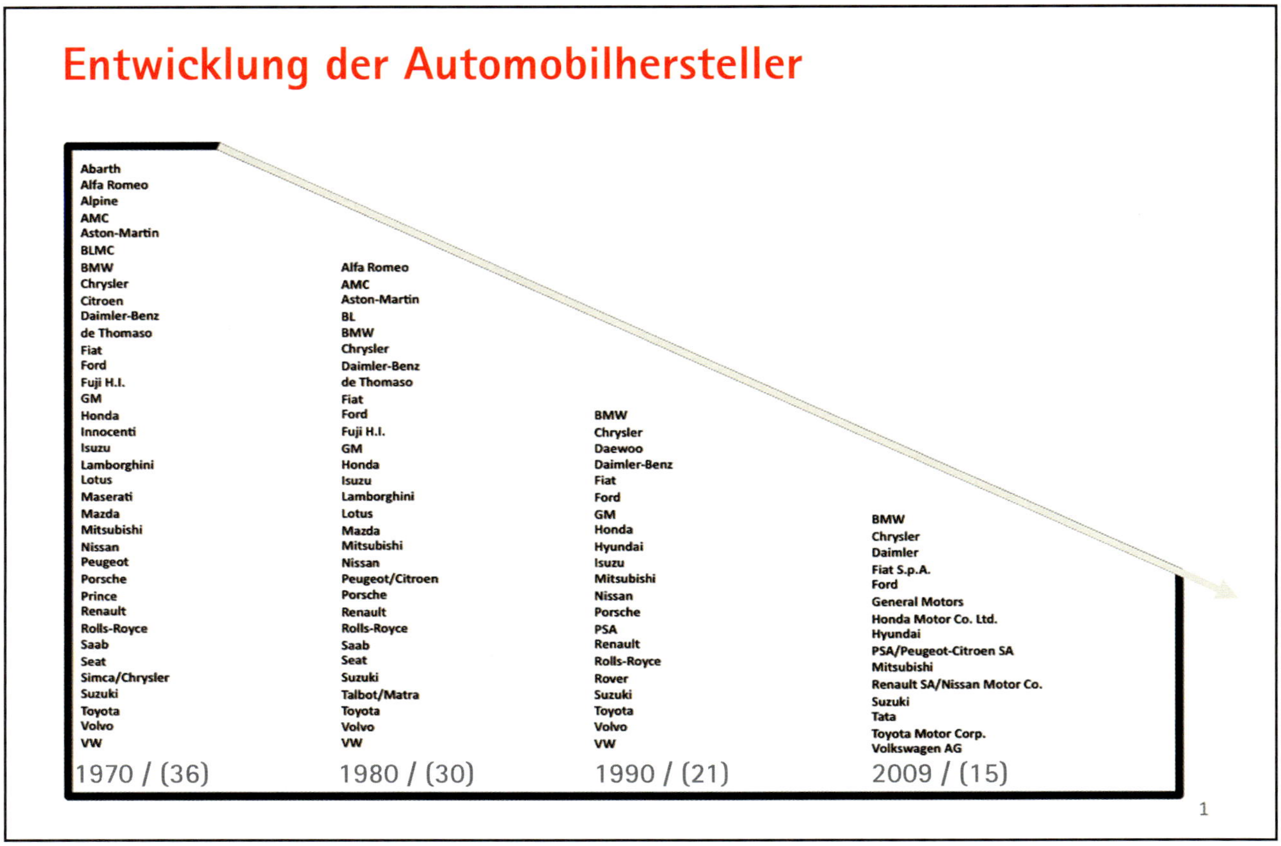

Abb. 2.1.1 Die Entwicklung der Hersteller in den letzten 40 Jahren (Quelle: IfA).

Ford

Ford erweiterte ursprünglich sein Markenspektrum um Jaguar (1989), Volvo (1999), Land Rover (2000) und Aston Martin (1987/1994). 2008 verkaufte Ford die Traditionsmarke Jaguar und Land Rover für 2,3 Mrd. EUR an den indischen Mischkonzern Tata. Die schwedische Marke Volvo soll über eine Staatsbürgschaft gerettet werden. Ford möchte sich von Volvo trennen. Dennoch kommt Ford bislang ohne Staatshilfen aus, setzt zur Rettung auf Weltautos aus Deutschland. Dennoch erwirtschaftete Ford 2008 ein Minus von 15 Mrd. Dollar. Innerhalb von drei Jahren (2006 -2008) häufte sich ein Schuldenpotential von 30 Mrd. Dollar an. Ford steht dennoch nicht in den Schlagzeilen und hofft auf das Ende von Chrysler und GM, um selber einen größeren Aktionsradius zu erhalten. Es stehen bei Ford einige Marken zum Verkauf. Echte Interessenten lassen auf sich warten.

Volkswagen

Der Volkswagenkonzern hat nun mit Porsche 10 Marken (VW, Porsche, Audi, Skoda, Seat, Bentley, Bugatti, Lamborghini, Scania, MAN) unter einem Dach und möchte bis 2018 vor Toyota an der Weltspitze stehen. Audi soll dabei 2015 BMW und Daimler im Premiumbereich überrundet haben. Dazu sollen bei Audi statt heute 24 dann 45 verschiedene Fahrzeugmodelle zum Durchbruch verhelfen. Wer sucht und braucht die Nische von der Nische in der Nische? Bei Seat sollen 2018 sage und schreibe 800.000 Einheiten pro Jahr produziert werden. 2008 ist es noch nicht einmal die Hälfte. Wolfsburg hat bereits 2009 mit der Golf-Plattform PQ 35 die Basis geschaffen, auf der jetzt schon 3,6 Mio. Autos pro Jahr produziert werden. Ziel ist, dass 70 Prozent aller Teile künftig für alle Modelle gleich sind. Ein kluger Weg. Offensichtlich ist »costcutting« zum unausweichlichen Schicksal der gesamten Welt-Automobilindustrie geworden. Der Übernahme-Coup von Volkswagen durch Porsche, der sich von 2005 bis zum Porscheabgrund 2009 mit der Übernahme durch Volkswagen drehte, erinnert in diesen gesamten Szenarien an eine Aussage des Raketenforschers Hermann Oberth: *»In unserer Gesellschaft stehen Anständigen und Spitzbuben die gleichen Wege offen – allerdings mit einem Unterschied: Die Spitzbuben bedienen sich zusätzlich gewisser Wege, die der Anständige scheut. So kommt es zu einer ständigen Anreicherung der höheren Gesellschaft mit Schurken.«* Die neue VW-Konzernstruktur erinnert in ihrer Weichenstellung durch Ferdinand

Piëch an Bismarcks kluge Aussage: »Politik ist die Kunst des Möglichen«. »Der Alte« hat bewiesen, dass er das Genie dazu beherrscht. Zu Lasten von wem sei hier nicht betrachtet. Nachdem er im VW-Konzern alles auf sich zuschneiden lässt, sei die Frage erlaubt, was nach ihm kommt?

Wer mutet sich eine klare Vorstellung von dem zu, was möglich ist? Da wird einmal mehr das Gewünschte mit dem Möglichen gleichgesetzt. Derweil ist das Mögliche doch wesentlich kleiner als das Wünschenswerte. Jeder weiß, dass er aus der Weltwirtschaft nicht aussteigen kann, sondern dass er sich behaupten muss: An bunten Markenbildern wird es also in Zukunft nicht mangeln.

Daimler

Man rufe das Bild der »Ehe im Himmel« zwischen Daimler und Chrysler ab. Der Vorzeige-Manager Jürgen Schrempp war auf dem Weg zur Welt AG. Der Start wurde mit der Verbindung zu Chrysler im Jahre 1998 gelegt. Es sollten sich Mitsubishi und Hyundai dazu gesellen. Die Ehe zu Chrysler wurde 2007 gelöst. 100 Mrd. EUR kostete – laut Insidern – das Lehrstück des Größenwahns. Dass die Sanierung von Dieter Zetsche bei Chrysler nicht lange vorhielt, zeigt spätestens die Chrysler-Insolvenz. Auch bei Daimler sind inzwischen arabische Scheichs zu Gange. Die Geldnot zwingt (endlich) zu nötigen Kooperationen.

Zwangsläufig stellt sich die Frage, ob es neben Markenbereinigungen auch Standortbereinigungen gibt, nachdem die Weltautomobilindustrie eine Produktionskapazität von 90 Mio. Fahrzeugen vorhält, aber nur mit einer Auslastung von max. 70 Prozent fährt? Abb. 2.1.2 zeigt die Werte der Weltautomobilproduktion für 2008 und 2009. 2008 werden noch für den Weltmarkt 65,45 Mio. Fahrzeuge ausgewiesen. Für 2009 52,58. Welche Dezimierung! Welche Anpassungszwänge! Wer gehört zu den Gewinnern, wer zu den Verlierern?

		2008	2009
1	Toyota	8,94*	5,71
2	Volkswagen	6,32	5,72
3	Ford	6,61	5,29
4	General Motors	7,71	5,21
5	Renault/Nissan	5,72	4,59
6	Hyundai	4,88	4,42
7	PSA	3,39	2,89
8	Honda	3,95	2,18
9	Suzuki	2,44	2,17
10	Daimler	1,59	1,16
11	BMW	1,44	0,85
12	Mitsubishi	1,24	0,72
13	Tata	0,62	0,55
Weltmarkt gesamt		65,45	52,58

Abb. 2.1.2 Vergleich der Weltautomobilproduktion 2008 und 2009

2.1.2 Renditeentwicklung

Das Jahr 2008 zu 2009 zeigt aber noch eine weitere gravierende Zäsur. Das ist die Entwicklung der Renditen der Automobilhersteller. 2008 schrieb beispielsweise Daimler noch eine Rendite von 8 Prozent. Und 2009? Selbst Weltmarktführer Toyota stürzte erstmals in seiner 70-jährigen Firmengeschichte in derartige Verlustwelten ab. Seit dem Jahre 2000 gehen 95 Prozent der Verkaufszuwächse der 15 Automobilhersteller auf das Guthabenkonto der japanischen und koreanischen Hersteller. Die Dominanz der japanischen Hersteller scheint gebremst zu sein. Das stellt diverse Fragen an die kleineren japanischen Marken und deren Zukunft. Marken wie Toyota und Honda zanken sich nicht nur in Sachen Hybrid.

! *Wenn Hersteller und Handel nichts verdienen, dann ist Gefahr im Verzug.*

2.1.3 Globalisierungskräfte

Werfen wir einen Blick auf die strategischen Zusammenhänge der hochgradig globalisierten Automobilindustrie. Schließlich soll die Globalisierung als Katalysator des Wettbewerbs und Fortschritts wirken. Abb. 2.1.3 zeigt die Antriebskräfte, die veränderten Rahmenbedingungen und die Konsequenzen daraus. Dabei sollten die Herausforderungen der Globalisierung offensiv, nicht defensiv angegangen werden. Wunschdenken oder Illusionen von Globalisierungsgegner sind das eine, entscheidend für Arbeitsplätze sind wettbewerbsfähige Produkte. Die Gesetze der Globalisierung engen die nationalen wirtschaftlichen Gestaltungsspielräume erheblich ein.

Im globalen Verdrängungswettbewerb wird in der Tat eine neue Runde eingeläutet. Die deutsche Automobilindustrie hat dabei mit der doppelten Belastung aus Verdrängungswettbewerb und Standortwettbewerb fertig zu werden. Eine übertriebene Umsiedlung von Produktionskapazitäten in Billiglohnländer Osteuropas oder Asiens hat für die traditionellen Auto-Nationen bedrohlichen Charakter. Die Verlagerung von Produktion und Beschäftigung ist längst im Gange. Selbst bei Porsche. Deutschland bleibt vermutlich langfristig Automobilstandort, wenn auch »geschröpft«. Noch setzen die deutschen Hersteller der wachsenden Konkurrenz aus Fernost bessere

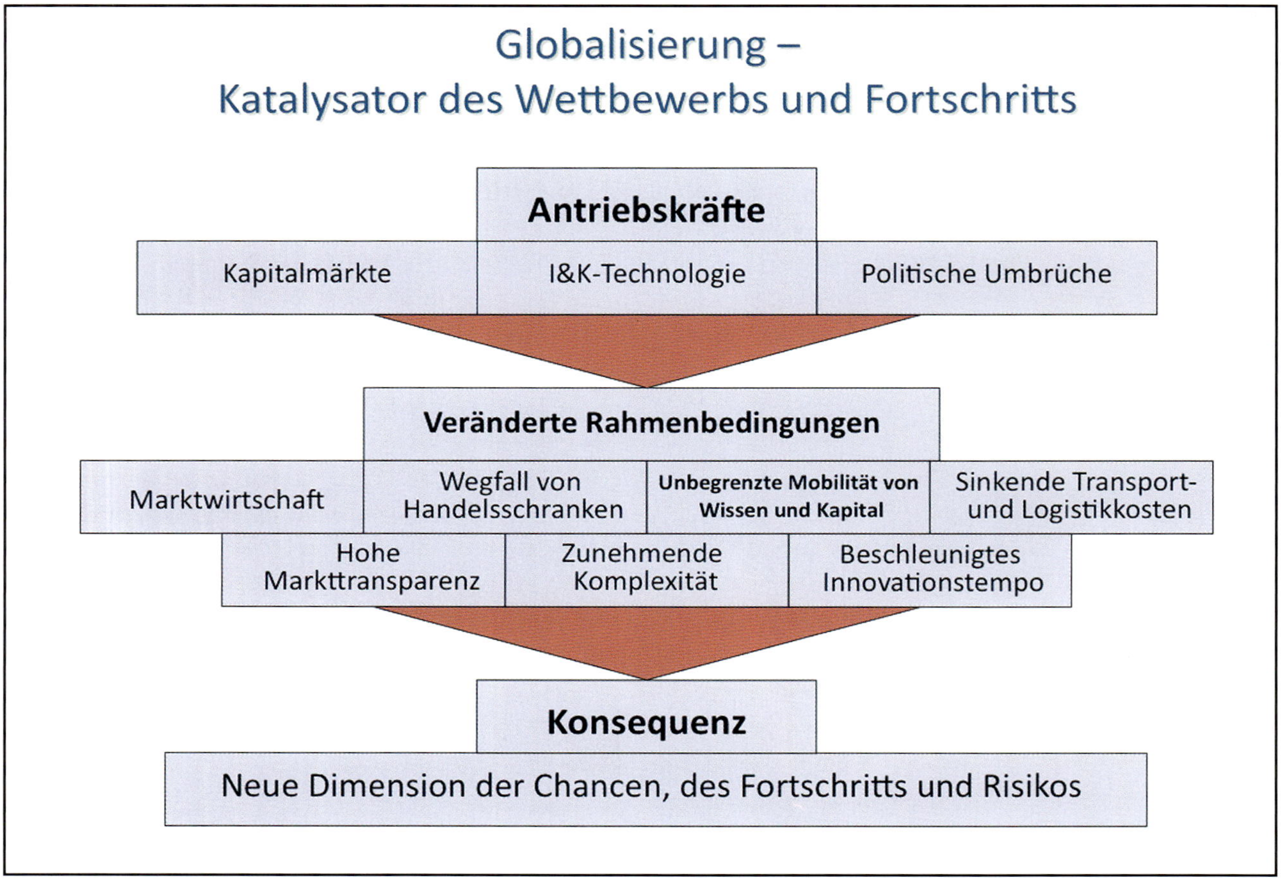

Abb. 2.1.3 Globalisierung – Katalysator des Wettbewerbs und Fortschritts (Quelle: C. H. Hahn)

Autos entgegen. Sind sie aber um so viel besser, wie sie teurer sind? Wenn schon der eine beim anderen einsteigt, kann es nicht darum gehen, Produktionskapazitäten zu zementieren. Sie sind abzubauen! Das senkt die Kosten. Wenn Daimler-Chef Dieter Zetsche meint: »Wir müssen das Auto ganz neu erfinden«, so ist damit die Frage aufzuwerfen, ob der Massenhersteller alter Prägung zum Auslaufmodell wird? Wenn das Auto in gesättigten Märkten vorwiegend Mobilitätscharakter hat, dann braucht man nur noch wenige Autokonzerne, die primär billigere, kleinere und umweltfreundlichere Autos bauen. Eben, 1-Liter-Autos, nicht die Perversion des »Volkswagens« namens »Phaeton«, in einer gläsernen Manufaktur zu Dresden, den sich immer weniger Kunden leisten können. Die Herausforderung besteht also auch darin, wie Volumenhersteller im kleineren und mittleren Segment über den Produktionsstandort Deutschland auf Dauer ertragsstark arbeiten können.

2.1.4 Automobile Wachstumsmärkte

Es werden aber die neuen Wachstumsmärkte China, Indien, Brasilien, Russland zunehmend taktbestimmend sein. Deren Wachstumsimpulse können die Weltproduktion von 60 auf 80 Mio. anheben. In Russland sind es derzeit pro Jahr 2,5 Mio. Zulassungen, es können 2015 rund 6 Mio. sein. In China stehen wir heute pro Jahr bei 5 Mio. Zulassungen, 2015 sind 15 Mio. Fahrzeuge pro Jahr nicht aus der Welt.

2.1.5 Automobiles Europa

Wer die eben dargestellten Szenarien auf sich wirken lässt, stellt fest, dass die Bedeutung des Marktes Deutschland wie West-Europa für global operierende Autokonzerne sichtbar rückläufig ist. Dennoch, gegenwärtig beschäftigt die europäische Automobilindustrie rund 12 Mio. Menschen. Die Autobranche ist Europas größter Arbeitgeber, Technologieträger und Innovationsbringer! Abb. 2.1.5 zeigt die voraussichtliche Marktentwicklung in Europa.

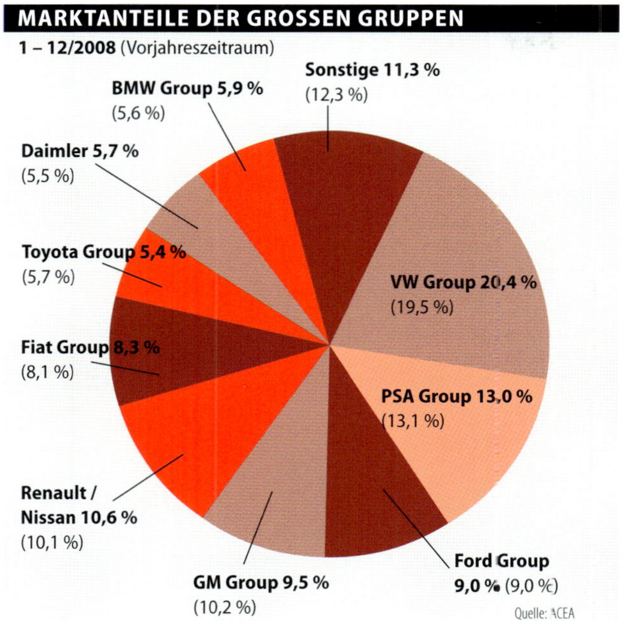

Abb. 2.1.4 Marktanteile der großen Gruppen

MARKTPROGNOSEN FÜR WEST-EUROPA				
2007	2008	2009	2010	2011
14,823	13,586	12,580	11,059	12,836

Abb. 2.1.5: Marktprognosen für West-Europa
(in Mio. Einheiten – Quelle: Polk)

Der Aufwärtsgang wird für 2011 erwartet. Abb. 2 1.4 zeigt die Europa-Marktdaten für die einzelnen Herstellergruppen. Abb. 2.1.6 zeigt die Pkw-Neuzulassungen innerhalb der einzelnen

Pkw-Neuzulassungen Europa

Land	2008	2007	Veränderung in %
Belgien	535.947	524.798	2,1
Dänemark	149.967	162.684	– 7,8
Deutschland	**3.090.040**	**3.148.163**	**– 1,8**
Finnland	139.647	125.617	11,2
Frankreich	2.050.282	2.064.543	– 0,7
Griechenland	267.242	279.794	– 4,5
Großbritannien	2.131.795	2.404.007	– 11,3
Irland	151.607	186.540	– 18,7
Italien	2.160.131	2.493.106	– 13,4
Luxemburg	52.359	51.332	2,0
Niederlande	499.980	505.538	– 1,1
Österreich	293.697	298.182	– 1,5
Portugal	213.386	201.816	5,7
Schweden	253.982	306.794	– 17,2
Spanien	1.161.176	1.614.835	– 28,1
EU-15 gesamt	**13.151.238**	**14.367.749**	**– 8,5**
Island	9.033	15.942	– 43,3
Norwegen	110.617	129.195	– 14,4
Schweiz	287.489	284.688	1,0
Westeuropa gesamt	**13.558.377**	**14.797.574**	**– 8,4**
Polen	319.965	292.376	9,4
Rumänien	285.489	312.532	– 8,7
Ungarn	155.909	171.661	– 9,2
sonst. neue EU-Länder*	392.418	385.661	1,8
neue EU-Länder* ges.	**1.153.781**	**1.162.230**	**– 0,7**
EU-27* gesamt	**14.305.019**	**15.529.979**	**– 7,9**
EU-27* + EFTA	**14.712.158**	**15.959.804**	**– 7,8**

*) ohne Malta und Zypern

Quelle: ACEA Stand: 27. Januar 2009

Abb. 2.1.6 Pkw-Neuzulassungen in Europa (aus Zahlen/Fakten 2008, ZDK)

EU-Mitgliedsstaaten. Daraus wird deutlich, dass der deutsche Markt in Europa mengenmäßig mit Abstand an erster Stelle steht, gefolgt von Großbritannien, Italien und Frankreich. Die Mengendifferenz macht pro Jahr rund 1 Mio. Fahrzeugzulassungen aus. Danach folgt die Niederlande mit 500.000 Einheiten p.a.; Polen als »neues EU-Land« führt die Liste mit 319.000 Fahrzeugen an.

2.2 Autohandels-Vertriebssysteme – ein Überblick

2.2.1 Grundsätzliches zu automobilen Vertriebssystemen

Der Geschäftszweck eines Automobilherstellers liegt in der Herstellung und dem Vertrieb von Automobilen. Voraussetzung für die **Steigerung der Absatzmenge** als primäres wirtschaftliches Ziel ist der – in Bezug auf Menge und Preis – **optimale Absatz** von

- Neuwagen
- Gebrauchtwagen
- Finanzdienstleistungen
- Teilen und Zubehör sowie
- Serviceleistungen.

Die Wahl und die Ausgestaltung des **Vertriebssystems** ist für die Ausrichtung und den Erfolg der Unternehmenspolitik des Herstellers die dringenste Aufgabe. Wir sprechen hier von der Systemführerschaft des Herstellers:

- Netzgestaltung,
- Marketingpolitik (Vertikales Marketing),
- Modellpolitik,
- Distributions-Management.

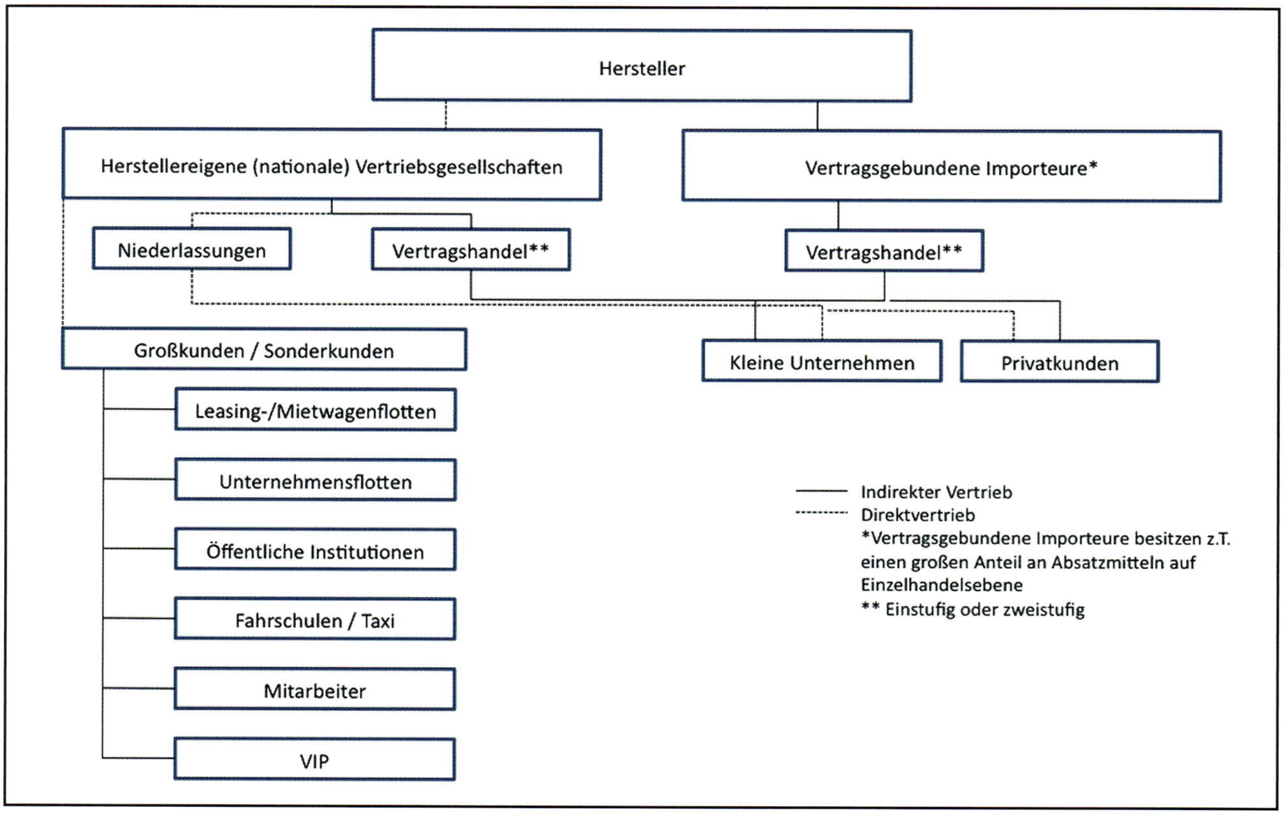

Abb. 2.2.1 Traditionelle Automobilvertriebsstrukturen (Quelle: A. Graf)

Abb. 2.2.1 zeigt die traditionelle Grundstruktur im Automobilvertrieb. Abb. 2.2.2 stellt die Wertschöpfungskette der Automobilwirtschaft dar. Der größte Ertragsanteil ist inzwischen in den Geschäftsfeldern festzumachen, die dem Neuwagenverkauf folgen. Dabei stellt sich zugleich die Frage, wie umfassend die Einflusssphäre bzw. die Kontrolle der Hersteller in den einzelnen Marktsegmenten reicht. Experten gehen von rund 75 Prozent aus!

Abb. 2.2.3 zeigt das Umsatz- und Renditepotential in Europa auf. Am meisten wird im Bereich Flottenmanagement, dann in der Fahrzeugvermietung, im Leasinggeschäft, dann im Bereich Finanzierung, weniger bei Kfz-Versicherungen und Service verdient.

Hohe Vermarktungskosten – rund ein Drittel der Kosten eines Fahrzeuges – fallen für Vertrieb und Marketing an. Auf die Handelsmarge 13 Prozent, auf die Logistik 4 Prozent, 3 Pro-

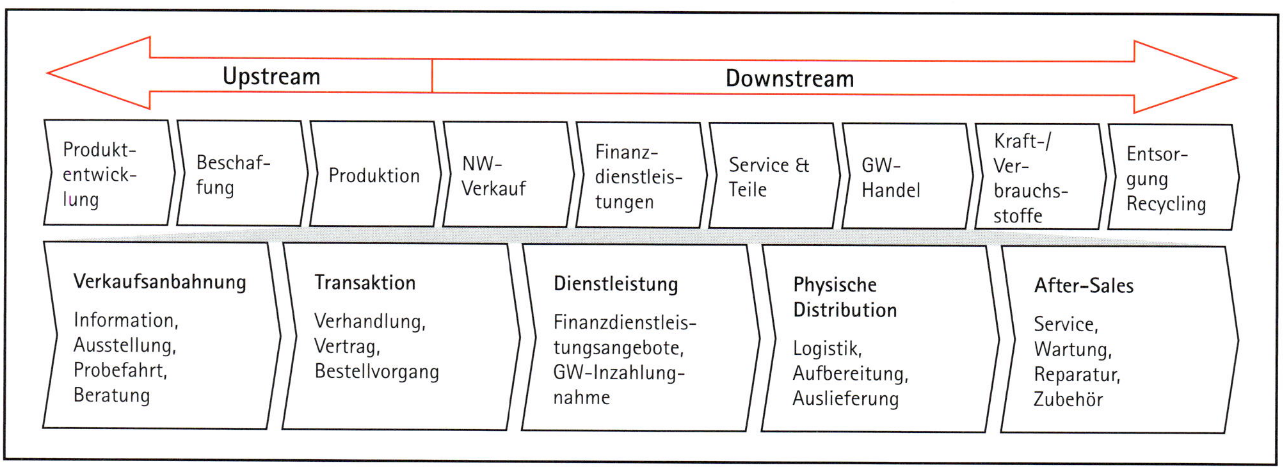

Abb. 2.2.2 Wertschöpfungskette der Automobilwirtschaft (Quelle: A. Graf)

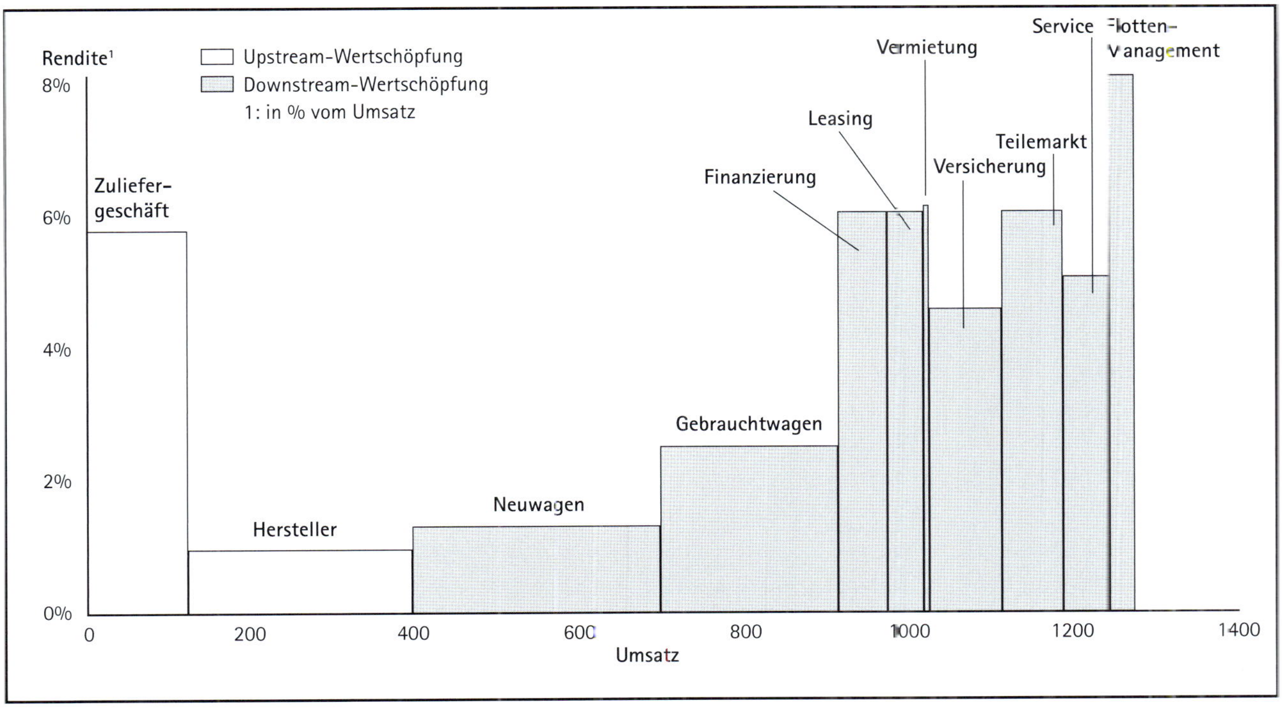

Abb. 2.2.3 Umsatz- und Renditepotential in Europa (Quelle: A. Graf)

zent auf die Betreuung der Distributionsorgane und 9 Prozent auf allgemeine Werbemaßnahmen. Der Bereich **Verkaufsförderung** sei abgerufen:

- Rabattaktionen,
- Direkt-Rabatte,
- subventionierte Inzahlungnahmen,
- Sondermodelle,
- Ausstattungspakete,
- Tageszulassungen,
- Eroberungsprämien,
- Sonderkonditionen für Versicherungen, Leasing- und Sonderzinsen u. a.

Damit sollen zeitlich begrenzte Aktionen gefahren werden, um über die zusätzlichen Anreize die gesteckten Vertriebsziele zu erreichen.

Ertragsentwicklung 2015

Welche Ertragsverschiebungen sind für den Hersteller bis zum Jahre 2015 zu erwarten? Abb. 2.2.4 gibt diverse Einblicke.

Systemprofit 2005:

	GEWINN	MARKANTEIL
NW	5 %	100 %
GW	1 %	59 %
Finanzdienstleistungen	36 %	59 %
Teile und Zubehör	58 %	83 %

Systemprofit 2015:

	GEWINN	MARKANTEIL
NW	11 %	45 %
GW	5 %	30 %
Finanzdienstleistungen	41 %	32 %
Teile und Zubehör	43 %	45 %

Abb. 2.2.4 Entwicklung des Systemprofits bis 2015 (Quelle: A. Graf)

Die oben angesprochene Maximierung der Produktionszahlen hat aus Herstellersicht quasi »naturgesetzlichen« Charakter. Ist die Mengenmaximierung für einen relativ gesättigten Markt wie den deutschen unumstößlich? Der Wandel vom

Verkäufer- zum Käufermarkt ist automobilistisch in Deutschland vollzogen. Das zu wählende Vertriebssystem sollte sich neben quantitativen viel stärker auf qualitative (Differenzierungs-)Faktoren verlegen, um eine gegebene, allenfalls leicht ansteigende Marktdurchdringung zu erreichen. Selbst dabei stößt das Trio Menge, Preis und Vertriebsaufwand auf sichtbare Ertragsgrenzen. Oder anders, das Gesetz vom abnehmenden Grenzertrag zeigt Wirkung.

Die Konzentration im Herstellerlager schreitet einerseits voran. Umgekehrt bleibt die Vielfalt der Marken mit immer noch mehr Modellen und Fahrzeugvarianten erhalten. Das bedeutet für die agierenden Marktteilnehmer noch kräftigeren Wettbewerb. Opel durfte 2009 aus politischen Gründen vorerst nicht vom Markt weichen. Also streiten die gut 30 Automobilmarken um den gegebenen Kuchen. Es stehen dennoch neue, ernst zu nehmende Wettbewerber vor der Tür: die Chinesen und die Inder. Eine rasante Zunahme an Fahrzeugmodellvielfalt und deren Anschlussmodelle sollen in beschleunigtem Rhythmus der einen und anderen Marke zum mengenmäßigen Mehrverkauf verhelfen. Umgekehrt schafft diese Politik der permanenten Modellerweiterung zusätzliche Herausforderungen im Vertrieb, vom höheren Marketingaufwand, erweiterten Investitionen in den Handelsbetrieben bis hin zur informativen Beherrschung in der Verkaufsumsetzung. Wenn Jahr um Jahr 150 neue Modelle inkl. der Faceliftings auf den Markt drängen, führt das auch für den Kunden zu informativer Überforderung bzw. Verwirrung.

! *Ganzheitliches Kundenerlebnis wird zur hohen Kunst!*

Handelsseitige Empfehlungen, das Vertriebssystem auf die Vermeidung von »Überproduktion« auszurichten und/oder Neuwagenpreisreduzierungen als Steuerungselement in die Vertriebsform zu integrieren, finden herstellerseitig immer noch wenig Akzeptanz. Weltweit wird eine Fertigungskapazität von 90 Mio. Fahrzeugen vorgehalten. Die durchschnittliche Verkaufsmenge bewegt sich pro Jahr zwischen 55 und 65 Millionen Fahrzeugen. VW-Macher Ferdinand Piëch kündigte bereits 1993 die »atmende Fabrik« an. Die Plattformstrategie sollte u.a. ermöglichen, dass jedes Neufahrzeug, das innerhalb Europas gebaut wird, nach der jeweiligen Kundenorder binnen 14 Tagen geliefert werden kann. Wir sprechen vom **»Build-to-Order-Ansatz«** (BtO). Basis ist die konkrete, individualisierte Kundenbestellung. Sie trägt erheblich zum Werterhalt des Fahrzeuges wie der Marke bei. Beim **»Build-to-Stock-Ansatz«** (BtS) werden die Neufahrzeuge aufgrund von Marktforschung und Absatzprognosen produziert. Die individuellen Wünsche des Käufers können nicht einfließen. Die unzureichende Spezifikation in Relation zum vorhandenen Lagerwagen beim Händler wird über einen entsprechenden Preisnachlass egalisiert. Die Hersteller leisten sich bei immer noch mehr Modellen und Ausstattungsvarianten diesen kostspieligen Luxus. Markenwert bildet sich signifikant durch Kundenzufriedenheit. Die meisten Kunden hegen den Wunsch nach individualisierter Fahrzeugbestellung. Also:

! *Gefragt sind nicht Autos von der Stange, sondern Maßanzüge.*

Es geht dem Hersteller offensichtlich erst an zweiter Stelle um die Kundenzufriedenheit. Primär stehen Mengenüberlegungen und der Druck aus der gewerkschaftsbetriebenen Produktionsbeschäftigung im Vordergrund. Pushorientierte Absatzstrategien dominieren. Die Milliarden-Investitionen in neue Produkte, in Forschung und Entwicklung sind selbstredend. Und die Milliarden-Investitionen in den Vertrieb? Sie gibt es in eingeschränktem Maße.

Ferdinand Piëch formuliert das diplomatisch so: »Techniker können genauso gut rechnen wie Kaufleute. Und sie beherrschen die Technik. Umgekehrt geht es nicht!« Die Wahl des Vertriebssystems beeinflusst die wirtschaftlichen Chancen und Risiken des Handels. Es stellt sich die richtungsweisende Frage, ob überhaupt ein Kontext zwischen

- der Wahl eines bestimmten Vertriebssystems und
- der Renditechance für den Handel besteht?

2.2.2 Vertriebsmodelle – aus Sicht des Herstellers

Dem Hersteller stehen wesenhaft drei Vertriebsmodelle mit entsprechenden Untersystemen optional zur Verfügung:

1. Direktvertrieb, die direkte Veräußerung von Fahrzeugen (Neu- und Gebrauchtwagen), Teilen und Zubehör und Dienstleistungen an den Endverbraucher (Privat- und Geschäftskunden), und zwar über eigene Absatzorgane wie eigene Verkaufsabteilungen oder über werkseigene Niederlassungen. Und dies entlang des gesamten Kaufprozesses, mit regionaler Begrenzung. Wer die – gegenwärtigen – finanziellen Ressourcen der Hersteller abruft, kann feststellen, dass ein flächendeckender Direktvertrieb weiterhin nicht realistisch ist.

- Vorteile des Direktvertriebs für den Hersteller:
  - höchstes Maß an Einfluss
  - breites und umfassendes Angebot
  - direkter Kontakt zum Kunden
  - keine externen Vertriebskosten (Entfall der Händlermarge)
  - markenexklusiv

- Nachteile des Direktvertriebs für den Hersteller:
  - maximale Investitionsnotwendigkeiten (in Human- und Sachkapital)
  - massive Kapitalbindung

2. (Un-)abhängige externe Unternehmen (Markenhandel)
Übertragung des Vertriebs an selbstständige und (un-)abhängige **externe Unternehmen** unter vertraglicher und wirtschaftlicher Anbindung. Dies mit den klassischen Leistungsfelder Neu-, Gebrauchtwagen, Finanzdienstleistungen, Teilen und Zubehör sowie Serviceleistungen. Zielgruppe: Privat- und Geschäftskunden. Im regionalen Einzugsbereich.

- Vorteile für den Hersteller:
  - hohes Maß an Einflussmöglichkeiten (Handelsvertrag, Agenturvertrag)
  - Verlagerung wirtschaftlicher Investitionen auf den Handel
  - Relative Markeninszenierung

- Nachteile für den Hersteller:
  - keine vollständige Vertragsfreiheit bei der Gestaltung der vertraglichen Bindungen
  - Restriktionen unter dem Gesichtspunkt der Allgemeinen Geschäftsbedingen und des Kartellrechts (Kfz-GVO)

Die gewichtigsten Ressourcen eines Autohauses liegen in der Managementqualifikation des Risikoträgers, dem Standort, Grundstück und Gebäude, in der (Eigen-)Kapitalausstattung, dem Kundenstamm und der Sortimentsofferte.

3. Händler ohne vertragliche Bindung (Freier Handel)
Einsatz unabhängiger externer Händler **ohne** vertragliche Bindung (Handelsmakler).

- Vorteile für den Hersteller:
  - Verlagerung wirtschaftlicher Investitionen auf den Handel
  - relative Abhängigkeit

- Nachteile für den Hersteller:
  - fehlende Einfluss-, Steuerungs- und Kontrollmöglichkeiten
  - keine Investition in Markenexklusivität

Leistungsvorsprung der freien Händler: Niedriger Preis, Kundennähe. Oftmals EU-Fahrzeuge.

Mit den Liberalisierungstendenzen der GVO 2002 entwickeln bzw. entwickelten sich in de Folge weitere Absatzkanäle und -formen. **Multikanalvertrieb!** Das gegebene Absatzvolumen wird unter zusätzlichen Marktteilnehmern neu verteilt. Autorisierte Service-Betriebe treten als Fahrzeugvermittler bzw. freie Händler auf. Auch ehemalige Markenhändler. Ebenso freie Werkstätten. Außerdem haben sich mehrere Einkaufskooperationen gebildet. Diese in der Rechtsform der AG wie der Genossenschaft (ANAG, Auto Süd AG u. a. – siehe Kap. 3.19)

2.2.3 E-Commerce (B2B und B2C)

E-Commerce schafft immer neue Facetten. Es werden nur Teile des Kaufprozesses abgebildet, beispielsweise die Fahrzeug-Konfiguration über Internet/Call-Center, also die Anbahnung. Andere ziehen den Prozess bis zur Fahrzeugauslie-

Abb. 2.2.5 Freie Vermittlung von Neuwagen aller Marken und Modelle

ferung direkt beim Kunden durch. Man denke an die EU-Vermittlung von Fahrzeugen – Abb. 2.2.5.
Vermittler sind solche Personen oder Unternehmen, die ein neues Kfz für einen Verbraucher kaufen, ohne Mitglied des jeweiligen Vertriebsnetzes zu sein. Sie dürfen nicht mit unabhängigen Wiederverkäufern verwechselt werden, die ein Fahrzeug zum Weiterverkauf erwerben und nicht im Namen eines bestimmten Verbrauchers tätig werden. Der Vermittler – so J. Creutzig in der EG-Gruppenfreistellungsverordnung für den Kraftfahrzeugsektor – muss eine gültige Vollmacht von einem bestimmten Kunden vorweisen. Zum Verhältnis Vertragshändler und EU-Vermittler sei auf die Ausführungen im Buch »Das Autohaus in der Krise und Insolvenz«, S. 377 ff., verwiesen.
Der Vertrieb reiner Mobilitätsleistungen ist auf dem Vormarsch. Der Privat- wie Geschäftskunde erwirbt ein zeitlich begrenztes Nutzungsrecht (Flottenmanagement, Pool-Leasing- oder Mietangebot u.a.). Diverse Unternehmen agieren heute als Geschäftskundenspezialist (komplettes Flottenmanagement). Dazu gehören Module mit gezielten Paketen für Mitarbeiter, die in Höhe der monatlichen Leasingrate Gehaltsverzicht leisten – siehe Athlon-Lease (www.athloncarlease.de, Rubrik Fahrer, Gehaltsumwandlung, www.lease2motivate.de, Arbeitnehmer).
Schauen wir auf die Vertriebsform der öffentlichen (gängige Internetbörsen) oder geschlossenen Auktion (an Wiederverkäufer). Einschlägige **Auktionsanbieter** agieren auf dem gesamteuropäischen Markt. Stehen in einem der 27 EU-Länder Neufahrzeuge auf Halde, werden diese Fahrzeuge über den Preis regional zur gezielten Internetofferte. Sie werden i.d.R. freien Wiederverkäufern angeboten. Diese sog. EU-Fahrzeuge bzw. Neuwagen-Überbestände diverser Importeure tragen – wie die Fahrzeugbörsen – zu einer Senkung des durchschnittlichen Preisniveaus bei. Der freie Verkauf an (freie) Wiederverkäufer ist ein weiterer Kanal. Sprich, ungebundene Händler erhalten neue Autos – Abb. 2.2.6. Oftmals mit der Auflage, diese nicht an entsprechende Markenhändler weiter zu veräußern.

Abb. 2.2.6 Verkauf von Neu- und Jahreswagen – fast aller Marken

Abb. 2.2.7 Auch Tchibo verkauft Autos.

Ein Automobilhändler hat sich im Tele-Shopping geübt (Juetten & Koolen in Heinsberg/Aachen). Oder wer erinnert sich nicht an die Vermittlung über branchenfremde Akteure wie Discount- und Baumärkte (Tchibo, Aldi, Rewe, Edeka, Otto-Versand, Marktkauf (Baumarktkette)? Abb. 2.2.7 – ein Tchibo-Beleg!

2.2.4 Zukunft des Markenhandels (Multivertriebskanal)

Die aufgezeigten Absatzkanäle machen deutlich, dass der Typus Vertragshändler (inkl. Niederlassungen) nach wie vor an erster Stelle steht, dennoch an Bedeutung verliert. Die unterschiedlichen Vertriebsformen verdeutlichen einen starken Intra- und Interbrandwettbewerb. Auch dieser führt zu ertrags- und imageschädigendem Preiswettbewerb. Die Multivertriebskanäle wie die Ertragssituation im Handel schaffen für die Hersteller Handlungsdruck. Die Forderung: Lean Distribution! Der Neuwagenvertrieb (Franchise Attractiveness) muss für den Markenhandel profitabler und attraktiver gestaltet werden.

Abb. 2.2.8 Automobil-Outlet in Würzburg-Giebelstadt

Auch das **Factory Outlet**, wie hier bei Fiat in Giebelstadt/ Würzburg ist anzutreffen. Hier werden ganz gezielt Überkapazitäten in Form von Lagerwagen oder Auslaufmodellen di-

Abb. 2.2.9 Downtownshop von Mercedes Kestenholz in Basel

rekt aus Turin frei zum Verkauf angeboten. Weitere Entwicklungen sind denkbar. Wann treten große, autarke und international tätige Handelsgruppen auf, die ihre eigenen Automobile produzieren lassen und auf den Markt bringen? Oder sie ordern von einem bestimmten Fahrzeugmodell eines Herstellers 20.000 Einheiten und vertreiben diese überregional über Börsenkanäle. Heute ordern sie bei diesem, morgen bei jenem Hersteller? Selbiges Ansinnen könnte von Einkaufsgemeinschaften ausgehen.

In einzelnen Städten – wie in Basel, Abb. 2.2.9 –, trifft man auf sogenannte Downtownshops. Es wird in hochfrequentierter Lage in exklusiver Atmosphäre vereinzelte Neufahrzeuge nebst diversem Zubehör präsentiert. Abb. 2.2.10 gibt einen Überblick zum Multivertriebskanal im Automobilhandel.

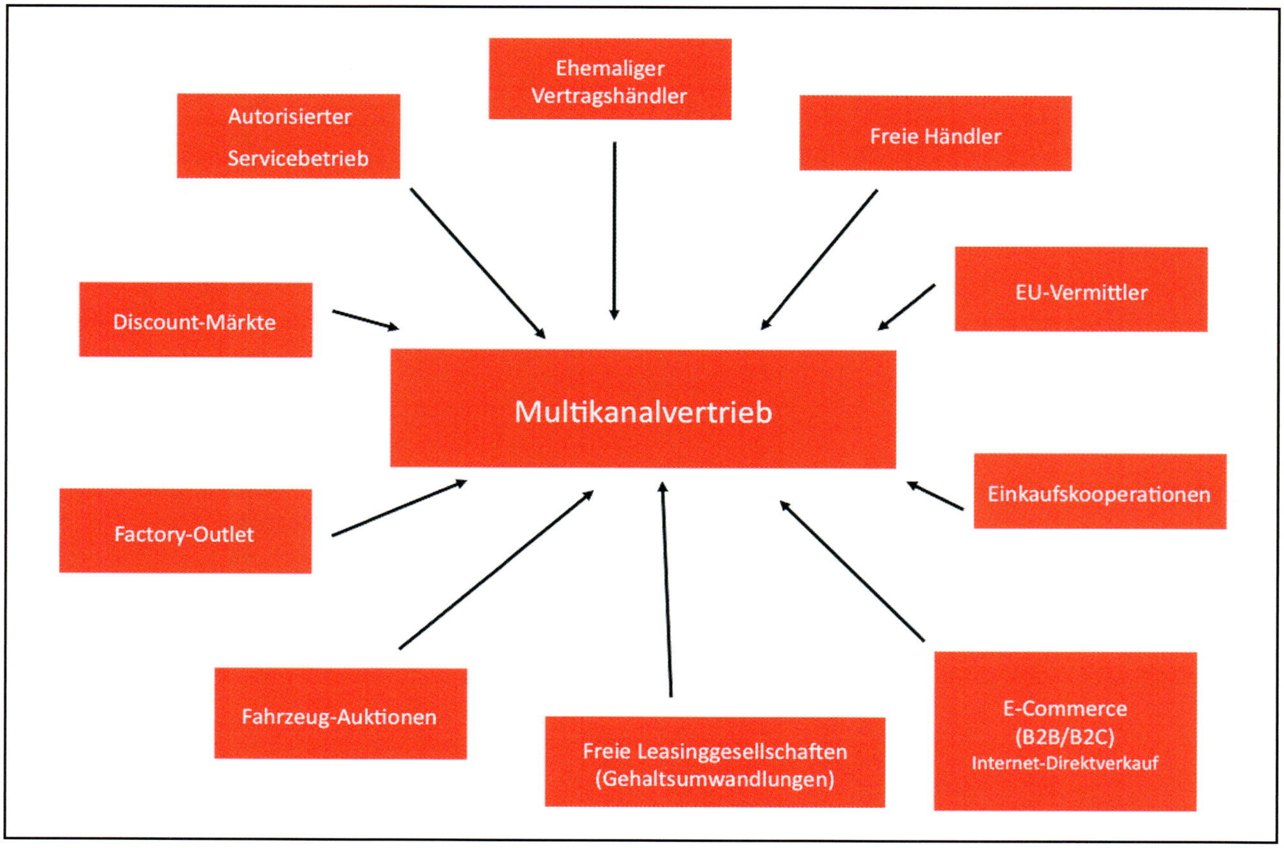

Abb. 2.2.10 Der Multikanalvertrieb im Automobilhandel.

2.2.5 Grundsatzfragen für den Automobilhändler

1. Weshalb sind unabhängige Unternehmer bereit, die aufgezeigten Restriktionen und die Risiken ihrer Tätigkeit hinzunehmen oder sich sogar aktiv den Herstellern anzudienen?

2. Den höchsten Bindungsgrad haben Franchisenehmer – siehe Kap. 3.10. Damit drängt sich die Frage auf, warum es Unternehmer gibt, die gerade in dieser Funktion tätig werden wollen? Oder anders gefragt: Gibt es Anzeichen dafür, dass sich diese maximale Intensität der Anbindung wirtschaftlich positiv auf diese Kategorie der Absatzmittler auswirkt? Oder setzt eine Rendite für beide Seiten zukünftig eine zentrale Preisstellung voraus?
Angesprochen ist die Thematik, welches Geschäftsmodell die Chance auf den maximalen Kooperationsgewinn eröffnet.

3. Also: Wie viele Vorgaben durch den Hersteller braucht der Automobilvertrieb? Oder: Braucht der Automobilvertrieb ein neues Verständnis des Herstellers in Bezug auf seine Rolle im Vertriebssystem?

Oder: Wird der Automobilvertrieb optimiert, wenn der Hersteller seinen eigenen Vertriebsapparat minimiert und die dadurch freigesetzten Mittel in vertriebsunterstützende Begleitmaßnahmen umschichtet?

Oder anders gewendet: Ist der externe Handel bereit und in der Lage, die Marktchancen besser auszuschöpfen, wenn der Hersteller sich für ein Vertriebsmodell öffnet, in dem sich der externe Handel auf den Kunden konzentrieren kann und in diesem Bemühen durch Maßnahmen aller Art seitens des Hersteller unterstützt wird, die die Akquisitionschancen und den Akquisitionserfolg des externen Handels begünstigen? *

* *vgl. Falkenstein, Günther, Kfz-Vertriebssysteme im Überblick, 2008*
Brasette, Plagens, Schmidt: Das Autohaus in der Krise und Insolvenz, Münster, 2008
Graf, Alexander: Geschäftsmodelle im europäischen Automobilvertrieb, Wiesbaden, 2008

3 Hersteller-Handel-Beziehung (von Hannes Brachat)

Von ganz entscheidender Bedeutung wird zukünftig die Gestaltung der Hersteller-Handel-Beziehung sein. Wichtig ist dabei eine partnerschaftliche Beziehung, die die Interessen beider Parteien – vor allem in Bezug auf die Rendite – berücksichtigen muss. Grundlegend ist auch die Fragen nach den Erfolgsmodellen der Zukunft: Mehrmarkenhandel, A-/B-Händlerbeziehung, internationale Ausrichtung?

3.1 Hersteller-Handel-Beziehung: Zukunftsperspektiven

*»DER HÄNDLER IST DER WICHTIGSTE KUNDE DES HERSTELLERS.
DER MITARBEITER IST DER WICHTIGSTE KUNDE DES AUTOMOBILHÄNDLERS.
UND DER VERBRAUCHER IST DER WICHTIGSTE KUNDE FÜR DEN MITARBEITER.«*

Der qualifizierte Markenhandel ist der wichtigste Kommunikations- wie Vertriebskanal des Herstellers. An ihm verdient der Hersteller am meisten Geld. Bleibt das so? Das ist zugleich die zentrale Fragestellung für die Zukunft. In Kap. 2.2 sind die Multivertriebskanäle dargestellt. Dort wird im Ergebnis eine reduzierte Bedeutung des Markenhandels auch für die Zukunft ausgemacht. Eigentlich haben Handel wie Hersteller dasselbe Ziel

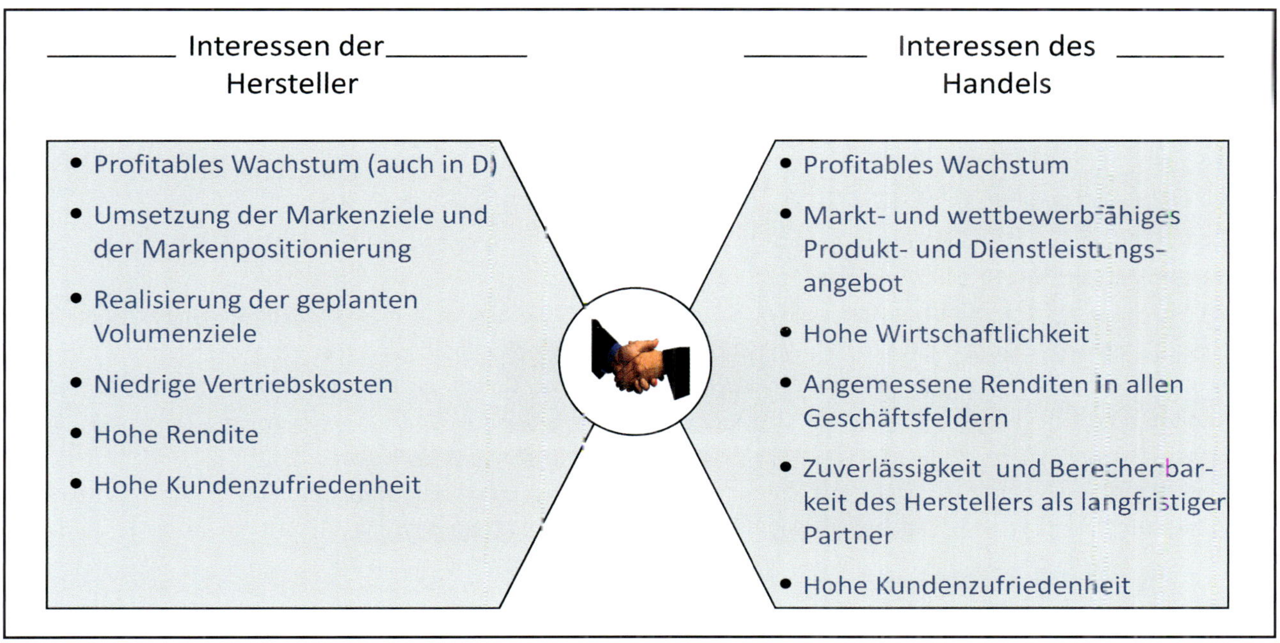

Abb. 3.1.1 Identische Interessenslagen zwischen Handel und Hersteller (Quelle: Walter Missing)

> **!** *Hohe Fahrzeugvolumina, sprich optimale Marktausschöpfung in einer bestimmten Region mit marktgerechten Preisen zu gestalten.*

Das bedeutet: Leistungs-, Wettbewerbs-, Ertrags-, Investitions- und Zukunftsfähigkeit. Abb. 3.1.1 zeigt das im Detail: Abb. 2.2.2 (Seite 38) zeigt die automobile Wertschöpfungskette. Der Hersteller sieht sich darin als Systemführer oder Kapitän, der den Marketing-Mix für sein Leistungsprogramm über alle Distributionsstufen hinweg bis zum Endverbraucher steuert (Konfliktstrategie). Diese Funktion sichert er sich über den »Händlervertrag« – siehe Kap. 3.4 – und über den Faktor Macht (Marken-, Experten- und Sanktionsmacht). Betrachtet man die Wertschöpfungskette der Automobilwirtschaft, so zeichnet sich bei den Automobilherstellern eine Verringerung der Fertigungs- und Entwicklungstiefe (Upstream-Märkte) bei gleichzeitiger Erhöhung der Vertriebs- und Servicetiefe (Downstream-Märkte) ab. Wir haben gesehen, dass das größte Renditepotential im Downstream-Geschäft auszumachen ist, und zwar in den Geschäftsfeldern, die dem Neuwagenverkauf nachgelagert sind. Dabei entfallen drei Viertel der Gewinne auf von Herstellern kontrollierte Marktsegmente. Oder anders, der Gewinn aus dem Neuwagengeschäft beim Hersteller wie beim Handel fällt sehr bescheiden aus. Die eigentlichen Gewinne werden über den Teilesektor und die Finanzdienstleistungen eingefahren. Eine erste zentrale Forderung sei gestellt:

> **!** *Ein Autohaus hat Ergebnis- bzw. Deckungsbeiträge aus allen Geschäftsfeldern zu erzielen!*

Die erzielten Ergebnisse, Umsatzrentabilität, Gesamtkapitalrentabilität, die Eigenkapitalquote, die Liquidität 2. Grades stehen außerhalb jeder Diskussion – siehe Kap. 4.2. Die Ergebniserosion ist an ihre Grenze gestoßen. Die fortlaufenden Insolvenzzahlen sind Beleg dafür. Die Konsequenz: Die Händlernetze lichten sich. Das ist – je nach Marke – offensichtlich gewünschter Effekt. Das hat aber den Nachteil, dass das eine und andere Vertriebsgebiet künftig nicht mehr besetzt sein wird.
Die Alternative: Handel und Hersteller finden für den Vertrieb ein neues Geschäftsmodell, sprich gänzlich neue Spielregeln. Nachdem die Profitabilität den höchsten Zufriedenheitsgrad eines Händlers ausmacht – siehe Kap. 3.3 – und die Händlerzufriedenheit mit dem Hersteller resignative Unzufriedenheitswerte zeigt, stellt das Thema gelebte Partnerschaft keine

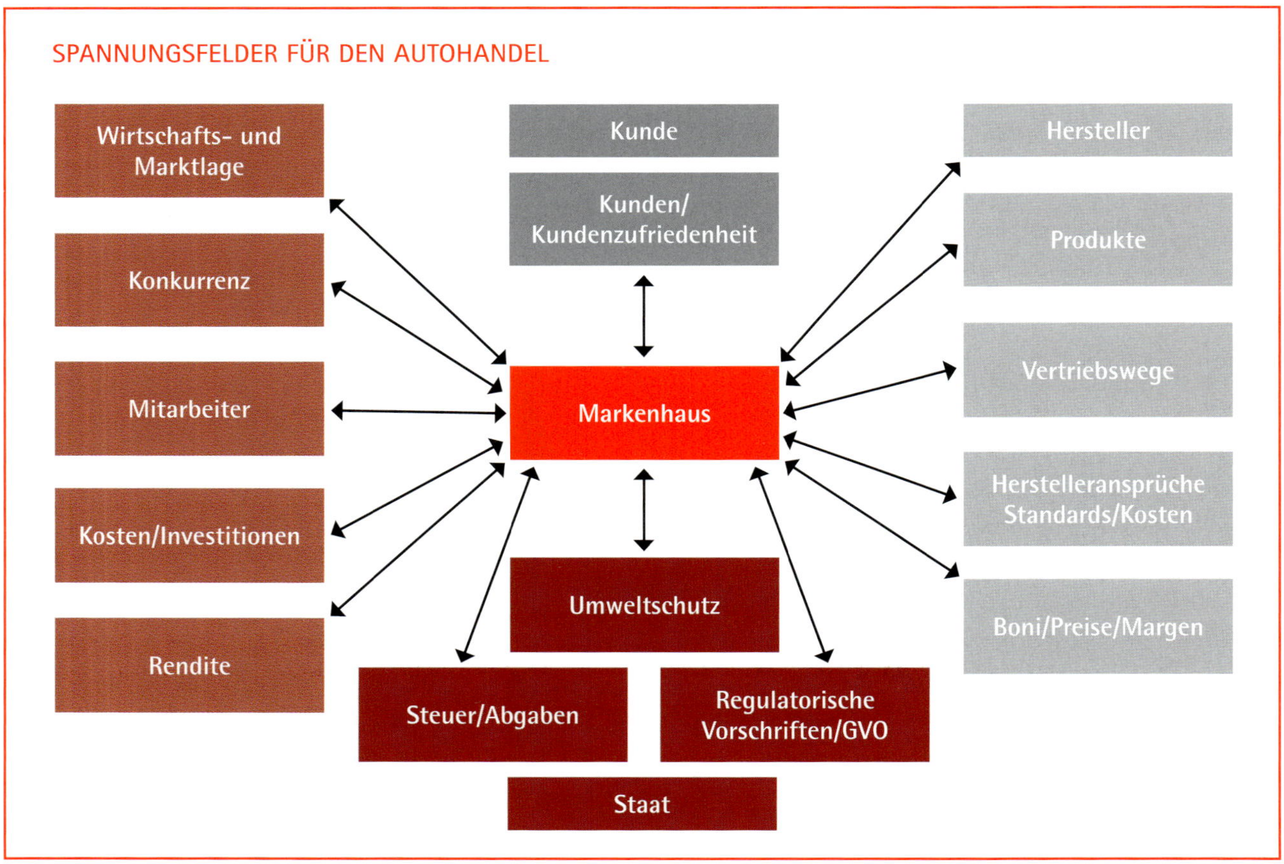

Abb. 3.1.2 Spannungsfelder für den Automobilhandel

wertige Säule (mehr) dar. Und es gibt in der Tat einen Zusammenhang zwischen Kundenzufriedenheit und Händlerzufriedenheit! Partnerschaft meint – so wie es in der Präambel zum VW-Händlervertrag formuliert ist –, dass »eine Ausschöpfung des vorhandenen Marktpotentials im Interesse angemessener wirtschaftlicher Ergebnisse sowohl für die Volkswagen AG als auch für die Händler ausgerichtet ist«. Die Diktion: Win-Win-Situation (Kooperationsstrategie)! Die Frage sei erlaubt: Was ist aus der automobilen Wertschöpfungskette bis heute geworden? Lippenbekenntnisse zur Partnerschaft prägen das Bild. Die Hersteller sehen die Händler als ihre Feinde. Die Händler umgekehrt inzwischen auch. In Gesprächen mit einschlägigen Managern ist immer wieder festzustellen, wie wichtig für sie der Handel ist. Vergleicht man die Aussage mit praktischen Realitäten, so kehrt man zur Erkenntnis der Lippenbekenntnisse zurück.

Abb. 3.1.2 zeigt das Spannungsfeld auf, in dem heute der Automobilhandel steht. Klammert man die allgemeine Wirtschaftslage, staats- und fiskalpolitische Aspekte aus, so sind folgende »Reizthemen« festzustellen:

- anhaltender Renditeverfall
- »Rabattschleuderei«,
- hoher Wettbewerbsdruck und weiter zunehmende Preisaggressivität,
- GVO-Regelungen nach 2013,
- steigende Kundenerwartungen,
- unbegrenzte Wachstumsziele der Hersteller hinsichtlich Volumen und Marken-Identität bzw. zu aufwendige Händlerstandards,
- Restrukturierungen der Vertriebsnetze (größere Marktverantwortungsgebiete),
- Klimaschutzziele und deren Umsetzung vor Kunde,
- Restwertrisiken beim GW,
- Zahlungsziele bei der NW-Belieferung,
- Vorführwagenregelungen,
- Lagerwagendruck bzw. Outlet-Center beispielsweise in Wolfsburg, sprich Fabrikverkauf vor Ort,
- zunehmender Direktabsatz.

Die systematische Umgehung des Vertragshandel (= Umgehungsstrategie) machen bei VW gut 30 %, bei Audi 25 %, bei Daimler – inkl. des Verkaufs über die eigenen Niederlassungen – sogar 70 % (!) aus. Da ist sowohl die Margenhöhe und wie das Margensystem grundsätzlich zu reformieren – siehe Kap. 5.14. Dennoch wissen die Hersteller, dass ein ausschließlicher Direktvertrieb für sie nicht finanzierbar ist. Hinzu käme zusätzliches Konfliktpotential mit dem Handel. Die Standortsicherung über eigene Niederlassungen in wichtigen Metropolen dient der Sicherstellung der Netzstrategie der Marken – siehe Kap. 6.7. Andererseits verfügen Organisationen wie Volkswagen über keinerlei Know-how in Sachen Niederlassungen. Die Hersteller sind und werden nicht in der Lage sein, einen erfolgsstarken Musterbetrieb einzuziehen, um zu zeigen, wie es geht. Am schwerwiegendsten ist die langfristige Zukunftsperspektive selbst, nämlich:

! *Tendenziell rückläufige Pkw-Zulassungen, Pkw-Besitzumschreibungen und rückläufiges Servicegeschäft beim autorisierten Handel.*

Dabei gehen die Neuwagen-Verkäufe für den markengebundenen Handel nicht nur absolut zurück, sondern verändern sich auch noch in ihrer Struktur zum Nachteil des Handels. Das Privatkundengeschäft verliert stark an Bedeutung. Der Handel hat bei immer weniger Geschäften die Preishoheit. Die hohen Investitionen in Gebäude und Ausstattung treffen auf eine kleiner werdende Zielgruppe. Der Handel »pervertiert« in weiten Teilen zum Logistiker und Dienstleister für den Hersteller und stellt für ihn die Auslieferung und Rücknahme der Fahrzeuge sicher. Die Konsequenz:

! *Ein Ende des Verdrängungswettbewerbs ist nicht abzusehen!*

Die Hersteller treiben ihr Wachstum gerade in den traditionellen Märkten durch gezielte Markenstrategien und Modelloffensiven weiter voran. Die Folge ist alle zwei Jahre ein Führungskräftewechsel, weil keiner mehr mit den Systemen klar kommt. Im Zentrum der Auseinandersetzung der Hersteller stehen die internationalen Märkte. Nicht zuletzt deren internationale Aufstellung ermöglichte eine Rendite-Dimension zwischen 6 und 9 Prozent, wie sie bis Ende 2007 möglich waren. Dagegen schrieben 2008 zwei Drittel aller markengebundenen Händler in Deutschland ein negatives Ergebnis. Die durchschnittliche Umsatzrendite im Markenhandel rutschte 2008 erstmals mit 0,6 % ins Minus!

Die vielfach in den Händlerverträgen zugrunde gelegten Markt- und Nachlass-Prämissen sind für den deutschen Markt nicht eingetreten. Da wird von einem Gesamtmarkt von 3,6 Mio. Neuwagenzulassungen ausgegangen. Die Realität liegt aber bei 3,0 bis 3,2 Mio. Das Service-Geschäft bietet keine ausreichende Kompensationsmöglichkeit und kann auch in seiner Quersubventionsfunktion nicht durchgehalten werden. Man beachte hier die Preisdifferenzen zwischen freien und markengebundenen Serviceleistungen.

Wir stehen an der Schwelle, an der der Handel gezwungen ist, eigene Wege zu beschreiten, nachdem die Händlerzufriedenheitswerte wie die »Franchise Attractiveness« einem sinkenden Schiff gleichen und die Hersteller weit weg davon sind, renditeorientierte Systeme der Vertriebssteuerung einzuziehen. Woher und wie wollen die Hersteller künftig qualifizierte Händler finden? Einige beschreiten daher den Weg zum Mehrmarkenanbieter. Andere wählen alternative Bezugswege bei Originalteilen oder gehen auch in Sachen Finanzdienstleistungen Kooperationen mit freien Spezialanbietern ein und lehnen ein weiteres Investment in eine konsequente Markenstrategie ab. Sie konzentrieren sich auf die Geschäftsfelder, die von gewinnbringender Art sind. Liegt die Zukunft nun in einer evolutorischen Ausrichtung oder in einer Vertriebsrevolution?

3.2 Neues Geschäftsmodell

Basis der Neuorientierung muss sein, dass das neue Geschäftsmodell für den Handel eine gesicherte Rendite-Chance sowie eine angemessene Verzinsung des eingesetzten Gesamtkapitals ermöglicht.

! *Zielgröße: 2 Prozent Umsatzrendite! Gesamtkapitalrendite: 15 Prozent*

Auf Herstellerseite ist die Realisierung der Markt- und Marken-Ziele und damit der eigenen Ergebnisse sicher zu stellen. Bricht man diese Basis auf das Marktgeschehen vor Kunde herunter, bilden sich die Grundsätze, wie sie in Abb. 3.2.1 dargestellt sind. Indikator für den Erfolg des neuen Geschäftsmodells ist die Rendite. Die Kosten sind entsprechend dem Verursachungsprinzip zuzuordnen. Dabei wird es Verteilungskonflikte geben. Der Handel ist und bleibt für den Hersteller der wichtigste Vertriebskanal.

GRUNDSÄTZE NEUES GESCHÄFTSMODELL

Rendite	Die Rendite ist für beide Seiten (Hersteller und Handel) der entscheidende Indikator für ein gesundes und leistungsfähiges Geschäftsmodell
Kosten	In diesem Modell trägt jede Seite (Hersteller und Handel) die Kosten, die ihr originär zuzuordnen sind
Kundenbeziehung	Die Kundenbeziehung und Kundenbindung rückt neben der Rendite in den Mittelpunkt des Modells
Vertriebserfolg	Vertrieb und Handel werden als entscheidende Assets begriffen
Vertriebskanal	Der Handel bleibt für den Hersteller der wichtigste Vertriebskanal

Abb. 3.2.1 Grundsätze für ein neues Geschäftsmodell (Quelle: Walter Missing)

Der Volkswagen-Händlerverband hat zur Restrukturierung der Vertriebskosten beispielsweise einen Vorschlag unterbreitetet, wie er in Abb. 3.2.2 dargestellt ist.

RESTRUKTURIERUNG VERTRIEBSKOSTEN

Kostenzuordnung zum Hersteller	Kostenbeteiligung des Herstellers	Kosten-einsparungen beim Hersteller
Ausstellungs- und Lagerwagen	Investition in die Markenkonzepte	Planungs- und Steuerungsaufwand
Bevorratung von Ersatzteilen	Schauraum-ausstattung	Einsatz Außendienst
Vertriebs-standards	Werbliche Aufwändungen	Administration
Absicherung der Restwertrisiken	Vorführwagen	Verzicht auf überzogene Umfragen
Abwicklung Gewährleistung	DV- und Controlling-Systeme	Etc.

Abb. 3.2.2 Restrukturierung der Vertriebskosten, Vorschlag vom VW-Händlerverband

Das Renditeproblem ist vorwiegend auf das Konto der Überproduktion zurückzuführen. Wann wird diese nachfrageorientiert auf den deutschen Markt abgestellt? Damit sind zugleich realistische Jahresziele für den Handel verbunden, die je nach Marktentwicklung auch angepasst werden können. Man muss noch weitergehen. Es darf nur das produziert werden, wofür ein Kundenauftrag vorliegt – siehe Kap. 5.6! Das würde die konkurrierenden und nicht mehr übersehbaren Vermarktungsaktivitäten wieder auf eine tragbare Bandbreite zurückführen und für erheblich mehr Preisstabilität sorgen. Die Margensysteme – siehe Kap. 5.14 – sind mit einer Nachlasssteuerung durch den Hersteller zu verknüpfen. Thema Restprovision! Der Preiswettbewerb darf nicht auf dem Rücken der Händler ausgetragen werden. Die Handelsmarge ist drastisch zu kürzen, damit der Händlerschaft die soziale Rabattverteilungsfunktion genommen wird. Der Hersteller stellt die Vorführwagen kostenfrei, zumindest zinsfrei zur Verfügung – siehe Kap. 5.5.

Der Hersteller finanziert die Lagerwagen wie den Teilebestand. Die Restwerte im Leasinggeschäft werden garantiert. Mengenrabatte werden abgeschafft, um fairen Wettbewerb zwischen den Händlern herzustellen. Werbung, Corporate-Design-Maßnahmen, Marktbearbeitungsaktivitäten, sinnvolle Standards werden vergütet. Immobilienfinanzierungen werden zukünftig über die Herstellerbank abgesichert bzw. der Hersteller baut selbst und sucht sich einen geeigneten Pächter. Im Verbund mit einem neuen Geschäftsmodell sind auch die verschiedenen Arten von Vertriebssystemen zu untersuchen – siehe Kap. 2.2. Bei all den genannten Aspekten gibt es eiligen wie strategischen Handlungsbedarf!

3.3 Die Händlerzufriedenheit mit dem Hersteller/Importeur

Als J. D. Power in den frühen 90er Jahren in Europa mit dem CSI (Customer-Satisfaction-Index) die Hersteller unter Zugzwang setzte, lag die Idee, einen DSI (Dealer-Satisfaktion-Index) zu initiieren sehr nahe. EurotaxSchwacke unter Helmuth H. Lederer und AUTOHAUS beauftragten 1994 die FAW zu Bamberg unter Leitung von Prof. Dr. Wolfgang Meinig, eine markenübergreifende und wissenschaftliche Untersuchung der Zufriedenheit im deutschen fabrikatsgebundenen Markenhandel durchzuführen. 1995 fand in Bamberg mit hervorragender Kulisse die Erstpräsentation der Ergebnisse statt. Ein Meilenstein! 1998 übertrugen EurotaxSchwacke und AUTOHAUS die Befragung an das IfA in Geislingen. Es gab damals seitens VW zum DSI wissenschaftliche Vorbehalte. Meinig verweigerte außerdem eine Gruppenbildung, d. h. der DSI vergleicht die junge und kleine Marke Subaru mit denselben Maßstäben wie Volkswagen. Hier 200 Händler, dort 2.000. Hier zehn Jahre Markterfahrung, dort 50 Jahre. Hier 0,5 % Marktanteil, dort 18 %. Meinig weigerte sich auch, jeweils individuelle Fragestellungen innerhalb der einzelnen Marken zu berücksichtigen. Kündigt beispielsweise in einem Jahr ein Hersteller überraschend die Händlerverträge, so hat das signifikante Auswirkungen auf die Händlerzufriedenheit usw.

Inzwischen liegen die Ergebnisse des Markenmonitors, 1998 eingeführt, zum elften Mal vor. Die Ergebnisse gleichen denen der Werkstatttests einschlägiger Testinstitutionen. Es wird seit 20 Jahren getestet, sichtbare Verbesserungen fallen allenfalls marginal aus. Die Gesamtzufriedenheit der Händler variiert beim Markenmonitor seit zehn Jahren in der Bandbreite zwischen der »Schulnote« 2,83 und 2,99, siehe Abb. 3.3.1.

Und die Rendite, die zugleich den höchsten Zufriedenheitsmaßstab für den Händler ausmacht, liegt in der unhaltbaren Bandbreite zwischen 3,49 und 3,62 – siehe Abb. 3.3.2. Würden die Ergebnisse der Renditezufriedenheit in die Gesamtzufriedenheit mit eingerechnet, würde der Gesamtzufriedenheitsspiegel noch schlechter ausfallen. Was hier in der Gesamtzufriedenheit als Zone der Indifferenz ausgewiesen wird, läuft in wissenschaftlichen Kategorien unter der Gattung »resignative Unzufriedenheit«.

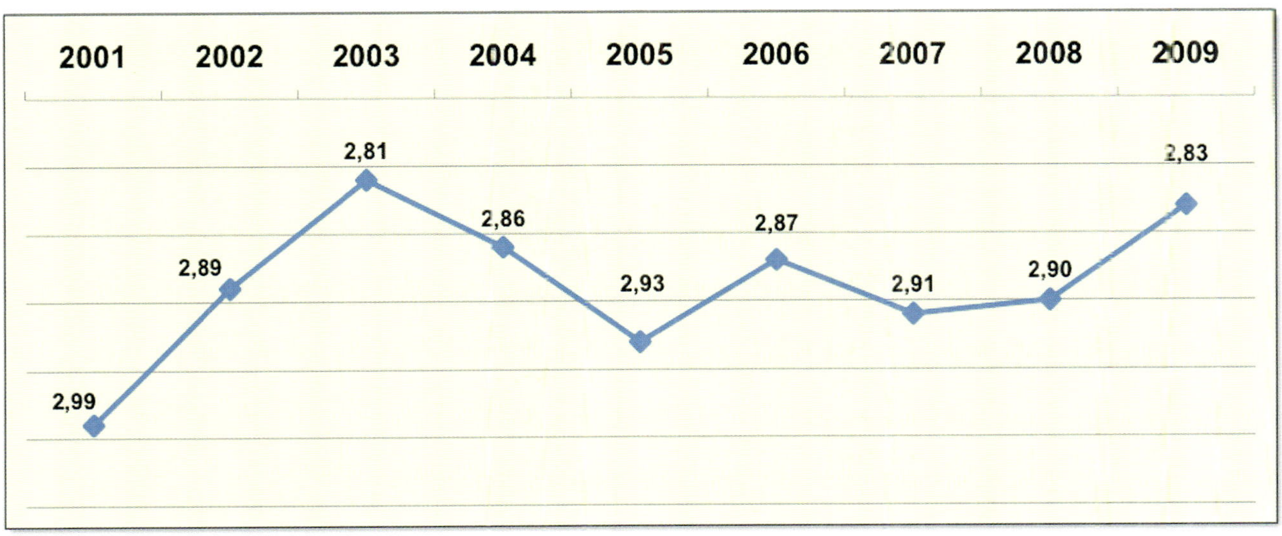

Abb. 3.3.1 Entwicklung der Gesamtzufriedenheit 2001 bis 2009 (Quelle: Markenmonitor, eurotaxschwacke)

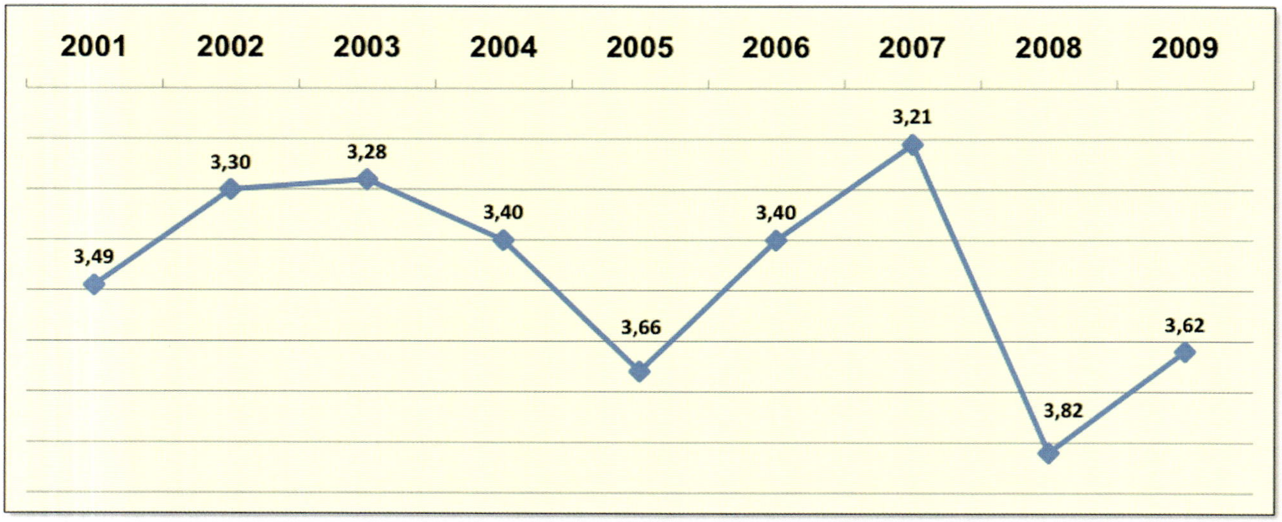

Abb. 3.3.2 Zufriedenheit mit der Gesamtumsatzrendite, 2001-2009 (Quelle: Markenmonitor, eurotaxschwacke)

Nochmals, resignative Unzufriedenheit! Offensichtlich fehlt es auch hier am Mut, die Wahrheit anzusprechen. Die Varianz beträgt in zehn Jahren 0,2 Schulnoten. Wichtige Feststellung:

! *Der Markenhandel findet sich mit einem untragbaren Herstellerzufriedenheitsgrad ab.*

Ein schwacher Schüler bleibt ein schwacher, ein blöder eben ein blöder! Die Konsequenz: Die Befragung einstellen, nachdem sie in der Konsequenz nichts bewirkt!

Der Hersteller misst seit Jahren die Zufriedenheitsachse zwischen Endkunden und Händler. Für den Händler selbst ist die persönliche Zufriedenheit mit seinem Hersteller die Triebfeder für seine Einsatz- und Leistungsbereitschaft, mit der er Endkundenzufriedenheit »produziert«. Es ist in der Rückschau zu 1998 festzustellen, dass sich in allen Leistungskriterien, vom Produkt und Marke, der Vertriebspolitik, Gebrauchtwagen-Geschäft, After-Sales und der Netzpolitik bzw. der allgemeinen Zusammenarbeit so gut wie nichts positiv verändert hat. Es bewegt sich alles in angestammten, festgetretenen, unverbesserlichen Bandbreiten. Dennoch holen die Hersteller Jahr für Jahr bei der Schwacke-Verleihung auf der AMI zu Leipzig ihre relativen »Siegerpokale« ab und die Händlerschaft, um die es geht, ist währenddessen zu Hause in den Betrieben und arbeitet. Abb. 3.3.3 zeigt die Felder, mit denen die Automobilhändler besonders zufrieden und in welche sie unzufrieden sind. Man nehme zur Kenntnis, dass die Unterstützung bei der GW-Vermarktung jenseits jeder Diskussion liegt.

Eigentlich müssten die einzelnen Händlerverbände daran interessiert sein, dass von Jahr zu Jahr im Detail hinterfragt wird, was im jeweiligen Leistungsbereich wirklich abgearbeitet wurde. Es müssten also markenindividuelle Befragungsteile angelegt werden. Sprich, ein Teil des Händlerbefragungs-

TOP 5 Verbesserung	
Unterstützung GW-Management	+ 0,27
Netzpolitik	+ 0,27
Einbezug Händler bei Herstellerentscheidungen	+ 0,19
Qualität Fahrzeuge	+ 0,16
Margen- und Bonussystem	+ 0,14

TOP 5 Verschlechterung	
Zusammenarbeit mit Herstellerbank	- 0,07
Garantie- und Kulanzabwicklung	- 0,07
Größe Marktbetreuungsgebiet	- 0,03
Herstellerwerbung	- 0,01

Abb. 3.3.3 Zufriedenheits-/Unzufriedenheitsfaktoren Handel zu Hersteller (Quelle: Markenmonitor, eurotaxschwacke)

bogens ist von Jahr zu Jahr konstant und der zweite Teil beschäftigt sich intensiv mit den Besonderheiten, die sich innerhalb der einzelnen Marke zugetragen haben. Es ließe sich sogar im gleichen Verbund die Zufriedenheit mit der Arbeit des Händlerverbandes, dem ZDK u. a. abfragen. Der führende Markenmonitor wie das aus Bamberg auf Sparflamme gehaltene überflüssige DSI-Pensionisten-Pflänzchen bedürfen dringlich der inhaltlichen Fortentwicklung.

3.4 Händlervertragskündigung – Händlerrechtsschutzversicherung

Basis für den Automobilvertrieb einer Marke ist ein komplexes Vertragswerk zwischen Händler und Hersteller. Vor 50 Jahren bestand es aus 12 Seiten, heute bei diversen Herstellern aus über 200 Seiten. Der eigentliche Vertrag ist in Artikeln formuliert und enthält einen Bündel voller Anlagen, beispielsweise Margen, Standards, Richtlinien u. a. Diese können sich während des laufenden Vertrages ändern, ohne dass der Vertrag in Gänze zur Disposition steht. Es ist dann ausschließlich dieser Annex vertraglich anzupassen.

Die Statistik zeigt, dass alle zehn Jahre ein Händlervertrag für einen Autohausinhaber zur Kündigung kommt. Auch wenn es loyale Händler nicht wahrhaben wollen, es gibt auch den erfolgreichen Handel ohne Marke! Als Beendigungsgründe eines Vertragsverhältnisses kommt neben einer ordentlichen und außerordentlichen Kündigung auch eine einvernehmliche Vertragsaufhebung in Betracht. Eine Insolvenz des Händlers berührt den Händlervertrag in seinem Bestand nicht und lässt – wenn überhaupt – bloß ein Kündigungsrecht des Herstellers entstehen. Die Pflichten aus dem Händlervertrag bleiben grundsätzlich für den Händler wie für den Hersteller/Importeur während der Kündigungsfrist im bisherigen Umfang bestehen. Das ist zugleich der Grund, weshalb Hersteller häufig eine vorzeitige Auflösung des Vertrages wünschen. Die Kündigung berechtigt den Hersteller nicht, während der laufenden Kündigungsfrist einen weiteren Händler einzusetzen. Jede Benachteiligung bei Bestellung und Auslieferung von Fahrzeugen und Teilen ist rechtswidrig. Anhand dieser eben aufgezeigten Regelungen, bis hin zur Vertragsabwicklung, Fahrzeug- und Teilerücknahme, Ausgleichszahlung u. a. sei grundsätzlich angemerkt, dass für eine solide Händlervertragsabwicklung einer der Spezialanwälte in der Branche bemüht werden sollte. Man gehe zum Schmied, nicht zum »Schmidle«.

Der ZDK offeriert für Streitigkeiten aus dem Händlervertrag im Verbund mit einer Versicherungsgemeinschaft die Händlerrechtsschutzversicherung. Lagen die Streitwerte in der Re-

NEUE PRÄMIEN DER HÄNDLERRECHTSSCHUTZVERSICHERUNG

bisher:	neu:
503 Euro pro Marke	bis 100 NW: 399 Euro bis 250 NW: 499 Euro bis 500 NW: 599 Euro über 500 NW: 699 Euro
Mehrmarkenbetriebe 10 % Rabatt für erste weitere Marke 20 % Rabatt für zweite weitere Marke 30 % Rabatt für dritte weitere Marke usw.	Mehrmarkenbetriebe 30 % Zuschlag für erste weitere Marke 25 % Zuschlag für zweite weitere Marke 20 % Zuschlag für jede weitere Marke
	plus Selbstbeteiligung von 10 Prozent, mindestens jedoch 5.000 Euro

Abb. 3.4.1 Prämien der Händlerrechtsschutzversicherung

lation Händler zu Hersteller früher zwischen 100.000 EUR und 200.000 EUR, so sprechen wir heute von Dimensionen von 1 Mio. EUR und mehr. Sprich, die Prämieneinnahmen in Relation zu den Aufwendungen passen nicht mehr, so dass neue Spielregeln gefunden werden mussten. In Abb. 3.5.1 werden die aktuellen Prämiensätze abgebildet. Sie richten sich nach der Betriebsgröße. Außerdem wurden für Mehrmarkenbetriebe individualisierte Lösungen gefunden. Auch wenn die Selbstbeteiligung bei 5.000 EUR liegt, so ist die Versicherung für einen Automobilhändler ein Muss!

Händlerausgleichsanspruch

Hinsichtlich des Händlerausgleichanspruchs herrscht bei Automobilhändlern das Prinzip »Hoffnung«. Die Ausgleichszahlungen fallen meist niedriger als erwartet aus. Die Höhe des Ausgleichsanspruchs kann nur auf der Basis einer Prognose ermittelt werden. Dafür ist maßgeblich, von welchen Kunden anhand bisheriger Umsätze die Tätigung von weiteren Geschäften erwartet werden kann. Das bedeutet, welche Kunden wirklich als Stammkunden gelten dürfen. Nur der sogenannte Mehrfachkundenumsatz stellt jenen Vorteil dar, der nicht bereits im Rahmen des Vertrags abgegolten wurde und nunmehr dem Unternehmer ohne Gegenleistung zufällt. In der Rechtsprechung haben sich im Lauf der Jahre gewisse Abrechnungsmodelle herausgebildet. Beispielhaft sei hier die Berechnungsformel des OLG Frankfurt am Main dargestellt – siehe Abb. 3.4.2. Ein komplexes Unterfangen, das in der praktischen Abwicklung des Profis bedarf.

AUSGLEICHSANSPRUCH DES VERTRAGSHÄNDLERS: ABRECHNUNGSMODELL DES OLG FRANKFURT/MAIN	
Verkaufserlös des letzten Vertragsjahres netto	...€
Prämien/Boni letztes Vertragsjahr	...€
Abzüglich Einkaufspreise netto	...€
Ergebnis: Rohertrag	...€
UPE-Preise der im letzten Vertragsjahr verkauften Fahrzeuge	...€
Prozentsatz der Provision (Rohertrag zu UPE-Umsatz)	... %
Bereinigung der Provision um händlertypische Bestandsteile und Verwaltungskosten	... %
Für Ausgleichsanspruch maßgeblicher Provisionsprozentsatz	... %
UPE-Preise des Umsatzes mit Mehrfachkunden im letzten Vertragsjahr	...€
Provision Mehrfachkunden im letzten Vertragsjahr (Summe x bereinigter Provisionssatz)	...€
Prognose der Provisionsverluste: Maßgeblicher Zeitraum 5 Jahre: • Bei über 5 Jahren konstanter Mehrfachkundenquote Multiplikation der Provision mit dem Faktor 5 • Anderenfalls Multiplikation des Einzelkundenumsatzes im letzten Vertragsjahr mit der Mehrfachkundenquote des letzten Vertragsjahres, Addition mit dem Mehrfachkundenumsatz	...€
Berechnung des Provisionsverlustes mit Abwanderungsquoten 25 %, 50 %, 75 %, 90 %, 90 %	...€
Billigkeitsabzug für Sogwirkung 25 %	...€
Billigkeitsabzug für Konkurrenztätigkeit oder Abwärtstrend bei Umsatzrückgang	...€
Abzinsung nach Gillardon – 11,68 %	...€
Ergebnis netto	...€
Zinsen 5 % bzw. 5 Prozentpunkte über Basiszins	...€
Zzgl. MwSt.	...€
Höchstbetrag nach §89 Abs. 2 HGB als Deckelung	...€

Abb. 3.4.2 Ausgleichsanspruch des Vertragshändlers

Quelle: Brosette/Plagens/Schmidt, Das Autohaus in der Krise und Insolvenz, Münster, 2009.

3.5 Werks-Außendienst – Gewichtiger Brückenbauer

Die klassische Aufteilung für den Werks-Außendienst gestaltet sich zweifach: Hier der »Vertrieb«, dort die »Techniker«. Das entspricht den beiden Schwerpunkten, die ein Autohaus zu stemmen hat. Hier der »Verkauf«, dort der »After-Sales-Bereich«. Größere Herstellerorganisationen haben dann noch Spezialberater in Sachen Marketing, Großkunden, Financial Services, Teile und Zubehör, kaufmännische Betriebsberatung, GW-Spezialberater. Und dann kommen auch noch externe Auditoren, die mit Standardüberprüfung oder in Sachen Test-Käufe im Verkauf bzw. Service unterwegs sind. Volkswagen hat allein für den Teile und Zubehörbereich 980 Mitarbeiter im Außendiensteinsatz!
Ein Blick in den Markenmonitor zeigt, dass die Branche die Außendienstorganisationen in Summe mit der Schulnote 2,43 bis zu 3,3 beurteilt. Die positivste Note erhält der Außendienst in Sachen Kompetenz: 2,37. Den schlechtesten Kompetenzfaktor erhält dabei der Bereich Marketing.

Funktion des Außendienstes

Der Außendienst der Hersteller ist wichtiges Bindeglied und Kommunikationsorgan zu den Vertriebs- und Servicepartnern vor Ort. Der Außendienst sollte Brückenbauer, Impulsgeber, Motivator, Markenpräger sein und trägt eine hohe Mitverantwortung für die professionelle Marktbearbeitung im jeweiligen Marktverantwortungsgebiet. Soweit das Ideal. In AUTOHAUS pulsSchlag gaben die Händler dem Vertriebsaußendienst grundsätzlich bessere Zufriedenheitswerte als dem Service-Außendienst. Deutliche Zufriedenheitswerte gibt es auch hinsichtlich der Betriebsgröße. Die Hersteller beschäftigen sich lieber mit den Volumenträgern. Sie werden intensiver betreut. Zwangsläufig fallen die Werte für den Außendienst bei kleineren Betrieben sichtbar schlechter aus. Der Außendienst der Premiummarken erzielt wiederum die besten Werte, kleine Importfabrikate die schlechtesten. In Sachen Erreichbarkeit geben die Händler ihrem Außendienst gute bis sogar sehr gute Beurteilungen.

Wandlungen

Die vergangenen Jahre hat sich aber im Zusammenwirken zwischen Hersteller und Handel Grundsätzliches verändert. Obenan steht die Personalreduzierung in der Herstellerzentrale. Markant formuliert:

! *Persönliche Ansprechpartner gibt es oft nicht mehr.*

Man trifft in der Zentrale so gut wie keinen mehr an. Sie fielen Sparmaßnahmen zum Opfer. Von Antworten auf E-Mails ganz zu schweigen. Die entscheidende Dimension in der Kommunikation ist die Beziehung. Dabei spielt die persönliche Wertschätzung eine große Rolle. Das muss aber praktisch gelebt werden.

! *Wer von den Außendienstmitarbeitern wäre bereit, die Aufgaben des Händlers bei gegebenen Renditen im Verbund mit deren persönlichem Risiko zu tragen?*

Der Außendienst sollte ein »fairer Mittler« zwischen Hersteller und Handel sein. Er sollte als »Coach« des Handels fungieren, der in der Lage ist, Probleme schnell und gemeinsam zu lösen. Und da gilt es eine weitere Feststellung zu treffen:

! *Der Außendienst hat heute so gut wie keine Entscheidungskompetenz mehr.*

Selbst für Kleinigkeiten ist die Absprache mit der Zentrale erforderlich. Außer wenn es kurz vor Monatsende um die Einheiten-Drückerbesuche geht, um die Menge für die Statistik zu puschen. Jeder kennt den Gestaltungsmechanismus für die Lagerwagen, was hier an individuellem Zuschnitt Monat für Monat gefahren wird. Da setzen sich manche Außendienste die ihre Funktion mehr als Durchlauferhitzer als in einer Berufung sehen, möglichst hohe Ziele und steigen sprichwörtlich die Erfolgsleiter hoch, ohne vorher die Wertigkeit geklärt zu haben. Haben sie dann alle Sprossen erklommen, stellen sie entsetzt fest, dass die Leiter an der falschen Wand lehnt. Und wer trägt für derartiges Verhalten die Verantwortung? Für den Händler hat das aber existenzielle Auswirkung. Dasselbe gilt für die Jahreszielgespräche ab Monat Oktober. Die GVO sagt ganz deutlich, dass diese einvernehmlich herzustellen sind. Ansonsten kann eine Schiedsstelle dazwischen geschaltet werden. Warum wird das an dieser Stelle so deutlich ausgeführt: 70 % der Händler sind der Meinung, dass der Außendienst nur an der Absatzsteigerung des Herstellers interessiert ist. Steht das nicht im Widerspruch zu der Aussage, dass 61 % der Händler der Auffassung sind, dass der Außendienst ein partnerschaftlicher Ansprechpartner für den Handel ist?
Die Besuchsfrequenz des WerksaußenDienstes ist in den meisten Betrieben auf einmal monatlich angelegt. 30 % der Händ-

ler wünschten sich alle zwei Wochen einen Besuch. Im Service ist in 41 % der Fälle der Quartalsbesuch üblich. 50 % der Händler wünschten sich aber im Service einmal monatlich den Besuch des Außendienstes.

Das Fazit prosaisch formuliert: Wir haben ein Problem mit Soll und Haben. Wir sollten und haben nichts. Man kann aber Zukunft nur gestalten, wenn Gewinne eingefahren werden. Es zählt, was wir tun! Setzen wir das in den Vordergrund, was uns eint, weniger das, was uns voneinander trennt. Es handelt sich in der gegenseitigen Vertragspartnerschaft um die Verbindung zwischen Ebenbürtigen. Wir sind nicht gleich, aber gleichgestellt. Gleichberechtigung sollte mehr vom Format als vom Status her gegeben sein. Nur Fairness führt zu Vertrauen und Glaubwürdigkeit. Der Händler sollte Subjekt, nicht Objekt (Nummer) sein. Auf eine einfache Kunden-Formel gebracht:

! *Was du nicht willst, das man dir tut, das füge keinem anderen zu.*

Wer das gemeinsam lebt, wird auf Dauer die größten Markterfolge einfahren.

3.6 Kfz-GVO – Das Grundgesetz für das Kfz-Gewerbe

3.6.1 Erwartungshaltung der EU-Kommission bei Erlass der Kfz-GVO

Nach 1985, 1995 und 2002 wurde das Grundgesetz für die Branche in Europa zum vierten Mal mit Wirkung zum 1.6.2010 fortgesetzt und mit diversen Anpassungen reguliert. Die Herausforderung politisch formuliert: Es gilt, globales (EU-)Denken in lokales Handeln vor Ort in den 27 EU-Ländern umzuwandeln. Retail ist lokal! Welche GVO-Szenarien sind für das Automobilgewerbe von Gewicht? Dazu einige grundsätzliche Anmerkungen.

Generell sollen die Verbraucher in den Genuss der Vorteile eines verstärkten Wettbewerbs kommen.

! *Der Konsument steht in der politischen Sicht der Dinge aus Brüssel im Fokus der politischen Überlegungen.*

Dient beispielsweise eine Händlerschutzbestimmung dem Verbraucherschutz, ist diese Bestimmung unter dem Blickwinkel des Verbraucherschutzes ein Thema für die EU-Kommission. Können also der EU-Kommission Verbraucherschutzelemente nicht plausibel gemacht werden, wird sich die EU-Kommission damit nicht befassen. Der seit der Einführung des Kfz-GVO 1400/2002 zu beobachtende Trend der Reduzierung der Vertriebsvergütung bei gleichzeitiger massiver Anhebung des Investitionsniveaus der Händlerschaft ist weder auf der Grundlage der gegenwärtigen GVO zu bremsen, noch kann darauf gehofft werden, dass eine etwaige zukünftige GVO sich dieser Thematik annehmen wird. Das rechtliche Prozedere zwischen Hersteller und Händler wird nach wie vor durch das nunmehr im Bürgerlichen Gesetzbuch verankerte AGB-Recht (Allgemeine Geschäftsbedingungen) bestimmt. Die dort formulierten Wertungsklauseln sind maßgebend dafür, ob die rechtliche Wirksamkeit von Pflichten, die der Hersteller seinen Händlern auferlegt, Bestandskraft hat oder nicht.

Der verstärkte Wettbewerb innerhalb des Automobilhandels soll zu niedrigeren Preisen und zu besserem Service führen. Den Händlern soll durch die GVO eine größere Unabhängigkeit vom Hersteller bzw. Importeur verschafft werden. Auch dadurch soll der Wettbewerb zwischen den Händlern steigen. Demselben Ziel sollen die Trennung von Vertriebs- und Service-Vertrag und die Zulassung des Mehrmarkenvertriebs dienen. Die Einschätzung der Kommission, ob diese Ziele erreicht oder verfehlt worden sind, wird eine gewichtige Rolle für die Entscheidung spielen, ob eine spezifische Kfz-GVO für die Zeit nach dem 31.05.2010 fortgeführt oder neugestaltet werden wird.

3.6.2 Realitäten der Kfz-GVO 2002

Aus der Sicht des Automobilhandels ist der »Nutzwert« der Kfz-GVO zu sehen. Die wichtigsten Bausteine seien kurz dargestellt. Warum bedarf es überhaupt einer sogenannten Gruppenfreistellungsverordnung?

Der Grund hierfür liegt in Artikel 81 EGV, dem sogenannten Kartellverbot. Kraftfahrzeug-Vertriebsverträge wirken sich grundsätzlich wettbewerbsbeschränkend aus. Wegen des Kartellverbots sind daher alle Kraftfahrzeug-Vertriebsverträge im

Prinzip schlicht unwirksam. Zur Vermeidung dieser radikalen Unwirksamkeitsklausel können entweder einzelne Verträge oder ganze Gruppen von Verträgen vom Kartellverbot freigestellt werden. Die sogenannte Kfz-GVO, ist eine solche Gruppenfreistellungsverordnung.

Die Gruppenfreistellungsverordnung erteilt allerdings keinen Generaldispens in dem Sinne, dass alle Kfz-Vertriebsverträge – gleich welchen Inhalts – vom Kartellverbot befreit sind. Vielmehr hat die Gruppenfreistellungsverordnung die Aufgabe, das »Spielfeld« zu definieren, also zu bestimmen, welche Inhalte die jeweiligen Vertriebsverträge unter wettbewerbsrechtlichen Aspekten haben dürfen oder – kartellrechtlich formuliert –, in welchem konkreten Umfang Vertriebsverträge vom Kartellverbot freigestellt sind.

Gedanklicher Exkurs: Für die Hersteller/Importeure ist die Frage von besonderem Interesse, ob alle Vertriebssysteme der Kfz-GVO unterfallen oder ob es Vertriebssysteme gibt, die von vornherein kartellrechtlich neutral sind. Man denke hier an das Handelsvertretersystem im Gegensatz zu Vertragshändlersystemen.

Die derzeit geltende Kfz-GVO wird geprägt vom Begriff des »selektiven Vertriebssystems«. Ein solches selektives Vertriebssystem stellt per se einen kartellrechtlichen Verstoß erster Ordnung dar. Ein solches Vertriebssystem verhilft nämlich dem Hersteller dazu, die Anzahl seiner Händler planmäßig zu beschränken. Im Hinblick auf diesen Verbotscharakter hat deshalb die Kfz-GVO das Anforderungsprofil an den selektiven Vertrieb exakt definiert. Die Kfz-GVO 2002 lässt sowohl den Direkt-/Eigenvertrieb der Hersteller zu als auch den Einsatz von selbstständigen Unternehmern unter vertraglicher und wirtschaftlicher Anbindung, also Vertragshändler, Handelsvertreter, Franchise, Agenten, Kooperationen.

Vertriebssysteme

Je nach Vertriebssystem ist der Grad der Bindung und die Quantität und Qualität der gegenseitigen Pflichten unterschiedlich hoch. Die Wahl des Vertriebssystems steuert auch die Zulässigkeit bzw. Wirksamkeit einzelner Vertragsklauseln.

Unantastbare Schutzmechanismen für den Handel (sogenannte Kernbeschränkungen) sind:

1. keine Preisbeschränkungen
2. keine Gebiets- und Kundenbeschränkungen
3. keine Beschränkungen des Verkaufs an Endverbraucher
4. keine Beschränkungen von Querlieferungen.

Ein Verstoß gegen eine solche Kernbeschränkung führt zur Nichtigkeit der gesamten Vereinbarung.

Weitere elementare **Schutzklauseln** für den Handel sind:

1. Trennung der Verbindung von Vertrieb und Service
2. Verbot der Kombination von selektivem und exklusivem Vertrieb
3. Mindestkündigungsfrist von zwei Jahren mit zusätzlicher Begründungserfordernis
4. Vereinfachungen im Mehrmarkenvertrieb
5. Schiedsgutachter mit Schiedsverfahren

Die Sicht der Dinge

Wie lässt sich der Erfahrungshorizont mit der GVO 2002 bislang darstellen? Hier sind zwei grundsätzliche Feststellungen zu treffen:

1. Verfehlung des Ziels auf massive Preissenkungen
2. Verfehlung des Ziels der größeren Unabhängigkeit des Händlers vom Hersteller und damit eines größeren Wettbewerbs zwischen den Händlern

Der erhoffte Wettbewerb kann und wird nicht stattfinden, weil die Trennung von Vertrieb und Service den von der EU-Kommission unterstellten Wettbewerb unter den Händlern nicht ausgelöst hat und nicht auslösen wird. Damit kommt es auch nicht zu beachtlichen Preisnachlässen gegenüber dem Endkunden. Dies ergibt sich daraus, dass die Hersteller – insoweit nach der Kfz-GVO zulässig – die Margen gekürzt und die Investitionen für den Handel erhöht haben.

Der Bindungsgrad der Händler an die Hersteller hat sich durch die verringerten Renditeaussichten tendenziell verstärkt. Wer die Blicke nach vorne richtet und die Wachstumsperspektiven im Fahrzeugverkauf innerhalb der EU analysiert, die Überkapazitäten heranzieht, wird zum einen erheblichen Wettbewerbsdruck feststellen müssen. Zum anderen wird das nicht zu einem Mehr an Unabhängigkeit vom Hersteller führen. Die Hersteller werden ihre Absatzschleusen über den eigenen Direktvertrieb in Form von Dienst- und Werkswagengeschäfte, Vermieter und sonstige Großabnehmer sehr weit öffnen.

Die für den Handel allgemein geltende sogenannte »Schirm-GVO« läuft am selben Tag wie die Kfz-GVO aus, am 31. Mai 2010. Es ist deshalb nicht auszuschließen, dass sich bei der Kommission die Tendenz breit macht, verbraucherschützende Elemente der derzeitigen Kfz-GVO in die allgemeine GVO zu transferieren.

Tendenziell könnte dies zu einer quantitativen und qualitativen Verminderung der spezifischen Kfz-Händlerschutzvorschriften führen, mit der Folge, dass den AGB-rechtlichen Vorschriften des Bürgerlichen Gesetzbuches eine noch zentralere Schutzfunktion zukommt als bisher. Gerade wegen der Händlerschutzklauseln ist auch für die Zukunft eine Kfz-spe-

zifische GVO sinnvoll, damit der Rahmen europaweit für Hersteller wie für Importeure einheitlich gelegt ist. Dass Händlerschutzbestimmungen heute im Verbund mit der Bonitätseinstufung bei den Banken zu sehen ist, wird niemand leugnen wollen. Umgekehrt wäre künftig der Einfluss der Banken auf die Netzpolitik des jeweiligen Herstellers alles andere als wünschenswert. Das darf gerade hinsichtlich der Herstellerbanken ein besonderer Aspekt sein.
Allerdings sollte folgende Erkenntnis Platz greifen:
Die wirtschaftliche und rechtliche Positionierung des Handels gegenüber den Herstellern ist nur in begrenztem Maße von der derzeit aktuellen oder einer zukünftigen Kfz-GVO abhängig. Die kartellrechtlichen Begrenzungen des Herstellerverhaltens führen nicht per se zu einem optimierten Händlerstatus. Das Kartellrecht kann nur dann als Hebel zu Gunsten der Handelsorganisation eingesetzt werden, wenn der Kommission klar gemacht werden kann, dass bestimmte Herstellervorgaben zu Lasten des Verbrauchers gehen. Nur dann kann das Interesse der Kommission an der Untersagung solcher Auflagen des Herstellers geweckt werden.
Es sei auch grundsätzlich angemerkt, dass es eigentlich keinen großen Regulierungsbedarf gibt. Warum kann die GVO 2002 nicht fortgesetzt werden? Warum muss erneut wieder ein großes Feld an Rechtsunsicherheit geschaffen werden? Bedenkt man, dass unter dem EU-Wettbewerbskommisar Mario Monti 2002 beispielsweise die Lockerung hinsichtlich des Mehrmarkenvertriebs durchgesetzt wurde, ebenso diverse Händlerschutzbestimmungen, so staunt man, dass die Nachfolger im Amte genau das, was sie 2002 vehement durchsetzen wollten, jetzt wieder zurückdrehen! So schafft man politisches Vertrauen! Wie soll das in Sachen Mehrmarkenhandel für die Betriebe umgesetzt werden, die inzwischen in Sachen Mehrmarke erhebliche Gelder investiert haben? Wer sind die politischen EU-Treiber in Brüssel, die da im Hintergrund die Kulissen schieben? Ja, einfacher, mit weniger Regelungen ließe sich die GVO 2002 sehr wohl darstellen. Da erinnert einiges an die 35-seitige Bananenverordnung hinsichtlich ihres Krümmungscharakters. Das sei kein Fluch gegen die 20.000 EU-Beamten. Wir brauchen sie. Die Kölner Stadtverwaltung hat auch 20.000 Beschäftigte, um einen reellen Vergleich zu ziehen.

3.6.3 Verlängerung der GVO für den Fahrzeugvertrieb bis 2013

Am 22. Juli 2009 hat die europäische Kommission ihre Optionen für die Zeit nach Auslaufen der GVO 1400/2002 zum 31.05.2010 bekannt gegeben. Dabei unterscheidet sie maßgeblich zwischen dem Primärmarkt (Verkauf von Neuwagen) und dem Anschlussmarkt (Kundendienst und Instandsetzung).
Wegen des zufriedenstellenden Wettbewerbs beim Fahrzeugvertrieb würden keine speziellen gesetzlichen Regelungen mehr benötigt. Vielmehr sei die Vertikal-GVO insoweit ausreichend. Allerdings hält es die Kommission für unbedingt erforderlich, mit ergänzenden Leitlinien dafür zu sorgen, den Ausschluss neuer Marktteilnehmer, starre Preisvorgaben der Hersteller und die Segmentierung der Märkte durch Gebietsaufteilungen zu verhindern. Ferner erkennt sie an, dass die Investitionen beim Fahrzeugvertrieb weitgehend markenspezifisch und auf Dauer angelegt sind, so dass für einen reibungslosen Übergang zur neuen Rechtslage gesorgt werden müsse. Deshalb sollen die den Fahrzeugverkauf betreffenden Regelungen der Kfz-GVO um drei Jahre verlängert werden. Anders sei hingegen die Situation auf dem Anschlussmarkt zu bewerten, auf dem der Wettbewerb weniger stark ausgeprägt sei.
Im Hinblick auf den Aftermarket will die Kommission ebenfalls die allgemeinen Wettbewerbsregeln anwenden, aber diese entweder durch sektorspezifische Leitlinien oder eine gezieltere GVO ergänzen (Mini-GVO). Es käme also für den Service ab 2010 die Schirm-GVO zur Anwendung. Diese würde um diverse Kfz-spezifische Besonderheiten ergänzt. Darin sollen zentrale Aspekte des Aftermarkets geregelt werden, z. B. der Zugang zu technischen Informationen, der Zugang zu Ersatzteilen sowie der Zugang zu den Vertragswerkstattnetzen sowie missbräuchliche Gewährleistungspraktiken, mit denen unabhängige Werkstätten verdrängt werden sollen. Bis zum 25.9.2009 hatten alle marktbeteiligten Gruppen die Möglichkeit, sich zu den von der Kommission präsentierten Optionen zu äußern.*

* *Quelle: Falkenstein, Günther, Kfz-Vertriebssysteme im Überblick, 2008*

3.7 Über die Zukunft der Händlernetze

Sortieren wir das Meer der Fragen:

- Wie viele Händler bzw. Markenstandorte werden bei stagnierendem Markt in Zukunft in Deutschland gebraucht?
- Groß-, Mittel- oder Kleinbetriebe?
- Sprechen wir vom Verkauf oder vom Service?
- Wird der Mehrmarkenhändler zur Selbstverständlichkeit?
- Mit wie vielen Marken?
- Welche Marken sind überbesetzt und müssen abspecken?
- Welche Marke hat weiße Flecken auf der Karte und sucht noch Händler?
- Weshalb soll ein Betrieb einen Service-Vertrag an Land ziehen, wenn er sämtliche Informationen, Schulungen, IT-Unterstützung auf freier Basis und ohne Standardvorgaben erhalten kann?

Leistungsgaten der KFZ-Branche 1970–2003

Jahr	Neuzulassungen in Mio (Pkw)	Besitzumschreibungen in Mio.	Zahl der Kfz-Betriebe	Zahl der Beschäftigten	Gesamtumsatz des Kfz-Gewerbes in Mrd. DM	Fahrzeugbestand Pkw/Kombi
1970		3,30	25.335	345.800	38,1	13.941.079
1975		4,00	29.129	353.000	52,2	17.939.297
1978		4,80	32.410	284.000	83,4	21.212.046
1979		5,10	33.396	400.900	89,2	22.535.463
1985		5,60	40.899	337.678	107,3	25.844.520
1986		6,20	41.895	340.959	122,76	26.917.423
1987		6,47	42.598	349.967	130,05	28.304.184
1988		6,51	43.380	352.364	140,89	29.190.322
1989		6,57	44.155	353.357	152,29	30.152.399
1990		6,38	44.508	350.583	168,48	30.695.082
1991		6,82	52.730	406.093	204,45	32.087.560
1992		8,23	54.623	425.043	243,55	36.042.408
1993		8,43	55.102	434.148	232,08	38.772.493
1994		8,43	56.659	425.837	230,79	39.765.402
1995	3,31	7,48	57.070	417.622	263,56	40.404.294
1996	3,49	7,58	57.823	411.385	252,20	40.987.547
1997	3,52	7,38	48.750	538.000	248,12	41.362.876
1998	3,73	7,45	48.700	537.000	258,55	41.716.738
1999	3,80	7,70	48.000	531.000	261,49	41.423.254
2000	3,37	7,39	47.000	530.000	248,87	43.772.260
2001	3,34	7,21	45.800	514.000	126,47 €	44.383.323
2002	3,25	6,83	44.200	500.000	124,34 €	44.657.303
2003	3,24	6,77	42.500	490.000	125,20 €	45.022.926
2004	3,26	6,61	41.700	483.000	127,2 €	45.375.526
2005	3,34	6,65	40.800	477.000	125 €	46.090.303
2006	3,46	6,73	40.200	473.500	131,1 €	46.569.657
2007	3,14	6,26	39.750	468.000	129,7 €	41.183.594
2008	3,09	6,11	39.100	461.000	129,5 €	41.321.171

Abb. 3.7.1 Leistungsdaten der Kfz-Branche seit 1970

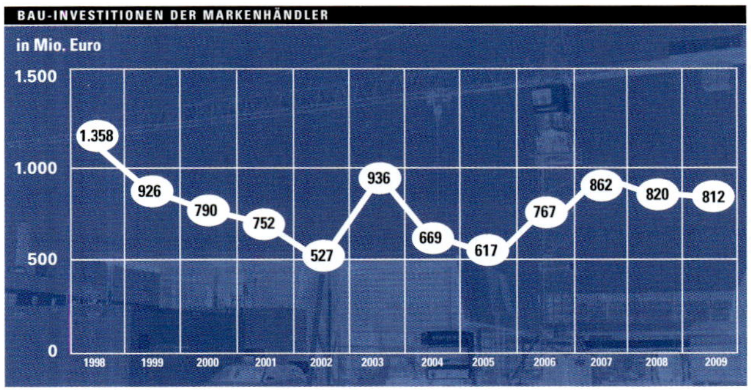

Abb. 3.7.2 Bau-Investitionen der Markenhändler

- Welches Volumen wird über die freien Kanäle – einschließlich Internet – zukünftig abgesetzt werden?
- Worin sehen die Automobilhändler überhaupt ihre Zukunft?

Zahlen sprechen Fakten! Abb. 3.7.1 zeigt die Leistungsdaten der Kfz-Branche seit 1970 auf! Werfen wir einen Blick auf die letzten zehn Jahre. 1998 gab es in der Branche noch 48.700 Kfz-Betriebe. Die Hälfte davon ist markengebunden. 2008 sind es noch 39.100, davon 18.900 markengebunden.

Außerdem investiert der Markenhandel pro Jahr zwischen 600 Mio. und 1 Mrd. EUR in Neu-, Um- und Anbauten. Abb. 3.7.2 belegt das Gesamtinvestitionsvolumen.
Die Unterschiede von Jahr zu Jahr gehen auf diverse Unsicherheit zurück. Auslauf der GVO. Was kommt danach? Kündigung der Händlerverträge? Man wartet ab. Von 2004 bis 2008 haben sich 1.200 Betriebsstandorte vom Markt verabschiedet. Mindestens die Hälfte davon durch die Tatsache, dass die Eigentümer keine Nachfolgelösung fanden. Das ist eine Rückgangquote, die bislang den Charakter »geringfügig« trägt. Auch die Anzahl der Beschäftigten ist von Jahr zu Jahr rückläufig: sie sank von 537.000 in 1998 auf 461.000 2008. Dennoch ist auch die Effizienz pro Mitarbeiter spürbar erhöht worden. Die Strukturen im Personalbereich sind verbessert worden. Wenn aber Porsche für jeden Standort einen Geschäftsführer vorgibt, obwohl einer für drei Standorte in einem Ballungsgebiet genügen würde, so zeigt das, dass nicht jede Herstellervorgabe sinnvoll ist.

Netzbereinigung – klein vs. groß!

Nun gibt es Prognostiker, die sehen für 2010 noch 16.000 Autohäuser (Betriebsstandorte) und für 2015 noch 14.700. Dahinter stehen 2010 noch 9.700 Händler (Eigentümer) und 2015 noch 8.800. Was störend bei derartigen Aussagen ist, dass nie dargestellt wird, wie, mit welchen faktischen Überlegungen eine derartige Prognose zustande kommt. Das hat dann in der Wirkung eher Zufallscharakter, zumal sich diese Frage von Marke zu Marke anders stellt. Leider haben Prognosen immer noch einen unhaltbaren Gläubigkeitscharakter. Die großen Händlergruppen fordern in Sachen Netzstrukturierung eine Verkleinerung der Händlernetze, um ihre Marktgebiete im Verkauf wie im Service vergrößern zu können. Das klingt unter dem Aspekt überzeugend, lieber wenige wirtschaftlich gesunde Händler als viele angeschlagene in der Fläche zu haben. Sind die großen Händler aber wirtschaftlich wirklich so gesund, nachdem im Neufahrzeuggeschäft die Margen so eingebrochen sind, dass dieses Geschäft unter Ertragsgesichtspunkten wenig Freude macht. Nachweislich verdienen kleinere Händler besser als größere. Größe ist aber auch für sich kein Maßstab! Man halte sich den Konkurs der Kroymanns-Gruppe 2009 vor Augen. Andere werden folgen, so sie nicht vom Hersteller künstlich beatmet werden. MB hat seit 1997 das Netz auf große Betriebe hin ausgerichtet. Es sind nur noch 93 große Vertreter. Sie schreiben im Neuwagenverkauf allesamt höchst unerfreuliche Ergebnisse. Liegt es daran, dass Großbetriebe mögliche Rationalisierungspotentiale nicht konsequent ausschöpfen? Vernachlässigen sie die Service-, Teile- und Zubehörschiene? Schließlich weisen Großbetriebe schlechtere Kundenzufriedenheitswerte aus.
Grundsätzlich braucht die Branche beide Betriebsgrößenklassen – siehe Kap. 3.14. Man sollte weniger zwischen kleinen und großen Händlern unterscheiden, als vielmehr zwischen guten und schlechten Händlern. Kleine Händler haben ihr Wirkungsfeld meist auf dem Lande. Diverse Marken leben es vor, wie ein A-/B-Händlerverhältnis sinnvoll gestaltet werden kann. Die Voraussetzung ist der geistige Kopf beim A-Händler. Und dazu gibt es hervorragende Beispiele. Beide verdienen gutes Geld. Man kann gleichermaßen nachweisen, dass große Handelsbetriebe in der Fläche nicht die Mengen absetzen, wie über tüchtige B-Partner.
Man muss an die Wachstumschampions in der Branche ein paar kritische Fragen stellen. Beim einen und anderen muss man sich nur vorstellen, wenn der agierende Macher von heute auf morgen ausfällt, was dann mit der Firma passiert! Es sei auf die Namen führender Köpfe verzichtet. Beim einen und anderen muss man die Söhne im Umkreis des genialen Patriarchen bedauern! Da wird in der Folge manches Gebilde wie ein Kartenhaus zusammen brechen. Wie geht es für große Händler, die ihr Markenherz dominant einem Hersteller verschrieben haben, weiter, so der Hersteller selbst im Rahmen des Verdrängungskampfes in die Knie geht? Man stelle sich kurz das Beispiel Opel vor. Aus gutem Grunde haben immer mehr die Schiene zur Mehrmarke befahren – siehe Kap. 3.15.

Die GVO 2002 hat durch die Liberalisierung des Mehrmarkenhandels überhaupt dazu geführt, dass gerade die kleineren Importmarken wie Hyundai, Kia, Daihatsu u.a. auffällige Markterfolge einfahren können. Deren Marke ist bislang als Exklusivmarke gerade für größere Händler nicht darstellbar. Wohl aber als Zweitmarke.

Das Ganze hat auch eine mittelstandspolitische Komponente. Wer für fairen Wettbewerb eintritt befürwortet viele Player. Das verträgt sich nicht mit Konzentration um jeden Preis. Hertie, Quelle, Karstadt und wie sie alle heißen, haben auch zuerst die mittelständischen Betriebe vom Markt verdrängt. Heute hängen sie selber am Galgen! Sinnvolle Strukturveränderungen: Ja! Es sollte hinterher die Situation aber besser als zuvor sein. Nissan und Honda haben mit ihren Generalkündigungen kleinerer und mittlerer Betriebe zugunsten der großen gesehen, wo sie landen. Das Ideal ist jeweils der »local champion«. Er verkörpert die Marke.

! *Fazit: Man sollte die Frage der Betriebsgröße von der Marke, von der Region, ihrem Standort, dem Wettbewerbsumfeld und den handelnden Personen abhängig machen.*

3.8 Betriebsstätten in Deutschland – eine Übersicht

Abb. 3.8.1 zeigt die Anzahl der Vertriebspartner, Servicepartner und der Niederlassungen. Der rückläufige Markt in Deutschland zeigt Wirkung. Zum einen dehnt sich der Mehrmarkenhandel aus. Andererseits haben gerade im ländlichen Bereich Betriebe ihren Vertriebsvertrag freiwillig abgelegt und führen den Handel in freier Regie weiter. Audi hat beispielsweise über 100 Servicewerkstätten den Vertrag abgekauft. Die Tabelle zeigt, dass Renault (1.244), VW (1.232), Opel (975), Mazda (784) und Ford (758) die meisten Partner haben. Renault mehr als VW! Und wer hält die meisten Service-Verträge? VW (1.256), Audi (1.211), Ford (1.114), Opel (1.000) und Skoda (!) 913. Und dann ist noch die Trennung zu treffen, ob ein Servicebetrieb ohne Neuwagen-Vermittlungsvertrag oder mit einem arbeitet. Pauschal lässt sich die Aussage treffen, dass ein Vertriebsnetz mit 400 bis 600 Betriebsstätten und ein Service-Netz mit 800 Stationen an den richtigen Standorten die deutsche Karte gut abdecken.

Es erstaunt immer wieder, dass Hersteller/Importeure andere Zahlen als die der Realität melden. Mercedes hat keine 156 eigene Niederlassungen (Standorte), sondern 35 zuzüglich deren Filialen. Volkswagen hat nicht 13, sondern 54 eigene Niederlassungen. Sie werden in der Volkswagenorganisation Retailbetriebe genannt – siehe Abb. 3.11.2. Es ist ein offenes Geheimnis, dass sich beispielsweise die PSA-Gruppe von ihren Niederlassungen trennen möchte – siehe Kap. 3.11. In Berlin hat man sich »Unter den Linden« verabschiedet! Wer kommt als Investor für derartige Niederlassungen in Frage? Renault ging mit ihrer Niederlassung und deren Filialen in Heilbronn in Konkurs. Aber erst wird den ansässigen Händlern gekündigt, die Eigenregie wahrgenommen und mangels Erfolglosigkeit wieder aufgegeben. Das nennt man dann Fortschritt!

BETRIEBSSTÄTTENÜBERSICHT

Marke	Vertriebspartner (I)		Servicepartner (II)		Niederlassungen (III)	
	2008	2009	2008	2009	2008	2009
Abarth	-	20	-	-	-	5
Alfa Romeo	194	176	238	243	14	14
Audi	508	495	1.585	1.211	9	13
BMW	621	642	112	12[illegible]	47	46
Brilliance	76	151	5	5	-	
Chevrolet	407	383	219	212	-	-
Chrysler/Jeep	165	130	61	8	21	20
Citroen	304	289	534	519	16	17
Daihatsu	405	405	39	39	-	-
Ferrari	21	20	3	3	-	-
Fiat	573	563	255	232	16	15
Fiat Professional	436	442	362	344	13	14
Ford	778	758	1.102	1.114	-	-
Honda	367	365	82	90	-	-
Hyundai	524	482	66	61	-	-
Jaguar	67	65	14	17	-	-
Kia	476	452	163	139	2	2
Lada	230	240	185	196	-	-
Lancia	154	150	114	1[illegible]3	11	14
Land Rover	113	104	58	57	-	-
Lexus	41	43	60	55	-	-
Maserati	27	26	7	5	-	-
Mazda	736	784	156	154	-	-
Mercedes	450	453	570	555	151	156
Mini	255	226	140	209	35	32
Mitsubishi	603	569	154	154	1	-
Nissan	376	403	263	252	-	-
Opel	1.001	975	1.041	1.000	-	-
Peugeot	320	307	480	491	60	59
Porsche	81	82	-	-	4	3
Renault	1.289	1.244	97	[illegible]07	12	11
Saab	117	117	59	59	2	2
Seat	324	323	350	349	4	4
Skoda	540	545	891	913	-	-
Smart	93	101	151	156	33	32
Ssang Yong	93	-	43	-	-	-
Subaru	223	208	200	214	-	-
Suzuki	485	483	129	152	-	-
Toyota	642	606	95	135	-	-
Volkswagen	1.260	1.232	1.245	1.256	13	13
Volvo	319	313	70	75	-	-
SUMME	15.694	15.372	11.398	11.098	46[illegible]	472

(I) Vertriebspartner: Alle Betriebsstätten der A- und B-Handelspartner inkl. Filialen, Nebenbetriebe und Niederlassungen; (II) Servicepartner: Alle Servicebetriebe und Teilehändler; (III) Niederlassungen: Alle werkseigenen Niederlassungen inkl. Betriebsstätten und Filialen

Abb. 3.8.1 Betriebsstätten in Deutschland nach Marken

3.9 Die Zukunft des Automobilhandels

Über eine Befragung 2009 von AUTOHAUS pulsSchlag äußern sich 57 Prozent der Händler für die nächsten fünf Jahre mit positiver Perspektive. Dabei sind größere Händler optimistischer als kleinere. Interessant, es gibt kaum Unterschiede zwischen den verschiedenen Fabrikaten, obwohl die »richtige Marke«, das richtige Markenportfolio zu haben wesentlich für den Erfolg ist. Abb. 3.9.1 zeigt, in welchen Geschäftsfeldern die größten Zukunftspotentiale liegen. Der Service wird an erster Stelle genannt. Von hohem Interesse ist es, wie der Mehrmarkenvertrieb unter Renditeaspekten abschneidet. 50 % äußern sich positiv, die zweite Hälfte muss skeptische Ergebnisse feststellen – siehe Kap. 3.15. Es wird die nächsten Jahre sicher so sein, dass die Anzahl der Autohäuser mit Markenmonokultur weniger werden. Gegenwärtig sind rund 70 % der Händler markenexklusiv. In wenigen Jahren wird jeder zweite Händler mit einer weiteren Marke arbeiten. Konzernmarke? Fremdmarke? Wie viele Fremdmarken? Grundsätzlich kann gesagt werden, dass das richtige Markenportfolio die halbe Miete für ein Autohaus darstellt. Wer die wachsende Anzahl an Modellen pro Marke vor sich sieht, kann nachvollziehen, dass die kleineren Autohäuser mit Handel weniger werden und künftig ein niedrigeres Verkaufsvolumen repräsentieren werden. Sie repräsentieren heute noch fast 50 % des Verkaufsvolumens. Das können morgen 30 % sein. Das heißt aber nicht, dass sie nicht mehr im Vertrieb mitmischen werden. Sie werden als »Freie« im Vertrieb agieren. Über die Erfolgsfaktoren im Handel finden Sie weitere Aspekte in Kap. 1.4.6.

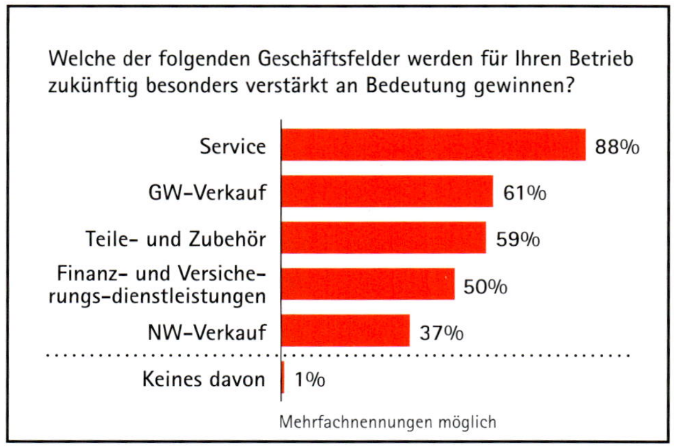

Abb. 3.9.1 Bedeutung der verschiedenen Geschäftsfelder im Automobilhandel

3.10 Franchise-Vertragssystem – die Alternative?

Ist das Franchise-System in Relation zu anderen Vertriebssystemen die bessere Alternative?

Ursprung und Inhalt

Franchise-Systeme haben ihren Ursprung in den USA, sind heute aber auch in Deutschland verbreitet. In einigen Branchen stellen sie mittlerweile den dominierenden Vertragstypus dar. Prominente Vertreter von im Übrigen hervorragend funktionierenden und höchst erfolgreichen Vertragssystemen auf Basis von Franchise-Konzepten sind beispielweise McDonalds, Manpower, B&O oder OBI. Entgegen der Situation im Automobilhandel werden dort angemessene Renditen erwirtschaftet und hohe Zufriedenheitsgrade mit den Franchise-Gebern erreicht.

Gleichwohl ist der Franchise-Vertrag bis heute im deutschen Recht nicht ausdrücklich geregelt. Unter den Experten besteht jedoch Einigkeit, dass es sich um einen Mischvertrag handelt, der in der Praxis regelmäßig Bestandteile des »Lizenzvertrags«, des »Know-how-Vertrags« und vor allem des »Vertragshändlervertrags« enthält. Die Fülle der möglichen Variationen macht den Franchise-Vertrag auch für den Automobilhandel und die Gestaltung seiner vertraglichen Beziehung zu seinem Hersteller interessant. Angesagt ist dabei sicherlich eine gehörige Portion Gestaltungskreativität, die einigen Verbandsvertretern abhanden gekommen scheint. Sie versuchen stattdessen an den alten unbefriedigenden Rahmenbedingungen festzuhalten. Chancen, die in einem grundlegenden Neuanfang liegen und aus der heutigen Misere des Geschäftsmodells herausführen könnten, werden nicht aufgegriffen und ernsthaft geprüft.

Schwarze Schafe

Wie immer und überall gibt es auch im Bereich des Franchising gute und schlechte vertragliche Konstellationen und es gibt eine ganze Menge schwarzer Schafe als Franchise-Geber, die vor allem unerfahrene Existenzgründer mit Verträgen locken, die sich im Nachhinein als reichlich unausgewogen darstellen. Solche einseitigen vertraglichen Vereinbarungen können für den Bereich des markengebundenen Automobilhandels ausgeschlossen werden. Nicht nur, weil auf beiden Seiten Profis assistiert von versierten Beratern sitzen, sondern vor allem auch, weil es zwischen Herstellern und Händlern in dieser Branche eine langjährige Zusammenarbeit und damit in der Regel eine gute Vertrauensbasis gibt. Auf einer solchen Basis sollten sich die Vorteile und die Chancen des Franchise-Vertrags erfolgreich nutzen und umsetzen lassen.

Chancen im Franchise-System

Wenn die aktuelle Kfz-GVO keine Nachfolge-Verordnung ähnlichen Zuschnitts erfahren sollte oder ersatzlos entfällt, dann können über ein Franchise-System nahezu sämtliche Gestaltungselemente aufleben, wie sie vor Inkrafttreten der jetzigen GVO üblich waren. Dazu gehört vor allem die Zuordnung eines klar definierten Vertragsgebiets, gegebenenfalls sogar verknüpft mit einem Gebietsschutz. Müßig darauf zu verweisen, dass sich dadurch die Planbarkeit der Geschäfte sowohl mengenmäßig als auch im Hinblick auf die wirtschaftlichen Ergebnisse signifikant steigern ließe. Klare, verlässliche und vertraglich vereinbarte Regelungen werden in guten und ausgereiften Franchise-Systemen zu einem attraktiven Gesamtpaket geschnürt. Dazu gehört vor allem eine vertraglich vereinbarte Ertragsprognose für die vom Franchise-Nehmer zu erbringenden Leistungen und Investitionen innerhalb einer fest vereinbarten Vertragsdauer. Damit wird dem Franchise-Nehmer die Amortisation seiner Investitionen gesichert. Wie bei anderen Vertragstypen gilt das natürlich auch beim Franchise-Vertrag nur unter der Voraussetzung, dass der Franchise-Nehmer seinen vertraglichen Pflichten nachkommt und sich an die sonstigen vertraglichen Bedingungen hält.

Langfristige Ausrichtung

Franchise-Verträge weisen nicht selten Laufzeiten von 10 oder 20 Jahren auf, in der Regel gekoppelt an eine Option auf eine Erneuerung der Vertragsdauer nach deren Ablauf. Auf einer solchen Basis lässt sich langfristig planen. Der übliche baukastenartige Aufbau lässt außerdem hohe Flexibilität in der Gestaltung der Verträge zu. Da Franchising in Deutschland nicht ausdrücklich in einem Gesetz geregelt ist, hat die Ausgestaltung des Franchise-Vertrags eine besonders hohe Bedeutung für die Vertragsparteien. Er ist die Verfassung des Franchise-Systems und fällt deshalb in der Regel sehr umfassend aus. Die mit dem Franchisevertrag einhergehende typische Vereinbarung von Standards wird im Übrigen bereits heute von den Herstellern mit den bekannten einseitigen Vorgaben praktiziert.

Beide Partner bringen sich ein

Eine gute Franchise-Beziehung verlangt von beiden Vertragsparteien ein grundsätzliches Umdenken. Der Franchise-Geber, im Automobilvertrieb der Hersteller, übernimmt die Verantwortung für den Markt und dessen Entwicklung. Entsprechend sorgfältig wird er ihn beobachten und seine Veränderungen in Abhängigkeit der eigenen Aktivitäten und des Wettbewerberverhaltens einzuschätzen versuchen. Denn aus den Marktpotentialen und deren Ausschöpfung baut sich die gesamte Kalkulation des Geschäftsmodells auf, für das der Franchise-Geber garantiert. Im Gegenzug bindet sich der Franchise-Nehmer, der Händler, mit seinen Bezügen von Neuwagen, Teilen und ggf. Autohauseinrichtungen sowie technischer Ausstattung an einen einzigen Partner, seinen Hersteller. Auf dieser gegenseitigen Verpflichtung basiert das Franchise-Prinzip und baut das Geschäftsmodell auch im Automobilvertrieb im Grundsatz auf.

Das Kontra bestimmt sich wesenhaft aus der Gestaltung der künftigen Kfz-GVO heraus. Je nachdem kann ein Franchisesystem für den Kfz-Handel Schwächung bedeuten. Denn davon ist letztlich die Ausgestaltung eines Gebietsschutzes abhängig. Grundsätzlich ist aber mit einem Franchisesystem verbunden, dass einem Franchisenehmer seitens des Franchisegebers Know-how vermittelt wird. Wer die werkseigenen Niederlassungen und deren Ergebnisse vor sich sieht, darf die Frage stellen, woher das Hersteller-Know-how für die Führung eines Autohauses kommen soll? Franchisegeber setzen auf eine vertraglich vereinbarte Ertragsprognose. Gegenfrage: Weshalb soll sich diese nicht über das bestehende Vertriebssystem darstellen lassen? Die Laufzeit eines Vertriebsvertrages bzw. ein Investitionsschutz lässt sich auch auf angestammtem Wege vereinbaren. Dazu bedarf es keines neuen rechtlichen Gewandes in Form eines Franchisesystems. Abschließend nochmals die Grundüberlegung: Man lasse die zentrale Preisstellung durch den Hersteller beispielsweise im Neuwagen-Geschäft auf sich wirken. Der Hersteller fakturiert. Der Handel habe reine Vermittlungsfunktion und erhält dafür eine Provision. Es gilt – wie beispielsweise in der Möbelbranche deutschlandweit derselbe Neuwagenpreis. Wie anders soll im Fahrzeuggeschäft anders wieder Gewinne eingefahren werden?*

* *Quelle: Missing, Walter Ängste abbauen, in AH 8 2009 S. 32 ff. und Antje Woltermann, Kontra Franchise, AH 10 2009 S. 14 ff.*

3.11 Werkseigene Niederlassungen – eine Standortbestimmung

Werkseigene Niederlassungen stehen im harten Intra-Brand-Wettbewerb mit dem Vertragshandel. Kann in dieser Auseinandersetzung noch von fairem Wettbewerb gesprochen werden? Nutzen die Hersteller ihre werkseigene Achse immer schärfer zur mengenbetonten Absatzkanalisierung?

Die Werksbehauptungen reichen von 1 Prozent Rendite für die Niederlassungen bis hin zum Faktum, dass aufgrund der Tarifgegebenheit die hohen Personalkosten der Industrie zu bezahlen sind. Herstellereigene Niederlassungen haben Tradition. So unterhält die Daimler AG seit einem Jahrhundert das umfangreichste eigene Netz an Werksniederlassungen. Mittlerweile läuft rund 55% des Mercedes-Benz-Absatzes über die herstellereigenen Betriebe. Vor 10 Jahren lag der Anteil noch deutlich unter 50%. Auch Renault gründete bereits 1907 seine eigene erste Niederlassung in Berlin. BMW folgte weit später. Volkswagen stieg in den 80-iger Jahren über die Raffay-Gruppe in Hamburg quasi zwanghaft ins »Retailgeschäft« ein. Audi legte 2005 in Hannover seinen Niederlassungsstart.

Der unerbittliche Kampf um Stückzahlen und Marktanteile im zurückhaltenden Pkw-Markt Deutschland veranlasst viele Hersteller zur Überprüfung ihrer Strategien. Die aktuellen Maßnahmen der Hersteller laufen diametral auseinander. So versucht Peugeot vehement, das eigene Engagement loszuwerden. Daimler soll ebenfalls ein Projekt zum Verkauf von kleineren Niederlassungen aufgelegt haben und will am Ende nur noch eigene Betriebe in acht deutschen Metropolen betreiben. VW und Audi hingegen weiten ihr Eigenengagement je nach Standort drastisch aus und »kultivieren« über Volkswagen- bzw. Audi-Retail inzwischen 90 Niederlassungen. Durch die Übernahme von Porsche durch den VW-Konzern im Jahre 2009 gibt sich im Verbund mit der Integration von PIA abermals eine neue Konstellation.

Deutsche Vertriebsstrukturen

Deutsche Automobilhersteller greifen seit Jahren sehr aktiv in den Automobilvertrieb ein. Sie haben dem Vertragshandel von seinem Marktpotential mit der starken Ausweitung der Direktgeschäfte über Mietwagen- und anderer Großkundengeschäfte einen großen Teil des Kuchens abgeschnitten. Der erreichbare (Endkunden-)Markt für den Handel sinkt kontinuierlich. So ist zum Beispiel der Anteil des Segments der Privatkunden und kleiner Flotten am Gesamtgeschäft bei einem namhaften Volumenhersteller seit 2002 um 15%-Punkte zurückgegangen – siehe Abb. 3.11.1. Im Schnitt verkaufen die Hersteller inzwischen 25 bis 70% (!) der Zulassungen am Handel vorbei!

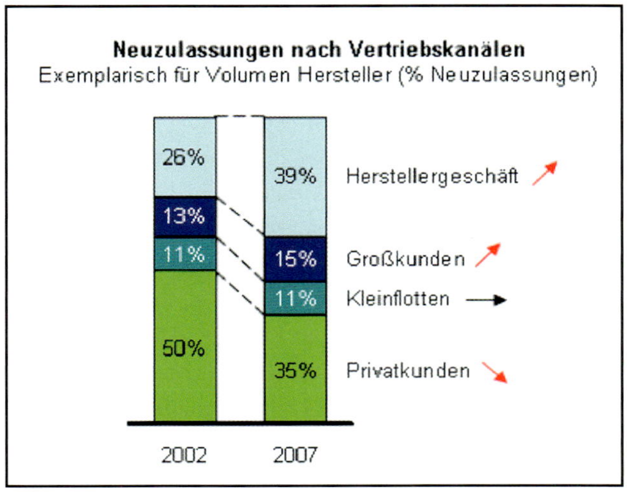

Abb. 3.11.1 Entwicklung von Vertriebskanälen

Analysiert man die Struktur der Handelsstufe, so sind bei den Herstellern derzeit drei generelle Strategien erkennbar:

1. Die deutschen Premium-Marken Mercedes und BMW verfügen über ein etabliertes und in den zurückliegenden Jahren weitgehend konstantes Niederlassungsnetz als Konkurrenz zum Handel. Der Volkswagen-Konzern hingegen wandelt für seine Marken VW und Audi ganz konsequent in Not geratene Händler in Ballungsräumen in werkseigene Betriebe um. Den Beginn machte Raffay in Hamburg, zuletzt war es das Autohaus Glöckler mit Hauptsitz in Frankfurt/Main mit zehn Betrieben. Neben Volkswagen fährt auch Fiat eine expansive Strategie mit eigenen Niederlassungen.

2. Die französischen Hersteller sind dem gegenüber dabei, das eigene Engagement im Markt zu überdenken. Es werden Standorte reduziert. So schloss beispielsweise Renault Ende 2006 seine Niederlassungen im Rhein-Neckar-Raum. Bereits Anfang 2007 übernahm die Glinicke Automobilhandelsgruppe die Peugeot-Niederlassung in Kassel. Sogar in der Hauptstadt Berlin will Peugeot sein eigenes Engagement abstoßen.

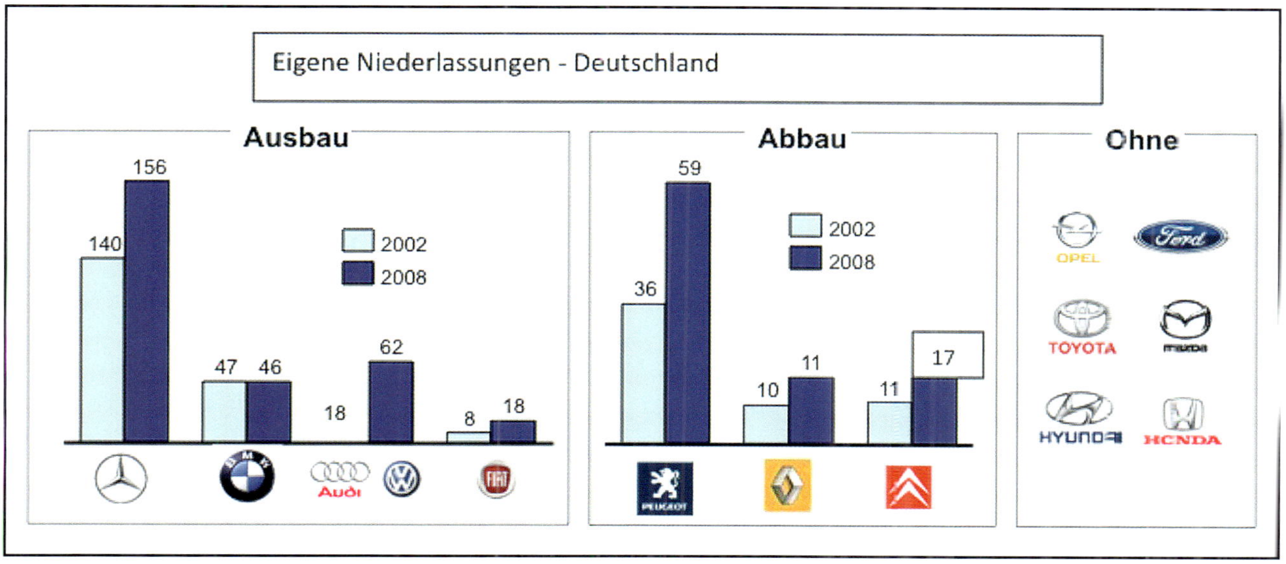

Abb. 3.11.2 Entwicklung der Niederlassungen von 2002 bis 2008

3. Die Volumenhersteller Opel und Ford sowie die japanischen und koreanischen Hersteller verzichten traditionell auf eigene Niederlassungen. Ob sich das gerade in Ballungszentren durchhalten lässt?*

Fazit: Mit ihren Niederlassungsstrategien verschärfen die Hersteller den Intra-Brand-Wettbewerb auf einem insgesamt rückläufigen und durch die Direktgeschäfte der Hersteller zusätzlich verkleinerten deutschen Markt.

3.11.1 Beurteilung der Geschäftsmodelle: Niederlassungen contra freier Handel

Markterfolg

Die Niederlassungen der Hersteller haben nicht generell die besseren Markterfolge (gemessen in Marktanteilen) als der Handel. Die Leistung folgt auf beiden Seiten der typischen Normalverteilung. Es gibt MB-Vertreter, die bessere Marktanteile als die MB-Niederlassung in Stuttgart am Stammsitz des Konzerns aufweisen.

Die Niederlassungen der Hersteller betreiben ihr Geschäft generell in kaufkraftstärkeren Ballungsräumen als der Handel und haben dadurch von vornherein Marktvorteile. Die im Einzelfall scheinbar bessere Marktperformance der Niederlassungen schrumpft deshalb bei genauer Marktpotentialanalyse auf ein Minimum. Außerdem spielen bei einer solchen Betrachtung auch die über die Niederlassungen abgewickelter Großkunden- und Direktgeschäfte der Hersteller eine nicht zu unterschätzende Rolle.

Auch im Service erzielen die herstellereigenen Betriebe keine besseren Markterfolge als der markengebundene Handel. Die in den letzten Jahren von den Fachzeitschriften wie Auto Motor Sport, Auto Bild oder dem ADAC durchgeführten Werkstatttests zeigen, dass Niederlassungen nicht besser als der Handel aufgestellt sind. Oftmals ist das Gegenteil der Fall.

Es bleibt also festzustellen, dass die Niederlassungen auf einer vergleichbaren Basis über alle Hersteller hinweg betrachtet weder im Verkauf noch im Service bessere Markterfolge als der Handel erzielen.

Wirtschaftlicher Erfolg

Die vergleichende Betrachtung der typischen Kostenblöcke im Autohandel zwischen Niederlassungen und Handel zeigt den klaren Kostennachteil und damit das schlechtere wirtschaftliche Ergebnis der Hersteller geführten Niederlassungen.

Wareneinsatz / Einzelkosten

Beim größten Kostenblock des Autohandels haben die Niederlassungen keine Vorteile. Der Wareneinsatz ist bei gleichen Abnahmemengen identisch mit der des Handels. So wird die Gleichstellung Niederlassungen zu Händler zumindest kommuniziert. Das strategische Ziel Ertrag ist bei den Niederlassungen dem Volumenziel generell untergeordnet: Es werden

* *Quelle: Autohaus Report »Das Netz« 2003 und 2008. (Anm. Die ausgewiesenen Zahlen wurden der AH-Redaktion so offiziell mitgeteilt, differieren aber mit der Realität.)*

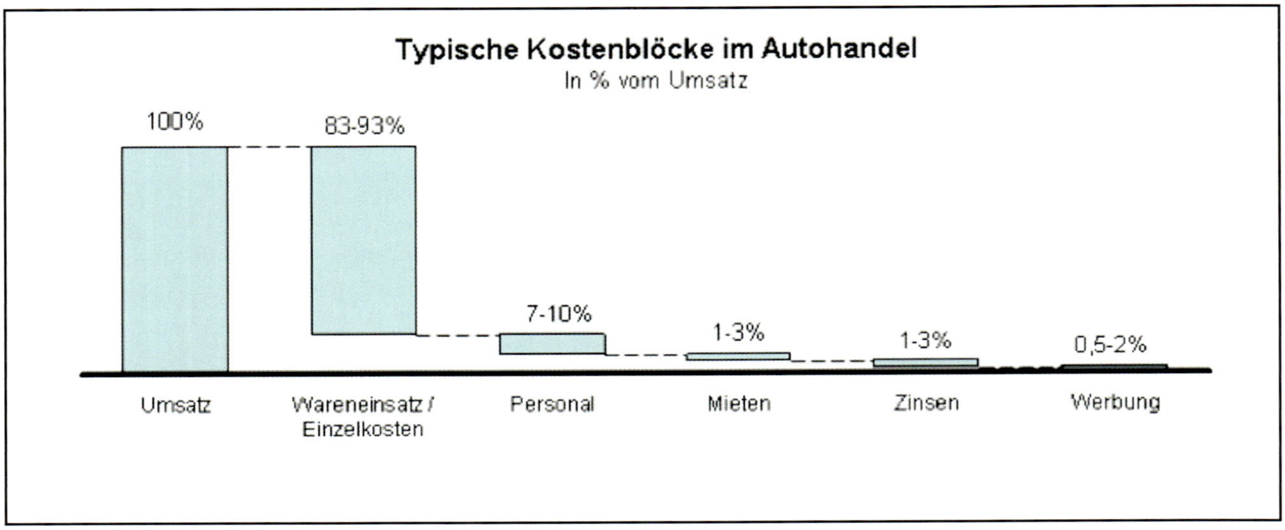

Abb. 3.11.1.1 Typische Kostenblöcke im Automobilhandel

in der Praxis höhere Rabatte gewährt, der Handel muss notgedrungen mitziehen und hat dadurch zwangsläufig keine besseren Bruttoerträge.

Personal

Im zweitgrößten Kostenblock schneiden die Niederlassungen schlechter als der Handel ab. Sie haben zumindest bei MB und BMW aufgrund der existierenden Tarifbindung an den OEM (Gehälter und Sozialabgaben) ein höheres Leistungsniveau. Eine bessere Personalqualität, die die höheren Kosten rechtfertigten, ist nicht zu erkennen. Hinzu kommt ein Effekt, der gerne unter den Tisch gekehrt wird. In den Zentralen der Hersteller kümmern sich riesige Stäbe von Mitarbeitern, quasi als Dienstleister, um die Niederlassungen. Diese »Overheads« fließen meist in der gebotenen Betrachtung nicht ein.

Gebäude

Generell haben die Niederlassungen auch bei den Gebäuden wesentlich höhere Kostenbelastungen als der freie Handel. Zum einen sind Flächen in der Großstadt teurer, zum anderen sind die Niederlassungen häufig als Brand Center aufwendig gebaut, um die Marke entsprechend zu präsentieren. Ein Händler würde sicherlich ein Bauwerk wie die MB-Center in Berlin, München, Stuttgart und Köln nie errichten. Diese Marken-Darstellung des Herstellers hat nichts mit dem Handel an sich zu tun und könnte auch mit Zuschüssen zu Händlerbetrieben erreicht werden. Dieses Thema muss deshalb auch getrennt betrachtet werden.

Zinsen/Bestandskosten

Die aufwendige bauliche Markenpräsenz führt zu erhöhten Zinsen und Abschreibungen bei den Niederlassungen. Allerdings werden diese nicht immer in der G+V-Rechnung der Niederlassungen, sondern, aufgrund anderer Bilanzierungsverfahren, direkt beim Hersteller ausgewiesen. Trotzdem bleibt ein Kostennachteil für die Niederlassungen. Einen Kostenvorteil gegenüber dem Handel haben die Niederlassungen i.d.R. bei den Bestandskosten, da die Finanzierung nicht wie handelsüblich über die Hausbanken, sondern – sofern sie überhaupt welche bezahlen –, über den Hersteller erfolgt.

Werbung

Aufgrund der Repräsentanz der Marke und den Aktivitäten in Ballungsräumen wenden die Niederlassungen höhere Aufwendungen für Werbung und Marketing auf.

Ein zweites Fazit: Es wurde oben klar nachgewiesen, dass die Niederlassungen keine besseren Markterfolge zeitigen, aber in der Tat ein wirtschaftlich schlechteres Ergebnis erzielen als der Handel. Offizielle Veröffentlichungen zu Verlusten in den Niederlassungen der Hersteller gibt es nicht. Die »roten Gräber« fielen zu gigantisch aus. Das Geld kommt bei den Niederlassungen – so sagt der Sprachgebrauch des Handels – »aus der Steckdose« und das negative Ergebnis wird alljährlich per Knopfdruck pünktlich zum 31.12. nachts 24 Uhr »auf Null«, also neutral gestellt.

3.11.2 Niederlassungen aus der Sicht des Kunden

Die Kundenzufriedenheit – also die Rückmeldung der Kunden über ihre Zufriedenheit mit der Betreuung durch das Autohaus – ist bei den mittelständischen Händlerbetrieben höher als bei den großen Niederlassungsbetrieben.

Ein verschärfter Intra-Brand-Wettbewerb hat für den Kunden zumindest kurzfristig keine Nachteile. Dauerhaft kann der Handel aber eine Situation nicht überstehen, die darauf baut, dass der Kunde sich zwar vor Ort bei seinem Händler beraten lässt, dort auch sein Fahrzeug zum Service gibt, aber den eigentlichen Kaufabschluss im Niederlassungsbetrieb tätigt.

Für den Kunden sind die persönliche Leistung des Menschen und die Nähe zum Betrieb vor Ort wichtig. Ihm ist es egal, ob er es mit einer Niederlassung oder einem Händler zu tun hat. Der Kunde macht keine Unterscheidung in Niederlassung und Händler.

Studien aus Mitte der Achtziger Jahre, die aufzeigten, dass die Kunden ein Vertriebssystem, bei dem der Hersteller mit Niederlassungen selbst am Markt agiert, bevorzugen, sind mittlerweile nachweislich überholt. Damals glaubten die Kunden teilweise noch, dass beispielsweise bei Themen der Garantie- und Kulanzabwicklung, aber auch bei der Service- und Verkaufskompetenz eine Niederlassung für sie vorteilhaft sei. Zwischenzeitlich haben die Hersteller über die Qualifizierungsoffensive des Handels selbst dafür gesorgt, dass heute keine Unterschiede mehr bestehen – das Feedback der Kunden in ihrer höheren Zufriedenheit mit dem Handel belegt dies nachweislich.

3.11.3 Niederlassungen aus der Sicht des Herstellers

Für die Hersteller gibt es scheinbar gute Argumente, die für ein Niederlassungsnetz sprechen:

- direkter, ungefilterter Zugang für den Hersteller zum Markt und vor allem zu Kunden
- Besetzung von Vertriebsstandorten, für die sich zu den üblichen Konditionen kein freier Unternehmer findet, z.B. teure Citylagen in Ballungsgebieten
- Notfallübernahme von insolvenzgefährdeten Vertriebspartnern, um den jeweiligen Standort aufrecht zu erhalten
- eigener Absatzkanal, über den der Hersteller seine Mengenziele auch unter Missachtung der betriebswirtschaftlichen Konsequenzen für den Handel umsetzen kann
- Abwicklungsstandort für Direktgeschäfte des Herstellers
- Gegenpol zur Händlermacht von Megadealern bzw. großen Händlerketten
- Absatzkanal, der formalrechtlich nicht den Regularien der GVO unterliegt
- Niederlassungen als Testbetrieb für neue Marketingkonzepte, Mitarbeiterqualifikationen, CSI-, Bau-, Ausstattungs- , Einrichtungs- oder CI-Konzepten
- Aufbau/Betrieb von Verkaufs-Outlets, die die Markenbotschaften unverfälscht transportieren

Eines der früher für die Etablierung einer Niederlassung wesentlichen Argumente, dass aufgrund der Verlängerung der Wertschöpfungskette die Gewinne aus der Vertriebsaufgabe beim Hersteller verbleiben, hat sich ins Negative umgekehrt. Statt Gewinne werden Verluste eingefahren und somit sind die oben genannten Ziele teuer erkauft.

3.11.4 Niederlassungen aus der Sicht des markengebundenen Handels

Ein ausgeprägtes Niederlassungsnetz wie es bei BMW und Daimler zu finden ist, stellt für den jeweiligen Händler eine Bedrohung dar, weil:

- Wirtschaftlichkeit, Ertragsorientierung, langfristige Sicherung des Unternehmens für die Niederlassungsbetriebe eher nachgelagerte Themenstellungen sind. Der Fokus liegt im Regelfall auf der Umsetzung der Absatzziele.
- Investitionsentscheidungen werden von Zentralbereichen des Herstellers getroffen, d.h. Wirtschaftlichkeitsüberlegungen haben hier nicht immer die oberste Priorität.
- Die Verkaufsziele werden ggf. auch unter Missachtung der wirtschaftlichen Konsequenzen sowie der langfristigen Auswirkungen umgesetzt.
- Die Ausverkaufsaktionen großer Niederlassungen durch den massiv gestützten und beworbenen Abverkauf von so genannten Jungwagen stören das Marktgefüge in der jeweiligen Region zu Lasten der Händler.
- Großkundenbetreuung findet zunehmend durch den Hersteller selbst statt (Direktgeschäft), wobei für die Abwicklung der Geschäfte häufig der Handel ausgeschaltet und dafür die Niederlassungen genutzt werden.

- Die großen »Markentempel« der Hersteller (BMW, Daimler, Audi, VW) sind nicht nur Marken bildende Prestigeobjekte, hier findet mittlerweile auch beinharter Intra-Brand-Wettbewerb zu Lasten der Händler statt. Kaum einer dieser Betriebe schreibt unter regulären Bedingungen schwarze Zahlen. Die Konzerne gleichen die aufgelaufenen Verluste jährlich aus. Eine Marktbereinigung findet nicht statt. Der Händler als eigenständiger Mittelständler kann hier nicht mithalten. Aus Sicht des freien Handels sind die Niederlassungen eine klare Bedrohung, da nicht alle Entscheidungen rational im Sinne eines nachhaltigen unternehmerischen Gewinns getroffen werden.
- In den Zentralen der Hersteller kümmern sind riesige Stäbe von Mitarbeitern als Dienstleister für die Niederlassungen tätig. Dies verzerrt die Wirtschaftlichkeitsbetrachtung Niederlassungen/Handel, denn diese Leistungen sparen unter dem Strich den Niederlassungen Kosten. Oder umgekehrt, bei einem Verzicht auf Niederlassungen könnten die Hersteller auf einen Schlag Millionen sparen, die im Handel sinnvoll eingesetzt werden könnten.

3.12 Europäische Handelsgruppen

In Europa werden in den 27 EU-Ländern pro Jahr zwischen 12 und 15,6 Mio. Pkw verkauft. Dahinter stehen 350.000 Handels- und Service-Betriebe. Sie erwirtschaften mit rund 2,8 Mio. Beschäftigten etwa 800 Mrd. EUR Umsatz. Wie sich die Mengen auf die einzelnen Märkte verteilen – s. Kap. 2.1.5. Deutschland hat bezogen auf den Neuwagenverkauf in Europa die höchste Anzahl an Betriebsstätten. Zwei Drittel der Betriebsstätten in Europa werden als Komplettbetriebe geführt, also Verkauf und Service unter einem Dach. Bei den Marken Fiat und Peugeot sind es nur 40 %. Dort ist ein hoher Anteil an reinen Servicebetrieben gegeben. In Deutschland (429) und in Frankreich (408) bestehen die meisten Niederlassungen. In Frankreich dominant durch Citroën, Peugeot, Renault. In Deutschland – seit 100 Jahren – Mercedes-Benz. Abb. 3.12.1 zeigt die 50 größten Handelsgruppen in Europa. 22 von ihnen erwirtschaften einen Umsatz von über 1 Mrd. EUR. Die österreichische Porsche Holding (PIA) in Salzburg steht als Handelsgruppe in Europa auf Platz 1.
Die umsatzstärkste international aktive Gruppe mit Sitz in Deutschland ist die AVAG Holding AG in Augsburg. Schaut man auf die 100 größten Händlergruppen Europas, so sind 34 in UK, 25 in Deutschland, 17 in Frankreich, 5 in Italien. In Österreich und der Niederlande sind je 4 vertreten. Von den 25 deutschen Handelsgruppen der Top 100 in Europa ist ausschließlich die AVAG international tätig. Die Cloppenburg Automobil AG Düsseldorf, die sich in Deutschland stark im BMW-Bereich ausdehnt, unterhält 6 Standorte in Frankreich. Selbst bei einer Weller-Gruppe ist eine Internationalisierung nicht vorgesehen.

Die Top 100 in Europa verkaufen pro Jahr 2,5 Mio. Fahrzeuge. Dem entspricht ein Markt-Volumen von rund 18 %. Die einzelne Gruppe der Top 100 operiert im Schnitt an 53 verschiedenen Standorten. Pendragon, UK, wirkt aktuell an 400 verschiedenen Betriebsstätten. Von den Top 100-Gruppen vertreten 62 % bis zu 10 Fabrikate. Pendragon und die Emil Frey-Gruppe sogar 27. Nur zwei Gruppen verfolgen eine Monomarkenstrategie. Die Wachstumsstrategien von Händlergruppen zeigen sehr heterogene Strategien. Dabei geht es um die Besetzung von »Open Points«, um die Übernahme bestehender (insolventer) Händler, um die Übernahme zusätzlicher Marken, oder um die Spezialisierung der Marken des eigenen Konzerns.

Nachdem die Kroymans-Gruppe den 9. Platz der »Größten« in Europa einnimmt und für Deutschland 2009 Insolvenz anmelden musste, sollte man sich die Strategie, »Wachstum um jeden Preis«, überprüfen. Es wurde erneut gegen einen Grundsatz der allgemeinen Betriebswirtschaftslehre verstoßen:

> **!**
> *1. Wer wachsen will, muss dies auf Dauer finanzieren können.*
> *2. Wachstum ohne zusätzliche Gewinne bedeutet der sichere Tod.*

Und die Hersteller, die derartige Strategien finanziell massiv zu Lasten betroffener Händler vor Ort unterstützten, hüllen sich im Nachgang in tiefes, (hoffentlich) betroffenes Schweigen. Peinlich! Und wer bezahlt den (unnötigen) Schaden?

Die 50 größten Automobilhandelsgruppen in Westeuropa

Pos	Ausrichtung	Heimatmarkt	Händlergruppe	Umsatz in Mio. € (Europa/2006)	Anzahl Marken
1	International	A	Porsche Holding (Inklusive PGA)	11.800 *	23
2	International	UK	Pendragon	7.498	27
3	International	UK	Inchcape (Umsatz weltweit: 7.117)	4.284 *	20
4	International	CH	Emil Frey **	4.000 *	27
5	International	NL	Pon Automotive	3.200 *	5
6	International	USA	PAG (Umsatz weltweit: 8.154)	2.609	20
7	International	B	D´Ieteren (ohne Avis und Belron)	2.491 *	8
8	National	UK	Arnold Clark Automobiles	2.454	20
9	National	UK	Lookers	2.190	21
10	National	CH	AMAG	2.138 *	5
11	International	NL	Kroymans	1.982 *	13
12	National	UK	Camden Ventures	1.860	5
13	International	E	Bergé	1.700 *	12
14	International	S	Bilia	1.497	9
15	National	UK	Jardine Motors Group	1.416	13
16	National	UK	European Motor Holdings	1.396	8
17	International	P	Salvador Caetano	1.349 *	26
18	International	A	Pappas Gruppe	1.227 *	4
19	International	NL	Autobinck	1.100 *	8
20	International	D	AVAG Holding AG	1.067	13
21	National	E	Quadis	1.050	23
22	National	UK	Bristol Street Motors	1.029	6
23	International	B	Alcopa (Fahrzeugimport, -retail)	940 *	14
24	National	D	Deutsche Automobil Handels Holding	928	15
25	National	D	MAHAG	873	6
26	National	F	Bernard	853	4
27	International	A	Wiesenthal & Co. AG	825 *	11
28	National	D	Wellergruppe	810	7
29	National	UK	JCT 600	809	16
30	National	UK	Dixon Motor Group	771	8
31	National	UK	Robins & Day	750	1
32	National	UK	Listers of Coventry (Motors)	736	9
33	National	UK	Greenhous Group	733	3
34	Regional	D	Gottfried-Schultz-Gruppe	732	6
35	National	D	Fahrzeugwerke LUEG	714	10
36	National	F	Gueudet	700	9
37	National	P	SAG	700 *	5
38	National	NL	Stern	694	18
39	National	D	Hahn Automobile	608	3
40	National	UK	Marshall Motor Holdings	607	12
41	National	F	Schuller	600	8
42	National	I	Ifas Gruppo	590	17
43	National	UK	Reeve (Derby)	588	4
44	National	UK	Perrys Group	581	14
45	National	UK	Dutton Forshaw Group	566	12
46	National	D	Feser-Graf-Gruppe	545	5
47	National	D	Edgar-Kittner-Gruppe	533	12
48	National	A	Denzel	530	13
49	National	UK	Hartwell	529	8
50	National	D	Autohaus Rosier	504	12

Abb. 3.12.1 Die 50 größten Automobilhandelsgruppen in Europa (automotive insight)

3.13 Deutsche Handelsgruppen

Die deutsche Markenhändler-Landschaft reicht im Ranking von zwei Umsatz-Milliardären, der AVAG Holding AG Augsburg und der Emil Frey Gruppe Deutschland GmbH in Stuttgart und endet mit der 100. Platzierung mit 20 Mio. EUR Umsatz. Bei der AVAG stehen pro Jahr rund 48.000 Neuwagen und 32.000 Gebrauchtwagen dahinter. Beim 100. Platz etwa 500 Neuwagen und 400 Gebrauchtwagen. Nachdem der Hauptaktionär und Aufsichtsratsvorsitzende der AVAG AG, Albert Still, die AVAG von einer Betriebsstätte in Augsburg aus zu 109 Standorten mit 37 Händlerverträgen entwickelte und als automobiler Fugger der Neuzeit zu charakterisieren ist, ein kurzes Streiflicht über die Expansionswellen der AVAG. Die erste Expansionswelle wurde mit der ersten Opel-Filiale in Füssen gelegt, gefolgt von einem Gebrauchtwagencenter (1981), der Expansion nach München am Olympiapark (1984) u. a. Mit dem Fall der Mauer läutete die AVAG die zweite Expansionswelle ein. Es kamen neue Standorte in Berlin, Chemnitz, Halle, Dresden, Schwedt, Zwickau, aber auch Straubing, Wolfsratshausen, Hof und Augsburg hinzu. Die dritte Expansionswelle galt der Internationalisierung. Die AVAG hatte den Mut sich 1993 trotz kriegerischer Auseinandersetzung in Kroatien zu engagieren. Es folge 1994 Polen und 1995 Ungarn.

RANG	UNTERNEHMEN	UMSATZ IN MIO €
1	AVAG Holding AG, Augsburg	1.217
2	Emil Frey Gruppe Deutschland GmbH, Stuttgart	1.150
3	Gottfried Schulz Gmbh & Co. KG, Düsseldorf	965
4	Wellergruppe GmbH & Co. KG, Berlin	830
5	MAHAG GmbH & Co. KG, München	829
6	Fahrzeug-Werke Lueg AG, Bochum	655
7	Feser-Graf Gruppe, Nürnberg	647
8	Autohaus Rosier GmbH & Co. KG, Oldenburg/Menden	543
9	Löhr & Becker AG, Koblenz	537
10	Günther Graf von Hardenberg-Stiftung, Karlsruhe	500
10	Wilhelm Burg Gruppe/Beresa, Münster	500
12	Edgar Kittner GmbH & Co. KG, Lübeck	428
13	Auto-Scholz GmbH & Co. KG, Bamberg	411
14	Jacobs Gruppe, Aachen	400
14	Senger Holding GmbH, Rheine	400
16	Hotz und Heitmann GmbH & Co. KG, Wolfsburg	392
17	Ernst Dello GmbH & Co. KG, Hamburg	390
18	Autohaus Brass GmbH & Co. KG, Aschaffenburg	390
19	Autohaus Jacob Fleischhauer GmbH & Co. KG, Köln	390
20	Hahn Automobile GmbH & Co. KG, Stuttgart	390

Abb. 3.13.1 Ranking Top 20 Händler nach Umsatz

Der vierte Expansionsgang wurde Richtung Österreich eingeschlagen. 2000 in Traun bei Linz, 2005 in Wien und 2008 in Salzburg. Die AVAG beschäftigt heute 2.800 Mitarbeiter.
In einem Vortrag an der Hochschule für Wirtschaft und Umwelt in Geislingen erläuterte Albert Still die externe Wachstumsstrategie durch Betriebsübernahmen.

»ES IST IMMER AM BESTEN, WENN DER INHABER BZW. EIGENTÜMER VOR ORT IST, UM DIE BETRIEBSÜBERNAHME PRAKTISCH DURCHZUZIEHEN. DABEI IST OFFENHEIT UND EHRLICHKEIT DIE BESTE RICHTSCHNUR. NUR SO KANN MAN GLAUBWÜRDIGKEIT DURCHHALTEN. FÜR EINE BETRIEBSÜBERNAHME GIBT ES GEWISSE GRUNDVORAUSSETZUNGEN, DIE ERFÜLLT SEIN MÜSSEN. DER STANDORT MUSS STIMMEN, DAS PRODUKTPORTFOLIO, DIE MARKTSITUATION, DER BETRIEBSZUSTAND, DIE ORGANISATION, DIE MITARBEITERSITUATION, KUNDENSCHICHTUNG, FESTE ÜBERNAHMESTANDARDS, BEWERTUNGS- UND ÜBERNAHMEKONDITIONEN BIS HIN ZUM THEMA ALTLASTEN.«

Albert Still

Wer wie Albert Still 108 Betriebe übernommen, um-, an- oder neu gebaut hat, sie integriert, gemeinsam mit dem Management fortentwickelt, wer – wie er – den Standort von jedem Betrieb im Detail kennt, hat einen enormen Erfahrungshorizont. Und das mit den verschiedensten Marken. Abb. 3.13.1 zeigt die 20 größten deutschen Automobilhändler bzw. Handelsgruppen.

Stärken großer Handelsgruppen

Vornean steht der zentrale Einkauf von Neuwagen bis hin zum Zentraleinkauf von Teilen. In der Fachsprache »Pooling« genannt. Aufgrund der Margen- und Bonussysteme wird das gerne im Neuwagenbereich über gezieltes Ordering gefahren. Je nach Marke spielt auch der Mengenbonus eine Rolle. Das stellt in Summe ein höheres Machtpotential gegenüber Herstellern dar. Bestimmte Funktionsbereiche können zentralisiert, andere dezentralisiert werden. Marketing, Controlling, IT, Call Center, Gebäudeverwaltung, Rekrutierung und Personal, Buchhaltung und Einkauf lassen sich zentralisieren. CRM, Neukundenakquisition, Disposition, Fahrzeugaufbereitung sind eher dezentral anzulegen. Umgekehrt nimmt die Profitabilität von Gruppen mit steigender Komplexität tendenziell ab. Man denke an konzernübergreifende Marken, Teiledistribution, internationale Ausrichtung u.a. Je höher der Umsatz, desto geringer ist die Umsatzrendite.
Welche weiteren Feststellungen lassen sich treffen? Viele Gruppen sehen die Etablierung einer eigenen Handelsmarke als strategischen Vorteil – siehe Kap. 5.11. Die eigenen Handelsmarken werden systematisch als Marketinginstrument genutzt. Gruppenbetriebe betreiben systematische Personalentwicklung, indem Auszubildenden ein hoher Stellenwert zugeordnet wird, bis hin zu einer eigenen Schulungsorganisation. Die eigenständige Marketingabteilung fällt vielfach als exzellente Gestalterin auf, in Print- wie in den Internet-Aktivitäten.

3.14 Die Zukunft von automobilen Klein- und Mittelbetrieben

Als Klein-Betriebe werden in der Kfz-Branche Markenbetriebe definiert, die pro Jahr bis zu 100 Neuwagen und 90 Gebrauchtwagen, sprich 190 Einheiten verkaufen bzw. bis zu 3 Mio. EUR Gesamtumsatz ausweisen. Mittelbetriebe vermarkten bis zu 400 Neuwagen und 300 Gebrauchtwagen, sprich 700 Fahrzeugeinheiten bzw. weisen einen Gesamtumsatz bis zu 10 Mio. EUR aus. Von den rund 18.800 markengebundenen Standorten gehören rund 90 % der Betriebe der Klein- und Mittelklasse an. Man spricht in Deutschland von einer Handelsgruppe, wenn wirtschaftlich und rechtlich mehr als drei Filialen gegeben sind. Davon gibt es – so zeigen es unterschiedliche Ausarbeitungen – zwischen 1.100 und 2.500. Die 50 größten Automobilhändler in Deutschland erwirtschaften 17 % der Neuwagenzulassungen. Die Zahl der Automobilhändler, die pro Jahr mehr als 10.000 Neu- und Gebrauchtwagen verkaufen, ist wirklich zählbar! Das bedeutet im Umkehrschluss: 83 % der Neuwagenzulassungen werden über andere Kanäle vertrieben. Je nach Marke über Direktverkäufe der Hersteller, die zwischen 25 und bei MB inklusive deren Niederlassungen bis zu 70 % ausmachen. Importmarken bzw. kleine Marken weisen einen sehr hohen Privatkundenanteil aus, der über Klein- und Mittelbetriebe bedient wird. Es ist sinnvoll, sich auch die Zulassungsstatistiken von Stadt- und Landregionen anzusehen. Danach werden 51 % der Neuwagenzulassungen in Städten bzw. auf dem Land bis zu 50.000 Einwohnern geschrieben. Das sind ebenso viele Neuwagen wie in Städten mit 100.000 und mehr Einwohnern! Und dort sind vorrangig die großen Händler angesiedelt. Das heißt, Autohäuser in ländlichen Regionen bzw. Städten bis zu 50.000 Einwohner werden pro Betrieb im Durchschnitt zwangsläufig weniger Neuwageneinheiten schreiben als Großstadtbetriebe. Wir stellen fest, für Stadt- und Landbetriebe gelten unterschiedliche Messlatten, wie diese für Subaru anders als für einen Großbetrieb bei VW aussehen. Beide machen Sinn.

Man möge auch das gern zitierte Beispiel Amerika beiseite lassen. Dort würden pro Betrieb 727 Neuwagen verkauft und in Deutschland nur 190. Der größte Toyota-Händler Amerikas veräußert p.a. 22.000 Neufahrzeuge. Der Verkaufsraum weist ganze sechs Schauplätze aus. Soviel zu den Standortvorteilen, wenn es das ganze Jahr nie regnet und sich der Verkauf in einer 4 Mio.-Einwohnerstadt (L.A.) im Freien abspielt. Wir haben in Deutschland grundsätzlich eine andere Vertriebsstruktur: mittelständisch und familiengeprägt, nicht über Kapitalbeteiligungen oder Großkapitalisten – siehe Kap. 1.4. Wie sollen Marken wie Mitsubishi, Fiat, Alfa, Daihatsu, Nissan, Toyota, Peugeot, Hyundai, Kia, Seat, Renault, Dacia, SsangYong, Volvo, Saab u.a. vertrieben werden, wenn nicht über selbstständige Klein- und Mittelbetriebe? Vor allem in ländlichen Regionen. Gerade dort braucht man den »Local Hero«. *Car business is people business!* Sprich, die Marke muss vor Ort gelebt und verkörpert werden. Entscheidend ist nicht die Größe des Betriebes, sondern, ob der einzelne Betrieb seine Aufgaben professionell erfüllt. Gut, sehr gut muss er sein! Stoßen dabei Kleinbetriebe an Grenzen?

Die A-/B-Händlerbeziehung

Pro Neufahrzeug wird die Marge immer enger. Folglich ist ein Händler bei gegebenen Fixkosten zum Mehrmengenverkauf verdammt. Gelingt das? Ja! Über Kooperationen, über gelungene Partnerschaften zwischen A- und B-Händlern. Ein Musterbeispiel, das Toyota-Autohaus Strobel in Augsburg, dem 35 Händler angeschlossen sind. Diese Händlerkooperation erwirtschaftet in ganz »Bayerisch-Schwaben« an Neuwagenzulassungen nicht nur den Bundesdurchschnitt von Toyota, sondern erreicht den doppelten Marktanteil, sprich acht Prozent! Und das mit beachtlichen Renditen für alle Kooperationspartner. Es kommt auf die Menschen an! Wer gerne A-Häuptling spielt und seine Indianer nicht ernst nimmt, wird wenig Erfolg haben. An den A-Händler sind gezielte Anforderungen gestellt. Wer seinen B-Händler als seinen wichtigsten Verkäufer sieht, wird vieles von allein auf die richtige Spur setzen. Solidarität gelingt, wenn es gerecht und fair zugeht. Abb. 3.14.1.1 zeigt das Anforderungsprofil für den A-Händler, auch Wirtschaftsraumführer genannt.

Gegenwärtig gibt es in Deutschland rund 5.500 angeschlossene Händler. Sie repräsentieren einen Betriebsstättenanteil von gut 25 %. Der durchschnittliche B-Händler vermittelt pro Jahr rund 70 Fahrzeuge. Das macht in Summe ein Marktvolumen von jährlich 385.000 Einheiten aus. Dem entsprechen rund 13 % der gesamten Neufahrzeugzulassungen. Kleinvieh macht auch Mist! Das sind obendrein echte Zulassungen, ganz dominant an private Endkunden! In Unterhändlerverträgen fehlt i.d.R. eine Vereinbarung über die Preisgestaltung bei

Abb. 3.14.1.1 Anforderungsprofil für Wirtschaftsraumführer

Fahrzeugverkäufen des Haupthändlers. Unterhändler können gezwungen sein, teurer beim A-Händler einzukaufen, als dieser die Fahrzeuge an seine Endverbraucher abgibt. Wen wundert es, dass B-Händler eigene Wege gehen und sich über Grauimporte, Internet oder andere Wiederverkäufer bedienen? Wenn ein A-Händler pro Fahrzeug an den B-Händler einen Margenvorteil von rund 750 EUR hat, dann stehen bei einer Abnahmemenge von 70 Fahrzeugen 52.500 EUR Bruttomarge für den A-Händler zur Disposition. Hinzu kommen noch die Erträge aus dem Teileverkauf von A- an den B-Händler. Eine Leistung bedarf der Gegenleistung, so eine Partnerschaft fairen Charakter haben soll.

3.15 Mehrmarkenhandel – mehr Erfolg?

Mit der GVO Nr. 1400/2002 wurde die Alternative Mehrmarkenhandel im markengebundenen Autohaus erheblich erleichtert. Wer Mehrmarkenhandel betreiben möchte, hat primär die Intentionen der besseren Marktausschöpfung, der optimaleren Auslastung und der höheren Ertragsperspektive. Die höheren Ertragsperspektiven haben sich bislang allenfalls für die Hälfte der Betreiber eingestellt. Es schreiben derzeit eben so viele negative, wie umgekehrt positive Zahlen in ihrem Mehrmarkenengagement.

Für den Mehrmarkenhandel haben sich am Markt folgende Konzepte herauskristallisiert:

1. Ein Autohaus vertreibt mehrere Marken, aber jede Marke exklusiv von unterschiedlichen Standorten aus. Beispiel: Ein Händler vertreibt die Marken Toyota, BMW und Volkswagen. Er ist unter rechtlichen Aspekten ein Mehrmarkenhändler. Nach außen tritt er am Markt vor Kunde aber am jeweiligen Standort als Exklusivhändler nur mit einer Marke auf.
2. Man vertreibt mehrere Marken von einem Standort aus, aber jede Marke in einem separaten Verkaufsraum. Die gehandelten Marken können zum einen ausschließlich Konzernmarken sein oder auch Dritt-Marken. Die PIA (Porsche-Inter-Auto), das Handelsunternehmen der Familie Porsche-Piëch, das ab 2009 im Rahmen der Porsche-Integration bei Volkswagen an den VW-Konzern eine Neupositionierung erfahren wird. PIA hatte bereits 1998 in Salzburg die vier Konzernmarkten VW, Audi, Skoda, Seat an einem Standort in vier separaten Verkaufsräumen gebündelt. Die Service-Annahme erfolgte für alle vier Marken unter einem Dach. Deutschen Händlern wurde gleiches

Abb. 3.15.1 Die Service-Annahme für alle Marken der Schwabengarage

Abb. 3.15.2 Das Mehrmarken-Autohaus Haunstein

Modell strikt untersagt! 2006 setzte die **Emil Frey AG** am Standort der Schwabengarage – weltgrößter Ford-Händler – in Stuttgart eine historische Zäsur. Wo in der Cannstatter Straße in Stuttgart einst der exklusive Ford-Betrieb stand, wurden nun 12 verschiedene Marken präsentiert (Ford, Mazda, Jaguar, Land Rover, Aston Martin, Volvo, Hyundai, Skoda, Subaru, Suzuki u. a.) Der Charakter: Auto-Kaufhaus! Abb. 3.15.1 zeigt die Serviceannahme für die verschiedenen Marken. Dazu gehört als Imagebilder die die typische Schwabenbretzel: Großer Baucher, kernig-knackige Schleife beim Reinbeißen!

3. Die dritte Variante: Man vertreibt mehrere Marken von einem Standort und von einem Verkaufsraum aus. Hier schrieb Haustein Motors in Chemnitz und Zwickau, ein Händler aus den neuen Bundesländern, ein Stück Automobilgeschichte – siehe Abb. 3.15.2. Firmenmotto: »Träumen, Staunen, Erleben«. »Haustein Motors« startete 2004 mit den Marken Ford, Jaguar, Mazda, Peugeot, Kia, Land-Rover, Citroën unter einem Dach.

»Auf einer kleinen, komprimierten Automesse können die Kunden durch Markenwelten wandeln, sich rundum informieren, auf kompetente Beratung und zuverlässigen Service vertrauen und ihre freie Entscheidung für den Typ ihrer Wahl treffen. Und das alles unter einem Dach. Wer sich nicht sicher ist, geht zur nächsten Marke und zum nächsten Berater«, so Udo Haustein. 2008 ging das Unternehmen in die Insolvenz.
In einschlägigen Diskussionen ist festzustellen, dass jeder seine Konzeption strategisch für den besten Schritt hält. Die Markenexklusiv-Händler sind von ihrer Konzentration auf das Wesentliche überzeugt. Die zweite Gruppe schwört auf das Konzernmarkendenken – siehe Abb. 3.15.3. Das Konzept konzernübergreifender Marken stößt auf Vorbehalte, dennoch gibt es hier ein paar markante Händlergruppen, die sich für diesen Weg entschieden haben – siehe Abb. 3.15.4.

3.15.1 Grundüberlegungen für die Entscheidungsfindung

1. Nur wer die erste Marke zu managen versteht, wird mit der zweiten Freude haben.
2. Welche Marke passt zum jeweiligen Standort? Erfolgsentscheidend ist das Markenportfolio, das gewählt wird! Ergo: Die richtigen Marken wählen!
3. Eine halbherzige Aufnahme eines weiteren Fabrikates wird

PRO KONZERNMARKEN-MIX

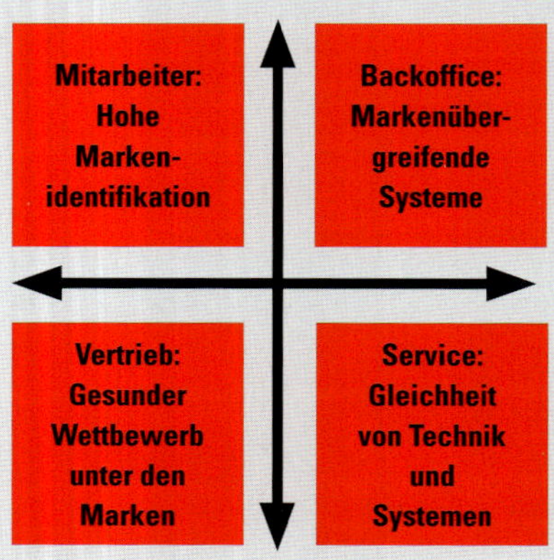

- → Systemgleichheit im Backoffice FIBU, DMS, EDV-Schnittstellen
- → Eine Herstellerbank für Einkaufs- und Absatzfinanzierung
- → Abdeckung fast aller Fahrzeugsegmente im Vertrieb
- → Gegenseitige Anrechnung der Servicestandards
- → Hohe Übereinstimmung der Fahrzeugtechnik. Dadurch gute Produktivität im Service
- → Hoher Identifikationsgrad von Mitarbeiter/innen und Konzernmarken

Abb. 3.15.3 Pro-Konzernmarken-Mix

PRO MULTIKULTI-MARKEN-MIX

Bereiche, in denen sich beim Mehrmarkenvertrieb mit buntem Mix Vorteile ergeben:

- → Positiver Werbeeffekt
- → Showroom traffic
- → Öffnungszeiten
- → Angebot an Dienstleistungen:
  - → Versicherungsdienst
  - → TÜV-Abnahme
  - → Abschleppdienst
  - → AVIS
  - → Erweiterung Ersatzteil-Portfolio
  - → Zulieferungsdienst
- → Natürliche Selektion der Verkäufer
- → Standardisierung der Abläufe
- → Mitarbeiterprogramme
- → Flexibilität bzgl. Markenportfolio

Abb. 3.15.4 Pro-Multikulti-Marken-Mix

nicht zum Erfolg führen. Man muss mit Herz hinter jeder Marke stehen!

4. Die örtlichen Voraussetzungen der Immobilien müssen die notwendige Mehr-Frequenz erlauben.
5. Der Markt muss mittelfristig durch die Investition wettbewerbsstark besetzt werden können.
6. Die eigenen Management-Ressourcen müssen die nötige Kapazität und Kompetenz für die neue Marke besitzen.
7. Mitarbeiter müssen die nötige Qualifikation für die neue Komplexität haben bzw. bereit sein, diese zu erwerben.
8. Die IT-Landschaft muss in der Lage sein, die neue Komplexität wirtschaftlich sinnvoll abzubilden und zu steuern.
9. Die erzielbaren Synergieeffekte sollten klar beziffert werden! Die größten Synergiepotentiale ergeben sich im personellen Bereich durch die effiziente und effektive Organisation des Betriebes.
10. Marken bringen u.a. über die Standards weitere Investitionen mit sich. Man achte auf die Investitionserfordernis.
11. Wer Kannibalisierung verhindern möchte, muss im Verkauf auf eine saubere Trennung der Marken achten, sei es in der Markenpräsentation, sei es in der Verkaufsmannschaft. Der GW- wie der Internetverkauf bedarf gleichermaßen separater Verkäufer. Der Verkaufsleiter der jeweiligen Marke ist erster Ansprechpartner für den Hersteller (Außendienst).
12. Mehrmarkenhandel sollte zu unternehmerischem Wachstum beitragen. Jedes Wachstum muss finanziert werden und finanzierbar sein.
13. Verschiedene Chancen für den Mehrmarkenhandel laufen den Weg über die Übernahme eines Wettbewerbers. Das hat zahlreiche Vorteile, will aber auch gekonnt sein.

3.15.2 Mehrmarken-Service

Und wo bleibt die Wandlung vom Markenexklusiv-Service zum Multimarken-Serviceprofi? Wie eigen, im GW-Bereich werden unter einem Dach sämtliche Marken technisch aufbereitet. Im Service soll das nicht gehen? Es geht nicht darum, zu einem VW-Service-Vertrag zusätzlich einen der vielen Skoda- oder Audi-Service-Verträge zu holen. Das kann – je nach Vorortlage – Sinn machen. Es geht vielmehr um die Integration eines freien Werkstattkonzeptes in den bestehender Markenservicebetrieb. Das ist die neue Service-Marke! Welche Service-Marke ist da für die eigenen Gegebenheiten geeignet – siehe www.autoservicepraxis.de/werkstattsysteme.
Die Einstiegskosten für ein freies Werkstattsystem beginnen ab 3.000 EUR. Weitere Fragen sind zu stellen. Wie sehen die technischen Unterstützungsleistungen aus? Wie funktioniert die Teileidentifikation, wie eine Online-Bestellung, wie die Ein- und Verkaufspreispflege, wie die bedienergeführte Reparaturanleitung? Welche Maßnahmen werden zur Mitarbeiter- und Servicequalifizierung offeriert? Ziel für die Service-Marke ist die Absicherung der Werkstattauslastung.

3.16 Die Automeile – moderne Form des Mehrmarkenhandels

Eine andere Variante für den Mehrmarkenhandel ist die Automeile. Ein Autohaus reiht sich ans andere. Jede Einheit mit einer anderen Marke. Rechtlich stehen jedoch selbstständige, unabhängige Unternehmenseinheiten dahinter. In der Regel sind diese klassischen Straßenzüge gewachsen. Ausgewiesenes Gewerbegebiet wurde nach und nach belegt und bebaut.

Automeile Höherweg – Düsseldorf

Kreative Kompromissfähigkeit ist das, was im zukunftsorientierten Mittelstand gefordert ist. Der Brancheninnovationshammer 2004 wurde diesbezüglich in Düsseldorf auf der Automeile Höherweg gesetzt. Hier ist mit geballter Handelsmacht ein Forum entstanden, das Anziehungskraft für Kunden, Händler, Autohersteller und -importeure entfaltet. Ein Handels-Cluster vom Feinsten, bei dem sich fünf große Händler und zwei Importeure auf gemeinsame Spielregeln verständigt haben. Gestaltungssatzung, Nutzungssatzung, eine Architektursprache, einheitlicher Marketingauftritt, gleiche Spielregeln für Öffnungszeiten, Lichtregie, Bewachung usw. Man hat also gemeinsam und gleichzeitig 19 Marken auf 150.000 qm Fläche (VW, VW-Nutzfahrzeuge, Seat, Skoda, Bentley, Toyota Lexus, Renault, Nissan, Honda, Cadillac, Chevrolet Corvette Hummer, Saab, Ford, Jaguar, LandRover, Peugeot) an diesem Standort etabliert. 32.400 qm Showroomfläche, 1.000 Kundenparkplätze, ein GW-Angebot für 1.500 Einheiten. Zulassungsstelle, ADAC-, Dekra-Niederlassung. Gesamtinvestition: 150 Mio. EUR. Robert Rademacher war hier der Ideengeber, der eigentliche Macher, der es mit seinem Kommunikationsgenie geschafft hat, diesen neuen Handelsplatz zu initiieren und Realität werden zu lassen.

Abb. 3.16.1 Automeile Höherweg – Mehrmarkenhandel

3.17 Wachstum in gesättigten Märkten

Wer einen Teil seiner Freizeit gerne mit Gartenarbeit zubringt, macht alljährlich die wundersame Erfahrung, dass etwas wachsen zu sehen zum Schönsten gehört. Wer die Entwicklung seiner Kinder bewusst erfahren darf, wird sagen: Ohne Wachstum ist das Leben nicht lebenswert. Wer in der Kunst, malerisch oder als Musiker das Gefühl für die eigenen Grenzen erfahren hat, könnte die Feststellung treffen: Hier bist du am Ende. Das war es dann. Die Aufforderung an ihn lautet aber anders: Hier hast du noch zu wachsen! Wachstum begleitet alle mit ganz wichtigem Erfahrungshorizont. Nicht zuletzt in persönlichen Krisen. Sie sind im Leben wichtig für das persönliche Wachstum. Sie sind aber verdammt anstrengend und sehr schmerzlich. Die mentale Seite für Wachstum ist höchst positiv zu werten. Wie sieht die wirtschaftliche Betrachtung zum Thema Wachstum aus?

Jeder wird in der Rückschau nach dem totalen Zusammenbruch 1945 sagen können, dass die Jahre des Wiederaufbaus nach unvorstellbarem Einsturz in jeder Form sehr gute Wachstumsjahre waren. Sie schafften bis Mitte der 60er Jahre das deutsche Wirtschaftswunder! Wird aber inzwischen das Wirtschaftswachstum nicht zum Fetisch erhoben? Jeder kennt die marktwirtschaftliche Aussage: **»Wachsen oder weichen!«** Man hat sich quasi dafür entschieden, am Wachstum zu überleben oder zu sterben. Diese Sicht ist inzwischen zu einer Ideologie geworden.

Wirtschaftliches Wachstum ist eines der Hauptziele staatlicher Wirtschaftspolitik. Man geht davon aus, dass es den Lebensstandard der Bevölkerung erhöht. In Deutschland gilt ein stetiges, angemessenes Wirtschaftswachstum neben einem außenwirtschaftlichen Gleichgewicht, niedriger Arbeitslosigkeit und niedriger Inflation als Eckpunkt des »magischen Vierecks« im **Stabilitäts- und Wachstumsgesetz** von 1967. Ohne Wachstum lassen sich demokratische Staaten angeblich nicht regieren. Umfragen zeigen, dass es eine starke Korrelation zwischen der Zufriedenheit der Bevölkerung und ihrem durchschnittlichen Einkommen gibt. Ab einem bestimmten Bruttoinlandsprodukt pro Kopf, mit dem steigender Konsum möglich ist, geht keine zunehmende Zufriedenheit der Menschen einher. Man spricht von der **»joyless economy«**, der freudlosen Wirtschaft. Wir können und müssen außerdem feststellen, dass wirtschaftliche Erholungsphasen und Wachstum oftmals nicht mit der Schaffung neuer Arbeitsplätze verbunden sind. Stichwort: Automatisierung! Wir müssen weiter feststellen, dass Wirtschaftswachstum, das absehbar nur kurzfristig stattfindet und die Lebensbedingungen der nachfolgenden Generationen übermäßig verknappt, sehr wohl die gesellschaftliche Stabilität beeinträchtigen kann. Daraus ist eine wichtige Zukunftsüberlegung abzuleiten: Wir sollten nämlich bei aller Innovationsfreude und Innovationsnotwendigkeit nicht nur fragen, was neu ist, sondern, was gut ist! Alles Leben ist Veränderung. Zukunft ist nicht, Zukunft macht man. Es sollte aber das, was verändert wird, auch hinterher besser sein!

Es ist ferner geboten, das Phänomen »Wachstum« im Verbund mit der Finanzkrise 2008 ff. zu sehen. Die Staatsverschuldung ist dabei, eine neue Blase zu werden. Würde diese Blase platzen – und es wäre die gefährlichste aller Blasen –, dann wären die Staaten selbst als Schuldner betroffen. Auf wen möchte man dann zurückgreifen? Die wichtigste Frage zur Finanzkrise ist, ob deren Ursachen beseitigt sind? Womit wir beim Wachstum und all den irrationalen Konsequenzen daraus sind. Wenn heute auf dem Globus 1 Mrd. Fahrzeuge fahren und 2030 sollen es dank der Wachstumsmärkte China und Indien 2 Mrd. sein, dann haben wir auf der einen Seite die Ausbeutung der Umwelt, die Zerstörung des Klimas und die Belastung nachfolgender Generationen zu sehen, auf der anderen Seite die positiven Aspekte, die über dieses Wachstum ausgelöst werden. Es sei dabei grundsätzlich festgestellt, dass die Ressourcenintensität der gesamtwirtschaftlichen Produktion und des Wachstums seit Jahren immer weiter zurückgeht. Auch darin wurden große Fortschritte erzielt. Dennoch:

! *Die Erde und ihre Vorräte sind endlich!*

Wachstum um des Wachstums willen kann es nicht sein. Es wird zukünftig nicht mehr in erster Linie um die Vermehrung des Verteilbaren gehen, sondern um die Fähigkeit zur Begrenzung. Was wachsen muss, ist die Intelligenz, wie wir Wachstum zukünftig gestalten. Wir sprechen vom **qualitativen Wachstum**. Das meint in der klassischen Definition: Wachstum soll zuallererst umweltverträglich und ressourcenschonend sein. Es soll die Lebensqualität der Menschen verbessern und für eine gerechtere Einkommensverteilung sorgen. **Quantitatives Wachstum** stellt dagegen die Zunahme der gesamtwirtschaftlichen Produktion im Sinne des Bruttoinlandsprodukts dar. Der Wunsch nach wirtschaftlichem Wohlstand und gesicherten und steigenden Einkommen sowie die Lösung anstehender sozialer Probleme (z. B. Arbeitslosigkeit) sind nur bei anhaltendem wirtschaftlichem Wachstum zu realisieren.

Prof. Dr. Kurt Biedenkopf, ehemaliger CSU-Generalsekretär und Ministerpräsident in Sachsen charakterisierte das automobilwirtschaftlich so: *»Geringe Wachstumsraten sind kein Zeichen für die Rückkehr der Vernunft. Wenn sich morgens vor jeder Großstadt lange Staus bilden und in 80 % der Autos nur ein Fahrer sitzt: Ist das vernünftig? Die einen sagen, es ist unter ökologischen, energiepolitischen und gesundheitlichen Gesichtspunkten unvernünftig. Die Automobilindustrie wird es für vernünftig halten. Säßen in der Mehrheit der Autos mehrere Personen, würde man vielleicht weniger Autos verkaufen – also weniger Wachstum! Offensichtlich haben wir uns mit dieser Denkweise in eine Falle manövriert.«*

Der Wohlstand hat sich über die letzten Jahrzehnte ohne Frage vervielfacht. Aber um welchen Preis? Auch wenn die Bruttoeinkünfte gewachsen sind, so stagnieren seit Jahren die Nettoeinkünfte der Arbeitnehmer aufgrund höherer Steuern und Abgaben. Fazit:

! *Die Zeit der Bescheidenheit steht an!*

Das Wirtschaftswachstum ist kein eindeutiger Indikator für Wohlstandssteigerung mehr.

3.18 Wege zu profitablem Wachstum

Welche Wachstumsmöglichkeiten stellen sich für das klassische Autohaus? Es gibt in Deutschland eine einzige Handelsgruppe, die international tätig ist, die AVAG AG zu Augsburg. Es liegt in Sachen Internationalisierung offensichtlich wenig Wachstumswillen in der deutschen Automobilhandelsbranche vor. Grundsätzlich sind es in Europa wenige Handelsgruppen, die international agieren. Zudem agieren wir in Deutschland auf einem relativ gesättigten Markt. Das bedeutet:

! *Wer Wachstum erzielt, erwirtschaft dies zu Lasten eines Dritten.*

Ein relativ gesättigter Markt soll nun unter den verbleibenden Marktteilnehmer aufgeteilt werden. Abb. 3.18.1 zeigt, wie sich für den einzelnen Betrieb die Wachstumsalternativen stellen. Grundsätzlich unterscheidet man zwischen internem und externem Wachstum. Externes Wachstum kann in Form von Betriebsübernahmen oder durch die Beteiligung an einer Kooperation – siehe Kap. 3.19 – generiert werden. Denkbar sind neue Leistungsfelder. Beispielsweise ein Engagement im freien Fahrzeughandel, Discounthandel an anderem Standort u.a. Extern kann ein Autohaus andere Betriebe übernehmen. Aufgrund der Insolvenzsituation ergeben sich daraus für »kapitalstarke« Gruppen wirtschaftliche Lösungen. Auch die Zahl jener Autohäuser, die die Nachfolgesituation nicht klären können, stellt einen beachtlichen Mengenfaktor in der strukturellen Veränderungslandschaft dar.
In der Innenwelt des Autohauses sind die Blicke auf quantitatives und/oder qualitatives Wachstum zu werfen. Qualitatives Wachstum meint die permanente Nutzung der Optimierungschancen im Autohaus, verbesserte Prozessabläufe, die Qualifizierung des Managements wie der Mitarbeiter, flexible Innovationsumsetzung, hohe Veränderungsbereitschaft, sprich die Schaffung des Fundamentes, um für den Kunden in Zukunft eine noch höhere Zufriedenheit produzieren zu können. Dazu gehört der Aufbau der eigenen Handelsmarke – siehe Kap. 5.11, sowie aktives Kundenmanagement unter Einbeziehung moderner IT-Möglichkeiten. Dafür sind neue Markenstrategien zu entwickeln. Es gilt Markenloyalität aufzubauen und aktives Cross-Selling zu betreiben. Dienstleistungsbereitschaft! Auf dieser Schiene ist die eigentliche Zukunft aufzubauen. Eine weitere Chance liegt im Aufbau bzw. der Bündelung einer starken Partnerorganisation – siehe Kap. 3.14.
Im Bereich der quantitativen, der mengenorientierten Dimension liegt die Chance in der Intensivierung der Marktbearbeitung quer durch sämtliche Leistungsbereiche. Mengenwachstum ist ferner über die Erweiterung des Markenspektrums möglich – siehe Kap. 3.15. Soweit die Theorie. Andere Möglichkeiten zu wachsen hat der angestammte Markenhändler nicht. Es ist an der Zeit, sich dieser Realitäten klar zu werden und daraus seine regionale Positionierung abzuleiten. Es wäre mehr als sinnvoll, dass auch die Händlernetzentwickler wie die Vertriebsverantwortlichen bei den Herstellern diese natürlichen Begrenzungen des Kuchens sehen würden.
Es wurde bereits festgestellt, dass der klassische Kfz-Betrieb weder international, noch überregional am Markt agiert bzw. agieren kann. Wachstum ist im Autohaus bislang eine Frage des Volumens, größeren Marktanteils oder zusätzlicher Betriebe. Der Zwang, um jeden Preis zu wachsen, geht mit einer vernünftigen Ertragserwartung einher, die sich mit der gegebenen Größe nicht realisieren lässt. Die Fixkosten haben beispielsweise im Verkauf ein Niveau X. Die Margen werden pro

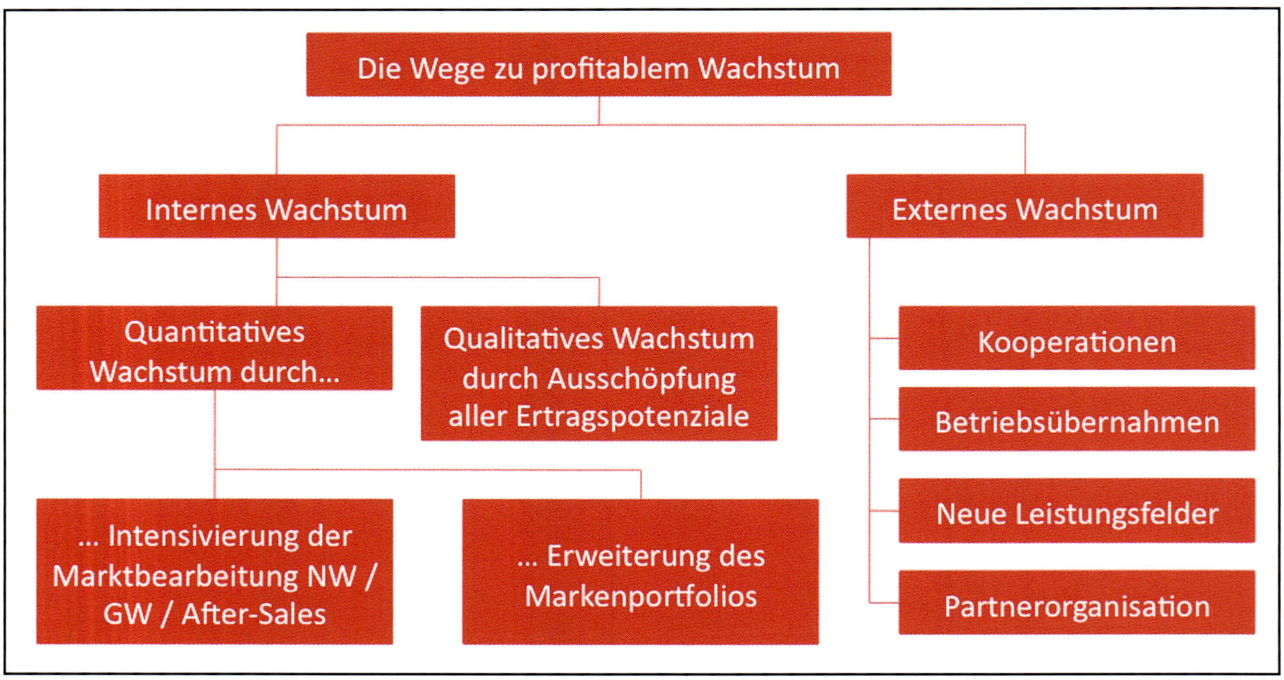

Abb. 3.18.1 Die Wege zu profitablem Wachstum (in Anlehnung an IfA)

Einheit aufgrund des Wettbewerbsdrucks pro Fahrzeug niedriger. Somit ist der Druck auf die Mehrmenge geschaffen. Welche (Ertrags-)Menge gibt der Markt her? Auch dieser Kernpunkt wird im Rahmen neuer Geschäftsmodelle andere Spielregeln erfordern – siehe Kap. 3.2. Schließlich braucht das Autohaus alle seine Ressourcen für den Kunden und qualitatives Wachstum. Das einzelne Autohaus hat zu fragen:

! *Was können wir uns leisten? Und wie finanzieren wir das?*

Höheres Wachstum ist i.d.R. mit höheren Kosten verbunden. Man denke beispielsweise an die höheren Fahrzeugbestände, an größere, möglicherweise aufgeblähte Strukturen. Wachsen die Gewinne nicht mit dem Umsatz, bleibt das Unternehmen auf der Strecke.

Kann ein Autohaus in Zukunft ohne Wachstum auskommen? Unterstellen wir, ein Autohaus verkaufe im Jahr X 300 Einheiten und fünf Jahre später weiterhin 300 Einheiten. Wird dieses Autohaus in fünf Jahren immer noch denselben Gewinn ausweisen? Nein! Das wird sich schon aufgrund ansteigender Kosten und Abgaben verändern. Wer also auf gleicher Menge sein Auskommen sucht, wird dennoch Veränderungen in seinem Unternehmen vornehmen müssen. Umschreiben wir es mit Innovationen. Große Vorzüge liegen dort in der Anwendung neuer Medien, von Internet bis zur modernsten Telefonanlage bis hin zu produktiveren Werkstattgeräten. Die größte Chance liegt in der Optimierung der eigenen Managementfähigkeiten sowie der Stärkenentwicklung der eigenen Mitarbeiter (s. Kap. 4.5.3).

Die zentrale Wachstumsfrage stellt sich für einen starken Handelsbetrieb anders als für einen reinen Servicebetrieb. Es gibt zahlreiche Werkstätten, die mit fünf Mechanikern und voller Auslastung ein sehr gutes Geschäft machen. Die eine und andere Servicewerkstatt engagiert sich inzwischen neben dem Service als freier Händler mit 70 Einheiten pro Jahr im Handel. Es werden nur die Geschäfte wahrgenommen, mit denen Geld zu verdienen ist. Sie verdienen sehr gutes Geld! In angestammter Betriebsgröße.

Kurt Kröger, Chef von Opel Dello formuliert das Gesamtphänomen Wachstum als großer Mega-Händler so: *»Vor diesem Hintergrund ist für mich Wachstum die unternehmerische Qualität, sich auf der Basis eines gesunden Finanzmanagements richtig zu positionieren, alle Symptome und Veränderungen des Marktes, des Herstellers und natürlich auch des eigenen Unternehmens und der Mitarbeiter zu erkennen, zu beobachten und daraus permanent die richtigen Entscheidungen für die Zukunft abzuleiten.«*

Es kommt in Sachen Wachstumsgrenzen noch eine mittelstandspolitische Sicht der Dinge hinzu. Dort steht die Forderung nach fairem Wettbewerb vorne an. Dazu gehören nicht ein paar handverlesene Großbetriebe, sondern viele Klein- und Mittelbetriebe mit solider Eigentümerstruktur. Diese gilt es hinsichtlich Liquidität und Eigenkapitalausstattung so stark zu machen, dass sie ihrer Zukunftsaufgabe im Interesse der Kunden gerecht werden können. Der Niedergang von Kroymans, Karstadt, Quelle u. a. zeigt, dass auch die »Großen« eines Tages am Kreuze hängen. Und das kann eine gute Mittelstandspolitik im Interesse aller verhindern. Die Zeit ist reif für die Frage, wie ein mittelständisches Unternehmen bei gegebener Größe dennoch eine sinnvolle und gute unternehmerische Zukunft hat! In der Fußballersprache formuliert:

! *Gesucht ist die kontrollierte, überschaubare Offensive im eigenen Stadion.*

3.19 Kooperationen und Fusionen im Handel

Unter **Kooperation** versteht man eine geregelte Zusammenarbeit zweier oder mehrerer Unternehmen in bestimmten Geschäftsbereichen und/oder Regionen. Es soll dadurch die Leistung der beteiligten Unternehmen gesteigert werden und deren Wettbewerbsfähigkeit verbessert werden.

Eine **Fusion** stellt einen Zusammenschluss mehrerer Unternehmen zu einem Unternehmen dar, und zwar mit Vermögen und Schulden, sprich die unternehmerische Selbstständigkeit wird bei einer Fusion grundsätzlich aufgegeben.

1997 wurde in der Auto-Handelsbranche die letzte große Fusionswelle gelegt. VW/Audi war der Vorreiter (Schwaba, Augsburg), gefolgt von Mercedes-Benz (Beresa, Osnabrück, Russ & Janot, Kirchheim/Esslingen), BMW (Reisacher-Penske-Group), danach Renault & Co, vor allem im Verbund der Marke Nissan (Friedrich-Heilbronn). Und da wurde kräftig zusammengeführt u. a. mit herber Muss-Funktion, so dass zum Teil zusammenwachsen sollte, was gar nicht zusammenpasste. Oder anders formuliert, was auf Anregung der Unternehmer selbst

SYNERGIEEFFEKTE EINER FUSION

...im Vertrieb

- Möglichkeit einer zentralen Disposition
- Optimierung des Vorführwagenbestandes und -einsatzes
- Abstimmung der Verkäufersteuerung
- Abstimmung von Werbung und Marketing
- Einzelwerbung
- Gemeinschaftswerbung
- Aktionen
- Verbesserung des Lagerumschlages bei Neuwagen
- Vergrößerung des Sortiments
- Verbesserung der Verfügbarkeit
- Verbesserung des Lagerumschlages bei Gebrauchtwagen
- Verbesserung der Aufbereitung durch Konzentration
- Vergrößerung des verfügbaren Sortiments
- Möglichkeit der nicht rückgedeckten Eigengarantie
- Möglichkeit des Personalaustauschs
- Gemeinsame Verkaufsstrategie
- Abstimmung der Jahresziele
- Vereinbarungen über die Preispolitik
- Gemeinsame wöchentliche Vertreterbesprechungen
- Einheitlicher Gebrauchtwageneinkauf

...im Teilelager

- Verbesserung der Bevorratung an Originalteilen
- Sortimentreduzierung auf eine Marke
- Menge
- Verbesserung beim nichtvertragsgebundenen Einkauf von sonstigen Teilen, Zubehör, Reifen und Schmierstoffen
- Konditionenverbesserung bei sonstigem Einkauf
- Investitionsgüter
- Verbrauchsmaterial
- Lagerflächendisposition und -koordination
- Möglichkeit des Personaltausches

...im Kundendienst

- Arbeitsplatzdisposition und Koordinierung
- Kurzreparaturen und Wartung
- Unfall- und Großreparaturen
- Koordinierung des Nacht- und Sonntagsdienstes
- Koordinierung des Abschleppdienstes
- Koordinierungder Leihfahrzeuge
- Möglichkeit des Austausches von Spezialwerkzeugen
- Möglichkeit des Personalaustausches
- Abklärung technischer Kapazitäten
- Zentraler Einkauf bei technischer Ausstattung
- Gemeinsames Lehrlings- und Ausbildungswesen
- Abklärung bezüglich der Sicherheitsbeauftragten
- Abstimmung einheitlicher Entsorgung

...in der Verwaltung

- Koordination von Führungskräften
- Zusammenfassung der Verwaltungsarbeiten in einer gemeinsamen Verwaltungsgesellschaft
- Personalabteilung mit Lohnbuchhaltung
- Eigene Handwerker für Pächterreparaturen
- Investitionsplanung und -koordinierung
- Rechnungswesen zentral über Holding
- Datenerfassung erfolgt vor Ort
- Komplett einheitliches Berichtswesen
- Abstimmung im Bereich der Finanzierung des betriebsnotwendigen Kapitaleinsatzes
- Zusammenfassung der betrieblichen Versicherungskonditionen
- Austausch/Rotation im Personalbereich, betriebsinterne Schulung, einheitliche Entlohnungssysteme und Verkäuferprovisionen
- Gemeinsame Personalverwaltung/-abrechnung

Abb. 3.19.1 Synergieeffekte einer Fusion

zustande kommt, hat eine wesentlich höhere Erfolgsaussicht und Beständigkeit als eine verordnete Zwangshochzeit. Der Aufhänger für die Händlerschaft lag in den Synergievorteilen. Abb. 3.19.1 listet diese auf. Konzeptionell ist das überzeugend.

Die Gründe, weshalb zahlreiche Fusionen dennoch scheiterten, stimmen nachdenklich. Primär liegt es an den unterschiedlichen Kulturen, die durch die führenden Personen verkörpert werden. Wichtige Erkenntnis: Eine Fusion ist ein ganz neues Unternehmensgebilde und keine Addition zusammengefügter Betriebe. Entscheidend sind die Menschen, die diese Veränderung gestalten. Abb. 3.19.2 zeigt wichtige Regeln für eine Fusion auf.

Heute wird am liebsten die Regel praktiziert:

! *Die beste Fusion ist die 100-Prozent-Übernahme des Fusionspartners.*

Aber selbst dann gilt es, unterschiedliche Strukturen und Kulturen zusammen zu führen. Das Konzept Fusion ist in seiner

7 GOLDENE REGELN EINER FUSION

• Detaillierte Ist-Aufnahme	Regel 1	Eine umfassende Ist-Aufnahme reduziert zukünftiges Diskussionspotenzial und Nacharbeiten
• Differenzierte Bewertungsalternativen für operatives Geschäft und Immobilie	Regel 2	Das Prüfen mehrerer Bewertungsoptionen versachlicht den Prozess der Gesellschaftsharmonisierung
• Kompetenzorientierte Aufbauorganisation	Regel 3	Sach- und Führungskompetenz dominiert Gesellschaftseitelkeit
• Kundenorientierte Prozessorganisation	Regel 4	Kundenorientierung hat Priorität vor Effizienzsteigerung
• Frühe Mitarbeiterintegration	Regel 5	Die Belegschaft ist Träger des Umsetzungserfolges
• Pragmatische Unternehmenskonzept-Übersetzung	Regel 6	Das Unternehmenskonzept entwickelt sich aus der systematischen Umsetzungsvorbereitung
• Neutraler Support	Regel 7	Fehlervermeidung durch Reduktion von Betriebsblindheit

Abb. 3.19.2 Die 7 goldenen Regeln einer Fusion (Quelle: MCI)

Richtigkeit theoretisch nicht in Frage zu stellen. Die Problematik liegt in der Umsetzungspraxis. Es liegen durchaus nachweisbare Praxisbeispiele vor, in denen nach der Fusion mehr verdient wurde, als beim jeweiligen Partner zuvor (Beresa, Münster-Osnabrück). Es liegt ganz dominant am Management! Liegen die Qualifikationen für die nächst größere Gestaltungsebene vor?

Kooperationen – gehbare Wege!

Wir brauchen in der Tat eine neue Bewusstseinsstufe in unserer mittelständischen Handels- und Handlungs-Intelligenz.

! *Gegeneinander ist kein brauchbares Zukunfts-Modell mehr. Miteinander ist jeden überlegten Versuch wert.*

1997 publizierte der AUTOHAUS-Verlag ein Buch mit 19 praktizierten Kooperationsmodellen. Von den aufgezeigten Musterbeispielen existieren heute noch ganze zwei und diese in abgewandelter Form. Das hat aber nichts mit der wissenschaftlichen Kategorisierung von punktuellen Kooperationen, geschäftsfeldbezogenen Kooperationen und geschäftsfeldübergreifenden Kooperationen zu tun, sprich mit kurzfristigen, mittel- bis langfristigen und langfristigen Kooperationen. Sie sind mehr oder weniger schlichtweg aus verschiedenen Gründen gescheitert. Oftmals liegt es daran, dass der eigentliche Macher, Ideengeber und Integrator ausgeschieden ist.
Gerade Klein- und Mittelbetrieben sollte über die Kooperation strategisch der »Nachteilsausgleich in der Größe« gelingen! Es stimmt nachdenklich, dass die KuM-Betriebe nicht bereit sind, ein Stück Individualität, ein Stück Freiheit im Interesse einer größeren Einheit abzugeben. Hier kämpft die praktische Vernunft gegen menschliche Unzulänglichkeit. Kooperationen setzen voraus, dass einer immer wieder primär den Gesamtverbund, die Interessen des Ganzen sieht. Und dazu bedarf es der Gabe des Loslassens, hin zu einer größeren Einheit. In der Krise rücken Unternehmen nachweislich wieder enger zusammen.
Es gibt beispielsweise den ZGV, den Spitzenverband kooperierender mittelständischer Unternehmen aus Handel, Handwerk und Dienstleistungsgewerbe (www.zgv-online.de). Mitglied ist dort beispielsweise die Techno. Eine **Einkaufs-Kooperation**, 1968 gegründet, hinter der die 140 größten Automobilhändler Deutschlands stehen. Die Techno-Einkaufs GmbH hat das Konzept »Power House« vorgelegt. Hier soll für die 1.400 Autohaus-Betriebsstätten der 140 Gesellschafter Unterstützung in den Bereichen Energiebeschaffung, Energieproduktion und Energieeinsparung im Autohaus getroffen werden. Andere Beispiele für Kooperationen sind Teilekooperationen wie Carat, Centro oder Coparts u.a. Dominant steht in der Zielsetzung gebündelter Einkauf vorne an: Financial Services, Öl, Reifen, Werkstattgeräte, Werkstattausrüstung (Rolltore), Kleingeräte wie Feuerlöscher, Formulare, Büroausstattung, Papier u.a. Auch auf Kfz-Innungsebene haben sich vielfach Wirtschaftsgesellschaften gebildet, die über diese Schiene unternehmerisch tätig werden. Andere Kooperationen haben den farbikatsbezogenen Erfahrungsaustausch zum Inhalt.

Wieder andere gemeinsame Marketingaktionen, Managementunterstützung, Buchhaltung und Controlling, Vertriebsaktivitäten. Nachdem die Hersteller – aus welchen Gründen auch immer – zahlreiche Händler »entlassen« haben, schließen sich diese zu neuen Einkaufsgruppen zusammen. Beispielsweise Ex-BMW-Händler in der Einkaufsgruppe Automobile (EGA). Auch DA & DG engagiert sich für gekündigte Händler.

Mehr und mehr kümmern sich auch die **Dienstleistungsgesellschaften** der Markenverbände im kooperativen Sinne. Von der VAPS bis zur FHD, der Ford Händler Dienstleistungsgesellschaft. Oder auch die Mazda-Händler Dienstleistungsgesellschaft (MHD), die eine Teilebörse, Versicherung, Unfallschadenabwicklung und ein ganz besonderes Kundenbindungskonzept zum Inhalt hat.

Manche Kooperationen sind regional begrenzt und durchaus branchenübergreifend. Beispielsweise Lack- und Karosseriekooperationen. Oder auch Vertriebsgesellschaften – wie die Mazda Car Activ-, Cars Vivendi oder die Phönix-Gruppe.

Vertriebskooperationen im Neuwagenbereich sollen eine gewisse Endpreisharmonisierung und Preistransparenz unter den Kooperationspartnern herbeiführen. Das gilt vor allem auch für die Kooperation zwischen Händler- und Servicebetrieb. Vertriebskooperationen haben den Vorzug, dass der Vorführwagenbestand optimiert werden kann. Lagerwagenbestände können abgebaut werden. Das geht gestalterisch bis zur Sortimentstiefe. Es können mit den Kooperationspartnern gemeinsame Preis- und Verkaufsstrategien entwickelt werden. Eine zentrale Disposition generiert Skaleneffekte. Die Kostenüberlegungen sind das eine, die Absatzmenge das andere.

Auch im Gebrauchtwagensektor gab es strategisch und organisatorisch hervorragende Kooperationskonzepte. Es sei an die Innovation des Chamer »auto-park«-Konzeptes um Josef Altmann oder an den Aalener GW-Park erinnert. Das theoretische Konzept stimmte. Die zentralen Probleme gingen auch hier von den handelnden Personen, allen voran dem Geschäftsführer aus. Wer als Geschäftsführer eine Kooperation unternehmerisch erfolgreich lenkt, wäre eigentlich prädestiniert, selbst als Unternehmer aktiv tätig zu sein. Außerdem redet in einer GW-Kooperation jeder Gesellschafter im Alltagsgeschäft mit. Das schafft trotz gegebener Spielregeln

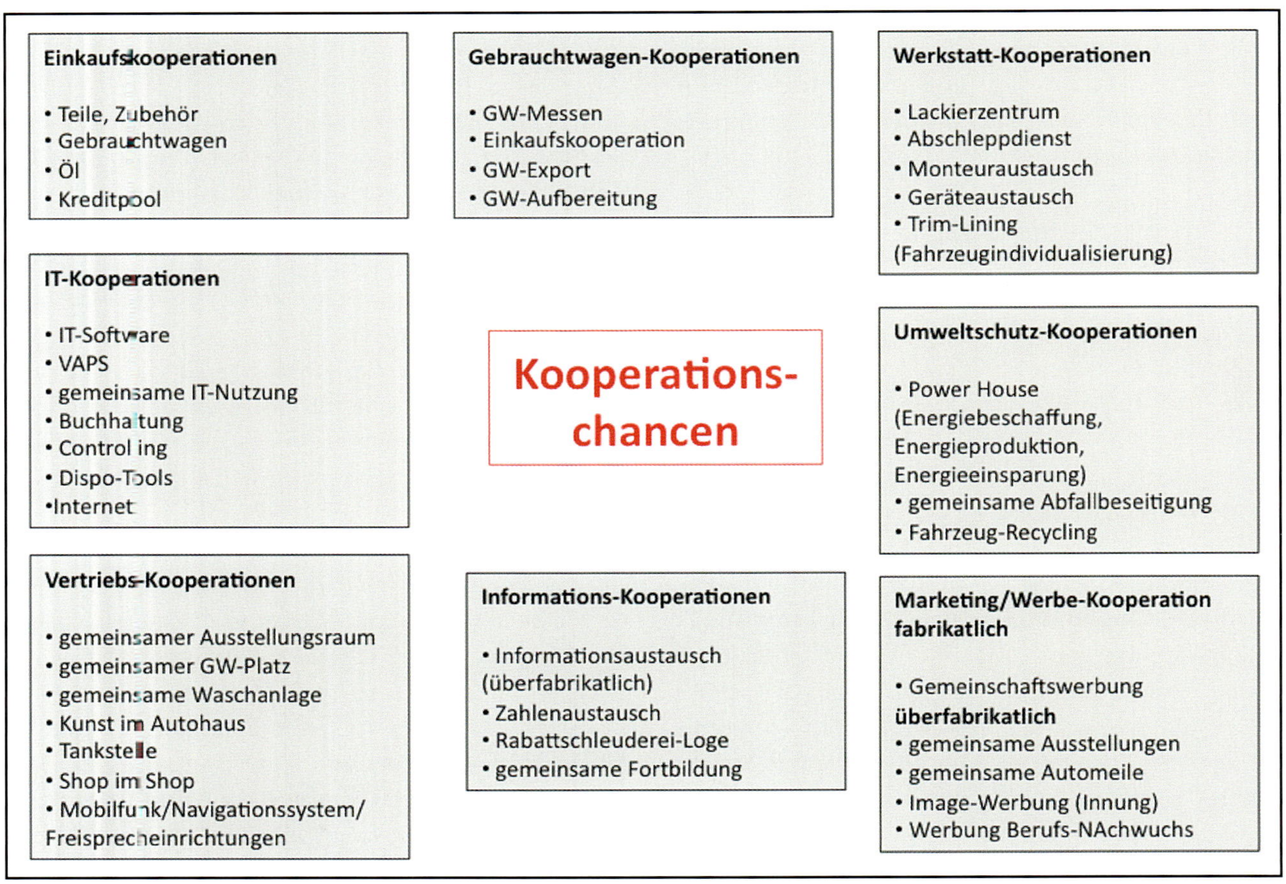

Abb. 3.19.3 Die Chancen einer Kooperation

Konflikte. Der Maßstab jeder gut funktionierenden GW-Kooperation ist eine fundierte Einkaufsquelle. Ansonsten stimmen die Bruttoerträge pro GW nicht. Zukäufe werden daher über den »Grauen Markt« getätigt. Damit tritt die eigene GW-Kooperation in Wettbewerb zum eigenen Betrieb u.a. Abb. 3.19.3 fasst die Kooperationschancen, von der Werkstattkooperation, der IT-Kooperation bis hin zur Verwaltungskooperation zusammen.

Die folgende Tabelle listet einige Kooperationsanbieter auf.
www.zgv-online.de
(Zentralverband Gewerblicher Verbundgruppen)
www.anag.net
www.agn-ag.de
www.autogruppeost.de
www.awe-ag.de
www.prosales-partne.de
www.apm-ag.de
www.cars-vivendi.de
www.ega.eu
www.da-dgn.de

Insgesamt lassen sich für das Funktionieren einer Kooperation folgende Erfolgsfaktoren ableiten:

- die Einigkeit der gemeinsamen Geschäftsfelder (Kooperationsziele)
- ein guter Vertrag, um Konfliktsituationen vorzubeugen (z.B. eindeutige Wettbewerbsregelungen unter den Beteiligten)
- ausreichende Regelungen über die einzelnen Wirtschaftsgüter (z.B. über die Handhabung der Verträge mit Herstellern)
- kein operativer Start ohne gesicherte Geschäftsführung (Bewertung der Geschäftsführungsleistung)
- Flexibilität des Unternehmens vertraglich sichern (Kooperationsvereinbarung, Gesellschaftsvertrag, Satzung u. a.)
- Pattsituation vermeiden (ggf. Schiedsgremium vorsehen)
- autarke Geschäftsführung für das Tagesgeschäft (durch Geschäftsführervertrag, klare Vergütungsregelung)
- ggf. Entscheidungskompetenzen für Beitrat/Geschäftsführung schaffen
- Geschäftsordnung mit klar geregelter Zuständigkeit (bei mehreren Geschäftsführern zwingend)
- keine »Veto-Rechte« einzelner Beteiligter (d.h. keine Einstimmigkeit).*

* *Quelle: Plate, Doris, Ein Stück Unabhängigkeit, in AH 9/2009 S. 36 ff.*
Böhlk-Lankes, Michael, Kooperation im Automobilhandel, 2004

4 Autohaus-Management

Der Autohaus-Chef steht in seiner täglichen Arbeit vor einer Vielzahl an Aufgaben. Dieses Kapitel gibt auf allen Handlungsgebieten Impulse und Anregungen. Es geht dabei um die persönliche Entwicklung, die Kraftquellen und Inspirationen für den Autohaus-Chef, ebenso wie um Kennzahlen, Unternehmensführung, Personalmanagement und Mitarbeitermotivation. Die Themen Marketing und Financial Services runden das Kapitel ab.

4.1 Die besonderen Kraftquellen (von Hannes Brachat)

»LEUTE, DIE AUF ROSEN GEBETTET SIND, VERRATEN SICH DADURCH, DASS SIE IMMERZU ÜBER DORNEN JAMMERN.«

Wir haben es im Kfz-Gewerbe mit Problemen zu tun, die mit herkömmlichen Mitteln nicht zu lösen sind. Dennoch:

Prinzip Hoffnung

Krisen hat es schon immer gegeben. Alles Leben ist ein ständiges Auf und Ab. Das gibt – trotz unglaublicher Dynamik des wirtschaftlichen Geschehens – Anlass zur Hoffnung. Das Gesetz der Evolution sagt, dass sich alles ständig verändert. Das Gesetz der Schwingung sagt, dass sich alles bewegt. Es geht weiter! Und das Gesetz des Rhythmus sagt, dass alles seinen individuellen Rhythmus hat. Großes entsteht meist aus Schwierigkeiten. Leben heißt lernen. Wir haben dabei in Wahrheit nur die Wahl, *wie* wir lernen wollen.

! *Das Positive sieht in jeder Schwierigkeit eine Möglichkeit und das Negative in jeder Möglichkeit eine Schwierigkeit.*

Möchtest du der Herr deines Schicksals oder das Opfer deiner Umstände sein? Du bist nicht verantwortlich für das Blatt, das du in der Hand hältst, wohl aber dafür, welche Karten du ausspielst. Das Beste liegt stets vor uns! Ergo: **Nach vorne schauen**! Wer würde schon ohne besondere Kenntnis dem Kokon einer Raupe die freie, nicht mehr an die Erde gebundene, lichtvolle Existenz eines Schmetterlings zutrauen?

Finde den Weg

Es gibt in der Branche viele, für die ihre Arbeit und ihre Ferien das Gleiche sind. Da ist mit großem Impetus dagegen zu setzen, dass jeder Mensch der geistigen, seelischen wie der körperlichen Erholung bedarf. Woher soll eine Führungspersönlichkeit seine Kräfte rekrutieren? Schließlich soll der Kapitän Tag für Tag Motor, Dirigent des Geschehens sein, den Ton angeben, Entscheidungen herbeiführen, Prioritäten setzen, Verantwortung delegieren und sein Team begeistern. Bei aller Begabung steckt im gesamten unternehmerischen Wirken harte Arbeit, sprich unbändiger Fleiß. Da muss man selber gut drauf sein, um andere zum Mitgehen bewegen zu können.

! *Der täglichen Spannung ist daher der Gegenpol der Entspannung entgegen zu setzen.*

Bewegung

Körperliche Fitness ist die beste Basis für Belastbarkeit. Wer sportlich sehr aktiv ist, der ist auch auf anderen Gebieten überdurchschnittlich leistungsorientiert und leistungsfähig. Daher:

! *Bewegung, Bewegung und nochmals Bewegung!*

Sie ist die beste Voraussetzung für körperliche Fitness. Auch die seelische Ebene erhält dadurch wirkungsvollen Humus. Die geistig-seelische Ebene entspringt der Ebene der Gefühle wie der Vernunft. Herrschen sollte der Geist. Gefühle sollten aber den Antrieb zum Handeln liefern. Wie das Glück, so kann auch der Erfolg nicht gezielt erzwungen werden. Beides muss und wird sich ergeben, und zwar als unbeabsichtigter Nebeneffekt der persönlichen Hingabe an etwas, das größer ist als man selbst. Das ist die Freude, die Leidenschaft an der gestellten Aufgabe. Der Spaßfaktor genügt nicht, um ein Autohaus erfolgreich führen zu können.

Die Kraft der Ziele

Wie beim Autofahren per Navigationssystem führen uns auch im Leben nur genaue Zieldaten dorthin, wohin wir wollen.

! *Ein Ziel ist nichts weiter als ein Traum mit Frist.*

Oder anders: Ein wirkliches Ziel ist, was mich beseelt.

! *Nur wer selbst von etwas überzeugt ist, überzeugt andere.*

Und kollektive Ziele, Team-Ziele, sind wirkungsvoll, wenn alle an einem Strang in die richtige Richtung ziehen. Viele Menschen verfolgen hartnäckig den Weg, den sie gewählt haben, aber nur wenige das Ziel. Daher: Nicht in Problemen, sondern in Lösungen denken. Ziele sind die Problemlöser der Zukunft!

»DAS LEBEN IST VOLL SCHRECKLICHER SCHICKSALSSCHLÄGE, VON DENEN DIE MEISTEN NIE STATTFINDEN.«

Michael de Montaigne

Schicksale

Wer hinter die persönlichen Schicksale von Insolvenzen blickt, landet dabei oftmals ob der Tugend der Gerechtigkeit in einer Sackgasse. Man fragt: Warum ist das gerade ihm passiert? Die Warum-Fragen sind aber die Wurzel vieler Übel. Wie-Fragen bringen uns weiter. Die Fragen, die das Leben uns stellt, können wir nicht aussuchen, aber die Antworten. Sie sind Zeugnis unserer ureigensten geistigen Haltung. Und da gibt es Vorbilder, die zeigen, wie sie ihr Schicksal angenommen und mit Bravour gemeistert haben.

Glücksbringer

Glück hat viele Facetten. Millionäre müssten vom Glück beseelte Menschen sein. Es ist nicht so. Wie eigen, sobald eine gute Gesundheit, wirtschaftliche Unabhängigkeit, eine erfüllende Partnerschaft u.a. erreicht sind, werden die Menschen noch anspruchsvoller. Wir Menschen sind immer auf der Suche. Oftmals ohne zu wissen wonach. Was wir suchen, ist Sinn. Das Leben aber hat nur den Sinn, den jeder einzelne ihm zu geben vermag. Was sind die wichtigsten Voraussetzungen für Glück? Hier die Antworten aus einer Befragung:

1. Freundliches, liebevolles Wesen
2. Seelenfrieden
3. Ein ausgefülltes, nützliches Leben
4. Passende Freunde
5. Gute Gesundheit
6. Finanzielle Sicherheit

Nachdem wir zukünftig noch mehr mit dem Faktor Unsicherheit leben müssen und uns derzeit nur auf Sicht bewegen können, sei dennoch bewusst gemacht: Jeder Tag ist wie ein Neuanfang, ein neues Leben, eine neue Chance. Um mental gut auf die Sprünge zu kommen, hilft Tag für Tag folgendes Frage-Design:

- Worauf freue ich mich heute am meisten?
- Welche Chancen habe ich heute?
- Wofür kann und will ich dankbar sein?
- Wem kann ich heute eine Freude machen?
- Was kann ich lernen?
- Wie kann ich in die Beziehung zu den Menschen investieren, die mir am meisten bedeuten?

Es ist grundsätzlich ratsam, in den Betrieben – trotz allem! – für eine gute Stimmung zu sorgen. Abb. 4.1.1 steht symbo-

Abb. 4.1.1 Lächle, nicht nur am Telefon

lisch für die richtige Einstellung. Was wir in Gedanken aussenden, kommt zu uns zurück. Ein konstruktiver Gedanke kann eine destruktive Stimmung vertreiben. Sinn für Humor hilft hier in allen Lebenslagen.

TIPP

Wohl dem, dem die Zwei-Schritte-Regel gelingt:

1. Schritt: Reg dich nicht über Kleinkram auf!

2. Schritt: Bedenke, alles ist Kleinkram!

Niemand außer dir hat die Macht über deine innere Einstellung. Das ganze Leben ist ein Spiel. Mach gewöhnliche Dinge außergewöhnlich gut und versuche dabei nicht mehr zu haben, sondern mehr zu sein. Das ist das Geheimnis von Wachstum.

! *Nichts ist so entscheidend wie das Tun.*

Do it! Und gebe nie, nie, nie auf! Das sagt uns der große Winston Churchill. Auf eine gute Zeit mit sprudelnden Kraftquellen.

4.2 Die Branche in Zahlen – Kennzahlenampel (von Hannes Brachat)

Jeder Hersteller wie Importeur empfiehlt seiner Organisation ein eigenständiges Management-Informationssystem. Einerseits sind diese Systeme nicht grundlegend verschieden und doch nicht generell kompatibel. Das beginnt bei unterschiedlicher Terminologie, den Inhalten zu den einzelnen Begriffen und reicht bis zum konzeptionellen Aufbau. Datev, die Organisation der Steuerberater in Nürnberg, hat 2009 über einen Arbeitskreis erreicht, dass die Kontenpläne namhafter Marken vereinheitlicht werden. Damit kehrt eine einheitliche Verbuchungspraxis ein. Es können künftig die verschiedenen Marken real verglichen werden. Und für die Mehrmarkenbetriebe vereinfacht das den gesamten Buchhaltungskreislauf.

Die meisten Kfz-Unternehmen handeln in einem lokalen, maximal nationalen Markt. Innerhalb der Gruppe der markengebundenen Betriebe sind im Wesentlichen nur zwei Geschäftsmodelle auszumachen, der Einmarken- und der Mehrmarkenbetrieb. Ohne Markenbindung können die Betriebe dem Service und dem Handel zugeordnet werden. Natürlich interessiert neben der Festlegung und Definition von relevanten Kennzahlen die eigentliche Orientierungsgröße. Dazu gehören zum einen die eigenen Zahlen und zweiten die Vergleichszahlen der Branche, jeweils ungeschönt, nach gleichen Maßstäben bemessen und keinem bestimmten Trend folgend (optimistisch für die Banker, pessimistisch fürs Finanzamt) sowie nicht beeinflusst von verschiedenen Vertriebsmodellen (Eigenhandel versus Absatzmittler). Man denke beispielsweise an die Betriebe, die Kommisionsgeschäfte tätigen (z. B. Neuwagengeschäft bei Mercedes, Großkundengeschäft bei Audi und BMW u. a.). Die Kraftfahrzeugbranche ist homogen, hochgradig organisiert und von starken Abhängigkeiten geprägt. Dazu kommt ein auffallendes Gefälle in der Machtverteilung. Daher könnten Kennzahlen im Sinne einer politischen Aussage im Verteilungspoker missbraucht werden.

Die nachfolgend dargestellten Kenn- und Steuerungsgrößen beruhen alle ausschließlich auf Zahlen der Finanzbuchhaltung, vorzugsweise durch Inventur abgesichert. Elementen der Kostenrechnung ist hier kein Raum gegeben. Die farblich gekennzeichneten Benchmarks beziehen sich auf den am weitesten verbreiteten Typus des Einmarken-Autohauses. Dabei indiziert »Geld« diejenigen Werte bzw. Bandbreiten, die eine Umsatzrendite vor Ertragssteuern in Höhe von 1 % erreichbar erscheinen lassen. Die langjährige Beobachtung spricht dafür, dass diese Rendite das absolute Minimum für einen mittelfristig stabilen Geschäftsverlauf darstellt. Gleichzeitig ist sie der Wendepunkte, an dem die Tendenz zu Konzentrationsbewegungen, Statusänderungen und Marktaustritten zunimmt. Renditen deutlich unter 1 % vom Umsatz sind existenzgefährdend.

Ampel auf Rot!

Ein Blick auf die Finanzkennzahlen und dort auf die Entwicklung der Umsatzrendite zeigt ab 2007 markante Einbrüche.

! *2008 erwirtschaftete der Markenhandel im Branchenschnitt erstmals in der Nachkriegsgeschichte Verluste.*

Das ist eine historische Zäsur! Siehe Abb. 4.2.5.

1 BRUTTOERTRÄGE

Definition:				
Verkauf minus Einkauf				
Maßgebend:	Fakturierter Umsatz bei Eigenhandelsgeschäften, wirtschaftlicher Umsatz (UPE minus Rabatt) bei Kommissionsgeschäften (z. B. Fahrzeugverkäufe an Großabnehmer) Wareneinsatz zu effektiven Anschaffungskosten (Eingangsrechnungen korrigiert um Jahresend- und andere einkaufsbezogene Boni), erhöht um interne Leistungen bei Gebrauchtwagen			
Nicht:	Verkauf minus Buchwert => Buchungen der Wertberichtigung gegen Wareneinsatz eliminieren; bei Gebraucht- und Vorführfahrzeugen könnten die Abwertungen und Abschreibungen in den Bestandswerten erfasst sein.			
Nicht:	Einzel- und/oder Gemeinkosten des Verkaufsvorgangs (Verkäuferprovisionen, Reparaturkosten, Umlagen für Buchhaltung/Disposition, Zinsen etc.) hier berücksichtigen			
Geschäftsbereiche				
Neuwagen		5,0% bis 6,5%	7,5% bis 8,5%	über 8,5%
Vorführwagen		5,0% bis 6,5%	7,5% bis 8,5%	über 8,5%
Gebrauchtwagen		2,0% bis 4,5%	4,5% bis 5,5%	über 5,5%
Fahrzeuggeschäft insgesamt		bis 7%	7%	über 7%
Original-Ersatzteile		24% bis 29%	29% bis 31%	über 31%
Reifen		bis 12%	12% bis 15%	über 15%
Zubehör		bis 12%	12% bis 15%	über 15%
Fremdleistungen		bis 12%	12% bis 15%	über 15%
Schmierstoffe		65% bis 70%	70% bis 75%	über 75%
Ersatzteil- und Zubehörgeschäft insgesamt		bis 30%	30%	über 30%

2 ERTRAGSINDICES

Definition:				
Leistung dividiert durch Lohn-/Gehaltsaufwand				
Maßgebend:	Fakturierter Umsatz plus interner Umsatz Direkte Lohn- und Gehaltsaufwändungen ohne Sozialbeiträge (gesetzlich oder freiwillig) des Arbeitgebers: a) nur produktive Löhne b) alle Lohn- und Gehahltsaufwändungen der Werkstatt ohne Lager.			
Geschäftsbereiche				
Werkstatt	Leistung zu Produktivlohn	3 bis 4	4	über 4
	Leistung zu Personalaufwand	1,6 bis 2,1	2,1 bis 2,3	über 2,3

Abb. 4.2.1 + 4.2.2 + 4.2.3 + 4.2.4 Die Branche in Zahlen: Kennzahlen für Ertrag, Kosten und Rating.

3 KOSTENRELATIONEN

Definition:				
Aufwand in Relation zum Rohertrag				
Maßgebend:	Gesamtleistung (Summe Umsatzerlöse inkl. Versicherungs- und Finanzierungsvermittlung, Mobilitätsfahrzeuge etc. zuzüglich interne Werkstattleistungen abzüglich aller Wareneinsätze und abzüglich der Summe der produktiven Löhne)			
Aufwandsblöcke				
Personal:	Personalaufwand ohne die produktiven Löhne der Werkstatt, einschließlich der Geschäftsführervergütung, der gesamten Sozialaufwändungen (freiwillig und gesetzlich) sowie der Vergütungen für Hilfskräfte und unproduktives Personal, z. B. Vorruheständler			
Abschreibungen:	Abschreibung auf Sachanlagen ohne Gebäude und Vorführwagen			
Verkaufskosten:	Vermittlerprovisionen, Sachzugaben, Aufbereitung, Kulanzleistungen			
Sonstiger betrieblicher Aufwand:	Keine Strukturkosten, sondern Werbung, Fuhrpark, EDV, Verwaltung, Beratung, Leasing, Versicherungen, Mietnebenkosten, Instandhaltung, Gewerbesteuer etc.			
Miete, Abschreibung, Zins:	Nur soweit Strukturkosten, d. h. durch die betrieblich genutzten Immobilien verursacht; je nach Situation tritt an die Stelle der Miete die Summe aus Abschreibungen und Zinsen (inkl. Erbbauzins) Nicht: Gebäudeinstandhaltung, Reinigung, Energie etc.			
Aufwandsarten				
Personal		über 53%	50% bis 53%	42% bis 50%
Abschreibung		über 7%	5% bis 7%	2% bis 5%
Verkaufskosten		über 6%	4% bis 6%	2% bis 4%
Sonstiger betrieblicher Aufwand		über 23%	19% bis 23%	14% bis 19%
Miete/Abschreibung/Zins		über 1,3%	1,0% bis 1,3%	unter 1,0%

4 RATING-KENNZAHLEN

Die Rating-Kennzahlen können von externen Interessenten auf der Grundlage des Jahresabschlusses erstellt werden. Die nachfolgend angegebenen Bandbreiten beziehen sich auf sogenannte Betreibergesellschaften, d. h. Gesellschaften, die ausschließlich in gemieteten Geschäftsräumen arbeiten.

Gesamtkapitalumschlag			
Definition:	Wirtschaftlicher Umsatz (s. o.) dividiert durch Bilanzsumme		
Bandbreiten:	2 bis 3	3 bis 4	über 4
Eigenkapitalquote			
Definition:	Eigenkapital in Prozent der Bilanzsumme		
	- 20% bis 8%	8% bis 15%	über 15%
Bankverbindlichkeiten zum Gesamtkapital			
Definition:	Fremdkapital, das verzinst werden muss in Prozent der Bilanzsumme		
Bandbreiten:	über 60%	40% bis 60%	unter 40%

Zu den Betrieben mit positiver Umsatzrendite zählen die kleineren und mittleren, meist inhabergeführten Betriebe, soweit sie »werkstattlastig« sind. Es gehören die Betriebe zu den erfolgreichen, die in den letzten Jahren den Herstellern erfolgreich widerstanden haben und teure Investitionen in Verkaufspaläste ebenso vermeiden konnten wie die zunächst lukrativen, nun aber höchst defizitären »buy backs« aus Leasing- und Mietwagengeschäften. Es stehen auch große Mehrmarkenbetriebe – nicht alle –, die auf Volumina und Boni ausgerichtet sind, vor existentiellen Problemen. In der Vergangenheit wurde ein schwaches GW-Ergebnis durch ein starkes Neuwagenergebnis oder umgekehrt ausgeglichen. Jetzt ist der Trend für beide Bereiche eindeutig negativ. Das Service- und Teilegeschäft ist noch Cash-Cow. Aufgrund der desas-

UMSATZRENDITE*

Unternehmensergebnisse in % vom Umsatz

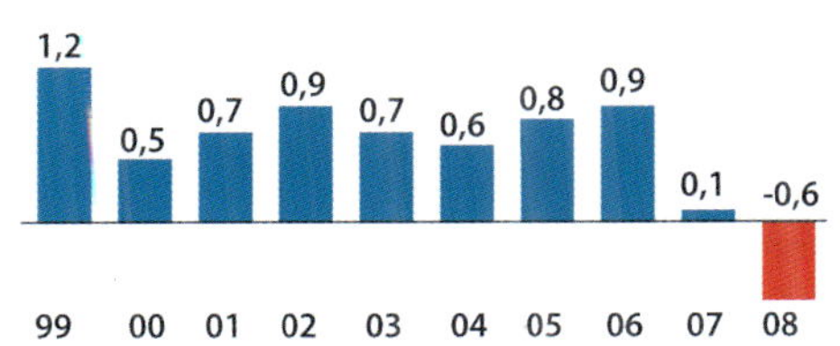

Im Durchschnitt schreibt der Autohandel rote Zahlen! Nur servicestarke Händler bleiben im grünen Bereich. Alle anderen Unternehmen leben von der Substanz. Wie lange noch?

Abb. 4.2.5 Umsatzrendite deutscher Autohäuser

trösen Entwicklung im Fahrzeugverkauf hat der Anteil des After-Sales-Geschäfts an den Deckungsbeiträgen im Vergleich zu den Vorjahren nochmals zugelegt.

! *Auffällig im Service ist der rückläufige Garantieumsatz.*

10 %! Ertragssteigerungen im Service können nur durch Preisanhebungen bzw. durch rechtzeitige Anpassungen im Personalbereich erreicht werden. Denn insgesamt sind die entsprechenden Benchmarks wie verkaufte Stunden je Fahrzeug und Monteur rückläufig. Dem Vertragshandel sollte es gelingen, seinen Anteil am Reparaturgeschäft bei älteren Fahrzeugen weiter zu steigern. Aufgrund des ständig alternden Fahrzeugbestandes wird dieses Segment für den Vertragshandel unverzichtbar. Wichtige Feststellung:

! *Im Vergleich zum leicht angestiegenen Serviceumsatz sinkt der Teileumsatz.*

Offensichtlich sind hier in der Vergangenheit über die Händlerschaft erhebliche Teilemengen ins Ausland geliefert worden. Dieser Umsatz ist nun weggefallen oder wird über den Hersteller direkt gesteuert. Da die Abnehmer der Teile auch immer mehr Wege vorbei an den Autohäusern finden, reduziert sich auch der Deckungsbeitrag. Die Bedeutung der Finanzdienstleistungen ist vielfach erkannt worden. Dessen Bruttoertrag, die kleinste Säule im Autohaus, wartet aber auf Ausdehnung. Fazit: Wohl dem, der ausreichendes Eigenkapital an Land gezogen hat. Es verschafft Krisensicherheit. Es ist Speck, von dem man zehren kann – wenngleich dies einer unsinnigen Kapitalvernichtung gleichkommt!

Managementkonzept Balance Scorecard

Wer die klassische KER, die Kurzfristige Erfolgsrechnung, im Kfz-Gewerbe inhaltlich analysiert, erhält darüber Finanzdaten aus dem Rechnungswesen. Sie beantworten die Frage, wie erfolgreich das Unternehmen in der Vergangenheit gewirtschaftet hat. Die Planungsrechnung, die sich darauf aufbaut, hat die Zukunft, i.d.R. die Zeitachse von einem Jahr, vor sich. Die KER wird im Kfz-Gewerbe seit 1981 auf Basis der Deckungsbeitragsrechnung aufgestellt. Mit der Einführung der ISO 9002 ab 1994 wurde in der Branche die Bewusstseinsebene für Prozesse geschaffen. Die ISO wird in ihrer standardisierten »DIN-Form« so nicht mehr im Autohaus umgesetzt. Wie einst die Deckungsbeitragsrechnung aus dem industriellen Bereich für den Handelsbereich adaptiert wurde, so wird gegenwärtig das Konzept der »Balanced Scorecard«, des »ausgewogenen Berichtsbogens« der beiden Harvard-Professoren Kaplan und Norton in Autohäusern umgesetzt. Die Idee entstammt dem Jahre 1992. Die Konzeption: Es reicht nicht, den Unternehmenserfolg an finanziellen Kennzahlen zu messen. Sie schlugen daher für die Umsetzung vor, das Management solle

VERZINSUNG GESAMTKAPITAL*

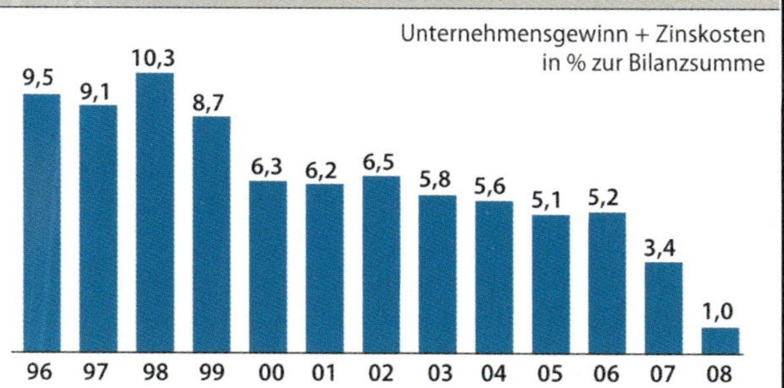

Verluste in Kombination mit absolut und relativ steigenden Zinskosten drücken die Gesamtkapitalverzinsung gegen Null! Angesichts der Finanzkrise ist für das laufende Jahr keine Besserung in Sicht.

HERKUNFT DECKUNGSBEITRAG III*

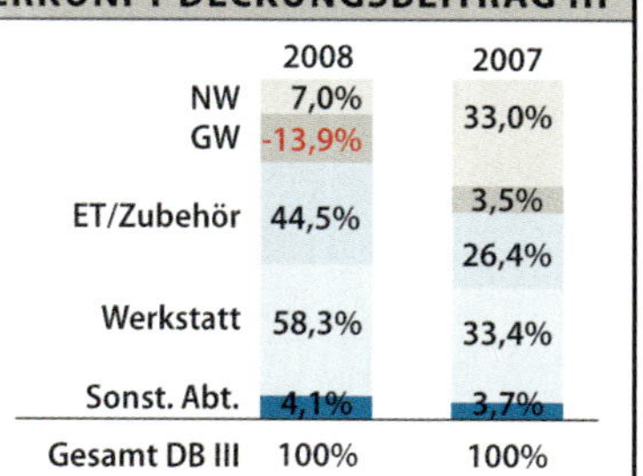

Die Deckungsbeiträge des Fahrzeuggeschäfts sind in Summe negativ, d. h. die direkten Betriebskosten werden nicht erwirtschaftet. Service- und Teilegeschäft bleiben stabil, können die Defizite im Fahrzeughandel aber nicht ausgleichen.

DB III ** V. ABTEILUNGSUMSATZ

	2008	2007
Neuwagen	1,6%	3,3%
Gebrauchtwagen	-0,4%	0,9%
Ersatzteile/Zubehör	12,9%	14,4%
Werkstatt	18,8%	22,5%

Der Deckungsbeitrag bei Neuwagen deckt nicht die Fixkosten. Verluste im DB III bei Gebrauchtwagen sind eine Katastrophe. Steigende Preissensibilität der Kunden nagt an den Renditen von Service- und Ersatzteilgeschäft.

*** Als Deckungsbeitrag III gilt: Erlös minus Anschaffungskosten minus Einzelkosten (z. B. Provisionen und Gewährleistung), Personalkosten und direkte Betriebskosten (wie z. B. Werbung, Kosten Geschäftsfahrzeuge, Garantie).*

STREUBREITE UMSATZRENDITE 08*

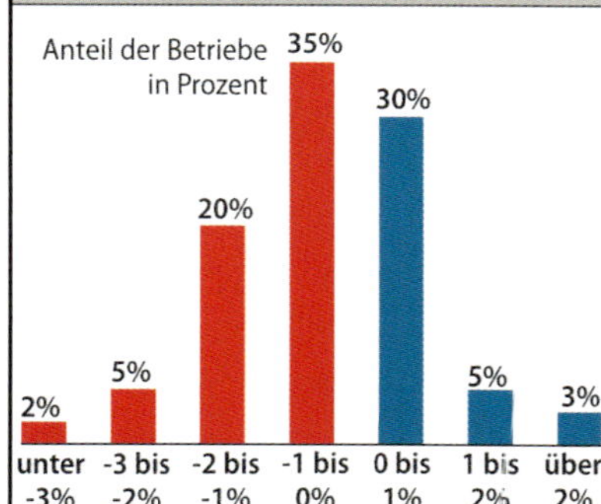

Knapp zwei Drittel der Händler schreiben Verluste! Ein trauriger Rekord!

Abb. 4.2.6 + 4.2.7 + 4.2.8 + 4.2.9 Kennzahlen Gesamtkapitel-Verzinsung, DB III und Umsatzrendite (Quelle: Die Finanzdaten entstammen der Kanzlei Rath, Anders, Dr. Wanner & Partner)

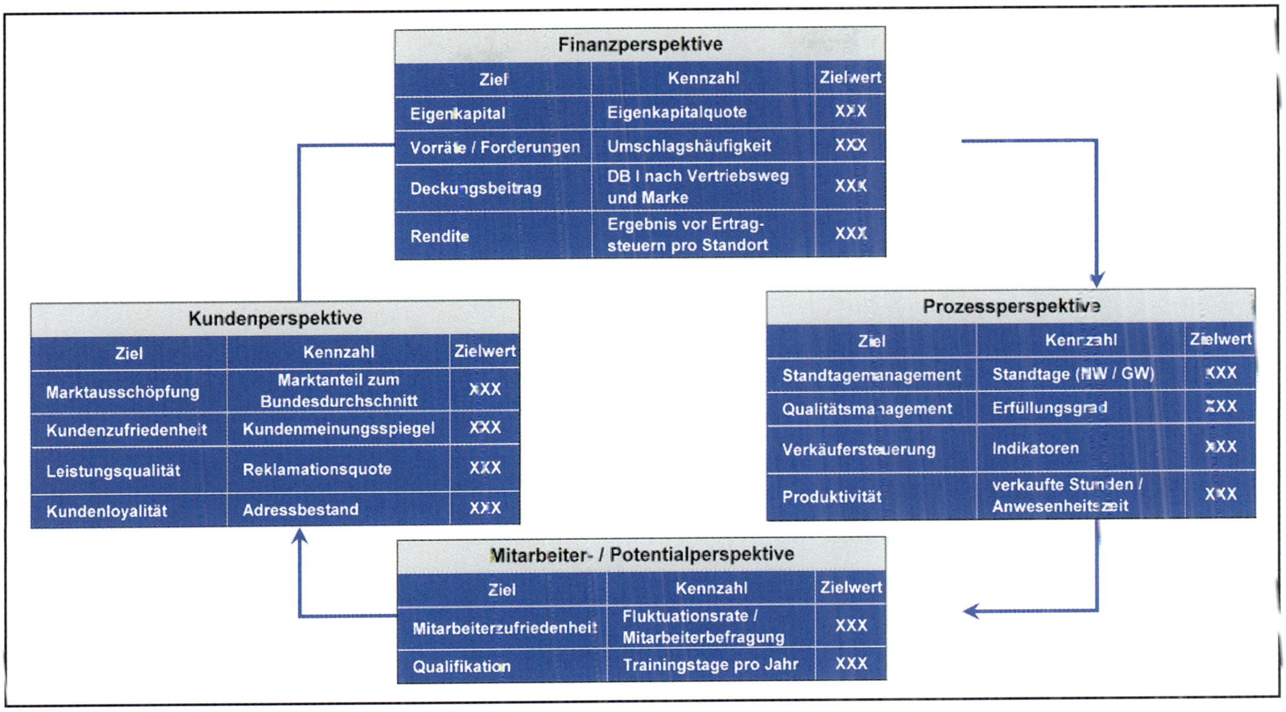

Abb. 4.2.10 Balanced Scorecard am Beispiel der Emil Frey Gruppe

neben dem Fokus auf Finanzen noch drei weitere Perspektiven im Blick haben:

- Wie wollen wir aus Kundensicht dastehen?
- Wie müssen wir unsere internen Prozesse ausrichten, um erfolgreich zu sein?
- Welche Qualifikation brauchen unsere Führungskräfte und Mitarbeiter, um die Unternehmensziele zu erreichen?

Für alle Perspektiven werden Ziele formuliert und Kennzahlen abgeleitet. Ziel der Methode ist es, eine Balance zwischen den vier Perspektiven **Finanzen**, **Kunden**, **Prozesse** und **Mitarbeiter** herzustellen und die entsprechenden Kennzahlen auf einer Anzeigentafel – englisch »Scorecard« genannt – zu präsentieren. Das Instrument hilft, die Firmenleistung ausgewogen zu verbessern. Abb. 4.2.1.1 zeigt das praktische Grundkonzept am Beispiel der Emil Frey Gruppe.

4.3 Spitzenleistungen im Autohaus – ein Test! (von Hannes Brachat)

Der Hauptfeind im Alltag für alle trägt einen ganz besonderen Namen: Gewohnheit! Das hat durchaus gute Seiten, sorgt aber umgekehrt für arge Begrenzung. Ein klassisches Beispiel. Bei den Markenhändlern ist heute noch der Werkstattzugang für Kunden nicht erwünscht. Die juristische Seite der Betrachtung, dass ein Kunde in die Grube fallen könnte etc. sitzt so tief, dass damit jeder sichtbare Leistungsverkauf im Service direkt am Auto systematisch verhindert wird.

Aber es geht auch anders: Im VW-Audi-Betrieb Krammer zu Hengersberg ist beispielsweise das Betreten der Werkstatt durch den Kunden erwünscht. Bei ATU ist das selbstredend, dass der Kunde in der Werkstatt bei seiner Auftragsdurchführung zuschauen kann. Erwachet! Unter www.auto-business-shop.de finden Sie unter Eingabe der Nummer 07[illegible] Checklisten, die eben dazu beitragen, die eingeschliffenen Wege zu hinterfragen und Veränderungspotentiale aufzeigen. Lassen Sie die Checkliste einmal von eigenen (neuen) Mitarbeitern durchgehen. Oder von einem Freund, Steuerberater etc. Sie werden zahlreiche Impulse erhalten, darunter mit Sicherheit einige, die mit wenig Aufwand umzusetzen sind. Anregungen zu den Geschäftsbereichen NW-, GW-Verkauf, Teile und Service finden Sie in Kapitel 5-8.

4.4 Unternehmensführung (von Martin Sauer)

4.4.1 Prozessorientierter Führungsbegriff

Es gibt in der betriebswirtschaftlichen Literatur eine Unzahl von Führungsbegriffen, allesamt auf ihre Weise zutreffend wie z. B. »Führung = Planung, Organisation und Kontrolle« oder originelle wie z. B. »Führung = andere erfolgreich machen« oder wissenschaftlich komplizierte wie z. B. »Führung ist (nach Gutenberg)

- Festlegung der Unternehmenspolitik auf lange Sicht,
- Koordinierung der großen betrieblichen Teilbereiche,
- Beseitigung von Störungen im laufenden Betriebsprozess,
- Geschäftliche Maßnahmen von außergewöhnlicher betrieblicher Bedeutsamkeit,
- Besetzung von Führungsstellen im Unternehmen.«

Eigenschaft oder Tätigkeit

Wir wollen Führung »dynamisch« oder besser: »prozessorientiert« definieren, Führung nicht als eine Beschreibung von Eigenschaften (wie in der Abbildung »Persönliches Anforderungsprofil«), sondern als eine Aufzählung von konkreten Tätigkeiten, von Prozessen (wie in der Abbildung »Führungspyramide«).

Persönliches Anforderungsprofil

Konzeptionelle Befähigung
- Phantasie
- Kreativität
- Originalität

Analytisches Denkvermögen
- Methodik
- Systematik
- Logik

Urteils- und Entscheidungsvermögen
- Blick für das Wesentliche und Zusammenhänge
- Organisationsvermögen

Ausdrucksvermögen
- schriftlich
- mündlich

Überzeugungsfähigkeit
- Argumentation
- Auftreten
- Darstellung/Präsentation
- Verhandlungsgeschick

Steh- und Durchsetzungsvermögen
- Belastbarkeit
- Beharrlichkeit
- Zielstrebigkeit

Sozialverhalten
- Sensibilität
- Einfühlungsvermögen
- Aufgeschlossenheit
- Toleranz
- Flexibilität

Bereitschaft für Zusammenarbeit
- Kollegialität
- Kommunikation

Ergebnisorientierung
- Eigeninitiative
- Engagement
- Lernbereitschaft
- Erfolgsstreben
- wirtschaftliches Denken

Verantwortungsbereitschaft
- Selbständigkeit
- Risikobereitschaft
- Zivilcourage

Führungseignung
- Charisma und persönliche Ausstrahlung
- Delegation und Motivation
- Gerechtigkeitssinn

Selbstdisziplin
- Loyalität
- Vertrauenswürdigkeit
- selbstkritische Einschätzung
- Selbstkontrolle

Abb. 4.4.1 Persönliches Anforderungsprofil einer Führungskraft

SEIN oder TUN, diese Unterscheidung von Eigenschaften und Tätigkeiten ist wichtig, weil eine Eigenschaft allein noch nichts über ihre praktische Anwendung aussagt. Sie ist allenfalls eine Voraussetzung für eine konkrete Anwendung. Eine Eigenschaft ist ein statischer Begriff, eine Tätigkeit ein dynamischer. Eine Tätigkeit ist konkret und praxisnah, eine Eigenschaft abstrakt und praxisfern. Unter dem Gesichtspunkt der Lernfähigkeit muss man feststellen: Eigenschaften sind weder lern- noch lehrfähig, Tätigkeiten sind beides, zumindest bis zu einem gewissen Grad.

Am konkreten Beispiel von »**Kommunikationsfähigkeit**« kann man diese wichtige Unterscheidung verdeutlichen: »Kommunikationsfähigkeit« ist eine ganz wesentliche Eigenschaft einer Führungskraft, sagt aber noch nichts über deren konkrete betriebliche Anwendung aus. Kommunizieren heißt beispielsweise: Mitarbeiter-Gespräche führen, »small talk« kultivieren, telefonieren, Besprechungen leiten usw. Für alle diese konkreten kommunikativen Tätigkeiten gibt es Grundsätze und Regeln, die man lehren und lernen kann und man kann sich durch intensives Üben in diesen Kommunikationsformen verbessern. Ob man dann ein außergewöhnlich guter »Kommunikator« wird, darüber entscheidet dann letztlich die Begabung, das Talent, eben die Eigenschaft »Kommunikationsfähigkeit«. Aber eine durchschnittliche, für die praktischen Zwecke des betrieblichen Alltags völlig ausreichende Fähigkeit »Kommunizieren« kann man sich allemal aneignen.

Die Führungspyramide

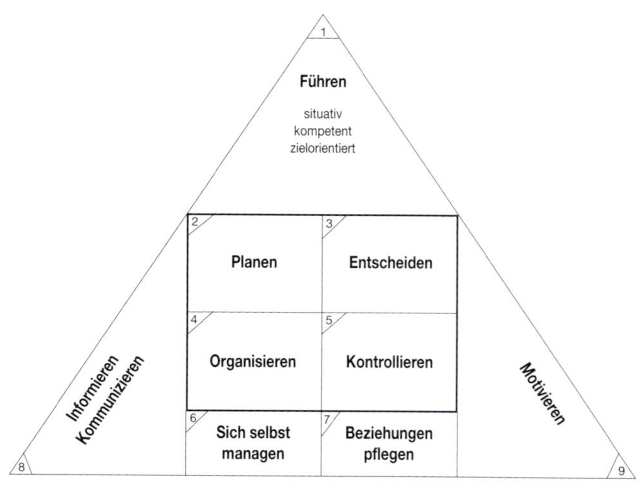

Abb. 4.4.2 Die Führungspyramide: die Aufgaben der Führungskraft

Im Zentrum der Führungspyramide stehen die vier »harten« Führungstätigkeiten: »planen, entscheiden, organisieren und kontrollieren«, die eine logische Abfolge bilden und oftmals in der Managementliteratur als »Management-Regelkreis« bezeichnet werden. Absolut gleichrangig und gleich wichtig sind zwei »weiche« Führungstätigkeiten, nämlich »sich selbst managen« und »Beziehungen pflegen«, leider in der Management-Literatur in ihrer Bedeutung oft unterschätzt.

Die drei an den Spitzen stehenden Felder »führen«, »informieren/kommunizieren« und »motivieren« sind mehr »mittelbare« Tätigkeiten, d.h. keine direkten Tätigkeiten an sich, sondern sie werden indirekt bei der Ausübung der anderen, oben genannten sechs Führungstätigkeiten benötigt.

Statt »führen« könnte man auch »Führungsprinzipien« sagen, Ausprägungen des Führungsstils. »Kommunizieren« wird bei allen konkreten Führungstätigkeiten benötigt, und »motivieren« bedeutet »motivierende Verhaltensweisen« zeigen. Kommunizieren wird gelegentlich und sehr treffend als »Schmiermittel« der Unternehmensführung bezeichnet.

Mit diesen neun Feldern, den neun Bereichen moderner Unternehmensführung, sind alle wesentlichen Führungstätigkeiten, die in einem Betrieb anfallen, abgedeckt. Die Führungspyramide ist eine Mischung aus Tätigkeiten und Verhaltensweisen. Diese neun Tätigkeitsbereiche müssen nun im Einzelnen näher untersucht und mit praktischen Beispielen unterfüttert werden.

4.4.2 »Harte« Führungsfaktoren

In der Tat haben wir hier eine in sich geschlossene, logische Abfolge von Tätigkeiten vor uns. Beginnend mit dem »Planen« folgt darauf das »Entscheiden«, dann das »Organisieren« (das Umsetzen, das Realisieren) und schließlich das »Kontrollieren« dessen, was zuvor umgesetzt wurde. Die Erkenntnisse aus dem »Kontrollieren« fließen dann wiederum in das neue »Planen« ein und somit ist der Kreis geschlossen.

Auch beim so genannten »Controlling« spielt dieser Kreislauf eine Rolle. Controlling ist ein Prozess, bei dem es darum geht, Erkenntnisse zu gewinnen und dann das Verhalten zu ändern sowie die Realisierung und die Ergebnisse zu überwachen. Controlling ist also nicht bloß Kontrolle, sondern Steuerung. Das ist mehr. Controlling bezeichnet man als ein Führungskonzept, bei dem die Führungstätigkeiten Planung, Kontrolle und Information zu einem System verknüpft werden.

Planen

»Planen« muss klar von »entscheiden« abgegrenzt werden. Planen, definiert als »gedankliche Vorwegnahme eines künftigen Ablaufs von Geschehnissen«, ist die Vorstufe, die Voraussetzung für richtiges Entscheiden. Wer sich die Mühe macht, planerische Tätigkeiten in einem Autohaus aufzuspüren und sie, übersichtlich strukturiert, bildlich darzustellen, gelangt zu dem überraschend umfang- und inhaltsreichen Schaubild »Planung im Autohaus«.

<table>
<tr><th colspan="4">Planung im Autohaus</th></tr>
<tr><td rowspan="2">1</td><td>Bau</td><td>Personal</td><td>Finanzen</td></tr>
<tr><td>◆ Neu- und Erweiterungsbauten
◆ Einrichtungen
◆ Auswirkung auf Betriebsabläufe
◆ selber bauen oder mieten
◆ Unterstützung</td><td>◆ Suche und Einstellung
◆ Entwicklung
◆ Stellenplanung
◆ Stellenbeschreibung und -gestaltung</td><td>◆ Planungsrechnung
◆ Bankenstruktur
◆ Liquiditätssicherung
◆ Relation von Eigen- und Fremdkapital
◆ Sicherheiten
◆ Kreditwürdigkeit (Rating)</td></tr>
<tr><td rowspan="2">2</td><td colspan="2">Unternehmensstrategische Fragen</td><td>Betriebspolitische Fragen</td></tr>
<tr><td colspan="2">◆ nach der neuen GVO 2002
◆ Expansion
◆ Marke(n)
◆ Betriebstyp
◆ Diversifikation
◆ Kooperation/Fusion
◆ Standortfragen
◆ Werbe- und PR-Auftritt</td><td>◆ Öffnungszeiten
◆ Outsourcing
◆ Entlohnungsmodalitäten
◆ Einsatz der EDV
◆ Werkstattorganisation</td></tr>
<tr><td rowspan="2">3</td><td colspan="3">Vorsorge</td></tr>
<tr><td colspan="3">◆ Alter
◆ Krankheit
◆ Berufsunfähigkeit
◆ Tod
◆ Nachfolge</td></tr>
</table>

Abb. 4.4.3 Die Bereiche der Planung im Autohaus

Die vorgenommene Gliederung ist relativ unüblich und erhebt nicht den Anspruch auf Vollständigkeit. Die Einteilung in

- Bauplanung
- Personalplanung
- Finanzplanung

orientiert sich an den drei Hauptkomponenten eines Unternehmens. Jedes Unternehmen, auch ein Autohaus, steht auf diesen drei Säulen. Ferner kann man zwischen »strategischen« und »politischen« Fragen unterscheiden. Strategische Fragen sind längerfristiger, betriebspolitische Fragen kurzfristiger Natur.

BEISPIEL:

Die Veränderung der Ladenöffnungszeiten ist kurzfristig möglich, also eine betriebspolitische Frage. Die Veränderung der Rechtsform ist eine längerfristige und damit eine typisch strategische Frage.

Vorsorgeplanung, die dritte Rubrik im Schaubild, ist hauptsächlich ein Problem von selbstständigen, mittelständischen Unternehmern, wie sie im Kfz-Gewerbe häufig anzutreffen sind. Insbesondere in Kleinbetrieben, die oft in der Rechtsform der Einzelfirma geführt werden, tauchen diese Probleme auf. Wie man in der Praxis leider feststellen muss, wird die existenzielle Bedeutung dieser Fragen oft nicht erkannt.

BEISPIEL:

Der Inhaber eines kleinen Autohauses, das in der Rechtsform der Einzelfirma geführt wird, schließt aus Kostengründen keine ausreichende Lebensversicherung für seine Altersvorsorge ab, weil er glaubt, durch Verpachtung oder Verkauf seines Unternehmens die fehlenden finanziellen Mittel zu erlösen. Dies kann sich aber als Fehleinschätzung herausstellen mit der Folge, dass dann im Alter nicht genügend finanzielle Mittel vorhanden sind, um den bisherigen Lebensstandard beizubehalten.

Entscheiden

»Entscheidend ist das Entscheiden«, dieser sprachlich nicht sehr glückliche Satz meint, eine Führungskraft unterscheidet sich von den anderen Mitarbeitern durch die Entscheidungskompetenz. Nur wer entscheidet, ist eine Führungskraft. Wer nicht entscheidet, ist keine Führungskraft. Entscheidungen sollen sicher, schnell und richtig getroffen werden. Leichter gesagt als getan, denn jede Entscheidung sollte ja auch gründlich überlegt und so rational wie möglich vorbereitet werden.

Den Entscheidungsprozess kann man in fünf Phasen einteilen (Abb. 4.4.4).

Phasen des Entscheidungsprozesses
① Auftauchen und Bestimmen des Problems
② Herausfinden und Bewerten der Lösungsalternativen
③ Treffen der Entscheidung
④ Überwachen der Realisierung
⑤ Erfolg kontrollieren

Abb. 4.4.4 Die fünf Phasen des Entscheidungsprozesses

Die Stufe 1 (Auftauchen und Bestimmen des Problems) kann man an einem Beispiel verdeutlichen:

Der Serviceleiter eines Autohauses stellt fest, dass seine Werkstattumsätze seit drei Jahren kontinuierlich zurückgehen.
Mögliche Ursachen könnten sein:

- mangelnde Qualifikation der Kundendienst-Berater, also ein Personalproblem
- zu wenig oder zu wenig wirksames Marketing
- zu hohes Preisniveau
- Qualität der Fahrzeuge hat sich verbessert
- Herstellervorschriften haben sich geändert
- Dialogannahme wird zu wenig genutzt (Organisationsfehler)
- zu hohe Kundenreklamationen
- verschärfte Konkurrenzsituation

Kann man die Ursache nicht eindeutig bestimmen, werden mit hoher Wahrscheinlichkeit falsche Entscheidungen getroffen. An diesem Beispiel sieht man, dass es in der Praxis oft gar nicht so einfach ist, eine gründliche Analyse eines Problems durchzuführen. Auf dem Ergebnis einer solchen Analyse beruhen aber die zu treffenden Entscheidungen.
Weitergeführtes Beispiel von oben: Wenn man zu dem Ergebnis kommt, fehlende Marketing-Maßnahmen und nicht unfreundliches, inkompetentes Servicepersonal seien die Ursache für die Umsatzrückgänge, gelangt man zu völlig unterschiedlichen Entscheidungen bzw. Abhilfemaßnahmen. Wichtig ist, dass man Lösungsalternativen herausarbeitet und sie so objektiv und rational wie möglich bewertet.
Gelangt man zu dem Ergebnis, dass zwei oder mehrere Lösungsalternativen in etwa gleich geeignet erscheinen, darf und soll auch die Emotion, die Intuition den Ausschlag geben.

BEISPIEL:

Einstellung eines Verkäufers. Zwei Kandidaten sind nach dem Bewerbungsgespräch gleich gut geeignet. Man stelle sich dann die (emotionale) Frage: Welcher der beiden Kandidaten erscheint mir geeigneter, in »meinem Namen«, d. h. mit dem Namen meiner Firma draußen bei der Kundschaft aufzutreten? Kunden identifizieren ja stets den Verkäufer mit der Firma, für die er arbeitet bzw. bei kleineren Autohäusern mit der Person des Inhabers. Meist fällt dann die Entscheidung leichter.

Gerade bei Personal-, aber auch bei Investitionsentscheidungen hat sich das Hilfsmittel der »Entscheidungsmatrix« bewährt. Abb. 4.4.5 zeigt die Bewertung von Alternativen mittels objektiver Kriterien.

Beispiel: Anschaffung eines Kopiergerätes

Kriterien	Alternativen (Punkte 1-10)						
	A	B	C	nach Gewichtung	A	B	C
Anschaffungspreis	10	8	4	3x	30	24	12
Leistung, Qualität	6	7	10	3x	18	21	30
Betriebskosten	4	6	10	3x	12	18	30
Service	4	8	10	2x	8	16	20
Finanzierung	10	4	2	1x	10	4	2
Design, Aussehen	6	7	4	1x	6	7	4
Summe	40	40	40		84	90	98

Abb. 4.4.5 Beispiel: Anschaffung eines Kopiergeräts

In Phase 3 erfolgt die eigentliche Entscheidung aufgrund der vorgenommenen Bewertung von Alternativen. Die Phasen 4 (Realisierung) und 5 (Erfolgskontrolle) gehören, streng genommen, nicht mehr zur eigentlichen Entscheidungsfindung, sondern sind Maßnahmen der »Organisation« und »Kontrolle«. Gleichwohl seien sie hier mit aufgeführt, um noch einmal den logischen Ablauf von Führungstätigkeiten zu unterstreichen.

Organisieren

In der weiteren Abfolge der »harten« Management-Tätigkeiten folgt nach dem »Planen« und »Entscheiden« das »Organisieren«, oder verständlicher ausgedrückt, das »Realisieren«, das »Umsetzen« und »Verwirklichen« des zuvor Entschiedenen. Praktiker wissen, dass die Umsetzung von Entscheidungen der schwierigste Prozess überhaupt ist. Gute Ideen sind das eine, die Umsetzung das andere. Und: wie viele gute Ideen sind schon an der Umsetzung gescheitert?

In der klassischen Betriebswirtschaftslehre versteht man unter Organisation die »Gesamtheit aller Regelungen, deren sich die Führung bedient, um die durch die Planung vorgegebene Ordnung zu realisieren«.

Konkret geht es bei organisatorischen Fragestellungen um »PERSONEN« und »PROZESSE«.

Im Personalbereich sind es die vier Felder:

- Personalsuche
- Personalauswahl
- Personaleinsatz
- Personalentwicklung (s. Kap. 4.5)

Sie stellen die wesentlichen Elemente eines systematisch betriebenen Personalmanagements dar. Die in einem Autohaus üblicherweise anfallenden Prozesse sind in unserer Abb. 4.4.6 dargestellt.

Prozesse im Autohaus

Neuwagen

Verkauf:
- Interesse an Neuwagen
- Begrüßung des Interessenten
- Bedarfsermittlung
- Fahrzeugdemonstration
- Probefahrt
- Angebotserstellung
- Angebotsverfolgung
- Vertragsabschluss
- Prüfung des Kaufvertrages
- Betreuung nach dem Kauf

Einkauf:
- Bestellung beim Hersteller
- Kontrolle und Verfolgung der Bestellung
- Änderung der Bestellung
- Anlieferung, Kontrolle

Fahrzeugübergabe an den Kunden:
- Abstimmung Zulassungstermin
- Werkstattauftrag für Ablieferungsdurchsicht
- Zulassung Fahrzeug
- Rechnungserstellung
- Vorbereitung und Durchführung der Übergabe
- Nachtelefonat

Gebrauchtwagen

Einkauf:
- Inzahlungnahme von Kunden oder Kauf
- Freier Zukauf
- Leasing-Rücknahme
- Aufnahme der Fahrzeugdaten
- techn. und kommerzielle Prüfung des Fahrzeugs
- optische Aufbereitung
- techn. Instandsetzung
- Platzierung und Preisauszeichnung

Verkauf und Fahrzeugübergabe an den Kunden:
- Interesse an Gebrauchtwagen
- Kundenberatung
- Bedarfsermittlung
- Fahrzeugdemonstration
- Probefahrt
- Angebotserstellung
- Interessentenverfolgung
- Vertragsabschluss
- Prüfung des Kaufvertrags
- Werkstattauftrag erstellen
- Fahrzeug zulassen
- Rechnungserstellung
- Vorbereitung und Durchführung der Übergabe
- Nachtelefonat

Service

Annahme:
- Interesse an Serviceleistung
- Terminplanung
- Kundenempfang
- Fahrzeugbegutachtung
- Besonderheiten bei Nachtübergabe
- Auftragserstellung
- Bereitstellung und Übergabe von Ersatzfahrzeug
- Werkstattplanung

Durchführung und Fahrzeugübergabe:
- Durchführung des Auftrags
- Endkontrolle/Probefahrt
- evtl. Auftragserweiterung
- Rechnungserstellung
- Zahlungsvorgang
- Besonderheiten bei Unfallreparatur
- Rechnungserläuterung
- Fahrzeugübergabe
- evtl. Reklamationen
- Ermittlung der Kundenzufriedenheit

Teile und Zubehör

Einkauf:
- Bestandsführung
- Bearbeitung von Teile-Nachfragen (intern/extern)
- Bedarfsermittlung für Disposition
- Bestellung beim Hersteller
- Bestellverfolgung
- Anlieferung von Teilen
- Wareneingangsprüfung
- Rückgabeprüfung
- Lagerung
- Verbuchung
- Rechnungskontrolle

Verkauf:
- Nachfrage nach Teilen und Zubehör (intern/extern)
- Beratung (falls erforderlich)
- Identifikation prüfen
- Teile bzw. Zubehör greifen
- Teileausgabe (intern) bzw. Thekenverkauf (extern)
- Rechnung bzw. Quittung erstellen
- Entsorgung

Abb. 4.4.6 Die Prozesse im Autohaus

Organigramme, also Darstellungen des organisatorischen Aufbaus einer Unternehmung, aus denen Funktionen und Beziehungen hervorgehen, zeigen den im Kfz-Gewerbe üblichen hierarchischen Aufbau, also einen Aufbau nach einer Rangordnung.

Nur selten trifft man »Teamorganisationen« an. Ein Team ist eine kleine Gruppe von Personen, deren Fähigkeiten einander ergänzen und die sich für eine gemeinsame Sache, gemeinsame Leistungsziele und einen gemeinsamen Arbeitsansatz engagieren und gegenseitig zur Verantwortung ziehen.

Teamfähigkeit bedeutet

- Einordnung in das Ganze
- gegenseitige Hilfe und Unterstützung
- sinnvolle Ergänzung von Erfahrungen und Stärken
- Ausgleich von Schwächen und Fehlern
- Akzeptanz von Unterschiedlichkeit
- Gesamtnutzen geht vor Eigennutz
- Gesamtsicht geht vor Eigensicht

Diese Voraussetzungen sind in der Praxis außerordentlich selten anzutreffen, weshalb man nüchtern feststellen muss, dass der »Teamgedanke« zwar ein löblicher und sicher auch künftig noch wichtiger werdender organisatorischer Ansatz ist, jedoch in seiner Realisation oft an den zu »idealistischen« Voraussetzungen scheitert. In der neueren Management-Forschung sieht man »Teamarbeit« wieder kritischer und stellt die Nachteile stärker in den Vordergrund.

Teamwork, so argumentieren die Kritiker

- ist zeitaufwendig – Einzelkämpfer entscheiden schneller, die Reibungsverluste im Team sind zu groß.
- verführt die Team-Mitglieder dazu, sich mit ihren Schwächen hinter der Gruppe zu verstecken, das Team als Schutzschild für »Nieten, Zauderer und Hasenfüße« (TEAM = Toll Ein Andrer Macht's).
- verhindert Selbstverwirklichung.
- vernebelt die Eigenleistung.
- fördert Konflikt und Streit.
- zwingt zur Auseinandersetzung mit schwierigen Mitarbeitern.
- orientiert sich an der Arbeitsleistung des schwächsten Mitglieds.
- mindert das Verantwortungsbewusstsein des Einzelnen.
- nivelliert die Unterschiedlichkeit, die Individualität der Mitglieder.

Für und Wider von Teamwork müssen daher sorgfältig gegeneinander abgewogen werden.
Abschließend zum Thema »Organisieren« sei vermerkt, dass auch in Autohäusern jegliche organisatorische Veränderung gut überlegt und gut begründet werden muss und nur dann durchgeführt werden sollte, wenn man restlos davon überzeugt ist, dass der »neue« Zustand eine wirkliche Verbesserung gegenüber dem »alten« Zustand darstellt. Außerdem sollte sich jegliche Organisationsveränderung am Kunden und am Nutzen für den Kunden orientieren.
Mitarbeiter (und auch Kunden) reagieren auf Veränderungen in der Organisation meist skeptisch, mit innerer Ablehnung und unsicher. Sie müssen gut vorbereitet werden und das »Vorangehen« und »Vorleben« der Führungskräfte während Veränderungsprozessen ist besonders wichtig.

BEISPIEL:
Umstellung der Reparaturannahme auf Direkt- bzw. Dialogannahme. Diese Veränderung zieht einen »Rattenschwanz« von damit zusammenhängenden Veränderungen nach sich von der Terminvereinbarung bis zur Rechnungserläuterung. Erfolg verspricht diese Umstellung nur, wenn alle diese Veränderungen konsequent durchgeführt und beibehalten werden und stets der Kundennutzen in den Fokus gestellt wird.

Kontrollieren

Mit dem »Kontrollieren« schließt sich der Management-Regelkreis. Der Anschluss an das erste Element »Planen« wird wieder hergestellt.
Das »Realisierte«, das in die Praxis umgesetzte, muss überprüft, eben »kontrolliert« werden. Es wird entweder bestätigt oder es muss korrigiert werden. Das Ergebnis der Kontrolle (= Soll/Ist-Gegenüberstellung), fließt wieder in die Elemente Planung und Entscheidung ein. Kontrolle ist also ein notwendiger »Korrekturbaustein«. Es ist nicht Sinn der Kontrolle, Schuldige zu suchen und zu bestrafen, sondern Anhaltspunkte zur Leistungsverbesserung zu liefern. Es geht nicht um »richten«, sondern um »verbessern«.
Wenn man Kontrolle so definiert und seinen Mitarbeitern erläutert, kann es nicht zu den negativen Begleiterscheinungen kommen, die man in der Praxis leider allzu häufig beobachtet. Kontrolle muss als, zwar manchmal unangenehme aber unbedingt notwendige Führungsaufgabe verstanden und akzeptiert werden. Entscheidend ist die Art und Weise, wie Kontrolle erklärt und ausgeübt wird. Wer nach dem Motto »Wer ist schuld? – Den hauen wir aber in die Pfanne.« kontrolliert, wird nie eine Akzeptanz von Kontrollmaßnahmen bei seinen Mitarbeitern erzielen.

Merkpunkte zur Führungsaufgabe Kontrolle

- Kontrolle ist eine unverzichtbare und nicht delegierbare Führungsaufgabe.
- Ihr Grundsatz muss sein: So viel Vertrauen wie möglich – so wenig Kontrolle wie nötig!
- Richtig ausgeführte Kontrolle ist nicht nur für die ordnungsgemäße Aufgabenerledigung unerlässlich, sondern soll auch Arbeitszufriedenheit und Leistungsbereitschaft des Mitarbeiters fördern.
- Ihre Kontrollen müssen Sie so praktizieren, dass sie von Ihren Mitarbeitern als sinnvoll, hilfreich und notwendig erkannt werden.
- Kontrolle ist ein Soll-Ist-Vergleich. Keine Kontrolle ohne Zielvereinbarung – keine Zielvereinbarung ohne Kontrolle.
- Ausführungs-/Verhaltenskontrollen sollten die Ausnahme bilden.
- Totalkontrollen sind möglichst zu vermeiden; dafür gebührt Stichprobenkontrollen der Vorrang.
- Stichprobenkontrollen sind gegenwartsbezogen und stellen ein „Frühwarnsystem" dar. Ergebnis-/Endkontrollen analysieren das fertige Ergebnis.
- Ein Kontrollplan erleichtert Ihnen die Arbeit und überlässt nichts dem Zufall.
- Erweitern Sie Möglichkeiten der Selbstkontrolle und vermindern Sie den Anteil der Fremdkontrolle.
- Kontrollergebnisse werden mit dem Mitarbeiter konstruktiv besprochen. Wer das Kontrollergebnis für sich behält, belastet sich und seine Mitarbeiter.

Abb. 4.4.7 Die wichtigsten Punkte zur Führungsaufgabe Kontrolle.

Die oberste Kontrollinstanz einer Unternehmung in einem freien Markt ist der Kunde.

Daher gehören

- Auswertungen von Kundenbefragungen,
- ein professionelles Beschwerdemanagement,
- gezielte Schulung und Weiterbildung des Kundenkontaktpersonals,
- Maßnahmen zur Kundenbindung und
- ein ausgefeiltes CRM-System (Customer Relationship Management) zwingend zu diesem Themenkreis.

Alle unternehmerischen Aktivitäten haben sich letztlich am Kunden, am Markt zu orientieren. Nur wer den Kunden als wichtigsten »Kontrolleur« akzeptiert, wird am Markt dauerhaft wirtschaftlichen Erfolg haben.

Das Rechnungswesen als wichtigstes Kontrollinstrument liefert die zur Auswertung erforderlichen Zahlen. Natürlich kommt dem Finanzsektor, vor allem in konjunkturell schwachen Zeiten, erhöhte Bedeutung zu. Die Liquidität, also die jederzeit vorhandene Zahlungsfähigkeit, muss täglich überprüft werden, ebenso wie die Inanspruchnahme der Kreditlinien und die Höhe der Warenbestände und Forderungen.

4.4.3 »Weiche« Führungsfaktoren

Nach den vier »harten« Management-Tätigkeiten wenden wir uns nun den oft unterschätzten und verkannten, aber höchst wichtigen »weichen« Tätigkeiten, den »soft skills« zu: »sich selbst managen« und »Beziehungen pflegen«.

Sich selbst managen

Beim Thema »Selbstmanagement« geht es um Antworten auf die Frage: »Was benötige ich als Führungskraft, um langfristig erfolgreich und zugleich mit mir selbst im Reinen zu sein?«

Wir befinden uns hier im Grenzbereich zwischen der betrieblichen und der privaten Welt. Nur ganz naive, sich selbst und objektive Tatsachen verleugnende Menschen glauben, einen strikten Trennungsstrich zwischen diesen Welten ziehen zu können, etwa nach dem Motto: »Wenn ich um sechs Uhr abends das Büro verlasse, lege ich den Schalter um, lasse alles betriebliche hinter mir und bin ab sofort bis zum nächsten Morgen um acht, wenn ich wieder ins Büro gehe, Privatmensch. Beide Welten haben nichts miteinander zu tun.«

Das ist ein Trugschluss, vor allem von Verantwortung tragenden Führungskräften und ein noch viel größerer von mit eigenem Kapital haftenden Gesellschafter-Geschäftsführern. Mag dies in konjunkturell guten Zeiten hie und da gelingen, in Krisenzeiten ist dies völlig unmöglich.

Berufsleben und Privatleben kann man nicht trennen. Dauerhafter Erfolg im Berufsleben ist ohne ein stabiles, zufriedenes Privatleben nicht vorstellbar und umgekehrt gilt: Das Privatleben kann nur dann zufrieden stellen, wenn die Basis des beruflichen Erfolgs gelegt ist. Dies kann man materiell und immateriell sehen. Die wechselseitige Abhängigkeit ist offensichtlich. Man kann diesen »Gleichgewichtszustand« (auch »Balancing« oder »work-life-balance« genannt) graphisch zutreffend in Form einer Waage darstellen.

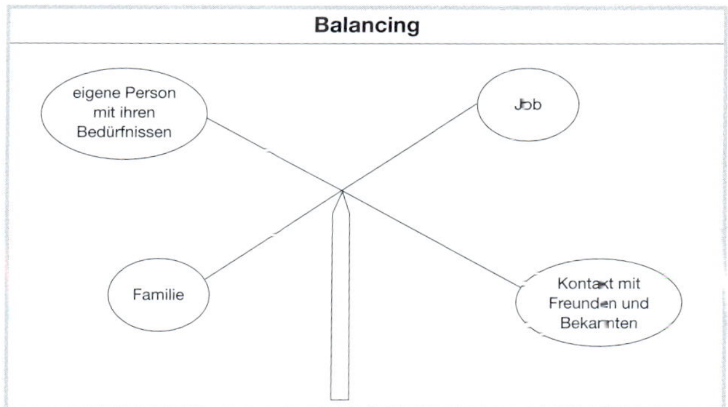

Abb. 4.4.8 Balancing

Erklärung dieses »Doppelbalancing«: Job (betriebliche Zeit) und Familie (private Zeit) müssen ins Gleichgewicht gebracht werden, aber ebenso die Ansprüche der eigenen Person (persönliche Wünsche und Bedürfnisse) mit sozialen Kontakten (Zeit für Freunde, Bekannte). Im Idealzustand müssen alle vier Arme der Waage ins Gleichgewicht gebracht werden. Dies ist in der Praxis freilich schwierig, wenn nicht sogar unmöglich. Das gesamte Leben ist ein Prozess, eine dauerhafte Bemühung um eine Herstellung dieses ausgewogenen Zustands und wer möchte von sich behaupten, diesen Idealzustand erreicht und damit völlige Zufriedenheit erlangt zu haben?

Ein weiteres Feld des Selbstmanagements ist das »Zeitmanagement«, übrigens ebenfalls ein betriebliches und ein privates Problem.

Zeitmanagement bedeutet: bessere Nutzung der Zeit durch

- rationelle Einteilung der Zeit und
- Vermeidung von Zeitverschwendung.

Jeder hat genügend Zeit. Der Satz »Ich habe keine Zeit« ist falsch, er bedeutet eigentlich: »Ich nutze meine Zeit für andere Dinge«. Alles ist eine Frage der Prioritäten. Wohl aber ist die Zeit begrenzt, sie muss daher eingeteilt, beherrscht, eben »gemanagt« werden.

Beispielhaft seien ein paar Möglichkeiten angedeutet, wie man zu einer besseren Nutzung der Zeit gelangt (zum tiefer gehenden Studium sei auf die einschlägige Literatur verwiesen):

- Einteilung der anfallenden Aufgaben und Probleme nach ihrer Wichtigkeit und Dringlichkeit,
- Einsatz von Checklisten,
- Einsatz moderner Kommunikationstechnik,
- Einsatz von Zeitplantechnik,
- das Schaffen von »Ordnung« (Entrümpelung) und
- Vermeidung von Zeitverschwendung (Abb. 4.4.9 zeigt »Dreizehn typische Zeitsünden«).

Dreizehn typische Zeitsünden

1. **Alles auf einmal tun wollen.** Wer grundsätzlich mehr erledigen will, als er tatsächlich schaffen kann, kommt zu nichts. Prioritäten setzen. Aufgaben zu Ende führen.
2. **Keine Ziele setzen.** Wer weder Tages- noch Wochenpläne macht, zerreibt sich in der Alltagshektik.
3. **Jede Ablenkung zulassen.** Wer dankbar für jede Abwechslung ist, wird am Ende des Tages keine Ergebnisse haben. Konzentration ist wichtig.
4. **Langwierige Besprechungen.** Ausufernde unproduktive Diskussionen sind der Tod der Effektivität. Sie lähmen und verhindern Motivation.
5. **Überall Papierkram.** Wenn jede Menge Lesestoff den Schreibtisch überschwemmt, ist die Selektion oft unmöglich. Ebenso wirkt ein schlechtes Ablagesystem.
6. **Unangemeldete Besucher.** Open-Door-Policy? Schön und gut – aber nicht immer. Geschlossene Türen bringen Konzentration. Ähnliches gilt für telefonische Unterbrechungen.
7. **Unangenehmes aufschieben.** Unangenehmes erledigt sich nie von selbst. Je länger es liegen bleibt, desto mehr Zeit kostet es, es später zu bearbeiten.
8. **Nicht nein sagen können.** Man kann nicht alle zufrieden stellen. Wer es versucht, bleibt selbst auf der Strecke.
9. **Alles wissen wollen.** Gute Chefs haben Mut zur Lücke. Sie lassen ihren Mitarbeitern Freiraum und wissen nicht jedes Detail.
10. **Keine Selbstdisziplin.** Niemand arbeitet auf Dauer unter Druck besser. Wer sich organisiert, bringt besseren Output.
11. **Mängel in der Kommunikation.** Keine oder unpräzise Kommunikation bzw. Information verursacht zeitraubendes Nachfragen.
12. **Nicht zuhören können.** Wer nicht richtig zuhört, muss sich vieles doppelt und dreifach erarbeiten.
13. **Zu wenig Delegation.** Alles selber machen wollen, verursacht neben zeitlicher Überlastung auch Motivationsprobleme bei den Mitarbeitern (fehlende Selbstverantwortung).

Abb. 4.4.9 Dreizehn typische Zeitsünden

Das dritte große Feld des Selbstmanagements sind alle Fragen rund um das ergiebige Thema »Gesundheit«. Auch bei diesen Fragen kann man zwischen privat und betrieblich nicht unterscheiden. Wer gesund, körperlich und geistig belastbar ist, eine stabile Psyche hat, weist beste Voraussetzungen für eine zufrieden stellende Gestaltung seiner gesamten (betrieblichen und privaten) Lebenszeit auf. Den riesigen Komplex »Gesundheit« spaltet man am besten in zwei Teilbereiche auf: körperliche (physische) und seelische (psychische) Gesundheit. Störungen der körperlichen Gesundheit (Indizien: Übergewicht, Krankheiten) haben meist ihre Ursachen in fehlerhafter Ernährung und/oder mangelnder Bewegung.

Dieser zugegebenermaßen sehr oberflächliche Hinweis mag an dieser Stelle genügen. Wessen körperliche Gesundheit zu wünschen übrig lässt, wende sich an den Arzt seines Vertrauens. In einer Darstellung modernen Managements darf jedoch die Erwähnung solcher Fragen nicht fehlen, da der Kontext zur betrieblichen Leistung zu offensichtlich ist.

Seelisch gesunde d. h. psychisch stabile Menschen weisen Gemeinsamkeiten auf, die in der Abb. 4.4.10 »Was ist seelische Gesundheit?« zusammengefasst sind.

Was ist seelische Gesundheit?

Der seelisch gesunde Mensch, der mit sich selbst und mit anderen Menschen gut zurechtkommt, trägt eine Reihe der folgenden Kennzeichen:

1. Er akzeptiert sich selbst, so wie er ist, bedingt auch mit seinen Fehlern.
2. Er lebt mit seinen Gedanken und Gefühlen mehr in der Gegenwart, weniger in der Vergangenheit oder Zukunft, und kann auch die kleinen Dinge des Lebens sehen und genießen (Hier- und Jetzt-Prinzip).
3. Seine Erwartungen an die Umwelt sind gering; er lässt sich eher überraschen als ärgern, eher in Erstaunen versetzen als enttäuscht den Rückzug anzutreten.
4. Er weiß, dass er vor allem für sich selbst Verantwortung trägt, dass er nur Kindern und Unmündigen Verantwortung abnehmen kann.
5. Sein Privatbereich ist ihm sehr bedeutsam.
6. Das Leben bedeutet für ihn nicht immer nur „Aktiv sein müssen", er kann auch mal völlig passiv – ohne schlechtes Gewissen – die Dinge des Lebens genießen.
7. Er ist frei von Schuldgefühlen und macht keinem anderen Schuldgefühle.
8. Er fördert die Selbständigkeit und Unabhängigkeit seiner Mitmenschen.
9. Er hat nicht nur „nette Bekannte", sondern auch wenige wirkliche Freunde, denen er sich völlig anvertrauen kann, und er weiß diese Freundschaften zu pflegen.
10. Menschen wie er können kleinliche, sinnlose Konventionen und Regeln missachten, ohne zu verletzen. Oberflächliche Höflichkeit ist ihm wie seichtes Geplauder, Quatschen und üble Nachrede zuwider.
11. Er kann eigene Gefühle erleben, akzeptieren und auch verhaltensmäßig ausdrücken.
12. Er beachtet die Signale des Körpers und geht gut mit seinem Körper um.
13. Er zwingt sich nicht immer „stark" sein zu müssen, sondern kann auch ein „Schwachsein" an sich akzeptieren.
14. Er ist kaum zu bedrohen, er ist fast völlig frei von Macht- und Bestätigungsstreben und nur durch seine persönlichen und beruflichen Qualifikationen Autorität.
15. Er kann zuhören und sich einfühlen in andere Menschen.
16. Er bemüht sich als Mensch, nicht als Rollen- oder Funktionsträger, erfolgreich zu sein, zu wachsen, zu lernen, sich zu entfalten.
17. Ihn kennzeichnen einerseits Selbstdisziplin und andererseits das Fehlen jeglicher zwanghafter Organisations- und Ordnungsliebe.
18. Er ist dazu in der Lage, negative Lebensereignisse in ihrer Bedeutung angemessen zu bewerten und zu bewältigen.

Abb. 4.4.10 Was ist seelische Gesundheit?

Die drei Bereiche hängen zusammen, greifen ineinander, ja, können eigentlich gar nicht voneinander getrennt werden.

BEISPIEL:

Wer seine körperliche Gesundheit vernachlässigt und krank wird, kann seine Zeit nicht mehr autonom planen. Seine Leistungsfähigkeit im privaten und betrieblichen Bereich lässt nach. Berufliche Misserfolge, vielleicht auch materielle Einbußen, können das private Familienleben belasten.

Beziehungen pflegen

Meine Großmutter hatte von »networking« keine Ahnung, aber sie pflegte zu sagen: »Leutarm ist auch arm«. Sie erkannte also – aus ihrer Lebenserfahrung heraus – die Bedeutung der Kontaktpflege, des Beziehungsmanagements, wie wir heute sagen würden.

Beziehungsmanagement (networking) ist die Kunst,

- methodisch und systematisch Beziehungen aufzubauen,
- zu pflegen und
- sie in gegenseitigem Nutzen einzusetzen.

Gerade dieser dritte entscheidende Punkt zeigt, wie Networking funktioniert: Geben und nehmen! Nicht das einseitige Ausnutzen von Beziehungen ist gefragt, sondern der Austausch, das Einbringen von eigenen Ideen, Empfehlungen und Hilfeleistungen zum Nutzen aller (Win-win-Situation). Ein gutes Beziehungsnetz kann in vielen Situationen behilflich sein, in geschäftlichen und privaten.

Gerade für Führungskräfte ist es besonders wichtig, ein Beziehungsnetz zu knüpfen. Wirksames »personal networking« ist geradezu ein charakteristisches Merkmal fast aller erfolgreichen Führungskräfte. Dies gilt im Übrigen in besonderer Weise auch für Verkäufer. Unten finden Sie einige wichtige »Networking-Regeln«.

4.4.4 »Mittelbare« Führungsfaktoren

Die drei Spitzen der Pyramide, »führen«, »informieren/kommunizieren« und »motivieren« sind keine unmittelbare Tätigkeiten, sondern eher Verhaltensweisen, (wie z. B. bei »motivieren«), Hilfsmittel bei den »harten« und »weichen« Management-Tätigkeiten.

Gleichwohl sind dies höchst bedeutsame Führungsfaktoren. Sie machen die Atmosphäre, den Stil, das Klima in einem Unternehmen aus und tragen ganz wesentlich zum erfolgreichen Gelingen der übrigen Management-Tätigkeiten bei. Sie wirken auf diese Tätigkeiten ein und durchdringen sie geradezu.

NETWORKING REGELN

1. Versäumen Sie niemals eine Gelegenheit, neue Menschen kennen zu lernen. Seien Sie kontaktfreudig. Ihr ganzes Leben lang.
2. Besuchen Sie Events (Beispiele: Partys, Einladungen, Empfänge, Theater, Oper, Konzert, Messen, Kongresse, Vorträge, Hochzeiten, Geburtstage, Seminare, Vernissagen, Versammlungen, Tagungen, Fußballstadion).
3. Engagieren Sie sich, beruflich und privat (Beispiele: Verband, Verbindung, Verein, IHK, Handwerkskammer, Marketing-Club, Alumni, Lions, Rotary, Erfa-Gruppen, Stammtische, Ehrenamt, sozial, politisch, kulturell, Schulen, Universitäten, Kindergarten).
4. Reisen Sie soviel wie möglich, aber »intelligent«, d. h. fremde Kulturen und Sprachen in sich aufnehmen und verarbeiten. Begegnungen mit fremden Menschen suchen und aus ihnen lernen.
5. Seien Sie offen und lernfähig und gewöhnen Sie sich Vorurteile ab. Verschaffen Sie sich ein eigenes Bild der Verhältnisse.
6. Orientieren Sie sich lokal und regional, insbesondere wenn Sie dort Ihren Wirkungskreis haben. All business is local.
7. Setzen Sie Ihre Kommunikationsinstrumente ein, insbesondere den small talk (Rhetorik, Körpersprache, Mimik, Gestik, Haltung, Themen des small talk, aktives Zuhören, Fragetechnik).
8. Setzen Sie traditionelle und moderne Hilfsmittel ein (Kartei, Visitenkarten-Sammlung, Kalender, Zeitungsauswertung), aber auch IT (Email, SMS, XING, Aufbau einer Datei, Aktualisierung).
9. Angenehm und nützlich sein.
10. Positive Ausstrahlung (denken, sprechen, handeln).
11. Grundsatz des Gebens und Nehmens.

Für Führungskräfte:

12. Machen Sie auch Ihren Mitarbeitern klar, welchen Wert Beziehungsnetze haben. Sowohl die Leistungen und Ergebnisse in der Firma als auch die persönliche Entwicklung werden positiv beeinflusst. Insbesondere für Verkäufer sind funktionierende Beziehungsnetze unverzichtbar.

Führen

An der Spitze der Führungspyramide steht der Begriff »führen« mit den drei Führungsprinzipien »situativ«, »kompetent« und »zielorientiert«. Man könnte diese drei Begriffe auch als Ausprägungen des Führungsstils bezeichnen. Sie sind alle drei gleich bedeutend, sie ergänzen sich gegenseitig und bilden in ihrem Zusammenwirken einen eigenen, stimmigen und erfolgreichen Führungsstil, man könnte ihn den »Dreikomponenten-Führungsstil« nennen.

Moderne Führungsstile können nicht mehr so einfach dargestellt und formuliert werden wie »autoritär« oder »kooperativ« oder »delegierend«. Moderne Führungsstile sind komplexer und haben Merkmale fast aller bekannten und gebräuchlichen Führungsstile in sich. Das macht »Führen« zugegebenermaßen schwieriger, ist aber letztlich Auswirkung der enormen Veränderungen der menschlichen Gesellschaft in den letzten zwei bis drei Jahrzehnten.

So wie der Kunde, ist auch der Mitarbeiter informierter, anspruchsvoller und schwieriger zu beeinflussen und zu lenken geworden. Dies muss seinen Niederschlag auch in veränderten Führungsmethoden finden. Die erste und zugleich wichtigste Ausprägung ist »situativ«, man könnte auch sagen »individuell« oder »flexibel«. Situativ führen heißt führen in Abhängigkeit vom jeweiligen Reifegrad des Mitarbeiters.

Der »situative Führungsstil« ist deshalb so praxisnah, weil er auf die Unterschiedlichkeit der Mitarbeiter eingeht. In der Praxis ist es doch so, dass in jedem Betrieb Mitarbeiter mit völlig verschiedenen Reifegraden beschäftigt sind. Alle diese unterschiedlichen Mitarbeiter mit demselben Führungsstil zu führen (sei er nun autoritär oder delegierend), wäre in höchstem Maße ungerecht. Unzufriedenheit, möglicherweise erhöhte Fluktuation wären die Folge.

Der »situative Führungsstil« trägt dieser Unterschiedlichkeit Rechnung. Er ist sozusagen ein aus mehreren anderen Führungsstilen zusammengesetzter Führungsstil, insofern in seiner Anwendung auch komplexer.

Die beiden folgenden Abbildungen beschreiben, graphisch und verbal, die vier Ausprägungen des situativen Führungsstils.

Vom »Diktieren« über das »Argumentieren«, das »Partizipieren« hin zum »Delegieren« reicht die Skala der Führungsstile, in der Praxis sicher mit vielen Zwischenformen, immer aber in direkter Abhängigkeit vom individuellen Reifegrad des Mitarbeiters.

Die zweite Komponente unseres »Dreikomponenten-Führungsstils«: kompetent. Kompetenz bedeutet Zuständigkeit, Sachverstand, Fähigkeit. Man unterscheidet Fachkompetenz und Sozialkompetenz. Fachkompetenz bedeutet die Bewältigung von berufs- bzw. branchentypischen Aufgaben und An-

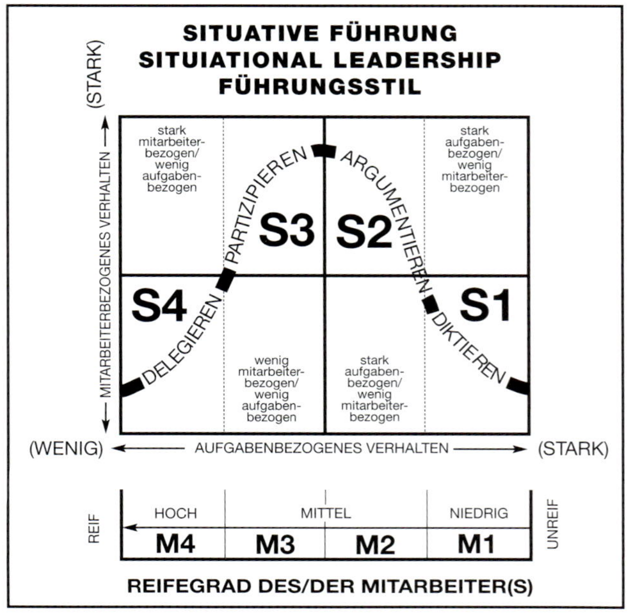

Abb. 4.4.11 Situative Führung

Führungsstil in unterschiedlichen Situationen		
	stark aufgabenbezogen	schwach aufgabenbezogen
wenig mitarbeiterbezogen	1. unterweisender, anweisender Stil, zu empfehlen bei sehr geringer Reife der Geführten	4. delegierender, die Aufgabe mit allen wesentlichen Rechten und Verantwortungen an den Mitarbeiter übertragender Stil, zu empfehlen bei sehr hoher Reife der Geführten
hoch mitarbeiterbezogen	2. „verkaufender", um Überzeugung bemühter Stil, zu empfehlen bei mäßiger Reife der Geführten	3. der Mitarbeiter einbeziehende, ihn an Entscheidungen beteiligende Stil, zu empfehlen bei recht hoher Reife der Geführten

Abb. 4.4.12 Führungsstil in unterschiedlichen Situationen

forderungen, Sozialkompetenz bedeutet frei übersetzt: Umgang mit Menschen. Menschen, darunter ist zunächst die eigene Person, aber auch andere Gruppen wie Mitarbeiter oder Kunden zu verstehen.

Eine Führungskraft muss grundsätzlich beides besitzen, Fachkompetenz und Sozialkompetenz. Je mehr Fachkompetenz eine Führungskraft besitzt, umso besser. Allerdings: Der fortgeschrittene Arbeitsteilungsprozess und die zunehmende Komplexität der Materie macht es einer Führungskraft fast unmöglich, alles zu beherrschen und zu können, was heutzutage an Branchen-Know-how erforderlich ist.

Insbesondere in größeren Betrieben mit ausgeprägter Abteilungsbildung und erst recht natürlich in großen Handelsgruppen mit Dutzenden von Filialbetrieben tritt die Fachkompetenz mehr und mehr zurück zugunsten der Sozialkompetenz. Eine moderne Führungskraft ohne Sozialkompetenz erscheint undenkbar, sie ist geradezu eine Schlüsselqualifikation für eine Führungskraft geworden. Abb. 4.4.13 beinhaltet einige »Erfolgsregeln zur Sozialkompetenz«.

Erfolgsregeln zur Sozialkompetenz

1. Seien Sie Vorbild. Liefern Sie ein Beispiel für Stil, Takt, Manieren und den höflichen und freundlichen Umgang mit anderen Menschen.
2. Präsent sein, stets ansprechbar sein. Im Mittelpunkt des Geschehens stehen und sich nicht hinter dem Schreibtisch verschanzen. Der Chef gehört an die Front.
3. Entwickeln Sie eine ausgeprägte Situationssensibilität. Lernen Sie das Wesentliche vom Unwesentlichen zu unterscheiden.
4. Kreativ, originell, flexibel und vital sein. Mit Beherrschtheit und Disziplin allein sind Menschen nicht zu begeistern.
5. Dulden Sie keine Intrigen, schaffen Sie klare Verhältnisse. Seien Sie aufrichtig, ehrlich und gerecht.
6. Rückschläge muss man verdauen können. Entwickeln Sie Nehmerqualitäten. Räumen Sie negatives Denken und Handeln aus. Intrigen, Neid und Angriffe müssen pariert werden.
7. Entwickeln Sie einen Sinn für Dringlichkeit. Seien Sie offensiv, nicht defensiv. Nichts auf die lange Bank schieben, Entschlusskraft und Initiative zeigen.
8. Seien Sie „menschlich". Geben Sie Fehler zu. Stehen Sie zu Ihren Schwächen.
9. Fördern Sie die Entwicklung von Innovationen. Vermeiden Sie Routine und Betriebsblindheit.
10. Kümmern Sie sich um Ihre Mitarbeiter, seien Sie empfänglich für Ihre Besorgnisse.
11. Legen Sie größte Sorgfalt auf die Auswahl geeigneter Mitarbeiter und setzen Sie die Menschen entsprechend ihren Fähigkeiten ein.
12. Erzwingen Sie selbständiges Handeln. Verweigern Sie Antworten, wo sie glauben, dass Ihre Mitarbeiter alleine entscheiden können. Stellen Sie Gegenfragen. Wer fragt, führt.
13. Führungspersönlichkeiten berücksichtigen das Bedürfnis Ihrer Mitarbeiter nach Faszination. Machen Sie aus dem Normalen etwas Besonderes. Nutzen Sie den Wert zeremonieller Akte wie Ansprachen, Jubiläen usw. Schaffen Sie so Erhebungen in der Steppe der Routine und Vielfalt im normalen Arbeitsalltag. Feiern Sie Erfolge.
14. Profilieren Sie sich nicht selbst, sondern Ihre Mitarbeiter. Führen heißt, andere erfolgreich machen.
15. Chefs zeigen durch kleine Gesten, wie wichtig ihnen Mitarbeiter (oder Kunden) sind (symbolisches Management).

Abb. 4.4.13 Die Erfolgsregeln zur Sozialkompetenz

»Zielorientiert führen« ist die dritte Eigenschaft unseres Führungsstils. Ein Ziel ist die konkrete Beschreibung eines erwünschten Zustands zu einem festgelegten künftigen Zeitpunkt. »Zielorientiert führen« heißt sachorientiert, mit Zielvorgaben bzw. -vereinbarungen, d. h. letztlich mit Zahlen zu führen. Mbo (management by objectives = Führen mit Zielvereinbarungen) war in den 70er Jahren in Mode. Der Grundgedanke der Zielorientierung ist auch heute noch aktuell, aber nicht mehr isoliert, sondern im Zusammenwirken mit anderen Führungsprinzipien. Richtigerweise war man davon ausgegangen, dass Ziele der menschlichen Anstrengung Richtung und Sinn geben. Der Mitarbeiter muss genau wissen, was von ihm verlangt wird. Er braucht ein Ziel vor Augen, das er anstrebt und zu erreichen versucht.

Solche Ziele können in einem Autohaus sein

- Umsatz- oder Gewinnziele
- Verkaufsstückzahlen
- Deckungsbeitrags- bzw. Bruttoertragsziele
- bestimmte Kennziffern wie z. B.: Umschlagskennzahlen (im ET-Lager)
- Kosteneinsparungen
- Kundenzufriedenheitsziele (relativ oder absolut)
- bestimmte Reklamationsquoten (Reklamationen im Verhältnis zu den gesamten Werkstattdurchgängen)

Ziele sollten immer in gegenseitigem Einvernehmen in einem speziellen »Zielvereinbarungsgespräch« vereinbart werden. Wer einseitig Ziele vorgibt, darf sich nicht wundern, wenn sich der Betroffene nicht in ausreichendem Maße mit den Zielen identifiziert (s. Kap. 4.5.3).

Der »Dreikomponenten-Führungsstil« beinhaltet also eine sachliche (Ziele), eine menschliche (Sozialkompetenz) und eine individuelle (situativer Führungsstil) Komponente. Jetzt wird auch deutlich, dass ein moderner erfolgreicher Führungsstil auf keine dieser sich ergänzenden Komponenten verzichten kann. Zeigen wir an einem Beispiel, in welcher Weise sich diese drei Führungsprinzipien auf die Management-Tätigkeit »kontrollieren« auswirken.

BEISPIEL: VERKAUFSSTÜCKZAHLEN EINES NW-VERKÄUFERS

Zunächst sind mit dem Verkäufer sachliche Ziele zu vereinbaren (Verkaufsstückzahlen, Bruttoerträge, nach Typen und Modellen differenziert, Anzahl von Kundenkontakten). Diese Zahlen sind individuell auf die persönliche Situation des Verkäufers abgestimmt. Wie lange arbeitet er schon in dieser Funktion? Wie war seine Vorjahresverkaufsleistung? Alter, Erfahrung, Vorbildung, Fähigkeit, Belastbarkeit, seine persönlichen Verhältnisse sind angemessen zu berücksichtigen (soziale Komponente).

In den regelmäßigen Feedback-Gesprächen (Kontrollmaßnahmen) fließen alle diese Faktoren ein. Der Verkäufer erhält Gelegenheit, selber seine Verkaufsleistung zu erläutern und zu kommentieren. Gemeinsam werden Abweichungen vom Ziel erörtert und Maßnahmen zur Leistungssteigerung besprochen.

Kommunizieren

Klammern wir den Sonderfall des »Informierens« (= einseitige Form der Kommunikation) aus, so können wir sagen: Kommunikation ist ein (mindestens) zweiseitiger Prozess mit einem Sender und einem Empfänger. Dies ist ein einfaches Kommunikationsmodell.

Ein weitaus komplizierteres, originelles, von dem bekannten Kommunikationswissenschaftler Friedemann Schulz von Thun entwickeltes Kommunikationsmodell ist das »Vier-Schnäbel- und Vier-Ohren-Modell«.

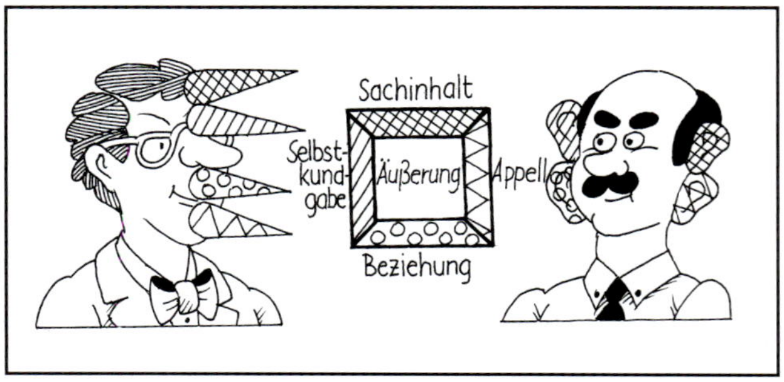

Abb. 4.4.14 Das Vier-Schnäbel- und Vier-Ohren-Modell

Dieses Modell besagt, dass es neben der Sachebene (worüber man informiert) auch eine Beziehungsebene (was man gegenseitig voneinander hält und wie man zueinander steht) gibt, denn der Empfänger einer Botschaft hört auch auf die Art und Weise, wie etwas gesagt wird. Außerdem gibt der sich Äußernde stets auch etwas von sich selber zu erkennen (Selbstkundgabe) und viertens drückt jede Botschaft auch einen Appell aus: Was möchte der sich Äußernde bei dem anderen erreichen? Jede Äußerung hat also einen vierfachen Gehalt.

HIERFÜR EIN BEISPIEL:

Der Verkaufsleiter, der früher selber einmal Verkäufer war, sagt zu einem Juniorverkäufer, der sich darüber beklagt, dass schon tagelang keine Interessenten mehr in den Showroom gekommen seien: »Da dürfen Sie halt nicht faul im Laden rumstehen, sondern müssen, wie ich früher auch, rausgehen und Klinken putzen, sprich: Kunden persönlich akquirieren!«

Analysieren wir diesen Satz »kommunikationstheoretisch«!

Sachinformation: Wenn keine Interessenten zum Verkäufer kommen, muss eben umgekehrt der Verkäufer zu den Interessenten gehen.

Beziehungshinweis: Der Verkaufsleiter hält den Verkäufer für träge, für faul, und hält sich, als erfahrener Verkaufsleiter, für berechtigt, den Juniorverkäufer entsprechend zu belehren.

Selbstkundgabe: Der Verkaufsleiter hat früher in solchen Situationen selber die Initiative ergriffen und hat Engagement, nicht Resignation gezeigt.

Appell: Beweg Dich, tu was! Entwickle Engagement und Aktivität! Nicht klagen, handeln!

Es ist schon erstaunlich, dass ein einziger Satz so vielschichtig interpretiert werden kann.

Dauerhaft erfolgreiche Kommunikation wird so beschrieben:

Gesagt bedeutet nicht gehört,
Gehört bedeutet nicht verstanden,
Verstanden bedeutet nicht einverstanden,
Einverstanden bedeutet nicht angewendet,
Und angewendet heißt noch lange nicht beibehalten.

Kommunikation hat viele Spezialformen: fragen, schreiben, konferieren, verhandeln, vermitteln, schlichten, beurteilen, überzeugen, argumentieren, präsentieren, telefonieren, eine Rede halten, vortragen, moderieren, visualisieren usw. Besonders wichtig ist das »Fragen«. Fragen zu stellen, die Fragetechnik zu beherrschen, ist für eine moderne Führungskraft unerlässlich: Wer fragt, führt!

Fragen stellt man,

- um an sachliche Informationen zu gelangen,
- um den anderen zum Nachdenken zu bewegen,
- um einen komplizierten Sachverhalt gemeinsam zu reflektieren,
- um bei der Lösungsfindung für ein Problem zu helfen,
- um beim Gegenüber eine Entscheidung herbeizuführen,
- um Kontakt aufzubauen,
- um den Gesprächspartner persönlich besser einschätzen zu können.

Fragen ist deshalb so wichtig, weil jede Frage eine Aufwertung des anderen ist. Der andere fühlt sich anerkannt und ernst genommen. Fragen sollen offen, zielführend und konstruktiv sein.

Wichtige Voraussetzung für gute Kommunikation ist neben gekonnter Rhetorik und Kenntnissen über Körpersprache (Mimik, Gestik, Haltung) vor allem: gut zuhören können!

Eine weitere spezielle, täglich praktizierte und zu praktizierende Kommunikationsform ist der »small talk«. Diese sowohl im geschäftlichen als auch im privaten Bereich vorkommende »Kurzkommunikation« hat ihre eigenen Gesetzmäßigkeiten. Es dient dazu, das »Gegenüber« schneller einzuschätzen und sich auf ihn einstellen zu können (geht zurück auf die Anfänge der Menschheit).

TIPP

THEMEN FÜR SMALL TALK:

Positive Themen:

- die Umgebung, in der Ihr small talk stattfindet,
- Informationen, wie Sie zu der aktuellen Veranstaltung eingeladen wurden
- Positives über gemeinsame Bekannte

TIPP

- gesellschaftliche Ereignisse, Feste, Events
- sportliche Ereignisse
- Urlaub, Freizeit oder Hobbys des Gesprächspartners
- Essen und Trinken
- Beruf des anderen
- Wetter

Negative Themen:

- Kritik am Gesprächspartner üben
- abfällige Bemerkungen über Anwesende
- Minderheiten und Randgruppen
- lästern über andere
- Arbeitslosigkeit
- schlechte Wirtschaftslage
- negative eigene Erlebnisse und Erfahrungen
- Religion
- Politik
- Krankheiten
- Katastrophen, Skandale

Falls Sie meinen nicht genügend small-talk-Themen zu haben: www.small-talk-themen.de

Kommunikationssperren, oder drastischer formuliert: Kommunikationssünden, belasten ein Gespräch und im Extremfall töten sie das Gespräch ab.

Solche Kommunikationssünden sind:

1. Bewerten, urteilen. Pauschal- und Vorurteile vermeiden. Jedes Urteil muss begründet werden.
2. Ironische Bemerkungen. Ironie kann schnell verletzen und ein offenes Gespräch verhindern. Nur wenige Menschen können Ironie vertragen.
3. Etikettieren bzw. in eine Schublade stecken. Man sollte nicht den Hobbypsychologen spielen, der andere ständig zu deuten versucht.
4. Drohen und warnen. »Entweder-oder« Botschaften vermeiden, dies provoziert Widerstand.
5. Ungebetene Ratschläge erteilen. Ratschläge nur erteilen, wenn man ausdrücklich darum gebeten wird.
6. Belehren und korrigieren. Wer andere ständig belehrt, braucht sich nicht zu wundern, wenn sich der andere zurückzieht. Dies wirkt »oberlehrerhaft«.
7. Kritisieren. Dies fordert Opposition geradezu heraus. »Wer im Glashaus sitzt, soll nicht mit Steinen werfen.«
8. Widersprechen. Wer einen anderen Standpunkt einnimmt, sollte dies verbindlich und diplomatisch tun, nicht schroff.
9. Beschämen und lächerlich machen. Dies ist eine Herabwürdigung des Gesprächspartners. Er wird sich bei passender Gelegenheit revanchieren.
10. Befehlen. Besser ist es, überzeugende Begründungen zu liefern als zu befehlen.

Motivieren

Das neunte und letzte Feld der Führungspyramide und gleichzeitig der dritte »mittelbare« Führungsfaktor ist das »Motivieren«. Das Kapitel 4.6 behandelt das Thema Mitarbeitermotivation tiefergehend.

4.4.5 Fazit: Die Maximen des Baron Rothschild

Anstelle eines zusammenfassenden Fazits seien an den Schluss dieses Kapitels die Maximen des Barons Rothschild gesetzt, siebzehn originelle und lebensnahe Empfehlungen, die – gründlich durchdacht – alle unter die neun Felder unserer Führungspyramide subsumiert werden können. Neben den Maximen sind in Klammern (kursiv) die dazugehörenden Felder aufgeführt.

DIE MAXIMEN DES BARONS ROTHSCHILD

1. Prüfe jede Kleinigkeit eines Geschäftes mit Sorgfalt. *(Kontrolle)*
2. Sei zuverlässig in allen Dingen. *(Sozialkompetenz, Zeitmanagement)*
3. Erwäge eine Sache gründlich, entscheide sie schnell. *(Entscheidung)*
4. Ertrage deine Sorgen mit Geduld. *(Selbstmanagement: seelische Gesundheit)*
5. Sei tapfer im Alltag. *(Selbstmanagement: seelische Gesundheit, Motivation)*
6. Betrachte deine Integrität als höchste Kostbarkeit. *(Selbstmanagement: seelische Gesundheit, Sozialkompetenz)*
7. Lüge nie. *(Sozialkompetenz, Kommunikation)*
8. Unterhalte keine sinnlose Bekanntschaften. *(Beziehungspflege)*
9. Versuche nie, besser zu scheinen als du bist. *(Sozialkompetenz)*

10. Bezahle deine Schulden ohne Verzug. *(Organisation, Finanzplanung)*
11. Meide starke Schnäpse. *(Selbstmanagement: körperliche Gesundheit)*
12. Nutze deine Zeit. *(Zeitmanagement)*
13. Sei höflich zu jedermann. *(Sozialkompetenz)*
14. Sei nie ohne Hoffnung. *(Selbstmanagement: seelische Gesundheit)*
15. Trachte danach, vorwärts zu gehen. *(Planung, Zielorientiertheit)*
16. Verlasse dich nicht auf den Zufall. *(Planung, Organisation, Kontrolle)*
17. Arbeite hart, und du wirst deinen Erfolg haben. *(Organisation, Fachkompetenz)*

4.5 Personalmanagement (von Dr. Ralf Mertens)

Die Frage nach den Erfolgsfaktoren für ein profitables Geschäft im Automobilhandel wird gerade in Krisenzeiten besonders häufig diskutiert. In Zeiten einer massiven Eigenkapital- und Liquiditätskrise kristallisieren sich jedoch zwei Erfolgsfaktoren heraus: Personal und Prozesse! Gibt es Unstimmigkeiten in den Prozessen im Autohaus leiden auf Dauer Produktivität und Kundenzufriedenheit. Prozesse werden von Mitarbeitern umgesetzt – sind also von Ihrer Leistung abhängig. Hinter jeder erwirtschafteten Zahl im Unternehmen steckt ein Mensch. Je höher das Potential dieser Mitarbeiter ist und je besser dieses Potential zur Entfaltung kommt, desto profitabler arbeitet der Betrieb. Mitarbeiter dürfen heute nicht mehr länger nur als Kostenfaktor, sondern müssen vielmehr als Investitionen in das Anlagevermögen des Autohauses betrachtet werden.

Dieses Kapitel behandelt das Thema Personal im Autohaus. Neben einem Überblick über die wichtigsten Aufgaben der Personalarbeit im Autohaus setzt dieses Kapitel Schwerpunkte in den Bereichen Mitarbeiter gewinnen und Mitarbeiter binden. Außerdem werden aktuelle Themen wie Trends in der Mitarbeitervergütung, Employer Branding und demographische Entwicklung diskutiert. Auf eine Betrachtung von Personalverwaltungsaufgaben wird bewusst verzichtet.

Natürlich kann die Gesamtproblematik Personalmanagement nicht vollständig behandelt werden, jedoch hofft der Autor mit seinen Ausführungen wichtige Anregungen für eine innovative Personalarbeit im Autohaus zu geben.

4.5.1 Der Faktor Mensch im Autohaus

Die Darlegung der Ergebnisse dreier Studien soll für das Thema »Personalmanagement im Autohaus« sensibilisieren. Es handelt sich dabei um drei unabhängig voneinander erstellte Studien, die jeden Leser zum Nachdenken bringen sollten.

Gallup-Studie zur Arbeitnehmerzufriedenheit

Die Gallup GmbH erhebt seit dem Jahr 2001 jährlich Studien zum Thema Engagement und Motivation von Arbeitnehmern. Die Befragten erhalten 12 Aussagen, die sich auf ihren Arbeitsplatz und ihr Arbeitsumfeld beziehen und werden dann – basierend auf den Antworten – in die drei Gruppen eingeteilt: »keine emotionale Bindung«, »geringe emotionale Bindung« und »hohe emotionale Bindung«. Aktuell liegt die Studie »Engagement Index Deutschland 2008« vor, für die insgesamt 2.000 zufällig ausgewählte Arbeitnehmer ab dem 18. Lebensjahr per Telefon interviewt wurden. Die Ergebnisse wurden 2009 veröffentlicht und stehen repräsentativ für die Arbeitnehmerschaft in Deutschland.

Im Grad der emotionalen Bindung hat sich in den letzten Jahren kaum etwas verändert hat. Der Großteil der Arbeitnehmer fühlt sich nur in geringem Maße an den eigenen Arbeitgeber gebunden. Lediglich 13 % der Befragten identifizieren sich mit ihrem Unternehmen und weisen einen hohen Bindungsgrad auf. Die Anzahl derer, die nicht gebunden sind, stieg von 15 % zu Beginn der Untersuchungen im Jahr 2001 auf 20 % im Jahr 2008.

Ungebundenheit kann sich negativ auf das Arbeitsverhalten auswirken. Vor allem hohe Fehlzeiten, geringes Engagement und hohe Fluktuationsraten sind Folge einer nicht vorhandenen Bindung. Die hohe Fluktuationsneigung nicht gebundener

Mitarbeiter im Verhältnis zu den gebundenen Mitarbeitern ist auffällig. Immerhin 56% der Ungebundenen beabsichtigen demnach, in einem Jahr nicht mehr in ihrer derzeitigen Firma beschäftigt zu sein. Nur 25% streben eine Karriere in ihrem Unternehmen an. Eine geringe Bindung kann auch dem Image des Unternehmens schaden.

Emotionale Bindung bedeutet für Unternehmen vor allem Leistungsfähigkeit und Wettbewerbsfähigkeit, aber auch eine höhere Wahrscheinlichkeit, dass ein Mitarbeiter im Sinne seines Arbeitgebers handelt. Häufig werden direkte Vorgesetzte als Grund für Unzufriedenheit genannt. Demnach sind gebundene Mitarbeiter offenbar zufriedener mit ihrem Chef, indes 41% der ungebundenen Arbeitnehmer aufgrund ihres direkten Vorgesetzten das Unternehmen verlassen wollen und 38% ihn sofort entlassen würden.

Ein Unternehmen steht und fällt mit seinen Mitarbeitern. Sie repräsentieren ihren Arbeitgeber und sind erster Ansprechpartner für den Kunden. Sind sie unzufrieden, merkt das auch der Kunde. Fühlt er sich nicht ernst genommen oder falsch bedient, geht er möglicherweise zum Wettbewerb. Bei den Arbeitnehmern verhält es sich ähnlich. Dabei wird es vor allem den Qualifizierteren leichter fallen, einen neuen Arbeitgeber zu finden. In Zeiten des Fach- und Führungskräftemangels ist ein Unternehmen aber gerade auf Leistungsträger angewiesen. Kurzum: Für Unternehmen sind zufriedene Mitarbeiter ebenso wichtig wie zufriedene Kunden.

Towers Perrin Global Workforce Study 2007–2008

In ihrer Global Workforce Study 2007–2008 hat die Unternehmensberatung Towers Perrin in 18 Ländern weltweit 86.000 Arbeitnehmer, darunter über 3.000 in Deutschland, befragt, um Handlungsfelder und relevante Maßnahmen für die Gewinnung, Bindung und Motivation von Arbeitnehmern auf (inter)nationaler Ebene zu gewinnen. Neben den genannten Schwerpunkten waren die Wirkung der Führungskräfte und der demographische Wandel weitere Schwerpunkte dieser Studie. Die wichtigsten Ergebnisse für Deutschland lassen interessante Schlüsse auf das derzeitige Führungsverhalten zu und geben gute Hinweise auf aktuellen Handlungsbedarf. Beim Mitarbeiter-Engagement ermittelt Towers Perrin einen Wert von 17% hoch engagierter Mitarbeiter, was im europäischen Vergleich einer Position im vorderen Mittelfeld gleichkommt. Um die »Top-10-Treiber« für Mitarbeitergewinnung, Mitarbeiterbindung und Mitarbeitermotivation zu ermitteln, konnten die Befragten jeweils aus einer Liste von 75 Alternativen auswählen. Bei den Ergebnissen für die Mitarbeitergewinnung kommt Towers Perrin zu folgendem Schluss: Der Bewerber von heute sucht eine herausfordernde Tätigkeit mit Karrieremöglichkeiten, die es ihm gleichzeitig ermöglicht, eine ausgeglichene Work-Life-Balance mit Hilfe von flexiblen Arbeitszeiten und einer angemessenen Arbeitsbelastung zu haben. Für die Mitarbeiterbindung ist es den Befragten wichtig, dass der Arbeitgeber über eine gute Reputation verfügt, faire und nachvollziehbare Vergütungs- und Karriereentscheidungen trifft, ein produktives Arbeitsumfeld mit genügend Entscheidungsspielraum zur Verfügung stellt und die Überzeugung vermittelt, dass er die Zukunft erfolgreich gestalten kann. Motivieren lassen sich die Befragten am ehesten durch eine Unternehmensleitung, die zeigt, dass sie an ihren Mitarbeitern interessiert ist, durch genügend Entscheidungsfreiheit und persönliche Entwicklungsmöglichkeiten, durch eine Unternehmenskultur, die durch die Unternehmensleitung vorgelebt wird und durch eine herausfordernde Arbeit mit Einfluss auf den Unternehmenserfolg.

Studie Mitarbeiterzufriedenheit im Autohaus

In einem Forschungsprojekt der FH Stralsund 2008 wurde versucht, einen branchenspezifischen Mitarbeiter-Zufrieden-

Ergebnisübersicht: AH Mustermann GmbH & Co. KG
Mitarbeiterbefragung 2008 (Durchschnittswerte)

(< 50%)

1. Information und Kommunikation (44,6%)
2. Vergütung (47,9%)

(50%–66,25%)

3. Geschäftsleitung (57,9%)
4. Zusammenarbeit mit direkten Vorgesetzten (58,2%)
5. Unternehmen und Organisation (60,2%)
6. Kundenorientierung und Kundenzufriedenheit (62,0%)
6. Aufgaben und Arbeitsbedingungen (62,0%)
8. Qualität und Qualitätsbewusstsein (65,1%)

(66,26%–100%)

9. Unternehmensimage, Innovation und Unternehmenskultur (67,3%)
10. Zusammenarbeit mit Kollegen (67,9%)
11. Weiterbildung und Entwicklungsmöglichkeiten (68,4%)

Gesamtbetrachtung: Ø 60,13%

heitsindex zu entwickeln. Ziel der Untersuchung war es, Zusammenhänge zwischen Mitarbeiterzufriedenheit, Kundenzufriedenheit und Umsatzrendite aufzuzeigen. Die Befragungen haben in 20 Autohäusern (insgesamt 9 Marken) mit durchschnittlich 60 Mitarbeitern stattgefunden. Die Ergebnisse der 12 Frageblöcke mit insgesamt 120 Fragen wurden zur besseren Visualisierung in Form eines Ampelsystems dargestellt (Rot = sofortiger Handlungsbedarf, Gelb = mittelfristiger Handlungsbedarf, Grün = aktuell kein Handlungsbedarf). In einem Frageblock stand die Ampel immer auf Rot: Information und Kommunikation! Dieses Teilergebnis der Untersuchung deckt sich mit den Erfahrungen vieler Hersteller.

Insgesamt lassen sich folgende Schlüsse aus dem Verlauf der Studie ziehen:

- Die Arbeitsleistung bestimmt die Arbeitszufriedenheit eher als die umgekehrte Konstellation. Die Arbeitszufriedenheit wirkt sich nicht immer eindeutig auf die Effizienz im Unternehmen aus. Dieser Zusammenhang ist daher nur schwach effizienz- und somit umsatzrentabilitätsbestimmend.
- Es wurde festgestellt, dass die Auswirkung der Mitarbeiterzufriedenheit auf die Kundenzufriedenheit für Dienstleistungen empirisch nur schwach belegbar ist. Allerdings muss davon ausgegangen werden, dass eine negative Atmosphäre im Autohaus, die durch Unzufriedenheit entsteht, langfristig Kunden abschreckt. Dieser Zusammenhang muss daher als gering, aber langfristig umsatzrentabilitätswirksam eingestuft werden. Die Arbeitszufriedenheit wirkt hier unterstützend und damit positiv auf die Effizienz.
- Die starke Verbindung zwischen der Arbeitszufriedenheit und dem Commitment wird ebenfalls als gering, aber langfristig umsatzrentabilitätswirksam eingestuft, da das Commitment nicht direkten Einfluss auf die Kosten oder den Umsatz im Unternehmen hat. Die Arbeitszufriedenheit wirkt auch hier unterstützend.
- Die Folgen von motivationsbedingten Kurzzeiterkrankungen wurden hochgerechnet und als auffällig eingestuft. Diese Berechnung basiert auf den recht unterschiedlichen Durchschnittswerten. Die gesamten Folgen der Fehlzeiten als Stör- und Kostenfaktor sind daher mit einer mittelstarken Umsatzrentabilitätswirksamkeit zu berücksichtigen. Die Arbeitszufriedenheit wirkt somit als wesentliches Instrument auf die Kosten im Unternehmen.
- Der Fluktuation wurde im Laufe dieser Studie das größte Kostenpotential unter der Voraussetzung eines geringen Arbeitskräfteangebotes beigemessen.

Unter diesen Bedingungen wird ein mittelstarker, positiver Zusammenhang zwischen der Arbeitszufriedenheit und der Umsatzrentabilität im Automobilhandel als wahrscheinlich angenommen. Im Rahmen dieser Studie konnte dies allerdings noch nicht repräsentativ bewiesen werden, da für eine aussagekräftige Korrelationsanalyse eine Teilnahme weiterer Autohäuser nötig ist. Die ökonomische Notwendigkeit der Arbeitszufriedenheit muss zusammenfassend als gegeben betrachtet werden. Eine gezielte Steigerung der Arbeitszufriedenheit kann somit zur Steigerung der Umsatzrentabilität führen und ist insbesondere in der aktuellen wirtschaftlichen Situation für die Autohäuser überlebenswichtig.

4.5.2 Demographischer Wandel

»Der deutschen Wirtschaft droht der Arbeitskräftemangel.« (www.spiegel.de/wirtschaft, Juli 2009)

In den letzten Jahren gab es viele solcher und ähnlicher Überschriften in den Medien. In diesem Zusammenhang wurde dann immer das Schlagwort »demographischer Wandel« erwähnt. Unter diesem Begriff finden sich in der Internetsuche des Marktführers Google derzeit 617.000 Einträge, sogar die Bundesregierung ist mit eigenen Internetseiten vertreten. Diese Tatsache macht deutlich, von welchem Interesse und welcher Bedeutung das Thema für Deutschland geworden ist.

Situation in Deutschland und Ausblick

In Deutschland lebten am 31.08.2008 nach vorläufigen Ergebnissen des Statistischen Bundesamtes rund 82.099.000 Einwohner, das waren 119.000 beziehungsweise 0,14 % weniger als Ende 2007. Der Bevölkerungsrückgang im Jahr 2008 ist auf das Geburtendefizit von 128.980 Personen und den Wanderungsverlust von 8.286 Personen zurückzuführen. Seit der Wiedervereinigung hat es in jedem Jahr mehr Sterbefälle als Geburten gegeben. Die Bevölkerung in Deutschland nahm jedoch bis 2002 mit Ausnahme des Jahres 1998 aufgrund eines höheren Wanderungsüberschusses zu. Während die Geburtenrate in Deutschland abnimmt, steigt die Lebenserwartung dagegen beständig an.

Folgen des demographischen Wandels

In den nächsten Jahrzehnten wird die Bevölkerung in Deutschland immer kleiner und dabei gleichzeitig immer älter werden. Einige Folgen des demographischen Wandels sind jedoch bereits schon heute zu erkennen, denn die Alterung der Gesellschaft hat weit reichende Auswirkungen auf das Wirtschafts-

und Sozialsystem. Seit ein paar Jahren wird z.B. die Zahl der Schulen der verringerten Anzahl von Kindern im schulpflichtigen Alter angepasst. Wenn aus diesen Kindern Jugendliche geworden sind, wird ein Nachwuchsmangel an Auszubildenden und damit ein Fachkräftemangel spürbar werden. In einigen Regionen (neue Bundesländer) ist dies heute schon deutlich zu spüren. Der steigende Anteil der älteren Menschen führt zu einer Veränderung der Kundenwünsche, womit sich auch die Anforderungen an Produkte und Dienstleitungen und an die Gestaltung des direkten Lebensraums ändern werden. Doch mit dem Altersaufbau der Bevölkerung verändert sich nicht nur die Zusammensetzung der Kundenstruktur, sondern auch die Altersstruktur der Belegschaften in den Betrieben. Es werden weniger junge Berufsanfänger nachrücken, wodurch die Potentiale des älteren Personals an Bedeutung gewinnen werden. Unternehmen müssen in Zukunft mit einem Anstieg des Durchschnittsalters der Belegschaften rechnen und es werden weniger Nachwuchskräfte nachrücken, was zunehmend zu qualifikatorischen und regionalen Lücken im Arbeitskräfteangebot führt. Um der Bevölkerungsveränderung gerecht zu werden, müssen Betriebe umdenken und zukünftig verstärkt in die Qualifikation von teilweise schon lernentwöhnten 40- und 50-Jährigen investieren.

Personelle Reserven im Autohaus

Für Autohäuser ergeben sich aufgrund ihrer speziellen Mitarbeiterstruktur drei Zielgruppen, die zukünftig noch personelle Reserven zur Vermeidung von Personalengpässen bereitstellen können. Das sind:

- ältere Mitarbeiter (Generation 50+),
- Frauen (z. Z. noch stark unterrepräsentiert),
- Immigranten.

Zur besseren Nutzung dieser personellen Reserven im Autohaus haben allerdings noch einige Änderungen in Arbeitszeitmodellen und Arten der Beschäftigungsmöglichkeiten zu erfolgen.

CHECKLISTE: ZUKUNFTSORIENTIERTE PERSONALPOLITIK

Quick-Check zur zukunftsorientierten Personalpolitik im Autohaus	Trifft eher zu	Trifft eher nicht zu
Die Zusammensetzung der Altersgruppen im Autohaus ist bekannt und fließt in personalpolitische Entscheidungen ein.	❑	❑
Die Altersstruktur besteht zu vergleichbaren Teilen aus jungen, mittelalten und älteren Mitarbeitern.	❑	❑
Die Arbeitstätigkeiten lassen sich so gestalten, dass Mitarbeiter diese bis zum 65./67. Lebensjahr ausführen können.	❑	❑
Die Mitarbeiter haben aktive Mitgestaltungsmöglichkeiten bei ihren Arbeitsbedingungen.	❑	❑
Es gibt keine Probleme, den Bedarf an Nachwuchskräften zu rekrutieren und auszubilden.	❑	❑
Alle Mitarbeiter – auch ältere – werden systematisch weiterentwickelt und können ihre Kompetenzen permanent erweitern.	❑	❑
Der Know-how-Transfer zwischen älteren, erfahrenen Mitarbeitern und dem Nachwuchs wird gezielt gefördert.	❑	❑
Allen Mitarbeitern im Autohaus wird eine berufliche Entwicklungsperspektive geboten.	❑	❑

Handlungsbedarf ergibt sich in den Bereichen, die mit »trifft eher nicht zu« angekreuzt sind.

4.5.3 Personalarbeit im Autohaus

Die Anforderungen an das Personalmanagement im Autohaus haben sich im Laufe der Jahre immer weiter erhöht und werden bedingt durch den demographischen Wandel noch größer werden. Im Folgenden werden einige Hauptaufgaben des Personalwesens und Lösungsansätze zur Bewältigung der zukünftigen Anforderungen vorgestellt.

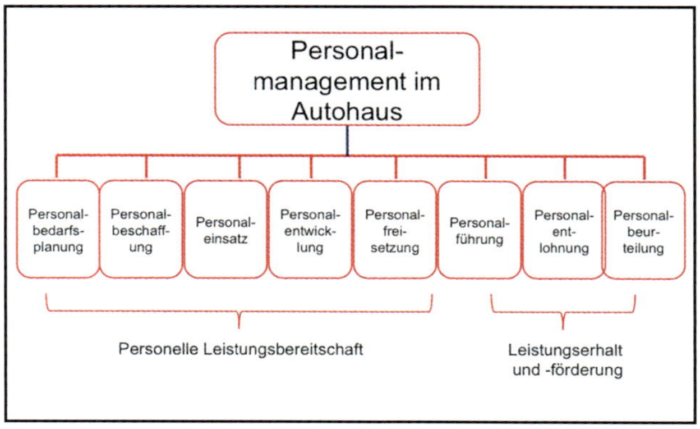

Abb. 4.5.1 Die Hauptaufgaben im Personalmanagement im Autohaus

4.5.3.1 Personalbedarfsplanung

Die Personalbedarfsplanung beschäftigt sich mit der zukunftsgerichteten Bestimmung der personellen Kapazitäten, die notwendig sind, um die betrieblichen Aufgaben im Autohaus zu erfüllen und die Unternehmensziele zu erreichen. Die Ermittlung des Personalbedarfs gehört zu den wichtigsten personalwirtschaftlichen Aufgaben eines Autohauses. Sie bildet die Grundlage der gesamten Personalplanung und die Schnittstelle zu anderen Unternehmensplanungen. Ohne die genaue Kenntnis des Personalbedarfs sind weder sinnvolle Personalbeschaffungs- und Einsatzentscheidungen noch Freisetzungen möglich.

Das Ziel der Personalbedarfsplanung ist die Bestimmung des quantitativen und qualitativen Bedarfs an Personal, welches zur Realisierung gegenwärtiger und zukünftiger Leistung des Autohauses benötigt wird. Beim Personalbedarf sind Entscheidungen über Zahl, Art, Zeitpunkt und Dauer sowie Einsatzort zu treffen. Der quantitative Personalbedarf gibt an, wie viele Mitarbeiter zur Erfüllung der Aufgaben benötigt werden. Der qualitative Personalbedarf beschreibt die Fähigkeiten und Kenntnisse, über die neue Mitarbeiter verfügen sollen und spiegelt somit die Anforderungen der zu besetzenden Stelle wider.

Die Personalbedarfsplanung setzt also eine exakte Bedarfsermittlung voraus und hängt eng mit der Unternehmensplanung, der Standortbestimmung des Autohauses am Markt und der mittelfristigen Entwicklungsstrategie zusammen. Nur auf Basis dieser strategischen Planungen ist es möglich, die erforderlichen Plandaten zu ermitteln. Geplante Vorhaben in Bezug auf Serviceleistungen, Ausschöpfung des Marktverantwortungsgebietes oder Intensivierung von Außer-Haus-Akquise wirken sich sofort im Bereich der Personalbedarfsplanung aus.

4.5.3.2 Personalbeschaffung

Die Personalbeschaffung knüpft an die Personalbedarfsplanung an und ist heute schon eine der wichtigsten personalwirtschaftlichen Funktionen mit wachsender Bedeutung. Das Ziel besteht darin, die richtige Anzahl von Mitarbeitern mit passender Qualifikation zum richtigen Zeitpunkt, für den richtigen Zeitraum am richtigen Ort zu marktgerechten und leistungsorientierten Einkommen zu gewinnen. Betrachtet man die Personalbeschaffung als Prozess, so folgt auf die Auswahl die Einarbeitungsphase der neuen Mitarbeiter. Weitere Ausführungen zum Thema Personalbeschaffung erfolgen im Kapitel »Mitarbeiter gewinnen«.

4.5.3.3 Personaleinsatzplanung

Die Personaleinsatzplanung organisiert kurz- und mittelfristig die zeitliche und kapazitätsmäßige Zuordnung der Arbeitskräfte zu den Stellen im Autohaus. Das Anforderungsprofil aus der aktuellen Stellenbeschreibung sowie das Fähigkeitsprofil aus der aktuellen Mitarbeiterbeurteilung sollten im Idealfall deckungsgleich sein. Bei Abweichungen sind frühzeitig Personalentwicklungsmaßnahmen einzuleiten. Die Einsatzplanung kommt besonders zum Tragen bei Umstrukturierungen, freien oder freigewordenen Kapazitäten oder gezielten Personalentwicklungsmaßnahmen.

Die Personaleinsatzplanung sollte sowohl Unternehmensziele als auch Mitarbeiterziele berücksichtigen. Ziele der Personaleinsatzplanung sind u. a. Prozessoptimierung, Kostensenkung und Kundenfokussierung, aber auch die Motivation der Mitarbeiter durch Berücksichtigung ihrer Qualifikation und Interessen.

Etwaige Anpassungen der Arbeitsplätze und Arbeitsbedingungen an die Mitarbeiter (oder auch umgedreht) können durchaus Gegenstand einer mittel- und langfristigen Personaleinsatzplanung sein. So können Entwicklungsmöglichkeiten geschaffen werden, die eine Über- bzw. Unterforderung vermeiden.

4.5.3.4 Personalbeurteilung

Führungsaufgabe Personalbeurteilung

Wenn Menschen sich begegnen, bilden sie sich vom gegenüber ein Urteil bzw. eine Meinung. Dieses Urteil wird nicht immer ausgesprochen, jedoch wird es sehr wohl verwendet, um andere Menschen miteinander zu vergleichen. Diese regelmäßig unterbewusst ablaufenden Beurteilungsvorgänge prägen und beeinflussen das eigene Verhalten anderen Menschen gegenüber. Im Berufsleben müssen diese privaten Beurteilungen objektiviert und professionalisiert werden, da sie auf individuellen Wertvorstellungen und Lebenserfahrungen beruhen.

Die Mitarbeiterbeurteilung ist eine zentrale Führungsaufgabe und zählt zu den Schlüsselkompetenzen einer Führungskraft. Eine turnusmäßige Beurteilung von Arbeitnehmern ist ein wichtiges und wertvolles Instrument, das bei richtiger Anwendung einen optimalen Nutzen bringt. Mit Hilfe von Informationen und Schulungen sollte den Mitarbeitern vermittelt werden, dass Mitarbeiterbeurteilungen keine Willkür des Vorgesetzten darstellen. Vielmehr sind sie Grundlage für gezielte individuelle Förderungsmaßnahmen und sollten so aufgefasst und umgesetzt werden.

Das Recht der Arbeitnehmer auf Beurteilung

Jeder Arbeitnehmer hat ein gesetzliches Recht auf Beurteilung seiner Leistung und der Erörterung seiner beruflichen Entwicklungsmöglichkeiten im Unternehmen. Dieses Recht ist im § 82 des Betriebsverfassungsgesetzes festgehalten und muss somit vom Arbeitgeber auf Verlangen befriedigt werden.

Beurteilungskriterien

Jede Leistungsbeurteilung ist ein IST-SOLL-Vergleich. Somit steht am Anfang jeder Beurteilung das Festlegen der Bezugsnorm als Beurteilungsbasis. Diese Norm, auch Normalleistung genannt, sollte etwas unter der Durchschnittsleistung liegen. Die SOLL-Basis lässt sich mit Hilfe der Stellenbeschreibungen oder des Arbeitsplatzanforderungsprofils ermitteln. Das Festlegen der geeigneten Beurteilungsmerkmale ist jedoch eines der Kernprobleme beim Erstellen eines Beurteilungssystems. Aufgrund der Beurteilungskriterien sollte ein möglichst breit gefächertes Spektrum der zu beurteilenden Leistung und des Verhaltens der Angestellten abgedeckt werden. Jedoch wäre das Ausrichten der Merkmale an einzelnen Arbeitsplätzen zu kosten- und zeitaufwendig. Somit ist das Erstellen von gruppenspezifischen Merkmalskatalogen der Mittelweg zwischen dem totalen Verzicht und einem individuellen Merkmalskatalog pro Arbeitsplatz. Diese gruppenspezifischen Merkmale sollten funktionsbezogene und allgemeine Kriterien enthalten.

Arten von Mitarbeiterbeurteilungen

Es existieren zwei Hauptarten von Mitarbeiterbeurteilungen, zum einen die Leistungsbeurteilung und zum anderen die Potentialbeurteilung. Der Unterschied zwischen beiden zeigt sich in der Orientierung an Vergangenheit, Gegenwart oder Zukunft.

Die **Leistungsbeurteilung** enthält als Ergebnis einen SOLL-IST-Vergleich. Diese Beurteilung bewertet das Leistungsverhalten der Vergangenheit. Mit Hilfe von Zielvereinbarungen ist sie dennoch zukunftsorientiert, jedoch wird der Evaluierung der Zielerfüllung wieder die Vergangenheit zu Grunde liegen. Im Gegensatz zur vergangenheitsorientierten Leistungsbeurteilung ist das Augenmerk bei der **Potentialbeurteilung** auf die Zukunftsprognose über Eignung und Befähigung zukünftiger individueller Leistung gerichtet.

Potentialbeurteilungen und Leistungsbeurteilungen schließen sich nicht gegenseitig aus und werden in der Autohauspraxis sinnvollerweise kombiniert angewendet.

Von einer Anwendung sogenannter Persönlichkeitsbeurteilungen wird abgeraten. Sie würden von jeder Führungskraft im Autohaus die Fähigkeiten eines »Minipsychologen« verlangen.

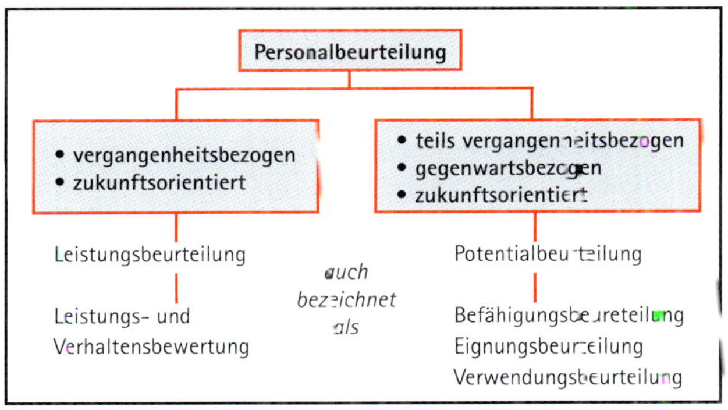

Abb. 4.5.2 Personalbeurteilungen im Überblick

Nutzen für das Autohaus

Regelmäßig systematisch durchgeführte Personalbeurteilungen sind für das Autohaus von entscheidendem Nutzen:

- Personalarbeit und Personalführung werden auf eine objektive Basis gestellt,
- Mitarbeitereinsatz und Qualifikationsniveau lassen sich optimieren,
- Grundlagen für gezielte Personalentwicklungsmaßnahmen werden gewonnen,
- anforderungsgerechte und leistungsorientierte Entlohnung erhalten eine Grundlage,
- regelmäßige Kommunikationsanlässe werden geschaffen,
- Personalentwicklungsmaßnahmen lassen sich in ihrer Wirksamkeit überprüfen,
- Motivation der Mitarbeiter und Identifikation mit dem Unternehmen werden gesteigert.

4.5.3.5 Personalentwicklung

Die raschen Veränderungen in der Arbeitswelt eines Autohauses haben dazu geführt, dass die Kenntnisse und Fertigkeiten der Mitarbeiter, die in der Berufsausbildung erworben wurden, schnell an Aktualität verlieren. Dies zwingt alle Beteiligten, Mitarbeiter und Führungskräfte dazu, sich ständig an die Entwicklungen ihres Berufsbildes anzupassen.

Im Automobilhandel gibt es kaum einen Mitarbeiter, der nicht von diesen Veränderungen betroffen ist. Zielbereiche der Personalentwicklung sind die fachliche, methodische und soziale Kompetenz, um eine möglichst optimale Handlungskompetenz eines jeden Mitarbeiters zu erlangen. Personalentwicklung ist ein Prozess, der einen Ausgangspunkt und auch ein definiertes Ziel hat. Gerade in der heutigen Zeit der Umstrukturierungen in Autohäusern gilt der alte Grundsatz: keine Organisationsentwicklungsmaßnahme ohne Personalentwicklungsmaßnahme. Umstrukturierungen bedingen somit automatisch Personalentwicklungsmaßnahmen. Ein fest definiertes Ziel für eine Personalentwicklungsmaßnahme ergibt sich häufig aus dem Vergleich von einem idealen Anforderungsprofil aus der Stellenbeschreibung mit dem tatsächlich vorhandenen Qualifikationsprofil. Dieser Abgleich wird bei neuen Bewerbern bereits in dem Auswahlverfahren vorgenommen und bei bereits vorhandenen Mitarbeitern in den regelmäßig durchgeführten Leistungsbeurteilungsgesprächen.

Zu den Hauptaufgaben der Personalentwicklung zählen unter anderem:

- Ausbildung
- Weiterbildung
- Führungskräfteentwicklung
- Organisationsentwicklung (Unternehmens-/Bereichsentwicklung)

Personalentwicklungsmaßnahmen sollten nicht als Kostenaufwand gesehen werden, sondern als Investition, denn Mitarbeiter nehmen Personalentwicklungsaktivitäten meist als »Incentives« (Bonus) war. Die Autohäuser erzielen somit neben der Qualifizierung ihrer Beschäftigten auch noch eine Motivationssteigerung.

Die Auswahl der richtigen Maßnahmen ist von entscheidender Bedeutung für den Erfolg der Personalentwicklung. Am häufigsten werden Maßnahmen der Kategorie »Training-on-the-job« und »Training-off-the-job« in den Unternehmen eingesetzt.

Grundlage für die richtige Auswahl von Personalentwicklungsmaßnahmen ist das Vorhandensein einer klar definierten Unternehmensstrategie, einer Personalbedarfsplanung und regelmäßig durchgeführten Personalbeurteilungen.

Die Personalentwicklungsplanung geschieht auf drei verschiedenen Niveaus, der strategischen, taktischen und operativen Personalentwicklungsplanung. Im Zuge der operativen Personalentwicklungsplanung (kurzfristig, 1 Jahr) sollte spätestens im September eines Jahres die Planung für alle Mitarbeiter im Autohaus für das kommende Jahr abgeschlossen sein.

4.5.3.6 Personalfreisetzung

Das Ergebnis einer professionell durchgeführten Personalbedarfsplanung kann die Feststellung einer personellen Überdeckung sein. Gründe dieser personellen Überdeckung können unternehmensinterne Ursachen (Rationalisierungseffekte durch Reorganisationsprozesse z. B. bei Fusionen) oder auch unternehmensexterne Ursachen (konjunkturbedingter Absatzrückgang im Markt) haben. Daneben können natürlich auch mitarbeiterbezogene Ursachen (bei schlechten Leistungen oder fehlerhaftem Verhalten) Gründe für Personalfreisetzungen liefern. Wenn ein personeller Überhang abgebaut werden soll, gilt es, folgende grundlegenden Entscheidungen im Autohaus zu treffen:

- Wie schnell greift eine Personalfreisetzungsmaßnahme? (Bei Kündigungen sind die Kündigungsfristen zu beachten.)
- Mit welchen Kosten sind die Maßnahmen verbunden? (Müssen Abfindungen bezahlt werden?)
- Gibt es soziale Härten? (Welchen Stellenwert hat die soziale Verantwortung des Autohauses als Arbeitgeber?)
- Wie wirken sich die Maßnahmen auf das Image und damit auf den zukünftigen Geschäftserfolg des Autohauses aus?

Personalfreisetzungsmaßnahmen sind nicht immer gleichzusetzen mit Kündigungen, wie die folgende Darstellung zeigt:

- **Maßnahmen der Produktions- und Absatzplanung**
  - Vorziehen von für einen späteren Zeitpunkt geplanten Arbeiten
  - Streichung von Aufträgen für Fremdfirmen
  - Durchführung von Aufträgen für andere Unternehmen
  - Erweiterung des Dienstleistungsangebots
- **Arbeitszeitbezogene Maßnahmen**
  - Einführung flexibler Arbeitszeitsysteme
  - Überstundenabbau
  - Schaffung von Möglichkeiten zur Teilzeitarbeit
  - Kürzung der betriebsüblichen Arbeitszeit
  - Einführung von Kurzarbeit
- **Personalmaßnahmen**
  - Einstellungsstopp
  - Auslaufen befristeter Arbeitsverträge

- Auslaufen von Personalleasingverträgen
- Vorruhestandregelungen einführen
- Altersteilzeitmodelle nutzen
- Aufhebungsverträge
- Ordentliche Kündigungen

Kündigungen
Aufgrund der schwerwiegenden Folgen, die bei eventuellen Fehlern oder Versäumnissen im Kündigungsprozess entstehen können, ist es dringend zu empfehlen, möglichst frühzeitig einen auf dem Fachgebiet Arbeitsrecht spezialisierten Rechtsanwalt zu Rate zu ziehen.

Arten der Kündigung
- Ordentliche (fristgerechte) Kündigung
- Außerordentliche (fristlose) Kündigung
- Änderungskündigung

Die **ordentliche Kündigung** wird unterschieden in
- Personenbedingte Kündigung
- Verhaltensbedingte Kündigung
- Betriebsbedingte Kündigung

Gründe für eine **außerordentliche Kündigung** können sein:
- strafbare Handlungen im Betrieb,
- Tätlichkeiten gegenüber dem Arbeitgeber oder anderen Arbeitnehmern,
- grobe Beleidigungen,
- beharrliche Arbeitsverweigerung trotz vorheriger Abmahnung,
- längerer Freiheitsentzug als Folge einer Straftat.

Bei einer **Änderungskündigung** handelt es sich um die Kündigung eines bestehenden Arbeitsverhältnisses mit dem gleichzeitigen Angebot eines neuen Arbeitsverhältnisses. Nimmt der Arbeitnehmer das Angebot nicht an, gilt automatisch die ausgesprochene Kündigung.
Jeder Personalfreisetzungsmaßnahme sollte prinzipiell eine betriebswirtschaftliche Betrachtung vorangehen. Diese Betrachtung kann dazu führen, dass selbst Kündigungen, die mit der Zahlung hoher Abfindungssummen verbunden sind, aus betriebswirtschaftlicher Sicht sinnvoll erscheinen.

4.5.3.7 Personalführung
Der Erfolg eines Autohauses ist immer im hohen Maße abhängig von der Qualität der Leistung seiner Mitarbeiter. Der gezielte Einsatz der Mitarbeiter nach ihren Fähigkeiten, Fertigkeiten und Qualifikationen verlangt von den Führungskräften eine hohe Kompetenz. Gute Mitarbeiterführung setzt bei den Mitarbeitern Potential für die Erreichung der Unternehmensziele frei.
Eine erfolgreiche Führungskraft zeichnet sich dadurch aus, dass sie sich stets und konsequent darum bemüht, ihre Mitarbeiter zu befähigen, ihre Arbeit eigenverantwortlich zu organisieren und eigenständig an den Standards auszurichten.

Führen durch Zielvereinbarung
Die erfolgreichen Autohäuser von heute nutzen deshalb auch ein besonders effektives Führungsinstrument, welches sowohl für die Starken als auch für die Schwachen besonders gut geeignet ist: die Zielvereinbarung.
Mit den Mitarbeitern werden klare, eindeutige Ziele vereinbart und innerhalb einer vereinbarten Frist gemeinsam auf ihre Zielerreichung hin überprüft. Durch die Zielvereinbarung über ein in der Zukunft liegendes Ereignis bzw. einen zu erreichenden Zustand werden die Mitarbeiter dazu angehalten, ihr Verhalten an der geplanten Entwicklung des Autohauses auszurichten.
Wer als Unternehmer oder als Mitarbeiter sein Ziel kennt, kann seine Energie gezielt einsetzen und arbeitet motivierter. Durch die gemeinsame Vereinbarung von Zielen wird der Mitarbeiter gefordert, sich mit seinen Ideen, mit seiner Kreativität und seiner Tatkraft einzubringen. Ein gemeinsam vereinbartes Ziel bringt eine größere Verpflichtung, das Ziel nach Möglichkeit auch zu erreichen.

Top-down Prinzip
Im Idealfall sollten Zielvereinbarungen das gesamte Autohaus umfassen, und zwar nach dem Top-down-Prinzip. Auf der Ebene der Geschäftsleitung werden eine Mission und eine Vision für die Zukunft des Autohauses entwickelt. Auf Basis von Mission und Vision wird eine Strategie zur Erreichung der definierten Ziele entwickelt. Daraus wiederum werden konkrete Unternehmensziele für die kommenden Jahre entwickelt. In einem Meeting mit dem Verkaufsleiter, dem Serviceleiter und eventuell weiteren Abteilungsleitern werden aus den Unternehmenszielen die Jahresziele für die einzelnen Abteilungen des Autohauses abgeleitet. In Besprechungen mit den einzelnen Mitarbeitern in Verkauf, Service und Administration werden schließlich ganz konkrete und individuelle Ziele für den jeweiligen Mitarbeiter verabredet. Auf diese Weise weiß jeder im Autohaus exakt, wie er zum Unternehmenserfolg beitragen kann. Der Prozess der Zielvereinbarung fördert somit auch die konstruktive Kommunikation im Autohaus.

Zielvereinbarung ist ein Prozess

Führung durch Zielvereinbarung als Führungssystem im Autohaus einzuführen, funktioniert nicht von heute auf morgen, da es sich hierbei um einen Prozess handelt, der von allen Beteiligten geübt und ständig verbessert werden muss. Dies führt auch zu einer Verbesserung von Unternehmensprozessen und zu einer Optimierung aller Unternehmensabläufe. So passt das Führungssystem »Zielvereinbarung« hervorragend zum Qualitätsmanagement. Zielvereinbarungsgespräche dienen immer auch der ständigen Verbesserung. Durch das mit der Zielvereinbarung verbundene Feedback erhalten die Mitarbeiter verhaltensnah und kontinuierlich Rückmeldung über ihre Leistungen.

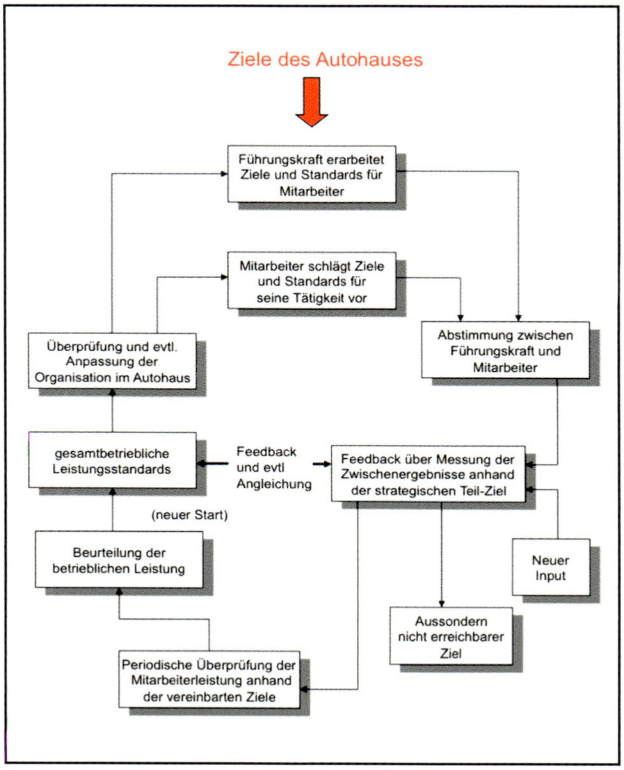

Abb. 4.5.3 Zielvereinbarungen im Autohaus

4.5.3.8 Personalentlohnung

Voraussetzung für die derzeitigen, in ihrer ganzheitlichen Auswirkung noch unterschätzten Veränderungen im Autohaus sind Mitarbeiter, die bereit und in der Lage sind, sich diesen neuen Herausforderungen zu stellen. Deshalb ist es erforderlich, heute die Voraussetzungen im Autohaus zu schaffen, unternehmerisch denkende und handelnde Mitarbeiter zu gewinnen, zu fördern und im Autohaus zu halten. Dazu ist eine wettbewerbsfähige Entlohnung, die den neuen Aufgaben und der höheren Leistung der einzelnen Mitarbeiter entspricht, unerlässlich.

Anforderung an Entlohnungssysteme

Die eingesetzten Entlohnungssysteme müssen daher leistungs- und qualitätsfördernd wirken und dabei aber für die Führenden wie für die Ausführenden transparent sein. Ein modernes Vergütungssystem sollte sich durch eine anforderungs-, leistungs-, erfolgs- und marktgerechte Vergütung der Mitarbeiter auszeichnen.

Leistungswillige Mitarbeiter fühlten sich bislang häufig durch traditionelle, historisch gewachsene Tarif- und Entlohnungsstrukturen um ihre Einsatz- und Leistungsbereitschaft betrogen. Der Mitarbeiter möchte, dass sich die Entlohnung an seinem Engagement orientiert. Wenn ein Mitarbeiter nicht erwarten kann, aufgrund seiner überdurchschnittlichen Leistung auch eine höhere Vergütung oder eine angemessene sonstige Anerkennung zu erhalten, wird er sich über kurz oder lang am Mittelmaß orientieren und nur noch durchschnittliche Leistungen erbringen. Die Entlohnung soll den Bedürfnissen und den Erwartungen der Beschäftigten entsprechen, um somit Motivation und Anerkennung zu sein, die wiederum das Verhalten der Mitarbeiter positiv beeinflussen. Durch die Vergütung soll das individuelle Leistungspotential und die Kreativität der einzelnen Mitarbeiter aktiviert und ausgebaut werden. Die Vergütungspolitik stellt somit ein wesentliches Instrument zur Förderung des Erfolgsfaktors »Personal« dar.

Die Mitarbeiterentlohnung umfasst alle finanziellen Leistungen eines Unternehmens an seine Arbeitnehmer als Gegenleistung für die erbrachte Arbeitsleistung in Form von geldlichen oder geldwerten Mitteln. Durch Incentives, die als geldwerte Leistungen gewährt werden, wird die Anreizfunktion spürbar verstärkt. Dennoch werden die Möglichkeiten, die sich durch die Nutzung von Incentives ergeben, bislang nur wenig genutzt. Unabhängig davon, ob es sich um einen tarifgebundenen Betrieb handelt oder nicht, sollten diese unterschiedlichen Vergütungssysteme in Vertrieb und Service sorgfältig aufeinander abgestimmt sein.

Entlohnung als Steuerungsinstrument

In innovativ geführten Autohäusern wird die Entlohnung zunehmend als Steuerungsinstrument genutzt. Neben den leistungsabhängigen Vergütungsanteilen wie Provision für verkaufte Neuwagen oder die Leistungszulagen, abhängig von der Anzahl der Durchgänge in der Werkstatt, finden sich in modernen Vergütungsmodellen Kundenorientierung, Kundenbindung, Kundenzufriedenheit, Arbeitsqualität und Reklamationsquote als neue Komponenten der Vergütung.

In einer Zeit, in der Hersteller und Importeure bei der Margengestaltung für ihre Händler immer mehr qualitätsbezogene statt ausschließlich quantitätsbezogener Faktoren integrieren, macht es Sinn, die Mitarbeiter an diesem System auch direkt zu beteiligen und an den zugrundeliegenden Faktoren zu messen.

Ein modernes Vergütungssystem enthält somit nicht nur **individuelle leistungsorientierte Komponenten**, sondern auch **erfolgsorientierte Komponenten**, denen als Bemessungsgrundlage der **unternehmerische Erfolg** zugrunde liegt. Durch diese Kombination leistungs- und erfolgsorientierter Komponenten wird dem Aspekt **marktorientierter Unternehmensführung** entscheidend Rechnung getragen.

Aus der Sicht des Autohauses dient das Vergütungssystem als Motivationsfaktor und beteiligt die Mitarbeiter gewissermaßen am Unternehmenserfolg. Leistungsorientierung steht dabei im Vordergrund: Der Mitarbeiter, der viel zum Unternehmenserfolg beiträgt, erhält dafür auch eine angemessene Entlohnung. Das Vergütungssystem hat sich an den Bedürfnissen, Zielen und Möglichkeiten des Unternehmens zu orientieren und sollte eine flexible Handhabung erlauben. Die Erfahrung zeigt, dass Vergütungsmodelle, die keine einfache Handhabung und Erfassung in der Praxis ermöglichen, auch nicht umgesetzt werden.

Je nach Vorerfahrung, sozialer Stellung und Sicherheitsbedürfnissen haben die Mitarbeiter ganz unterschiedliche Erwartungen an ein Entlohnungssystem. Diese Erwartungen sind bei einer Neugestaltung mit zu berücksichtigen.

Bei der Betrachtung der bestehenden und der Entwicklung neuer Entlohnungsmodelle sind die tariflichen und gesetzlichen Regelungen zu berücksichtigen. Insoweit Tarifbindung besteht, hat die Vergütungsregelung mindestens den tariflichen Vereinbarungen zu entsprechen. Dies beschränkt Veränderungen im Entlohnungssystem in der Praxis auf zusätzliche Vergütungsanteile, Prämien und Provisionen.

TRENDS IN DER ENTLOHNUNG

Der Vergütungsspiegel 2007 und der Vergütungsreport 2009 zeigen interessante Trends:

- Der Anteil der außertariflich organisierten Betriebe steigt stetig.
- Die tarifgebundenen Betriebe sind in der Regel größer als die außertariflich organisierten Betriebe.
- Das durchschnittliche Monatsbruttogehalt (ohne Firmenfahrzeug, über alle Positionen hinweg) unterscheidet sich nur um 4% im Vergleich tarifgebundener vs. außertariflich organisierter Betriebe. (2009)
- Der frühere Vorsprung der deutschen Premiumhersteller bei den Durchschnittsgehältern besteht nicht mehr.
- Der Anteil der Personalkosten an den betriebsbedingten Kosten im Autohaus sinkt kontinuierlich.
- Der Vergleich der durchschnittlichen Bruttomonatsgehälter (ohne Firmenfahrzeug, über alle Positionen hinweg) zeigt noch erhebliche Unterschiede zwischen Ost- und Westbetrieben.
- »Variable Vergütung (Leistung)« und »Provisionen für Finanzdienstleistungen« scheinen feste Vergütungsbestandteile sukzessive zu ersetzen.
- Im Verkauf ist eine Abkehr von der reinen Bruttoertragsprovision zu erkennen.

4.5.4 Mitarbeiter gewinnen und binden

Mitarbeiter gewinnen

Investitionen in Mitarbeiter sind in der Regel gute Investitionen, die sich in ihrer Wirtschaftlichkeit meist schnell überprüfen lassen. Kennzahlen wie verkaufte Stückzahlen, Deckungsbeiträge, Werkstattdurchgänge, Produktivität, Leistungsgrad oder Effektivität machen die einzelnen Bereiche im Autohaus recht transparent. Dies kann allerdings nur so lange funktionieren, wie das Autohaus über die hierfür notwendigen personellen Ressourcen in qualitativer und quantitativer Hinsicht verfügt. Um dies sicherzustellen, sind zunächst einmal zwei Probleme zu lösen: Erstens, wo finde ich überhaupt passende Mitarbeiter für mein Autohaus und, zweitens, mit welchen Auswahlinstrumenten kann ich die Geeignetsten herausfiltern?

Einflussfaktoren auf eine erfolgreiche Suche

Die Problematik einer erfolgreichen Suche ist vielschichtig und regional unterschiedlich. Geht man einmal von einem Autohaus mit einem Stamm von 50 Mitarbeitern und einer durchschnittlichen Organisationszugehörigkeit von 10 Jahren aus, so sind pro Jahr 5 Arbeitsplätze zu besetzen. Das heißt, es gibt fünf Möglichkeiten einer Fehlentscheidung, die enorme Folgekosten, teilweise bis zum Mehrfachen des Jahresgehalts, nach sich ziehen können.

Trotz immer noch anhaltend hoher Arbeitslosigkeit haben immer mehr Autohäuser Schwierigkeiten, geeignete Mitarbeiter zu finden. Dieser Trend wird sich zukünftig noch verstärken (s. Kap. 4.5.2). Für die Zukunft des Automobilhandels heißt dies: Vorausschauende Personalbedarfsplanung und zukunftsorientierte Personalentwicklungsplanung betreiben. Auch heute schon sind die Personalsuch- und Anwerbungsbemühungen von recht unterschiedlichem Erfolg gekrönt. Dies hängt zum einen von den unterschiedlichen regionalen Arbeitsmärkten ab, die sich durch ein recht unterschiedliches Angebot an Fach- und Führungskräften auszeichnen. Von daher sind auch im Automobilhandel zunehmend Wanderungsbewegungen von Ost nach West und von Nord nach Süd zu beobachten. Zum anderen spielt bei den Such- und Auswahlbemühungen der Imagewert von Marke, Autohaus und Beruf eine große Rolle. Die unterschiedlichen Imagewerte einer Marke spiegeln sich in den Bemühungen, passende Bewerber anzusprechen, eindeutig wieder. Jedoch zeigen positive Beispiele von Autohäusern, die eine Marke mit einem niedrigeren Imagewert vertreten, dass sie aufgrund ihres positiven Images als Arbeitgeber durchaus weniger Schwierigkeiten bei der Personalsuche haben. Generell lässt sich festhalten, dass der Imagewert des Autohauses als Arbeitgeber aus Personalmarketingsicht noch häufig unterschätzt wird. Der Imagewert des Berufs selbst spielt gerade in der heutigen Zeit eine große Rolle. Die Imagefrage eines Berufes kann allerdings nicht auf Autohausebene gelöst werden.

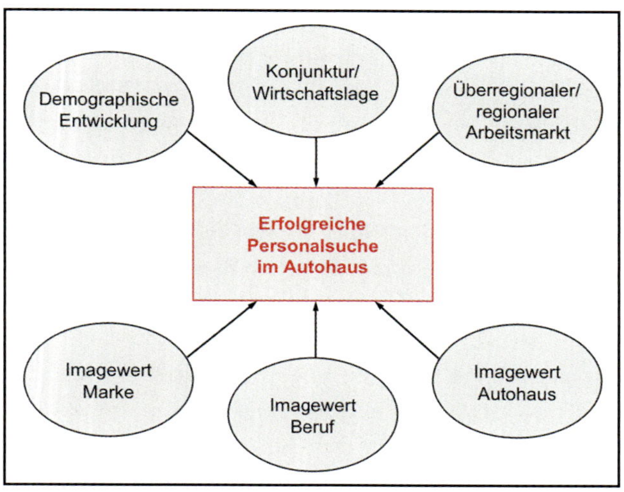

Abb. 4.5.4 Einflussfaktoren auf das Personalrekruiting im Autohaus

Personalmarketing im Autohaus

Aufgrund der schwierigen Arbeitsmarktsituation und der demographischen Entwicklung wird ein professionelles Personalmarketing zukünftig immer wichtiger. Personalmarketing im Autohaus hat zwei Hauptaufgaben:

- **Externes Personalmarketing** soll die relevanten Zielgruppen dazu bewegen, dem Autohaus bei der Arbeitsplatzwahl gegenüber anderen Unternehmen/Autohäusern eine Präferenz einzuräumen.
- **Internes Personalmarketing** soll dagegen die vorhandenen Mitarbeiter an das Autohaus binden.

Zwischen dem externen und internen Personalmarketing existieren starke Abhängigkeiten. Beide Formen des Personalmarketings müssen demnach immer im Gesamtzusammenhang gesehen werden.

Personalbeschaffung im Autohaus

Die Klagen über Schwierigkeiten bei der Personalbeschaffung im Autohaus resultieren neben den tatsächlich vorhandenen Problemen am Arbeitsmarkt größtenteils aus mangelnder Ausschöpfung bereits vorhandener Möglichkeiten. Fest steht, früher erfolgreiche Wege der Personalbeschaffung müssen heute nicht mehr erfolgreich sein, schon gar nicht in der Zukunft. Hier zeigen kreative Lösungen in Autohäusern, wie man zielorientiert Beschaffungsengpässe vermeiden kann. Beispiel Werkstatt: Vermehrter Einsatz von Praktikanten, aus denen dann Auszubildende rekrutiert werden können.
Wichtigste Voraussetzung der Personalbeschaffung ist eine Analyse der relevanten Arbeitsmärkte. Dabei lässt sich der Arbeitsmarkt in einen innerbetrieblichen und einen außerbetrieblichen Arbeitsmarkt unterscheiden. Folglich existiert auch eine **interne und externe Personalbeschaffung.**

Interner Arbeitsmarkt

- Systematische Personalentwicklung
  Eine **systematische Personalentwicklung** ist nach wie vor die beste Art, Personalengpässe zu vermeiden. Im Autohaus bedeutet dies, alle Maßnahmen zur Erhaltung und Verbesserung der Qualifikation aller Mitarbeiter zu treffen, damit sie ihre jetzigen und auch zukünftigen Aufgaben anforderungsgerecht lösen können. Dazu gehört auch eine systematische Laufbahnplanung für die Mitarbeiter, um zukünftigen Personalengpässen, z.B. durch Pensionierungen, frühzeitig vorbeugen zu können.
- Innerbetriebliche Stellenausschreibung
  Die **innerbetriebliche Stellenausschreibung** ist ein geeignetes Instrument, um offene Stellen direkt mit bereits vorhandenen Mitarbeitern zu besetzen. Sie bietet im Gegensatz zu externen Bewerbern u. a. den Vorteil, dass bereits Informationen über Leistungsfähigkeit und Potential der Mitarbeiter vorhanden sind. Sie birgt aber auch die Gefahr in sich, dass abgelehnte Kollegen enttäuscht sind und dies zu Spannungen führen kann.
- Mitarbeiter aus Filialbetrieben
  In Autohäusern mit mehreren Filialbetrieben besteht die Möglichkeit, im Sinne einer systematischen Laufbahnpla-

nung **Mitarbeiter von einer Filiale** zu einer anderen zu versetzen. Dies ergibt dann zwar wieder einen Personalbedarf, aber generell gilt, dass Positionen auf einer niedrigeren Hierarchiestufe meist leichter zu besetzen sind, als solche einer höheren Hierarchiestufe.

- Überstunden
  Überstunden im Rahmen der gesetzlichen und tariflichen Bestimmungen sind ein probates Mittel, um kurzfristig Personalengpässe, z.B. in der Werkstatt, zu überbrücken.
- Arbeitszeitverlängerung
  Eine mögliche **Arbeitszeitverlängerung**, natürlich auch im Rahmen der gesetzlichen und tariflichen Bestimmungen, um beispielsweise 5% ergibt rein rechnerisch die Mehrleistung von 5% zusätzlichem Personal – vorausgesetzt die Produktivität und der Leistungsgrad bleiben gleich.
- Urlaubsverschiebungen
  Urlaubsverschiebungen können kurzfristig dazu beitragen, Personalengpässe zu überbrücken.
- Mitarbeiterqualifikation
  Eine regelmäßige **Mitarbeiterqualifikation** trägt dazu bei, die Produktivität der Mitarbeiter zu erhöhen.

Externer Arbeitsmarkt

- Insertion
  Insertionen in Presseveröffentlichungen sind nach wie vor die am häufigsten genutzte Art der Personalsuche im Autohausbereich. Hier ist insbesondere auf die Auswahl eines zielgruppenspezifischen Mediums zu achten. Werkstattmitarbeiter lesen kaum die **überregionale Presse**, während Führungskräfte sich meist in **Fachzeitschriften** (z.B. AUTOHAUS Stellenmarkt) orientieren. Jede Personalsuchanzeige ist auch gleichzeitig eine autohausspezifische Imageanzeige!
- Internet
  Die Personalsuche per Online-Medien gewinnt zunehmend an Bedeutung. Eine Stellenausschreibung auf der **eigenen Homepage** ist daher für einige Autohäuser schon Normalität. Auch bieten wenige Hersteller bereits Stellenausschreibungsmöglichkeiten für den Handel auf ihrer eigenen **Herstellerhomepage** an. Nicht zuletzt gibt es die überregionalen, teilweise branchenspezifischen **Jobbörsen**, die immer höhere Zugriffszahlen verzeichnen.
- Radio/TV
  Einige **lokale Radio- und Fernsehsender** bieten eigene Jobbörsen an. Diese sind zum Teil im Rahmen von Arbeitsplatzinitiativen sogar kostenfrei. In Verbindung mit einem eigenen Werbespot kosten sie natürlich Geld, sind aber darüber hinaus noch sehr werbewirksam.
- Externe Dienstleistungen
  Die **Agentur für Arbeit** wird in ihrer Wirksamkeit häufig unterschätzt. Sie ist in der Lage, regional, überregional und mit Online-Unterstützung zu suchen. Voraussetzung hierfür ist allerdings, wie bei allen anderen Personalsuchaktivitäten, eine aktuelle Stellenbeschreibung. **Personalberater** mit Headhunterqualifikation werden für die Suche von Top-Führungskräften eingeschaltet und mittlerweile auch für die Suche von Kundenkontaktpersonal (z.B. Verkäufer). Diese Dienstleistung ist teuer, wird aber in manchen Herstellerprogrammen subventioniert. **Personalvermittler** sind meist branchen- oder tätigkeitsorientiert und vermitteln Fachkräfte in ausgesuchten Bereichen zu Festpreisen. Die Möglichkeit eines **Personalleasings** bietet sich im Autohaus häufig nur zur Abdeckung eines temporären Personalbedarfs im administrativen Bereich an.
- Sonstige Möglichkeiten
  Betriebsberater haben meist einen guten Überblick über wechselwillige Mitarbeiter anderer Autohäuser oder bekommen sogar Anfragen von nicht der Organisation zugehörigen Arbeitskräften. Sie sollten daher frühzeitig eingeschaltet werden. **Empfehlungen der Mitarbeiter** im Autohaus sind in Amerika ein weit verbreitetes Mittel der Personalsuche. Hier ist allerdings Vorsicht angebracht vor »Cliquenwirtschaft«. Gute **Kontakte zu Schulen und (Fach-)Hochschulen** gehören zu einer vorausschauenden Personalbedarfsplanung. Hier können durch die Vergabe von Praktikumsplätzen und Fach-/Diplomarbeiten frühzeitig gute Kontakte zu potentiellen Mitarbeitern geknüpft werden. Auch ein einfacher Aushang am »schwarzen Brett« kann schon zur erfolgreichen Personalbeschaffung führen. Hersteller haben es schon lange erkannt: **Messen** bieten eine ausgezeichnete Rekrutierungsmöglichkeit. Früher war es in anderen Branchen üblich: Vor dem Unternehmen wurden offene Stellen ausgehängt. Warum also nicht vakante Stellen im **Autohaus** offiziell in einem **Aushang** bekannt geben? Nicht zuletzt hat jedes Autohaus mit seinem **Kundenkreis** einen mehr oder weniger großen Bewerberpool, der angesprochen werden kann. Die immer größer werdende Anzahl an Finanzierungs- und Leasinggeschäften gibt nebenbei noch einen guten Einblick in die bisherige Tätigkeit und die finanziellen Verhältnisse. Nicht zuletzt führen große Autohäuser **Bewerber-/Interessentendateien** von potentiell guten Bewerbern, auf die zurückgegriffen werden kann. Daten dürfen allerdings nur mit Einwilligung der Betroffenen gespeichert werden.

Die aufgeführten Beispiele zeigen, dass Autohäuser über eine Reihe von Möglichkeiten der Personalsuche verfügen. Fest steht, dass es in Zukunft immer mehr auf Image, Planung und Kreativität ankommt. Bleibt abzuwarten, wann es beispielsweise einen ersten herstellergestützten Fernsehspot zur Suche von Autohausmitarbeitern gibt. Regionale Radiospots sind zumindest schon fast »Tagesgeschäft«.

Mitarbeiter binden

Sind Mitarbeiter mit ihrer Arbeit, ihrem Arbeitsumfeld und/oder ihrem Arbeitgeber unzufrieden, erhöht sich das Risiko der Fluktuation. Vor allem in Anbetracht des vorherrschenden Fach- und Führungskräftemangels und der demografischen Entwicklung stellt dies für Automobilhandelsbetriebe eine besondere Herausforderung dar. Verlassen Mitarbeiter das Unternehmen, so bedeutet dies einen hohen betrieblichen Kostenaufwand. Dieser steigt zusätzlich, je höher die Qualifikation bzw. die Einkommensklasse des einzelnen Mitarbeiters ist.
Im Folgenden werden die durch Fluktuation, Neubesetzung der Stelle und Wiedereingliederung entstehenden Kosten kurz dargestellt (Dem Thema Mitarbeitermotivation ist das ausführliche Kapitel 4.6 gewidmet).

Einsparpotentiale durch Mitarbeiterbindungsmaßnahmen
Wiederbeschaffungskosten

Verlässt ein (guter) Mitarbeiter das Autohaus, verursacht dies in vielerlei Hinsicht Kosten. Zunächst bedeutet das Wegfallen einer Arbeitskraft, dass eine Stelle auf unbestimmte Zeit unbesetzt ist. Vor allem in Führungspositionen kann dies mehrere Monate dauern.
Insbesondere im Automobilhandel kann der Verlust eines Mitarbeiters gleichzeitig den Verlust seiner Stammkunden und somit von Umsätzen und Erträgen bedeuten. Hinzu kommen die Kosten, die für die Neubesetzung der Stelle anfallen, z. B. für das Anwerben und die Auswahl geeigneter Kandidaten. Zunehmend werden bei Neueinstellung von Fach- und Führungskräften auch weitere Kosten, wie z. B. Umzugskosten übernommen. Die Einrichtung eines neuen Arbeitsplatzes bzw. seine Umgestaltung kosten ebenso zusätzliche Investitionen wie die Einarbeitungsmaßnahmen selbst. Für eine entsprechende Aus- und Weiterbildung, ebenso wie für mögliche Fehler während der Einarbeitungsphase sowie eine geringere Produktivität, entstehen wiederum Kosten. Die folgende Abbildung stellt die durch Wiederbeschaffung entstehenden Kosten im Überblick dar.

Wiederbeschaffungskosten

KOSTENPOSITION	BESTANDTEILE
Kosten der unbesetzten Stelle	Kosten z. B. für Produktivitätsausfälle durch fehlende Markt- und Kundenbetreuung in Verkauf und Service
Anwerbungskosten	Kosten für Anzeigen, Anwerbeprämien, Personalberater, Personalwerbeveranstaltungen, Messen, etc.
Auswahlkosten	Kosten der Auswahl- und Einstellungsgespräche (Betriebsleitung, Personalbüro, Fachvorgesetzte, Betriebsrat, Personalberater/Psychologen etc.), Profiling, Assessment-Center, Einstellungsuntersuchung, Spesen/Fahrtkosten der Bewerber, Kommunikationskosten etc.
Einstellungskosten	Stammdatenerhebung, Umzugskosten, Einrichtung des Arbeitsplatzes, u.U. Bereitstellung eines Dienstwagens
Aus- und Fortbildungskosten	Kosten für interne oder externe Ausbildungen/Seminare/Fortbildungen
Einarbeitungskosten	Höhere Informations-/Kontrollkosten für Vorgesetzte, Kolleginnen und Kollegen, Kosten für »Training on the Job«
Minderleistungen bei Einarbeitung	Kosten aufgrund geringer Produktivität und höherer Fehlerquote, erhöhter Unfallgefahr, Kosten für fehlendes Know-how, verlorene Geschäftskontakte (Umsätze und Erträge)

Diese aufgeführten Kosten fallen in Abhängigkeit von Tätigkeit, Einkommensklasse bzw. der Qualifikation an. So verursacht die Frühfluktuation (innerhalb des ersten Jahres) eines neuen Verkäufers Kosten in Höhe von mindestens 50.000,- Euro für den Handel.

Mitarbeiterbindungsfaktoren

Verschiedene Faktoren beeinflussen die Mitarbeiterbindung postiv:

Attraktivität des Unternehmens

Mitarbeiter, die Stolz auf »ihr« Autohaus sind, neigen weniger dazu, dieses zu verlassen und schaffen zusätzlich ein positives Image des Arbeitgebers in der Öffentlichkeit. In Zeiten, in denen qualifizierte Arbeitskräfte knapper werden, kann dies ein entscheidendes Kriterium dafür sein, ob sich ein Mitarbeiter für oder gegen ein Unternehmen entscheidet. Ein weiterer Vorteil für das Autohaus ist, dass motivierte und zufriedene Mitarbeiter wesentlich produktiver sind. Denn sie haben den Ehrgeiz, ihr Können unter Beweis zu stellen und sowohl sich als auch ihr Unternehmen voranzubringen.

Unternehmenskultur

Um Mitarbeiter erfolgreich an das Autohaus zu binden, steht die Entwicklung einer Unternehmenskultur im Vordergrund, die sich auch auf immaterielle Aspekte wie Kreativität, Vertrauen, Ehrlichkeit, Leistungsbereitschaft und Flexibilität bezieht. Durch sie wird es Mitarbeitern ermöglicht, sich zu orientieren und durch gemeinsame ethische Werte Richtlinien zu setzen, die das Arbeits- und Sozialverhalten bestimmen. Sie vermitteln ein »Wir-Gefühl«, welches Geborgenheit und Sicherheit erzeugt. Führungskräfte, denen es gelingt ihren Mitarbeitern Wertschätzung, Respekt und Achtung entgegenzubringen, können so eine Vertrauensbasis aufbauen, die Ängste und Ungewissheiten zu reduzieren vermag.

Betriebsklima

Das Betriebsklima spiegelt die vorherrschende Stimmung in einem Autohaus wider, wird von jedem einzelnen Mitarbeiter sowohl im positiven als auch im negativen Sinn beeinflusst und trägt zur Motivation und zum Leistungsvermögen eines jeden bei. Vor allem soziale Beziehungen spielen im Arbeitsumfeld eine besondere Rolle. Sie äußern sich in der Einstellung und dem Verhalten des Einzelnen und in der Art der Zusammenarbeit. Dabei kommt es sowohl auf die Beziehungen zwischen Mitarbeitern und Vorgesetzten als auch zwischen den Mitarbeitern selbst an. Als Basis eines guten Betriebsklimas steht das Vertrauen. Dieses wird geschaffen durch eine gerechte Verteilung der Ressourcen und eine klare Definition der zu erreichenden Ziele. Weitere wichtige Aspekte sind die interne Kommunikation und der Austausch von Informationen.

Damit Arbeitnehmer volle Leistungen erbringen können, muss ihnen die Gelegenheit gegeben werden, sich mit persönlichen Ideen in den Leistungsprozess einzubringen, hinterfragen zu können und Anregungen geben zu dürfen. Eine gute Mitarbeiterkommunikation dient als wichtiger Leistungsfaktor, wenn es um die Vermarktung von Produkten und Dienstleistungen und letztlich um den wirtschaftlichen Erfolg eines Autohauses geht.

Ein negatives Betriebsklima beeinträchtigt die Produktivität, führt zu Unruhe in den sozialen Beziehungen, zu innerer Kündigung oder sogar zu Fluktuation.

4.5.5 Herausforderung Employer Branding

Das Employer Branding (dt. Arbeitgebermarkenbildung) wird für Autohäuser gerade in Zeiten eines zunehmenden Fach- und Führungskräftemangels immer wichtiger. Es geht dabei darum, sich mit Hilfe von Marketingkonzepten in seinem (über)regionalen Umfeld als attraktiver Arbeitgeber darzustellen und sich im Kampf um die besten Bewerber von seinem Wettbewerberumfeld positiv abzuheben.

Ziel ist es, durch eine starke Employer Brand die Personalrekrutierung effizient zu gestalten, die Bewerberqualität sicherzustellen und diese möglicherweise noch zu optimieren. Vor allem in Zeiten des Fach- und Führungskräftemangels gewinnt das Employer Branding damit an Bedeutung.

Bewerber erhalten durch eine öffentlich kommunizierte Arbeitgebermarke Aufschluss darüber, wofür das Unternehmen steht und was es gegenüber anderen Arbeitgebern einzigartig macht. Somit gelingt es, vor allem diejenigen anzulocken, die sich mit dem Unternehmen identifizieren. Wird diese nach außen dargestellte Marke auch im täglichen Arbeitsumfeld gelebt, werden damit außerdem eine dauerhafte Bindung von Know-how-Trägern und eine geringere Fluktuationsrate erreicht.

So gibt es auch heute schon Autohäuser, deren Image als Arbeitgeber im Umfeld so positiv wahrgenommen wird, dass sie regelmäßig genügend Initiativbewerbungen von potentiell guten Bewerbern bekommen. Diese Autohäuser betreiben zum Teil einen recht großen Aufwand, um ihren Bekanntheitsgrad als Arbeitgeber und dem damit zusammenhängenden Arbeitsumfeld in der Öffentlichkeit bekannt zu machen. Das zugrundeliegende Motto lautet: »Tue Gutes und rede drüber!« Im Gegenzug zu ihren Bemühungen haben sie mit entscheidend weniger Personalproblemen zu kämpfen als Wettbewerber, deren Image als Arbeitgeber nicht so positiv in der Öffentlichkeit wahrgenommen wird.

Die folgende Tabelle fasst die Vorteile und Auswirkungen eines aktiven Employer Brandings zusammen:

Positive Effekte eines Employer Brandings

Mitarbeitergewinnung	• Erhöhung der Attraktivität des Autohauses als Arbeitgeber • Verbesserung der Bewerberpassung • Reduzierung des Bewerberbeschaffungsaufwandes und der damit verbundenen Kosten
Mitarbeiterbindung	• Verbesserung der Mitarbeiterzufriedenheit • Stärkung der Identifikation mit dem Autohaus • Bessere Bindung von Know-how-Trägern • Erhöhung des »Return on Development« • Senkung der Fluktuation und den damit verbundenen Kosten
Unternehmenskultur	• Kommunikation und Erlebbarkeit von Unternehmenswerten • Verbesserung des Arbeitsklimas • Senkung des Krankheitsstandes • Stärkung des »Wir-Gefühls« • Verbesserung der internen Kommunikation
Leistung und Ergebnis	• Steigerung der Qualität der Arbeitsergebnisse • Verbesserung der Leistungsmotivation • Erhöhung der Mitarbeiterloyalität • Erhöhung der Identifikation mit den Zielen des Autohauses • Stärkung der Eigenverantwortung • Senkung des Führungsaufwandes

4.5.6 Fazit zum Personalmanagement

Will man die Hauptaufgaben für ein zukunftsorientiertes Personalmanagement im Autohaus in Form einer graphischen Darstellung aufzeigen, so ergibt dies die folgende Abbildung:

Abb. 4.5.5 Zukunftsorientierte Führung im Automobilhandel

Mitarbeiter sind neben funktionierenden Prozessen der Garant für unternehmerischen Erfolg im Autohaus. Studien beweisen, dass es in vielen Betrieben noch an einem professionellen Personalmanagement hapert. Hier gilt es, mehr in die Entwicklung eines leistungsorientierten, hochmotivierten Autohausteams zu investieren. Mitarbeitergewinnung, Mitarbeitermotivation und Mitarbeiterbindung stehen zukünftig im Fokus der Personalarbeit. Diese Aufgaben zu bewältigen fällt umso leichter, je besser es ein Autohaus schafft, sich als Arbeitgeber der Wahl am regionalen Markt zu etablieren. Hier kommen aufgrund der demographischen Entwicklung Aufgaben auf Autohäuser zu, an die sie in der Vergangenheit nicht einmal andeutungsweise gedacht haben. Aufwendungen im Zusammenhang mit Personal nicht mehr nur rein als Kosten zu betrachten, sondern als Investitionen, erfordert ein rigoroses Umdenken. Die Verantwortlichen im Autohaus werden erkennen müssen, dass sie mehr denn je zuvor auf hochmotivierte und leistungsorientierte Mitarbeiter angewiesen sind.

Um die Wirksamkeit von personellen Maßnahmen zu überprüfen, haben sich regelmäßig durchgeführte Mitarbeiterbefragungen als ein geeignetes Instrument in der Praxis bewährt.

4.6 Mitarbeitermotivation (von Martin Sauer)

Ausgangspunkt

Wie in Kapitel 4.5.1 gezeigt, leistet ein Großteil der Beschäftigten in Deutschland, laut der Gallup-Studie, nur noch Dienst nach Vorschrift. 20 % der Berufstätigen haben bereits innerlich gekündigt. Innere Kündigung und Dienst nach Vorschrift, so Gallup, führen zu schlechtem Kundenservice und verursachen allein in Deutschland einen Schaden von über 100 Milliarden Euro im Jahr. Vergleicht man diese Zahlen mit den Ergebnissen der Vorjahre, so stellt man fest, dass sie sich eher weiter verschlechtert als verbessert haben.

Man fragt sich, warum die riesige Anzahl von Motivationsbüchern, von einschlägigen Zeitschriftenartikeln und speziellen Seminaren zum Thema »Motivation« so wenig bewirkt haben. Vermutlich deshalb, weil die meisten dieser Darstellungen und Schulungen zu theoretisch und vor allem zu wenig auf den konkreten Fall bezogen sind. Die Umsetzung der gewonnenen Erkenntnisse in die praktische Wirklichkeit funktioniert daher nicht wie gewünscht. Mit allgemeinen theoretischen Erkenntnissen kann man in der Praxis wenig anfangen, wenn sie nicht die individuelle Situation berücksichtigen.

Jeder Betrieb hat seine eigene Führungsstruktur, seine eigene individuelle Zusammensetzung von Führungskräften und Mitarbeitern, seine eigene Problemwelt. Nur wenn man die konkrete betriebliche Situation vor Augen hat und analysiert, haben aufgezeigte Lösungsmöglichkeiten einen Sinn und eine Chance, eine Verbesserung des bestehenden Zustands zu bewirken. Aussicht auf Erfolg, d. h. eine Verbesserung der Mitarbeitermotivation in einem konkreten Betrieb, kann nur dann bestehen, wenn man als Ausgangspunkt den vorhandenen »Motivationsstatus« der Mitarbeiter ergründet und auf diesen Erkenntnissen basierend, Verbesserungen anstrebt und umsetzt.

»Motivieren« als Führungsaufgabe besteht aus drei Teilaufgaben:

1. Vermeidung von demotivierenden Verhaltensweisen der Führungskräfte
2. Anwendung von »äußerlichen« Motivierungsmaßnahmen
3. Fördern von Motiven, die eine echte und dauerhafte innere Motivation erzeugen

Die begriffliche Unterscheidung von **»Motivation«** (= innerer Motivationsstatus eines Mitarbeiters) und **»Motivierung«** (=äußerliche Einwirkung auf den Mitarbeiter durch Maßnahmen und Verhaltensweisen) muss beachtet werden. Sie lässt sich graphisch in einem Modell darstellen (Abb. 4.6.1 »Motivation und Motivierung«).

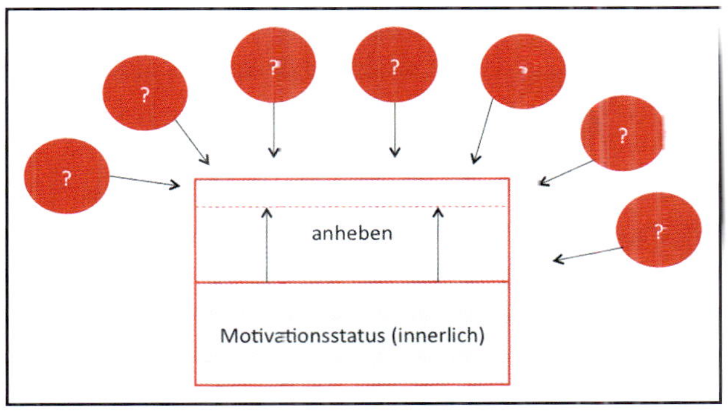

Abb. 4.6.1 Motivation und Motivierung

Es gilt nun, die Fragezeichen durch praxisnahe Maßnahmen und Verhaltensweisen zu ersetzen, die in der Lage sind, das Motivationsniveau eines Mitarbeiters anzuheben oder zumindest nicht weiter absacken zu lassen.

Den Praktiker interessieren daher folgende Fragen:

- Welchen Motivationsstatus, welches Motivationsniveau haben meine Mitarbeiter? Wie kann ich dies messen?
- Mit welchen konkreten Maßnahmen und Verhaltensweisen kann ich das Motivationsniveau mindestens temporär, besser jedoch dauerhaft verbessern?

Messung von Motivation (Abb. 4.6.2) kann man auf dreierlei Weise durchführen:

1. durch intensives Beobachten der Leistung und des Verhaltens des Mitarbeiters,
2. durch Führen von Mitarbeitergesprächen,
3. durch regelmäßige Befragungen von Mitarbeitern.

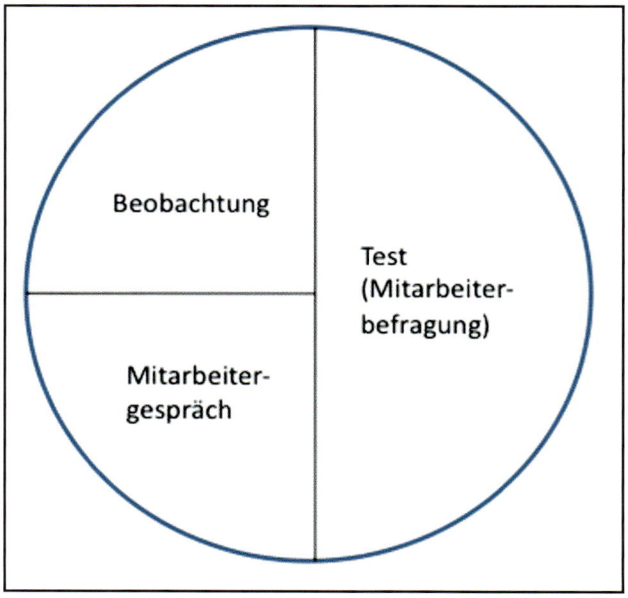

Abb. 4.6.2 Messung von Motivation

Alle drei Methoden (beobachten, kommunizieren, befragen) sollten parallel zueinander durchgeführt werden, sich keinesfalls gegenseitig ausschließen, sondern sich sinnvoll ergänzen. Im Mittelpunkt dieses Kapitels soll insbesondere Punkt 3 stehen, die ausführliche Darstellung einer Mitarbeiterbefragung zum Motivationsstatus durch einen Test, den so genannten MMT(=Mitarbeiter-Motivations-Test), in unserem speziellen Fall einen MMT8 (=Mitarbeitermotivationstest mittels **acht** Fragen). Selbstverständlich sind auch Tests mit 12, 16 oder mehr Fragen bzw. Behauptungen möglich, also »MMT12« oder »MMT16«.

In diesem Praxisbeispiel werden acht Fragestellungen aufgeworfen bzw. den Mitarbeitern acht Behauptungen zur Bewertung vorgelegt. Aus den individuellen Antworten aller teilnehmenden Mitarbeiter lässt sich ein recht präzises Bild der Mitarbeitermotivation ableiten. Die genannten Nachteile von allgemeinen und theoretischen Darstellungen sind beseitigt. Die Führungskraft erhält praktisch verwertbare Erkenntnisse individuell auf ihren Betrieb und ihre Mitarbeiter zugeschnitten.

Die wiederholte Anwendung des MMT, beispielsweise jährlich, lässt Fortschritte oder auch Rückschritte im Zeitverlauf deutlich werden. Der Test ist so einfach formuliert, dass Hilfe von geschulten Psychologen nicht erforderlich ist. Er ist insbesondere für Klein- und Mittelbetriebe geeignet, wie sie für das Kfz-Gewerbe typisch sind (s. Kap. 1.4). Werden Mängel ersichtlich, kann umgehend gezielte Abhilfe geschaffen werden. Schulungen und Seminare können jetzt punktgenauer ausgewählt und durchgeführt werden. Der Test kann daher auch als ökonomisch effizient bezeichnet werden.

4.6.1 Acht Fragen

Unsere Abbildung 4.6.3 zeigt – zusammengefasst – die acht Fragestellungen, die passenden kurzen Überbegriffe sowie die Wertung, ob die Fragestellung sachliche (S) oder menschliche Inhalte (M) anspricht.

1	AUFGABE	Weiß ich, was von mir an meinem Arbeitsplatz erwartet wird?	S
2	AUSSTATTUNG	Habe ich das Material und die technische Ausstattung, die ich brauche, um meine Aufgaben richtig zu erledigen?	S
3	STÄRKEN	Habe ich bei der Arbeit die Möglichkeit, jeden Tag das zu tun, was ich am besten kann?	S/M
4	WEITERENT-WICKLUNG	Habe ich im letzten Jahr, Möglichkeiten gehabt, zu lernen und mich weiterzuentwickeln?	S/M
5	ANERKEN-NUNG	Habe ich in den letzten sieben Tagen Anerkennung oder Lob für gute Arbeit erhalten?	M
6	BEDEUTUNG	Habe ich das Gefühl, dass meine Arbeit und meine Meinung wichtig für die Zielsetzung meines Unternehmens sind?	M
7	FÜRSORGE	Kümmert sich mein Vorgesetzter um mich als Person?	M
8	BINDUNG	Habe ich einen guten Freund im Unternehmen?	M

Abb. 4.6.3 Acht Fragen zur Mitarbeitermotivation

Acht Fragen

Wie man sieht, überwiegen die »menschlichen« Ansatzpunkte, was bei Bemühungen um eine bessere Mitarbeitermotivation auch nicht verwundert. Im Folgenden sollen – in aller Kürze – die Fragen und die dahinter stehenden Probleme und Problemkreise dargestellt werden. Zu jedem der angesprochenen Problemkreise gibt es eine Fülle von Literatur, von Veröffentlichungen, von Seminaren, die mühelos über das Internet zur weiteren Vertiefung abgerufen werden können, so dass hier eine relativ knappe Darstellung genügen muss. Diese einzelnen Schwerpunktthemen sind fettgedruckt, so dass unter diesem Begriff recherchiert werden kann. Außerdem sollen diese fettgedruckten Begriffe die Fragezeichen unserer Abb. 4.6.1 ersetzen und so die praktischen »Motivierungsmaßnahmen und -verhaltensweisen« aufzeigen, die die Praktiker so dringend benötigen (vgl. auch Abb. 4.6.6).

Bitte ankreuzen! Aussage:	Bewertung: 1 stimme überhaupt nicht zu	2 Zwischen-wert	3 stimme nur teil-weise zu	4 Zwischen-wert	5 stimme voll zu
1 Ich weiß, was von mir an meinem Arbeitsplatz verlangt wird.	○	○	○	○	○
2 Ich habe das Material und die technische Ausstattung, die ich brauche, um meine Aufgaben richtig zu erledigen.	○	○	○	○	○
3 Ich habe bei der Arbeit die Möglichkeit, jeden Tag, das zu tun, was ich am besten kann.	○	○	○	○	○
4 Ich habe im letzten Jahr die Möglichkeit gehabt, zu lernen und mich weiterzuentwickeln.	○	○	○	○	○
5 Ich habe in den letzten sieben Tagen Anerkennung oder Lob für gute Arbeit erhalten.	○	○	○	○	○
6 Ich habe das Gefühl, dass meine Arbeit und Meinung wichtig für die Zielsetzung meines Unternehmens ist.	○	○	○	○	○
7 Mein Vorgesetzter kümmert sich um mich als Person.	○	○	○	○	○
8 Ich habe einen guten Freund im Unternehmen.	○	○	○	○	○

Abb. 4.6.4 Die Mitarbeiterbefragung

Aufgabe

Frage 1: Weiß ich, was von mir an meinem Arbeitsplatz erwartet wird?

Eine scheinbar einfache Frage, die aber im Grunde sehr komplex ist. Voraussetzungen für eine positive Bewertung dieser Frage durch den Mitarbeiter sind:

1. positive Einstellung des Mitarbeiters zur Leistung
2. klare und eindeutige Beschreibung der zu leistenden **Aufgabe**
3. Formulierung von Zielen
4. Zielvereinbarung und Commitment
5. Feedback

Zu 1) Grundsätzlich gehen wir von einem »optimistischen« Menschenbild aus. Dies besagt, dass ein Mitarbeiter dann leistungswillig und auch leistungsfähig ist, wenn er eine herausfordernde Arbeit hat, in der er einen Sinn sieht, eine Arbeit, die ihn weder unter- noch überfordert. Dazu gehören auch die erforderlichen Kompetenzen, die er zur Erfüllung seiner Aufgabe braucht. Der Mensch möchte im Grunde etwas leisten, sich beweisen, sich und anderen zeigen, dass er etwas kann. Wollen – können – dürfen, das ist der »Dreiklang«.

Wollen = Leistungsbereitschaft,
Können = Leistungsfähigkeit und
Dürfen = Leistungsmöglichkeit.

Nur wenn diese Komponenten in ausreichender Weise vorhanden bzw. geschaffen sind, kann Leistung erbracht werden.

Zu 2) Die zu erbringende Leistung des Mitarbeiters, die spezielle Aufgabe, die dieser an seinem Arbeitsplatz zu erfüllen hat, muss genau beschrieben werden. Hier können **Stellenbeschreibungen** sinnvoll sein, aber nur dann, wenn sie regelmäßig an Veränderungen angepasst werden. Stellenbeschreibungen sind kein Allheilmittel. Sie müssen laufend aktualisiert werden. Sie können auch – wie die Praxis zeigt – nicht das gesamte Tätigkeitsspektrum des Mitarbeiters umfassen. Ein Autohaus befindet sich in einem ständigen Veränderungsprozess. Die Erkenntnisse und Konsequenzen aus solchen Veränderungen führen – mündlich, besser noch schriftlich – zu notwendigen Ergänzungen von Stellenbeschreibungen. Wichtig ist, dass über die zu erbringende Leistung jedes Mitarbeiters kein Dissens zwischen Vorgesetztem und Mitarbeiter entstehen darf. Ein laufender Abgleich ist daher erforderlich, was nicht zuletzt auch Inhalt der Feedback-Gespräche (siehe Punkt 5) sein muss.

Zu 3) Aus der Beschreibung der zu leistenden Aufgabe erfolgt durch zahlenmäßige Konkretisierung die Formulierung von **Zielen**. Ziele, mit denen man brauchbar arbeiten kann, erfüllen in der Regel folgende Kriterien, die – so die gängige und einprägsame Merkhilfe – nach der SMART-Formel beschrieben werden können. Ziele sollen:
(S) spezifisch sein, d. h. so konkret und verständlich wie möglich formuliert sein
(M) messbar sein, d. h. quantitative und/oder qualitative Kriterien beinhalten, anhand derer sich der Erfolg überprüfen lässt,
(A) aktiv beeinflussbar sein, d. h. der Mitarbeiter muss im Rahmen seines Zuständigkeitsbereichs aus eigener Initiative Ziele ansteuern können,
(R) relevant sein, d. h. die Ziele sollten eine hohe Bedeutung für den persönlichen Arbeitserfolg des Mitarbeiters haben, sie müssen herausfordernd, aber unter den gegebenen Umständen auch erreichbar sein,
(T) terminiert sein, d. h. der Zeitraum bzw. der Endtermin, zu dem das Ziel erreicht werden soll, muss zeitlich exakt festgelegt sein.

Zu 4) **Zielvereinbarungen** sind Zielvorgaben stets vorzuziehen, da so ein höherer Identifizierungsgrad des Mitarbeiters mit den Zielen erreicht wird. Basis für die Formulierung von Zielvereinbarungen ist ein persönliches Zielvereinbarungsgespräch, in dem jede Partei, Vorgesetzter und Mitarbeiter, ihre Vorstellungen artikulieren kann.

Den Abschluss eines solchen Gesprächs muss ein – unbedingt schriftliches, von beiden Seiten unterschriebenes – **Commitment** bilden. Ein Commitment ist eine vom gemeinsamen Willen getragene Übereinkunft, ein Versprechen, eine Identifikation mit dem Inhalt. Commitment sagt: »Jawohl, ich tue es.« Commitment bedeutet persönliche Verpflichtung.

Zu 5) **Feedback** – zu deutsch Rückmeldung – muss regelmäßig durchgeführt werden, um den Prozess der Zielerreichung hautnah zu begleiten. Dies hat ohne Zweifel Kontrollcharakter, jedoch sollte der Mitarbeiter nicht das Gefühl haben, überwacht und kontrolliert zu werden, um nötigenfalls »zur Rechenschaft gezogen zu werden«, sondern dieser follow-up-Prozess muss helfend und unterstützend gestaltet sein. Gemeinsames Ziel muss die Erfüllung des Commitments sein, in der Praxis geht dies ohne beiderseitige Mitwirkung nicht ab. Offenheit, gegenseitiger Respekt und der unbedingte gemeinsame Wille zur Zielerreichung – das sind die erforderlichen Voraussetzungen für erfolgreiche Feedback-Gespräche.

An die kommunikativen Fähigkeiten des Vorgesetzten werden hohe Anforderungen gestellt, denn ohne (konstruktive) Kritik geht kaum ein Feedback-Gespräch über die Bühne. Empathie, also Einfühlungsvermögen für die Probleme des anderen, hilft, auch unangenehme Gesprächspassagen zu meistern. »follow up« und »feedback« müssen zeitnah, möglichst in regelmäßigen Zeitabständen, erfolgen.

Diese fünf Schritte bauen logisch aufeinander auf. Wer sie, als Führungskraft, beachtet und konsequent befolgt, braucht eine negative Beantwortung der wichtigen Frage 1 unseres Tests nicht zu befürchten.

Ausstattung

Frage 2: Habe ich das Material und die technische Ausstattung, die ich brauche, um meine Aufgaben richtig zu erledigen?

Es sollte eigentlich eine Selbstverständlichkeit sein, dass die Mitarbeiter eines Unternehmens über ein **Equipment** verfügen, das dem aktuellen Stand der technischen Entwicklung entspricht, mit dem sie vernünftig arbeiten können, um die Unternehmensziele zu erreichen. Umfragen in der Praxis zeigen aber, dass dies nicht immer der Fall ist. Sehr oft verursacht die mangelnde technische Ausstattung Demotivation.

Beispiele aus dem Autohaus:

1. Verfügt jeder Verkäufer über einen eigenen »Verkäufer-Arbeitsplatz« und ist eine für seine Verkaufsarbeit notwendige, brauchbare Software installiert?
2. Sind ausreichend Vorführwagen vorhanden?
3. Verfügen die Kfz-Mechatroniker in der Werkstatt über das nötige Spezialwerkzeug, um auch komplizierte Reparaturen an Getriebe, Motor usw. durchzuführen?
4. Ist für das Büropersonal ein Aufenthaltsraum vorhanden?
5. Sind im Ersatzteillager alle Rationalisierungsmöglichkeiten zum Transport und zur Einlagerung von Ersatzteilen und Zubehör (z. B. Reifen) ausgeschöpft?

Natürlich können aus Kostengründen nicht alle Wünsche der Mitarbeiter zeitnah und gemäß ihrer Vorstellung erfüllt werden. Man muss eine Vergleichsrechnung aufstellen, ob die eingesparten Investitionskosten plus Frust der Mitarbeiter größer oder kleiner sind als die verbesserte Arbeitseffizienz. Diese gedankliche Gegenüberstellung ist eine Daueraufgabe für Chef und Führungskräfte. Die Bewertung der Frage 2 kann Entscheidungshinweise liefern.

Stärken

Frage 3: Habe ich bei der Arbeit die Möglichkeit, jeden Tag das zu tun, was ich am besten kann?

Ein Mitarbeiter wird diese Frage bejahen, wenn er an einer Position eingesetzt ist, an der er seine **Stärken** zum Einsatz bringen kann (Grundsatz der Stärkennutzung oder Stärkenorientierung). Der Zauberspruch lautet: »Die richtige Person an den richtigen Platz«. Ganz einfach, wenn da nicht die schwierige Frage wäre: »Wie erkenne ich die Stärken eines Mitarbeiters?«

Das fängt bereits bei der Personalsuche bzw. -auswahl an. Hier werden entscheidende Weichen gestellt und hier werden auch bereits die entscheidenden Fehler gemacht. Schon die Ausschreibung muss exakt die Anforderungen beschreiben, welche die zu besetzende Position aufweist. Es gilt Aufgabe und Fähigkeiten aufeinander abzustimmen (s. Kap. 4.5.4).

Werden z. B. bei der Suche nach einem Serviceberater kommunikative Fähigkeiten verlangt, was bei dieser Position unter allen Umständen nötig ist, so muss dies bei der Auswahl der Kandidaten auch wirklich und intensiv geprüft werden. Ein sorgfältiges Studium des eingereichten Lebenslaufs (Vorauswahl) sowie ein professionell geführtes, ergiebiges Vorstellungsgespräch (Endauswahl) helfen, Fehler zu vermeiden und Motivationsprobleme erst gar nicht entstehen zu lassen.

»*DIE AUFGABE VON MANAGEMENT IST ES, MENSCHEN SO ZU NEHMEN, WIE SIE SIND, IHRE STÄRKEN HERAUSZUFINDEN UND IHNEN DURCH ENTSPRECHENDE GESTALTUNG IHRER AUFGABEN DIE MÖGLICHKEIT ZU GEBEN, DORT TÄTIG ZU WERDEN, WO SIE MIT IHREN STÄRKEN EINE LEISTUNG ERBRINGEN UND ERGEBNISSE ERZIELEN KÖNNEN.*«

(Fredmund Malik: Führen, Leisten, Leben, München 2000, S. 123).

Was man gut kann, macht man auch gern und umgekehrt. Was man gern und gut macht, bringt Erfolg. Erfolg verursacht Mitarbeiterzufriedenheit und nur zufriedene und damit motivierte Mitarbeiter bringen Spitzenleistungen, die das Unternehmen so dringend braucht. Gute Leistungen müssen natürlich auch angemessen entlohnt werden. Schlechte (oder ungerechte) **Entlohnung** führt zu Unzufriedenheit. Wenn sich trotz sorgfältiger Auswahl und passender Aufgabe im Laufe der Zeit herausstellt, dass sich die Dinge verändert haben und Mitarbeiter und Aufgabe nicht mehr optimal zueinander passen, stehen dem Personalverantwortlichen ein bunter Strauß von Änderungsmöglichkeiten zur Verfügung:

- empowerment (den Handlungsspielraum erweitern),
- job enlargement (Erweiterung von Aufgaben),
- job enrichment (Anreicherung von Aufgaben),
- job rotation (die Stelle wechseln).

Das sind Maßnahmen zur Stellengestaltung (job design). Zu beachten ist, dass weder eine Unter- noch eine Überforderung verursacht wird. Beides führt zur Unzufriedenheit des Mitarbeiters mit seiner Aufgabe. Es ist vielleicht die wichtigste Aufgabe der Führungskraft, die Unzufriedenheit und damit auch die Demotivation von Mitarbeitern rechtzeitig zu erkennen und abzustellen. Dies kann nur durch intensives Beobachten und Beschäftigen mit den Menschen funktionieren, vor allem aber durch eine offene und regelmäßige Kommunikation.

Weiterentwicklung

Frage 4: Habe ich im letzten Jahr Möglichkeiten gehabt, zu lernen und mich weiterzuentwickeln?

Im Bereich der Personal- und **Persönlichkeitsentwicklung** gilt der Grundsatz: »Fordern durch Fördern«. Der Mensch will sich weiter entwickeln, betrieblich durch anspruchsvollere Aufgaben mit höheren Anforderungen, aber auch persönlich, d. h. durch Verbesserung und Verstärkung seiner Fähigkeiten, etwa durch gezieltes Coaching.

»Fordern« heißt, höhere Leistung erwarten. Das ist das gute Recht des Betriebs bzw. der vorgesetzten Person. Andererseits verpflichtet »Fordern« aber auch zum »Fördern«, d. h. alles Erdenkliche zu tun, um dem Mitarbeiter bei der schwieriger gewordenen Aufgabenstellung zu helfen und sie zu ermöglichen. In vielen zu beobachtenden Fällen wird gefordert, ohne die Bereitschaft zum »Fördern« erkennen zu lassen, absichtlich wie auch unabsichtlich (s. Kap. 4.5.3 und 4.5.4).

Parallel hierzu verläuft die »Karriere«, also die Planung des innerbetrieblichen Aufstiegs (Stellenhierarchie) der begleitet wird vom gesellschaftlichen (und finanziellen!) Aufstieg. Beides ist nicht voneinander zu trennen. Stagnation – gerade für begabte und ehrgeizige Mitarbeiter – ist tödlich. Längerfristig wird kein entwicklungsfähiger und -williger Mitarbeiter dem Unternehmen treu bleiben, wenn man ihm nicht die Möglichkeit der Weiterentwicklung bietet. Dies ist – gerade für die überdurchschnittlichen Mitarbeiter – ein wichtiger Motivationsbaustein. Das Instrumentarium der Personalentwicklung besteht im Wesentlichen aus zwei Maßnahmengruppen:

1. Weiterbildungsmaßnahmen
2. Feedback-Kultur (s. Kap. 4.5.4 und Frage »Aufgabe« auf Seite 117)

Wenn ein Mitarbeiter bei der Beantwortung dieser Testfrage lediglich einen Punkt vergibt, ist dies ein deutliches Signal der Unzufriedenheit und eine Warnung für den Vorgesetzten: Vorsicht, dieser Mitarbeiter vermisst einen wichtigen Baustein für seine Zukunftsvorstellung im Unternehmen und trägt sich u. U. bereits mit Abwanderungsgedanken! Um den Mitarbeiter langfristig an das Unternehmen zu binden, sind sofortige Maßnahmen (s. o.) zu ergreifen. Wie hat J. J. Rousseau doch gesagt: »Investitionen in die Menschen sind die wertvollsten.«

Anerkennung

Frage 5: Habe ich in den letzten sieben Tagen Anerkennung oder Lob für gute Arbeit erhalten?

Anerkennung ist ein Teil der Unternehmenskultur, viele sprechen von einer »Anerkennungskultur«, die in einem Unternehmen herrscht oder eben nicht herrscht. Das schwäbische Bonmot »Nicht geschimpft ist genug gelobt« gilt als überwunden. Allenthalben spürt man in den Unternehmen, dass Anerkennungsanstrengungen unternommen werden, so etwa, wenn in den Hotelrezeptionen das Bild des »Mitarbeiter des Monats« an der Wand hängt. Man hat, vor allem von der amerikanischen Gesellschaft, viel gelernt. Das Instrumentarium der Anerkennung ist groß. Es gibt materielle (Geld, Dienstwagen) und immaterielle Formen (**Lob**, Auszeichnungen, Berufsbezeichnung). Auch in einem Mitarbeitergespräch, gleich welchen Inhalts, steckt Anerkennung und vor allem in einem gekonnt geführten täglichen **»small talk«** mit den Mitarbeitern, dessen fundamentale Bedeutung immer noch nicht richtig gewürdigt wird. Es geht ja nicht nur um das Loben einer guten Leistung, es geht auch um Selbstbestätigung, das Dazugehören, eben das »anerkannt« sein. In dem Wort Anerkennung steckt der Wortstamm »kennen« und das fängt schon mit solchen Banalitäten an, dass man den Mitarbeiter mit Herr oder Frau und Namen anredet.
Menschen wollen anerkannt sein, sie wollen dazugehören, sie wollen in der Gesellschaft eine bestimmte Rolle spielen und in dieser wollen sie sich bestätigt sehen. Statussymbole haben nach wie vor Hochkonjunktur. Selbst in der Kritik steckt noch eine Portion Anerkennung, dann nämlich, wenn sie einfühlsam und konstruktiv ist, denn sie bedeutet doch zumindest ein »Sich befassen« mit der Person. Ignoranz ist viel schlimmer.
Voraussetzung für spontanes Lob ist natürlich die gute, lobenswerte Leistung. Das kann eine besondere Einzelleistung, eine Teamleistung oder auch ein lobenswertes Verhalten sein.

HIER EIN BEISPIEL FÜR EINE »UNGEWÖHNLICHE DAUERLEISTUNG«:

In einem Autohaus hat der Chef bei der Überprüfung von Personalstatistiken festgestellt, dass die Dame, die sehr zuverlässig seit vielen Jahren die Werkstattrechnungen schreibt, in den letzten zwanzig Jahren nicht einen einzigen Tag wegen Krankheit gefehlt hat. Ein Grund für ein besonders auszusprechendes Lob? Man wird einwenden, Krankheiten seien meist unverschuldet, die Dame habe eben Glück gehabt und es sollen sich diejenigen glücklich schätzen, die nicht krank sind. Dies sei kein Anlass für ein förmliches Lob, schon gar nicht ein Lob für eine »gute Leistung«. Trotzdem kann man sich gut vorstellen, dass sich unsere Rechnungsschreiberin in diesen 20 Jahren so manches Mal unpässlich gefühlt hat. Andere sind zu Hause geblieben, aber sie ist zur Arbeit gegangen. Vielleicht geht es hier auch gar nicht vordergründig um Lob, sondern einfach um die Tatsache, dass dies dem Chef nicht verborgen geblieben ist, dass es überhaupt bemerkt und in einem »Anerkennungsgespräch«, verbunden mit dem persönlichen Dank des Chefs, zum Thema gemacht wird. Lob muss im Übrigen nicht immer nur vom Vorgesetzten kommen, es kann auch von Arbeitskollegen oder von Kunden kommen. Im Servicebereich, und Autohäuser sind Dienstleistungsunternehmen, spielt Lob und Tadel eine besondere Rolle.

Schlaue Kunden »loben« schon im Voraus, schaffen damit eine positive Atmosphäre, und werden – in der Regel – auch besser bedient. In einer solchen »positiven Atmosphäre« können dann auch etwa entstehende Probleme besser besprochen werden. Trinkgelder und kleinere Geschenke sind durchaus übliche und wirksame Verstärker dieser positiven Atmosphäre, gerade auch in Autohäusern.
Lob auch weitergeben. Oft lobt ein Kunde das Verhalten eines Mitarbeiters beim Chef und nicht beim Mitarbeiter direkt, dann muss dieser das Lob in geeigneter Form weitergeben und nicht bei sich konservieren.
Wenn man Lob und Anerkennung so weit definiert, wie wir das vorstehend getan haben, erscheint die »7-Tages-Frist« in

unserer Frage 5 nicht mehr so unrealistisch, wie sie möglicherweise auf den ersten Blick gewirkt hat. Anerkennung beflügelt zu besseren Leistungen. Wer keine Anerkennung erfährt, verdorrt wie eine Blume ohne Wasser. Anerkennung ist ein essentieller Motivationsbaustein.

Bedeutung

Frage 6: Habe ich das Gefühl, dass meine Arbeit und meine Meinung wichtig für die Zielsetzung meines Unternehmens ist?

Das Gefühl, wichtig zu sein für das Unternehmen, einen wichtigen Beitrag zum Ganzen zu leisten, also einen »Wert« zu besitzen, ist letztlich das Ergebnis des praktizierten Führungsstils im Unternehmen **(Wertschätzung)**.

Wer autoritär führt, wer glaubt, alles besser zu wissen und zu können, wer andere nie um ihre Meinung fragt, kein Vertrauen zu seinen Mitarbeitern hat und mit Anerkennung und Lob, aber nicht mit Kritik spart, der darf sich nicht wundern, wenn sich die Mitarbeiter minderwertig, überflüssig und austauschbar fühlen und als Folge davon keine Verantwortung übernehmen wollen, keine neuen Ideen einbringen und ihre Arbeit lediglich als notwendiges Übel zur eigenen Existenzsicherung betrachten. Ein moderner **Führungsstil** muss flexibel und situativ sein (s. Kap. 4.4).

Der Begriff des »**Mitarbeiters**« muss wörtlich genommen werden! Zeitgemäße Führungsstile sind stets sehr stark mitarbeiterbezogen. Die Mitarbeiter sollen das Gefühl bekommen, an wichtigen Entscheidungen zumindest mitgewirkt zu haben.

> **BEISPIEL:**
> Die Serviceannahme in einem Autohaus wird umgebaut, weil sie auf das System der Direktannahme umgestellt werden soll. Diese Umbaumaßnahme hat erhebliche Auswirkungen auf die Arbeitsabläufe (Terminplanung, Kundengespräche, Rechnungserstellung etc.). Hier sollten alle betroffenen Mitarbeiter bereits bei der Planung mit einbezogen und vor Baubeginn angehört werden. Das Wissen und die Erfahrung der eigenen Mitarbeiter muss genutzt werden, auch dann, wenn nicht alle Vorstellungen der Mitarbeiter realisiert werden können. Gerade dann ist der Diskussionsbedarf besonders hoch, wenn unterschiedliche Meinungen und Sichtweisen zutage treten.

Das Einbeziehen der Mitarbeiter in Entscheidungsprozesse ist zeitaufwendig und manchmal mühsam, aber am Ende eben lohnender als bloßes Anweisen und Diktieren. Das Selbstwertgefühl der Mitarbeiter wird gestärkt, sie fühlen sich nicht übergangen und haben einen »Beitrag zum Ganzen« geleistet. Das Ganze hat auch etwas mit den Veränderungen der Gesellschaft zu tun. Mitarbeiter von heute sind informierter, reifer aufgeklärter und anspruchsvoller als früher und lassen sich nicht mehr wie unmündige Kinder behandeln. Veränderte Mitarbeiter führen zwangsläufig zu Veränderungen des Führungsstils.

Grundlage eines modernen, partizipativen Führungsstils ist die Informationspolitik der Geschäftsführung. Wer seine Mitarbeiter rechtzeitig, umfassend und wahrheitsgemäß informiert, schafft die Basis für mitdenkende, mitentscheidende und dadurch motivierte Mitarbeiter. Informierte und in ihrer Leistung und Persönlichkeit anerkannte Mitarbeiter wissen um ihre »Rolle«, die sie bei der täglichen Arbeit im Sinne der Unternehmenszielsetzung spielen müssen, ganz so wie die nachfolgende, in der Literatur kursierende, hier aber auf Autohaus-Verhältnisse leicht abgeänderte Anekdote erzählt:

> Ein Kunde kommt in die Werkstatt und fragt den ersten Mechaniker, was er gerade tue und erhält die Antwort: »Ich wechsle gerade Bremsbeläge aus. Schließlich muss ich was verdienen und meine fünfköpfige Familie ernähren.« Der Kunde wendet sich an den zweiten Mechaniker, fragt dasselbe und erhält die Antwort: »Ich repariere gerade ein automatisches Getriebe. Das ist kompliziert, aber ich brauche dieses Spezialwissen, ich möchte schließlich Meister werden und mich einmal selbstständig machen.« Daraufhin wendet sich der Kunde an den dritten Mechaniker mit der gleichen Frage. Dieser erklärt: »Ich fette gerade die Scharniere der Türen ein, damit sich unser Kunde nicht mehr über das Quietschen ärgert und unsere Werkstatt bei der Befragung der Kundenzufriedenheit positiv bewertet wird.«
> Die Unterschiedlichkeit der Motive ist offensichtlich.

Fürsorge

Frage 7: Kümmert sich mein Vorgesetzter um mich als Person?

Man könnte diese Frage als »**Fürsorge**«-Frage bezeichnen. Das Verhältnis zum direkten Vorgesetzten erweist sich in der Praxis als der entscheidende Faktor für das Wohlfühlen (oder die fehlende Bindung), für die Motivation (oder die Demotivation) und für das Verbleiben (oder das Verlassen) im Betrieb.
Herrscht hier Antipathie und Disharmonie, kann man sich »nicht riechen«, so helfen in der Regel keine auch noch so gut gemeinten Ratschläge oder Reparaturversuche. Der direkte Vorgesetzte (Meister, Abteilungsleiter oder der Chef selber, beim Militär heißt er nicht ohne Grund »Disziplinarvorgesetzter«) entscheidet über Urlaubswünsche, beurteilt die Leistung, kontrolliert die An- oder Abwesenheit, registriert das Verhalten zu Kunden und Arbeitskollegen, spielt die ausschlaggebende Rolle bei Beförderungen oder Gehaltserhöhungen, kann gemachte Fehler verharmlosen oder aufbauschen (Fehlerkultur), führt Mitarbeitergespräche und vieles mehr.
Ist das Verhältnis zum direkten Vorgesetzten gut, wird dieser den Mitarbeiter fördern und ihm helfen, wo es nur geht. Das kann gelegentlich auch das Privatleben tangieren, was oft eine heikle Gratwanderung bedeutet. Inwieweit darf (kann oder muss) sich der Vorgesetzte einmischen und wo ist die Grenze zum Tabu-Bereich? Dies erfordert Taktgefühl bzw. Einfühlungsvermögen (Empathie) und viel Erfahrung im Umgang mit Menschen (soziale Kompetenz). Insbesondere für junge und neue Mitarbeiter ist der gute Kontakt zu einer solchen »Vertrauensperson« wichtig. Wer als ehemaliger Auszubildender (gleichgültig ob kaufmännisch oder gewerblich) erinnert sich nicht an seine direkten Vorgesetzten, seine »Leitbilder«, die er während seiner Ausbildung »genossen« hat, in positiver wie auch in negativer Weise?
Gerade junge Menschen brauchen für ihre berufliche (und auch private) Entwicklung solche »Förderpersonen«. Ein Autohaus, das einen Meister beschäftigt, der es versteht, die ihm anvertrauten jungen Menschen zu führen, zu formen und zu fördern, kann sich glücklich schätzen.

Bindung

Frage 8: Habe ich einen guten Freund im Unternehmen?

Passt ein Begriff wie »Freundschaft« ins Berufsleben oder ist er dort fehl am Platz und mit den Realitäten unvereinbar? Vielleicht sollte man den Begriff »Freundschaft« etwas weiter fassen, ihn nicht ganz so streng definieren, wie die philosophierenden Deutschen das gerne tun.
Vielleicht sollte man statt »Freund« besser »Person des Vertrauens« sagen, um damit den Realitätsbezug herzustellen, denn »Vertrauen« ist sicherlich ein unverzichtbarer Bestandteil menschlichen Zusammenlebens schlechthin, völlig unabhängig davon, ob wir über Job oder Privatleben reden.
Das Problem, das hier in Frage 8 angeschnitten wird, ist das Problem der sozialen **Bindung.**
Ein Unternehmen ist eine Veranstaltung, in der Menschen zu einem bestimmten Zweck zusammengekommen sind. Menschen sind soziale Wesen und suchen Kontakte zu anderen Menschen, suchen und brauchen soziale Bindung.
Das Miteinandersprechen, das gemeinsame Erleben (manchmal auch Erleiden), der gemeinsam errungene Erfolg (genauso wie der Misserfolg), das Identitäts- und Solidaritätsgefühl innerhalb einer Gruppe, das sind alles fundamental wichtige soziale Funktionen, die Menschen brauchen wie die Luft zum Atmen. Wer glaubt, in Unternehmen gelten nur Zahlen und Fakten, also rein sachliche Argumente, vergisst und vernachlässigt sträflich die soziale Komponente. Isolation und Vereinsamung sind das Schlimmste, was einem Menschen widerfahren kann. Das gilt nicht nur für den privaten Bereich, es gilt in gleicher Weise für die Zeit, die man im Unternehmen verbringt. Überhaupt ist die strikte Trennung von »privat« und »betrieblich« in der Praxis illusionär, besonders für Führungskräfte.
Kluge Führungskräfte werden in ihrem »Motivationsinstrumentarium« immer auch Maßnahmen zur Stärkung der sozialen Bindung haben. Ob man das nun »Verbesserung des Betriebsklimas« oder etwas vornehmer »Förderung der Unternehmenskultur« nennt, ist belanglos.
Jedes Unternehmen ist ein Geflecht von persönlichen Beziehungen, ein kompliziertes »network« von Sympathie und Antipathie, von fehlendem und intensivem Kontakt, von offen-vertrauensvoller und misstrauisch-zurückhaltender Kommunikation. Dieses Netz fällt auseinander, wenn es nicht von starken, stabilen Vertrauens- und Verläßlichkeitskomponenten gestützt wird.
Jedes Unternehmen braucht eine bestimmte, hinreichende Anzahl von harmonisierenden und funktionierenden menschlichen Beziehungen. Ansonsten ist der dauerhafte wirtschaftliche Erfolg in Frage gestellt. Antwortet eine oder gar mehrere Testpersonen auf die Frage 8 mit einem »stimme überhaupt nicht zu«, müssen in diesem Unternehmen unverzüglich Maßnahmen zur Verbesserung der sozialen Bindung eingeleitet werden.
Ob das relativ leicht umzusetzende Dinge (wie Weihnachtsfeier, Betriebsausflug, Betriebssport o. ä.) sind, oder ob die Ursachen tiefer liegen (mangelhafte Kommunikationspolitik, unglückliche Personalzusammenstellung, antiquierter Führungsstil o.ä.), muss eine sorgfältige Analyse ergeben. Hier

wird man mit einer umfangreichen und detaillierten Mitarbeiterbefragung ansetzen müssen. Hilfe von außen, von neutralen Dritten, ist empfehlenswert.

4.6.2 Die Auswertung

Welche Erkenntnisse lassen sich nun aus den Testergebnissen ableiten und welche konkreten, für die Praxis relevanten Schlussfolgerungen lassen sich ziehen? Am besten kann man dies an einem Beispiel darstellen.

Angenommen, der Serviceleiter eines Autohauses testet seine beiden Serviceannehmer 1 (älter, schon länger im Betrieb in dieser Position) und Serviceannehmer 2 (ein neuer, junger Mann, erst seit 3 Monaten in dieser Position) mit dem MMTE und erhält folgende Ergebnisse:

Dieses konkrete Beispiel lässt folgende Schlussfolgerungen (für den Serviceleiter wie für die Geschäftsführung) zu:

Serviceannehmer 1:

Aussage:	Bewertung: 1	2	3	4	5
1 Aufgabe					X
2 Ausstattung				X	
3 Stärken		X			
4 Weiterentwicklung	X				
5 Anerkennung		X			
6 Bedeutung				X	
7 Fürsorge		X			
8 Bindung					X
					Ergebnis: 25 Punkte

Serviceannehmer 2:

Aussage:	Bewertung: 1	2	3	4	5
1 Aufgabe					X
2 Ausstattung				X	
3 Stärken			X		
4 Weiterentwicklung	X				
5 Anerkennung	X				
6 Bedeutung	X				
7 Fürsorge			X		
8 Bindung	X				
					Ergebnis: 19 Punkte

Abb. 4.6.5 Testergebnis

1. Obwohl beide die gleiche Position im Unternehmen einnehmen, erhält man verschiedene Ergebnisse, sowohl in der Gesamtpunktzahl (S 1: 25 Pkte, S 2: 19 Pkte) als auch im Profil, d. h. in der Verteilung der Schwerpunkte. Als groben Anhaltspunkt kann man die Gesamtpunktzahl in Bezug auf den »Motivationsstatus« wie folgt interpretieren:

   8–15 Pkte: sehr schwach motiviert (die Mitarbeiterführung weist erhebliche Defizite auf, die unbedingt beseitigt werden müssen)

   16–23 Pkte: schwach motiviert (vieles wird falsch gemacht, den aufgezeigten Mängeln ist besondere Aufmerksamkeit zu widmen)

   24–31 Pkte: mittelmäßig motiviert (vieles wird richtig, aber auch manches falsch gemacht, es gibt Verbesserungsmöglichkeiten)

   32–40 Pkte: hoch motiviert (an der Mitarbeiterführung ist kaum etwas auszusetzen)

2. In beiden Fällen werden sachliche Fragen hoch bepunktet, wohingegen deutliche Abstriche bei den menschlichen Fragen zu verzeichnen sind.

Hier ergeben sich einige Ansatzpunkte:

1. Die »Anerkennungspolitik« im Unternehmen muss auf den Prüfstand. Gerade ein Serviceannehmer, der die Klagen und Beschwerden von Kunden entgegennimmt, braucht in besonderer Weise Anerkennung.
2. Personalentwicklung und -förderung ist unbekannt. Hier ist zu prüfen, ob genügend Schulung und Weiterbildung angeboten wird.

3. Insbesondere Serviceannehmer 2 hat, vermutlich weil er erst seit kurzem im Betrieb ist, noch keine menschliche Bindung zu den Kollegen finden können. Die Ursache muss ergründet und dementsprechende Abhilfen geplant werden.
4. Selbst Serviceannehmer 1, schon lange im Betrieb, fragt sich, ob er an der richtigen Stelle ist, vermutlich Frustration durch zu lange Tätigkeit als Serviceannehmer. Umbesetzung oder »job enrichment« bieten sich an.

Wie man sieht, liefert ein MMT den Führungskräften im Betrieb wertvolle Hinweise zur Verbesserung der Mitarbeitermotivation. Dehnt man den Fragenkatalog aus, gelangt man zu noch differenzierteren und tieferen Erkenntnissen.

Wichtig ist jedoch der Umgang mit den Ergebnissen. Sie müssen offen und ohne Vorhaltungen mit den Mitarbeitern erörtert und diskutiert werden. Das Bemühen um gemeinsame Verbesserungen muss im Vordergrund stehen, nicht etwa die »Abrechnung« mit einem ungeliebten Vorgesetzten. An die Qualität der Gesprächsführung bei heiklen Fällen werden sehr hohe Anforderungen gestellt. Unser Schlussbild (Abb. 4.6.6) zeigt – als Zusammenfassung des Dargestellten – das Ergebnis der Motivierungsbemühungen: ein höheres Motivationsniveau.

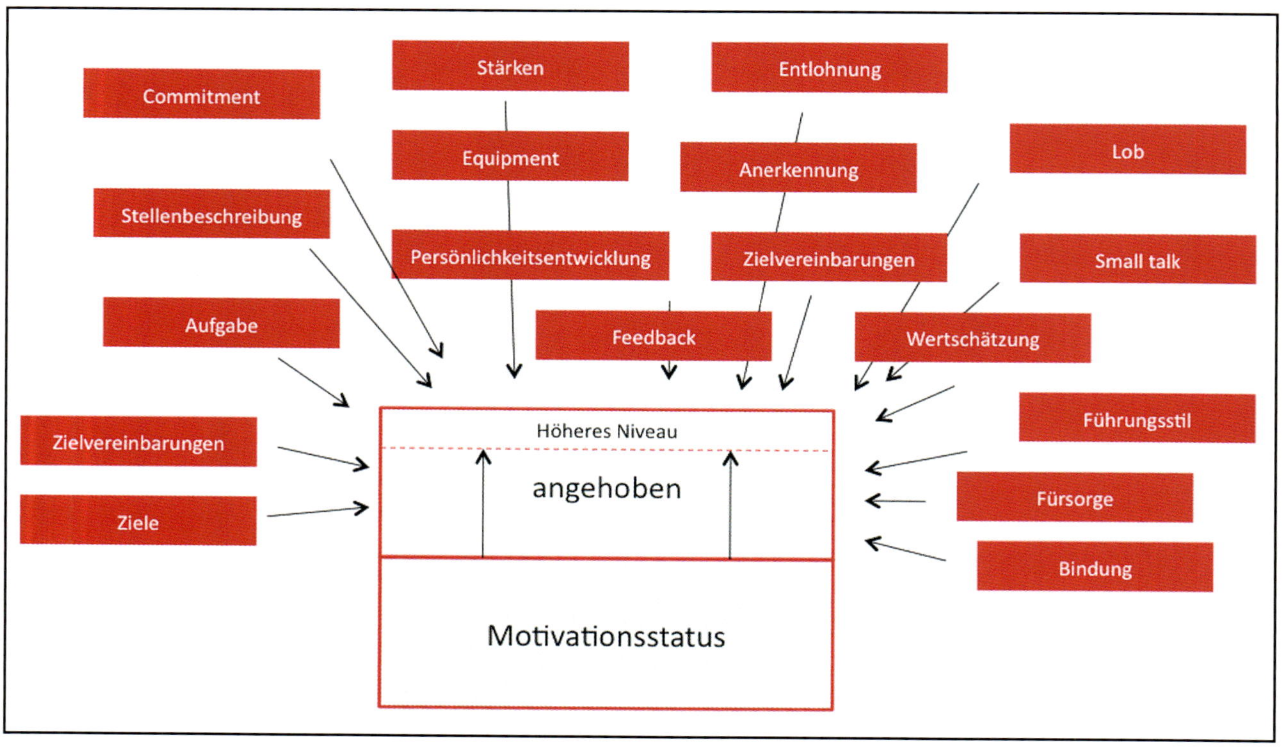

Abb. 4.6.6 Motivierungsmaßnahmen

4.7 Marketing im Autohaus (von Erwin Wagner)

4.7.1 Marketing – die Definition des Begriffs

Um den Begriff »Marketing« erklären zu können, bedarf es entweder eines Fachstudiums, des Lesens und Aufarbeitens vielfältiger Literatur – oder einfach der Kenntnisnahme des folgenden satirischen Beispiels:

Eine Nagelfabrik in Russland hatte in Zeiten der sozialistischen Planwirtschaft laut Fünfjahresplan die Vorgabe, 100 Millionen Nägel für die russischen Bürger zu erzeugen. Was tut sie? Sie macht ganz kleine Nägel! Die 100 Millionen Stück sind schnell produziert. Im ganzen Land gibt es nun aber keine mittleren und großen Nägel zu kaufen. Im nächsten Plan steht, es müssen Nägel im Gesamtgewicht von 100.000 Tonnen erzeugt werden. Was tut die Fabrik jetzt? Sie erzeugt eben nur die allergrößten Nägel, die es gibt! Die Folge: Im ganzen Land gibt es jetzt keine kleinen und mittleren Nägel mehr zu kaufen.
In der dritten Planungsperiode lautet das neue Produktionsziel: Nägel im Wert von einer Million Rubel zu produzieren. Und wieder hat die Fabrik das Produktionsziel schnell erfüllt, sie produziert jetzt nämlich nur goldene Nägel! Jetzt gibt es für die Bevölkerung weder kleine, mittlere, noch große Nägel zu kaufen und die goldenen sind so teuer, dass diese für die Kunden ebenfalls ohne Nutzen sind.*

Was kann man aus dieser Geschichte für die Praxis lernen? Wie muss man den Begriff »Marketing« definieren?
Der Kundenwunsch, also das Bedürfnis der Kunden, ist das Maß aller Dinge. »Wenn die Sicherheitsnadel erst heute erfunden worden wäre, hätte sie vermutlich acht bewegliche Teile, zwei Chips, Sensorbedienung und müsste zwei Mal im Jahr gewartet werden …«, so die etwas boshafte Aussage eines Insiders, der damit beschreibt, dass nur die Kunden mit ihren Wünschen im Mittelpunkt aller Überlegungen stehen.
Blicken wir kurz auf die Satire der Planwirtschaft zurück. In diesem Fall – und man weiß natürlich auch von vielen real existierenden Fehlleistungen eines planwirtschaftlichen Systems – ging es nicht um die Befriedigung von Kundenbedürfnissen oder die Erfüllung von Kundenwünschen, es ging ausschließlich um die Erfüllung von Plänen, von eigenen Maßgaben, also der Umsetzung egozentrischer Ziele. Keiner hat die einfache Frage gestellt: Welche Nägel, in welcher Menge und in welcher Form müssen zu akzeptablen Preisen an welchen Orten zur Verfügung stehen?
Hilfreich ist auch die folgende Marketing-Definition von Michael Wieninger, Verkaufsstratege für Industrie und Handel aus Goch, er sagt:

»UM ERFOLGREICHES MARKETING ZU MACHEN, MÜSST IHR EUCH IN DIE SCHUHE EURER KUNDEN STELLEN UND EUER GESCHÄFT AUS DIESER WARTE HERAUS BETRACHTEN. WÜRDET IHR DANN AUSGERECHNET DIESES GESCHÄFT AUFSUCHEN UND DORT KAUFEN? FÜHLT IHR EUCH DORT BEIM EINKAUF, BEI DER BERATUNG, BEIM KAUFABSCHLUSS UND IN DER AFTER-SALES-PHASE DANACH WOHL? ODER EINFACH GEFRAGT: WARUM SOLLEN DIE KUNDEN AUSGERECHNET BEI EUCH KAUFEN UND NICHT BEIM KONKURRENTEN?«

Natürlich gibt es auch eine streng wissenschaftliche Definition, sie lautet:

Marketing ist die »Planung, Koordination und Kontrolle aller auf die aktuellen und potenziellen Märkte ausgerichteten Unternehmensaktivitäten mit dem Zweck einer dauerhaften Befriedigung der Kundenbedürfnisse einerseits und der Erfüllung der Unternehmensziele andererseits.« (Quelle: Wöhe) Zino Davidoff hatte eine eigenständige Definition, er sagte: »Ich habe kein Marketing gemacht, ich habe immer nur meine Kunden geliebt«, und hat damit das Thema auf den Punkt gebracht.

Erkennen und Erfüllen der Kundenwünsche
Wenn Marketing das Erkennen, Beachten und Befriedigen der Kundenbedürfnisse ist, dann bedeutet dies natürlich gleichzeitig, dass man ständig »am Puls der Zeit« sein muss, um die

* *Die Geschichte wurde mit freundlicher Genehmigung des Autors entnommen aus dem Buch »Verkäuferbrevier!«, Walter H. Braun, Linz.*

wechselnden Kundenwünsche zu erkennen und um rechtzeitig das Sortiment in seinem Geschäft danach auszurichten. In der Automobilbranche gibt es viele unglückliche Beispiele, dazu einige aus der Gründerzeit: So waren nicht die damaligen Kutschenbauer diejenigen, welche den Trend zur Motorisierung erkannt und die mit Pferden gezogenen Wägen mit Verbrennungsmotoren ausgestattet haben. Opel war z. B. eine Fabrik für Nähmaschinen, bevor man sich dem motorisierten Mobilitätswunsch der Kunden gewidmet hat. Aber auch in neuerer Zeit gibt es viele Beispiele, die zeigen wie sehr z. B. manche amerikanischen Autobauer den Zug der Zeit verpasst haben und die Produktion nicht rechtzeitig vom großen, Sprit fressenden Van auf sparsamere Kompaktwagen umgestellt haben. Man hat den Kundenwunsch einfach nicht wahrgenommen, nicht erkannt. Im Prinzip hat man sich so verhalten wie es die Geschichte der russischen Nagelfabrik erzählt, man hat einfach am Markt vorbei produziert. Dieses Problem ist aber nicht ganz unbekannt, vor knapp 500 Jahren schrieb der florentinische Politiker Niccoló Machiavelli über manche Kaufleute seiner Zeit:

> *»ES IST UNMÖGLICH EINEN MANN, DEM DURCH SEINE ART ZU VERFAHREN IN DER VERGANGENHEIT VIEL GEGLÜCKT IST, ZU ÜBERZEUGEN, ER KÖNNE GUT DARAN TUN, JETZT ANDERS ZU VERFAHREN. DAHER KOMMT ES, DASS DAS GLÜCK EINES MANNES WECHSELT, DENN DIE ZEITEN WECHSELN, ER ABER WECHSELT SEIN VERFAHREN NOCH IMMER NICHT.«*

Diese Feststellung kann man heute noch genau so wie vor einem halben Jahrtausend machen, natürlich auch in der Automobilbranche. Es gibt viele Betriebe, die noch an Gewohnheiten der Vergangenheit festhalten, deshalb verlieren sie Kunden und gewinnen kaum neue hinzu. Sie haben die Zeichen der Zeit noch nicht erkannt und verändern ihre Strategie nicht, passen sie nicht den Aktualitäten an oder reagieren viel zu spät auf Marktveränderungen. Nur ein Beispiel dazu: In knapp zwei Jahrzehnten gelang es den so genannten »Fast-Fit-Betrieben« und den »Mehrmarken-Systemwerkstätten« den Marken-Servicewerkstätten etwa 50% After-Sales-Marktanteil abzujagen. Was können diese markenneutralen Betriebe besser als die etablierten Servicestätten? Absolut nichts! Sie reparieren Fahrzeuge, bauen Ersatzteile ein und wechseln das Öl – um es einfach auszudrücken. Aber sie konnten scheinbar die Kundenwünsche besser verstehen und in kundenorientierten, attraktiven Angeboten formulieren. Nehmen wir das Beispiel A.T.U! Was konnte der Gründer Peter Unger damals zur Gründung im Jahr 1985 besser als die am Markt etablierten Fachbetriebe? Blicken wir zurück: Das war die ursprüngliche Markteintrittsstrategie, für das heute mit über 600 Filialen und mit einem Anteil von ca. 5% vom gesamten Servicemarkt agierende Unternehmen:

- A.T.U öffnete damals (und heute) die Tore der Werkstätten dann, wann die Kunden Zeit hatten, nämlich auch nach 18 Uhr und vor allen Dingen an Samstagen! Wir erinnern uns: Zu dieser Zeit schlossen die meisten Markenwerkstätten die Werkstatttore noch freitags gegen 14 Uhr, und sie blieben bis Montag früh verschlossen.
- A.T.U sagte den Kunden vorher, was die Inspektion kostet, damals etwa 89,- DM, zuzüglich Teile und Nebenkosten. Zur gleichen Zeit sprachen die Markenwerkstätten über Inspektionskosten von mehreren hundert Mark, natürlich waren darin auch die Nebenarbeiten und Teile enthalten. Aber war – und ist – A.T.U deshalb unehrlich? Sie geben genau an, was die Inspektion, also was der technische Check am Fahrzeug kostet. Was noch an Nebenarbeiten hinzukommt, welche Teile notwendig sind und welches Öl der Kunde wählt steht ja nicht von Anfang an fest.
- Was unterscheidet A.T.U noch vom Markenservice? Es gab Werbung für den Service! Wenn wir an die Anfangszeit dieser Fast-Fit-Kette zurückdenken, dann erkennen wir, dass Werbung für das Servicegeschäft damals absolut unüblich war. Noch heute fällt es vielen Betrieben schwer, ein angemessenes Werbebudget für den After-Sales-Bereich zur Verfügung zu stellen, obwohl es die Abteilung ist, die im Autohaus das meiste Geld verdient. Obwohl allseits bekannt ist, dass diese Abteilung für das Überleben des Autohauses im umkämpften Markt verantwortlich ist. Man muss ja nicht gleich einige hundert Millionen Flyer wie A.T.U oder Bosch verteilen, es wäre ja schon genug wenigstens die Stammkunden regelmäßig mit Informationen rund um die Leistungen des Autohauses zu informieren.

Wie wir alle wissen, kostet eine vergleichbare Leistung bei A.T.U und anderen vergleichbaren Anbietern unterm Strich nicht wirklich weniger als in manchen Fachbetrieben. Der Fachmarktbetrieb mit Sitz in Weiden versteht es aber scheinbar besser, die Leistung und den Preis besser, also kundenorientierter darzustellen. Wie heißt es in der Branche immer noch über den Marken-After-Sales: »Apothekenimage«! Damit kann man heute in Zeiten eines heftigen Verdrängungswettbewerbs kaum noch Kunden begeistern.

Man kann die notwendige Marketing-Strategie auf einen Nenner bringen:
Man muss dafür sorgen, dass man:

- die richtigen Produkte zur richtigen Zeit am richtigen Ort im Angebot hat,
- die Produkte zum richtigen, marktgängigen Preis anbietet,
- mit der richtigen Werbung die Kunden und Nichtkunden über Angebot und Preise informiert und
- mit einem aktiven, kundenorientierten Verkauf am Point of Sales die Kunden richtig berät und die Ware vorteilhaft, sprich nutzenorientiert verkauft.

4.7.2 Das Marketing-System-Modell (MSM)©

Die Marketingaktivitäten eines Betriebs, natürlich auch eines Autohauses kann man im folgenden Systemmodell darstellen: Das Systemmodell stellt Marketing als ein sich ständig veränderndes, fließendes Modell vor. Der Ausgangspunkt ist immer die jeweilige Marktsituation. Die ständige Information über die Entscheidung der Marktvolumina, die künftige Entwicklung von Nachfrage und Kaufkraft, Anzahl der Konkurrenten u. v. a. m. sind dringend notwendig, um den Betrieb immer wieder richtig auf die Anforderungen der Zukunft einzustellen. Wer sich dieser Aufgabe nicht stellt, lässt sein Unternehmen vergreisen, es wird von dynamischeren Wettbewerbern überholt.
Folgen wir nun den einzelnen Schritten, wie sie im Systemmodell dargestellt sind. Das zeigt, wie Sie auf die gleiche Art und Weise Ihr individuelles Autohaus-Marketing-System auf die Beine stellen können.

4.7.2.1 Markt & Kunde

Der Ausgangspunkt im vorliegenden Systemmodell ist die Rubrik »Markt & Kunde«. Ein Unternehmer muss über den Markt und dessen Kunden so viel wie nur irgendwie möglich in Erfahrung bringen, damit man seine eigenen Aktivitäten optimal darauf einstellen kann. Also nicht so wie die eingangs zitierte Nagelfabrik, der markt- und kundenorientiertes Denken völlig fremd war, sondern die optimale Ausrichtung aller betrieblichen Aktivitäten auf die Erkennung der Kundenbedürfnisse und die Erfüllung der Kundenwünsche. Dazu gehören na-

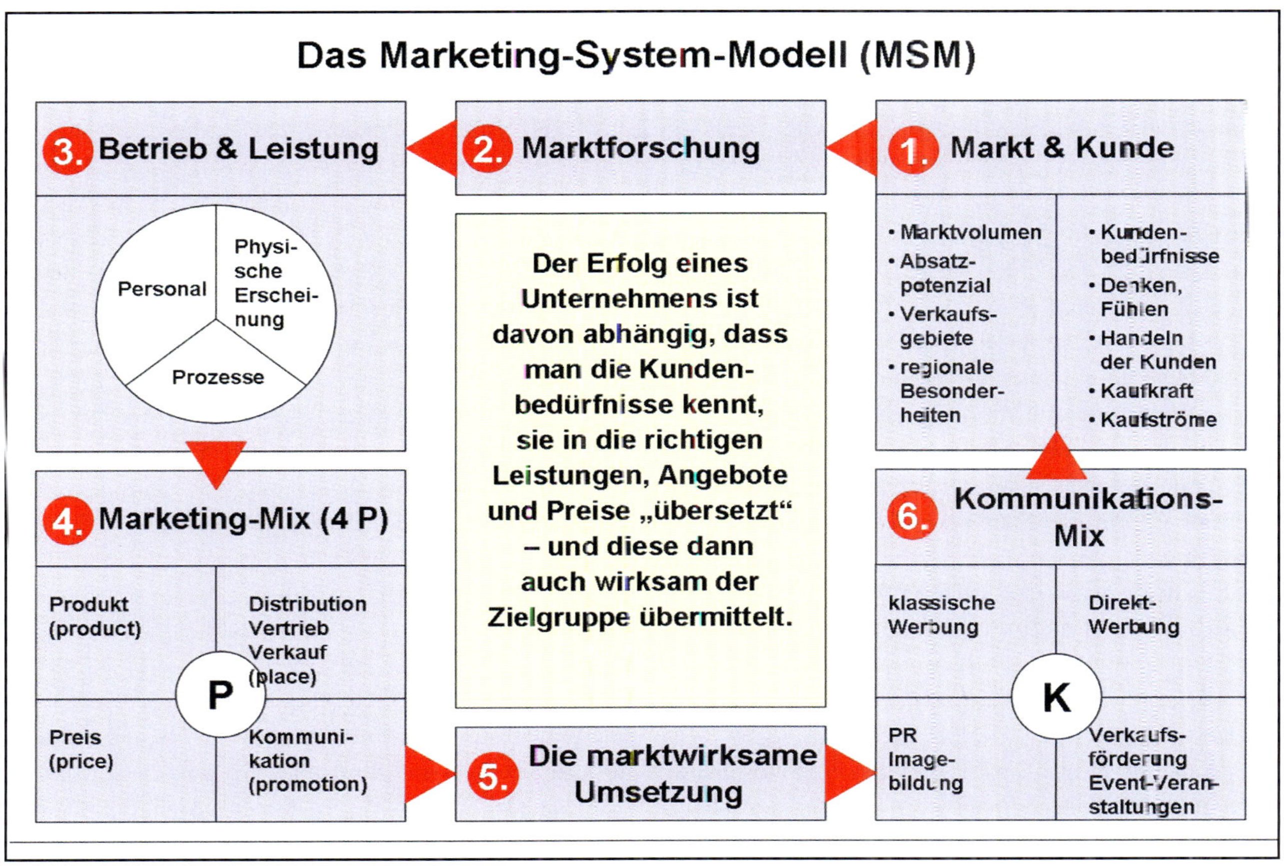

Abb. 4.7.1 Marketing bedeutet sich ständig um die Kundenwünsche zu kümmern und diese in betriebliche Leistungen umzusetzen. Copyright: Wagner & Wagner, mdw Passau

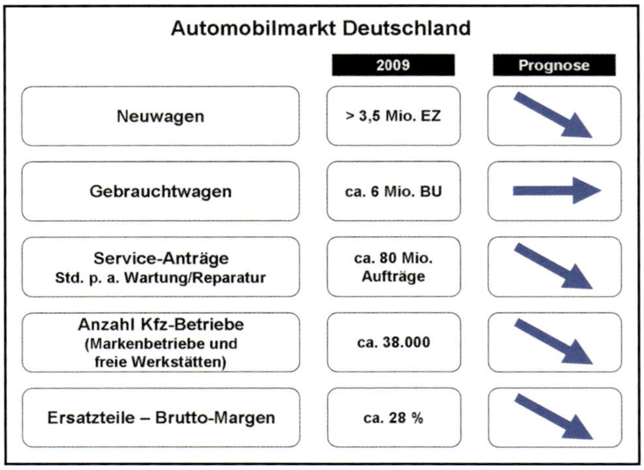

Abb. 4.7.2 Die Entwicklung der Geschäftsfelder des Automobilhandels

türlich beste Informationen über die künftige Marktentwicklung, die sich Mitte 2009 nach aktuell bekannten Prognosen für das Automobilgeschäft wie in Abb. 4.7.2 dargestellt.

Wie kann man die derartigen Erkenntnisse aus Prognosen nutzen? Dazu ein Beispiel: Die Kaufkraft sinkt in der Region, in der man das Autohaus betreibt, dies muss aber nicht zwangsläufig zum Untergang führen. Man muss nun z. B. das Gebrauchtwagenangebot auf die Möglichkeiten der Kunden einstellen, günstigere Sortimente aufbauen und preiswerte Finanzierungsbedingungen auf die Beine stellen. Es gibt keine andere Wahl als sein Geschäft und sein Angebot dem Kundenwunsch anzupassen. Die Kunden werden sich immer den Anbieter suchen, der ihre Bedürfnisse am besten befriedigen kann. Gleiches gilt für den Service.

4.7.2.2 Marktforschung

Das Wissen um Trends, Fakten, Kundenwünsche und die sich ständig verändernde Nachfrage gehört zum Autohaus-Alltag. Sicher dreht sich dies für ein Modegeschäft schneller als für ein Autohaus, dort wird zweimal im Jahr die Kollektion gewechselt – im Autohaus ändern sich die Modelle in großen Abständen. Trotzdem muss man am Ball bleiben. Schon im Gebrauchtwagengeschäft kann innerhalb von kurzer Zeit die Modell- und Preisnachfrage wechseln. Man erinnere sich nur an den plötzlichen Einbruch der Nachfrage im SUV-Sortiment, an die Nachfrage-Situation mit den Farben schwarz und weiß oder an die Veränderung der Nachfrage in der Antriebsart Benzin- und Diesel-Motoren. Noch schneller dreht sich die Welt im Servicebereich, es gibt zwei Schlüsselzeiten für das Angebot: Frühjahr und Herbst. Auch das Zubehörgeschäft unterliegt kurzen Zyklen. Während man als Händler im Neufahrzeuggeschäft davon abhängig ist, dass der Vertragspartner – der Hersteller – die Kundenwünsche kennt und die richtigen Produkte auf den Markt bringen kann, muss man die restlichen Bereiche eigenständig gestalten. Marketingprofi Walter H. Braun beschreibt das so:

Marketing heißt: »Die Welt aus dem Blickwinkel der Kunden zu sehen.« Demnach müssen Sie: »Zum richtigen Zeitpunkt die richtigen Produkte zum richtigen Preis in der richtigen Aufmachung bei richtiger Werbung an die richtige Zielgruppe richtig und vorteilhaft verkaufen!«

Marketing bedeutet also Vorausschau und die gelingt am besten mit der richtigen Marktforschung. Diese kann man aber auch im kleinen Maß innerbetrieblich anstellen: Die Mitarbeiter, die täglich in Kontakt mit Kunden stehen, wissen sehr genau, was gefragt ist, wo der Trend hingeht und was man tun muss, um erfolgreich zu sein. Auch die Sammlung und Auswertung von Reklamationen kann man unter diesem Aspekt sehen: Jede Reklamation kann ein wertvoller Hinweis darauf sein, um sein Geschäft noch besser den Kundenbedürfnissen anzupassen.

TIPP

Dazu ein Tipp, den Sie in Ihrem Haus einfach umsetzen können: Veranstalten Sie zwei Mal im Jahr einen internen »Marketing-Workshop«, laden Sie dazu alle Ihre Mitarbeiter ein und erarbeiten Sie Antworten auf folgende Fragen:

1. Warum sollen Kunden zu uns ins Haus kommen? Haben wir dazu klare Aussagen und Argumente?
2. Stimmt unsere Kundenorientierung? Unsere Kundenfreundlichkeit? Ist unser CSI (Kundenzufriedenheit) in Ordnung?
3. Haben wir die richtigen Produkte? Fehlt was im Sortiment oder »pflegen« wir noch Ladenhüter?
4. Sind unsere Preise marktgerecht? Was sagen die Kunden über unsere Preise?
5. Stimmt unsere Werbung? Kommt sie bei den Kunden an?
6. Ist unsere Verkaufsarbeit ok? Stimmt die Beratungs- und Abschlussqualität?

In diese Meetings können dann auch aktuelle Marktforschungen verschiedener Einrichtungen wie z. B. dem Institut für Automobilwirtschaft in Geislingen, der BBE retail experts in Köln, verschiedene Beiträge im Fachmagazin AUTOHAUS oder die Erkenntnisse aus Fach-Seminaren eingebracht werden. Nicht vergessen sollte man auch interne Aufzeichnungen wie z. B. die Werbeerfolgskontrolle oder die vorliegenden Reklamationsauswertungen.

Derartige Meetings können Ihrem Haus nicht nur neue Impulse geben, sondern auch einen entscheidenden Vorsprung bescheren. Wenn Sie Ihre Mitarbeiter ständig fordern in Marketing-Kategorien zu denken und zu handeln, werden Sie garantiert belohnt werden. Marktforschung ist kein Hexenwerk. Es gilt nur die Erkenntnisse aus verschiedenen Quellen regelmäßig zusammen zu tragen und als Basis für das eigene Geschäft auszuwerten. Die Führungsaufgabe Nummer 1 ist, alle Mitarbeiter zu Marketing-Experten für Ihren Bereich zu machen.

4.7.2.3 Betrieb, Mitarbeiter & Leistungen

Der nächste Faktor im Marketing-System-Modell sind die betrieblichen Faktoren: Neben der Immobilie und der Geschäftslage ist der wichtigste Faktor das Personal, die Menschen. Marketing-Experten sprechen hier auch von den »drei P«, gemeint sind damit die Begriffe: Personal, Prozesse und physische Erscheinung (physical facilities) wie z. B. die Außenwirkung, CI usw. – Begriffe, deren praktische Auswirkung zu Erfolg und Misserfolg ebenso beitragen wie die richtigen Produkte und Preise. Was nutzt es schon, wenn man das tollste Produkt im Angebot hat – die Mitarbeiter die Grundgesetze des Umgangs mit den Kunden aber nicht beherrschen?

Personal

Insbesondere die Fähigkeit, die beste Kundenbegegnungsqualität herzustellen, die möglich ist, hat Priorität Nr. 1. Das beste Kundengewinnungs- und Kundenbindungsinstrument ist die gute persönliche Beziehung zwischen den Mitarbeitern des Autohauses und seinen Kunden – und eine möglichst dauerhafte Kundenbindung ist die Grundlage jeden Geschäftes schlechthin. Man kennt auch die Aussage, dass es sieben Mal teurer ist einen neuen Kunden zu gewinnen als einen Stammkunden zu halten und dass negative Erfahrungen von Kunden viel häufiger an andere weiter gegeben werden als positive.

Der Vollständigkeit halber sei hier auch auf das Kürzel »USP« verwiesen, das im Marketing eine wesentliche Rolle spielt, es bedeutet: »unique selling proposition« und in der Überset-

DAS DREHBUCH FÜR DIE TÄGLICHE »THEATERAUFFÜHRUNG AUTOHAUS«

Das Autohaus Lietz, Mazda-Händler mit fünf Filialen in Österreich, hat den Marketingfaktor »Personal« zur Strategie erhoben, sie wird dort so formuliert: »Wir spielen tagtäglich das Theaterstück ›Autohaus‹. Früh morgens geht der Vorhang auf und unsere Kunden sind das Publikum, die für den Eintritt auch Geld bezahlen (sprich Umsatz machen). Wir, die Mitarbeiter des Hauses, spielen in diesem inszenierten Stück klar festgelegte Rollen. Sobald wir die Bühne betreten, haben wir uns an die Regieanweisungen zu halten. Für jeden Mitarbeiter haben wir übereinstimmende Verhaltensweisen formuliert, wir haben sozusagen jedem seine Rolle vorgegeben, wie in einem Theaterstück und das funktioniert prima. Im Grunde ist es ganz einfach bei den Kunden einen positiven Eindruck zu machen: Unser Kernstück des Verhaltens, an dem sich alle orientieren müssen, ist: Augenkontakt herstellen und lächeln! Im Gespräch mit Kunden achten wir darauf, dass wir die drei Zauberwörter ›Bitte‹, ›Gerne‹ und ›Danke‹ ständig verwenden. Und so haben wir nur wenige Vorgaben, die aber alle beherzigen und so werden wir von den Kunden auch so wahrgenommen, wie wir es wünschen und wir geben unseren Kunden ein einzigartiges, gutes Gefühl mit auf den Weg.«

Jeder im Autohaus, der auf der Bühne steht, ist in das Stück integriert, wer nicht gut drauf ist, verlässt die Bühne. Privat ist hinter der Bühne, auf der Bühne ist die persönliche, offizielle Rolle zu spielen. Christian und Heini Lietz, die innovativen Inhaber des Autohauses, beschreiben ihr Erfolgsrezept so: »Vom Produktbesitz alleine können wir heute keine dauerhafte Kundenbeziehung mehr ableiten. Spätestens seit dem Durchbruch des Internets gibt es für uns unendlich viele Wettbewerber, die genau das gleiche Produkt teilweise zu günstigen Preisen anbieten. Für den Service am Fahrzeug und für Reparaturen gibt es unendlich viele Anbieter, die im Prinzip alle das Gleiche anbieten. Also müssen wir uns die Frage stellen, wie wir uns von der Konkurrenz abheben können. Wir müssen den Kunden einen plausiblen Grund bieten, um unser Haus auszuwählen, statt eines der Konkurrenzangebote anzunehmen. Der wichtigste Unterscheidungsfaktor ist für uns die beste Kundenbeziehung aufzubauen, die wir können. Dem »Kundenbesitz« gelten alle unsere Anstrengungen. Kundenbesitz ist für uns wichtiger denn Produktbesitz. Je länger die Beziehung zu unseren Kunden andauert, desto ertragreicher ist diese. Also investieren wir so viel wie möglich in die Begegnungsqualität zwischen unseren Mitarbeitern und den Kunden. Das ist ein wesentlicher Teil unseres Erfolges!«

zung: das Alleinstellungsmerkmal, das einzigartige Verkaufsargument! Damit verbunden ist immer wieder die Aufforderung an Unternehmen sich mit derartigen Alleinstellungsmerkmalen von der Konkurrenz zu unterscheiden, sich am Markt zu profilieren, sich zu differenzieren! Werfen wir noch mal einen Blick zurück zur Empfehlung einen internen Marketing-Workshop in Ihrem Betrieb durchzuführen, um u. a. die Frage zu klären: »Warum sollen die Kunden ausgerechnet zu uns kommen?« Schaffen Sie Ihren USP, stellen Sie Ihr Personal so kundenorientiert und kundenfreundlich wie nur möglich ein, damit erreichen Sie im Vergleich zu anderen ein Alleinstellungsmerkmal, das zudem sogar kostenfrei ist.

Die Prozesse im Autohaus

»Prozesse im Autohaus sind den Kunden im Prinzip egal – sie fallen ihnen nur auf!« Diesen Sinnspruch sollte man sich zur Aufgabe machen. Einerseits dienen gut organisierte Arbeitsschritte intern dazu, um reibungslos und effizient arbeiten zu können, damit erzeugt man Qualität und spart Kosten. Nach außen aber erzielt man bei den Kunden positive Wirkung, wenn alles »reibungslos abläuft«, negative, wenn die Kunden den Eindruck gewinnen, dass Chaos herrscht. Mit gutem Recht zählen deshalb die Prozesse zum erweiterten Spektrum der Marketinginstrumente. Nachstehend finden Sie eine kleine Auswahl der kundenwirksamen Prozesse.

Die physische Erscheinung

Korrekt ausgedrückt heißt es: »Physical Evidence« und gemeint ist damit im engeren und weiteren Sinne das CI (Corporate Identity – Unternehmensidentität), also das Erscheinungsbild nach innen und außen. Bei den markengebundenen Autohäusern wird dies weitgehend durch die Hersteller und Importeure geprägt und vorgegeben, aber auch die markenfreien Werkstätten, die sich einem System wie z. B. *Bosch* oder *1a* angeschlossen haben, zeigen nach außen ein wieder erkennbares einheitliches Erscheinungsbild, das für den Kunden zur besseren Orientierung dient. Vom Briefbogen, der Visitenkarte, dem Webauftritt bis hin zur Gebäudemarkierung, den Markenzeichen und der Farbgebung, dient alles der klaren, unverwechselbaren Erkennung des Anbieters. Die Empfehlung zur »Physical Evidence« gilt natürlich auch für freie Betriebe, je besser das Erscheinungsbild, desto glaubwürdiger ist das Unternehmen. Dazu kommt noch ein psychologischer Effekt: Je ordentlicher, aufgeräumter der Betrieb ist, je klarer das CI dargestellt und gelebt wird, desto mehr Vertrauen wird diesem Unternehmen im Allgemeinen entgegengebracht, desto glaubhafter ist das Qualitätsversprechen.

Die gelebte Marke

Die Marke muss man leben. Schon beim Erreichen des Autohauses und beim Betreten des Gebäudes muss man als Kunde Image und Flair der Marke spüren können. Das folgende Bild zeigt den ersten Eindruck nach Öffnen der Türe zum *Alfa Romeo* Autohaus Schiermeier in Osnabrück. Man spürt deutlich, dass man hier nicht nur das CI-Pflichtprogramm des Herstellers abwickelt, sondern dass man sich durch die besondere Gestaltung und Dekoration mit der Marke identifiziert. Die Wirkung gegenüber den Kunden ist nicht zu unterschätzen.

AUTOHAUS-PROZESSE AUS SICHT DER KUNDEN POSITIVE WIRKUNG	NEGATIVE WIRKUNG
• rasche Termine	• langer Terminverlauf oder ungeordnete Termine
• kompetente Auskünfte am Telefon	• langwieriges Verbinden zu einzelnen Personen
• informierte Ansprechpartner, zügige Bearbeitung	• Inkompetenz, Verzögerung, unerledigte Anfragen
• zufriedenstellende Reklamationsbearbeitung	• Schuldzuweisungen, Entscheidungsverzögerung
• freundliche Begrüßung, vorbereitete Unterlagen, rasche Bedienung	• lange Wartezeiten, Suchen von Vorgängen, Aufträgen, unfreundliche Bedienung:
• kundenorientierte Öffnungszeiten	• »... leider keiner mehr da, melden Sie sich morgen wieder!«
• im Service: Auto fertig, Rechnung fertig, kundenorientierte Rechnungserklärung	• Rechnung nicht fertig, Fahrzeugrückgabe ohne Erläuterung der Arbeitspositionen
• im Verkauf: Anmeldung zur Probefahrt, Fahrzeug steht zur Verfügung, ausführliche Beratung	• Probefahrt nicht möglich, mangels passendem Fahrzeug oder umständliche Bereitstellung des Autos ohne Beratung
• im Teilegeschäft: Lieferung »just in time« ohne Wartezeit durch frühzeitige Teileorder für vorgeschriebene Aufträge	• ET-Anfrage durch Monteur nach begonnener Reparatur mit der Gefahr, dass Teile fehlen

Abb. 4.7.3 Gelebte Marke im Autohaus Schiermeier in Osnabrück

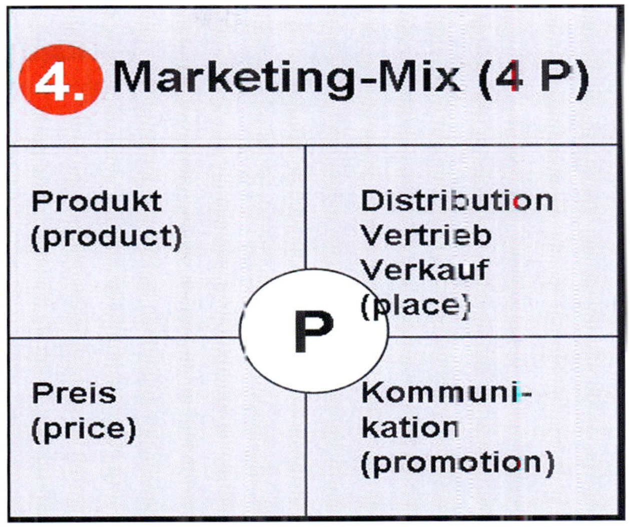

Abb. 4.7.4 Der richtige Marketing-Mix: die 4P

4.7.2.4 Der Marketing-Mix – oder die »4 P«

Der Marketing-Mix ist der Werkzeugkasten für ein Unternehmen. Folgender Leitspruch hilft diese Aussage zu verstehen:

Marketing heißt:

> »DIE WELT AUS DEM BLICKWINKEL DER KUNDEN ZU SEHEN. DEMNACH MÜSSEN SIE: ZUM RICHTIGEN ZEITPUNKT DIE RICHTIGEN PRODUKTE ZUM RICHTIGEN PREIS IN DER RICHTIGEN AUFMACHUNG BEI RICHTIGER WERBUNG AN DIE RICHTIGE ZIELGRUPPE VORTEILHAFT VERKAUFEN!«
>
> Walter H. Braun, BEST, A-Linz

Alle Betriebe in allen Branchen haben diese Aufgabe zu bewältigen, es geht um die Produkt- und Preispolitik, die Kommunikations- und Vertriebspolitik. Jeder Betrieb ist ständig gefordert in allen Bereichen stets das beste Angebot vorzuhalten. Eine Aufgabe, die nie ein Ende findet, weil sich die Märkte ständig verändern.

Das richtige Produkt

Dieser Handlungsmaxime, wie oben genannt, unterliegen alle Betriebe, auch wenn im Automobilgeschäft einige Faktoren durch diverse Verträge mit Herstellern und Importeuren fix geregelt sind und vom Autohaus nicht mehr individuell bestimmt werden müssen. Anders als z. B. ein Bekleidungsgeschäft, das selbstständig die richtige Kollektion einkaufen muss, ist das NW-Sortiment kaum beeinflussbar. Das entbindet die Verantwortlichen aber nicht in den selbst gestaltbaren Bereichen die richtigen Rahmenbedingungen zu schaffen. Dazu einige Beispiele:

Es gibt Betriebe, die ihr Sortiment im Gebrauchtwagengeschäft hauptsächlich aus Rückläufern und Eintauschfahrzeugen gestalten. Sie bieten den Kunden so kein Nachfragesortiment, also gebrauchte Fahrzeuge, die der Markt sucht, sondern sie bieten ein Problemsortiment aus »zwanghafter Beschaffung«, nämlich den Eintausch NW zu GW. Dass man Kunden damit kaum begeistern kann, dass man damit keine Anziehungskraft am Markt ausstrahlt, ist logisch und dass man so nicht erfolgreich agieren kann, ebenso. Gemäß dem Marketing-System-Modell muss man sein Ohr immer am Puls des Markts haben und die Bedürfnisse der Kunden genau ausloten. Dann muss man – sofern möglich – die notwendige Ware, in diesem Fall die richtige, weil von den Kunden gewünschte, beschaffen. Dies ist die Grundlage für ein erfolgreiches, d. h. mit kurzen Standzeiten und ausreichenden Bruttoerträgen ausgestattetes GW-Geschäft. Problemsortimente anzubieten, bedeutet nicht nur eine hohe Belastung durch standzeitbedingte Kosten und Erlösschmälerung durch standzeitbezogenen Wertverfall, es bedeutet auch, dass man in den Augen der Kunden an Image verliert. Jeder, der dem Kundenwunsch nicht entspricht, schädigt sein Image.

Oder werfen wir einen Blick in die Serviceabteilung: Vielerorts wird immer noch mit den Grundprodukten »Reparatur und Wartung« gearbeitet. Das wird natürlich auch so bleiben, aber die Bedürfnisse der Kunden haben sich verändert. Dazu kommt noch, dass diese klassischen Angebote einer ständig sinkenden Nachfrage gegenüber stehen. Man muss sich im Service heute von diesem traditionellen Angebot weiter entwickeln

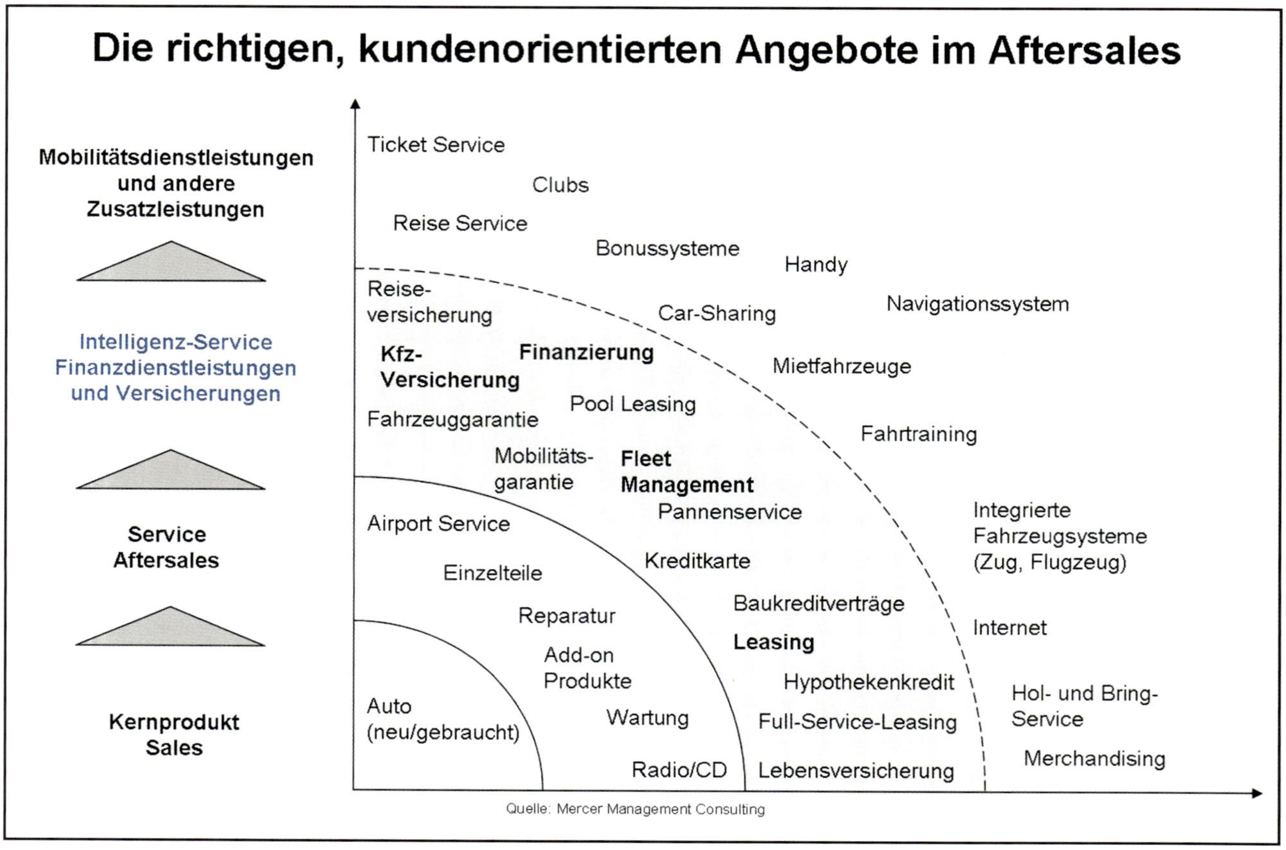

Abb. 4.7.5 Die richtigen, kundenorientierten Angebote im After-Sales

und alles rund um die Mobilität für seine Kunden im Angebot haben. Die oben stehende Grafik weist den Weg in eine moderne After-Sales-Angebotsvielfalt.

Selbstverständlich gehört zum richtigen Produkt auch der Faktor Zeit, besser gesagt die »Jahreszeit«. Bei zahlreichen Besuchen in Autohäusern kann man hier viel Sorglosigkeit erkennen, ohne dass man sich dort der negativen Auswirkung beim Kunden bewusst ist:

- Winterreifenpräsentation im Hochsommer
- Plakate für den Frühjahrs-Check hängen im November immer noch in der Kundenzone
- Schneeketten werden im Mai ausgestellt
- Kühlbox-Angebote gibt es im Januar u. v. a. m.

Wer den Marketinggrundsatz beherrscht, nämlich sein Geschäft aus dem Blickwinkel des Kunden zu sehen, dem werden derartige »Klöpse« sicher auffallen.

Der richtige Preis

Um es gleich vorweg zu nehmen: Der richtige Preis muss nicht immer der billigste Preis sein, ganz im Gegenteil! Mit klugem Preismarketing muss man zweierlei bewerkstelligen: Erstens muss man die Kunden zufrieden stellen und ihnen das gute Gefühl mit auf den Weg geben, dass sie für ihr Geld einen fairen Gegenwert erhalten haben. Zweitens muss man für den Betrieb ausreichende Erträge erwirtschaften, dazu ist es notwendig mit dem Preis, mit der Preisauszeichnung aktiv zu arbeiten. Dazu einige Beispiele:

Die Preisauszeichnung für Neu- und Gebrauchtwagen

Gemäß dem Marketinggesetz, die Kundenbedürfnisse und deren Verhalten zu erforschen, sollte man wissen, dass etwa 80 % aller Neu- und Gebrauchtwagen auf irgendeine Art und Weise finanziert sind. Das ist die übereinstimmende Aussage vieler Fachleute aus der Bank- und Leasingwelt, die allerdings nicht konform mit den Erkenntnissen aus dem jährlich erscheinenden DAT-Report ist, dort wird die Finanzierungsquote niedriger dargestellt. Dieser Tatsache ist Genüge zu leisten und sie ist eine Steilvorlage für die Preisauszeichnung von Neu- und Gebrauchtwagen. Auf dem Preisschild auf der Frontseite, also dem ersten Kontakt zwischen Interessent und der Ware ist eben nur eine möglichst niedrig kalkulierte Monatsrate – Finanzierung oder Leasing – auszuzeichnen. Man besucht verschiedene Händler und stellt fest, dass diese Jahrzehnte alte Erkenntnis beileibe noch nicht überall Einzug gehalten hat. Um das Beispiel zu vertiefen: Etwa zwei Drittel aller Gebrauchtwagen-Interessenten suchen ein Auto in der Preisklasse von 4.000,- € bis 8.000,- €. Mit welchen Preisen wird man aber häufig – man achte auf den ersten Eindruck – beim Besuch verschiedener GW-Ausstellungen der Händler konfrontiert? 21.990,- €, 17.490,- € oder 29.900,- €! Das Auge signalisiert dem Hirn sofort: »Lass uns hier verschwinden, da sind wir an den falschen Anbieter geraten!« Warum versuchen wir nicht schon bei der Preisauszeichnung auf die Kundenbedürfnisse einzugehen? Warum bieten wir nicht den Besitz des Fahrzeuges von Anfang an für z. B. 199,- € an? Warum weisen wir nicht darauf hin, dass wir z. B. das aktuelle Auto als Anzahlung für den neuen Gebrauchten akzeptieren und dass wir uns um die Finanzierung der Restsumme kümmern? Dazu noch um die Versicherung, An- und Abmeldung usw.?

Man muss den Kunden helfen, den Wagen besitzen zu dürfen. Die größte Kaufhürde ist in vielen Fällen der Preis! Also ist er optisch zu verkleinern! Der Komplettpreis wird dann seitlich, gemäß den Wettbewerbsgesetzen, also nicht im ersten Eindruck schaffenden Erstkontaktbereich gezeigt.

Preise im Service

Die Preise für Wartungs- und Reparaturarbeiten sind in den letzten Jahren überdurchschnittlich gestiegen. Wenn man für eine Inspektion mit Ölwechsel 350,- € bezahlt, dann ist man günstig davon gekommen. Wenn noch einige Zusatzarbeiten hinzukommen und vielleicht auch noch neue Reifen notwendig sind, dann ist schnell mal ein Tausender fällig. Wir wissen (oder nicht?), dass viele Haushalte mit knappen Budgets wirtschaften müssen. Wir wissen, dass für viele Kunden die Ausgaben für das Auto im monatlichen Haushaltsgeld eine schmerzliche Lücke hinterlassen. Wir wissen, dass die meisten Banken heute eine Finanzierung von Reparaturleistungen und Zubehöranschaffungen anbieten. Wir wissen weiter, dass man, besser gesagt, dass ihre Kunden, in den Kaufhäusern und Elektrofachmärkten, natürlich in den Internetshops Waren ab 250,- € auf Monatsraten erwerben können. Man kennt also die Kundenprobleme und das Kundenverhalten. Dennoch ist es in den meisten Autohäusern und in deren Serviceabteilungen immer noch nicht üblich, dass man den Kunden ab einer bestimmten Reparatursumme (aktiv) eine Monatsratenzahlung anbietet. Ein DVD-Player für 300,- € wird auf sechs Monatsraten gekauft, beim Kauf eines Komplettsatzes Sommerreifen auf Alufelgen erwarten wir, dass der gleiche Kunde 1.200,- € bar auf den Tisch blättert? Kommen wir nochmals zum ersten Punkt dieses Marketing-System-Modells zurück, dem Punkt mit der Marktforschung: Wie denken, fühlen und handeln die Kunden? Welches Einkaufsverhalten haben sie? Welche Kaufkraft ist gegeben? Wer sich damit nicht beschäftigt, wird kaum in der Lage sein, ein feinfühliges Preismarketing auf die Beine zu stellen.

Mit diesen beiden Beispielen aus unterschiedlichen Abteilungen soll eines klar gemacht werden: Der Preis hat nicht nur mit dem Preisschild, der Kalkulation oder dem Rabatt zu tun! Der richtige Preis hat auch (viel) mit der genauen Kenntnis der

Abb. 4.7.6 und Abb. 4.7.7: Neuwagen-Preise: Warum nicht das Auto mit der Leasing- oder Finanzierungsrate auszeichnen?

Abb. 4.7.8 Egozentrische Preisauszeichnung

Abb. 4.7.9 Kundenorientierte Preisdarstellung: »Wir helfen Dir, es besitzen zu können!«

Zielgruppe zu tun. Wie kann ich meinen Kunden helfen, die Ware bezahlen zu können? Welche Wünsche hat der Kunde und wie kann ich als Händler bei der Wunscherfüllung helfen? Und wenn wir es nicht tun, dann leiht die Bank das Geld und wir sind dem Kunden in gnadenlosen Rabattkämpfen ausgeliefert. Es gibt viele Ansätze quer durch das Autohaus, wo man über den kundenorientierten Preis nachdenken kann.

Promotion – die richtige Werbung

Das Autohaus hat die richtigen Produkte, auch das Preismarketing ist kundenorientiert eingestellt – jetzt müssen aber die Kunden davon wissen, was alles geboten wird. Oder Sinn sprüchlich: »Zum Eierlegen gehört das Gackern!« Autohäuser haben – und das betrifft vornehmlich den After-Sales-Bereich unendlich viele nützliche Produkte und Dienstleistungen – nur keiner spricht davon. Wer zeigt schon wirklich z. B. mit großen Plakaten am POS (Point of Sales) oder in Mailings an Kunden, dass man Smart Repair-Leistungen anbietet, dass man Steinschläge in Windschutzscheiben wie von Zauberhand entfernen kann, dass man eine komplette Innenreinigung durchführt, so dass das Auto in neuem Glanz erstrahlt, dass man... Die Liste kann unendlich fortgeführt werden. Meistens führen diese Angebote ein tristes Dasein, ja manchmal entfernt man sie wieder aus dem Angebot, weil keine Nachfrage vorhanden ist. Klar, hat ja auch keiner gewusst! Wenn man ein Angebot hat, das über die Standardleistungen wie Wartung und Reparatur hinausgeht, dann muss man auch dafür werben, sonst wird man es nicht verkaufen. Stöbern Sie mal durch Ihr Leistungsverzeichnis und stellen Sie sich die Frage: »Wissen unsere Kunden das alles?«

Möglichkeiten der Werbung

Im folgenden Absatz sind die Werbemöglichkeiten in Kurzform dargestellt, nur um einen Überblick zu verschaffen, mit welchen Instrumenten man um die Gunst der Kunden und Nichtkunden werben kann. Ob man mit Print-Anzeigen versucht, die Kunden zu erreichen oder mit Briefen und Telefonaktionen die Werbebotschaft verkünden will, hängt von verschiedenen Faktoren ab, die im Kapitel 4.7.2.6 – dem Kommunikations-Mix – an kleinen Beispielen kurz beschrieben werden.

Wichtig ist aber, dass man die Werbung nicht nur genau definiert und die Aktionen genau plant, sondern dass man alle Promotionsaktivitäten nicht als Kosten definiert, sondern als

Investition. Die Werbeausgaben müssen mit vielfachem Ertrag ins Haus zurückkommen! Dazu sind folgende Punkte strikt zu beachten:

1. Die **Werbeziele** müssen genau definiert werden. Wenn man vorgibt: »Wir wollen (müssen) mehr Autos verkaufen!«, dann ist dies eher ein Wunsch als ein Ziel. Wer es aber so formuliert: »Wir setzen uns das Ziel (weil wir den Markt und die Kundenwünsche genau definiert haben) im kommenden halben Jahr im Gebiet XY 25 Cabrios zusätzlich an neue Kunden zu verkaufen«, dann können wir werbetechnisch hervorragend arbeiten. Im ersten Fall »Wir müssen mehr Autos...«, wird man vielleicht das Budget für Print-Anzeigen verdoppeln und vom Ergebnis vielleicht sehr enttäuscht sein. Im zweiten Fall weiß man schon sehr viel über das besondere Produkt, über die Zielgruppe und deren Verhalten u.v.a.m. – so ist man in der Lage die richtigen Strategien zu wählen.

2. **Werbeträger und Werbeinstrumente festlegen**
   Mit der Vorgabe der Zielgruppe stellt sich die Frage, wie diese werbetechnisch am besten und am günstigsten zu erreichen ist. Ist es die Zeitungsanzeige (Werbeträger – Zeitung/Werbeinstrument – Anzeige)? Ist es ein Radiospot? Ist es ein Event, vielleicht im Rahmen eines Golfturniers? Ist es ein Engagement in Clubs? Zieht vielleicht eine Mailkampagne? Wer die Werbeziele genau formuliert, stößt fast zwangsweise auf die richtige Auswahl des Mediums (Werbeträger) und damit auf das richtige Werbeinstrument.

3. **Budget kalkulieren und einsetzen**
   Noch immer kursiert der Spruch, dem man Henry Ford I. in den Mund gelegt hat, angeblich sagte er: »Ich weiß, dass die Hälfte meines Werbebudgets zum Fenster rausgeworfenen Geld ist – ich weiß nur nicht, welche Hälfte es ist!« Dem Manne könnte heute geholfen werden, u. a. durch die genaue Werbezielbeschreibung, aber auch durch die ständige Werbeerfolgskontrolle. Durch das Führen einer einfachen Strichliste mit Aufzeichnungen darüber, auf welche Art und Weise Neukunden auf das Haus aufmerksam wurden, kann man leicht zurückverfolgen, welche Werbeausgaben der Vergangenheit wirksam und deshalb ihr Geld wert waren – und man kann die Aktionen entlarven, die für viel Geld nichts gebracht haben. So bekommt man die Sicherheit, die man für den Einsatz der knappen Werbegelder unbedingt benötigt.

4. **Werbeträger aussuchen und Werbeinstrument gestalten**
   Wenn Klarheit darüber geschaffen ist, auf welchen Weg man die Zielgruppe mit den geringsten Streuverlusten erreicht, also mit dem effizientesten Einsatz der Mittel erreichen kann, startet man die Werbung, selbstredend ist dabei:
   - dass alle Mitarbeiter vorher Bescheid wissen.
   - dass die Werbung durchgängig gestaltet ist, dazu ein Beispiel: Die Cabrios werden beworben, dann muss es selbstverständlich sein, dass das Objekt auch im Empfangsbereich attraktiv präsentiert wird.
   - dass mit zusätzlichen Instrumenten die Kampagne unterstützt wird, so z. B. durch Flyer, durch Ansagen in der Telefon-Warteschleife, in Beiträgen der eigenen Kundenzeitung u. v. a. m.

5. Nach dem Einsatz der Werbung kommt wieder die **Ergebniskontrolle**: Haben wir von Neukunden erfahren, dass das gewählte Medium wirksam war? Hat es sich gelohnt auf diese Art und Weise zu werben oder hat man neue Erkenntnisse gewonnen?

Klassische Werbung

Mit der klassischen Werbung sind die Medien und Werbeinstrumente gemeint, mit deren Hilfe man das breite Publikum erreicht, das sind insbesondere Zeitungen, Radio, TV, Plakate usw. Für die Neuwagenwerbung der Hersteller sind dies geeignete Werbeformen. Für das einzelne Autohaus reduziert sich der Einsatz, denkbar ist z. B. eine Print-Kampagne für das Gebrauchtwagengeschäft (oder regionale TV-, Radiospots). Immer dann, wenn man eine große Zielgruppe mit neuen Produkten ansprechen will, findet man hier die richtigen Instrumente.

Direktwerbung

Man unterscheidet hier zwischen der unadressierten und der adressierten Direktansprache. Es gibt Handzettel, Flyer, Postwurfsendungen u. ä., die, ohne die Adresse des Kunden zu kennen, verteilt werden. Eine klassische Form im Automobilgeschäft ist die Handzettel-Werbung (Car-Sticker), mit der Angebote an den Kunden gebracht werden und zwar an die Windschutzscheibe des parkenden Wagens. Einerseits ist das eine unadressierte Werbung, da man aber die Fahrzeuge auf der Straße und damit verbunden einen spezifischen Bedarf erkennen kann, ist der Briefkasten sozusagen die Windschutzscheibe und die Werbebotschaft kommt dennoch gezielt zum Kunden.

Wesentlich wirksamer ist die adressierte Direktwerbung, d. h. die Werbebotschaft kommt direkt und personalisiert beim Empfänger an. Die wichtigsten Instrumente sind dafür Telefon, Mailing und Newsletter und das wirksamste und direkteste Instrument ist das persönliche Gespräch mit einem Kunden. Wenn dann neue Kunden gewonnen sind, wird der Kontakt über Direktwerbeinstrumente gepflegt, dazu kommen noch Events oder persönliche Kontakte wie z. B. Geburtstagsgrüße.

Der aktive Verkauf

Im Gegensatz zur streng wissenschaftlichen Definition des Marketing-Mix hat der Verfasser den ursprünglichen Begriff aus den »vier P« – nämlich »Place« verändert und dem Automobilgeschäft angepasst. In der Definition der betriebswirtschaftlichen Standardwerke wird damit die Vertriebsart beschrieben, ob ein Produkt mehrstufig über Großhandelssysteme vertrieben oder direkt ab Fabrik an die Endabnehmer verkauft wird. Eine Anpassung an die spezifischen Voraussetzungen der Automobilbranche erscheint legitim und sie wird hier so dargestellt, dass mit »place« der Verkauf gemeint ist, also der Verkaufsstrategie im Betrieb. Ein weites Feld – am besten kann man den Begriff im After-Sales-Bereich darstellen und auf dessen Entwicklung im Servicebereich verweisen. Vor nicht allzu langer Zeit gab es noch eine »Reparaturannahme«, der Meister kümmerte sich um die Kundenwünsche. Heute ist das Vergangenheit, wir reden vom »aktiven Serviceverkauf« in der Dialogannahme, von der Wahrnehmung und Umsetzung von Verkaufsmöglichkeiten mit denen man einerseits Kundennutzen und andererseits Ertragschancen generieren kann. Es genügt nicht nur die Produkte zu haben – man muss diese auch noch kundenutzenorientiert verkaufen! Gefragt ist heute der Serviceverkäufer statt des Annehmers.

Ähnlich ist es im Fahrzeugverkauf. In den früheren, goldenen Zeiten genügte es darauf zu warten bis der Kunde zum Kauf des Anschlussfahrzeuges im Autohaus erschien. Heute muss man in einem harten Wettbewerbsumfeld um den Kunden kämpfen. Wer wartet, verliert; man muss zuerst beim möglichen Interessenten sein. Die richtige Handhabung des Verkaufswerkzeugs zeichnet den erfolgreichen Automobil- wie Serviceverkäufer aus.

4.7.2.5 Die marktwirksame Umsetzung

Die Herausforderung ist, dass wir im Betrieb über den Markt und die Kunden durch permanente Marktforschung in verschiedenster Art und Weise Bescheid wissen, damit wir unsere betriebliche Leistung ständig darauf einstellen können. Dann ist das Marketing-Mix aufzubauen, d. h. wir gestalten die Produkt- und Preiswelt, betreiben wirksame Werbung, damit die Kunden von unserer Leistung erfahren und wir verkaufen Waren und Dienstleistungen kunden- und nutzenorientiert. Es gilt nun, alles, was wir tun zu kommunizieren, den Markt und die Menschen zu informieren, unsere Leistungen und Unterschiede gegenüber der Konkurrenz ins rechte Licht zu rücken. Das passende Instrument dazu ist der Kommunikations-Mix, also eine Mischung verschiedener Aktivitäten zur Marktbearbeitung.

4.7.2.6 Der Kommunikations-Mix

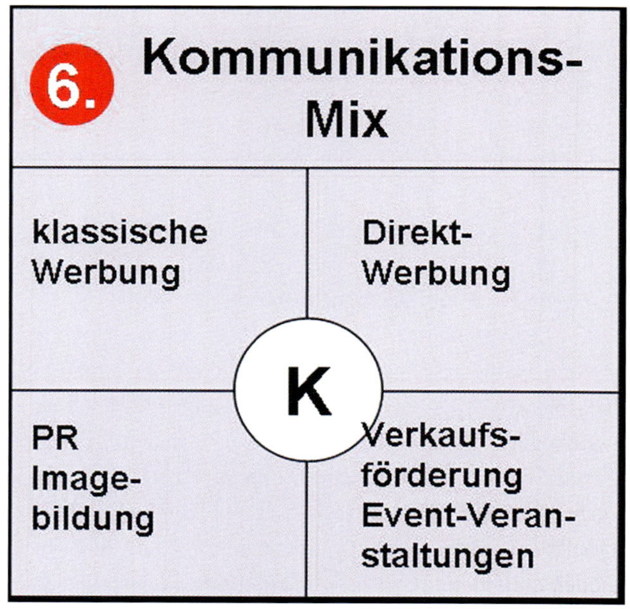

Abb. 4.7.10 Ein gelungener Kommunikationsmix verbindet verschiedene Kommunikationsmittel.

Mit dem Kommunikations-Mix wird dargestellt, wie und in welcher Form das Unternehmen mit Markt und Kunden kommuniziert. Es ist weiter gefasst als der Bereich »promotion« im Marketing-Mix. Im Kommunikations-Mix werden neben der klassischen Werbung wie z. B. Print-Anzeigen, Radio- und TV-Spots in der Praxis des Automobilgeschäfts eher seltener durchgeführte, aber nicht geringer wirksame Maßnahmen aufgezeigt. Die wohl bekannteste darunter ist die PR (public relations – Öffentlichkeitsarbeit). Dazu eine scherzhafte, aber deshalb nicht unrichtige Definition:

Reklame? Werbung? PR?

Wenn ein junger Mann ein Mädchen kennen lernt und ihr sagt, was für ein großartiger Typ **er** ist, so ist das Reklame.
Wenn er ihr sagt, wie reizend **sie** aussieht, dann ist das Werbung.
Aber wenn sich das Mädchen für ihn entscheidet, weil sie **von**

anderen gehört hat, was für ein toller Kerl er wäre, dann ist das Public Relation!
Quelle: Alwin Münchmeyer, Bankier

Im Kommunikations-Mix enthalten sind aber auch alle verkaufsfördernden Instrumente, beginnend bei den Flyern, in denen der Kundennutzen für die Produkte und Dienstleistungen deutlich dargestellt wird, Preislisten und auch Bedienungsanleitungen (manchen möchte man es nicht ansehen, dass sie ein Marketinginstrument sein sollen!). Dazu kommen noch Events, also Veranstaltungen des Hauses, karitatives Engagement, Lehrlingsausbildung und betriebliches Engagement in Aus- und Weiterbildung der Mitarbeiter, Maßnahmen zur Reduktion von CO_2, umweltgerechte Entsorgung von Problemmaterialien u. v. a. m. – um es auf einen einfachen Nenner zu bringen: »Tue Gutes und sprich darüber.«
Ganz besondere Möglichkeiten der Unternehmenspräsentation auf allen Ebenen bietet seit geraumer Zeit das Internet mit allen Nuancen. Allerdings werden die sich bietenden Chancen bei weitem noch nicht genutzt, man kann die aktuelle Situation getrost als große Marketing-Baustelle sehen. Alle Leistungen und Angebote des Unternehmens zu zeigen, dazu die Mitarbeiter ins rechte Licht zu rücken, Mehrwertdienste durch Zusatzinformationen an Kunden weitergeben, Termin-Erinnerungsdienste einrichten und technische Beratungen anbieten und ... ! Für einen marketingorientierten Unternehmer ist das Internet und die wirksame Nutzung der unendlich großen Möglichkeiten eine Top-Herausforderung, die es heute noch erlaubt sich ein Alleinstellungsmerkmal zu erarbeiten. Zur Erinnerung: USP – oder wie unterscheiden wir uns von anderen!

4.7.3 Marketing in der Zukunft

Die Frage, was wird kommen, kann man vielleicht kurz und knapp beantworten: Vermutlich nichts! Die letzte große Neuheit im Marketing war die Einführung des Internets. Natürlich gab es und wird es auch in Zukunft unendlich viele Variationen der bekannten Kommunikationsinstrumente geben, die Prioritäten im Einsatz der Werbeinstrumente werden sich verschieben, so wie es im Gebrauchtwagengeschäft geschehen ist. Die Werbung für das Angebot des Händlers wird heute vom Internet beherrscht, das ging zu Lasten der Print-Medien Nach Überzeugung des Autors wird das Internet, die Homepage des Händlers auch die After-Sales-Werbung eines Tages beherrschen, der Newsletter könnte die Werbebriefe komplett ablösen. Gestaltete SMS-Botschaften könnten aktuelle Sonderangebote auf die Handys der Kunden übertragen, der Fantasie sind keine Grenzen gesetzt.
Eines wird vermutlich aber so bleiben, wie es heute ist Die möglichst große Kundenorientierung, die möglichst große Zuwendung für Kunden, die Freundlichkeit, die Zuverlässigkeit und die Preiswürdigkeit. Wer diese Basis nicht in seinem Betrieb verankert hat, wer seine Mitarbeiter darauf nicht zu 100 % eingeschworen hat, wird Probleme bekommen. Da das Automobilgeschäft keine Wachstumsbranche ist, zumindest gilt das für das Pkw-Handels- und After-Sales-Geschäft, wird der Markt ein Fehlverhalten in der Kundenbeziehung abstrafen. Der Verdrängungs- und Vernichtungswettbewerb hat längst eingesetzt und viele Betriebe wurden bereits zur Aufgabe gezwungen. Vielleicht war es der falsche Standort, vielleicht hatte man die falschen Produkte, vielleicht stimmten die Preise nicht, vielleicht war die Verkaufsleistung zu schwach, vielleicht hat man sich zu wenig um die Kunden bemüht?

Das wichtigste Marketinginstrument für Ihr Tagesgeschäft

Abb. 4.7.11 »Stell dich in die Schuhe deiner Kunden und betrachte dein Geschäft aus dieser Sicht. Würdest du hier einkaufen?«
(Foto: Sebastian Staendecke; ideas-ahead.de)

4.8 Financial Services (von Andreas Finkenberg)

Lästiges Übel – früher hatten die Kunden mal Geld, um ein Auto zu kaufen – oder Ertrags-, Kundenbindungs- und Profilierungschance für den Autohandel?
Der Autokauf ist ohne ein adäquates Finanzierungsangebot nicht mehr vorstellbar, Autobanken machen mit ihren Angeboten den Kauf in der Mehrzahl der Fälle erst bezahlbar. Die tatsächliche Finanzierungspenetration ist schwierig zu ermitteln; es gibt sehr unterschiedliche Aussagen zu deren Umfang. Eine aktuelle Studie im Auftrag des Bankenfachverbandes (www.bfach.de) ermittelt, dass bei Firmenkunden rund 75% aller Käufe finanziert sind (Kredit, Leasing, Mietkauf etc.). Der Arbeitskreis der (herstellerverbundenen) Autobanken AKA (www.autobanken.de) gibt im Neuwagenbereich eine Durchdringungsrate von knapp unter 50% für das eigene Geschäft an. Diese Zahl muss erhöht werden um die Finanzierungen, die am Point of Sale im Autohandel von freien Autobanken generiert werden sowie um die Finanzierungen, die zwar dem Autokauf dienen, aber nicht am Point of Sale im Autohandel abgeschlossen werden (Internet, Hausbank, Verwandtendarlehen etc.). So kommt der Bankenfachverband e.V. zu dem Ergebnis, dass etwas 70% aller Fahrzeugkäufe zumindest zum Teil finanziert sind. Von diesen 70% wiederum werden etwa 60% kreditfinanziert und etwa 40% geleast. Allerdings werden nur – und da besteht für den Autohandel Optimierungspotential – rund die Hälfte der Kreditfinanzierungen auch über den Autohandel am Point of Sale und die andere Hälfte als Barkredite abgewickelt. Eine vergebene Chance!

Markteilnehmer

Am Point of Sale im Automobilhandel bewerben sich grundsätzlich zwei Gruppen von Banken um die Aufgabe, sowohl den Lagerbestand des Handels als auch die Verkaufsfinanzierung durchzuführen.
Auf der einen Seite die »geborenen« Anbieter aus der Gruppe der herstellerverbundenen Autobanken. Andererseits deren Wettbewerber: die freien Autobanken. Nachstehende Tabellen zeigen alle »Werksbanken« nebst der von ihnen bedienten Marken und die am Markt auftretenden freien Autobanken.

Tabelle der herstellerverbundenen Autobanken und deren Marken

BANK	VERTRETENE MARKE
Banque PSA	Peugeot, Citroën
BMW Group Financial Services	BMW, Mini
FGA Bank Germany GmbH	Fiat, Lancia, Alfa Romeo, Maserati, Transporter, Land Rover, Jaguar
Ford Bank	Ford
GMAC Bank	Opel, Chevrolet, Saab
Honda Bank	Honda
Mercedes-Benz Bank	Mercedes-Benz, smart, Chrysler, Jeep, Dodge, Setra
MKG Bank	Mitsubishi
RCI Banque	Renault, Nissan, Dacia
Toyota Fincial Services	Toyota, Lexus, Daihatsu
Volkswagen Financial Services	Volkswagen, Audi, Seat, Skoda
Volvo Auto Bank	Volvo Pkw

Quelle: Arbeitskreis der Autobanken

Tabelle der freien Autobanken

akf bank	GEFA
AUMA Kreditbank	HVB Investitionsbank
AutoBank	IVECO Finance
BDK Bank	Nord-Finanz-Bank
BNP PARIBAS	readybank
CreditPlus Bank	Santander Consumer Bank
Deutsche Leasing Finance	Teba Kreditbank
Dresdner-Cetelem Kreditbank	VR Diskontbank
FFS Bank	

Quelle: Bankenfachverband e.V.

Im Bereich der Finanzierung von Fahrzeugen am Point of Sale konnten die etablierten Autobanken mit rund 56 % Marktanteil ihre Marktführerschaft als Gruppe bestätigen, die Entwicklung der freien Autobanken hin zu inzwischen rund 44 % Marktanteil ist jedoch beachtlich. Unter Einbeziehung des Leasings, einem traditionell starken Feld der herstellerverbundenen Autobanken, ermittelt der Arbeitskreis der Autobanken für sich einen Gesamtmarktanteil von rund 66 %.

Trends

Auf der Produktseite gibt es eine Tendenz zu längeren Laufzeiten (s. u.), zu Restwertprodukten (Leasing), zu kleineren Raten und zu Kombinationsprodukten (Mobilitätspakete).

Auf der Anbieterseite gibt es zwei umfassende Trends. Erstens: Die Finanzkrise hat dazu beigetragen, dass größere Marktteilnehmer mit eigenem Zugang zu Refinanzierungsmöglichkeiten ihr Geschäft ausgebaut haben und kleinere Anbieter zur Veränderung der Angebotspalette (z. B. GMAC) oder zu Fusionen (z. B. GE Money Bank) gedrängt wurden. Dieser Trend wird anhalten, insbesondere da die in der Vergangenheit für die Refinanzierung der Autobanken wichtigen Landesbanken diesen Geschäftsbereich abbauen oder einstellen. Auch der für die Refinanzierung wichtige Markt der Forderungsverbriefung (ABS) ist nach wie vor kaum funktionstüchtig und benötigt wohl längere Zeit zur Erholung. Zweitens: Die (nochmals) verschärfte Aufsicht über die Banken wird zu einer weiter zurückhaltenderen Annahmepolitik führen. Die Bankenaufseher erwarten von den Autobanken zumindest darüber hinaus Schritte für ein »risikoadäquates pricing«, d. h., dass in der Zukunft der Zins für einen Kredit viel stärker von der Bonität des Kunden abhängen wird, als heute.

4.8.1 Einkaufsfinanzierung

Die Einkaufsfinanzierung ist – von der öffentlichen und allgemeinen Wahrnehmung nahezu unberücksichtigt – der wesentliche Stützpfeiler des Automobilhandels. Im Jahre 2008 haben die Kreditbanken des Bankenfachverbandes 7,9 % mehr Einkaufsfinanzierungen ausgezahlt. (48,6 Milliarden €). Die herstellergebundenen Banken hatten zum Jahresende 2008 ca. 400.000 Fahrzeuge mit einem Volumen von 11,6 Milliarden € in ihrem Kreditbestand. Wie kapitalintensiv und damit refinanzierungsnotwendig auch bei familiengeführten Autohandelsunternehmen die Lagerhaltung ist, zeigt nachfolgende Beispielrechnung:

Verkauf pro Jahr	Stück	Ø Einkaufspreis	Lagerumschlag pro Jahr	Ø Bestand Stück	Ø Bestand Euro
Neuwagen	400	20.000 €	4	100	2.000.000 €
Vorführwagen	40	22.000 €	2	20	440.000 €
Gebrauchtwagen	300	12.500 €	3,5	86	1.071.429 €
Kreditbedarf					3.511.429 €
zzgl. 50 % für Bestandsschwankungen					1.755.714 €
Notwendige Kreditlinie					**5.267.143 €**

4.8.1.1 Neuwagen-Systemlösung der Hersteller/Importeure

Die Hersteller/Importeure buchen die gelieferten Neuwagen in das bei der Herstellerbank geführte Kreditkonto des Automobilhändlers. In aller Regel ist der Kreditrahmen großzügig bemessen, damit der Hersteller/Importeur keine Lieferbehinderung durch den Umstand einer ausgeschöpften Kreditlinie erfährt. Grundsätzlich ist zunächst festzuhalten, dass es sich um ein über Jahrzehnte bewährtes und optimiertes Verfahren handelt, welches im gemeinsamen Interesse von Hersteller/Importeur und Automobilhändler liegt. Dennoch lassen sich in der Praxis auch Abwicklungsschwierigkeiten beobachten, die nachfolgend verbunden mit Lösungsansätzen kurz aufgeführt sind.

Lagerumfang

Jedes in das Einkaufsfinanzierungssystem der herstellergebundenen Bank geleitete Fahrzeug bedeutet für den Hersteller/Importeur sofort Umsatz, Liquiditätszufluss und Ertragsbuchung. Gerade zum Ende von Quartalen oder stärker noch zum Jahresende (bei japanischen Importeuren zum Ende des 1. Quartals) sind Hersteller/Importeure durch dieses System verleitet, dem Automobilhandel mehr Fahrzeuge zu fakturieren, als dieser in einem vernünftig überschaubaren Zeitraum benötigt. Im Amerikanischen wird für dieses Verhalten der Begriff »push the metal«, etwa »das Metall vorantreiben« benutzt. Gelegentlich werden auch (teilweise angabegemäß »versehentlich«) Fahrzeuge bereits fakturiert, die sich noch

»im Transit« befinden, also noch gar nicht auf dem Betriebsgelände des Automobilhändlers angekommen sind. Der Automobilhändler zahlt jedoch bereits ab Rechnungsdatum die Zinsen. Zudem trägt er das erhöhte Lagerrisiko.

TIPP

Der Hersteller/Importeur ist durch das System geneigt, Ihnen als Automobilhändler bis an die Grenze Ihrer Belastungsfähigkeit Fahrzeuge zu liefern und Ihnen das Refinanzierungs- und Lagerrisiko zu übertragen. Es ist Ihre Aufgabe als Unternehmer, diesem Verhalten in vernünftiger Weise entgegenzuwirken. Ermitteln Sie Ihren durchschnittlichen normalen Lagerbedarf. Alles, was darüber hinaus geht, sollten Sie versuchen, abzuwehren. Sprechen Sie mit dem kaufmännischen Berater Ihres Herstellers/Importeurs. Nachverhandeln Sie Verträge, die Bestandshaltungen regeln. Die Realität ist die, die Sie mitgestalten. Aktivieren Sie Ihren Händlerverband. Verhandeln Sie Ausgleichzahlungen oder Zinsfreiheiten für Überbestände. Es ist eine ständige Auseinandersetzung, aber begreifen Sie es als Teil Ihrer unternehmerischen Aufgabe, Ihr Lager zu kontrollieren.

Eine weitere Besonderheit ergibt sich in einem zweistufigen Vertriebssystem, der Einfachheit halber »A«-Händler und »B«-Händler genannt (s. Kap. 3.14). Bei einigen Herstellern/Importeuren hält der »A«-Händler auch das Neuwagenlager des »B«-Händlers. Der »B«-Händler bekommt vom Hersteller/Importeur die Fahrzeuge direkt als »Kommissionsware« geliefert, aber zu Lasten der Kreditlinie des »A«-Händlers. Hier ist anzumerken, dass die »Großhandelsmarge«, die dem »A«-Händler für die Verkäufe des »B«-Händlers zufließt, in der Regel unzureichend ist, wenn man das erhöhte Lagerrisiko verbunden mit dem Organisationsaufwand und dem Abwicklungsrisiko betrachtet. Weit negativer wirkt jedoch, dass der »A«-Händler seine absolute volumenmäßige Kreditobergrenze schnell erreicht, ohne dass ihm adäquate Margen zur Verfügung stehen. Oder noch klarer gesagt, der »A«-Händler verwässert seine Rentabilität unter Vergeudung einer wichtigen Ressource, seiner (einer absoluten Grenze unterliegenden) Kreditaufnahmefähigkeit.

Konditionen

In dem Dreiecksverhältnis Hersteller/Importeur – herstellergebundene Bank – Automobilhändler ist ein Grundkonflikt über die Konditionen der Einkaufsfinanzierung angelegt. Der Hersteller/Importeur ist interessiert an einer möglichst hohen Kreditlinie zu möglichst günstigen Konditionen. Der Automobilhändler an einer angemessenen Kreditlinie und günstigen Konditionen und die herstellergebundene Bank an einer »knapp« angemessenen Kreditlinie zu rating-abhängigen auskömmlichen Konditionen, welche nach Refinanzierungs-, Risiko- und Bearbeitungskosten noch eine ordentliche Verzinsung des eingesetzten Eigenkapitals ermöglicht.

TIPP

Streben Sie nach Transparenz beim **Kreditzins**, verhandeln Sie eine Bindung an einen objektiven, für Sie nachprüfbaren Referenzzins. Zum Beispiel »EURIBOR 3 Monate«.

Einstellgebühren: sind marktüblich, haben grundsätzlich ihre Berechtigung, da die Bank Einmalaufwand bei der Einbuchung hat. Aber: Achten Sie darauf, dass die Höhe angemessen ist und nicht willkürlich verändert werden kann. Bei niedrigen Kreditbeträgen und kurzen Laufzeiten kann die Einstellgebühr den Effektivzins merklich nach oben verändern.

Prolongationsgebühren: sind marktüblich, aber wer legt die Ursache dafür? Abhilfe: bessere Lagerhaltung, siehe oben und längere ursprüngliche Kreditlaufzeiten pro Einzelfahrzeug. Wenn die Ursprungslaufzeit pro Einzelfahrzeug 120 Tage beträgt, ist die Wahrscheinlichkeit der Prolongationsnotwendigkeit deutlich höher als bei 360 Tage Ursprungslaufzeit.

Abschlagszahlungen: sind üblich und sinnvoll. Es kommt auf die Angemessenheit an. Die Abschlagzahlungen sollen den Werteverzehr (der Entwertung durch die Dauer des Nichtverkaufs) des Fahrzeugs während der Lagerdauer abbilden. Gelegentlich versucht der Hersteller/Importeur den Verkaufsdruck auf die Handelsorganisation durch höhere Abschlagszahlungen bei besonders marktgängigen Fahrzeugen zu intensivieren. Für Neuwagen sollte im ersten Jahr eine Abschlagzahlung für die in der Regel mitfinanzierte Mehrwertsteuer plus etwa zusätzlich 20 % der Bank als ausreichend gelten. Bedeutet: Nach einem Jahr beträgt der Saldo 80 % der Netto-Rechnung.

Gebühr für die Bereitstellung und/oder Verlängerung der Kreditlinie: Dieser Konditionsbestandteil wird in Zukunft mehr Gewicht bekommen. Für eine Neuwagen-Einkaufsfinanzierung, die auch primär im Interesse des Herstellers/Importeurs liegt, sollte der Automobilhändler diese Gebührenart nicht akzeptieren.

Gebühr für Sicherheiten-Überprüfung (Bestandsprüfung »floor check«): Tendenz geht Richtung Weiterbelastung dieser Kosten an den Automobilhändler. Berechtigt, wenn es zu Auffälligkeiten gekommen ist. Versuchen Sie, auf die Frequenz und den Umfang der Bestandsüberprüfung Einfluss zu nehmen. Eine stichprobenhafte Überprüfung des Bestandes von z. B. 20 % sollte der Bank genügend Hinweise auf die ordentliche Bestandsführung geben.

Bonus-/Malussysteme in Verbindung mit der Absatzfinanzierung: sind am Markt etabliert und sehen z. B. vor, dass ein Basiszinssatz in der Einkaufsfinanzierung sich nach einer Staffel ermäßigen kann, die den Umfang der zugewiesenen Absatzfinanzierungsgeschäfte einbezieht. Grundsätzlich ist es aus Sicht der herstellergebundenen Bank legitim, sich auch das Absatzfinanzierungsgeschäft durch derartige vertragliche Bindungen sichern zu wollen. Der kundige Automobilhändler sollte jedoch prüfen, wie sich das Gesamtpaket aus (Netto-)Kreditzins für die Einkaufsfinanzierung und Provisionen/Bonus (ggf. Werbekostenzuschüssen) in der Absatzfinanzierung rechnet. Grundsätzlich ist zu sagen, dass der automobile Unternehmer gerade in diesem fast franchise-artigen, vom Hersteller/Importeur dominierten Marktumfeld an jedem noch so kleinen Freiheitsgrad interessiert sein sollte und nicht leichtfertig eine unternehmerischen Chance durch eine vorschnelle oder zu enge Koppelung von Einkaufs- und Absatzfinanzierung aufgeben sollte.

Sicherheiten

Üblich ist die Sicherungsübereignung der jeweils finanzierten Fahrzeuge.

Wenn Grundschulden als zusätzliche Sicherheiten verlangt werden, sollten Sie als Automobilhändler prüfen, welchem Zweck diese Sicherheit dienen soll. Sofern es nur und ausschließlich um die Neuwagen-Einkaufsfinanzierung in einer laufenden und ungestörten Geschäftsbeziehung geht, erscheint die Zusatzbesicherung durch Grundschulden nicht angemessen.

Sollten in der Vergangenheit der herstellergebundenen Bank Grundschulden für andere Kreditarten bestellt worden seien (Immobilienfinanzierung, Kontokorrent), ist zu analysieren, ob diese Kredite noch ganz oder teilweise bestehen. Wiederum ist die Sicherungszweckerklärung hinsichtlich des Umfangs zu prüfen. Die Sicherungs-Bestellungsmöglichkeiten sind der unternehmerische Handlungsspielraum des Automobilhändlers. Es ist also in regelmäßigen Abständen zu untersuchen, ob die herstellergebundene Bank ggf. überbesichert ist und man ein Gespräch zu Korrektur sucht.

> **TIPP**
>
> Es ist darauf zu achten, dass die herstellergebundene Bank keinen sogenannten »Raum-Sicherungsübereignungsvertrag« benutzt. Damit würden der Bank **alle** auf dem Gelände des Automobilhändlers stehenden Fahrzeuge als Sicherheit dienen und es sind dann Konflikte mit anderen Geldgebern (Hausbank, freie Autobank) vorprogrammiert. Ferner sollte der Sicherungszweckerklärung Beachtung geschenkt werden. Für welche Forderungen der Bank haften die Fahrzeuge tatsächlich? Nur für die Einkaufsfinanzierung oder für weitere Ansprüche? Grundsätzlich liegt es im Interesse des Automobilhändlers, die Sicherungszweckerklärung so konkret und eng wie möglich zu fassen.

Falls eine Bank für eine Neuwagen-Einkaufsfinanzierung eine persönliche Bürgschaft verlangt, sollten die Gründe besprochen werden. Als Automobilhändler sollten Sie ein Grundverständnis dafür entwickeln, dass die Bank auch dokumentiert wissen möchte, dass der Unternehmer an sein Unternehmen

> **TIPP**
>
> Untersuchen Sie das Verfahren des Versands der Zulassungsbescheinigungen Teil II (früher Kfz-Briefe). Die Abwicklung des »Dokumenteninkassos bei der Hausbank« (der Hersteller/Importeur sendet die Zulassungsbescheinigungen Teil II an die Hausbank des Automobilhändlers zu treuen Händen mit der Maßgabe, diese nur gegen Zahlung an die herstellergebundene Bank auszuhändigen) ist häufig mit hohen Kosten verbunden, die deutlich die Rendite schmälern können. Ein solches Verfahren sollte vermieden werden durch eine kostenfreie/kostengünstige Lagerung beim Hersteller/Importeur oder der herstellergebundenen Bank.

glaubt und zu ihm steht. Aber: Limitieren Sie die Bürgschaft auf einen Höchstbetrag in Euro (nicht mehr als 20% der Kreditlinie) und verhandeln Sie z. B. über eine Kündigungsfrist Ihrerseits von z. B. einem Jahr. Wiederum ist auf die Sicherungszweckerklärung zu achten (s.o.). Ein angestellter Geschäftsführer eines Autohandelsunternehmens, der nicht zugleich auch Gesellschafter des Unternehmens ist, sollte eine Bürgschaftsübernahme ausschließen. Haften für Kredite sollte der Eigentümer des Unternehmens, nicht der angestellte Geschäftsführer.

4.8.1.2 Gebrauchtwagen

Für den Automobilhändler stellt sich hier die Grundsatzfrage, ob er die Gebrauchtwageneinkaufsfinanzierung bei seiner herstellergebundene Bank oder bei einer freien Autobank platziert. Die Abwicklung bei der herstellergebundenen Bank bringt den Vorteil, dass ein Komplettangebot aus einer Hand besteht, die Bonitätsprüfung nach einheitlichen Kriterien nur einmal zu erfolgen hat und eingespielte Verfahrensabläufe vorhanden sind. Auf der Malus-Seite steht, dass das Gesamtengagement aus Neuwagen- und Gebrauchtwageneinkaufsfinanzierung für die herstellergebundene Bank (zu) groß sein kann und bei eventuellen Kürzungsnotwendigkeiten schnell die für das Gebrauchtwagengeschäft vorgesehene Kreditlinie leiden kann. Auch begibt sich der Automobilhändler in eine nahezu vollständige Abhängigkeit und hat keine Vergleichsmöglichkeiten hinsichtlich Konditionen, Abwicklung und Service. Ab einer mittleren Autohausgröße ist also zu empfehlen, die Refinanzierung auf mehrere Partner zu verteilen. Insbesondere kann es sinnvoll sein, Neuwagen, die bei der herstellergebundenen Bank aus einer etwaigen zinsfreien Zeit hinauslaufen und dann dort zu höheren Standardkonditionen verzinst werden, bei einer freien Autobank bei entsprechendem Zinsvorteil in die Gebrauchtwageneinkaufsfinanzierung einzustellen.

TIPP

Eine Form der Besicherung, die in den letzten Jahren in der Gebrauchtwageneinkaufsfinanzierung zunimmt, ist das Kautionskonto. Hier wird von dem Finanzierungsbetrag ein kleiner Prozentanteil (z. B. 2%) solange einbehalten und auf ein Konto des Automobilhändlers eingezahlt, bis ein vorher vereinbarter Betrag (z. B. 10% der Kreditlinie) erreicht ist. Diese Form der Zusatzbesicherung hat viele Vorteile im Vergleich zu der Alternative einer ansonsten geringeren Beleihung der Fahrzeuge. Sie ist viel liquiditätsschonender (2% im Vergleich zu z. B. 10% geringerer Beleihung) und das Guthaben aus dem Kautionskonto steht in der Bilanz als Liquidität. Es sollte allerdings auf eine faire Verzinsung und eine adäquate Sicherungszweckvereinbarung geachtet werden.

TIPP

Gehen Sie wirklich sehr sorgfältig mit den Daten und Angaben zu den beliehenen Fahrzeugen um. Das betrifft sowohl die Erklärung, dass keine anderen, älteren oder vorrangigen Rechte an dem Fahrzeug existieren als auch Detailangaben zu dem Fahrzeug (Standtage, km-Stand, Baujahr etc.). Ein »versehentlich« falsch erfasstes Baujahr oder ein Dreher im km-Stand führt kurzfristig zu einer höheren Liquidität durch die höhere Beleihung, kann aber fatale Folgen bis zur Kreditkündigung haben. Es ist davon auszugehen, dass die Banken diese Daten nicht nur bei den regelmäßigen Bestandsüberprüfungen kontrollieren, sondern auch stichprobenhafte Vergleiche zwischen in öffentlichen Internetbörsen angebotenen Fahrzeugen und ihrem Finanzierungsbestand vornehmen.

Für die Gebrauchtwageneinkaufsfinanzierung gilt grundsätzlich mit nachfolgenden Ergänzungen das hinsichtlich Konditionen und Sicherheiten bei der Neuwageneinkaufsfinanzierung Gesagte analog.

Hinsichtlich der Verwahrung der Zulassungsbescheinigungen Teil II (früher Kfz-Briefe) ist inzwischen Pragmatismus eingekehrt. Während vor wenigen Jahren noch das Verlangen der Bank auf Herausgabe der Kfz-Briefe und Lagerung bei der Bank seitens des Automobilhandels als Vertrauensentzug betrachtetet wurde, hat sich mittlerweile die Erkenntnis durchgesetzt, dass – ordentlicher Service vorausgesetzt – es sogar zu einer administrativen Entlastung beim Automobilhändler kommt.

Ein latenter Grundsatzkonflikt besteht zwischen dem Automobilhändler und der Bank, die Gebrauchtwagen einkaufsfinanziert, in Bezug auf die Beleihung im Einzelfall. Grundsätzlich bleibt festzuhalten, dass die Bank den niedrigeren der Werte aus tatsächlichem Einkaufspreis und DAT/Schwacke-Händlereinkaufspreis als Beleihungsgrundlage auswählt. Und das ist auch folgerichtig. Sollte ein Automobilhändler ein Fahrzeug unterhalb von DAT/Schwacke-Händlereinkaufspreis besonders »günstig« erworben oder hereingenommen haben, hatte sich der virtuelle Listenwert soeben durch den tatsächlichen Marktwert korrigiert. Der Markt hat in diesem Moment schlicht einen anderen (niedrigeren) Wert festgesetzt und der Bank ist dann auch nicht zuzumuten, einen höheren (virtuellen) Listenpreis zu finanzieren. Der zweite Teil des möglichen Konfliktes ergibt sich bei Zubehör und Sonderausstattungen. Hier ist die Empfehlung, nicht mit der Bank über die letzten paar Hundert Euro Beleihung zu feilschen (was manche Bank als Liquiditätsschwäche deuten könnte).

4.8.1.3 Vorführwagen

Vorführwagen werden in der Regel im Rahmen der Neuwageneinkaufsfinanzierung kreditiert. Besonderheiten ergeben sich bei den Konditionen. Normalerweise werden im Vergleich zum Neuwagen höhere Abschlagzahlungen (s.o.) verlangt, um der durch die Nutzung (im Gegensatz zu Lagerung) höheren Entwertung Rechnung zu tragen. Vorführwagen, gemeint sind tatsächlich als Vorführwagen bestellte Fahrzeuge, nicht zur Zielerreichung im Rahmen einer Aktion zugelassene ehemalige Neuwagen-Lagerfahrzeuge, tragen in aller Regel nicht positiv zur Rendite des Automobilhändlers bei. Hier gilt das für das Neuwagenlager ausgeführte analog. Weniger ist mehr. Es ist auch Aufgabe des Herstellers/Importeurs, für eine angemessene Präsentation seiner Marke zu sorgen. In den vergangenen Jahren haben einige freie Autobanken als Alternative zur Vorführwagen-Einkaufsfinanzierung das **Vorführwagen-Leasing** entwickelt.

Vorteile:

- zusätzliche Finanzierungsquelle und
- Verkürzung der Bilanzsumme mit positiver Wirkung auf die Eigenkapitalquote.

4.8.1.4 Die Bonitätsprüfung der Banken

Grundvoraussetzung für die Bereitstellung einer Kreditlinie durch eine Bank ist die Bonitätsprüfung. Die Bankenaufsicht (BaFin) hat in den »Mindestanforderungen an das Risikomanagement« (MaRisk) den Prozess der Kreditvergabe festgelegt. Unter anderem ist bis hinauf auf die Geschäftsleiterebene der Banken eine Trennung zwischen »Markt« (Abteilung, die den Kredit initiiert und votiert = i.d.R. befürwortet) und »Marktfolge« (Abteilung, die den Kredit abschließend prüft und entscheidet, i.d.R. »Risikomanagement«) sicherzustellen. Dabei hat die Bank Prozesse für die Kreditbearbeitung (Kreditgewährung und Kreditweiterbearbeitung), die Kreditbearbeitungskontrolle, die Intensivbetreuung, die Problemkreditbearbeitung und die Risikovorsorge einzurichten. Die Auswertung der Unterlagen und die Erstellung des (bankinternen) Ratings soll die Bank in einem geordneten, dokumen-

TIPP

Es ist darauf zu achten, dass die Bilanz und Gewinn- und Verlustrechnung des Vorjahres zeitnah erstellt und den kreditgebenden Banken vorgelegt und erläutert wird. Banken sind interessiert an Hintergrundinformationen, um sich ein vollständiges, aktuelles Bild der wirtschaftlichen Lage machen zu können. Es unterstützt den Prozess, wenn etwaige Fragen der Bank vom Autohändler vorweggenommen beantwortet werden. Ziehen Sie den bilanzerstellenden Wirtschaftsprüfer bzw. Steuerberater zu diesem Gespräch hinzu. Der Automobilunternehmer sollte sich verdeutlichen, dass es eine seiner unternehmerischen Aufgaben ist, die Kreditwürdigkeit seines Unternehmens zu gestalten und auch den kreditgebenden Banken zu verkaufen. Das ist nicht lästiges Beiwerk, sondern Kerninhalt dieser unternehmerischen Aufgabe, auf die es sich entsprechend, ggf. auch mit externer Unterstützung, vorzubereiten gilt. Einige Spitzen-Unternehmen aus dem Kreis der Autohändler sind bereits dazu übergegangen, eine Art »Bilanzpressekonferenz« für ihre Kreditgeber zu organisieren. Auch ein mittelständischer Autohändler sollte sich mit gleicher Sorgfalt auf diese Bankgespräche vorbereiten. Eine Power-Point-Präsentation, die in Kürze den Automobilmarkt, die vom Autohändler vertretene(n) Marke(n) und ausführlich die Lage des Unternehmens (Umsatz, Rohertragsmarge nach Neuwagen, Gebrauchtwagen, Teilen, Werkstatt, Bestandsentwicklungen, Liquidität, Kennzahlen wie die Umsatzrentabilität, Eigenkapitalrentabilität, Betriebsergebnis) und die zukünftige Geschäftserwartung (3-Jahres-Planung) beinhaltet, ist sicher eine gute Grundlage für das Bankgespräch. Zeitnahe Vorlage in diesem Zusammenhang heißt: innerhalb von vier Monaten nach Geschäftsjahresende. Dem Autohändler, der das aus mannigfaltigen Gründen nicht schafft (Wirtschaftsprüfer überlastet, Ergebnis Betriebsprüfung steht noch aus und Engpass in der Buchhaltung sind die häufigsten Ausreden in der Praxis) sei gesagt, dass er seine Prioritäten zu überdenken hat. Wenn seine Bestandsfinanzierung nicht stabil steht, ist die Existenz seines Unternehmens gefährdet.

tierten Prozessablauf zu einer Einschätzung der Wahrscheinlichkeit bringen, mit welcher der Kreditnehmer den Kredit plus Zinsen zurückzahlen wird. Dabei werden grundsätzlich zwei Kategorien von Informationen verarbeitet: Fakten und Prognosen. Zu den Fakten zählen in der Vergangenheit liegende Ergebnisse des wirtschaftlichen Handelns des Automobilhändlers (Erfolge und Misserfolge), die sich abschließend in der Bilanz und Gewinn- und Verlustrechnung des Geschäftsjahres dokumentieren.

Bei den Prognosen sind wiederum zwei Kategorien zu unterscheiden. Die vom Automobilhändler erstellten Prognosen, also Geschäftspläne, und die von der Bank gemachten Prognosen und Einschätzungen insbesondere zur Qualität des Autohaus-Managements. Es ist in der Beurteilung der Bank unerlässlich, dass sich der automobile Unternehmer mit seiner Zukunft befasst und die geschäftlichen Ergebnisse plant und sich einen ständigen »Soll-Ist-Regelkreis« (Abweichungsanalyse und Korrekturhandlung) zu eigen macht. Hinsichtlich der Einschätzung der Qualität des Autohaus-Managements kommen selbstverständlich subjektive Faktoren ins Spiel. Die Bank stellt sich in der Regel eine Anzahl von solchen oder ähnlichen Fragen:

Aufbau- und Ablauforganisation: Ist das Unternehmen solide aufgestellt, gibt es nach dem »Führungsunternehmer« eine gut ausgebildete und motivierte »2. Ebene«? Bei älteren Unternehmern: Wie ist die Nachfolgeplanung geregelt? Ist das Rechnungswesen angemessen organisiert? Verfügt der Unternehmer über aktuelle Informationen über seinen geschäftlichen Erfolg? Hat er die Chance, etwaige Fehlentwicklungen frühzeitig zu erkennen? Gibt es eine schriftlich fixierte Geschäftsstrategie? Ist die Gesamtstrategie in den einzelnen Geschäftsbereichen implementiert? Was investiert der Unternehmer in Personalentwicklung?

Erfolgsaussichten: Wie verhält sich der Erfolg des Unternehmens zur Vergleichsgruppe (z. B. Händler der gleichen Marke und gleicher Größe)? Marktausschöpfung? Umsatzrenditenentwicklung und Prognose?

Bestandsmanagement: Bestandsgröße angemessen? Lagerreichweite und Lagerumschlag? Standtage im Durchschnitt und im Extrem (»Liebhaberfahrzeuge«)?

Liquiditätsmanagement: Wie informiert sich der Unternehmer über die Liquiditätssituation? Gibt es eine zeitnahe und immer wieder aktualisierte Liquiditätsplanung? Gab es schon mal Zahlungsstörungen und wenn ja, warum?

Gebrauchtwagenmanagement: Ein ganz besonderes Augenmerk sollte der Automobilhändler auf sein Gebrauchtwagenmanagement legen. Erfahrene Autohandels-Unternehmer wissen, dass sich ihr letztendlicher Erfolg erst feststellen lassen wird, wenn der letzte Gebrauchtwagen verkauft ist. Im Gebrauchtwagenlager können sich erhebliche Risiken verbergen, so dass sich die Bank auch mit der Gebrauchtwagen-Strategie befassen wird. Gibt es einen schriftlich fixierten Prozess bei der Inzahlungnahme? Wie und von wem wird der Preis festgelegt? Wer bestimmt ggf. Marken-/Modellausschlüsse? Welche Verkaufspreis- und Abpreisungsstrategie gibt es? Was geschieht mit Langstehern und ab welchem Zeitpunkt wird ggf. mit Verlust verkauft, um den weiteren Wertverfall und Kostenauflauf zu stoppen?

Diese und ggf. weitere Fragen sollen die Bank zu einer Einschätzung und Prognose über die jetzige und zukünftige Qualität des Autohaus-Managements führen. Falls ein Automobilhändler es als anmaßend empfinden sollte, dass eine Bank über seine Management-Qualität »urteilt«, sollte er sich vor Augen führen, dass er seine Lagerbestände in aller Regel nicht ohne eine Bank finanzieren kann. Und dass die Banken verpflichtet sind, sich ein umfassendes und aktuelles Bild über die derzeitige Lage des Kreditnehmers ebenso zu verschaffen wie eine Prognose über die Wahrscheinlichkeit der Kreditrückzahlung. In einem Satz: Mit den Banken ist es kompliziert, aber ohne sie geht es auch nicht.

4.8.1.5 Die Umsatzsteuerfalle oder das süße Gift der 119 %-Finanzierung

In der Neuwageneinkaufsfinanzierung ist es üblich und praktikabel, die Umsatzsteuer mitzufinanzieren, also den Brutto-Rechnungsbetrag inklusive Umsatzsteuer in das Kreditkonto einzustellen. Man spricht dann von der »119 %-Finanzierung«. Praktikabel deswegen, weil es im Dreiecksverhältnis Automobilhändler – herstellergebundene Bank – Hersteller/Importeur zu keinen anfänglichen Ausgleichszahlungen kommen muss. Unterstellt man eine 100 %-Finanzierung, müsste der Automobilhändler die zur Zeit 19 % Umsatzsteuer je Einzelfahrzeuglieferung separat an den Hersteller/Importeur zahlen. Für den Automobilhändler eine sofortige Liquiditätsbelastung, die er in der Regel nicht aus Eigenmitteln finanzieren kann und somit zu einer Belastung seiner Kontokorrentlinie führt. Für den Hersteller/Importeur ein zusätzlicher unnötiger Buchungs- und Überwachungsaufwand (zwei Zahlungen pro Verkauf).

Nahezu jeder Automobilhändler hat bis zum 10. Tag nach Ablauf jedes Voranmeldungszeitraums (i.d.R. monatlich) eine Umsatzsteuer-Voranmeldung auf elektronischem Weg dem Finanzamt zu übermitteln. Da er die gezahlte Umsatzsteuer als Vorsteuer im Rahmen der Umsatzsteuer-Voranmeldung als »Guthaben-Posten« absetzen kann, bekommt er also relativ zügig die Vorsteuer erstattet, entweder in Form einer Aus-

Beispiel für Zahlungsfluss bei 119 %-Finanzierung

DATUM	KAUF	UST. 19 %	RECHNUNGS-BETRAG	KREDITKONTO HERSTELLERBANK	KONTOKORRENT LAUFENDES GESCHÄFT
15.1.	20.000	3.800	23.800	-23.800	
15.3.	Vorsteuer-erstattung				3.800
15.8.	Verkauf 21.000	3.990	24.990	Gutschrift 23.800	1.190
10.9.	Umsatzsteuervoranmeldung				-3.990
10.9.	Liquiditätssaldo				1.000

zahlung oder in Form der Verminderung seiner Umsatzsteuerschuld. In aller Regel wird diese Rückerstattung nicht separiert, sondern fließt als Liquidität in den laufenden Geschäftsbetrieb ein.

Im vorstehenden (vereinfachten) Beispiel erhält der Unternehmer die Vorsteuererstattung nach zwei Monaten als Gutschrift auf dem Kontokorrent. Bei Verkauf am 15.8. ergibt sich zunächst ein positiver Liquiditätssaldo von 1.190 €. Aber wenig später ist die Umsatzsteuer aus dem Verkauf in Höhe von 3.990 € abzuführen. Das gelingt, solange die Liquidität aus der Vorsteuergutschrift vom 15.3. in Höhe von 3.800 € noch vorhanden ist. Sollte sie, was in der Praxis häufig zu beobachten ist, für den laufenden Geschäftsbetrieb bereits »verbraucht« sein (Zahlung von Löhnen, Steuern, Lieferanten), führt der Fahrzeugverkauf zu einer Liquiditätsbelastung von 2.800 € (1.190 € Überschuss minus 3.990 € abzuführende Umsatzsteuer). Verschärft wird die Situation, wenn z. B. zur Ermöglichung des Verkaufes ein Fahrzeug in Zahlung genommen wird, womöglich zu offensiven Ankaufskonditionen. In der Regel ist dann bei der einkaufsfinanzierenden Bank nicht der komplette Inzahlungnahme-Preis als Kredit zu erhalten, so dass die Differenz zusätzlich die Liquidität belastet. Es kommt in der Praxis vor, dass strauchelnde Automobilhändler nicht mehr in der Lage sind, Geschäfte mit vorhandenen Kunden zu realisieren, weil schlicht die Liquidität zur Abwicklung der Geschäfte nicht ausreicht. Zu einem Insolvenzauslöser kann die 119 %-Finanzierung dann werden, wenn es gilt Überbestände abzubauen. Wenn man in obigem Beispiel unterstellt, dass zur Lagerbereinigung in einem Zug 50 Fahrzeuge ohne Marge verkauft oder an den Hersteller/Importeur zurückgegeben werden. Wenn man ferner annimmt, dass die Vorsteuergutschrift im laufenden Geschäftsbetrieb »verbraucht« ist, dann führt die Lagerbereinigung zu einer Liquiditätsbelastung von 50 x 3.800 € = 190.000 € aus der Umsazsteuervoranmeldung. Häufig eine liquiditätsmäßige Unmöglichkeit, die eine notwendige Lagerreduzierung zur Ermäßigung der Kosten und Risiken verhindert.

> **TIPP**
>
> Bestehen Sie in Ihrem eigenen Interesse auf einer Abschlagzahlung der Einkaufsfinanzierung in Höhe der Umsatzsteuer oder – vereinfacht – von 20 % nach 30 Tagen. Wenn das nicht im System der herstellergebundenen Bank zu realisieren ist, sollte Sie diese Abschlagszahlung (oder die Vorsteuergutschrift) auf einem separaten Konto unabhängig vom laufenden Geschäftsbetrieb führen (ansparen). Wer das aus der vorhandenen Liquidität nicht schafft, sitzt schon in der Umsatzsteuerfalle, womöglich, ohne es zu wissen.

4.8.2 Absatzfinanzierung

70 % der Fahrzeugverkäufe sind zumindest teilfinanziert (s. o.). In der Praxis lässt sich jedoch häufig beobachten, dass das Finanzierungsbedürfnis des Kunden als zusätzlicher Mehraufwand im Autoverkaufsprozess, als Störfaktor, ja als lästiges Übel betrachtet wird. Cash ist King. Wirklich?
Eine aktuelle GFK-Studie des Bankenfachverbandes zeigt: 73 % der befragten Kunden haben bereits einmal selbst in einem Autohaus gezielt Finanzierungsangebote nachgefragt. Aber nur 32 % der befragten Kunden sind von einem Autohändler auf Finanzierungsangebote angesprochen worden. Ein weites Feld von Chancen! Was notwendig ist, sind Systemlösungen für den Verkaufserfolg, die eine Finanzdienst-

leistung sozusagen »werkseitig« mit eingebaut haben. So wie man sich heute nicht mehr vorstellen kann, ein Auto ohne Autoradio zu kaufen, so gehört in gleicher Weise die Finanzdienstleistung als Systemkomponente zum Fahrzeug. Der Kunde hat kein Geld? Toll, eine Profilierungschance. Eine gute Möglichkeit zur langfristigen Kundenbindung.

4.8.2.1 Produkte und Lösungen

Ratenkredit mit fester Laufzeit

Der Klassiker und nach wie vor am häufigsten verbreitet: Der Ratenkredit mit fester Laufzeit, fixem Zinssatz und somit unveränderlicher Rate. Für 69 % der Neuwagenkäufer und 84 % der Gebrauchtwagenkäufer ist der klassische Ratenkredit die erste Wahl.

Vorteile:

- feste Rate, Zins und Laufzeit
- für den Kunden und Verkäufer einfach zu verstehen
- kein Zinsänderungsrisiko

Nachteile:

- Im Vergleich zum Ratenkredit mit erhöhter Schlussrate ergibt sich eine höhere Rate bei gleicher Laufzeit
- unflexibel bei mehrfachen Sonderzahlungen
- Restsaldo für den Kunden und Automobilhändler nicht erkennbar
- Kunden glauben, nach der Hälfte der Laufzeit sei die Hälfte des Kredites »bezahlt«, was nicht zutrifft (s.u.). Dadurch Erklärungsbedarf bei vorzeitiger Ablösung

Ratenkredit mit erhöhter Schlussrate (Restratenkredit)

Es existieren unterschiedlichste Bezeichnungen im Markt, wie z. B. »Budgetfinanzierung«, »3-Wege-Finanzierung«, »Zielraten-Finanzierung«, »Ballonkredit« und vieles mehr.

Obwohl der Ratenkredit mit erhöhter Schlussrate bei sachgemäßem Einsatz und richtiger Handhabung viele Vorteile sowohl für den Kunden als auch für den Automobilhändler bringt, ist die Kundenakzeptanz bisher unterdurchschnittlich. Laut GFK-Studie (s.o.) würden nur 13 % der Neuwagenkäufer und 5 % der Gebrauchtwagenkäufer diese Finanzierungsalternative bevorzugen.

Merkmale sind feste Rate, Zins und Laufzeit. Im Vergleich zum klassischen Ratenkredit wird eine erhöhte letzte Rate vereinbart. Da diese Schlussrate während der Laufzeit nicht getilgt wird, ergibt sich im Vergleich zum klassischen Ratenkredit eine niedrigere Rate, wenn alle anderen Parameter unverändert sind.

Vorteile:

- feste Rate, Zins und Laufzeit
- für den Kunden und Verkäufer noch zu verstehen
- kein Zinsänderungsrisiko
- niedrigere Rate

Nachteile:

- wie beim klassischen Ratenkredit
- ferner Unsicherheit am Ende der Laufzeit

Hat der Kunde tatsächlich die Mittel angespart, um die Schlussrate zu zahlen? In der Regel nicht. Aber: hier gibt es eine Kontakt-, Profilierungs- und Verkaufsmöglichkeit. Die Praxis zeigt, dass die Automobilhändler sich häufig nicht um diese Kunden kümmern und die Auto-Banken dann, wenn sich nichts bewegt, den Kunden eine Prolongation (= Weiterfinanzierung) der Schlussrate anbieten. Eine Verlegenheitslösung und vergebene Chance. Ferner ist es problematisch, wenn die Schlussrate zu hoch kalkuliert ist und nicht durch den Verkaufserlös des Fahrzeugs gedeckt werden kann.

Im Sonderfall des Restratenkredits mit drei Optionen (»3-Wege-Finanzierung«) kann der Kunde entscheiden, ob er die Restrate zahlt, die Restrate prolongiert (verlängert) oder das Fahrzeug an den Händler zum vorher festgelegten Preis (der Restrate) verkauft. Dieses Modell ist aufgrund der Wahlfreiheit für den Kunden gut zu vermarkten, kann aber für den Handel nicht unerhebliche Risiken mitbringen.

Im Falle der Restraten-Prolongation ist nicht immer sichergestellt, dass die Rate nach Prolongation genauso hoch wie die »alte« Rate ist. Wenn die erste Periode bis zur Fälligkeit z. B. mit einem Aktionszinssatz von 1,99 % p. a. ausgestattet war und für die Prolongation der Schlussrate die Bank einen Standardzins für Gebrauchtwagen von z. B. 8,99 % p. a. be-

TIPP

Sie sollten für Ihr Geschäft die Summe der Rückkaufverpflichtungen limitieren (gehört in die schriftlich formulierte Geschäftsstrategie). Falls sich bei aktuellen Rückkäufen herausstellt, dass es zu Verlusten im Einzelfall kommt, sollten Sie die Kraft aufbringen, dass **jetzt** durch eine Rückstellung zu Lasten des laufenden Gewinns zu korrigieren. Ferner sollten Sie nicht nur erst dann eine Sicherheitsmarge bei den Restwerten kalkulieren, auch wenn damit dann nicht mehr das attraktivste Angebot gemacht werden kann. Was nutzt heute ein Abschluss, wenn sich in der Zukunft ergeben wird, dass es in der Summe ein Verlustgeschäft war? Niemand, zur Klarheit: niemand kann heute auf 3 % genau sagen, wie die Restwerte in vier Jahren aussehen werden.

rechnet, kann der Automobilhändler in die unangenehme Lage kommen, dem Kunden erklären zu müssen, dass seine Rate und sein Zins für das gleiche Auto merklich steigt. Nicht der beste Weg zur Kundenzufriedenheit. Noch kritischer wird es, wenn die Schlussrate zu Erzielung einer möglichst kleinen Rate aggressiv hoch gewählt wird. In der Regel hat der Automobilhändler formularmäßig einen bedingten Kaufvertrag in die Zukunft abgeschlossen.

! *Der wichtigste* **Tipp** *in diesem Kapitel: Bitte Vernunft bei den Restwerten, ziehen Sie keinen Wechsel auf die Zukunft. Mit hohen und überhöhten Restwerten zu jonglieren ist »zocken« und kann die Existenz Ihres Unternehmens gefährden.*

Flexible Kredite sind im Markt noch wenig verbreitet:
Merkmale: Oft ist das Ende der Laufzeit bestimmt, z.B. nach vier Jahren, aber auch länger möglich. Bis zu diesem Zeitpunkt leistet der Kunde eine Mindestrate in Höhe von z.B. 2% der ursprünglichen Kreditsumme. Der bis dahin nicht getilgte Betrag ist dann wie bei dem Ratenkredit mit erhöhter Schlussrate in einer Summe fällig. Der Zinssatz ist in der Regel variabel und passt sich den Veränderungen am Kapitalmarkt nach einem vertraglich vereinbarten Mechanismus an (z.B. Koppelung am EURIBOR 3 Monate). Der Kunde erhält regelmäßig einen Kontoauszug, aus dem er seine Zahlungen und den aktuellen Saldo ersehen kann. Technisch handelt es sich um einen »Kontokorrentkredit« mit Mindestrate.
Vorteile:

- hohe Flexibilität
- der Kunde kann immer seinen Restsaldo sehen
- tägliche Sonderzahlungen unter sofortiger Tilgungsverrechung möglich
- sehr flexibel bei Ablösung und Neukauf
- sehr transparent
- geringe Mindestraten möglich
- Kunde kann eine höhere Wunschrate einziehen lassen, aber bei Bedarf auch auf die Mindestrate zurückgehen

Nachteile:

- U.U. kann die Mindestrate nicht ausreichen, um die Abwertung des Fahrzeugs zu kompensieren. Dann kann zu einem gegebenen Zeitpunkt »mehr Kredit als Auto« übrig sein (s.u. »negatives Eigenkapital«)
- Der Kunde muss in der Lage sein, verantwortlich und mündig mit seiner Flexibilität umzugehen
- Der Kunde trägt das Zinssatzänderungsrisiko
- Das Produkt ist sehr flexibel, aber erklärungsbedürftig

Leasing
Finanzmathematisch (also was die Kalkulation der Rate betrifft und um die geht es dem Kunden) gibt es zwischen einem Ratenkredit mit erhöhter Schlussrate und einem Autoleasingvertrag (Teilamortisation) keinen grundsätzlichen Unterschied. Wenn man nach Feinheiten sucht, kommt man zu dem Ergebnis, dass die Finanzrate »nachschüssig« (der Kunde zahlt die 1. Rate einen Monat nachdem er das Fahrzeug übernommen hat) kalkuliert ist, während das bei der Leasingrate »vorschüssig« (die 1. Leasingrate ist mit Übernahme des Fahrzeuges sofort fällig) gerechnet wird.
Rechtlich gibt es erhebliche Unterschiede. Die wichtigsten sind: Der Kunde erwirbt beim Leasing kein Eigentum, sondern erhält ein Nutzungsrecht an dem Fahrzeug. Das Fahrzeug wird von der Leasinggesellschaft erworben. Nach Ablauf der Leasingdauer hat der Kunde das Fahrzeug »in gutem Zustand« wieder zurückzugeben. Grundsätzlich hat der Kunde nicht das Recht, das Fahrzeug anschließend zu erwerben.
Die in der Praxis wesentlichen Unterscheidungsformen bei den Vertragsarten im Auto-Leasing sind der »Restwertvertrag« und der »km-Vertrag«.

Im **Restwertvertrag** ist der kalkulierte Restwert des Fahrzeugs in aller Regel offen ausgewiesen. Dieser Restwert ist anhand der geplanten Nutzungsdauer (Laufzeit) und des Nutzungsumfangs (km-Strecke) unter Berücksichtigung von Vergangenheitswerten dieses Fahrzeugtyps prognostiziert. Dabei gilt der Mechanismus, je höher der Restwert, desto geringer die Rate. Am Laufzeitende wird das Fahrzeug »verwertet«. Abhängig vom Verkaufserlös ergibt sich im Verhältnis zum kalkulierten Restwert ein Mehr- oder Mindererlös. Den Mindererlös muss der Leasingnehmer zahlen, am Mehrerlös ist er nach den gängigen Vertragsgestaltungen zu 25% beteiligt. Theoretisch klar geregelt, in der Praxis nicht selten Anlass zu Unstimmigkeiten. Das Laufzeitende naht, der Automobilhändler kontaktiert den Kunden. Dann gibt es grundsätzlich zwei Fallkonstellationen:
a) Der Kunde möchte bei demselben Händler ein neues Fahrzeug erwerben. Hier einigt man sich i.d.R. über den »Inzahlungnahmepreis« (= Automobilhändler kauft Fahrzeug zum kalkulierten Restwert von der Leasinggesellschaft, es fallen keine Mehr- oder Mindererlöse an). Vorausgesetzt, der Restwert war realistisch kalkuliert und die Abnutzung war gebrauchstypisch.
Im Fall b) will der Kunde bei demselben Händler kein weiteres Fahrzeug erwerben. Dann haben Sie als Automobilhändler ohne die Kompensationsmöglichkeiten in einem Anschlussgeschäft auch nur die Option dem Kunden das Angebot zu ma-

chen, das Fahrzeug zu (Ihrem) Händlereinkaufspreis von der Leasinggesellschaft zu erwerben. Oft ist das jedoch weniger als der kalkulierte Restwert. Sie wollen ja ohne Anschlussgeschäft kein unnötiges Gebrauchtwagenrisiko eingehen. Spätestens hier rächt sich ein zu offensiv kalkulierter Restwert. Wenn der Kunde einen erheblichen Mindererlös (Differenz zwischen Händlereinkaufspreis und kalkulierter Restwert) zahlen soll, haben Sie ihn für immer als Kunden verloren und die Marke steht auch nicht gut da: »Der Wertverlust bei der Marke X ist enorm, ich musste bei meinem Leasingvertrag draufzahlen« ist eine Kundenmeinung, die keine Marke anstrebt. Die Nachzahlung kann vermieden werden, wenn der Kunde einen Dritten benennen kann, der das Fahrzeug zu einem höheren als dem ermittelten Händlereinkaufspreis zu zahlen bereit ist (Schadenminderung). Der Kunde wird also das Fahrzeug in den gängigen Online-Fahrzeugmärkten zum Verkauf anbieten. Sollte er den Dritten finden, ergibt sich wiederum eine Abwicklungshürde, da der Dritte von der Leasinggesellschaft kauft und wenn der Kaufpreis nicht genau dem kalkulierten Restwert entspricht, muss der Kunde u.U. erst den noch verbleibenden Mindererlös einzahlen und der Dritte muss den Kaufpreis überweisen, bevor die Leasinggesellschaft die Zulassungsbescheinigung II an den Erwerber aushändigt. Einige Vertragsgestaltungen sehen als eine Lösung ein »Andienungsrecht« der Leasinggesellschaft an den Leasingnehmer, also Ihren Kunden, vor. Das bedeutet nichts anderes als, der Kunde muss das Fahrzeug zum kalkulierten Restwert kaufen. Die Leasinggesellschaft schreibt ihm eine Rechnung, die er i.d.R. nicht bezahlen kann, so dass dann wieder eine Anschlussfinanzierung zu organisieren ist, falls der Kunde sich mangels angemessener Verkaufsmöglichkeiten zur Weiternutzung des Autos entschieden haben sollte.

TIPP

Um es noch einmal klar zu sagen: Überhöhte Restwerte schaden Ihrem Kunden, der Marke, schaden dem Produkt Leasing und Ihnen. Machen Sie da nicht mit, denken Sie langfristig.

Beim **km-Vertrag** ist der auf Basis der vorher vereinbarten Gesamtfahrleistung und anderer Faktoren kalkulierte Restwert (s.o.) nicht ausgewiesen. Im Innenverhältnis zwischen Leasinggesellschaft und Lieferanten (Sie als Automobilhändler) gibt es i.d.R. eine Rückkaufvereinbarung zum kalkulierten Restwert. Das heißt: Sie tragen das Restwertrisiko. Nur einige wenige Leasinggesellschaften übernehmen das Restwertrisiko, dann überwiegend im Interesse des Herstellers/Importeurs zur Absatzunterstützung. Für den Kunden ist der km-Vertrag der günstigere Vertragstyp, da er nur auf die Einhaltung der km-Vereinbarung und einen »guten« Pflegezustand des Fahrzeuges achten muss. Wenn das gegeben ist, kann der Kunde bei Laufzeitende das Fahrzeug einfach zurückgeben. Wieder gibt es bei Leasingende die Fallkonstellationen a) der Kunde möchte bei demselben Händler ein neues Fahrzeug erwerben und b) der Kunde will bei demselben Händler kein weiteres Fahrzeug erwerben.

Im Fall a) werden Sie sich im Interesse des Anschlussgeschäftes bei geringen Mehr-km oder geringfügigen Schäden kulant zeigen. Im Fall b) wird es eine genaue Mehr-Minder-km-Abrechnung geben und eine intensive Begutachtung des Fahrzeugs auf Schäden, die nicht gebrauchstypisch sind. In der Praxis kommt es hier zu Auslegungsfragen und es sind bereits zahlreiche Urteile dazu ergangen. Die Urteile sind relativ leasingnehmerfreundlich, da der Verschleiß der Sachnutzung (und die ist dem Leasingnehmer überlassen) innewohnt. Die Frage ist nur immer wieder, was ist typisch und normal und was ist »überbenutzt«. Wenn Sie als Automobilhändler beim km-Vertrag das Restwertrisiko tragen, haben Sie also nur begrenzte Möglichkeiten, Ihren Einkaufpreis zu optimieren. Und auch wieder nur zur Lasten Ihres (ehemaligen) Kunden, des Produktes Leasing, der Marke und Ihrer langfristigen Zukunft. Wenn das Restwertrisiko bei der Leasinggesellschaft liegt, können Sie nicht ausschließen, dass eventuelle mangelnde Kulanz letztlich auch zu Lasten Ihrer Kundenbeziehung geht.

Grundsätzlich ist zu sagen, dass für den Firmenkunden und Gewerbetreibenden dennoch die Vorteile des Leasings überwiegen. Leasing sorgt für die Möglichkeit zu investieren, ohne Eigenkapital einzusetzen. Aufgrund des »Pay-as-you-earn-Prinzips« lassen sich die Leasing-Raten aus den erwirtschafteten Erträgen des Fahrzeugs bestreiten. Leasing schont somit die Liquidität, führt i.d.R. nicht zur Belastung vorhandener Kreditlinien und bietet steuerliche Vorteile.

Anders beim Privatkunden. Hier handelt es sich normalerweise um die Frage: Finanzierung oder Leasing? Und die Antwort wird heute häufig von der Marketingabteilung der Hersteller/Importeure vorgegeben. Tendenz Richtung Leasing. Ist schick, der Kunde »muss« nach 36 oder 48 Monaten zurückkommen und dann steigt die Wiederkauf-Wahrscheinlichkeit. Nicht ganz falsch. Aber: All das kann man mit einer marketingmäßig gut verpackten 3-Wege-Finanzierung auch erreichen. Und das mit Vorteilen für Kunden und den Automobilhändler.

TIPP

Die 3-Wege-Finanzierung ist bei sachgemäßer Anwendung für Sie als Automobilhändler und Ihren Kunden die bessere Alternative im Vergleich zum Privatleasing. Transparenter, einfacher und flexibler. Die nachfolgende Tabelle zeigt wichtige Unterschiede auf. Achten Sie auf die Formulierungen in dem Formular der Rückkaufverpflichtung. Normalerweise unterscheidet sich Ihre Verpflichtung nicht wesentlich von der Rückkaufverpflichtung beim km-Leasing-Vertrag. Also gilt hier hinsichtlich der Kumulation der Rückkaufrisiken das dort Gesagte (absolutes Limit, ständige Überwachung).

TIPP

Sie müssen sich und Ihre Verkäufer auf die Chancen, die sich bereits vor und am Ende der Laufzeit ergeben, vorbereiten. Da wartet Geschäft, der Kunde hat was zu erledigen. Helfen Sie Ihrem Kunden, machen Sie ein **konkretes** Angebot im Sinne von »für 15 € mehr im Monat fahren Sie in einen neuem Auto mit neuer Garantie und besserem Kraftstoff-Verbrauch.« Über den besseren Verbrauch ist die Ratenerhöhung für den Kunden »schon verdient«.

Wichtige Unterschiede
Privatleasing (Teilamortisationsvertrag) und Ratenkredit mit erhöhter Schlussrate (3-Wege-Finanzierung)

	PRIVATLEASING	3-WEGE-FINANZIERUNG
Eigentümer des Fahrzeuges	Leasinggesellschaft	Kunde
Zinssatz	nicht ersichtlich, keine Pflicht zu Angabe, nicht ohne weiteres ermittelbar	Angabe effektiver Jahreszins nach Preisangabenverordnung
Laufzeit	nach oben begrenzt auf 90 % der »betriebsgewöhnlichen Nutzungsdauer« (= maximal 54 Monate)	theoretisch nach oben offen, in der Praxis i. d. R. 24–60 Monate
kalkulatorischer Restwert	**Restwertvertrag:** bekannt **km-Vertrag:** i. d. R. nicht angegeben	Betrag, zu dem der Händler das Fahrzeug zurückkauft, ist bekannt (=Schlussrate)
Vertragsende	**Restwertvertrag:** abhängig von der Vetragsgestaltung zahlt Kunde ggf. »Mindererlös«, benennt Dritten als Käufer oder übernimmt selber das Fahrzeug **km-Vertrag:** Mehr-Minder-km-Abrechnung Feststellung, ob Nutzung »gebrauchstypisch« war	Kunde zahl Schlussrate, oder Bank prolongiert Schlussrate, oder Händler kauft Fahrzeug
vorzeitige Ablösung	vertraglich nicht vorgesehen, nur einvernehmlich, wenn Dritter (ggf. Lieferant) das Fahrzeug erwirbt	nach Kündigung und Frist möglich
Unfallschaden am Fahrzeug	für Kunden oft komplizierte Abwicklung; Leasinggesellschaft muss i. d. R. Reparatur freigeben, merkantiler Minderwert fließt in Endabrechnung ein	Standardabwicklung, Kunde entscheidet die Reparatur des Fahrzeuges, ist verpflichtet, das Sicherungsgut zu erhalten

4.8.2.2 Mobilitätskonzepte der Autobanken

Mobilitätskonzepte für Neuwagen enthalten in der Grundausstattung regelmäßig für die Laufzeit des Vertrages (häufig vier Jahre) folgende Komponenten:

- Finanzierungs- oder Leasingrate plus
- Vollkasko-Fahrzeugversicherung plus
- Verlängerung der werkseitigen »Garantie« plus
- Wartungspaket

Die Kunden akzeptieren dieses Angebot in stark zunehmendem Maße. Häufig sind werkseitige Kaufpreisnachlässe und eine Händlerbeteiligung einkalkuliert, um das Paket preislich attraktiv zu gestalten. Kritik ist dann anzubringen, wenn die Händlerbeteiligung in einer Dimension erwartet wird, welche für den Automobilhändler die Rentabilität des Grundgeschäftes in Frage stellt. Wenn dann noch bei den von Ihnen zukünftig zu erbringenden Wartungsarbeiten »Sonderpreise« erwartet werden (auch Sie haben sich im Preis für z. B. vier Jahre gebunden), kann sich das Paket für Sie zum wirtschaftlichen Nachteil wenden. Auch sollten Sie sich den Umfang der Verlängerung der werkseitigen »Garantie« ansehen; hier gibt es gelegentlich Besonderheiten.

Beispielfrage: Ist das Xenon-Leuchtmittel versichert? Klar ist auch, dass Sie einen »4-Jahres-Kunden« nur schwer nach zwei Jahren aus »seinem« Fahrzeug holen und ihm ein neues Auto verkaufen können. Warum sollte er? In der Regel ist die Verlängerung der werkseitigen »Garantie« und das Wartungspaket »fahrzeuggebunden« und nicht kundenbezogen. Ihr Kunde würde also einen Wert aufgeben, der aus seiner Sicht schon bezahlt ist. Es bleibt aus Sicht des Automobilhändlers die Sicherstellung des Werkstattflusses. Dabei ist dann aber (s. o.) auch auf die Rentabilität zu achten. Insgesamt wird der Verkauf von Mobilitätspaketen weiter zunehmen, die Abschlusswahrscheinlichkeit liegt derzeit deutlich höher als die momentane Nutzung.

4.8.2.3 Online-Anbieter von Autokrediten im Wettbewerb zum Autohandel

Selbstverständlich nutzen Sie als Automobilhändler als Vertriebskanal das Internet und präsentieren Ihr Fahrzeugangebot bei Fahrzeugbörsen. Ebenso selbstredend präsentieren sich die Auto-Banken auf dieser Vertriebsplattform. Zunächst versuchen die Hersteller insbesondere der Premiummarken, diese Angebote im eigenen Markenkreis zu halten (siehe z. B. Porsche, BMW oder Mercedes-Benz). Hier wird dann naturgemäß auch exklusiv das Finanzierungsangebot der zugehörigen herstellergebundenen Bank präsentiert. In den markenungebunden Fahrzeugbörsen bieten nicht nur traditionelle Autobanken ihre Finanzierungen an, sondern auch Drittbanken, die sich (bisher) nicht am Point of Sale bei Ihnen positioniert haben. Eine Momentaufnahme bei der Fahrzeugbörse mobile.de zeigt folgende Anbieter: Citibank, CreditPlus Bank, Barclaycard, Postbank, netbank AG, SWK Bank, Santander Consumer Bank, LBB – Landesbank Berlin und BMW Bank. Erkennbar herrscht auf dieser Plattform mehr und anderer Wettbewerb als am Point of Sale im Autohandel. Demzufolge werden auch häufig andere und günstigere Preise genannt. Eine gute Gelegenheit für Sie zu einer Überprüfung Ihrer Konditionen im Verhältnis zu Ihren Finanzdienstleistern. Schwerer als die u. U. vernachlässigbare Konditionsabweichung wiegt jedoch die Verfahrensabweichung. Der Kunde kommt zu Ihnen mit Bargeld in der Hand und könnte versuchen, seine »Barzahlerposition« für Preis(nach)-Verhandlungen zu nutzen. Auch ist Ihnen durch die vorverlagerte Kreditgewährung ein etwaiger Bonus- oder Provisionsertrag bei Ihrem Finanzdienstleister entgangen. Zudem haben Sie diesen Kunden nicht in Ihrem Kundenbeziehungssystem, welches sich auf Finanzdienstleistungen bezieht. Schlichter gesagt: Hier wird Ihnen ein Element Ihrer Kundenbeziehung- und Steuerung vorenthalten. Ihr Finanzdienstleister wird zu Recht argumentieren, dass er auch nur notgedrungen dort anbietet und wenn er nicht da ist, machen das Geschäft eben die »Fremden«. Das stimmt.

TIPP

Wirken Sie auf Ihre Partnerbank ein, dass sie auch die Abwicklung von Onlinekrediten so weit wie möglich über Sie als Automobilhändler vornimmt. Jeder Kundenkontakt ist wertvoll und eine Chance. Achten Sie darauf, dass jeder Ihrer Partner Ihren Kunden bei jeder Gelegenheit wieder zu Ihnen führt.

4.8.3 Versicherungsvermittlung

Ihr Kunde erwartet neben der reinen Finanzierungslösung auch ein Angebot zur Absicherung. Hierbei kann man unterscheiden zwischen a) Versicherungen zum Schutz des Käufers oder seiner Angehörigen und b) Versicherungen mit Bezug zum Fahrzeug. Laut einer Studie von »puls« betragen die Penetrationsraten bei der Ratenschutzversicherung 39 % bei Neuwagen (40 % bei GW), bei der Kfz-Versicherung 25 % bei Neuwagen (18 % bei GW) und bei der Garantieversicherung 32 % bei Neu- und 62 % bei Gebrauchtwagen. Dabei war eine starke Streuung zwischen den besten (bis zu 100 % Penetration) und den schlechtesten (0 % Penetration) festzustellen.

Versicherungen zum Schutz des Käufers oder seiner Angehörigen

Laut einer aktuellen Studie der GfK-Gruppe in Zusammenarbeit mit dem Bankenfachverband geben 65% der Käufer einer Ratenschutzversicherung an, dass sie den Schutz als (sehr) sinnvoll betrachten. Immerhin 36% der Kunden, die aus welchen Gründen auch immer keine Ratenschutzversicherung erworben haben, halten dennoch einen derartigen Schutz für (sehr) sinnvoll. Nur 25% der Nicht-Käufer lehnen das Produkt ab.

Die Ratenschutzversicherung wird mit unterschiedlichem Deckungsumfang angeboten:

Absicherung gegen den Tod des Darlehensnehmers, gegen Unfallfolgen, gegen Arbeitsunfähigkeit und Arbeitslosigkeit. Jede Deckungsausweitung hat naturgemäß eine Erhöhung der Prämie zur Folge. In aller Regel (Ausnahme z.B. flexible Kredite, s.o.) wird für die Laufzeit der Finanzierung ein Einmal-Versicherungsbeitrag errechnet, dieser der Darlehenssumme zugeschlagen und mitfinanziert. Der Einmalbeitrag wird im Darlehensvertrag ausgewiesen. Verbraucherschützer kritisieren das Absicherungskonzept aus zwei Hauptgründen. Erstens wird vorgetragen, dass sozusagen zwingend die Ratenschutzversicherung als Bedingung für die Kreditgewährung abgeschlossen werden müsste. Und zweitens die Ratenschutzversicherung »zu teuer« sei und der findige Kunde sich den Versicherungsschutz deutlich günstiger anderweitig beschaffen könnte. Dem ist zu erwidern, dass die Versicherung grundsätzlich freiwillig ist und die Kreditvergabe auch ohne den Erwerb einer Ratenschutzversicherung erfolgen kann. Zum Preisargument ist zu sagen, dass einzelne Komponenten (z.B. das Todesfallrisiko) isoliert günstiger abgesichert werden könnten, dass aber Deckungen wie der Schutz vor den Folgen der Arbeitslosigkeit als einzelne Versicherung für den Kunden schwerlich zu beschaffen ist.

> **TIPP** Nehmen Sie Ihre Beratungs- und Dokumentationspflicht bei Abschluss der Ratenschutzversicherung ernst. Machen Sie den Abschluss nicht zur Bedingung. Aber: Bieten Sie den Schutz an! 75% der Kreditkunden erwarten ein Angebot zur Ratenschutzversicherung, nur etwas mehr als 50% der Kunden werden vom Automobilhändler über die Absicherungsmöglichkeit informiert (GfK, s.o.).

> **TIPP** Eine noch wenig bekannte Möglichkeit ist das Angebot, das Todesfall-Risiko des Mit-Darlehensnehmers oder auch des nicht einmal im Darlehensvertrag aufgeführten Partners des Kreditnehmers zusätzlich zu versichern (Partner-Tarif). Das kann unter bestimmten Umständen sehr sinnvoll sein, z.B. wenn der Partner wesentlich durch sein Einkommen zur Deckung der Lebenshaltungskosten beiträgt und sein Tod die Bedienung der laufenden Verpflichtungen unmöglich machen würde.

Versicherungen mit Bezug zum Fahrzeug

Der »Klassiker« ist die **Haftpflicht und Kasko-Versicherung.** Und der Klassiker ist Pflicht. Es trifft zu, dass die Abschluss- und Bestandsvergütungen nicht besonders attraktiv gestaltet sind und keinen bedeutenden Beitrag zu Ihrem wirtschaftlichen Erfolg leisten werden. Aber: Wenn Sie sich nicht um Ihren Kunden kümmern, tun es andere. Es ist wichtig, die Kundenbeziehung so umfassend wie möglich auszugestalten. Oder anders ausgedrückt: Wenn Ihr Kunde die »falsche« Versicherungsgesellschaft hat, kann es durch die Schadensteuerung der Versicherungsgesellschaft zu einer Situation kommen, bei der Sie das Fahrzeug verkauft haben, Ihr Markenkollege im Nachbarort der Unfallschaden repariert (weil er Vertragswerkstatt der Versicherung ist) und dabei Ihre Kundenbeziehung übernimmt und ggf. Ihrem Kunden ein neues Auto verkauft. Die Vermittlung von Haftpflicht- und Kasko-Versicherungen ist also Selbstschutz zur Erhaltung Ihres Werkstattumsatzes und Ihrer Kundenbeziehung. Wie findet man als Automobilhändler die richtige Versicherungsgesellschaft?

- Kriterium 1: Schadensteuerung zu Ihnen
- Kriterium 2: kulante, flexible Abwicklung im Verhältnis zu Ihrem Kunden (etwaige kleinliche Leistungsverweigerung oder lange Bearbeitungszeiten belasten Ihre Kundenbeziehung)
- Kriterium 3: Einfachheit der Prämienkalkulation und Abwicklung
- Kriterium 4: Günstiger Preis für den Kunden
- Kriterium 5: Höhe Ihrer Provision

Achten Sie darauf, dass die »weichen« Tarifmerkmale erklärbar sind. Nachvollziehbar für jeden ist, dass ein Fahrzeug in der Garage ein kleineres Risiko darstellt, als das am Straßenrand geparkte Fahrzeug. Weniger intuitiv lässt sich erklären, warum der Inhaber einer »BahnCard« bei einer Versicherungsgesellschaft einen Prämienrabatt erhält.

Versuche, den Automobilhändler durch die Installation eines Versicherungsvergleichsrechners als »Broker« für die Haftpflicht und Kasko-Versicherung zu etablieren, sind bisher aufgrund der Komplexität der Kalkulation (jede Versicherung versucht sich durch verschiedene Kalkulationsmodelle, Benutzung von »weichen« Tarifmerkmalen und kurzfristigen Systemänderungen von der jeweils anderen abzugrenzen) nicht besonders erfolgreich gewesen.

Es ist immer wieder nachgewiesen worden, dass die Werkstattloyalität des Neuwagenkäufers mit zunehmenden Fahrzeugalter sinkt. Insbesondere nach dem Ende der Hersteller-Garantiezeit sinkt die Loyalität signifikant. Die **Versicherung zur Garantieverlängerung** (Neuwagen-Anschlussgarantie) sichert Ihnen als Automobilhändler somit eine höhere Werkstattloyalität und bietet Ihnen eine zusätzliche Ertragsquelle. Drei wesentliche Argumente für eine intensivere Beschäftigung mit dem Verkauf von Versicherungen zur Garantieverlängerung:

- Erstens: Garantie ist ein Qualitätsversprechen, das auch mit Ihnen als Automobilhändler in Verbindung steht. Es gibt Ihnen eine deutliche Abgrenzung vom Privat-zu-Privat-Markt.
- Zweitens: Sie habe die Chance auf mehr Kundenkontakte und dadurch die Chance auf mehr Verkauf (Werkstatt und Fahrzeuge).
- Drittens: Mit der Garantie verbunden sind Attribute wie Vertrauen und Kompetenz. Voraussetzungen für eine langfristige Kundenbindung.

Die meisten Garantiegeber unterstützen Sie mit einem Kundenkontaktprogramm in Bezug auf auslaufende Garantien bis hin zur Übernahme von Teilen der Marketingfunktion. Eine auslaufende Garantie ist eine hervorragende Gelegenheit zur Kundenansprache. Und erneut: Machen Sie konkrete Angebote im Sinne von »wir bieten Ihnen die Verlängerung der Garantie zum Preis von nur 17 € im Monat an«. Ihr Kunde erwartet das.

TIPP

Engpass für den Verkauf ist das Wissen und die Bereitschaft der Verkäufer. Durch entsprechendes Training und die Gestaltung von Entlohnungssystemen, die Anreize für den Verkäufer schaffen, können Sie diesen Engpass überwinden.

Für die **Reparaturkostenversicherung bei Gebrauchtfahrzeugen** gilt das für die Neuwagen-Anschluss-Garantie Gesagte analog. Verkaufsargumente, Kompetenz, Werkstattumsatz und Kundenbindung sind lohnende Werte, um die es sich zu kämpfen lohnt.

Da bei den Automobilclubs ADAC, AvD und ACE schon viele Leistungen einer **Mobilitätsgarantie** in der Standardmitgliedschaft enthalten sind, eignet sich dieses Produkt nur eingeschränkt zum Verkauf im Autohandel. Überdies ist diese Schutzbrief-Leistung in vielen Kfz-Haftpflicht-Versicherungen »beigepackt« oder vom Importeur/Hersteller dem Neuwagen für eine bestimmte Dauer mitgegeben.

Interessanter für Sie und den Kunden ist ein Produkt, das sich erst jüngst im Markt etabliert hat. Die **Kaufpreisversicherung** (auch GAP-Versicherung genannt) schließt im Falle des Diebstahls oder des Totalschadens die Lücke zwischen der Zeitwert-Erstattung der Kfz-Versicherung und dem ursprünglichen Kaufpreis des Fahrzeugs. Grundlage ist also der tatsächliche Kaufpreis des Fahrzeugs bei Vertragsabschluss (»back to invoice«). Die Versicherung gilt für Neu- und Gebrauchtwagen und wird in der Regel mit Laufzeiten von 36 oder 48 Monaten angeboten. Obwohl dieser Versicherungstyp in Deutschland schon verschiedentlich im Angebot war, hat im Jahr 2008 die Santander Consumer Bank dem Produkt mit einer weiteren Vorteilskomponente (dynamische Wertanpassung durch Inflationsausgleich) zur Marktgängigkeit verholfen. Es wird ein Einmalbeitrag erhoben, der vom Kunden separat bezahlt oder mitfinanziert werden kann. Es existiert eine Höchstentschädigungssumme, Fahrzeuge dürfen ein bestimmtes Alter (z. B. 8 Jahre) und einen bestimmten Wert (z. B. 60.000 €) bei Vertragsbeginn nicht überschreiten.

Eine Beispielrechnung wird von Santander (Produktname »Safe«) wie folgt angegeben:

- Kauf eines Jahreswagens am 1.10.2007 für € 13.000 – finanziert durch die Santander Consumer Bank
- Totalschaden am 01.04.2010, Auszahlung des Zeitwertes von € 8.659 durch den Vollkaskoversicherer
- Verfügbarkeit von € 8.659 für neu zu kaufendes Fahrzeug bei unverändertem Weiterbestehen des Darlehens
- Zahlung des Differenzbetrages zwischen Zeitwert und Kaufpreis zzgl. 3 % (vom Kaufpreis) pro angefangenes Jahr als Preissteigerungsausgleich durch Santander Safe
- Verfügbarkeit von € 14.170 für ein neu zu kaufendes Fahrzeug
- Leistung Santander Safe: Betrag von € 14.170 (Kaufpreis + jährlich 3 % vom Kaufpreis) abzüglich € 8.659 (Zeitwert/Leistung des Kaskoversicherers)

- Leistung Santander Safe: = € 5.511
- Investition Ihres Kunden für Santander Safe: € 372,95 (brutto Safe-Prämie; inkl. 19 % zzt. gültige, gesetzliche Versicherungssteuer)
- Ihre Händlerprovision für Santander Safe: € 31,34 (10 % von der netto Safe-Prämie)

Die Vorteile für den Kunden sind klar kommunizierbar: Im Schadenfall (Totalschaden oder Diebstahl) ist er in der Lage ein gleichwertiges und gleichartiges Fahrzeug wieder zu erwerben. Die Prämie ist trag- und ggf. mitfinanzierbar. Einige Anbieter tragen auch zumindest teilweise die Selbstbeteiligung, die von der leistenden Kfz-Versicherung im Schadenfall in Abzug gebracht wird.

Die Vorteile für Sie als Automobilhändler sind ebenso deutlich: Sie schließen eine Lücke, über deren Vorhandensein oft Unkenntnis herrscht. Die aber im Schadenfall für den Kunden schmerzlich ist. Sie versetzten den Kunden mit Hilfe Ihres Angebots in die Lage, im Schadenfall ein Fahrzeug zum Wert des ursprünglichen Rechnungsbetrags zu erwerben. Wenn Sie Ihren Kunden bitten, die Schadenabwicklung über Sie zu organisieren, haben Sie das Anschlussgeschäft klar vor Augen. Und: Sie erwirtschaften zusätzliche Provisionsergebnisse.

> **TIPP**
> Wenn Sie noch keine Kaufpreisversicherung verkaufen: Fangen Sie an, zukünftige Geschäfte abzusichern. Wenn Sie schon aktiv sind, erweitern Sie Ihr Betätigungsfeld um Ihre jungen Bestandskunden, also die, die in den letzten 12 bis 18 Monaten ein Fahrzeug bei Ihnen gekauft haben. Machen Sie ein Angebot, kommen Sie ins Gespräch. Die Mühe lohnt.

4.8.4 Das wirkliche Potential der Financial Services im Autohaus

Klassisch ruht die Wirtschaftlichkeit eines Autohandelsunternehmens auf drei Säulen. Neuwagenverkauf, Gebrauchtwagenverkauf und Werkstatt-(Teile)-Geschäft. Und klassischerweise ist den letzten Jahren bei Gesamt-Umsatzrenditen im Handel von im Durchschnitt +/- 1 % das Neuwagengeschäft eher defizitär und das Gebrauchtwagengeschäft sehr abhängig von der Managementleistung im Autohaus. Das Werkstatt- und Teilegeschäft steht unter Druck durch die einschlägigen Werkstattketten (A.T.U., Pit-Stop usw.) und die (fremd)-markenbezogenen Serviceangebote der Markenhändler. Interessanterweise haben sich in den letzten Jahren folgende Betriebskonstellationen der Margenerosion eher entziehen können.

a. Kleine, ländliche, familiengeführte Markenbetriebe mit eigenem abgeschriebenen (bezahlten) Immobilienbestand die sich dem dauernden Investitionsbegehren der Hersteller/Importeure widersetzten konnten.
b. »B«-Händler, die ebenfalls bei den Investitionen eher geschont wurden und die, ganz wichtig, keine Neuwagenlager halten und finanzieren müssen (s.o.)
c. Gut gemanagte Gebrauchtwagenspezialisten

Bisher ist erst in wenigen Autohandels-Betrieben der Verkauf von Finanzdienstleistungen als strategisches Ziel definiert, in einer Sparte organisiert und mit einem gesonderten Controllingsystem unterlegt. Testen Sie sich selbst: Wenn Sie die Frage: »Wie hoch ist der Finanzdienstleitungsertrag pro verkauftes Fahrzeug in Euro in meinem Autohandelsbetrieb?« spontan, ohne das Buch wegzulegen, und richtig beantworten können, sind Sie auf dem richtigen Weg. Wenn Sie dann noch ein Ziel für diese Größe festgelegt haben und sich in Ihrem Tages-Reporting damit befassen, gehören Sie zu denen, die auch in Zukunft erfolgreich sein werden.

Durch den konsequenten Einsatz von Finanzdienstleistungen als vierte Säule Ihres Unternehmens können Sie Ihre Rentabilität bedeutend und nachhaltig steigern. Dabei sollten Sie sich zunächst Klarheit über die Einkommenselemente und eventuelle Kosten machen. Folgende Ertragskomponenten sollten in Ihrer Finanzdienstleitungs-Gewinn- und Verlustrechnung nicht fehlen.

Kreditprovision: Ihre Auto-Bank bietet Ihnen einen Basis-Abrechnungssatz. Wenn es Ihnen gelingt, dem Kunden einen etwas höheren Zinssatz zu verkaufen, erhalten Sie die (abgezinste) Differenz zwischen dem Basis-Abrechnungssatz und dem Kundenzinssatzsatz. Die Abzinsung berücksichtigt die Tatsache, dass Sie die Kreditprovision vorschüssig erhalten und den Umstand, dass bei vorzeitigen Ablösungen die Bank i.d.R. keine Rückprovision belastet.

> **TIPP**
> Achten Sie darauf, dass der Kundenzinssatz weiterhin relativ günstig bleibt und z. B. immer unter vergleichbaren Angeboten von örtlichen Sparkassen und Volksbanken im Filialgeschäft liegt.

Umsatz-Bonus: Wenn Ihr Vermittlungsvolumen einen nennenswerten Betrag erreicht, ist es nicht unüblich, dass Ihnen Ihre Auto-Bank einen Bonus anbietet, der am Betrag der vermittelten Finanzierungsgeschäfte in z. B. einem Jahr gebunden ist. Zahlung in der Regel nachträglich, es gibt jedoch auch verzinste und unverzinste Vorschuss-Varianten. Daneben gibt es in Aktionen auch Stück-Bonus-Varianten. Beim Umsatz-Bonus ist relevant, dass Sie sich nicht verzetteln durch die Bedienung zu vieler Anbieter. Bewährt hat sich: die herstellergebundene Bank im Wesentlichen für das (subventionierte) Neuwagengeschäft einzusetzen, während eine freie Auto-Bank im Wettbewerb zur herstellergebundenen Bank oft gute Dienste im Vorführ- und Gebrauchtwagensektor leisten kann. Es ist als Markenhändler nicht empfehlenswert, die Beziehung zur herstellergebundenen Bank im Absatzfinanzierungsbereich zu vernachlässigen. Die Verteilung der Umsätze ist Ihre strategische Management- und Planungsaufgabe. Der Automobilhändler muss Herrscher über diese Ströme sein. Wenn Sie das Ihren Verkäufern im Tagesgeschäft überlassen, machen Sie einen Führungsfehler.

TIPP

Sinnvoll sind »gestaffelte« Vereinbarungen anstelle der Vereinbarung von nur einer »Alles-oder Nichts«-Umsatzschwelle.

Bestands-Provision: Wird selten angeboten und auch selten vom Automobilhändler nachgefragt. Wenn man am langfristigen Erfolg seines Unternehmens interessiert ist und eine Verstetigung der Einnahmen anstrebt, ist die Provision auf den vermittelten Kredit-**Bestand** (und nicht auf den **Umsatz**) das probate Mittel. Naturgemäß ist der Prozentsatz der Bestands-Provision optisch deutlich kleiner, da die Provision wiederkehrend auf den jeweils noch ausstehenden Saldo vergütet wird. Und dem gemäß ist der Liquiditätszufluss im ersten Jahr geringer. Die Summe aller Bestandsprovisionen über die Laufzeit der Finanzierung sollte wegen des Zins-Effektes (keine Abzinsung) natürlich größer sein als die Umsatz-Einmal-Provision. Wenn das Bestands-Provisions-Verfahren einige Jahre durchgehalten wird und sich in einem »eingeschwungenen« Zustand befindet, ist der Liquiditätszufluss größer oder mindestens gleich der Umsatz-Provision. Aber eben nicht mehr so stark vom Tagesgeschäft abhängig. So lange wie der Bestand benötigt hat, um sich aufzubauen, solange baut er auch wieder ab. Überspitzt formuliert: Auch wenn Sie ein Jahr keinen Kreditumsatz vermitteln, erhalten Sie im nächsten Jahr noch eine Provision, die nicht viel kleiner sein wird als die Vorjahresprovision.

FINANZDIENSTLEISTUNGEN STEIGERN DIE RENTABILITÄT

Markenhändler mit 550 GW und 450 NW p.a. / Finanzdienstleistungs-Penetration: 50%

Ø Ertrag / Finanzdienstleistung	100 €	+ 200 €	300 €
Umsatzerlöse	20.000 T€	+ 100 T€ (= 500 FDL x 200 €)	20.100 T€
Wareneinsatz	14.925 T€		14.925 T€
Rohertrag	5.075 T€		5.175 T€
Aufwändungen	4.975 T€		4.975 T€
Betriebsergebnis	100T€	+ 100 T€	200 T€
Umsatzrendite	0,5%	+ 100%	1,0%

Steigert ein Händler seinen durchschnittl. Ertrag pro Finanzdienstleistung, verbessert er unter sonst gleichen Bedingungen (konstante Verkaufserlöse und Kosten) seine Umsatzrentabilität.

- Die erhöhten Provisionszahlungen schlagen sich bei gleich bleibenden Fahrzeugverkäufen unmittelbar in einer Erhöhung der Gesamterlöse nieder
- Nach Abzug des Wareneinsatzes und der sonstigen Aufwändungen verbleibt ein um die zusätzliche Provision erhöhtes Betriebsergebnis
- Daraus ergibt sich eine deutliche Steigerung der Umsatzrentabilität
- Die Steigerung des durchschnittlichen Ertrags pro Finanzdienstleistung wird erreicht durch: Erhöhung der RSV-Penetration, des durchschnittlichen Außenzinses und durch zusätzliche Finanzdienstleistungsprodukte wie z. B. Santander Safe und AutoDispoPlus.

Quelle: Berechnungen der Santander Consumer Bank

Abb. 4.8.4.1 Finanzdienstleistungen steigern die Rentabilität

Eine Weiterführung dieser Methode ist ein Modell, bei dem der Automobilhändler faktisch Mit-Unternehmer ist in Bezug auf das vermittelte Kreditvolumen. In einer virtuellen Gewinn- und Verlustrechnung werden die wichtigsten Ertrags-Posten (Zinseinnahmen, Provisionseinnahmen) den wichtigsten Aufwands-Posten (Kapital-, Refinanzierungs-, Bestandsführungs- und Risikokosten) gegenübergestellt. Am Ergebnis ist der Automobilhändler dann beteiligt. Dieses »virtuelle G+V-Modell« eignet sich wegen des Vertrags- und Abrechungsaufwandes nur für sehr große Betriebe mit Beständen im zweistelligen Millionenbereich. Achten Sie hier auf transparente Vertragsbedingungen.

Vermittlungs-Provision für Versicherungen: In der Regel entweder prozentual am vermittelten Prämienvolumen orientiert oder stückbezogen. Gelegentlich werden Kombinationen aus Kredit-Umsatzbonus und Vermittlungs-Provision für Versicherungen ausgelobt. Achten Sie auf Transparenz und Erreichbarkeit der Ziele.

Vermittlungsprovision für sonstige Bankprodukte: Auch der Verkauf von z. B. Kartenprodukten (z. B. Kreditkarten oder AutoDispoPlus) sollte für Sie als Automobilhändler eine Ertragskomponente bereithalten.

Nachfolgende Musterrechnung verdeutlicht wie ein mittleres Automobilhandelsunternehmen durch einen konsequenten Fokus auf den Vertrieb von Finanzdienstleistungen seine Umsatzrendite verdoppeln kann (Abb. 4.8.4.1):

Ein Markenhändler, der 450 Neu- und 550 Gebrauchtwagen im Jahr verkauft, hat eine Finanzdienstleistungs-Penetration von 50 %, sprich 500 Fahrzeuge. Wenn es diesem Automobilhändler gelingt, den Durchschnittsertrag von 100 € pro vermittelte Finanzdienstleistung um 200 € auf 300 € zu steigern, würde sich sein Betriebsergebnis verdoppeln und seine Umsatzrendite von z. B. 0,5 % p. a. auf 1,0 % p. a. erhöhen. Wie soll das gehen? Ein einfaches Beispiel: Angenommen der Basiszinssatz Ihrer Auto-Bank (der Satz, bei dem Sie als Automobilhändler weder etwas zuzahlen müssen, noch etwas bekommen) beträgt 6,99 % p. a. Bei einem Kredit von 15.000,- € und 72 Monaten Laufzeit beträgt die Rate 254,13 €. Falls Sie dem Kunden auch den immer noch gut akzeptablen (im Vergleich zu seiner Hausbank) Zinssatz von 7,49 % p. a. anbieten, ergibt sich eine Kundenrate von 257,50 €. Die Ratendifferenz beträgt 3,37 € pro Monat. Multipliziert mit der Laufzeit (242,64 €) und abgezinst (dazu benutzen die Institute unterschiedliche Verfahren und Methoden) ergeben sich bereits in etwa die 200 € Mehrertrag, die im Fokus stehen. Dabei ist noch unberücksichtigt der Verkauf von weiteren Finanzdienstleistungen wie z. B. der Ratenschutzversicherung. Angenommen die Prämie im obigen Beispiel betrüge für eine Standardabsicherung eines 40-Jährigen etwa 1.000 € und weiter unterstellt Ihre Vermittlungsprovision betrage zwischen 5 und 10 % der Prämie, dann würden sich weitere 50 bis 100 € Vermittlungsprovision ergeben.

TIPP

Sie setzten die Schwerpunkte in Ihrem Unternehmen. Wenn Sie den Fokus auf den Verkauf von Finanzdienstleistungen und die damit verbundenen Ertragsmöglichkeiten legen, wird dieser Bereich wachsen. Aber bitte kein Strohfeuer, keine ad-hoc Aktionen. Finanzdienstleistungen gehören als gleichberechtigtes viertes Standbein zu Ihrem Unternehmensfundament. Kümmern Sie sich darum, es lohnt sich.

4.8.5 Das brachliegende Potential der Kundenbindung und Aktivierung

Fragen Sie sich als Automobilhändler selbst: Welche Kundendaten erheben Sie, wenn Sie ein Fahrzeug verkaufen? Name, Anschrift, Geburtsdatum, Personalausweis-Nummer, Telefon-Nummer und vielleicht noch das Wunschkennzeichen, wenn Sie die Zulassung besorgen. Und um wie viel reichhaltiger sind die Datenlage und Ihr Wissen um den Kunden, wenn Sie eine Finanzierung oder eine Versicherung vermitteln? Schauen Sie sich die Daten an, die Ihre Auto-Bank durch Sie erheben lässt, um die Kreditentscheidung durchführen zu können. Familienstand, Anzahl der Kinder, Wohneigentum, Arbeitgeber, Einkommen und weitere Ratenverpflichtungen sind nur einige Beispiele, die Ihnen deutlich machen können, über welch reichen Schatz an Informationen Sie verfügen. Die Auswertung dieser Daten mit Hilfe und in Zusammenarbeit mit Ihrer Auto-Bank birgt ein nicht zu unterschätzendes Potential. Die Kernfrage ist, wie bereitet man die Daten auf und wie gestaltet man ein individuelles Angebot.

Zunächst bietet Ihre Auto-Bank Ihnen als Automobilhändler in der Regel einen Service, der häufig als Kundenkontaktprogramm beschrieben ist. Hier werden Kunden mit in Zukunft auslaufenden Finanzierungen angeschrieben oder angerufen, um bei Auslauf der Finanzierung ein Folgegeschäft zu generieren. In der Praxis erhalten Sie z. B. Listen oder Kopien der Anschreiben, die wiederum in der Praxis gerne auf den Schreibtischen der Verkäufer verstauben. Gehen Sie einen Schritt weiter und erkennen Sie: Nur Ihre Aktivität führt zu neuen Folge-Geschäften. Und dabei ist nicht so wichtig, ob das planmäßige Ende der Finanzierung schon naht. Es kommt auf Ihr Angebot an. Je konkreter, desto besser. Vorsicht: Hier ist harte Arbeit gefragt, Geduld und Ausdauer.

Aber wenn Sie das richtig machen, werden Sie einen Schatz heben. Die Kernelemente des Angebots:

1) Das bisherige Fahrzeug:

   Sie kennen es ganz genau. Sie haben es verkauft. Es sollte bei Ihnen in der Wartung sein.

   Wenn ja, kennen Sie den Zustand, wenn nein, sollten Sie etwas defensiver agieren. Häufig hört man Klagen des Automobilhandels über die Nichtverfügbarkeit von guten Gebrauchtwagen mittleren Alters. Diese Autos benutzt Ihr Kunde, Sie sollten es ihm abkaufen. Machen Sie ein konkretes Ankaufsangebot. Sie müssen nicht einen Preis in Euro nennen, aber es muss klar werden, dass Sie das Fahrzeug kaufen wollen.

2) Die Ablösesumme:
   Erhalten Sie von Ihrer Auto-Bank. Sie sollten sichergehen, dass der Inzahlungnahmewert (1) größer als die Ablösesumme ist.
3) Das neue Fahrzeug:
   Machen Sie ein konkretes Angebot eines verfügbaren Fahrzeugs. Versetzen Sie sich in die Lage des Kunden und beachten Sie die Lebensphase. Sind Kinder hinzugekommen oder haben den Haushalt verlassen? Gehen Sie von dem jetzigen Fahrzeug aus, aber bedenken Sie auch, dass nicht alle Kunden jeden Modellwechsel »mitgehen« können oder wollen. »Downsizing« ist keine Schande, der aktuelle VW-Polo ist größer als der VW-Golf II.
   Sie werden in aller Regel nicht die exakten Vorstellungen des Kunden treffen. Und auch nicht genau das angebotene Auto verkaufen. Wenn Sie jedoch in das Gespräch mit dem Kunden kommen, wird er merken, dass Sie sich um ihn Gedanken gemacht haben und er wird das schätzen.
4) Die neue Rate:
   Die Arbeit der Kalkulation müssen Sie sich machen. Dazu gehört auch, zu prüfen, ob im laufenden Vertrag ein Aktions-Sonderzins vereinbart ist und Sie jetzt wieder einen Sonderzins anbieten wollen. Untersuchen Sie ebenfalls, welche Zusatzkomponenten im laufenden Vertrag enthalten sind (Ratenschutzversicherung etc.). Die neue Rate kann ein wenig höher sein als die alte Rate. Was »ein wenig« ist, hängt vom Gesamtbild des Angebots ab. Einkommen, Fahrzeugklasse, bisherige Ratenhöhe usw. Als Faustregel: Bleiben Sie unter 5 % Erhöhung. Idealerweise ist die Rate kleiner oder gleich der laufenden Rate. Wege dazu: Laufzeitgestaltung oder Restratenfinanzierung.
5) Die Vorteilsargumentation:
   Gehen Sie gedanklich mit dem Kunden von einem Fahrzeug-Tausch aus. Er erhält für die gleiche oder eine geringfügig höhere Rate ein **neues Fahrzeug (neues Design, neue Farbe, neues Interieur) = Emotion** plus **geringerer Verbrauch und neue Garantie = Vernunft**.

Aktuelle GfK-Befragungen in Zusammenarbeit mit dem Bankenfachverband (s.o.) zeigen, dass vor allem Kfz-Besitzer mit einer Finanzierung die Austauschmöglichkeit des Fahrzeuges nach drei Jahren begrüßen würden. Warum ist eine derartige zielgerichtete und systematische Verkaufsaktivität in der Praxis kaum aufzufinden? Es scheitert häufig an der Erkenntnis und dem Willen, dem technischen Datenzugang, der Datenaufbereitung, der sorgfältigen Angebotserstellung, der strategischen und operativen Systematik und der Ausdauer zur Wiederholung. Um es plakativ in einem Satz zu sagen: Wie lange Ihr Kunde das Auto, welches er 72 Monate finanziert hat, fährt, entscheiden Sie! Wenn Sie mit Ihrer Aktivität bis kurz vor Laufzeitende der Finanzierung warten, vergeben Sie viele Chancen.

4.8.6 »Negatives« Eigenkapital in der Fahrzeugfinanzierung

Seit mehr als 20 Jahren gibt es in der Fahrzeugfinanzierung einen eindeutigen Trend. Die vom Kunden erbrachte Anzahlung sinkt kontinuierlich. Im gleichen Zug verlängern sich die anfänglichen Kreditlaufzeiten. In den 70er- und 80er-Jahren waren 36 oder 48 Monate für eine Neuwagenfinanzierung gängige (Höchst-)Laufzeiten. Heute bieten fast alle Auto-Banken 72 und 84 Monate als »lange« Kreditlaufzeiten an, 96 Monate wird vom Kunden nachgefragt und einige Banken versuchen sich mit Laufzeiten von bis zu 120 Monaten vom Wettbewerb abzuheben. Eine für den Autohandel **bedenkliche und nachteilige Entwicklung**. Der Kunde hat ja nicht die Absicht möglichst lange Raten zu zahlen. Er hat vielmehr ein bestimmtes Budget für seine künftige Finanzierungsrate zur Verfügung und will damit seinen Fahrzeugwunsch realisieren. Aus den Werten »tragbare Rate« des Kunden, Fahrzeugpreis, oft nicht vorhandener Anzahlung und Zins ergibt sich dann die (zu lange) Laufzeit als Ergebnis.
Wenn der Autohandel kurzfristig handelt, hat er diesen Kunden so »gerade noch« in das Auto mit 84 Monaten Laufzeit gebracht, sich dabei aber die zukünftige Geschäftsmöglichkeit blockiert.
In den USA ist das Problem des »negativen Eigenkapitals« in der Fahrzeugfinanzierung seit den 90-er Jahren bekannt und als eine strategische Einschränkung der zukünftigen Geschäftsmöglichkeiten anerkannt. In Deutschland entwickelt es sich auch zu einem Hemmnis, dem die Aufmerksamkeit zu gelten hat.

An einem Beispiel (s. Abb. 4.8.6.1):

Fahrzeugpreis	20.000,– €
Anzahlung	0,– €
Laufzeitmonate	84
Rate	282,58 €

Der Tilgungsverlauf dieses Darlehens ergibt sich aus der blauen Kurve »Restschuld« der Grafik »Entwicklung von Restschuld und Restwert über 84 Monate« (S. 158). Aufgrund des annuitätischen Tilgungsverlaufes (am Anfang werden mehr Zinsen auf die höhere Restschuld gezahlt, so dass weniger

nach Ablauf von Monaten	Restschuld 84-Monats-darlehen	Restschuld 48-Monate Schlussrate	Fahrzeugrest-wert in %	Fahrzeugrest-wert in €	negatives/ positives Eigenkapital 84-Monats-darlehen	negatives/ positives Eigenkapital 48-Monate Schlussrate
12	17.551,49	17.220,23	70 %	14.000,00	-3.551,49	-3.220,23
24	14.997,97	14.298,53	59 %	11.840,00	-3.137,97	-2.458,53
36	12.273,06	11.227,66	51 %	10.160,00	-2.113,06	-1.067,66
42	10.869,24	9.633,92	47 %	9.320,00	-1.549,24	-313,92
48	9.430,03	8.000,00	42 %	8.480,00	-950,03	480,00
60	6.441,85		34 %	6.800,00	358,15	
72	3.301,11		26 %	5.120,00	1.818,89	
84	0,00		17 %	3.440,00	3.440,00	

* die Restschuld bei 48 Monaten ist angegeben nach Zahlung der 48. Rate und vor Zahlung der Schlussrate von 8.000 € oder 40 %.

Geld für die Tilgung bereitsteht), ist die Restschuld nach der Hälfte der Laufzeit (42 Monate) noch 10.869,24 €. Nicht etwa genau 10.000,- €, wie man auch erwarten könnte. Bei einem durchschnittlichen Restwertverlauf (grüne Kurve »Restwert Fahrzeug«) beträgt in diesem Beispiel der Restwert nach 42 Monaten 47 % (= 9.320 €). Bedeutet: Wenn der Kunde nach 42 Monaten den Kredit vorzeitig beenden möchte, um ein neues Fahrzeug zu erwerben und der Handel das Fahrzeug zum Restwert in Zahlung nimmt, hat der Kunde zunächst die Differenz zwischen Restschuld und Fahrzeugwert einzuzahlen, in diesem Beispiel 1.549,24 €. Diese Differenz wird als »negatives Eigenkapital« bezeichnet. In der Regel ist der Kunde zur Einzahlung des Fehlbetrags aus Gründen der Bonität nicht in der Lage. Wäre er von Anfang an dazu in der Lage gewesen, über 42 Monate die Differenz anzusparen, hätte er sich wohl eher nicht für die längste Kreditlaufzeit entschieden.

Erst wenn die blaue Restschuldkurve die grüne Restwertkurve schneidet, reicht der Restwert des Fahrzeugs aus, den Kredit abzulösen. Erst danach bildet sich durch den dann langsameren Wertverfall im Vergleich zur ansteigenden Tilgung »positives« Eigenkapital.

In dem Beispiel ist die Gleichgewichtssituation erst nach 57 Monaten erreicht. Mit anderen Worten: Solange sitzt der Kunde im Auto fest und der Handel hat Mühe, ein vernünftiges Angebot zu machen.

Die gängige Praxis, das »negative Eigenkapital« bei der nächsten Finanzierung dem Fahrzeugpreis zuzuschlagen und mitzufinanzieren, löst das Problem nicht, sondern verschärft es. Wenn dass zwei oder drei Mal durchgeführt wird, kommt man zu Situationen, wo der Fahrzeugwert deutlich weniger als die Hälfte der Restschuld beträgt. Wenn dann eine auch nur leichte Beeinträchtigung der Bonität des Kunden oder eine Anpassung der Ankaufspolitik der finanzierenden Banken hinzukommt, ist dieser Kunde häufig für sehr large Zeit in der Kombination Fahrzeug/Fahrzeugkredit gefangen. Und fällt als potentieller Kunde für neue Fahrzeugverkäufe aus.

Mit welchen Strategien kann man sich das Potential dennoch erhalten?

Gefragt sind Vernunft, Augenmaß und eine langfristige Perspektive. Nicht das heutige Geschäft maximieren, sondern den Strom der künftigen Geschäfte im Auge haben.

Konkret: Eine Finanzierung mit einer Schlussrate von 40 % nach 48 Monate hätte dem Kunden statt 282,58 € Rate 309,56 € gekostet. Bei einem angenommenen Restwert von 42 % ergibt sich sogar ein kleiner positiver Puffer, den Sie bei der Inzahlungnahme nutzen können. Nicht zu verkaufen? Schon mal versucht? Ernsthaft versucht? Vorteile sind: Nach 48 Monaten »muss« der Kunde mit Ihnen sprechen, wie es denn weiter geht. Die Erfahrungen der Praxis zeigen, dass sich hier eine hervorragende Möglichkeit für ein Anschlussgeschäft ergibt. In der Regel hat der Kunde nicht die Barmittel, um die Schlussrate zu zahlen. Machen Sie ihm ein Angebot. Auch schon früher. Wie Sie an der roten Linie sehen, ergibt sich bereits vor Ablauf der 48 Monate Kreditlaufzeit die Chance, den Kunden mit einem vernünftigen und konkreten Angebot anzusprechen. Nach 36 Monaten ist in dem Fall der 84-Monats-Finanzierung das »negative Eigenkapital« knapp doppelt so hoch wie bei der Schlussraten-Variante. Auch kann

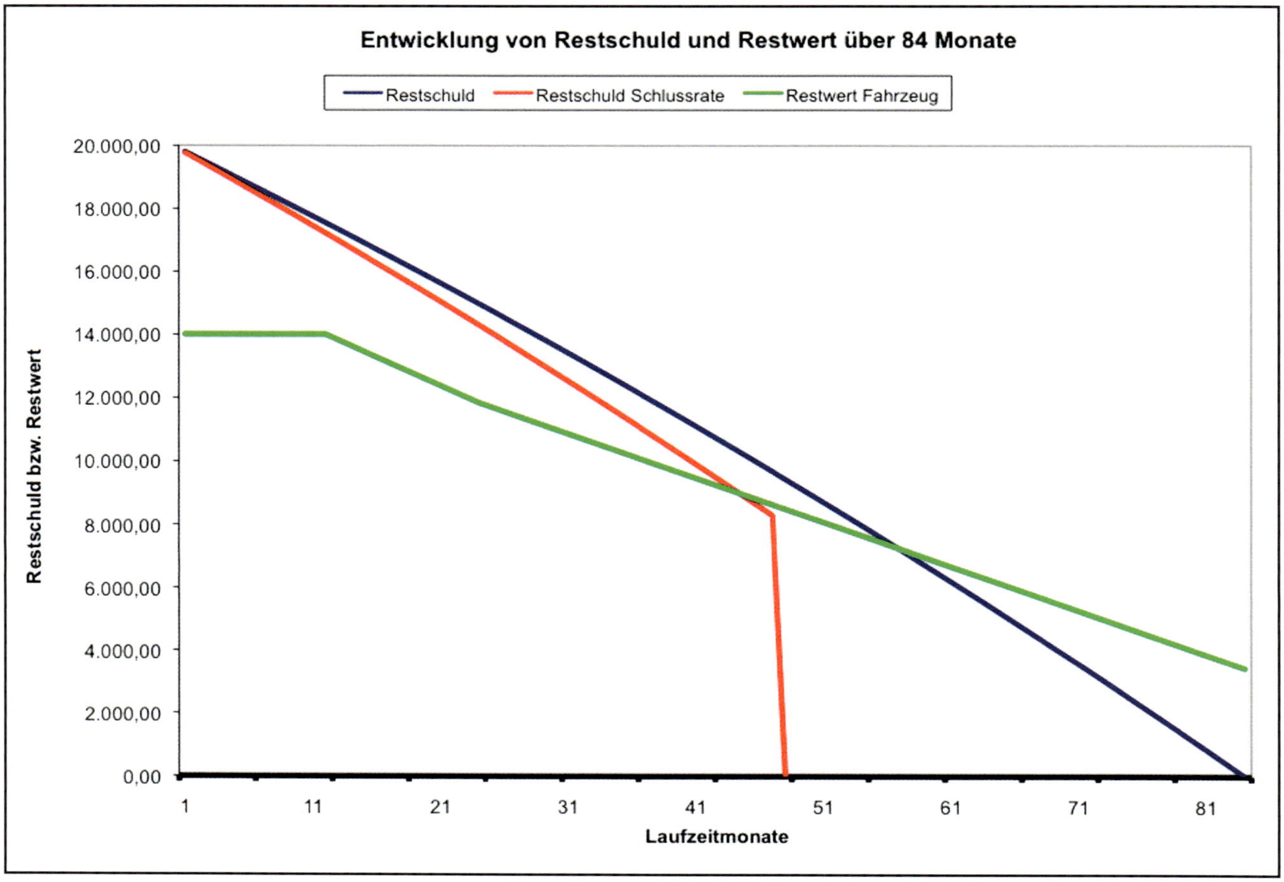

Abb. 4.8.6.1 Die Entwicklung von Restschuld und Restwert über 84 Monate

es im Sinne des Erhalts des Stroms der zukünftigen Geschäfte sinnvoll sein, den Kunden in Richtung eines »kleineren« Autos zu beraten.

Es ist richtig: Die Restraten- oder 3-Wege-Finanzierung erfordert im Verkauf mehr Kenntnisse, Argumentationssicherheit und Überzeugungskraft. Ihr Kunde ist nicht von vorne herein bereits überzeugt, dass es sich hierbei um eine gute Option für ihn handelt. Und ein bestimmter Anteil Ihrer Kunden wird auf die Standard-Ratenfinanzierung beharren. Dennoch lohnt sich hier langfristig das Engagement des Automobilhändlers.

Zusammenfassend: Financial Services haben sich neben Neuwagen-, Gebrauchtwagen- und Werkstatt-/Teile-Geschäft zum vierten Standbein im Automobilhandel entwickelt. Mit dem richtigen strategischen Fokus und der systematischen Eingliederung in die Prozesse können Sie sowohl die Verkaufsaktivität und Kundenbindung signifikant steigern als auch die Rendite spürbar verbessern. Denken Sie langfristig, verankern Sie die umfangreiche Nutzung von Finanzdienstleistungen in Ihrer Unternehmensstrategie. Definieren Sie dazu Umsatz- und Ertragsziele. Kontrollieren Sie Ihren Fortschritt. Nehmen Sie Ihr Team mit und belohnen Sie es für den Erfolg.

4.9 Liquiditäts- und Forderungsmanagement (von Manfred Schlegel)

Sprunghaft sind die Außenstände der Wirtschaft in Deutschland während der letzten Jahre angestiegen. Allein die Forderungen der 123 größten Unternehmen betrugen Mitte 2009 über 180 Milliarden Euro.

Als Folge dieser Außenstände leiden viele Gläubiger unter mangelnder Liquidität, die im Extremfall zur Zahlungsunfähigkeit, sprich in die Insolvenz führt. Besonders betroffen davon sind Unternehmen mit hochwertiger Handelsware wie es Autohäuser sind. »Liquidität vor Rentabilität« – heißt der lebensrettende Leitsatz für viele.

Auf zwei Säulen steht das Liquiditätsmanagement:

Der Liquiditätsplanung und dem regelmäßigen Liquiditätscontrolling als strategische Komponente und dem Forderungsmanagement als operative Aufgabe.

Die Liquiditätsplanung stellt die Mittelzuflüsse den Mittelabgängen in einer längerfristigen Prognose gegenüber. Hierzu ist die Buchhaltung so zu führen, dass Forderungen bei ihrem Entstehen mit einem geschätzten Ausgleichsziel eingebucht werden. Aussagereiche Buchungssystem ermöglichen darauf aufbauend eine Vorschau. Ergänzend dazu ist regelmäßig die Offene Posten Liste zu bearbeiten.

Auf der operativen Ebene ist dafür zu sorgen, dass die Kundenforderungen so gering wie möglich gehalten werden, sprich die Rechnungen so schnell wie möglich bezahlt werden.

Dazu ist schon bei Vertragsschluss, also bei Bestellung oder Auftragserteilung, zu sorgen. Erfolgreiche Autohäuser klärer im Vorfeld, wie die Ware oder Dienstleistung später zu bezahlen ist. Am besten ist es natürlich, wenn Außenstände erst gar nicht entstehen. Ein Feld beispielsweise auf dem Werkstattauftrag mit den Zahlungsarten.

- Bar
- EC-Karte
- Bankeinzug

Und die freundliche Frage »Wie wollen Sie heute Abend bezahlen?« reicht oft aus.

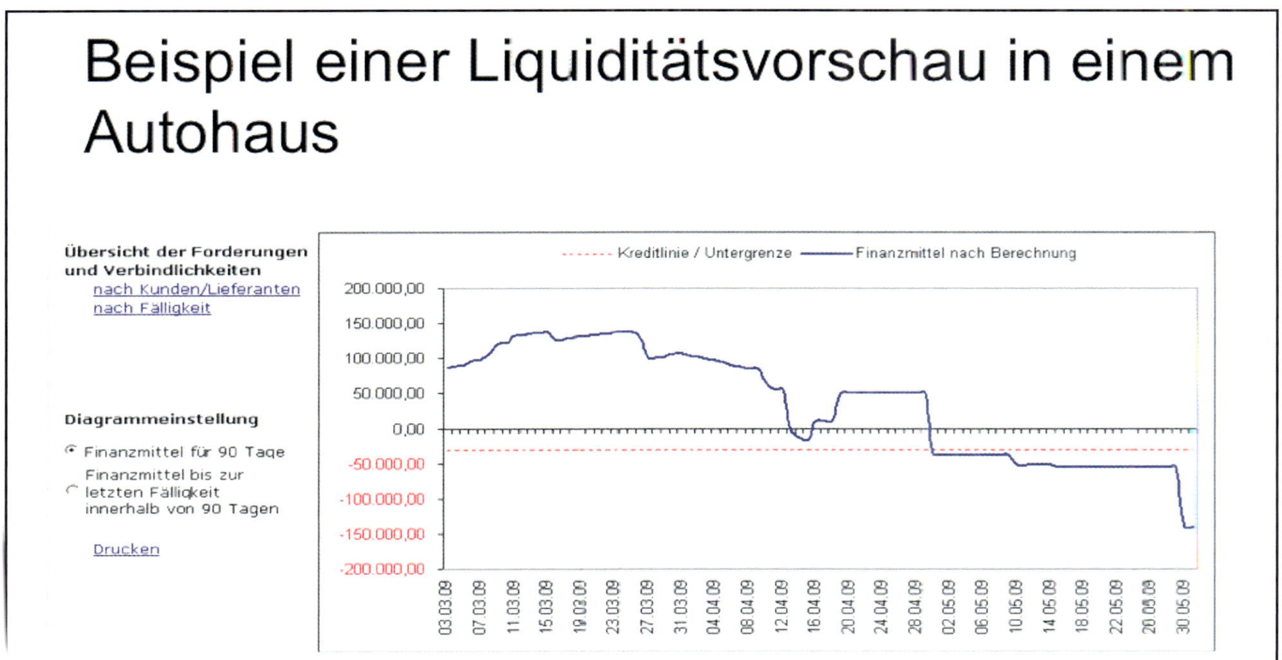

Abb. 4.9.1 Liquiditätsplanung als wichtige Säule der Unternehmensführung (Quelle: DATEV (Vortrag))

Sofern nichts anderes vereinbart ist, sind Rechnungen immer sofort zur Bezahlung fällig (Zug um Zug). Um den Kunden in Verzug zu setzen und in Folge Zinsansprüche und Anwaltsgebühren sowie Gerichtskosten geltend machen zu können, muss dieser zunächst in Verzug gesetzt werden. Bei gewerblichen Kunden geschieht dies nach den Regelungen des § 286 Abs. 3 nach 30 Tagen automatisch. Privatkunden müssen um in den Genuss dieser »Verzugsautomatik« zu kommen im Vorfeld, beispielsweise auf der Rechnung darauf hingewiesen werden. Dies kann durch folgenden Satz geschehen:

»Wir weisen darauf hin, dass Zahlungsverzug spätestens 30 Tage nach Fälligkeit und Zugang dieser Rechnung eintritt, § 286, Abs. 3 BGB.«

Die andere Möglichkeit, einen Kunden in Verzug zu setzen, ist die Mahnung. Sie muss allerdings, um rechtlich als solche anerkannt zu werden, unmissverständlich eine dringende Leistungsaufforderung unter Androhung von Konsequenzen enthalten. Eine bloße »freundliche Erinnerung« oder »die Bezahlung ist nunmehr fällig« reichen nicht aus.
Hier ist mit Sicherheit Fingerspitzengefühl erforderlich. Nicht immer trifft der harte juristische Ton das kaufmännisch Angemessene. Ein freundlicher, aber dennoch klar bestimmter Text ist zu finden.

Ab dem Zeitpunkt, zu dem der Kunde in Verzug steht, hat das Autohaus Anspruch auf Verzinsung der geschuldeten Leistung. Und zwar zu einem Zinssatz von 5 % (Verbraucher) oder 8 % (Unternehmer) über Basiszinssatz nach § 247 BGB. Dieser ist stets Anpassungen unterworfen und unter www.bundesbank.de abrufbar.

Zahlungsausfälle lassen sich vermeiden, indem man sich vorher über die Bonität des Kunden erkundigt. Dies kann einerseits über die Bonitätsunternehmen wie Schufa etc. geschehen. Andererseits stehen jedem zusätzlich öffentliche Wege kostenlos offen. Unter https://www.insolvenzbekanntmachungen.de sind sowohl Privat- als auch Unternehmensinsolvenzen aufgelistet. Mit einem Klick auf www.unternehmensregister.de lassen sich die Bilanzen und die GuV von Kapitalgesellschaften einsehen.
Neben der Möglichkeit, die Kundenforderungen selbst zu schultern bieten mittlerweile viele Hersteller als auch Banken »Autokreditkarten« speziell zur Finanzierung von Autohaus-Rechnungen an.
Der schnellste aber meist auch teuerste Weg Außenstände bezahlt zu bekommen heißt »Factoring«. Darunter versteht man das Verkaufen von Forderungen an Unternehmen. Diese bezahlen diese in der Regel innerhalb von 24 bis 48 Stunden und treiben sie anschließend selbst ein.

Abb. 4.9.2: Die Opel Service Card

5 Neuwagen-Management (von Hannes Brachat)

Der Neuwagenverkauf erwirtschaftet in vielen Betrieben keine positive Rendite – das muss sich ändern. Neben einer Marktbetrachtung finden Sie in diesem Kapitel Anregungen zur Verbesserung in den Bereichen NW-Disposition, Vorführwagenmanagent, Modelleinführungen und Marketingimpulse. Zentraler Punkt ist auch die kunden- und markenorientierte Neuwagenauslieferung. Eine sehr wichtige Rolle spielt der Verkäufer und seine Persönlichkeit.

5.1 Neuwagen-Prognosen 2015

Je nach Betriebsgröße macht der Vertrieb von Neufahrzeugen im vertragsgebundenen Autohaus 50 bis 80 % vom Gesamtumsatz aus. In Kap. 4.2 wurde das Manko im Neufahrzeuggeschäft deutlich herausgearbeitet:

! *Das Problem im Fahrzeuggeschäft des vertragsgebundenen Autohauses ist nicht die NW-Absatzmenge, sondern die unzureichende Rendite pro Neuwagen.*

Der Markenhandel war in den letzten Jahren jährliche Zulassungsgrößen zwischen 3,2 und 3,4 Mio. Neufahrzeugeinheiten gewohnt. Wer Zulassungszahlen in Deutschland vor der Grenzöffnung 1989 ansieht, weiß, dass dort mit 2,8 Mio. Einheiten pro Jahr Rekordjahrgänge geschrieben wurden. Die Automobilhersteller kalkulieren immer noch mit überzogenen Zulassungsmengen (3,5-3,8 Mio. Neuzulassungen pro Jahr). Das Jahr 2009 wird dank Abwrackprämie eine überdurchschnittliche Zulassungsmenge ausweisen können. Dennoch, mittelfristig sind pro Jahr rund 3 Mio. Neufahrzeuge angesagt.

! *Im Neufahrzeuggeschäft ist eine Redimensionierung von Absatzplanung und Vertriebsnetz angesagt.*

Shell Pkw-Szenarien bis 2030

2009 legte Shell die 25. Ausgabe der »Shell-Prognosen« vor. Erstmals 1958. Shell begründete damit als erster Konzern fundierte Zukunftsüberlegungen. Bis 1979 wurden die heutigen Shell Pkw-Szenarien als »Prognosen« bezeichnet. Seit diesem Zeitpunkt wird mit der Szenario-Technik gearbeitet. In der Nachbetrachtung sei festgestellt, dass die Sicht der Dinge bislang immer besser als prognostiziert ausfiel. Selbst bei der harmonischen Szenarienbetrachtung. Wer konnte beispielsweise die Wiedervereinigung 1989 vorhersehen? Und schon sieht die Automobilwelt ganz, ganz anders aus. Wer kann zwanzig Jahre vorhersehen? Es macht dennoch Sinn, aus der gegenwärtigen Welt Zukunftsaspekte zu skizzieren. Wohl wissend, dass es anders kommen wird.

Deutschland ist heute eine hoch entwickelte Autonation. Die Pkw-Motorisierung ist sehr hoch – siehe Kap. 1.3.2. Das Automobil ist mit Abstand Mobilitätsträger Nr. 1 im Personenverkehr. Eine markante Kenngröße von Pkw-Mobilität ist die Bevölkerungsentwicklung. Die Einwohnerzahl geht bis 2030 voraussichtlich um knapp 3,7 Mio. auf 78,5 Mio. Einwohner zurück. Der Anteil der über 65-Jährigen an der Bevölkerung steigt von heute 20 auf 28 % und der Anteil der unter 20-Jährigen sinkt von 19 auf 16 % im Jahr 2030. Demoskopische Hochrechnungen lassen sich aufgrund gegebener Altersschichtungen mit hohen Wahrscheinlichkeiten weiter transformieren.

Die Motorisierung der **Frauen** wird insgesamt von heute etwa 340 auf gut 430 Pkw je 1.000 Frauen ansteigen; sie erreicht 2030 damit etwa 60% der Pkw-Motorisierung der Männer. Die Motorisierung der **Männer** legt nur noch geringfügig von heute knapp 700 auf etwa 715 im Jahr 2030 zu. Vor allem die Motorisierung von Frauen in den Altersklassen über 50 Jahre legt kräftig zu, und die von älteren Männern immerhin noch leicht. Hieraus folgt eine zunehmende Pkw-Motorisierung und Auto-Mobilität im Alter. Mit der wachsenden Bedeutung von Frauen und älteren Autofahrern, kleineren Haushalten, weniger Kindern und weniger Jüngeren werden sich auch die automobilen Bedürfnisse wandeln.

! *Pkw-Bestandssteigerung von derzeit 47 Mio. auf 49,5 Mio. in 2030.*

Der gesamte Pkw-Bestand steigt von heute 47 Mio. Fahrzeugen auf 49,5 Mio. im Jahr 2030. Dem entspricht ein Motorisierungsgrad von 630 Pkw pro Einwohner gegenüber heute 570. Um diesen Motorisierungsgrad zu erreichen, bedarf es je nach Szenario und Jahr zwischen gut 3 und knapp 3,5 Mio. Pkw-Neuzulassungen pro Jahr.
Die immer höhere Ausstattung mit Pkw führt dazu, dass die durchschnittliche Fahrleistung pro Pkw von heute rund 12.500 Kilometer auf 11.900 Kilometer im Jahr 2030 zurückgehen wird. Weitere Details zu »Auto & Umwelt« in Kap. 1.3.3. Trotz des demographischen Wandels bleibt die Auto-Mobilität bis zum Ende des Betrachtungszeitraums im Jahr 2030 hoch. Der deutsche Pkw-Markt wird der volumenstärkste Pkw-Markt in der EU bleiben.
Die Shell-Pkw-Szenarien stehen als Download im Internet: www.shell.de/pkwszenarien

5.2 Professionelles Großabnehmergeschäft im Autohaus

Bei jährlich gut 3 Mio. Pkw-Neuwagenzulassungen, werden über 10% an Vermietfahrzeugen geschrieben und 930.000, sprich rund 30% an Flottenfahrzeugen (ohne Vermieter). Auf diese jährlichen Zulassungsdimensionen beziehen sich die nachstehenden Ausführungen. Man frage sich, wer die Entscheidungsträger für die gewerblichen Zulassungen sind? Da stehen zum einen die namhaften Autovermieter auf der Liste. Dann vor allem die freien Leasingunternehmen wie ALD, ASL, Deutsche Leasing, LeasePlan, afkBank, Santander, Sixt u.a. oder auch händlereigene Leasinggesellschaften. Beide Gattungen, die Vermieter wie die freien Leasinggesellschaften, vermitteln in Eigenregie Mobilitätsleistungen an diverse Endkunden. Es treten als weitere Marktpartei die rund 38.000 Fuhrparkbetreiber an, die mehr als zehn Fahrzeuge im Rahmen ihres eigentlichen Geschäftszweckes beschafft und im Einsatz halten. Davon fallen gut 70% auf den Bereich der Außendienstflotten, die zentral, national, bei größeren Fuhrparks auch international nach vorgegebenen Standards gesteuert werden. Sie machen das klassische Großkundengeschäft bzw. Großabnehmergeschäft, auch Flottengeschäft genannt, aus.
Seit Jahren zeigt der Großabnehmer-Markt kontinuierlich Aufwärtsbewegung. Wachstumsmärkte sind Chancenmärkte. Das sehen nicht nur die freien Leasing- und Fuhrparkmanagementgesellschaften so. Werden gerade diese durch ihre zielorientierte Neu- und Verdrängungsakquisition, über Mindestbetreuungsintervalle von 4 bis 6 Wochen, mindestens monatlichem Telefonkontakt sowie ihren speziellen Serviceverbindungen zu ATU, Autometster, PointS etc. und einer unfallgesteuerten Partnerschaft wie zu Nobilas oder McCar zur großen Herausforderung für die herstellergebundenen Akteure? Der klassische Markenhändler würde damit aufs reine Privatkundengeschäft reduziert. Dies wäre gleichzusetzen mit einem Rückzug aus dem Großkundengeschäft. Je nach Marke ist der Eindruck zu gewinnen, dass das Großabnehmergeschäft im normalen Pkw-Verkaufsgeschehen eben so mitläuft. Es gibt aber auch die Vermarktungsform, bei der das Großkundengeschäft im Autohaus einen eigenständigen Vertriebsbereich darstellt. Hier gibt es für das Autohaus markante Ansatzpunkte zu setzen, zumal die Masse der Großkundengeschäfte nach wie vor über den Markenhandel abgewickelt wird. Vor allem kleinere und mittlere Betriebe fragen Flottendienstleistungen stärker im Autohaus nach. Nachfolgend sind wichtige Begriffe aus dem Großabnehmergeschäft kurz erläutert.

Großabnehmer – Begriffe

Großabnehmer: Sind gewerbliche Abnehmer von Fahrzeugen gleicher oder unterschiedlicher Marken, die sie in ihrem Fuhrpark für eine bestimmte Zeit vorhalten. Im Durchschnitt 36 Monate. Hinsichtlich der Mindestzahl bzw. des Ersatzzyklus herrschen unterschiedliche Auffassungen. Die einen gehen von mindestens 10 Fahrzeugen aus, andere von einem Bestand von 25 oder gar 50. Die Mindesthaltedauer ist in der Regel sechs Monate.

Direktverkauf: Der Hersteller/Importeur trifft die gewerblichen Verkäufe ohne Einbindung des Vertragshandels, von der Akquise bis zum Re-Marketing. Dies trifft für bestimmte Großabnehmergruppen wie Behörden oder (halb-)staatliche Betriebe wie Post, Bahn oder Telekom oder für ganz große Unternehmenseinheiten (Siemens u. a.) zu.

Flottenmanagement: Die interne oder externe organisatorische Einheit, die den kompletten Fuhrpark betreibt bzw. verwaltet. Von Beschaffung und Einsatz bis zum Verkauf. Man beachte die hierarchische Einbindung der »Flotteneinkäufer« in Großunternehmen.

Re-Marketing: Vermarktung von Flottenfahrzeugen nach Vertragsablauf.

Buy-Back: Die vom Verkäufer bei Vertragsabschluss garantierte Rückkaufverpflichtung nach Vertragsablauf. Damit wird i.d.R. dem Käufer das Verwertungsrisiko des Fahrzeuges genommen.

Wandlungen im Flottengeschäft

Die eben angesprochenen **Großkundenbetreuer** sind erst seit wenigen Jahren in den großen Automobilhandelsbetrieben der deutschen Hersteller zu finden. Sind diese Großkundenbetreuer aber mental nicht eher Großkunden-Verkäufer? Diese Verkäufer sind oftmals für hohe Stückzahlen im Jahr verantwortlich und es fehlt ihnen meist die Zeit (häufig auch die Aus- und Weiterbildung und die zusätzlich notwendigen Mitarbeiter im Akquise- und Back-Office-Bereich), um bei den

CHECKLISTE:
ERWARTUNGEN VON GROSSKUNDEN AN DEN FUHRPARKMANAGER

- aktive Ansprache
- Erkennen und Analysieren der Bedarfstrukturen, Unterstützung bei der Bedarfsplanung
- Mithilfe bei der Bestimmung des Ersatzzeitpunktes
- Angebote von Rahmenverträgen
- Angebot der wirtschaftlichsten Fahrzeuge im Vergleich auch zu Wettbewerbern
- Angebote zu Finanzierungs- und Leasingkonzepten, (»Fuhrparkfinanzierung« »Fuhrparkversicherungskonzepte«, Sale and Lease back, etc.)
- Angebote zu Servicedienstleistungen (Wartung und Verschleiß, Reifenersatz, Versicherungen inkl. Schadensservice, Kraftstoff-Abrechnung und -Analyse, GEZ, Mietwagen, Kfz-Steuer, etc.)
- eigene Dienstwagenfahrerannahme mit kurzen Wartezeiten
- kleinere technische Mängel sofort reparieren
- persönliche Ansprache und gute Erreichbarkeit
- Auslieferungskonzepte bei überregionalem oder bundesweitem Einsatz der Fahrzeuge
- Konzepte zur Prozessoptimierung in der gesamten Fuhrparkverwaltung
- Beratung zur Erstellung einer Car Policy
- Kontrolle/Durchführung der gesetzliche Prüfungen (HU/AU, Anbauabnahmen, UVV-Prüfungen), Einhaltung der vorgesehenen Prüftermine
- Reporting und Controlling Tools
- Mobilitätskonzepte für die Mitarbeiter: Ersatz- und Mietwagen, Dienstwagen
- rechtzeitige Bestellung neuer Fahrzeuge
- Laufleistungskontrolle mit eventueller Vertragsanpassung
- feste Ansprechpartner im Verkauf und im Kundendienst
- Überprüfung und Verwaltung der Großabnehmer-Rahmenabkommen mit dem jeweiligen Hersteller, z. B. Erfüllungsstand zur vereinbarten Abnahmemenge und dem bestmöglichen Nachlass
- ggf. Hilfestellung bei Vermarktungskonzepten der Gebrauchtwagen

Kunden als Fuhrparkmanagement-Berater eine ganzheitliche Beratung und Betreuung durchzuführen. Zudem sind sie häufig einem Pkw-Einzelkunden-Verkaufsleiter untergeordnet und besitzen im Unternehmen nicht die notwendige Entscheidungsbefugnis und Handlungsvollmacht. Stimmt deren Status? Ihre Bedeutung fürs Ganze? Der Kundendienst in den Autohäusern ist im Großkundengeschäft häufig eine vergleichbare Baustelle.

Großkunden-Erwartungen

Die Konzentrationsbewegungen in der deutschen Wirtschaft führen auch dazu, dass zwangsläufig größere Fuhrparks entstehen. Auch wenn die Fahrzeuge dezentral zum Einsatz kommen, so wird deren Einkauf und Verwaltung zentral, eben auch zusätzlich international gesteuert. Das führt zu anderem Beschaffungsverhalten, aber auch zu Umstellungen in der Fuhrparkverwaltung bzw. Steuerung. Je nach Gegebenheit werden gezielte Aufgaben an externe Dienstleister vergeben, zumal große Fuhrparks mit verschiedenen Marken bestückt sind (Beschaffung, Finanzierung, Servicepartner, Verwertungspartner). Herstellerunabhängigen Leistungsanbietern wird hier oftmals eine bessere Kompetenz für Prozess- und Kostenoptimierung zugesprochen. Je größer die Flotte, umso höher die Differenzen in der Konditionenpolitik. Den Automobilherstellern ist an einer kurzen Haltedauer der Fahrzeuge gelegen. Sie wünschen der Absatzmenge wegen eine Beschleunigung des Gesamtumschlages und machen gar die Höhe der Werbekostenzuschüsse von der Haltefrist abhängig. Wobei umgekehrt als Mindesthaltedauer in der Regel sechs Monate üblich sind.

Die größte Herausforderung für das Autohaus besteht darin, dieses Gesamt-Mobilitätspaket sicher zu stellen. Und das für jeden Kunden. Womit einmal mehr die Prozessabläufe stimmig sein sollten. Dieser zeigt sich in der Struktur in Abb. 5.2.1.

Der größte Nachholbedarf liegt im Projektdenken. Innerhalb der Autohäuser sind – gleich den Leasinggesellschaften – eigenständige und weisungsbefugte Großkunden-Teams zu bilden, die direkt dem Geschäftsführer zu unterstellen sind. Da wird der Außendienstberater gebraucht, der Innendienst-Großkundenberater, ein Back-Office, das den Großkundenberatern die organisatorischen und administrativen Aufgaben abnimmt. Man verachte dabei das Kundendienst- bzw. Werkstatt-Großkundenteam nicht. Die Anforderung im Service lautet:

! *Mobilität, Mobilität und nochmals Mobilität.*

Der Dienstwagen muss rollen. Der Dienstwagen ist Arbeitsplatz. Man überlege, wenn bspw. ein Fuhrpark 100 Fahrzeuge umfasst und jedes Fahrzeug einmal pro Jahr zum Service ins Autohaus kommt, wie hoch allein die Kosten für An- und Abfahrt sowie für die Auftragsannahme und Abwicklung sind. Wer für einen Reifenwechsel im Sommer oder Winter insgesamt eine Stunde braucht, wird da wenig Auftragsfreude erhalten. Das gilt vor allem auch für die freien Leasingunternehmen. Wenn ein freies Leasingunternehmen beispielsweise 100.000 Fahrzeuge unter Vertrag hat, so stehen dafür 100.000 Reparaturanfragen an. Man stelle sich den Bereich der Überprüfung von 100.000 Rechnungen vor. Jede Rechnung wird zentral erfasst, eingescannt, nach Herstellern sortiert und über Workflow den einzelnen für dieses Fabrikat zuständigen Herstellerteam (Kfz-Meister) zugeordnet. Jede Rechnung wird auf Plausibilität, Großabnehmerrabatt, Vorgabezeiten, Verbundarbeiten, pauschale Berechnungen, auf Kulanz- oder Garantiefähigkeit abgeklopft. Da wird Druck auf Kulanz- wie auf Garantieleistungen gemacht. Sie wollen Teilenachläse, soziale Ölpreise etc. Ziel: Senken der Vollkosten!

Die zunehmende Vollkostenbetrachtung verändert künftig Produktentscheidungen. Außerdem setzen Fuhrparkbetreiber auf Downgrading und umweltschonende Antriebe.

! *Die monatlichen Vollkosten ersetzen künftig das UPE-Limit.*

Service und Verkauf bilden hier eine enge Verzahnung. Wer bspw. als Dienstwagenfahrer mit seiner Marke, mit dem Service zufrieden ist, zieht diesen Imagetransfer auf seinen privaten Zweitwagen. Auf zehn Dienstwagen kommen drei bis vier private Detailverkäufe der angestammten Marke, vom angestammten Händler!

Der **Gesamtbetreuungs-Prozess** baut sich wie folgt auf:

1. **Akquisition**
2. **Konzeption**
3. **Präsentation**
4. **Angebot**
5. **Abschluss**
6. **Betreuung**
7. **Vertragsverwaltung**
8. **Anschlussgeschäft**

Abb. 5.2.1 Gesamtbetreuungsprozess

Zurück zum Gesamtbetreuungs-Prozess. Allein die Phasen 1-4 bedürfen einer absolut kundenindividuellen und intensiven Vorbereitung. Um dem Kunden eine Gesamtkonzeption vorlegen zu können, benötigen das Autohaus und seine Fuhrparkmanagement-Berater ein Netzwerk aus »Systemlieferanten«. Für die meisten »deutschen Markenhändler« stehen die dafür mehr oder weniger guten herstellereigenen Leasinggesellschaften zur Verfügung. Aber auch freie Anbieter.

Dies sind beispielsweise:

- Produktentwicklung (der jeweiligen Finanzierungs- und Serviceart)
- Akquisitionsunterstützung und Angebotserstellung
- Systembereitstellung
- ständige Bonitätsprüfung (in der weiteren Betreuungsphase)
- Vertragsverwaltung
- Fuhrparkanalyse
- Hilfestellung bei der Beschaffung von Fremdmarken-Fahrzeugen
- Inkasso beim Kunden

Wer als Autohaus das ganzheitliche Konzept verfolgt und ganzheitliche Lösungen offerieren kann, wird als Autohaus mit seinen Fuhrparkmanagement-Beratern mehr als eine reine Leasinggesellschaft- oder Fuhrparkmanagementgesellschaft leisten können. Ob das die Hersteller über ihren Direktvertrieb besser zu leisten vermögen? Auch hier gibt es kein »entweder – oder«, sondern gleichermaßen ein »sowohl – als auch«. Weitere Details sind zu finden bei Verband der markenunabhängigen Fuhrparkmanagementgesellschaften e.V. (VFM) sowie beim Bundesverband Deutscher Leasing-Unternehmen e.V. (BDL).** Gleichermaßen sei das Buch: »Fuhrpark und Flotte«, von Siegfried W. Kerler, erschienen im Verlag Heinrich Vogel, München, empfohlen.*

* *Zu bestellen unter www.heinrich-vogel-shop.de. Bestellnummer: 26010*
** *Quelle: Lange, Stefan, Brachat, Hannes: Professionelle Großkundenbetreuung im Autohaus, München, 2005.*

5.3 Der Verkäufer – Erfolgsgarant

70 % des Verkaufserfolges werden von Menschen bestimmt. Es sind also die Verkäufer, die den Erfolg im Verkauf ausmachen. Oder eine andere Aussage: 50 % des Verkaufserfolges macht ein gutes Produkt aus, der Rest bestimmt die Klasse des Verkäufers! Der Markenhandel beschäftigt heute rund 36.700 Verkäufer und Verkäuferinnen – siehe Abb. 5.3.1.

Ihre Offerte richtet sich sowohl an Privat- als auch an Geschäftskunden. Das große Angebotsspektrum, das die Verkäufer im Marken-Autohaus inszenieren, macht das Verkaufen zu einem komplexen Unterfangen. Aus gutem Grunde gilt der Verkaufsleitsatz:

! *Verkaufen ist das schönste Abenteuer.*

Ob Internet oder Direktabholung im Werk, der Kontrapunkt im Kundennutzen liegt in der persönlichen Beratung und Betreuung durch den »Verkaufsberater«. Die wahren Erfolge werden über Menschen, über die Markenpersönlichkeit vor Ort eingefahren. Es verkauft sich heute kein Auto mehr von allein, auch nicht über das Internet. Wer hat schon ein begehrliches und

VERKÄUFER 2009*)

Marke	Verkäufer insgesamt	Seniorverkäufer	Juniorverkäufer bzw. Verkäufer in Ausbildung
Alfa Romeo	275	135	16
Audi	1.603	1.366[1)]	137
BMW	3.618[2)]	3.548	70
Brilliance	k.A.	k.A.	k.A.
Chevrolet	k.A.	k.A.	k.A.
Chrysler/Jeep	250	200	50
Citroen	573[3)]	-	-
Daihatsu	ca. 450[4)]	k.A.	k.A.
Ferrari	32	k.A.	k.A.
Fiat	720	220	20
Fiat Professional	457	155	11
Ford	1.749	-	60
Honda	559[5)]	k.A.	k.A.
Hyundai	580	-	66
Jaguar	k.A.	k.A.	k.A.
Kia	k.A.	k.A.	k.A.
Lada	k.A.	k.A.	k.A.
Lancia	163	52	9
Land Rover	k.A.	k.A.	k.A.
Lexus	88[16)]	62[14)]	16[15)]
Maserati	23	k.A.	k.A.
Mazda	1.200	460	60
Mercedes-Benz	4.150[6)]	k.A.	k.A.
Mitsubishi	583	53	77
Nissan	k.A.	k.A.	k.A.
Opel	3.586	-	45
Peugeot	1.055	933	122
Porsche	ca. 258[7)]	k.A.	k.A.
Renault	1.500	-	-
Saab	k.A.	k.A.	k.A.
Seat	240[8)]	144[9)]	148[10)]
Skoda	1.199	551[11)]	155[12)]
Smart	ca. 300	k.A.	k.A.
Subaru	199[13)]	k.A.	k.A.
Suzuki	k.A.	k.A.	k.A.
Toyota	1.605	1.231[14)]	324[15)]
Volkswagen	6.527	ca. 6.000	638[17)]
Volvo	641	-	52
SUMME	**34.183**	**15.110**	**2.136**

Abb. 5.3.1 Anzahl der Automobilverkäufer in den deutschen Handelsorganisationen

obendrein noch das billigste Produkt? Um die Verkaufsaufgaben zu wahren, sind von einem Verkäufer viele Begabungen gefragt. Es sei dabei festgestellt, dass im Anforderungsprofil die Sozialkompetenz inzwischen die Fachkompetenz schlägt. Fachkompetenz ist aus der Sicht des Kunden selbstverständliche Voraussetzung. Die Vielzahl der Modelle (Nischenpolitik), auch die des Wettbewerbs sowie der Modellwechsel in kürzeren Zyklen stellen weitere Anforderungen an den Verkäufer.

5.3.1 Geprüfter Automobilverkäufer/in (GAV)

AUTOHAUS brachte 1997/1998 bei mehreren Veranstaltungen die Verantwortlichen der Schulungsakademien der Hersteller und Importeure zusammen. Ziel war zum einen eine Höherqualifikation der Verkäufer zu erreichen, um auch bei Verkaufstests besser abzuschneiden. Außerdem sollten die Schulungskosten für die Verkäufer um 30 % gesenkt werden. Die modernen Formen des E-Learnings lassen für die gesamte Automobilbranche einheitliche Vermittlungsstandards und fachliche Inhalte schaffen. Das Leasinggeschäft oder das Recht des Automobilverkaufs ist beispielsweise für alle Marken gleich. Dieses Wissen kann sich jeder Verkäufer zu Hause am Terminal selbst aneignen. Das Ziel von AUTOHAUS war also einerseits eine qualitative Verbesserung im Verkauf bei gleichzeitiger Reduzierung der Verkaufskosten. Es gibt für den Automobilverkäufer kein eigenständiges Berufsbild. Jeder kann sich Automobilverkäufer nennen. Und das kann es nicht sein.

Seit dem 17. Juni 1999 gibt es von der Gütegemeinschaft »Geprüfter Automobilverkäufer« seitens des ZDK, VDA und VDIK ein Zertifizierungsverfahren zur Leistungsüberprüfung von Automobilverkäufern. Details siehe unter www.autoberufe.de. Dort werden die Weiterbildungsdauer sowie die Voraussetzungen im Einzelnen dargelegt. Der Abschluss der Ausbildung trägt das Zertifikat: »Geprüfte/r Automobilverkäufer/in« (GAV). Die Frage ist nunmehr nach zehn Jahren, ob der Grad der Professionalität sich in der gesamten deutschen Verkaufslandschaft spürbar verbessert hat? Wer die Ergebnisse der Verkaufstests vor sich sieht, trägt da wenig Erbauung in sich. Bei 30 % der geführten Verkaufsgespräche wird keine Probefahrt angeboten. In 50 % der getätigten Testkäufer wurde die GW-Inzahlungnahme gar nicht angesprochen. In 40 % der geführten Verkaufsgespräche wird keinerlei Finanzierungs- oder Leasingangebot gemacht. In über 50 % der Fälle wird den Interessenten kein schriftliches Angebot über das Wunschfahrzeug erstellt. Warum?

Die Verkaufslandschaft tickt anders

45 % der Juniorverkäufer ziehen bereits im ersten Jahr ihres Verkäuferdaseins die Reißleine.

Gehaltskomponenten neue/alte Bundesländer: Verkäufer

	(in%)	Gesamt	(in%)	Neue Bundesländer	(in%)	Alte Bundesländer
Grundgehalt (ohne Zusatzleistungen und Prämien)		€ 1.424		€ 1.340		€ 1.448
Anzahl Grundgehälter pro Jahr		12,7		12,7		12,7
Zusatzleistungen						
+ Variable Vergütung (Leistung)	13 %	€ 1.113	24 %	€ 1.287	14 %	€ 1.080
+ Betriebliche Altersversorgung	15 %	€ 100	36 %	€ 104	15 %	€ 99
+ Feste zusätzliche Leistungen	48 %	€ 187	30 %	€ 65	58 %	€ 194
+ Verkaufsprovisionen	71 %	€ 2.748	70 %	€ 1.923	71 %	€ 2.743
+ Provisionen FDL	48 %	€ 296	42 %	€ 88	44 %	€ 259
+ Sonstige Prämien	11 %	€ 176	24 %	€ 156	11 %	€ 181
Firmenfahrzeug (Listenpreis)	75 %	€ 23.078	79 %	€ 19.751	73 %	€ 23.221
Monatliches Bruttogehalt (ohne Firmenfahrzeug)		€ 3.869		€ 3.204		€ 3.892
Bruttojahresgehalt (ohne Firmenfahrzeug)		€ 46.428		€ 38.454		€ 46.709

Abb. 5.3.1.1 Die Vergütung der Verkäufer in den neuen und alten Bundesländern

> **!** *In den ersten vier Jahren verlassen zwei Drittel der neueingestellten Verkäufer wieder ihr Autohaus.*

Entweder wird die Wirkungsstätte gewechselt oder der Job grundsätzlich an den Nagel gehängt. Mit dem Abschluss zum GAV ist – so Prof. Dr. Stefan Bratzel – grundsätzlich eine höhere Loyalität der Verkaufsmitarbeiter verbunden. Dennoch, mit jedem Ersatz eines Verkäufers durch einen neuen sind erhebliche Kosten verbunden. Abb. 5.3.1.1 zeigt laut AUTOHAUS-Santander Vergütungsreport 2009, dass ein Verkäufer pro Monat im Schnitt 3.869 EUR brutto verdient. Dem entspricht ein Nettoeinkommen zwischen 1.700 und 2.000 EUR. Abb. 5.3.1.2 zeigt aus dem Verkäuferklimaindex, worauf Verkäufer ihre besondere motivatorischen Kriterien setzen. Danach hapert es ganz dominant an der Neuwagen-Provision, weil die Bruttoerträge im Neufahrzeuggeschäft geschmolzen sind, sprich die Verkäufereinkommen in den vergangenen Jahren rückläufige Tendenz zeigten. Auch bei der Provisionsvergütung in Sachen Financial Services wird Verbesserungsbedarf reklamiert. Selbst die Provisionsvergütung im GW-Sektor lässt einige Fragen offen. Nochmals: Provisionszahlungen sind aus Sicht der Verkäufer für die Arbeitsmotivation am wichtigsten!

KRITERIEN FÜR DIE ARBEITSMOTIVATION DER VERKÄUFER

Vergleich Relevanz/Zufriedenheit – Gap-Analyse nach Gesamt
Frage: Wie wichtig sind folgende Faktoren für die Arbeitsmotivation der Verkäufer?

Kriterien	Wichtigkeit Gesamt (N=203)	Zufriedenheit Gesamt (N=203)	Gap	
Höhe der Provisionen im Bereich NW	1,55	2,80	1,25	Höchste Differenzen zwischen Zufriedenheit und Wichtigkeit bei Provisionen
Höhe der Provisionen im Bereich Finanzierung/Leasing	1,92	2,92	1,00	
Höhe der Provisionen im Bereich GW	1,69	2,67	0,98	
Höhe der Provisionen im Bereich Versicherungen	2,51	3,36	0,85	
Betriebsklima	1,39	1,94	0,55	
Zusammenarbeit mit dem Vorgesetzten (VL/GF)	1,34	1,76	0,42	
Zusammenarbeit mit dem Ansprechpartner der Herstellerbank	1,68	1,95	0,27	
Zusammenarbeit mit dem Ansprechpartner des unabhängigen Finanzierungspartners	2,47	2,30	-0,17	

Mittelwerte: 1 = Sehr wichtig/zufrieden; 6 = Unwichtig/unzufrieden

Quelle: puls Marktforschung GmbH, Juli 2008

Provisionszahlungen sind aus Sicht der Verkäufer für die Arbeitsmotivation am wichtigsten. Gleichzeitig besteht in diesem Bereich die höchste Unzufriedenheit.

Abb. 5.3.1.2 Kriterien für die Arbeitsmotivation der Verkäufer

5.3.2 Realitäten an der Verkaufsfront

Jahr für Jahr kommen 150 neue Modelle auf den deutschen Markt. Davon sind rund 70 echte Neuerscheinungen, die übrigen laufen unter der Gattung »Face-Lifting«. Die neuen Fahrzeuge liegen im Design wie in der Preislandschaft immer enger beieinander. Und dennoch sollen erweiterte Modelloffensiven für noch mehr Verkaufsmenge bei der einzelnen Marke sorgen. Audi hat derzeit 24 Modelle auf dem Markt. Das sollen bis 2015 dann 45 sein. BMW unterhält aktuell 11 Baureihen. Das waren vor zehn Jahren noch 5. Hinter jeder Baureihe stehen entsprechende Modellversionen mit diversen Motorisierungs- und Aufbauvarianten. Diese werden künftig noch mit Hybrid-, Elektro-, Gas- und Wasserstoffmotoren bereichert.

Die Premiumhersteller sind inzwischen zu Volumenanbieter mutiert und haben an Exklusivität verloren. Die überzogenen Preiszugeständnisse – auch im Premiumbereich – sind Ausdruck eines Überangebotes wie der Beweis für zu hohe Fahrzeugpreise. Wer als Verkäufer vor Kunde mit dem Listerpreis hantiert, sieht einen getäuschten Kunden vor sich. Also informiert dieser sich querbeet bis er guter Dinge ist, dass er nicht ausgezockt wird. Sei es über YouTube, die Community-websites (Xing, Facebook), autoplenum.de, motor-talk.de, carmondo.de und wie die automobilen Foren, Weblogs, Screenings & Co. alle heißen.

Wer verkaufsstarke Autohäuser analysiert, stellt fest, dass es – siehe oben – maßgeblich die Verkäufer sind, die der Verkaufserfolg ausmacher. Das in der Branche vorherrschende Entlohnungssystem im Verkauf, die Bruttoertragsprovision, basiert auf der Höhe der Preisnachlässe, nicht auf der qualitativen Verkaufsleistung. Verkauft ein Verkäufer pro Monat 10 Fahrzeuge und erhält beim NW-Durchschnittspreis von 25.000 EUR pro Fahrzeug 250 EUR Provision zuzüglich 1.000 EUR Fixum, dann landet er bei einem monatlichen Nettoeinkommen unter 2.000 EUR – siehe Abb. 5.6.1.1. Das bedeutet der Beruf des Automobilverkäufers war unter materiellen Gesichtspunkten schon erheblich attraktiver. Wie sollen in dieser Einkommensklasse im Verkaufsgeschehen echte Begeisterungsstürme für die Marke, die Fahrzeuge, wie echte Verkaufsemotion gelebt werden? Es ist wirklich nicht das Erscheinungsbild des Autohauses, der Glaspalast, das den Ausschlag für den positiven Verkaufserfolg gibt, sondern die Verbindung von Emotion, Wert und Marke. Und das verkörpern Menschen Ohne Einzigartigkeit sind auf Dauer weder die Köpfe der Verkäufer, noch die der Kunden zu gewinnen. Mehr Fahrzeugmodelle, auch in der Wettbewerbsbeobachtung, permanent neue

Verkaufsförderungsprogramme, erhöhte Verkaufsanstrengungen im Bereich Financial Services, ein tägliches Arbeitspensum ab 8 Uhr bis oftmals 19 Uhr zuzüglich Samstagsdienst, das alles zeugt von einem erweitertem Komplexitätsprofil im Automobilverkauf. Oder anders:

> ! *Die Anforderungen an das Know-how der Verkäufer sind enorm gestiegen.*

Was wir aber bräuchten, wäre mehr Zeit für die Fragen und Probleme der Kunden und pro Fahrzeug einen ordentlichen Bruttoertrag, um auf Dauer Einzigartigkeit inszenieren zu können. Schließlich verbringt der Verkäufer aufgrund einschlägiger Verkaufssteuerungssysteme und deren Bearbeitung rund 40% seiner Zeit mit Verwaltungsarbeiten. Man füge den Überlebenskampf in den Autohäusern hinzu, so werden auch darüber Energien mehr ins Autohaus als Richtung Kunde geleitet. Ein schrumpfender Privatkundenanteil oder auch das Internet führt dazu, dass Kunden immer seltener den Weg ins Autohaus finden. Ergo: Die Herausforderungen sind von hohen Graden!

5.3.3 Verkäufer-Zielvorgaben

Als Verkaufsmaß werden – je nach Marke – pro Verkäufer pro Jahr zwischen 80 und 120 Neufahrzeugeinheiten und noch mal so viele Gebrauchtwagen avisiert. Diese Zielvorgabe ist richtig wie falsch. Handelt es sich um eine Premiummarke? Oder um eine Volumenmarke? Wie sieht die aktuelle Modelllandschaft bei der jeweiligen Marke aus? Von welchem Standort aus operiert das Autohaus? Abhängig ist diese Zielmenge u.a. auch vom Zieleinkommen, das sich ein Verkäufer setzt. Wie viele Verkaufsgespräche bedarf es, um einen Abschluss zu realisieren? Opels bester und erfolgreichster Verkäufer sitzt in einer Kleinstadt, in Lohr am Main. Er ist inzwischen 58 Jahre alt und verkauft seit Jahren pro Jahr zwischen 700 und 1000 Neufahrzeuge. Bitte, an Endkunden! Und 50% noch per Handschlag! Keine Regel ohne Ausnahme! Es gibt sie noch, die Künstler unter den Verkäufern.

5.3.4 Verkäufer-Entlohnung

In der Praxis sind drei Grundmodelle anzutreffen:

1. Festgehalt
2. Umsatzprovision plus Fixum
3. Bruttoertragsprovision

Festgehalt wird mit der Überzeugung bezahlt, dass hier von jedem Verkäufer eine qualitativ hohe, gleich bleibende Beratungs- und Betreuungsleistung erwartet werden kann. Man möchte primär die Verkaufsleistung und nicht den Verdienst an Preisnachlässe koppeln. Die Anwender – und es sind ein Drittel der Autohäuser – versprechen sich auch in den gegenseitigen (Urlaubs-)Vertretungen eine homogenere Verkaufsleistung.

Das **Fixum** bei der Umsatzprovision wird der Tarifvereinbarung für Verkäufer entnommen oder eben – je nach Betriebszugehörigkeit – höher gelegt. Der Verkäufer erhält zuzüglich die **Umsatzprovision**. Diese liegt zwischen 1,5 und 2% bzw. wird je nach Modell gestaffelt. Jedes fünfte Autohaus arbeitet mit diesem System. Es berücksichtigt mehr den quantitativen Verkaufsaspekt und lässt den Aspekt ertragsstarken Verkaufens »schleifen«.

Gut 40% der Autohäuser arbeiten mit der Kombination aus Fixum zuzüglich **Bruttoertragsprovision**. Der Verkäufer erhält seine Provision aus dem Bruttoertrag, sprich aus der Differenz zwischen den Anschaffungskosten und dem Verkaufspreis (UPA), ohne Mehrwertsteuer. Diese Bruttospanne wird um eventuelle Nachlässe inklusive Gebrauchtwagenüberzahlungen gekürzt. Als Provisionssatz sind 10 bis 15% gängige Größenordnungen. Zu den leistungsorientierten Systemen werden meist noch individuelle Prämien draufgesattelt, seien es Eroberungsverkäufe von Fremdfabrikaten, von fremden Händlern, Wettbewerbshändlern der eigenen Marke, Abverkauf eines Lagerwagens, Zubehörverkauf, Finanzierungs-, Versicherungs-Geschäfte, Zielerreichung, Zielüberschreitung etc. Dazu wurden auch für die Praxis inzwischen praktikable Software-Systeme entwickelt. Beispiel: www.softguide.de. Der Verkäufer kann bei jedem Verkaufsgeschäft unmittelbar einsehen, wie hoch seine Provision ausfällt. Er wird sogar gezielt an diverse Zusatzleistungen erinnert. Es gibt in Sachen Verkäuferentlohnung außerdem noch diverse Mischformen, zumal viele Entlohnungssysteme im Autohaus »historisch« gewachsen sind.

5.3.5 Verkäufer-Arbeitsplatz

Der Verkäufer-Arbeitsplatz ist im Autohaus neben der Direktannahme die wichtigste Schnittstelle zum Kunden. In der Praxis sind offene oder geschlossene Verkäuferarbeitsplätze anzutreffen.

Vorteile des offenen Verkäuferarbeitsplatzes:

- kaum Schwellenangst beim Kunden
- Rundumblick für Verkäufer
- mitten in der Produktwelt
- mobile Lösungen möglich
- entspanntes Gesprächsklima

Vorteile geschlossener Verkaufsräume:

- Diskretion (Finanzierungsfragen u. a.)
- Diskretion beim Preisgespräch
- Verkaufsabschluss-Atmosphäre

Oftmals ist offen oder geschlossen auch durch die Platzverhältnisse im Verkaufsraum selbst vorgegeben. Wünschenswert ist die optimale IT-Vernetzung ohne »Kabelsalat«. Abb. 5.3.5.1 zeigt einen emotionsgeladenen Verkäuferarbeitsplatz. Die Marke: Abarth von Fiat. Endlich sitzt der Kunde einmal so, wie er in seinem Auto sitzen könnte!

5.3.6 Verkäuferbesprechungen

Der Sinn der Verkäuferbesprechung liegt darin, als Verkäufer stets seinen Informationsstand zu aktualisieren, Neues vom Hersteller zu hören, aktuelle Angebote zu realisieren, Änderungen im Markt und beim Wettbewerb wahrzunehmen, um den Kaufinteressenten kompetent beraten zu können und Absatz zu generieren. Für den Verkaufsleiter besteht der Sinn der Verkäuferbesprechung darin, Rückmeldungen vom Markt wahrzunehmen: Wie reagieren Kunden auf Produkt, Angebot, Aktivitäten und Veränderungen am Markt?
Welche und wie viele Besprechungen machen Sinn? Dazu gibt es große Auffassungsunterschiede. Das liegt zum einen an der Marke wie an der Betriebsgröße bzw. der Zahl der Verkäufer. Häufig finden seitens des gesamten Verkaufsteams inklusive der Verkaufs-Disposition die Besprechungen 14-tägig, jeweils 60 Minuten lang statt. So gelingt Transparenz für das gesamte Team und ein einheitlicher, aktueller Informationsstand für alle. Einzelgespräche mit dem Verkäufer finden je nach

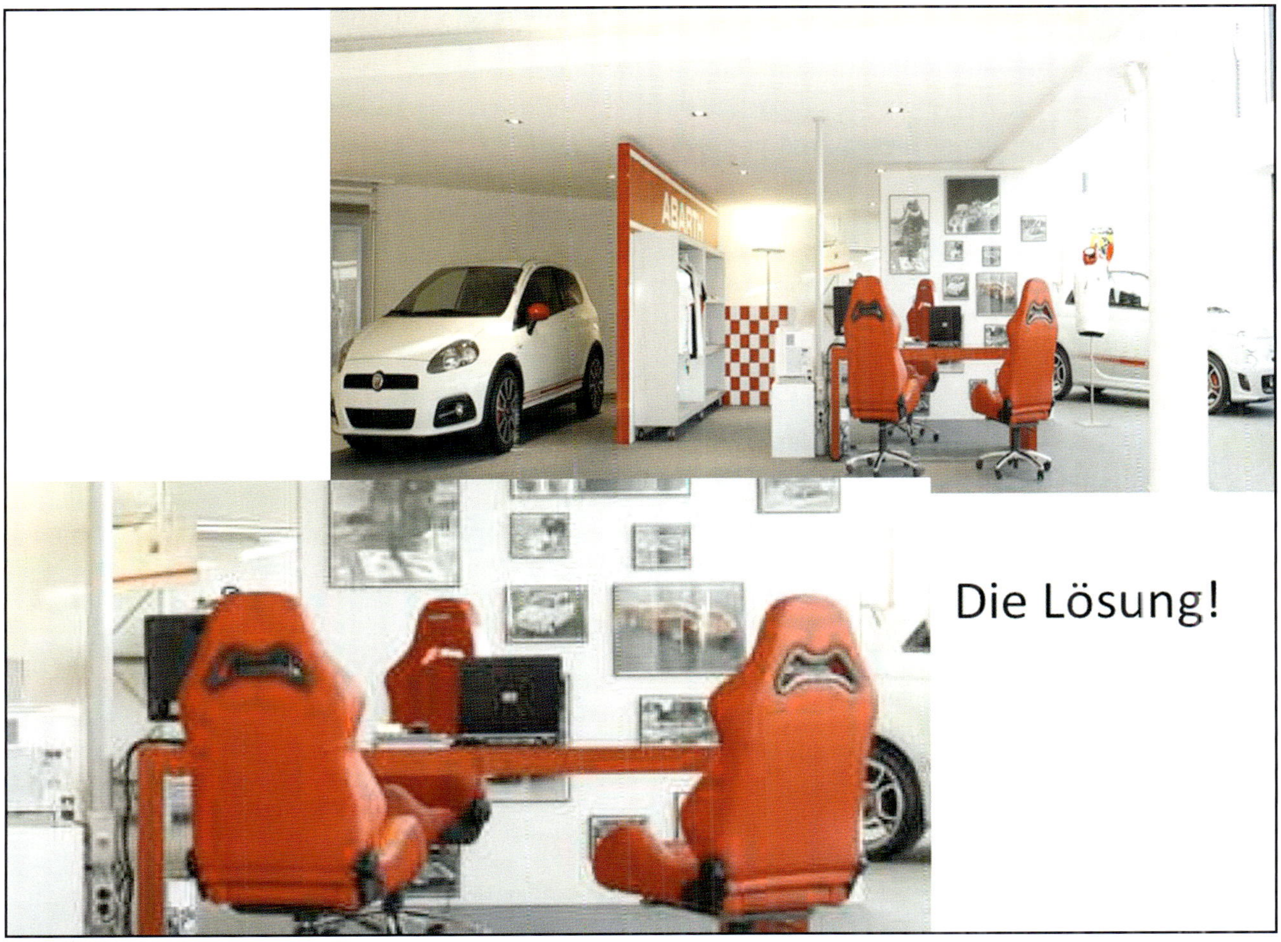

Abb. 5.3.5.1 Ein emotionsgeladener Arbeitsplatz bei Abarth/Fiat

Bedarf statt. Ein Junior-Verkäufer bedarf zweier Einzelgespräche pro Tag, vormittags und nachmittags, jeweils 20 Minuten. Für Verkäufer, die mit 90 % Zielerreichungsstufe agieren, genügen wöchentlich zwei Einzelgespräche. Der einzelne Betrieb ist gut beraten, für seine Gegebenheiten eine Besprechungsmatrix aufzustellen und diese zu leben.

5.4 Die Droge Probefahrt

Verkaufsinstrumente wie Prospekte und Preislisten, Finanzierungsofferten der Banken, Aktionstage bei Neumodelleinführungen, Fahrzeugpräsentationen im Internet in Ehren. Das ähnelt dem Fahrradkäufer, der nur die Klingel bedienen, aber selber mit dem Wunschgefährt nicht fahren darf. Gute Verkäufer sehen die Probefahrt als wirkungsvollstes Verkaufsinstrument. In einigen Autohäusern wird daher für eine begleitete Probefahrt eine separate Verkäuferprämie ausgelobt. Grundsätzlich sollte der Verkäufer bei der Probefahrt dabei sein. Dennoch kann der interessierte Käufer die Probefahrt danach unbegleitet fortsetzen. Zunächst aber kann der Verkäufer die Vorzüge des »Neuen« ganz gezielt präsentieren und die Kundenbedürfnisse gezielt abarbeiten.

Nachdem eine wirkungsvolle Probefahrt zwischen ein und zwei Stunden Zeit erfordert, gerät mancher Verkäufer an seine Zeitgrenzen. Man wird das dann vom Einzelfall abhängig machen. Wir sprechen aber bei der Probefahrt von grundsätzlich interessierten Kunden. Welche Schwerpunkte gilt es in Sachen Probefahrt zu berücksichtigen? Dazu siehe die Leitsätze im folgenden Beispiel. Auch die rechtlichen Besonderheiten sind in Kürze zusammengefasst.

www

Für die Probefahrt mit einem Gebrauchtwagen sei auf die Checkliste von »Bild« unter www.autobild.de (Checkliste für den Gebrauchtwagenkauf) verwiesen.

Probefahrtvereinbarung

Eine schriftliche Probefahrtvereinbarung ist sinnvoll. Die gängigen IT-Systeme haben entsprechende Vorschläge in der Offerte. Das heißt, man braucht nur die Anschrift des Kunden einzutragen und die oben dargestellten individuellen Vereinbarungen. Wir sprechen hier von einem Arbeitsaufwand von maximal 5 Minuten. Diese machen prozessorientiert Sinn. Eine Empfehlung für eine Probefahrtvereinbarung zeigt Abb. 5.4.1.

Leitsätze für eine wirkungsvolle Probefahrt:

1. Wer Probefahrten offeriert und professionell gestaltet, erzielt nachweislich mehr Verkaufsabschlüsse.
2. Ziel der Probefahrt ist es, den Kaufwunsch des Kunden zu verstärken.
3. Der interessierte Kunde ist aktiv zu einer Probefahrt einzuladen. Hierzu eigenen sich gezielte Probefahrtgutscheine (u. a. Werkstatt-Ersatzwagen).
4. Der Faktor Emotion wird über die Sinne (Augen, Ohren, Riechen, Tasten, Neugierde, Besitzfreude, Vorfreude, persönliches Ansehen) kultiviert und zum einschlägigen Erlebnis. Der Probefahrer wird so gleichzeitig zum wichtigen Multiplikator (Mundpropaganda).
5. Keine Probefahrt ohne schriftliche Probefahrtvereinbarung, in welcher der Testzeitraum, die maximalen Kilometer, die Kostenübernahme, die Kaskoselbstbeteiligung im Schadensfall sowie die sonstigen Spielregeln (z. B. tanken, km) geregelt sind. Wird für die Probefahrt eine Kostenbeteiligung verrechnet, kommt damit kein Mietvertrag zustande, da die wesentliche Leistung nicht in einer entgeltlichen Gebrauchsüberlassung besteht.
6. Grundsätzlich ist der Führerschein zu überprüfen (Fotokopie anfertigen). Man lasse sich den Personalausweis vorlegen und die Adresse angeben. Der Austausch der Handynummern ist empfehlenswert.
7. Je nachdem, ob es sich um eine begleitete oder unbegleitete Probefahrt handelt, ist vorab eine ausführliche Erläuterung des Testwagens erforderlich.
8. Mit einer professionellen Probefahrt schafft man für das Preisgespräch eine bessere Ausgangsposition.
9. Nach Abschluss der Probefahrt ist ein Probefahrt-Testbericht zu erstellen.
10. Das Bestreben nach Abschluss der Probefahrt ist der Kaufvertragsabschluss.
11. Ansonsten sollte in einer telefonischen Nachfassaktion – 2 bis 3 Tage später – auf die positiven Eindrücke des Kunden abgehoben werden.

Probefahrtvereinbarung

Herr/Frau/Firma

Führerschein-Nr.
Führerscheinklasse
Ausstellende Behörde
Ausstellungsdatum

– nachfolgend „Kunde" genannt –
und das Autohaus
– nachfolgend „Autohaus" genannt –
vereinbaren Folgendes:
Das Autohaus überlässt dem Kunden das Fahrzeug
Fahrzeug-Typ Amtl. Kennzeichen Fahrzeug-Ident-Nr.
km-Stand Bereifung: -fach
für die Zeit vom Uhr bis zum Uhr.

Die Verwendung des Fahrzeugs ist nur dem Kunden persönlich im Rahmen der vereinbarten Probefahrt erlaubt. Eine Benutzung zur gewerbsmäßigen Personenbeförderung gegen Entgelt ist untersagt.

[1] Für die Fahrzeugbenutzung bis zu einer Fahrstrecke von km hat der Kunde € zzgl. MwSt zu entrichten. Die Kosten für jeden weiteren Kilometer betragen € zzgl. MwSt. Bei Erwerb eines Fahrzeugs im Autohaus innerhalb von Wochen, wird dieser Betrag auf den Kaufpreis angerechnet.

[1] Die Fahrzeugbenutzung ist bis zu einer Fahrstrecke von km unentgeltlich. Für jeden weiteren gefahrenen km hat der Kunde ein Entgelt von € zzgl. MwSt zu entrichten. Die Betriebsstoffe, insbesondere Kraftstoff und Öl, sind vom Kunden zu stellen.

Der Kunde erhält das Fahrzeug in ordnungsgemäßem, fahrbereitem Zustand mit komplettem Werkzeug.
Das Fahrzeug ist ordnungsgemäß auf das Autohaus zugelassen und haftpflichtversichert.

[1] Eine Fahrzeugvollversicherung (Vollkasko) und eine Fahrzeugteilversicherung (Teilkasko) bestehen nicht. Der Kunde haftet dem Autohaus vom Zeitpunkt der Übernahme bis zur Rückgabe des Fahrzeugs für jeden von ihm schuldhaftverursachten Schaden am Fahrzeug (auch Untergang, Abhandenkommen oder Beschlagnahme) bis zu € Selbstbeteiligung.

[1] Eine Fahrzeugvollversicherung (Vollkasko) besteht mit € Selbstbeteiligung.

Sonstige Vereinbarungen

Ort/Datum Ort/Datum

Unterschrift Kunde Unterschrift Autohaus

Rückgabe:
km-Stand Datum/Uhrzeit
Festgestellte Mängel bei Rückgabe:

Ort/Datum Ort/Datum

Unterschrift Kunde Unterschrift Autohaus

[1] (Zutreffendes bitte ankreuzen)

Abb. 5.4.1 Beispiel einer Probefahrtvereinbarung

Rechtliche Aspekte der Probefahrt:

- Haftpflichtschäden gehen auf die Police des Händlers, weil der Kaufinteressent ein »berechtigter Fahrer« ist
- Der Probefahrer darf darauf vertrauen, dass ein Händlerwagen vollkaskoversichert ist.
- Die Zahlung einer Selbstbeteiligung darf der Händler fordern und sollte vor Fahrtantritt geklärt werden.
- Bei grober Fahrlässigkeit, etwa Fahren unter Alkoholeinfluss, haftet der Fahrer voll für die von ihm angerichteten Schäden.
- Kommt ein Kaufinteressent mit dem Wagen nicht wieder, gilt dieser nicht als gestohlen, sondern als unterschlagen. Die Kaskoversicherung zahlt dafür keinen Cent.

5.5 Vorführwagen-Management

Das Vorführwagen-Management im Autohaus wird seitens der Hersteller/Importeure per Standards im Händlervertrag geregelt. Die Details dazu sind darin in der Regel in den Richtlinien zum Verkauf näher erläutert. Das gehören beispielsweise: Anzahl, Zustand, Kennzeichnung, Verwendung, das Angebot zu einer Probefahrt, die Möglichkeit zur Vorbuchung etc.

Vorführwagen-Begriffsbestimmung

Vorführwagen *(Vfw oder VFw) ist ein Kraftfahrzeug (Pkw, Transporter, Nutzfahrzeug), das vom Automobilhändler für interessierte Kunden zum Zwecke von Probefahrten während der üblichen oder individuell vereinbarten Geschäftszeiten zur Verfügung gestellt wird. Vfw entsprechen dem laufenden Modelljahr, der aktuellen Version (u. a. Sondermodelle) und sind in Mindest- bis gehobener Ausstattung bestückt. Die mengenmäßig vorgegebenen Vfw sind auf den Händler zugelassen, tragen in der Regel schwarze Kennzeichen und dürfen – je nach Marke – bestimmte Parameter wie Zulassungszeitraum oder Kilometerleistung nicht überschreiten. Vfw werden aus einer Neuwagenbestellung, aus dem Lagerwagenpool des Händlers oder aus einem Werkspoolabruf generiert. Die Ware bleibt bis zur vollständigen Bezahlung der Rechnung im Eigentum des Herstellers. Der Hersteller behält sich vor, Vfw von der Selbstabholung auszuschließen.*

Abb. 5.5.1 gibt eine Übersicht über die Vfw-Regelungen innerhalb verschiedener Marken. Die Menge der im Handel einzusetzenden Vfw bemisst sich bei den meisten Marken nach der Neuwagen-Jahresplanung des einzelnen Händlers. Je nach Marke sind hier 3 bis 5 % der geplanten Gesamtmenge die Vfw-Richtzahl. Audi wählt bspw. die Relation der Einwohnerdichte zum vorhandenen Fahrzeugbestand. Einige Hersteller (Audi, Opel) geben außerdem klare Mengen in Abhängig-

VORFÜHRWAGEN-MANAGEMENT (ABB. 2)

	Vfw-Rabatt	Haltedauer	Vfw-Bestand	Zahlungsziel/ Valuta
Audi	ca. 6 %	mind. 31 Tage, max. 4 Monate und/oder 10.000 km Fahrleistung	ca. 5 % von der Jap.* (ab 500 Einheiten 25 Vfw)	3 Tage
BMW	0% (Pflichtelement für Boni)	max. 180 Tage oder 11.000 km	ca. 5 % der Jap.	7 Tage
Citroen	4 - 5 %	max. 9 Monate	mindestens 6 (ab 500 Einheiten 13)	90 Tage (C 6 180 Tage)
Ford	4 - 6 %	2 - 4 Monate	mind. 8 (Kundenfunktions-/Markenfunktionsbonus)	30 Tage
Honda	0%	keine Vorgabe	mind. 4	0 Tage
MB	2,5 - 8,5 %	3 Monate, mind. 3.000 km	keine Mindestquote vorgeschrieben	30/90
Mitsubishi	2,5 %	mind. 30 Tage	abhängig von Jap.	180 Tage
Opel	4 - 6 %	mind. 2 Monate, max. 6 Mon.	bis 50 Einheiten 1; ab 100 Einheiten 3; ab 550 Einheiten 10	keine Angabe
Skoda	1% (Pflichtelement für Boni)	max. 6 Monate und/oder 10.000 km	2 % der Jap.	90 - 180 Tage
Suzuki	2 - 4 %	mind. 30 Tage, max. 3 Monate	abhängig von d. Jap.	80 - 180 Tage
VW	5%	max. 6 Monate und/oder 20.000 km; Fahrzeuge ab 6 Zylinder: max. 9 Monate oder 30.000 km; Touareg 12 Monate	mind. 3, abhängig von der Jap.	90 Tage

* Jap. = Jahresplanung

Abb. 5.5.1 Vorführwagen-Management bei verschiedenen Marken

keit der geplanten Gesamtverkaufsmenge vor. Bei 100 Einheiten hat ein Audi-Händler 5 Vfw vorzuhalten, bei 200 10, bei 300 15 und ab 500 sage und schreibe 25. Opel sieht bis 100 Einheiten 1 Vfw vor, bei 200 Einheiten 3, bei 300 5 und bei 500 7. Eine gezielte Jahresabsatzplanung im Modellmix für Vfw wird bislang i.d.R. nicht erstellt.

Vfw-Regelungen

Die Menge ist die eine Seite, die Vielzahl der Modelle die andere Seite. Daher wird auf die Modellschichtung besonderen Wert gelegt. Volumenmodelle haben hier klare Dominanz. Wenn die ehrgeizige Marke Audi derzeit 24 verschiedene Modelle unterhält, die bis 2015 auf 45 Modelle anwachsen sollen, dann sind für derartige Dimensionen grundsätzlich neue Geschäftsmodelle erforderlich. Das beginnt bei den Überlegungen für einen Vfw-Pool, den der Hersteller unterhält und bedingt ein optimales Software-Programm zur Steuerung eines gigantischen Vorführwagenpools. Bis hierher wurde einzig der Mono-Brand-Kanal betrachtet. Wie müssen erst Vfw-Pools im Multi-Brand-Format gestrickt sein? Die Werkstattersatzwagen, die meist nicht dem Vfw-Pool entstammen, sind dennoch hier mit in die Überlegungen einzubeziehen.

Vfw-Vertriebskanal

Verfügt ein Hersteller beispielsweise über 600 Vertragspartner und hält jeder von ihnen 10 Vorführwagen vor, so sind hier ständig 6.000 Vfw im Einsatz. Diese werden alle vier Monate ausgetauscht, so dass pro Jahr in besagter Organisation 18.000 Vfw gedreht werden. Das ist bislang für den Hersteller ein konstanter und gut rechenbarer Vertriebskanal. Die bisherige Dimension pro Modell wird sich ändern! Warum? Es ist zum einen die Vielzahl der Modelle und zum anderen das Faktum, dass bei den meisten, vor allem bei den Volumenmarken Vfw-Verluste zwischen 20 und 25% pro Fahrzeug geschrieben werden.

Abb. 5.5.1 zeigt außerdem, dass der einzelne Händler zur laufenden Handelsmarge für seine Vorführwagenbemühungen einen Zusatzrabatt zwischen 2 und 6% erhält. Audi bezahlt u.a. je nach Modell eine Prämie von 0,12 EUR bis 0,28 EUR pro Kilometer. Das saldiert sich dann zu einer Zusatzprämie zwischen 1.200 EUR und 2.800 EUR pro Vfw. Unterjährig finden ferner je nach Hersteller außerplanmäßige Vfw-Rabattaktionen statt. Wer außerdem bestimmte Vorführwagenmengen nicht einhält, wird grundsätzlich mit entsprechender Bonusminderleistung im Neufahrzeuggeschäft »bestraft«. Der eine oder andere Händler hat mehr Vorführwagen als vorgegeben im Einsatz. Umgekehrt wird die Höchstzahl an Vorführwagen aus Wettbewerbsgründen limitiert. Es ist im Rahmen neuer Geschäftsmodelle zu hinterfragen, wer die Kostenbelastung der Vorführwagen künftig zu tragen hat? Abb. 5.5.1 verdeutlicht die Unterschiede hinsichtlich der Zahlungsziele pro Marke. Auch hier sind erhebliche Unterschiede festzustellen. Dasselbe gilt für die Vorgabe der Haltedauer, die zwischen vier und sechs Monate bzw. 10.000 km anzusiedeln ist.

Vfw-Aufwand

Wählen wir für die Kostenermittlung ein großes Autohaus in einem Ballungsgebiet, das zugleich mehrere Verkaufsfilialen abdeckt. Aufgrund der Jahresplanung gehen wir in unserem Beispiel von insgesamt 51 Vorführwagen im Wirtschaftsjahr aus. Premiummarke. Der Durchschnittspreis pro Vfw liegt aufgrund gehobener Sonderausstattung bei 37.600 EUR. Die Vfw-Bereitstellung verursacht außer den kalkulatorischen Zinsen weitere Kosten wie Unterhaltsaufwendungen, eintretende Wertverluste, Wartung und Pflege, Kfz-Versicherung, Steuern, Kraftstoff etc. Setzen wir für die Wartung pauschal 100 EUR pro Fahrzeug an. Diese decken die anfallenden Kosten für das Nachfüllen von Motoröl, Reinigungszusätze u.a. Die Fahrzeugpflege schlägt sich mit 15 EUR pro Woche nieder. Dies beinhaltet die wöchentliche (Außen-)Reinigung des Fahrzeuges. Die Versicherung wird mit 300 EUR und die Steuern mit 11 EUR pro 100 cbm angesetzt. Der größte Aufwand fällt für Kraftstoff an. Gehen wir von einer Laufleistung von 10.000 km aus. Der Kraftstoffpreis wird mit 1,43 EUR festgesetzt, was für die angenommene Fahrleistung einem Betrag von 1.109,25 EUR entspricht. Durchschnittsverbrauch: 7,65 Li-

BEISPIEL VFW-KOSTEN IM PREMIUMBEREICH (ABB. 3)	
Kalkulatorische Zinsen:	
37.600 Euro x 51 Fzg. x 6 % Zinsen =	115.056 Euro
Unterhalt:	
1.615,25 Euro x 51 Fzg. =	82.377,75 Euro
Wertverlust:	
37.600 Euro x 51 Fzg. x 16,67 % =	319.663,92 Euro
Kosten Vfw gesamt:	**517.097,67 Euro**

Abb. 5.5.2 Vfw-Kosten im Premiumbereich

ter pro 100 km. Der Wertverlust wird mit 1,67 % pro gefahrene 1.000 km berechnet. Somit beläuft sich der Wertverlust für die gesamte Haltedauer auf 16,67 %.

! *Fazit: Die Kosten für den Unterhalt machen pro Fahrzeug ca. 1.615,25 EUR aus (Wartung und Pflege, Versicherung, Steuer, Kraftstoff). Kosten für Showroom sowie für das Personal werden nicht berücksichtigt. Die folgende Beispielrechnung zeigt die Gesamtkalkulation. Der Vfw-Pool für eine Marke in einem Ballungsgebiet verschlingt bei 51 Vfw pro Jahr sage und schreibe: 517.097,67 EUR. Dem entspricht ein Vfw-Aufwand pro Fahrzeug von 10.139,15 EUR. Es ist höchste Zeit, sich mental die Vollkostenrechnung zu Eigen zu machen! Das neue Geschäftsmodell wird hier erhebliche Kostenumschichtungen zu Lasten des Herstellers/Importeurs beinhalten müssen!*

Wir halten fest: Ein stehender Vorführwagen ist totes Kapital. Pro Tag sind für einen Vfw-Kosten zwischen 35 und 80 EUR anzusetzen.

Grundsätzlich ist eine Vorführwagenpolitik festzulegen, wie, wo und durch wen die Vfw genutzt werden sollten. Es ist die Vfw-Modellpalette festzulegen. Was nicht im Bestand ist, kann auch schlecht verkauft werden. Umgekehrt gilt der Wirtschaftlichkeitsgrundsatz: Möglichst wenige Vorführwagen vorhalten und so effizient wie möglich zum Einsatz bringen. Mehr und mehr sind in Zukunft Vorführwagenpools zu schaffen und gegenseitig auszutauschen. Für ausgefallene Modelle sollte man den Vorführwagen-Pool des Herstellers heranziehen. Der Ausstattungsumfang spielt beim Vfw eine große Rolle. Was vorgeführt und gezeigt werden kann, wird auch verkauft. Das jeweils neueste Modell als Vorführwagen ist selbstredend.

Ein weiteres Verkaufsphänomen: Ein Fahrzeug der nächst höheren Klasse schafft Begehrlichkeit und mancher Kunde kann so hoch auf die nächste Leistungsklasse transformiert werden. Auch die Wartezeit beim Werkstattbesuch wird zu 50 % der befragten Kunden als idealer Zeitraum für eine Probefahrt genannt. Warum wird diese Chance nicht konsequenter genutzt? Eine Normalinspektion dauert heute noch maximal 1,5 Stunden. Viele Kunden würden gerne solang warten, in der Werkstatt zuschauen, eben eine Probefahrt machen, so dass selbst der Werkstattaufenthalt zum »Erlebnis« wird. Noch ein interessantes Befragungsergebnis: Die meisten Neuwagenkunden wünschen sich eine Probefahrt am Samstag (59 %) oder am Abend (55 %).

5.6 Neuwagen-Disposition

Eine der kernigen Aussagen des legendären BMW-Vorstandsvorsitzenden Eberhard von Kuenheim lautete: »Wir produzieren immer ein Auto weniger, als der Markt es fordert.« Oder, zu seiner Zeit als VW-Vorstandsvorsitzender proklamierte Ferdinand Piëch 1992 die »atmende Fabrik«. Danach sollte jedes Neufahrzeug in Deutschland binnen 14 Tage lieferbar sein.

Lagerwagen wären damit Tabu! Die Ansage von Herrn Piëch ist nun viele Jahre alt. Atmen tut da immer noch nichts, außer dem Mehratem an produzierten Fahrzeugmengen. Auch bei BMW! Faktum ist:

! *60 % der Kunden erhalten ihr Neufahrzeug heute nicht zum ursprünglich vereinbarten Termin.*

Zuerst wird durch den Hersteller die Lieferwoche angedeutet, dann plötzlich vor- oder auch nachgeschoben. Dann wird das Fahrzeug dem Händler als fertig produziert mitgeteilt und dann dauert es immer noch bis zu 25 Tagen, bis das Fahrzeug beim Händler, sprich beim Kunden ist. Das alles schafft eine verdammt hohe Kundenzufriedenheit!? Wer immer auch die Liefermalaise zu vertreten hat. Lieferterminverschiebungen schaffen außerdem zusätzliche Organisationskosten.

Build-to-Order – auftragsbezogene Fertigung!

Würden die Hersteller die »atmende Fabrik« praktizieren, wäre die gesamte Wucht der Lagerwagen so gut wie beseitigt beseitigt. Der Build-to-Order-Anteil, sprich die auftragsbezogene Fertigung, also ein kundennahes Vertriebssystem zeigt, dass bei den Premiumhersteller rund 63 % der Produktion bereits vom Kunden bestellte Fahrzeuge sind. Bei den Volumenherstellern liegt der Anteil bei 49 %. Die Hersteller setzen immer noch auf die Push-Strategie. Und sie ist nicht mehr zeitgemäß. Warum? Man betrachte die Kapitalkosten. ICDP hat einen idealtypischen Automobilhersteller mit einem 5 prozentigen Marktanteil in Europa als Berechnungsgrundlage vorgelegt. Dieser weist 60 Lagertage aus. Das bedeutet für diesen Hersteller/Importeur für die Lagerhaltung in Europa einen Aufwand von 1,1 Mrd. EUR! Jeder zusätzliche Lagertag kostet den Hersteller weitere 20 Millionen EUR. Das Gift des Push-Systems wird noch deutlicher am Faktum, dass im Schnitt 60 % der Neuwagenverkäufe gewerblicher Art sind, vor allem bei den Volumenmarken. Das sind keine Lagerwagenverkäufe.

! *Das Phänomen Push-Fahrzeuge im Verbund mit Lagerwagen bezieht sich vorwiegend auf die Endkundenfahrzeuge.*

Und dort gibt der Handel die Hersteller-Marge in durchschnittlicher Höhe von 18 % an den Kunden weiter. Dazu kommen noch zusätzliche Verkaufsförderungsmaßnahmen in Höhe von weiteren 4,5 %. Der Ausweg kann nur heißen:

! *Build-to-Order. Auftragsbezogene Fertigung.*

Würde nur das produziert, was der Kunde in Auftrag gegeben hat, würde es – wie aufgeführt – keine Lagerwagen geben, damit keine Überbestände und damit so gut wie keine Grauimporte, keinen Vertrieb über freie Schattenkanäle u.a. Hersteller wie Handel würden im Neuwagengeschäft wieder Geld verdienen. Der Möbelhandel macht es vor. Der Kunde schaut sich sein Wunschmobilar, seinen Vorführwagen an und bestellt. Lieferzeiten von acht Wochen und mehr sind dort gang und gäbe. Es mag in der unteren Preis- und Leistungsklasse standardisierte Produkte geben, die man von der Stange direkt abverkaufen kann.

! *Wenn 80 % der Verkäufe auf weniger als 10 % des automobilen Produktangebots zurückgehen, warum wird dann um die übrigen 90 % eine derartige Ausstattungsvariationenvielfalt vorgehalten?*

Weniger ist mehr! Vereinfachen, Komplexitäten abbauen!

Lagerwagen-Management

Wer die Teilmärkte der Tages- bzw. Kurzzulassungen, der Dienstwagen, das weite Feld der Vorführwagenregelungen ansieht, in größeren Häusern noch das Mietwagengeschäft, erkennt die Absatzkomplexitäten, die sich inzwischen neben den Lagerwagen zusätzlich gebildet haben. Das Phänomen Lagerwagen bedarf in der Händler-Hersteller-Relation aber dringlich der Neuordnung. Die Standzeiten der Lagerwagen beim Händler sollten in der Bandbreite zwischen 40 und 50 Tage liegen.

! *75 % der Lagerwagen stehen aber weit über 100 Tage lang!*

Warum? Weil 60 % der Neuwagen nicht aus dem Lagerwagenbestand heraus verkauft werden. Weil 70 % des Lagerwagenbestandes aufgrund von gezielten Herstelleraktionen mit entsprechender Unterstützung der Gebietsverkäufer bestellt werden. Die restlichen 30 Prozent werden aufgrund von festgelegten Herstellerstandards disponiert. Es ist daher klar festzulegen, welches Gremium im Hause über die Lagerwagenaktionen des Herstellers befindet, diese auf Wirtschaftlichkeit überprüft und deren Standtage wie Kapitalkosten im Blickfeld hält. Beim Marktführer Volkswagen wird außerdem dem Händler vor dem Verlassen der Produktionsstätte das Fahrzeug belastet. Außerdem stehen diese Fahrzeuge bis zur Auslieferung an die Endkunden – wie oben angedeutet – nicht selten bis zu 25 Tage auf dem Betriebsgelände. Und wer trägt die Finanzierungskosten dafür? Hinsichtlich der Valutastellung der Fahrzeuge gibt es von Marke zu Marke unterschiedliche Regelungen. Es ist hierfür in der Branche eine Bandbreite von 0 bis 120 Tagen anzutreffen. Man muss hier allerdings die Lagerwagen von den Kundenbestellungen hinsichtlich der finanziellen Auswirkungen trennen. Die Lagerwagen stehen weit länger als die von Kunden georderten Fahrzeuge. Dennoch gibt es bei Kundenfahrzeugen von der Mitteilung der Fertigstellung bis zur Auslieferung Differenzen von 10 bis zu 50 Tagen. Klar, bis ein Fahrzeug von Japan in Bremerhaven ankommt, vergehen 6 Wochen. Auch diese Valutastellungen gehören in Sachen neuer Geschäftsmodelle auf den Prüfstand. Dahinter stehen je nach Betriebsgröße bis zu sechsstelligen Belastungsgrößen.

Fazit: Der Neuwagenabwicklungsprozess ist auf mögliche Schwachstellen abzuklopfen. Prozessanfang ist der Kaufabschluss vom Kunden. Prozessende ist das Controlling nach der Fahrzeugauslieferung.

Worin liegen die größten Schwachstellen? Häufig sind es unvollständige Unterlagen zum Kaufvertrag, fehlende Unterschriften, fehlende oder falsche Angaben, unzureichende Informationen zu Werksprämien bei Verkaufsförderungsaktionen u.a. Bei Fahrzeugzulassungen fehlt der Ausweis, die Vollmacht, HRG-Auszug etc. Oft kopieren Verkäufer sich die Unterlagen und legen eigene Akten an. Digitalisierte Unterlagen erübrigen doppelte Aktenführung und unnötige Kopien! Vom Verkäufer ausgefüllte und unterschriebene Checklisten garantieren, dass die kompletten Unterlagen eine reibungslose Abwicklung ermöglichen. Der Verkäufer erkundigt sich in der Disposition, ob ein Fahrzeug so produziert werden kann oder ob es im Lagerwagenbestand vorhanden ist, obwohl er die Baubarkeitsprüfung direkt im Verkaufsprogramm sehen kann. Wer sperrt über Intranet das Fahrzeug, nachdem es verkauft wurde? In großen Autohäusern hat der Verkäufer oft nur Zugang auf den Standort seiner Disposition, d.h. er kann nicht auf alle Bestandslisten zugreifen. Die Pflege der (zentralen) Lagerwagenbestandsliste hat hohe Priorität.
Das Fahrzeug wurde bestellt, vom Werk bestätigt, der Kunde hat Änderungswünsche. Ist dafür ein einheitliches Formular entwickelt? Wie lange dauert es, bis die Bestellbestätigung für den Neuen mit einem Begleitschreiben an den Kunden weitergeleitet wird? Für einen Neukunden ist es in der Regel das erste persönliche Anschreiben. Das kann vom Umschlag bis zur Formulierung eine sehr persönliche Diktion haben. Dasselbe gilt für die Terminvereinbarung der Fahrzeugauslieferung, sobald der Auslieferungstermin in sichtbare Reichweite kommt. Auch hier sind dem Kunden gezielte Informationen über die Zulassung, die Bezahlung, die GW-Hereinnahme und die dafür notwendigen Unterlagen zu machen. Bei einem Fahrzeugkauf aus dem Lagerbestand, kann die Auslieferung innerhalb einer Woche erfolgen. Digitale Unterschriften des Verkäufers sollten inzwischen selbstredend sein. Die Rechnungserstellung erfolgt in der kaufmännischen Abwicklung, jedoch erst nach der Zulassung und oft am Tag der Auslieferung. Wiederum bedarf der Verkäufer eines Zugriffes im System, das ihm vor Fahrzeugauslieferung Auskunft über den Zahlungseingang gibt. Wer all die damit verbundenen Verwaltungsaufgaben analysiert stellt fest:

> **!** *Ein Verkäufer bringt 40 % der Arbeitszeit mit administrativen Aufgaben zu.*

Größere Autohäuser installieren daher ab acht bis zehn Verkäufer eine **Verkaufsassistenz.** Diese ist direkt dem Verkaufsleiter angegliedert. So damit 5 % pro Verkäufer an Mehrverkauf realisiert wird, rechnet sich das.

Kaufmännische Abwicklung
Es geht nach der Fahrzeugauslieferung um die Ermittlung und das direkte Einsehen der Verkäuferprovision sowie um die Prämien für den Händler. Oftmals liegen dafür unvollständige Akten vor. Ferner geht es um die Erfassung der Daten in die Aktionsdatei. Immer noch fehlt es an der Transparenz bezüglich der Nachverfolgung der Gutschriften. Oft sind auch die notwendigen Informationen für die Buchhaltung nicht ausreichend. Auch hier gilt es Standards bei der Prämieneinforderung festzulegen. Eine Bündelung in einer zentralen Dispo macht hier Sinn. Ebenso die Aufteilung des Dispoteams nach Marken.

Finanzierungsabwicklung
Hier fehlt für die Weiterleitung an die Finanzierungsbank immer wieder die Selbstauskunft des Kunden oder auch die Kopie seines Personalausweises. Viele kopieren die kompletten Unterlagen, obwohl eigentlich der Darlehensantrag ausreichend ist. Auch die IT-Verknüpfung mit der Verkäuferprovision ist nicht immer gegeben. Nachdem die Abwicklung bei jeder Leasinggesellschaft anders läuft – und das für Endkunden anders als für Großkunden –, liegen auch darin noch einige Schwachstellen. Das reicht von Fakturierung an die Leasinggesellschaft bis hin zum Versand der Kfz-Briefe.

> **!** *Fazit:*
> *Selbst kleine Unzulänglichkeiten summieren sich auf Dauer zu sichtbaren Einheiten.*

Der Vorsprung am Markt entsteht aus einer Summe perfekt ausgeführter Details.

5.7 Kundenorientierte und markenadäquate Neuwagen-Auslieferung

»DIE ENTWICKLUNG EINER DIENSTLEISTUNGSKULTUR, IN DER MARKENADÄQUATE PERSÖNLICHE BINDUNGEN AUFGEBAUT WERDEN, IST FÜR DEN LANGFRISTIGEN MARKENERFOLG SEHR WICHTIG. DER HÄNDLER, DER VERKÄUFER, DER SERVICEBERATER: DAS SIND DIEJENIGEN, DIE DIE MARKE VERKÖRPERN. SIE ENTSCHEIDEN DARÜBER, OB SICH DER KUNDE BEI EINER »MARKE« WOHL ODER SICH VON IHR ABGESTOSSEN FÜHLT.«

Helmut Werner, Ex-Vorstandsvorsitzender der Mercedes-Benz AG

Grundsätzlich gibt es drei Arten der Neuwagenauslieferung:

1. Auslieferung im Autohaus
2. Werksabholung
3. Direkt beim Kunden (Großabnehmer)

Die vorliegenden Praxisimpulse für eine wirkungsvolle Erlebnisauslieferung im Neuwagenbereich beim Vertriebspartner vor Ort sollen über die hinterlegte Prozessqualität, die gelebte Kompetenz und eine originelle Erlebnisinszenierung einen substanziellen Beitrag zur Verwurzelung der Markenkraft aufzeigen.

5.7.1 Prozessschritte der Neuwagen-Auslieferung

Die Krönung des Fahrzeugverkaufs ist die Fahrzeugauslieferung. Die nachstehende Darstellung wird zeigen, dass der »Moment der Neuwagenauslieferung« nicht nur im Auslieferungsakt selbst, sondern ganzheitlich anzulegen ist, vom Abschluss des Vertrages bis hin zur Nachbetreuung:

1. Abschluss des Neuwagenkaufs
2. Zeitachse bis zur Neufahrzeug-Auslieferung
3. Neuwagen-Auslieferung
4. Nachbetreuung

Die einzelnen Prozessschritte sind auf markenkonformem Niveau zu gestalten.

5.7.2 Abschluss des Neuwagenverkaufs

Ordner »Fahrzeug-Vita«

Bei Vertragsabschluss erhält der Kunde zahlreiche Dokumente zum neuen Fahrzeug. Die Fahrzeug-Vita beginnt. Hier bietet sich die Überreichung eines individuell gestalteten Ordners an. In diesem Ordner können alle fahrzeugrelevanten Unterlagen während der gesamten Haltedauer abgelegt werden. Das legt bereits beim Kauf den Grundstein für eine unkomplizierte Fahrzeugrückgabe: Sämtliche Unterlagen sind geschlossen beieinander.

Besonderes Augenmerk ist auf die markenspezifische Gestaltung von Cover und Innenleben zu legen. Markenwirkung schaffen!

Ist der Ordner zudem noch mit einem Einsteckfenster versehen, kann der Verkäufer ein Bild des Fahrzeuges selbst oder später das Auslieferungsbild (Neufahrzeug und Kunde) anbringen. Mit einem entsprechenden Register ausgestattet unterstützt der Ordner den Verkäufer beim Erläutern der weiteren Vorgehensweise bis zur Fahrzeugauslieferung.

Der Ordner soll das Fahrzeug organisatorisch begleiten. In ihm sollen alle fahrzeugbezogenen Unterlagen und Papiere während der gesamten Haltedauer Platz finden. Für die Gestaltung der Reihenfolge der Register gibt es zwei Methoden:

- **Vertriebsorientiert:**
  Die obersten Register sind vertriebsrelevante Dokumente wie Neufahrzeug- und Zubehörprospekte, Vertrag, Händlerbroschüre etc. zugeordnet.

- **Prozessorientiert:**
  Die obersten Register sind den Bereichen zugeordnet, welche vor allem während des Betriebes relevant sind (Rechnungen, Wartungsnachweise, Versicherung, Finanzierung).

Folgende Bereiche sollten abgedeckt sein:

- Service (Rechnungen, Zertifikate, Wartungsnachweise)
- Steuer
- Versicherung
- Leasing/Finanzierung
- Dokumente (Kfz-Brief, Codekarten, Bescheinigungen)
- Händlerinformation
- Zubehör
- Prospekte und Angebote
- Sonstiges

Die Innenseite des vorderen Covers eignet sich zur Einarbeitung verschiedener Taschen zur Aufbewahrung Fahrzeug- und geschäftsrelevanter Gegenstände und Broschüren. Denkbar sind neben der Visitenkarte des Verkäufers, die Fahrzeug-Codekarte, Ersatzschlüssel beziehungsweise die Fahrzeug CD-ROM.

Präsente zum Vertragsabschluss

Es geht um die Begleitung und Einstimmung auf den Höhepunkt: die Fahrzeugauslieferung! Geschenke, welche einen möglichst hohen Bezug zum neuen Fahrzeug haben, überbrücken die folgende Wartezeit und bereiten formvollendet auf den Empfang des neuen Fahrzeuges vor. Die Wirkung dieser Aufmerksamkeit liegt weniger im materiellen Wert, sondern mehr in der Symbolik des Präsents. Damit differenziert sich dieses auch deutlich vom Geschenk zur Auslieferung des Fahrzeuges. Dramaturgisch kann die Überreichung der Präsente auch während der Wartezeit auf das neue Fahrzeug passend sein. Ideen für Geschenke sind:

1. Modell des gekauften Fahrzeuges
2. Geldbeutel aus Fahrzeugpolsterleder
3. Schlüsselanhänger in Form des bestellten Fahrzeugmodells

5.7.3 Nachkaufphase gestalten

Aus Sicht des Käufers hat die Nachkaufphase eine sehr hohe Bedeutung. In dieser Phase wird das abgeschlossene Geschäft verinnerlicht und wiederholt durchdacht. Das Auftreten von Nachkaufdissonanzen, also Bedenken über die Richtigkeit der Kaufentscheidung, stellen einen Unsicherheitsfaktor dar und können den weiteren Verlauf belasten. Daher ist es für die weitere Kundenbeziehung wichtig, den Kunden in seiner Entscheidung zu bestätigen.

Auftragsbestätigung

Die Auftragsbestätigung ist nach dem Neuwagenkaufvertrag das erste Dokument, welches dem Kunden seine Entscheidung bestätigt. Die meisten Hersteller und Importeure erkennen bislang vor allen Dingen die juristische und kaufmännische Bedeutung der Auftragsbestätigung. Anders lässt sich die Auftragsbestätigung als liebloser erscheinender Ausdruck auf Endlospapier, zugestellt im braunen Zweckcouvert nicht erklären.

Die Form der Auftragsbestätigung kann ohne ihre juristische und kaufmännische Bedeutung einzuschränken auf markenkonformem, hohem Niveau gestaltet werden. Bei einem Neu-Kunden ist das in der Regel der erste Kontakt. Ersteindruck! Und dieser sollte besonders wirkungsvoll gestaltet werden. Damit wird sie ihrer emotionalen Bedeutung, der endgültigen Besiegelung der Kaufentscheidung gerecht. Emotion! Erlebnis! Um diesen Anforderungen zu genügen sollte die Auftragsbestätigung auf ansprechendem, CI-gerechtem Papier gedruckt werden, das sich deutlich von der Standard-Drucksache des Unternehmens abhebt. Nochmals: Individualität! Besonderen Reiz erhält die Auftragsbestätigung durch eine möglichst realistische Abbildung des bestellten Neufahrzeuges. Alternativ kann ein möglichst realistisches Modell (in derselben Farbe) des bestellten Fahrzeuges der Auftragsbestätigung beigestellt werden. Dies steigert in emotionaler Hinsicht die Vorfreude auf die Auslieferung des Wunschfahrzeuges. Das Wunschfahrzeug wird erstmals »greifbar«.

Selbstverständlich muss die Auftragsbestätigung so geschaffen sein, dass sie sich einfach in den vorbeschriebenen Ordner einfügen lässt. Ein gesonderter Hinweis auf diesen Aufbewahrungsort Sinn ist sinnvoll.

Erste Fahrzeuginformationen

Die steigende Komplexität der Fahrzeuge und die Möglichkeit, die Kundenbindung während der »Wartezeit« steigern zu können, machen es sinnvoll, dem Kunden erste Fahrzeuginformationen bereits in dieser Phase zukommen zu lassen. Einige Autohäuser haben die Notwendigkeit und den Nutzen von Vorab-Informationen bereits erkannt und versenden im Rahmen der händlerseitigen Möglichkeiten vorab die jeweilige Bedienungsanleitung, die jedoch weder emotional noch individuell ist.

Die kundenorientierte Vorab-Information sollte informieren und motivieren. Dazu eignet sich nach heutigem Erkenntnisstand am ehesten das Infotainment oder computerbasierten Lernen (CBT). Verschiedene Ausführungen sind hier denkbar:

- CD-ROM/DVD
- Web-basiert (WBT)
- Broschüre
- Buch

Besonders wirkungsvoll bei den elektronischen Medien ist die Möglichkeit, ihren Inhalt direkt an den bestellten Sonderausstattungen ausrichten zu können. Abhängig vom bestellten Fahrzeug wäre es beeindruckend, wenn die »Demofahrzeuge« der Medien mit gleicher Farbe und Polsterung ausgestattet wären. Das spielerische Kennenlernen der einzelnen Fahrzeugdetails ermöglichen interaktive Sequenzen. Bei der webbasierten Version wäre theoretisch auch eine Anwendungs- und Erfolgskontrolle möglich.

Da nicht alle Kunden elektronische Medien verwenden, sollten Sie dennoch nicht auf eine Papierversion verzichten. Einige Hersteller haben beispielsweise für das eine und andere Modell ein »Autobuch« entwickelt, indem die Nutzenfaktoren des Fahrzeuges erlebnishaft und bilderreich dargestellt werden. Im Cover steckt eine CD, die das Fahrzeug am Bildschirm erläutert.

Kundenkommunikation während der Nachkaufphase
Innerhalb der meist mehrwöchigen Nachkaufphase ist es sinnvoll, regelmäßigen Kontakt zum Kunden mit gezielten Inhalten aufrecht zu erhalten. Neben dem persönlichen Kontakt geschieht dies insbesondere über den Versand möglichst personifizierter Mailings. Von hoher Bedeutung sind deren zeitliche und inhaltliche Gestaltung. Das erste Schreiben ist die Auftragsbestätigung, dann folgen:

- **Zweites Schreiben in der Mitte der Lieferzeit**
  In diesem Schreiben wird der Kunde sensibilisiert, dass der Service im Hause nach Vertragsabschluss nicht aufhört, sondern erst beginnt. Der Zeitpunkt ist geeignet, den Kunden auf weitere (individualisierte) Angebote des Autohauses wie Finanzierung und Leasing aufmerksam zu machen. Diese Angebote hat der Kunde zwar schon während der Kaufprozesses erhalten. Dennoch könnten sich Umstände geändert haben, die eine finanzielle Neudisposition notwendig und sinnvoll erscheinen lassen. Die Bedeutung von Versicherungen als wichtiges Kundenbindungsinstrument rechtfertigt das erneute Aufgreifen dieser Gelegenheit. Praktische Erfahrungen im Pkw-Verkauf zufolge findet der Versicherungsabschluss für das Neufahrzeug meist erst kurzfristig vor der Auslieferung statt. Besteht für das Fahrzeug bereits ein Finanzierungsvertrag, kann auf das diesbezügliche Angebot verzichtet werden. Der Brief schließt mit einer Anknüpfung an die nächsten Kontakte.

- **Drittes Schreiben zum Bautermin des Fahrzeuges »Geburtstag«**
  Konkretisiert sich der Bautermin, erhält der Kunde ein weiteres Schreiben, aus dem der genaue Fertigungstermin, der Geburtstag, seines Wunschfahrzeuges hervorgeht. Dieses Schreiben könnte beispielsweise originell als Geburtsanzeige mit Fahrzeugbild und ersten Daten gestaltet werden. Das Schreiben verweist bereits auf die Auslieferungsvereinbarung.

- **Viertes Schreiben mit Fahrgestellnummer im Vorfeld der Fahrzeugauslieferung**
  Mit der Fahrgestellnummer bekommt das Fahrzeug einen »Namen«. Das ist quasi der Personalausweis, von der Wiege bis zur Bahre. Dieser Brief soll vor allen Dingen die Vorfreude auf die Fahrzeugübernahme steigern.

Eine Option ist, diese Schreiben mittels E-Mail abzuwickeln. Dazu sind in Sachen Gestaltung mindestens gleichwertige Maßstäbe anzulegen. Auf jeden Fall sollte der Verkäufer sämtliche Korrespondenz (mit-)unterschreiben. Die zweite Unterschrift könnte vom Verkaufs- oder Niederlassungsleiter stammen, was die Bedeutung des Kunden unterstreichen würde.

Verfolgung des Produktionsprozesses
Besonders spannungssteigernd ist die Möglichkeit für den Kunden, den Werdegang der Produktion »live« zu verfolgen. Der Kunde kann sich über den kontinuierlichen Fortschritt des Produktionsprozesses informieren. Dies kann in erster Linie online erfolgen, eventuell integriert in das Web-basierte Vorinformations-Tool.

Als weitere Option könnte man dem Kunden eine SMS mit dem jeweiligen Fertigungsstand senden (nach vorheriger Wunsch-SMS des Kunden). Diesen Service setzt heute beispielsweise eine Leasingfirma für ihre Flottenkunden ein.

Die Fortführung dieses Ansatzes könnte in einer Webcam enden, mit welcher der Kunde die »Hochzeit« seines Fahrzeuges über sein online-Portal (wbt) live mit verfolgen könnte.

5.7.4 Neuwagen-Auslieferung

Abb. 5.7.1 Gelungenes Beispiel einer NW-Auslieferung

Die persönliche Übernahme des Neufahrzeuges stellt für den Kunden den absoluten Höhepunkt dar. Es gilt, diesen Akt wirkungsvoll zu inszenieren und zu einem emotional unvergesslichen Ereignis zu machen. Dazu müssen Personal, Ambiente und Ablauf aufeinander abgestimmt sein. Der Anspruch: Auslieferung auf höchstem markenspezifischen Niveau bei (Über-)Erfüllung aller Kundenerwartungen.

Als Grundregel gilt: **Der Verkäufer, der verkauft, liefert aus!** Dennoch darf gerade für Großbetriebe hinterfragt werden, ob für die Fahrzeugauslieferung nicht Spezialpersonal eingesetzt werden sollte, das in Sachen Fahrzeugerläuterung, Mediabox, Servicepakete, kommunikativem Verhalten u.a. spezialisiert ist. Der Verkäufer ist dann am Tag der Auslieferung der »Brückenbauer« zu diesem Spezialpersonal.

Gestaltung des Auslieferungsplatzes

»Für den ersten Eindruck gibt es keine zweite Chance!« Unter dieser Prämisse sollte der Auslieferungsplatz für den besonderen Anlass der Fahrzeugauslieferung gestaltet sein. Neufahrzeuge wirken in hellen Räumlichkeiten und gezielten Lichteffekten am besten. Zurückhaltende bzw. mit dem Kunden abgestimmte Musik verstärkt die Atmosphäre. Diskussionswürdig ist die Frage, ob die Auslieferung an einem separaten Auslieferungsplatz oder in der Neuwagen-Fahrzeugpräsentation durchgeführt werden sollte. Ausschlaggebend scheint auch hier die Menge der Fahrzeugauslieferungen zu sein. Für einen separaten Platz sprechen die ungestörte Atmosphäre und die Vereinfachung von Prozessen (Rangiervorgänge). Für eine Auslieferung im Ausstellungsraum selbst spricht die vorhandene Verkaufsatmosphäre. Sie ist dem Kunden vertraut.

Abstimmung des Auslieferungstermins

Die Zielvorgabe: Genaue Abstimmung des Auslieferungstermins, und zwar aus Kundensicht wie der Steuerung der internen Verkaufsprozesse.

Vor Kontaktaufnahme mit dem Kunden zur Vereinbarung des konkreten Auslieferungstermins sichert der Verkäufer intern alle notwendigen Voraussetzungen (technische und optische Abnahme des Fahrzeuges, Zulassung, Zahlungseingang, Terminmöglichkeiten etc.) ab. Speziell dem Zahlungseingang ist hohe Aufmerksamkeit zu widmen. Es soll verhindert werden, dass Kunden wegen eines nicht feststellbaren Zahlungseingangs das Fahrzeug nicht übernehmen können oder das Fahrzeug mit nachträglicher Bezahlung ausgeliefert werden muss.

Der Verkäufer ruft den Kunden an, um bezugnehmend auf die Ankündigung im letzten Schreiben den Auslieferungstermin zu fixieren. Die Anwendung der alternativen Fragetechnik (Wollen Sie am Mittwoch um 14:30 Uhr oder lieber um 16:00 Uhr kommen?) sichert ein hohes Terminbewusstsein und -treue durch den Kunden.

Vorbereitungen im Autohaus

Eine gute Planung macht 80% des Erfolges aus. Die wichtigste Rolle nehmen hier die beteiligten Mitarbeiter, auch Pförtner und Empfangsdamen, ein. Wenn alle Beteiligten (Infothek, Verkäufer, Verkaufsleitung, Service, Pförtner, GL) das Kennzeichen des Altwagens kennen, kann der Kunde mit Namen angesprochen werden.

Abb. 5.7.2 Beispielhaft! Sauberer, eleganter Bereich für die Fahrzeugauslieferung!

Im Hintergrund bereitet die Verkaufsabwicklung alle notwendigen Papiere vor. Man denke hier an Zusatzgeschäfte wie Kundenkarte, Wartungsverträge etc. Das Fahrzeug wird verkaufsfertig im Auslieferungsbereich positioniert.
Ein bis zwei Stunden vor der Auslieferung checkt der Verkäufer das Fahrzeug auf Sauberkeit und die Unterlagen auf Vollständigkeit durch. Dafür empfiehlt sich eine Checkliste.

Eintreffen des Kunden

Die Vorab-Information an alle Beteiligten ermöglicht eine persönliche Begrüßung des Kunden. Eine (virtuelle) Gästetafel am Empfang kann dies unterstützen. Sollte sich eine unerwartete Verzögerung einstellen, ist über entsprechende Maßnahmen nachzudenken. Möglich wären:

- Verpflegung des Kunden während der Wartezeit
- Start der Auslieferung durch einen Stellvertreter
- Start der kaufmännischen Abwicklung durch versierten Innendienstmitarbeiter
- Start der Gebrauchtfahrzeughereinnahme

Möglichst wird der Kunde jedoch direkt vom Verkäufer am Empfang abgeholt und zu seinem neuen Fahrzeug geführt.

Erster Blick auf das neue Fahrzeug

Spannung erleben lassen und Spannung halten! Diese Prämissen gelten für den ersten Blick auf das neue Fahrzeug. Inszeniert durch das im halbtransparenten Tuch präsentierte Neufahrzeug. Der Verkäufer lässt das Fahrzeug wirken und unterstreicht durch Kommentare und Erklärungen zum Fahrzeugdesign die Besonderheit des »Neuen«.

Abb. 5.7.3 Gelungene Präsentation des Neufahrzeugs (Foto: Autohaus)

Gebrauchtfahrzeug-Rückgabe

Mit dem Gebrauchtfahrzeug gibt der Kunde ein Stück Erinnerungen, Erfahrungen zurück. Fuhr der Kunde beispielsweise 70.000 Kilometer mit dem Fahrzeug, verbrachte er 10.000 Stunden seines Lebens darin – mehr als ein ganzes Jahr (8.760 Stunden)! Dies gilt es neben der notwendigen technischen und kaufmännischen Fahrzeugaufnahme zu würdigen. Wichtig: Der Kunde sollte bei der GW-Rückgabe live dabei sein.
Die peinlichste Situation bei GW-Rücknahme ist die, wenn die ursprüngliche Bewertung und die aktuelle Bewertung deutliche Differenzen aufzeigt. Im Vorfeld der Auslieferung lassen sich Unstimmigkeiten vermeiden, indem dem Kunden nochmals eine klare Beschreibung seines seinerzeit vorgestellten Fahrzeuges überreicht wird. Das Schreiben kann als Checkliste aufgemacht sein. Damit kann der Kunde neben Zustand und Vollständigkeit auch das Mitbringen von Codekarten, Zweitschlüssel etc. sicherstellen.
Befindet sich das Fahrzeug (vorsätzlich oder unbewusst) nicht im vereinbarten Zustand, entscheidet der Verkäufer über ein mögliches Ansprechen (Kulanzgrenze). Spricht er es an, so höflich und bestimmt, am besten mit Blick und Verweis auf das Bewertungsprotokoll. Die Mängel werden in gegenseitigem Einvernehmen festgehalten und über deren Konsequenzen gegebenenfalls während des anschließenden kaufmännischen Teils der Auslieferung verhandelt.
Nach einem ersten Rundgang um das Fahrzeug findet die technische Aufnahme des Fahrzeuges und Überprüfung auf Übereinstimmung zum Bewertungsprotokoll (evtl. GW-Personal) statt. Vor dem Verlassen des Gebrauchtfahrzeugs bekundet der Verkäufer nochmals den hohen emotionalen Stellenwert und leitet emotional zum neuen Fahrzeug über.
Der Stellplatz für das gebrauchte Fahrzeug sollte bewusst in unmittelbarer Nähe zum Auslieferungsplatz der Neufahrzeuge gewählt sein. Zum einen erleichtert dies das Umladen von Gegenständen in das Neufahrzeug, zum anderen bietet sich mit Neu- und Altfahrzeug eine geeignete Kulisse für das Übergabefoto – entsprechender Zustand vorausgesetzt.

Kaufmännischer Akt der Auslieferung

So kurz und kompakt wie möglich! Das ist der Anspruch an den Verwaltungsakt einer kundenorientierten Fahrzeugauslieferung. Zum einen ist der Kunde emotional schon beim neuen Fahrzeug, zum anderen wird sein volles mentales Auffassungsvermögen noch zum Verstehen des neuen Fahrzeuges benötigt. Die Anforderung an die Praxis lautet: So viel wie möglich wird im Vorfeld abgeklärt! Unter dieser Prämisse ist dieser Prozessschritt für die Zukunft zu untersuchen und zu optimieren!

Abschließend erläutert der Verkäufer das Betreuungs- und Bonuskonzept seines Hauses, so es das gibt. Diesem Teil muss hohe Aufmerksamkeit gewidmet werden, da er nachhaltig für die Höhe der Kundenloyalität direkt verantwortlich ist. Am Besten erfolgt an dieser Stelle die Übergabe eines entwickelten Bonus- und Betreuungsheftes.

Gestaltung der Fahrzeugübergabe

Neben einigen verbindlichen Standardelementen sollte ein Auslieferungsmodus gewählt werden, der individualisiert ist und sich an den Bedürfnissen und Interessen des einzelnen Kunden sowie dem gekauften Fahrzeug orientiert.

Schlüsselübergabe:

Vor dem halbdurchsichtig abgedeckten Fahrzeug übergibt der Verkäufer dem Kunden offiziell den Schlüssel zu seinem Fahrzeug. Dieser könnte in einer repräsentativen Box untergebracht sein. Im nächsten Schritt folgt die Präsentation des Fahrzeugs. Hier nimmt der Verkäufer erneut die Situation wahr, das markante und schöne Design zu erläutern. Ergänzend dazu wird auf die richtige Beleuchtung und die entsprechende Begleitmusik geachtet.

Präsentation des Fahrzeuges:

- **erste Eindrücke: Fahrersitz, Start des Motors**
  Der Kunde nimmt, geführt vom Verkäufer, auf dem Fahrersitz Platz und kann den Motor seines neuen Fahrzeugs ein erstes Mal in Gang setzen.
- **Erläuterung von Grundfunktionen**
  Auf dem Fahrersitz lernt der neue Besitzer die grundlegenden Bedienungselemente des neuen Fahrzeugs mit Ausnahme von Klima, Telefon und Navi kennen. Nach dieser Einführung wird der Kunde bewusst gebeten, aus dem Fahrzeug zu steigen und das Äußere kennen zu lernen. Dieser Schritt wird bewusst gewählt, um einer Überfrachtung von Bedienungserläuterungen zuvor zu kommen.
- **Motorraum**
  Im Motorraum interessiert standardmäßig nur, was vom Kunden zu beachten ist. Dazu gehören vor allen Dingen die Kontrolle von Öl- und Wasserständen. Hat der Kunde spezielles Interesse an technischen Details erläutert der Verkäufer vor allen Dingen die in der Kundenkommunikation herausgestellten Details (Rußfilter, ABS etc.). Besonderen Reiz erhält die technische Erklärung, wenn sie vom bereitstehenden Serviceberater übernommen werden kann. Vorgreifend einer späteren Vorstellung, hat er hier die Chance sich gleich fachlich positiv beim Kunden zu verankern.
- **Beifahrerseite**
  Hier sollte vor allen Dingen die Deaktivierung des Airbags und die Handhabung von Kindersitzen erwähnt werden (Auch Rentner fahren ihren Enkel!).
- **Fond**
  Hier demonstriert der Verkäufer das Umklappen der Rückbank.
- **Kofferraum**
  Hier erfährt der Kunde die Lage von Stauräumen, Verbandskasten und Warndreieick. Zudem erhält er einen Blick auf das Reserverad (sofern vorhanden). Bei Bedarf kann noch der Schließmechanismus erklärt werden.
- **Infotainment/Klima**
  Den Abschluss bildet die Erklärung des Soundsystems, Telefons, Navigation und Klimaautomatik (je nach Ausstattung). Der Kunde möchte diese Systeme bedienen und genießen können. Diesem Bedürfnis gilt es gerecht zu werden. Welch ein Eindruck, wenn nach Einschalten der Musikanlage vom Kunden gern gehörte Musik erschallt. Hier kann der Verkäufer im Vorfeld aus einem Repertoire an CDs die betreffende Musik einlegen. Ebenso können die wichtigsten Rufnummern des Kunden bereits programmiert sein (Privathaushalt, Geschäft ...). Nicht zu vergessen dabei die Nummer von Autohaus und Pannendienst. Über die Möglichkeit zur Erklärung der Infotainment und Telefoneinheit einen Experten aus dem Autohaus hinzuzuziehen, sollte deutlich gedacht werden.

Die Klärung offener Fragen rundet die Gesamtpräsentation ab. Danach wird der Kunde zur Betriebsbesichtigung eingeladen.

Betriebsrundgang

Das Vertrautmachen mit dem Betrieb, den Menschen und den Abläufen steht im Mittelpunkt der Führung. Die anwesenden Serviceberater stellen sich mit Namen und Visitenkarte vor. Alternativ kann für den Kunden auch ein Serviceprospekt vorbereitet sein – mit allen Servicemitarbeitern incl. Bild und Telefon/Fax/E-Mail.

Am eindrucksvollsten scheint es, wenn ein Serviceberater das Servicekonzept und die -prozesse vorstellt. Dazu gehören Anmeldung, Terminvergabe und vor allen Dingen die Dialogannahme. An dieser Stelle bekommt der Kunde auch die Wartungsintervalle seines Fahrzeuges erläutert.

Wird ein Gutscheinheft eingesetzt (Wertscheck), sollte hier nochmals auf die servicerelevanten Gutscheine (1.000-km-Check und erste und zweite TÜV-Bonifizierung) eingegangen werden.

Probefahrt

Nach Betriebsbesichtigung stehen die ersten Meter im neuen Fahrzeug an. Hier können noch Vorbehalte oder gar Ängste beim Kunden vorhanden sein. Aktiv sollte der ausliefernde Verkäufer anbieten, die ersten Meter im Auto zu begleiten. Idealerweise findet diese kurze Fahrt auf einer Strecke im Hof oder der näheren Umgebung statt. Danach wird das Fahrzeug neben dem Altwagen abgestellt.

Präsente

Präsente sind emotionale Verstärker, sind Ausdruck von Großzügigkeit und sollen für die Beziehungsebene ein grundsätzlich positives Klima schaffen. Unter dieser Prämisse sollten auch Auswahl und Übergabe erfolgen. Der Zeitpunkt und die verbale Intention sind für die Wirkung von zentraler Bedeutung. Zu den klassischen Geschenken gehören Blumen und Sekt oder Champagner. In Weingegenden auch eine erlesene Sorte.

Besondere Markenverbundenheit vermitteln Geschenke aus der Reihe den Marken-Accessoires. Bei der Auswahl ist Wert darauf zu legen, dass sie die individuellen Bedürfnisse des Käufers treffen, so dass er sie nutzt und wertschätzt. Ist sich der Verkäufer in der Auswahl nicht sicher, ist vorstellbar, dass der Fahrzeug-Neubesitzer aus einer Vitrine wählen darf.
Denkbar ist auch 1-Liter Marken-Motorenöl mit einem persönlichen Gruß des Serviceleiters. Diese Öleinheit wird mittels Klettverschluss im Kofferraum platziert und künftig bei der fälligen Inspektion nachgefüllt. Dieses Präsent unterstreicht deutlich die Bedeutung von Service auch über den Fahrzeugkauf hinaus.

Die Hochwertigkeit der Marke wie das Design müssen sich in jedem Fall in der Auswahl der Geschenke wieder finden. Billigste Kunststoffartikel sind oft nicht markenkonform. Hier gilt die Devise: »Weniger ist oft mehr«. Originalität ist gefragt!

Abb. 5.7.4 Schöne Erinnerung: das Foto der Neuwagenabholung

Foto

Motto: Die schönsten Momente im Leben festhalten – der Empfang des neuen Fahrzeuges gehört dazu! Das Erinnerungsfoto mit dem »Neuen« konserviert das Erlebte und hat beim Kunden nach wie vor eine sehr positive Wirkung (s. Abb. 5.7.3).

Überführungskosten

Die Logistik, sprich der Transport des Neuwagens vom Hersteller zum Händler wird in der Regel vom Hersteller zentral per Spedition gesteuert. Die Belieferung erfolgt je nach Marke und Händlerbetriebsgröße täglich, zweimal pro Woche oder bei Bedarf. Die Kosten für den Transport sind modell-, gewichts-, größen- oder distanzabhängig. Damit sind für den Händler die Überführungskosten nicht beeinflussbar. Die Höhe der Überführungskosten schwanken zwischen 490 EUR bis zu 1.150 EUR. Der Durchschnitt liegt zwischen 450 und 650 EUR pro Überführung. Die Händler sind der Auffassung, dass die beim Kunden abgerechneten Überführungskosten weitgehend mit den tatsächlichen Kosten übereinstimmen. Die Differenz geht häufig auf ein gezieltes Auslieferungspaket zurück. Darin sind dann die Zulassung mit den Kennzeichen, Fußmatten, voller Tank, Warnweste, die Übergabeinspektion sowie die Endreinigung enthalten.

5.7.5 Werksabholung – Kundencenter

Audi, Volkswagen, BMW, Porsche und Mercedes-Benz bieten den Kunden die Möglichkeit, das Fahrzeug direkt im Werk abzuholen. Der jeweilige Händler vereinbart für den Kunden den Abholtermin beim Hersteller. Die Abholung wird gerne zur Eventveranstaltung gestylt. Dazu gehört die Möglichkeit der Werksbesichtigung, Museumsbesuch, Markenausstellung, Gastronomie, Shops, Testfahrten u.a. Die Kosten für die Werksauslieferung liegen zwischen 300 und 490 EUR. Ein VW-Händler charterte im Rahmen der Abwrackprämie von Kitzingen in die Autostadt Wolfsburg mehrfach einen Sonderzug, in dem jeweils 500 Kunden mit ihren Familienmitglieder saßen, um die NW-Auslieferungsmenge logistisch bewältigen zu können. Als im Jahre 2000 die 600 Mio. EUR teure Autostadt Wolfsburg mit ihren gläsernen Türmen eröffnet wurde, ist die Auslieferungskapazität auf 1.000 Einheiten pro Tag angelegt worden. Volkswagen hatte die Auslieferung zu einem

Sozialpreis offeriert, so dass an die 40 % der Neuwagenauslieferungen an Endkunden direkt von Wolfsburg ausgingen. Das führte dann zu Friktionen mit den VW-Händlern. Inzwischen sind die Spielregeln geklärt. 2005 hat Audi neben Ingolstadt sein neues Forum in Neckarsulm in Betrieb genommen. Porsche präsentiert sich seit 2002 in Leipzig mit einer separaten Teststrecke. 2007 eröffnete in München die neue BMW-Welt, ein 560 Mio.-EUR-Investment. Eine Kombination von Ausstellung, Auslieferungs-, Erlebnis-, Museums- und Eventstätte. Daimler-Benz ermöglicht seit 1953 die Werksabholung. Heute in den Kundencentern in Sindelfingen, Bremen und Rastatt. 2006 wurde in Untertürkheim das neue MB-Museum eröffnet. Das neue Porsche-Museum in Zuffenhausen 2009. Markenbotschafter!

5.8 Modelleinführung von Neuwagen

Es entspricht durchaus der Realität, dass – je nach Marke – gleich fünf neue Modelle innerhalb eines Jahres auf dem Markt eingeführt werden. 11 bis 13 Baureihen pro Marke sind heute selbstredende Offerte. Für den Händler stellt jedes neue Modell neue Verkaufschancen dar. Über Nischenmodelle können gar zusätzliche Kundengruppen angesprochen werden. Inzwischen ist aber eine Dimension erreicht, die enorm auf die Verkaufskosten drückt und außerdem in der praktischen Marktumsetzung – auch beim Hersteller – kaum zu bewältigende Komplexitäten schafft. Jedes neue bzw. zusätzliche Modell stellt Fragen an die Vorführwagenhaltung, an Ausstell- wie an die Lagerwagenbevorratung. Die »Aufblähung« führt nachweislich außerdem zu einer Verschlechterung der Bilanzstruktur im Autohaus. Nachdem rund 50 % der Autohändler inzwischen mehrere Marken vertreiben, potenziert sich die eben getroffene Feststellung. Jetzt mag sich das ganze Phänomen für Volumenmodelle noch rechnen. Die Herausforderung stellen die Nischenfahrzeuge dar. Es gibt auf dem Automobilmarkt derzeit gut 260 verschiedene Baureihen der einzelnen Marken. Wie soll ein Verkaufsprofi diese übersehen und wie erst der einzelne Kunde? Welcher Marketingaufwand ist zu betreiben, um verkaufswirksam an den Kunden heranzutreten? Das Wünschenswerte und das Mögliche klaffen auch hier immer weiter auseinander. Abb. 5.8.1 zeigt die Alternativen, die ein Autohaus zur Einführung neuer Modelle hat.

Im Bereich der **Medien** schafft das Internet im Vorfeld der Produkteinführung die Möglichkeit der Verlinkung auf die OEM-Homepage zur Produktinformation. Eine Probefahrtofferte kann sich anschließen. Post- oder E-Mail-Informationen bis hin zur Postwurfsendung als Beilage, Flyer mit gezielter Verteilung bei Sportveranstaltungen, Konzerten, an Parkplätzen sind weitere mediale Möglichkeiten. Man denke an gezielte Fahrzeugaufkleber. Auch auf Mitarbeiterfahrzeugen Regionale Radiosender schaffen außerdem gute Markenbotschaften.

Abb. 5.8.1 Alternativen zur Modelleinführung bei Neuwagen

Für nicht jedes neue Modell ist aus Kostengründen ein großer Einführungsaufwand machbar. Die **gleitende Einführung** beschränkt sich auf die Präsentation des Fahrzeugs im Showroom. Ohne Event. Das neue Fahrzeug wird mit Werbematerial vom Hersteller dekoriert. Ein geringer Kosten- und Zeitaufwand steht der hohen Erwartungshaltung des Herstellers und des Kunden entgegen.

Schautag meint die Zeitachse unmittelbar nach der Neueinführung. Die Präsentation des »Neuen« findet im Showroom statt. Der Kunde entdeckt das neue Modell auf seine Art.

Zielgruppen-Event: Hier findet eine Zielgruppenselektion statt. Sie führt zu einer Präsentation in exklusivem Kreis. Das »Ereignis« wird passend zum Modell inszeniert und mit Filmvorführung, prominenten Werbeträgern, Kochevent, Weinprobe, Modeschau, Musikevent, Vortrag, in Kooperation mit lokalen Einrichtungen u. a. erweitert.

Als **»offenes Event«** ist die gezielte Neumodellpräsentation mit modellbezogenem Event zu sehen. Der neue »Van« wird zum Familientag mit Kinderprogramm, der neue Sportwagen zum F1-Simulator, zur Gokartfahrt, kombiniert mit DTM-Ausstellungsfahrzeugen. Der »Neue« ist ein Spritsparer? Die Präsentation wird zum Öko-Event, Präsentation von Umwelttechnik. Beliebt sind auch Themenpartys (Beachparty, Disco). Die Vorzüge dieser Wege sind positiv für den Verkauf, für Neukundengewinnung, für die Kundenbindung und auch hinsichtlich der Promotion positiv zu gewichten. Die Kehrseite sind hoher Kosten- und Zeitaufwand.

Sonderveranstaltungen könnten Public Viewing (Fußball, Rennsport), Musikfestivals, Tuningtage, Jubiläumstage, Party u. a. sein.

Unter **Messen** sind regional etablierte Events zu verstehen. Regionale Automobilmesse, Gewerbe- und Leistungsschau, Stadtfeste, Autotage u. a. Derartige Termine fallen nicht immer mit einer Fahrzeugneuvorstellung zusammen. Umgekehrt haben die interessierten Autofahrer nirgends sonst die Möglichkeit, sich vor Ort, in überschaubarem Rahmen über die gesamte automobile Modellpalette zu informieren. Messen tragen auch zur Imagebildung für das Autohaus bei (s. Kap. 5.9).

Hersteller wie Handel sind gefordert, für die einzelnen Alternativen verkaufsoptimale Wege aufzuzeigen, um den schmalen Grat zwischen Verkaufswirkung und Aufwand in guter Balance zu halten.

5.9 Regionale Messen schaffen überfabrikatliche Modelltransparenz

Frankfurt, Detroit, Genf und Tokio sind in der internationalen Automobilwelt die Pflichtprogramme. Dennoch ändert sich auch das internationale Messebild. Man denke an die chinesischen Messestädte Shanghai und Peking. In Amerika streiten sich Detroit und Los Angeles um die Vorhut. Jede internationale Messe setzt dennoch ein konkretes Hauptthema in den Veranstaltungsmittelpunkt. Außerdem versucht jede Messe, die eigenen Automobilhersteller aufs Podest zu heben. Genf hat dabei eine Besonderheit, dass früh im Jahr die komplette Pkw-Palette in drei ineinander übergehenden Messehallen ausgebreitet ist. Paris und New York sind wiederum reine Publikumsmessen. Es geht allen um die wirtschaftliche Relevanz. Die Größe – Besucherzahl – ist nicht das entscheidende Kriterium für die Wichtigkeit einer Messe. Man denke in Frankfurt an die große Zahl der Zulieferer, deren Ausstellungsinteresse im Zugang zum Management ihrer Kunden liegt. Die IAA Frankfurt, die alle zwei Jahre stattfindet, gehört mit 940.000 Besuchern, rund 1.000 Ausstellern und einer Ausstellungsfläche von 225.000 qm zu den fünf größten Automobilmessen der Welt. Die Automessen der ersten Liga haben primär Präsentationscharakter, anders verhält es sich mit den regionalen überfabrikatlichen Händlermessen.

Quer über die Republik finden seit gut 30 Jahren Jahr für Jahr, meist im Frühjahr oder Frühherbst überfabrikatliche Messen statt. Sie werden in der Regel von Markenhändler initiiert und finden meist von Freitag 12 Uhr bis Sonntagabend 18 Uhr in offenen oder geschlossenen Messehallen statt. Die Automobilhändler setzen hier vor allem zur Frühjahrszeit signifikante Zeichen, zumal der Monat März nach wie vor der stärkste Neuwagenverkaufsmonat der Branche ist. IAA wie AMI sind primär Präsentationmessen der deutschen Automobilindustrie bzw. der Importeure. Händlermessen haben dagegen sowohl Präsentations- wie Verkaufsfunktion.

Verkaufserfolg Regionalmesse

Regionalmessen beginnen meistens am Freitag um 12 Uhr, andere Samstag um 10 Uhr und dauern bis Sonntagabend 18 Uhr. Wenn nun innerhalb von zweieinhalb Tagen der eine Volumenhändler auf derselben Messe 25 Fahrzeuge verkauft, der andere 150, dann sollte man hinschauen, was da anders gemacht wird. Lassen Sie uns den Unterschied am praktischen Beispiel darstellen. Der Ford-Händler Ernst + König in Freiburg setzt hier Jahr um Jahr einmalige Branchenzeichen. Warum? Weil hier das Messeereignis von A bis Z durchgestylt wird. Sechs bis acht Wochen vorher werden all die Mitarbeiter von sämtlichen Filialen des Unternehmens, also vom Bodensee bis zur Ortenau herausgefiltert, die über besondere kommunikative Gaben verfügen. Sie werden am Vortrag des Messebeginns zu einer Ganztagesschulung auf dem Messegelände zusammengezogen. Da trifft man früh um 9 Uhr auf 60 vorwiegend junge Leute, teils im Auszubildendenstatus. Firmenchef Siegfried Ernst stimmt ein: »Die Messe gleicht einer Treibjagd. Die einen bilden die »Pro-Motoren«, das sind die Treiber, die Verkäufer sind die Jäger.«

Ernst weiter: »Wir haben die klare Zielsetzung:

1. Wir wollen Tore schießen, d. h. Autos verkaufen.
2. Wir wollen die Besten auf der Messe sein!
3. Wir wollen unseren Sieg feiern! Eine Mannschaft – ein Geist!«

Zur Messe werden insgesamt vier Gruppen gebildet, die dann am Vortag auf der Schulungsveranstaltung ab 14 Uhr 15 ihre Ergebnisse präsentieren. Um 15 Uhr ist bei Ford Ernst + König offizieller Empfang für den Ford-Deutschlandchef. Er nimmt für jeden der 20 Verkäufer und jeden der 20 Pro-Motoren, den Zuträgern für die Verkäufer die Zielsetzung für die Messe vor. Da kommen als Plangröße unterm Strich 111 Neufahrzeuge auf der Messe heraus. Dafür werden 21 Laptops auf dem Stand installiert und direkt mit der Betriebszentrale vernetzt. Vier Kopiergeräte kommen ebenso vor Ort zum Einsatz. Auf anderen Ständen sind derartige Vernetzungen nicht zu sehen.

Thematische Inhalte der Gruppen

Und worin besteht der Inhalt für die vier Gruppenarbeitsthemen? Die erste Thematik ist den Modell-Neueinführungen des Herstellers gewidmet. Dort werden die gewichtigsten Nutzenfaktoren für den Kunden zusammengetragen. Die zweite Gruppe beschäftigt sich mit der gezielten Ansprache von Kunden. Das beginnt mit einem unverkrampften Hallo, einem unverkrampften Lächeln, der passenden Gestik und geht über zu ganz konkreten Fragen: »Für welches Fahrzeug interessieren

Abb. 5.9.1 Schulung der Mitarbeiter im Vorfeld der Messe

Sie sich?« »Wie gefällt Ihnen dieses Fahrzeug?« »Hallo, wollen Sie sich fotografieren lassen?« »Wie gefällt Ihnen unser Stand?« Ferner werden die Motivationsfaktoren der Besucher analysiert, angefangen von der Abwrackprämie, dem Tütenträger, dem Schnäppchenjäger bis zum Informationssucher. Die Arbeit der dritten Gruppe beschäftigt sich mit der Verkaufsstrategie – siehe Abb. 5.9.1. Da wird die Flat-Rate erklärt, genauso die Inhalte z. B. zur Abwrackprämie, die Vollkaskoprämie u. a. Hat der Kunde gezielte Preisfragen, verweisen die Pro-Motoren auf ihren Preisspezialisten oder auf einen »kompetenten Mitarbeiter«. Das Wort »Verkäufer« wird gezielt vermieden. So subtil ist jede Arbeitsstufe angelegt. Die Arbeit in der vierten Gruppe ist eine eingehende Standbesichtigung. Da erfahren alle, weshalb bestimmte Modelle bzw. die Ökoautos gerade in dieser Schichtung aufgestellt sind, die Nutzfahrzeuge an jenem Platz geparkt sind usw.

Ferner wird ein Shop für Serviceleistungen aufgestellt. Dort geht es vom Marderbiss über Smart Repair bis zum nachträglichen Einrichten eines Parkpilotsystems. Bosch präsentiert einen Simulator für Wischerblätter. Die Hersteller-Bank und die Hersteller-Autoversicherung sind selbstredend ins Standkonzept integriert. Dafür ist gezieltes Personal abgestellt, ebenso für das Deck-Office und die Back-Office-Funktionen. Drei weitere Mitarbeiter sind abgestellt für Testfahrten mit den Kunden. Auch sie werden im Detail instruiert, worauf im Rahmen einer Probefahrt zu achten ist, damit das »Erlebnis« gelingt. Nach der Probefahrt ist der direkte Gang zum Verkäufer auf dem Verkaufsstand angesagt. Die Gebrauchtwagenbewertung wird vom jeweiligen Verkäufer selbst vorgenommen. Anhand der Kundenfahrzeugdaten ermittelt er den DAT-Schätzpreis und nimmt einen Risikoabschlag von 500 EUR vor. Und das ist es dann. In 95 % der Fälle deckt sich das mit der Wahrheit bei der Fahrzeugrückgabe.

Abends, vor Messebeginn, also am Ende des Schulungstages findet für das »Messepersonal« eine VIP-Party statt. Bei festlicher Illumination, festlich gedeckten Tischen und Tischkarten beginnt eine stilvolle Abendveranstaltung, die mit diversen Einlagen angereichert ist. Vergleichbar der Karibikbar und dem Weinstand auf der Messe, wird hier selbiges in Begleitung von Live-Musikern für alle zu einem unvergesslichen Messeauftakt. Das Motto: »Yes, we can – jetzt erst recht!« ist an allen Ecken und Kanten aufgeladen. Das hat alles soviel Farbe, wie der professionell gestaltete, mit Teppich ausgelegte Messestand. Der Erfolg bleibt nicht aus. Am Sonntagabend hat das Team eine Vertragsabschlussmenge einmaliger Art abgeschlossen. 2009 waren es statt der geplanten 111 Einheiten sage und schreibe 151 Einheiten! Das wird selbstredend auf der Siegerparty am Sonntagabend nach 18 Uhr bis in die Puppen nachhaltig gefeiert. Der Abtransport der Fahrzeuge vom Messestand wird von anderen Mitarbeitern am Sonntagabend nach Messeschluss bewerkstelligt!

5.10 Trends beim Autokauf

Aral publiziert alle zwei Jahre in einer aktuellen Studie, durchgeführt vom IfA (Geislingen), Trends zum Autokauf. Wer das stetig steigende Durchschnittsalter der Haltedauer der Fahrzeuge hinterfragt, stellt fest, dass Deutschlands Autofahrer sich in der Kaufneigung für ein Neu- oder Gebrauchtfahrzeug auffällig zurückhalten. Mehr und mehr Käufer steigen auf Ratenzahlung, auf die Mobilitätsrate um. Das alles ist – wie Abb. 5.10.1 zeigt – mit hohen Rabatterwartungen verbunden. Der Preis sowie die Wirtschaftlichkeit, sprich der Verbrauch des Fahrzeuges, stehen in der Prioritätenliste ganz oben.

In einer weiteren Studie des Dekra/IfA-Instituts zum Thema »Das Management der Cost-of-Ownership« wird deutlich herausgearbeitet, dass der Preisindex für die Anschaffung und den Unterhalt von Autos zwischen 1995 und 2007 um 34,3 % gestiegen ist. Setzt sich dieser Trend fort, könnte der Anteil der Autokosten am monatlichen Haushaltsnettoeinkommen von aktuell 661 EUR (20,4 %) auf 864 EUR (22,8 %) im Jahr 2015 steigen. Jeden zweiten Euro verlieren die Autofahrer im Schnitt durch den Wertverlust ihres Fahrzeuges. Hinzu kommt, dass seit Anfang des Jahrzehnts die Werteverluste deutlich gestiegen sind. Das Phänomen Wertverlust wird beim Käufer in dieser Dimension noch nicht wahrgenommen. Abb. 5.10.2 macht dies grafisch deutlich. Klar formuliert, eigentlich darf ein solider Händler einem Käufer unter wirtschaftlichen Aspekten keinen Neuwagen mehr empfehlen. Oder anders, es ist dringlich eine Preispolitik unter Verzicht auf Restwert schädigende Rabatte gefordert.

! *Für den Kunden steht derzeit der Kraftstoffverbrauch an erster Stelle.*

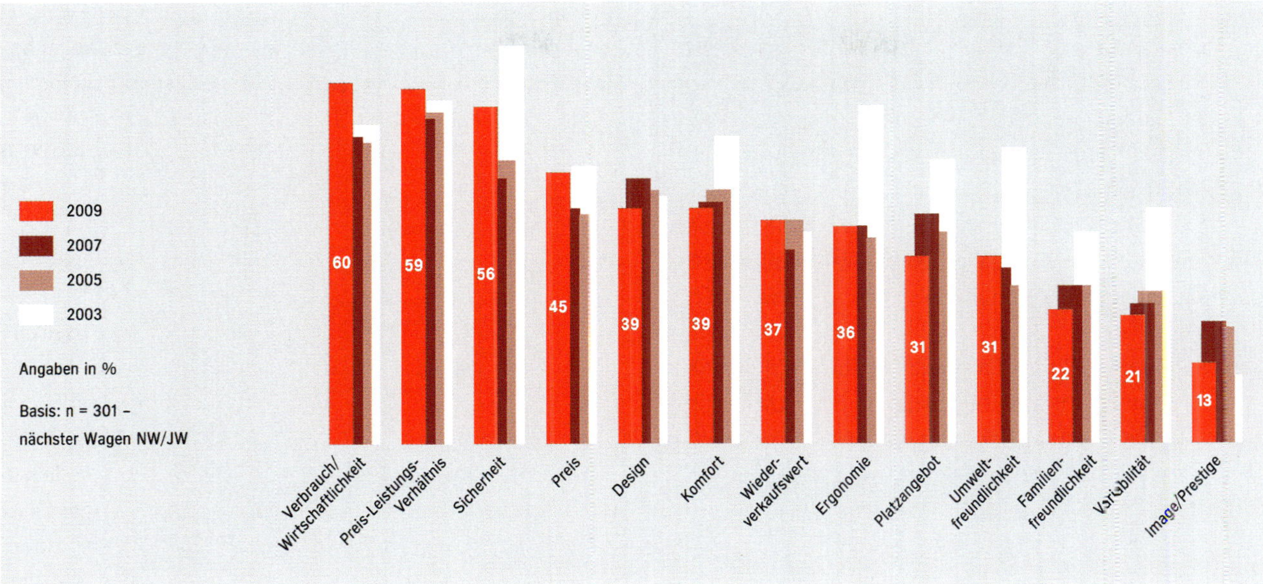

Abb. 5.10.1 Gründe für den Erwerb eines neuen Pkw

An zweiter Stelle die Wartungs- und Reparaturkosten. Man mag es drehen und wenden wie man will, alles ist letztlich eine Frage der Einkommensentwicklung der privaten Haushalte wie der gewerblichen Unternehmenseinheiten. Das reale Einkommen der »normalen Automobilkäufer« ist seit 2002 rückläufig. Das hängt nicht zuletzt mit der Umstellung auf den Euro zum 1.1.2002 zusammen. Das Durchschnittsalter der Käufer von Neufahrzeugen fällt damit immer höher aus. Beim Mini sind die »jüngsten« mit 45 Jahren dabei, beim MB mit 54 Jahren. Für Frauen sind die Unterhaltskosten tendenziell wichtiger als für Männer. Mit zunehmendem Alter steigt die Bedeutung der Unterhaltskosten für die Kaufentscheidung an. Beim GW-Käufer spielt der Anschaffungspreis eine größere Rolle als die Unterhaltskosten.

Ob Aral, Dekra oder DAT, sämtliche Kundenbefragungen dokumentieren: Das Erscheinungsbild eines Autohauses – der Glaspalast – spielt in allen aufgeführten Kriterien für den Kunden überhaupt keine Rolle. Das ist zugleich der Beweis dafür, dass jegliche Befragung tendenziell angelegt ist. Die Frage nach der Bedeutung der Baulichkeit ist aber im Rahmen der Geschäftsmodelldiskussion neu zu klären. Oder wird in der Branche gar in die falsche Richtung investiert? Umgekehrt heißt die Herausforderung: Die Branche hat in die Verkaufs- und »Show-Räume« viel Geld investiert. Also muss man daraus das Beste machen! Wie gelingt dort eine hohe Kundenfrequenz? Wie gelingt es, dass sich die Besucher dort gerne aufhalten? Die Antwort: Über den wirkungsvollsten Baustein, die vor Ort gelebte »Emotion«. Das Produkt, das »Was«, ist die eine, die Inszenierung, das »Wie«, die andere Seite. Die Liberalisierung des Ladenschlussgesetzes von 2007 schafft durchaus größeren Gestaltungsspielraum. Kunden der Generation 35+ haben von Freitagnachmittag bis Sonntag am meisten Zeit, sich automobilistisch zu informieren. Sollte daher die Branche die Wochenendzeit als automobile Verkaufslandschaft stärker thematisieren? Warum nicht die Neufahrzeugauslieferung mit zehn Kunden und deren Familien gezielt am Freitagabend emotional inszenieren? Warum für Samstag nicht zur informativen Wochenschau einladen? Warum die »Aufseher« am Sonntag nicht so instruieren, dass die Kunden ihre Wunschfahrzeuge sehen und auch die Prospekte finden? Das endet in der Forderung, dass die Neu- und Gebrauchtfahrzeugzulassung im Internetzeitalter direkt im Autohaus möglich sein muss. Der Kunde kauft – auch am Wochenende – und kann sein Fahrzeug sofort mitnehmen!

Frage: Wie viele der Kunden werden das Folgefahrzeug wieder im angestammten Autohaus kaufen? 60, 70%? Was nützen die besten Kunden-Karten bzw. Bindungssysteme, wenn der Kunde – wann immer er kommt – nicht auch besondere Wertschätzung erfährt? Selbstredend schaffen regelmäßige Veranstaltungen in den Verkaufsräumen sinnvolle Kundenfrequenz. Der eine macht dies über Vorträge zum Thema Körpersprache, über ewiges Jammern, über die Tatsache, warum Männer früher als Frauen das Zeitliche segnen bis hin zu Reiseberichten im Zusammenwirken mit einem Reisebüro. Der andere bevorzugt Konzerte oder (Kunst-)Ausstellungen. Man veranstalte für seine Mitarbeiter einmal drei Abende lang einen Knigge-Kurs.

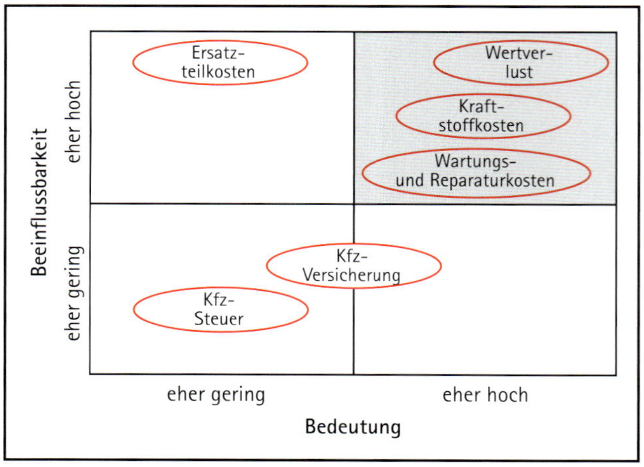

Abb. 5.10.2 Strategisches Management des Cost of Ownership
(Quelle: IfA)

Sie werden die eigenen Mitarbeiter vor lauter Emotion und sensibler Zuvorkommenheit nicht wiedererkennen. Da kommt Freude auf! Und diese brauchen wir im Verkaufsalltag.*

5.11 Die Macht der Handelsmarke

Es gibt Markenhändler, deren Zulassungsanteil doppelt so groß wie der Bundesschnitt der vertretenen Marke ist. Warum? Es liegt maßgeblich an der idealen Symbiose von Hersteller- und Handelsmarke. Damit ist zugleich der Nachweis erbracht, wie grundlegend die eigene Handelsmarke als Differenzierungsfaktor ist. Oder anders:

! *Jeder Händler sollte sich über seine Herstellermarke(n) hinaus als eigenständige Marke profilieren.*

Dabei sollte die Markenbildung nicht beim Leistungsfeld Neuwagen stehen bleiben. Einige Händler habe beispielsweise eine eigene Handelsmarke im Leistungsfeld Gebrauchtwagen. Wieder andere setzen ihre Markenprofilierung wesenhaft als USP im After-Sales-Bereich. Autokäufer orientieren sich bei ihrer Kaufentscheidung allerdings zuerst an der Herstellermarke.

Marke ist grundsätzlich ein in der Psyche des Konsumenten verankertes Vorstellungsbild von einem Produkt oder einer Dienstleistung. Marke muss also eine eindeutige Position im Kopf des Konsumenten einnehmen. Die meisten Kunden treffen ihre Kaufentscheidung nach ihrem (subjektiven) Markenbild. Drei Faktoren bestimmen den Markterfolg: **Leistung, Preis und Marke**. Marke hat als Bedeutungsträger viele Funktionen. Sie verkörpert Markenidentität, Markenwerte, gibt damit Orientierung und schafft Vertrauen.
Überträgt man dieses Markenbild auf das Autohaus, so lassen sich die markenbildenden Anforderungen auf zwei wesenhafte Fundamente zurückführen. Zum einen auf die Einschätzung der Kompetenz durch den Kunden und zum anderen auf den Faktor Sympathie. Abb. 5.11.1 verdeutlicht, wer den Faktor Kompetenz und Sympathie im Autohaus systematisch ausbaut, wird hinsichtlich seiner Handelsmarke auf der Erfolgsstraße fahren. Marke wird nicht über Werbung oder gar Hochglanzprospekte geschaffen, sondern durch das Marken-

* *Quellen:*
Weber, Klaus-Dieter, Verkaufssteuerung, in AH 17/2008, S. 73
Dekra/IfA-Studie: »Das Management der Cost-of-Ownership«, Stuttgart, 2009
Aral-Studie: Trends beim Autokauf 2007, Bochum, 2007
BDK-AUTOHAUS: Verkäuferklima Index 2008, München, 2008
AUTOHAUS-Santander-Studie: Vergütungsreport 2009, München, 2009
Frank, Ernst: Die Kultivierung des Automobilvertriebs, Wiesbaden, 2009
Graf, Alexander: Geschäftsmodelle im europäischen Automobilvertrieb, Wiesbaden, 2008

DIE MACHT DER HANDELSMARKE

Abb. 5.11.1 Die Macht der Handelsmarke

erlebnis. Und dies entsteht primär im persönlichen Kontakt. Im persönlichen Kontakt mit den Produkten, insbesondere mit den Menschen, die diese Produkte repräsentieren.

! *Primäre Markenbotschafter, die aktiven Umsetzer des Leistungsversprechens im Autohaus, sind die Automobilverkäufer und die Serviceberater.*

Die Mitarbeiter, der Händler selbst, sie spiegeln die Markeninhalte. Was sind wir? Warum existieren wir? Wofür stehen wir? Woran glauben wir? Der persönliche Auftritt vor Kunde stellt Tag für Tag die Markenbotschaften dar. Und:

! *Der Kunde nimmt das Markengeschehen ganzheitlich in all seinen Erscheinungsformen wahr.*

Und da sind Händler mit einer starken Handelsmarke nicht austauschbar. Über welche Faktoren lässt sich Handelsmarke prägen? Abb. 5.11.1 stellt wesentliche Faktoren für die Handelsmarke dar. Die Faktoren werden aber je nach Autohaus unterschiedliche Ausprägung erfahren.

! *Fazit:*
Marke ist nicht, Marke macht man.

Mit Kontinuität, mit statischen und dynamischen Ausprägungen.

5.12 Der Vertriebs- und Betreuungskanal Internet

Das Phänomen Internet trat ab 1994 in die Wirtschaftsszenerie ein. In der Automobilbranche sind die spürbaren Anfänge für das Jahr 1998 auszumachen. Nach über zehn Jahren Anwendungspraxis ist festzustellen, dass sich das Käuferverhalten durch das Internet spürbar verändert. Der informiertere und besser aufgeklärte Kunde ist Realität.

! *Die Branche tritt heute wirtschaftlich einem kompetenteren Publikum gegenüber.*

Das erfordert als Antwort höhere Authentizität, zu Deutsch Echtheit. Auch das ist Wertewandel. Es erhebt sich die Anforderung, ob wir über das Internet- und E-Mail-Tor die gleiche Begegnungs- und Betreuungsqualität an den Tag legen, wie bei einem persönlichen Besuch eines Interessenten im Autohaus? Glänzt der rote Internetteppich so prachtvoll wie die gläsernen Autohaus-Immobilien, CI & Co.? Das Internet steht heute als Marketing- und Kommunikationsinstrument vor den (Fach-)Zeitungen, (Fach-)Magazinen, Rundfunk oder Fernsehen.

! *Das Internet ist das effektivste Instrument zur Akquisition und Kundenbeziehungsgestaltung.*

Beispiel: Leadmanagement, die Generierung neuer Kontakte mit Geschäftspotential, schafft gänzlich neue Möglichkeiten. Der Internetauftritt als Visitenkarte des Hauses ist die eine Wirkkraft.

! *Außerdem stellt das Internet heute einen weiteren Mitarbeiter im Vertrieb, sprich einen weiteren Verkäufer dar.*

Man stelle sich die Menge der täglichen Kontakte vor, die zu gestalten sind, wo der »Internet-Verkäufer« informieren, einen Kunden inspirieren, zu Kaufentscheidungen animieren oder zur persönlichen Kontaktaufnahme anhalten kann. Eine weitere zentrale Frage sei gestellt:

! *Wird das Internet systematisch als zusätzlicher Vertriebskanal genutzt?*

Die Internetpräsenz

Abb. 5.12.1 dokumentiert die Möglichkeiten der Internetpräsenz. Abb. 5.12.2 stellt in einer Übersicht dar: Viele Wege führen zum Autokäufer, sei es über die nach wie vor unverzichtbaren »klassischen Medien«, Verkaufsförderungsaktionen, über den Händler, Events und die Achse Web 1.0 und Web 2.0. Web 1.0 meint dominant das werbliche Web. Anwender sind Handel, Nutzer die Kunden (B2C). Im Fokus stehen Klick-Raten und Produkte. Sie nutzen den Effekt des Infotainment. Bei Web 2.0 steht die Dialogorientierung mit »Menschen« im Vordergrund. Man nennt es auch das soziale Web. Es trägt zur Meinungsbildung und Community bei. (Online-)Community (Netzgemeinschaft) meint, dass auf dieser Plattform Kommunikation zum gegenseitigen Austausch von Meinungen stattfindet. Plattformen können E-Mail, Chat, Instant-Messenger, Tauschbörsen oder Foren sein. Als treibende Kraft steht nicht

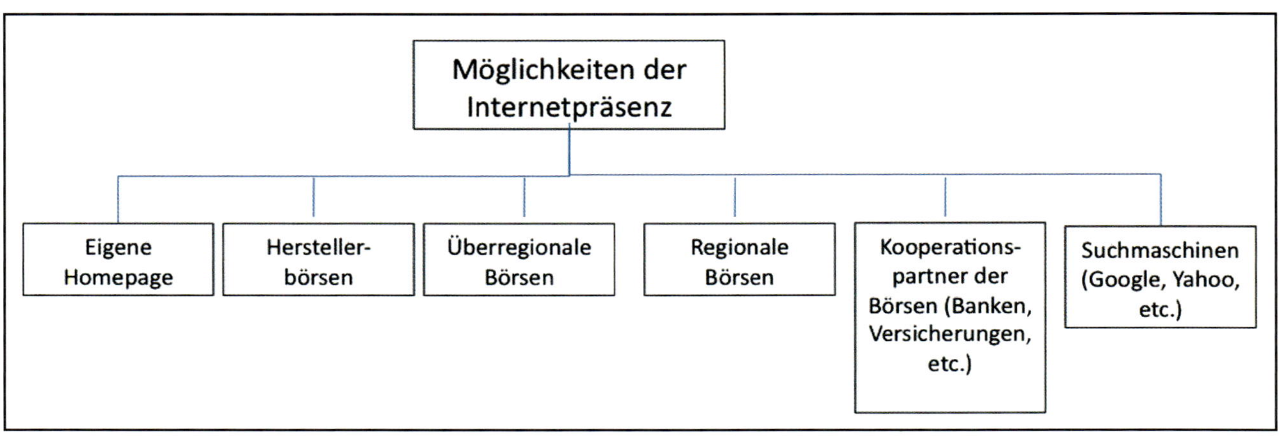

Abb. 5.12.1 Die Möglichkeiten, das Internet im Automobilhandel zu nutzen

KLASSISCHE MEDIEN	VERKAUFSFÖRDERUNG	WEB 1.0
• TV • Tageszeitungen • Radio • Magazine • Plakat	• Mobilitätspakete • Finanzierungsangebote • Sondermodelle	• Hersteller-Websites • Unabhängige Portale • Händler-Websites • Fachmedienportale
HÄNDLER	**EVENTS**	**WEB 2.0**
• Beratung • Servicekompetenz • Erlebnis	• Veranstaltungen im Autohaus • Sponsoring von Events	• Suchmaschinen (z.B. Google) • Automobilforen • Community Websites

Abb. 5.12.2 Die Wege zum Kunden

ein Unternehmen dahinter, sondern die Wünsche der Gemeinschaft. Kommerzielle Onlinecommunitys stehen aber unter Aufsicht eines Unternehmens.

Wer Abb. 5.12.2 analysiert stellt fest, dass inzwischen Web 2.0-Medien an Bedeutung zulegen. Das heißt, Meinungen neuer Autokäufer werden in den Foren gebildet. Beispiele: www.motor-talk.de (Forum und Weblog), www.carmondo.de (Forum, Weblog und Bewertungsportal), www.forum.autobild.de (Forum), www.autoplenum.de (Bewertungsportal), www.community.auto-motor-und-sport.de (Forum und Weblog) u.a. Internet- oder Web-Forum (lat. Marktplatz, Versammlungsort) sind virtuelle Plätze zum Austausch und Archivierung von Gedanken, Meinungen und Erfahrungen. Die Kommunikation findet nicht in Echtzeit statt. Die meisten Foren setzen eine Registrierung der Benutzer voraus, womit die Benutzer eine Online-Community (Gemeinschaft) bilden. Weblogs (auch Blogs genannt) bieten die Möglichkeit für direkte Nutzer-Kommentare. Ein Unterschied zu anderen Kommunikationsplattformen. Bei Weblogs steht der aktuellste Eintrag am Anfang der Webseite. Zum Teil besteht dann die Möglichkeit, die Beiträge zu kommentieren. Fakt ist, dass Suchmaschinen wie Google den Autokäufer oftmals ins Web 2.0 führen. Als Nutzer trifft man zwar jüngere Personen an, Meinungsführer oder Personen mit besonders positiven oder besonders kritischen Äußerungen. Über welchen Automobilhersteller sind auf der jeweiligen Plattform die meisten Beiträge zu vermelden? Zu welchen Themen? Welche Handelsgruppe wird am häufigsten erwähnt? In welcher Diktion? Die Konsequenzen daraus:

! *Über die Web-Schiene ist in Zukunft mehr Kunden-Dialog gefordert.*

D.h. Werbung mit hohem Unterhaltungswert, aktiver Kundenintegration und in Sachen Autos mehr Erlebnis. Also, über die Web 2.0-Schiene Möglichkeiten zu Feedbacks und Kommentaren für Kunden einrichten. Animationen zu (positiven) Kommentaren schaffen, eigene Foren aufbauen, die relevanten Foren fortlaufend analysieren und intern im Verkauf kommunizieren. Das bedeutet, bei den Autoverkäufern Selbstverständnis für Web 1.0 und 2.0 schaffen. Man nutze die Weiterbildungsmöglichkeit der Börsenanbieter bis hin zum »Zertifizierten Internet-Verkäufer«.

Die Automobil-Branche hat die Phänomene im Internet bislang mit achtbarem Erfolg in die Welt des Autohauses integriert, wohl wissend, dass Optimierungspotentiale auszuschöpfen sind. Ganz wesenhaft kommt hier zum Ausdruck, welche Herausforderung Verhaltensveränderung für den Faktor Mensch darstellt. Was das Internet in der Kürze der Zeit bewirkt hat und noch bewirken wird, ist zugleich Beleg dafür, wie rasch sich heute veränderte Landschaften zeitigen. Sie bringen größere gesellschaftliche Veränderungen mit sich, wie es umgekehrt die Politik zu bewirken vermag. Welche Kundensegmente informieren sich wie beim Autokauf? Puls Marktforschung hat dies im ACI Trendmonitor ermittelt: über alle Kundensegmente hinweg lässt sich die wachsende Bedeutung der Information aus dem Internet feststellen. Lediglich die Gruppe der »Marken- und Händlerloyalen« vertraut weniger auf das Internet als auf das Autohaus

Internet-Management – Test!

AUTOHAUS ließ zu seinem 50-jährigen Jubiläum vom Institut für Automobilwirtschaft in Geislingen den Fitness-Check – siehe Abb. 5.12.3 – entwickeln. Er ist in fünf Teile untergliedert. Der geneigte Leser kann beim Durchgehen der einzelnen Aussagen zugleich seinen eigenen Standort bestimmen.

INTERNET-MANAGEMENT IM AUTOHAUS

AUTOHAUS Fitness-Check Runde 4 „Internet-Management"	Ø Ist-Werte			
	Gesamt	Betriebe bis 100 NW p. a	Betriebe von 101 bis 500 NW p.a.	Betriebe über 500 NW p.a.
A – ALLGEMEINER TEIL				
E-Commerce im Automobilhandel als eigenständiges Profit Center	36,4%	36,8%	38,9%	33,7%
E-Commerce für Ersatz- und Zubehörteile als eigenständiges Profit Center	28,0%	22,8%	33,3%	25,8%
Einsatz eines oder mehrerer Spezialisten für die neue Medien	43,6%	38,6%	32,2%	58,4%
B – GESTALTUNG UND ERSTELLUNG DER WEBSEITEN UND MARKETINGAKTIVITÄTEN				
Gestaltung des Internetauftritts in eigener Regie	31,4%	49,1%	27,8%	23,6%
Hohe Attraktivität des eigenen Internetauftritts	37,7%	31,6%	36,7%	42,7%
Sehr große Potenziale zur eigenständigen Profilierung im Wettbewerbsumfeld	36,9%	29,8%	43,3%	34,8%
Uneingeschränkte Berücksichtigung von Herstellerempfehlungen beim Internet-Auftritt	28,8%	29,8%	32,2%	24,7%
Konsequenter Hinweis zur Internet-Adresse auf Geschäftspapieren	76,6%	68,4%	81,1%	76,4%
Regelmäßige Newsletter via E-Mail an Kunden	15,3%	21,1%	11,1%	15,7%
C – INTERNE NUTZUNG, AUSWERTUNG UND CONTROLLING				
Anteil der Neukunden über neue Medien (>15%)	8,9%	10,5%	10,0%	6,7%
Anteil der Neukunden, die über neue Medien gewonnen werden (Mittelwerte in Prozent)	8,8%	9,9%	9,2%	7,7%
Konsequente Bearbeitung von Neukundenkontakten, die über neue Medien generiert wurden	52,1%	52,6%	50,0%	53,9%
Konsequente E-Mail-Nutzung für bestehende Kundenkontakte	15,3%	21,1%	15,6%	11,2%
Konsequente Führung/Auswertung von Statistiken zu den Seitenaufrufen	31,4%	28,1%	24,4%	40,4%
Konsequente Erfolgsmessung von einzelnen Internetaktionen	14,8%	17,5%	13,3%	14,6%
Regelmäßige Überarbeitung des Internetauftritts	28,8%	29,8%	26,7%	30,3%
D – ORGANISATION UND PROZESSE				
Zeitspanne bis zur Beantwortung von E-Mailanfragen (Mittelwerte in Stunden)	3,4 h	2,9 h	3,8 h	3,4 h
Eindeutige Regelung für Prozess des Kommunikationsflusses	35,2%	38,6%	25,6%	42,7%
Automatisierte Benachrichtigung beim Kunden über E-Mail-Eingang außerhalb der Geschäftszeiten	20,3%	22,8%	16,7%	22,5%
E-Mail-Weiterleitung eines abwesenden MA	35,6%	49,1%	31,1%	31,5%
Aktualität der Daten	33,5%	40,4%	31,1%	31,5%
Geregelte Verantwortlichkeiten bei Internetaktivitäten	30,9%	28,1%	28,9%	34,8%
Konsequente Einhaltung von Datenschutz-Richtlinien	57,2%	50,9%	58,9%	59,6%
E – INTEGRATION DER GESCHÄFTSBEREICHE				
Bereitstellung von Hersteller-Links	19,5%	33,3%	14,4%	15,7%
Aktualisierung GW-Bestandsdaten im Internet, sofort nach Bestandsveränderung	40,3%	61,4%	42,2%	24,7%
Aktualisierung GW-Bestandsdaten im Internet, Mittelwerte in Stunden	6,2 h	3,5 h	6,2 h	7,8 h
Aktualisierung von GW-Daten in GW-Börsen, sofort nach Bestandsveränderung	35,2%	54,4%	37,8%	20,2%
Automatisierte Aktualisierung der GW-Daten bei GW-Börsen	50,0%	43,9%	50,0%	53,9%
Photos je GW im Internet, Mittelwerte in Absolut	3,5	3,5	3,4	3,7
Existenz Suchmaschine für GW-Selektion	32,6%	47,4%	38,9%	16,9%
Möglichkeit zur gezielten Anfrage für nicht lagernde Fahrzeuge	59,3%	54,4%	58,9%	62,9%
Ratenermittlung bei Fahrzeugfinanzierung	66,1%	63,2%	70,0%	64,0%
Ratenermittlung bei Fahrzeugleasing	70,8%	75,4%	71,1%	67,4%
Ermittlung der Versicherungsprämie	82,6%	86,0%	81,1%	82,0%
Komplettangebote für Wartung und Reparatur	15,7%	24,6%	15,6%	10,1%
Preisanfragen für Wartung und Reparatur über Webseite	43,6%	50,9%	43,3%	39,3%
Terminvereinbarungen für Wartung und Reparatur über Webseite	38,6%	47,4%	37,8%	33,7%
Konsequente Bewerbung von Leistung des Servicebereichs im Internet	39,8%	43,9%	37,8%	39,3%
Konsequente Bewerbung von Leistung des Ersatzteile- und Zubehörbereiches	23,7%	19,3%	24,4%	25,8%
Bestellmöglichkeit von Ersatzteilen direkt über Internet	17,4%	21,1%	16,7%	15,7%
Konsequenter Hinweis im Internet auf den Einbau-Service für Ersatz- und Zubehörteile	22,5%	24,6%	21,1%	22,5%
Durchschnittlich erreichte Punktezahl	**510**	**529**	**503**	**506**

Abb. 5.12.3 AUTOHAUS Fitness-Check »Internet-Management«

Wo gilt es in den Autohäusern besondere Internetakzente zu setzen?

! *Die E-Business-Abteilung ist zu stärken und direkt als selbstständige Einheit an die Geschäftsleitung anzudocken.*

Von ihr aus ist professionelles Leadmanagement zu betreiben. Sämtliche Produktveröffentlichungen (Fahrzeuge, Dienstleistungsangebote, Teile & Zubehör, Service) werden von dieser Unit verwaltet bzw. aktualisiert. Die Auswertungen der verschiedenen Communitys hinsichtlich Besucher, Interessenten und Käufer werden von der Abteilung E-Business vorgenommen. Sie hat die Aufgabe, gezielte Werbung in lokalen Internetseiten zu generieren (Zeitungen, Social Networks und Portalen). Die Social Networks (Web 2.0) gilt es für die eigene Präsenz zu nutzen und ein Profil zu installieren (z. B. YouTube – Internet-Videoportal – myspace – neue Musik, neue Bands entdecken, Filmemacher, neue Freunde finden). Es sollte ein eigenes Online-Forum installiert werden. Wenn das nicht möglich ist, nutzen Sie Plattformen wie autoplenum.de oder motor-talk.de, autoaid.de, werkstattcheck.de, werkstattvergleich.de u. a. Sie können auch Videos zu eigenen Leistungen auflegen, beispielsweise Gebraucht-, Jahres-, Neuwagen. Google sollten Sie als Interessentenplattform im Auge behalten und nutzen. Die eigene Fahrzeugpräsentation könnte durch eigene Verkäufer dargestellt werden. Die Bestandskundenbetreuung ist im Fokus zu halten, damit die Kunden vor dem Fahrzeugkauf immer ins eigene Autohaus kommen. 90 % aller Anfragen kommen inzwischen bei vielen Betrieben über das Internet.

! *Einige Autohäuser erwirtschaften bereits heute über Internet 30 % ihrer Endkundengeschäfte.*

Die Herstellerwebsites und die Suchmaschinen sind die beim Autokauf am häufigsten genutzten Medien. Daher werden auch Probefahrten online angeboten, eine Onlinesuche nach dem Wunschkennzeichen ermöglicht, selbstredend ein Newsletter u. a.

WWW Als Musterbetriebe im Internetauftritt seien einige Preisträger-Adressen genannt: www.gottfried-schultz.de, www.kunzmann.de, www.hanko.de, www.autohaus-wolfsburg.de, www.lenz-gruppe.de, www.auto-koehler.de, www.hackerott.de, www.riller-schnauck.de, www.zschernitz.de, www.Auto-Zeilinger.de, www.bmw-muenchen.de

Über die GW-Fahrzeugbörsen informiert das Kap. 6.5.

5.13 Neuwagenverkauf per Internet

In Kap. 5.12 wurde deutlich: Über den Vertriebskanal Internet verändert sich auch das Verhalten des Kunden. Wie gelingt dem einzelnen Autohaus, sich diesen fließenden Veränderungen anzupassen? Wie wird der zunächst anonyme Interessent zu einem potentiellen Käufer? Auch wenn es einige Auguren in Diskussionen um Kundenprioritäten nicht wahrhaben wollen:

! *Die Autokäufer wollen möglichst viel Auto für wenig Geld!*

Das Internet offeriert kein geschlossenes Verkaufsgebiet. Die Informationen gehen weit über die Region hinaus. Entspricht eine (Preis-) Offerte der Kundenvorstellung, ist er bereit zu reisen, und zwar sehr weite Strecken, durchschnittlich 140 km weit! Klassische »Zeitungsleser« fahren dagegen im Schnitt nur im Radius von 15 km umher. Wiederholungskäufer 25 km. Tendenziell lässt sich die Aussage treffen, dass 67 % der Internetkunden mehr als 20 km entfernt wohnen. Bis zu 20 km kommen gerade mal 15 % über Internet ins Autohaus. Sicher mögen diese Werte von Autohaus zu Autohaus etwas variieren.

! *Wichtig: Das Kundenverhalten für das eigene Autohaus wahrnehmen.*

Immer mehr Kunden werden über Internet auf das jeweilige Autohaus aufmerksam. Inzwischen liegen wir bei 60 %. Die Aufmerksamkeit auf Zeitungsinserate stagniert dagegen auf niedrigem Niveau. Welche Konsequenz gilt es daraus zu ziehen? Die Werbeausgaben im Printbereich sind zurückzufahren, die Ausgaben für Internetwerbung zu erhöhen.

! *Man erhöhe die Werbeausgaben für den allgemeinen Bekanntheitsgrad des Unternehmens.*

Interessant, je weiter die zurückgelegte Entfernung des Käufers zum Autohaus ist, desto höher fällt der Bruttoumsatz pro Verkaufseinheit aus. Umgekehrt führen die im Internet angebahnten Geschäfte zu einem niedrigeren Bruttoertrag, auch wenn sie wesentlich umsatzstärker als die auf konservativem Wege abgeschlossenen Geschäfte ausfallen. Daher gilt es die Kosten und Nutzenüberlegungen der Internetverkäufe genauestens abzuwägen.

Fragen wir: Was interessiert den Kunden an der Firmendarstellung im Internet? Warum klickt er unsere Homepage an? Er will mit einem Klick bei den Fahrzeugen sein und sich in übersichtlicher Weise das Angebot anschauen. Das setzt eine klar strukturierte Homepage voraus. Aktuelle Themen und Marktbesonderheiten sind mit einem Klick zugänglich zu machen und der Kunde wird sofort weitergeführt (z. B. Abwrackprämienfahrzeuge, Carstyling, Autogas u. a.).

Und wie verhält sich der Interessent im Internet? Was sind seine Gewohnheiten? Das Website-Tracking von Google Analytics gibt dazu detaillierte Antworten. Wie kommt der Interessent auf unsere Website? Wohin wird geklickt? Mit welchen Keywords suchen Nutzer unsere Website? Warum und an welchem Punkt wird die Website verlassen? Welche Marketinginitiativen sind für unsere Website am effektivsten? Einige Erfahrungswerte: Im Durchschnitt bleiben die Besucher 5 Minuten auf der Homepage.

! *Die Hälfte aller Besucher auf der Homepage sind neue Zugriffe.*

Nach der Startseite werden sofort die Fahrzeuge aufgesucht. Die Besucher suchen also gezielt nach ganz bestimmten Fahrzeugen, ihrem Wunschauto. Die Klicks kommen zu 50 % aus direktem Zugriff, zu 40 % aus Suchmaschinen.

! *Durch die Schaltung von Werbekampagnen in Suchmaschinen wird die Anzahl der Klicks wesentlich erhöht.*

Bislang werden **Serviceangebote** der Homepage wenig genutzt. Man staune, die meisten Klicks kommen nicht aus der direkten Umgebung des Firmenstandortes. Über Börseninserate gewonnene Interessenten zeigen konkretes Kaufinteresse. Viele Interessenten suchen ihre Fahrzeuge gezielt über Fahrzeugbörsen, die »Zeitungsinserate« von heute. Die wichtigsten und größten Onlinemarktplätze sind www.autoscout24.de und www.mobile.de.

Wie könnte es anders sein, die einen Anbieter im Internet legen sehr großen Wert auf Seriosität, auf Qualität und Beständigkeit. Es sei aber deutlich gemacht, dass es viele unseriöse Anbieter bzw. Händler gibt, die kein faires Wettbewerbsverhalten an den Tag legen. Da werden unrealistische Preisangaben gemacht. Der schlecht präparierte Unfallschaden wird nicht erwähnt. Die Fahrzeugbeschreibung entspricht nicht dem tatsächlichen Zustand. Die unseriösen Inserate blockieren die ersten Seiten der Trefferanzeigen. Die Fahrzeuge sind oftmals gar nicht vorhanden. Immer wieder wird das gleiche Foto für verschiedene Fahrzeuge herangezogen etc.
Inzwischen liegen auch Erkenntnisse über das Leseverhalten im Internet vor. Onlineartikel mit mehr als 2.000 Zeichen werden selten bis zum Schluss gelesen. Vom Bildschirm liest es sich um 25 % langsamer als vom Papier. 80 % der Leser überfliegen einen Text. Nur 16 % lesen Wort für Wort. Das bedeutet für eine Fahrzeugbeschreibung, dass Wichtiges von Unwichtigem zu trennen ist. Kurze, sachlich exakte Beschreibung ist gefragt. Man wähle keine übertriebenen Abkürzungswahnsinn.
Inzwischen darf man auch neue Flexibilitäten im Internet-Auftritt ansprechen. Warum neben dem Fahrzeug nicht ein Portraitfoto einer attraktiven Person aus dem Autohaus, den direkten Ansprechpartner aus dem Autohaus abbilden? Das erhöht die Klickrate. Auch die Fahrzeugbilder – je mehr, desto besser – dürfen emotionaler dargestellt werden. Da hat sich eine sehr sachliche fotografische Darstellung zum Standard erhoben. Man kann aber gerade über den Hintergrund der fotographischen Aufmachung mehr Abwechslung ins Spiel bringen. Hinsichtlich der angegebenen Kontaktdaten im Internet sollte eine ständige Erreichbarkeit per Telefon oder E-Mail möglich sein. Möglicherweise bedarf es sogar der Angabe zweier Telefonnummern, bzw. der Durchwahl einer Kontaktperson. Das ist aber nur sinnvoll, wenn beispielsweise der Verkäufer auch erreichbar ist. Per Umleitung zum Handy! Das wichtigste Erkennungsmerkmal für den Interessenten ist die Fahrzeugnummer. Die Fahrzeugnummer ist daher auf der Homepage bei jedem Fahrzeug anzugeben. Auch das Fahrzeug in der Verkaufsausstellung trägt diese Nummer.
Der Kunde entscheidet, wann er aus der Anonymität tritt. Er kann dann sein Wunschauto, welches er im Internet entdeckt hat, auch am Sonntagnachmittag vor Ort über die Fahrzeugnummer ausfindig machen. Selbstredend, dass es grundsätzlich die Aufgabe im Autohaus sein muss, den Interessenten so zeitig wie möglich aus seiner Anonymität zu holen. Ein weiterer Erfahrungswert:

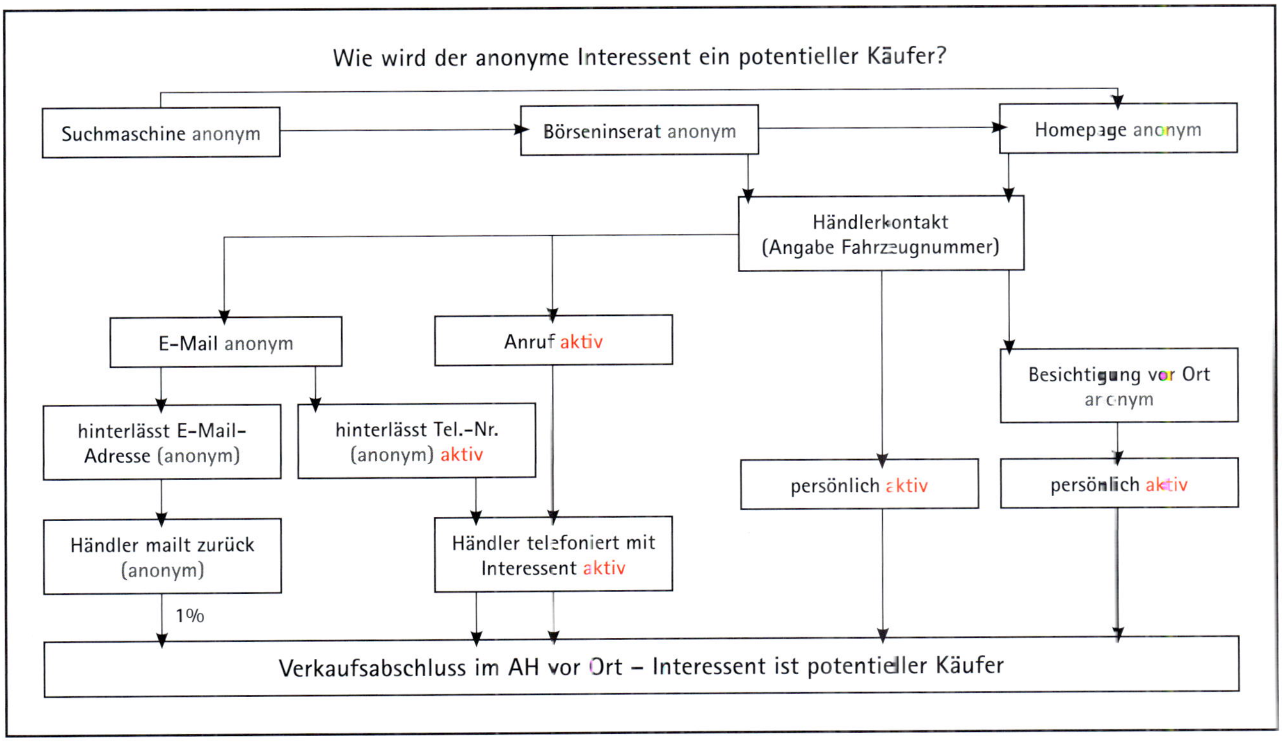

Abb. 5.13.1 Der Weg von Interessenten zum Käufer (Quelle: E. Laube)

! *Melden sich Interessenten per E-Mail ohne Angabe einer Telefonnummer, ist ein weiteres Kontaktieren überflüssig.*

Erfolgsrate: 1%! Interessenten, die in einer E-Mail ihre Telefonnummer hinterlassen, suchen den Kontakt und möchten angerufen werden! Abb. 5.13.1 zeigt zusammenfassend, wie der anonyme Interessent zum potentiellen Käufer wird.*

5.14 Margensysteme im Automobilhandel

Margen- und Bonussysteme gehören zu den Elementen der Vertriebssteuerung und dort zur Gattung der Preisstrategie. Der Hersteller bestimmt über die Gestaltung des Margensystems, wie viel der Handel im Verkauf wie im Teilegeschäft verdient. Zum einen will der Hersteller über die Verkaufsmargen das Fahrzeuggeschäft steuern. Zum anderen soll über die vorgegebenen Vertriebsstandards die Vertriebsqualität markenbildend wirken.

! *Ein wesentlicher Konkurrenzvorteil liegt in der Qualität und Struktur der Absatzorganisation.*

Oder anders, im Vertrieb werden immer noch Optimierungschancen gesehen. Der Hersteller bekennt sich bei entsprechender Gelegenheit nach außen – trotz eigener Niederlassungen – zum selbstständigen Absatzmittler namens Markenhändler. Als Systemführer obliegt dem Hersteller u.a. die Verantwortung für die Marktgestaltung. Man sollte meinen, dass damit der Hersteller über dritte Vertriebskanäle nicht mehr und mehr als Wettbewerber gegen die eigene Handelsorganisation auftritt und damit das Risiko einer alles andere als marktgerechten »Unverbindlichen Preisempfehlung« (UPE) auf seine Vertragspartner abwälzt. Die eigentlichen Rahmenbedingungen legt der Hersteller über seine Verkaufspreise, über die Qualität auf sämtlichen Leistungsebenen, über die Struktur der Absatzorganisation, das Margensystem, die einzelnen Ablaufprozesse im Verkauf und die verschiedenen

* *Quelle: Laube, Erich: Erfolgreich verkaufen im Internet, Hannover, 2009*

Marktbearbeitungsprogrammen fest. Die Vertriebsorientierung definiert der Hersteller für den Handel in der Marktausschöpfung, Kundenorientierung und der Ertragsnotwendigkeit.

Ursprünglich gab es im Verkauf für den Händler eine Fix-Marge. BMW startete 1991 mit variablen Bausteinen. Heute sind die Margensysteme der Hersteller und Importeure grundsätzlich zweiteilig, also fix, mit variablen Bestandteilen versehen.

! *Neben der Grundmarge beeinflusst vor allem die variable Marge das Ergebnis des Autohauses.*

Der fixe Teil ist die Grundmarge, die Leistungsmarge setzt sich aus variablen Leistungsbausteinen zusammen. Die variablen Bestandteile sind im Volumenbonus (mit oder ohne Staffelung), im Zielsetzungsbonus und der qualitativen Marge wirksam. Gezielte Incentives werden auf den Einkauf, auf Zulassungen, an Kunden (Eintausch, Finanzierung, Garantien, Service etc.) bezahlt. Dabei errechnet sich der Händlereinstandspreis i.d.R. aus deren unverbindlicher Preisempfehlung UPE (netto) abzüglich des festen Grundrabatts. Abb. 5.14.1 stellt für die Branche die gängigen Größen für die fixen und variablen Bausteine dar.

A Grundmarge/Grundrabatt – (Fixcharakter) – Bandbreite (je nach Marke): 8–14 % (Durchschnitt: 11 %)

B Leistungsmarge (variabler Charakter) – Bandbreite (je nach Marke): 6–10 % (Durchschnitt: 7 %)

– *Quantitative Boni* – (variabler Charakter), (Durchschnitt : 2,9 %–3,8 %)

– *Qualitative Boni* – (variabler Charakter), (3,0 %–4,4 %, Premiummarken 5 %)

Maximal-Marge (Summe A + B =): 16 %–19 % (Durchschnitt: 18 %)

Quantitative Boni sind beispielsweise:

■ Mengen- bzw. Volumenbonus	0-4 %
■ Ziel-/Planerreichungsbonus	0,5-3,35 %
■ Vorführwagenbonus (oder Pauschalbetrag von 1.400 EUR oder pro km Cent X)	0,4-1 %
■ Ausstellfahrzeuge (25 qm Ausstellfläche pro Fahrzeug)	0,5-1 %

Qualitative Boni:

Kundenzufriedenheit	0,4-2 % (1 %)
Erfüllung der Standards	3-7,5 %

Beispiele für Standards (wobei grundsätzlich zwischen CI- und Prozessstandards zu trennen ist):

Schauraum Neuwagen	0,5 %
Fahrzeugübergabeplatz	0,5 %
Ausstellfläche Verkaufsraum:	
■ 250-349 qm	0,2 %
■ 350-499 qm	0,4 %
■ 500 qm und mehr	0,6–1 %
Personalbesetzung	1 %
Zertifizierter Verkäufer	0,03-0,9 %
Disponent	0,4 %
Bestimmte IT-Lösung	0,5 %
Abschleppservice 24 Std.	0,2 %
Präsentation Zubehör	0,3 %
Innen- und Außenkennzeichnung (CI)	0,4 %
Internet-Auftritt	0,2 %
Teilnahme Betriebsvergleich	0,2 %
Qualitätsmanagement (ISO)	0,15–1,2 %
Mindest-Schulungen	0,35 %
CI-/CD-Bonus	3 % (1,2 %)
DMS (Dealer-Management-System)	0,2 %
Werbeaktivitäten	0,4–0,7 %
Verkäufer-Arbeitsplatz	0,2 %
CRM (Customer-Relation-Management)	0,5 %
Testkäufer	0,35 %
E-Commerce	0,35 %
Kundendatenerfassung	0,5 %
Bevorratungsbonus	65 EUR

Anmerkungen: Die Grundmarge wird vielfach modellspezifisch gestaltet. Premiummarken haben eine Grundmarge zwischen 8-10 %. Importmarken zwischen 10-12 %. Die höchste Grundmarge liegt derzeit bei 14 %.

Abb. 5.14.1 Margen und Boni

PREIS-/BONUSSYSTEM NISSAN 2009

2008	Total (exkl. NFZ): 19,50 %	2009	Total (exkl. NFZ): 19,50 %
Max: 2,30 %	Zielerreichungsbonus	Max: 4,00 %	Zielerreichungsbonus
5,00 %	NFZ Bonus	5,00 %	NFZ Bonus
Max: 3,00 %	Volumenbonus	Max: 2,00 %	Volumenbonus
Max: 4,50 %	Qualitätsbonus Betriebsvergleich 0,50 % Kundenzufriedenheit 1,00 % Schauraumgrößen 1,40 % Marketingausgaben 1,00 %	Max: 3,70 %	Qualitätsbonus Betriebsvergleich 0,50 % Kundenzufriedenheit 0,80 % Schauraumgrößen 1,00 % Marketingausgaben 0,40 %
Max: 1,20 %	Filialbonus	Max: 1,20 %	Filialbonus
Pkw: 8,50 % SUV/4x4: 9,50 % LCV: 11,00 %	Grundvergütung	Pkw: 10,00 % SUV/4x4: 10,00 % LCV: 11,00 %	Grundvergütung

Abb. 5.14.2 Margenregelung am Beispiel von Nissan

Die Auszahlung der Marge erfolgt in der Regel monatlich bzw. im Quartal. In der Tat gibt es Boni, deren Auszahlung bis Monat Juni im Folgejahr auf sich warten lässt. Das sind dann weder klare, noch fest kalkulierbare Margen. Sprich, die variablen Margenelemente sind üblicherweise nachschüssig.

Grundsätzlich sei angemerkt, dass immer noch eine starke Betonung auf den quantitativen Bonusbausteinen liegt. Qualitative Elemente verlieren an Gewichtung. Vor allem bei den Volumenfabrikaten. Bei den qualitativen Boni spielen weiterhin der CI-Bonus und der Kundenzufriedenheitsbonus (CSI) die wichtigste Rolle. Es kann damit festgestellt werden, dass immer noch tendenziell push-, anstatt pull-orientierte Vertriebssysteme verfolgt werden. Premiummarken setzen allerdings ihre Schwerpunkte mehr auf qualitative Zielvorgaben.

Margensystemanforderungen

Worin liegen die **Grundanforderungen** an ein Margensystem? Es soll:

- einfach,
- übersichtlich,
- leicht verständlich,
- gerecht,
- leistungsbezogen,
- flexibel,
- wettbewerbsrechtlich unbedenklich,
- sofort nachrechenbar,
- operabel,
- gerecht und
- mit zeitnaher Auszahlung versehen sein.

Soweit die theoretischen Anforderungen. Was für die Praxis bedeutet: Ein ideales Margensystem gibt es nicht! Mit der GVO 2002 ergaben sich hinsichtlich der Margengestaltung diverse Anpassungsnotwendigkeiten. Man denke an die Auflagen hinsichtlich Trennung von Verkauf und Service. Heute stellen wir eine Quersubventionierung des Verkaufs durch den Service fest. Ein unhaltbares Phänomen. Der Mehrmarkenvertrieb ist aufgrund der GVO 2002 möglich. Damit ist eine Differenzierung der Margen hinsichtlich Mehrmarken- und Exklusivhändler nicht zulässig. Die neuen Corporate-Identity-(CI)-Richtlinien der Verträge nach der Implementierung der GVO 2002 wurden mittlerweile mehrheitlich durch die Vertragshändler umgesetzt, so dass CI-Boni für die Automobilhersteller nicht mehr ganz vorne auf der Prioritätenliste stehen. Grundsätzlich ist ebenso zu hinterfragen, ob Margensysteme überhaupt einheitlich für eine Absatzorganisation sein können? Standortunterschiede wie Leistungsdifferenzen zwischen den einzelnen Händlern erfordern verursachungsbedingt eine Nuancierung. Grundstückspreise, Mietpreise, Insertionspreise sind in München höher als in Niederbayern.

(Verkaufs-)Prämien

Darüber hinaus gibt es noch Zusatzvergütungen, meist in Form von Prämien. Sie sind zeitlich und mengenmäßig begrenzt, an bestimmte Bedingungen geknüpft und außerhalb des Händlervertrages geregelt. Sie zeigen zugleich bei der begrenzten Einkaufsmacht der Händler die eingeschränkten Möglichkeiten abweichend von der herstellerseitigen Preisstrategie zu agieren. Hier sei die Frage erlaubt, ob die begrenzte preispolitische Einflussmöglichkeit des Handels erhalten, aus- oder abgebaut werden sollte? Beispiele sind: Rabattaktionen, Direkt-Rabatte, Sondermodelle, Ausstattungspakete, Tageszulassungen bzw. Sonderzulassungen zum Monatsende, Lagerwagenprämien, Gebrauchtwagen-Hereinnahmeprämien, Sonderkonditionen für Kfz-Versicherungen, Eroberungsprämien, Leasing-, Sonderzinsen, Werbekostenzuschüsse u.a. All diese taktischen Sonderrabattprogramme machen inzwischen rund 4% der Marge aus und zeigen aufgrund ihrer kurzfristigen Anlage einen deutlichen Anstieg. Dies liegt u.a. an der modellspezifischen Steuerung. Und damit an der wachsenden Modellvielfalt pro Marke. Sprich, diese Maßnahmen haben oft kurzfristigen Charakter. Sie haben heute häufig mehr Bedeutung als Produktneuheiten, da der Markt fragmentierter ist und die Modelle zahlreicher geworden sind und folglich das einzelne Produkt weniger Marktimpakt bringt. Die natürlichen Saisonalitäten des Marktes werden abgeflacht und es ergeben sich künstliche Verkaufsspitzen an Quartals- und Jahresenden. Die variablen Offerten überlagern häufig die natürliche Marktentwicklung. Langfristig aber entscheidet der Markt.

! *Marktleistung im Autohaus wird vom Hersteller oft losgelöst von der Rendite des Autohauses betrachtet.*

Die Händler sind allerdings auf diese Programme angewiesen, da die laufende fixe wie variable Händlermarge für die Aufgabenstellung nicht ausreicht. Zulassungsprämien sind die eine Seite, Flat-Rate-Programme, sprich gezielte Finanzierungs-, Leasing-, Kfz-Versicherungs- und Werkstattbindungsprogramme die intelligentere Seite. Umgekehrt reflektieren diese Programme die Produktionskapazitäten und die Verkaufsplanung der Hersteller. Sie bergen Risiken, aber auch Chancen für den Händler. Deshalb sollten Bonuspläne den finanziellen Möglichkeiten und Bedürfnissen des Autohauses entsprechen. Sie sollten transparent und kurzfristig kontrollierbar sein. Wie eben dargestellt geht es um Herstellerkapazitäten kontra Marktbedarf. Überkapazitäten führen zu Preiskampf. Inzwischen machen Vorführwagen- und Tageszulassungen über ein Viertel der »Verkäufe« aus.

! *Überzogene Zielsetzungen sind für das Autohaus existenzgefährdend.*

Fazit: Das Klavier der Margen-Varianten ist sehr facettenreich. Trotz des Margen-Varianten-Reichtums bleibt der Nachweis aus, dass darüber die Ertragskraft im Handel verbessert wurde. Die zentrale Forderung an ein Margensystem bleibt im Grundsatz bestehen:

! *Es müssen die Verkaufskosten im Autohaus sowie eine angemessene Verzinsung des eingesetzten Kapitals des Händlers garantiert sein.*

Gewiss, ein komplexes Unterfangen, hier die langfristigen, dort die kurzfristigen Verkaufstimulierungsprogramme. Gegenwärtig ist jedoch ein Mangel an Abstimmung aller Komponenten (Margen-, Vertragssystem, Neuwagendistributionssteuerung u.a.) auszumachen. Die Lösung kann aber nicht in zunehmender Kostenbelastung für Vertriebsstandards bei gleichzeitig zunehmendem Intra- und Inter-Brand-Wettbewerb sein.

Marge und Nachlassverhalten

In Kap. 3.1 und 3.2 wird aufgezeigt, was sich in der Händler-Hersteller-Relation in den Spielregeln zu verändern hat.

! *Die geltenden Margensysteme konnten das Nachlassverhalten, die Würzel allen Übels, im Handel bislang nicht beseitigen.*

Eigentlich sollte sich die Marge am Nachlassverhalten orientieren. Wir sprechen hier von der »Restwert-Provision«. Je niedriger der Nachlass, desto höher die Marge! Zahlreiche Investitionen ob baulicher Art oder in Ausstattungen wie Spezialwerkzeuge rechnen sich nicht mehr. Inzwischen ist es im Marktgeschehen offensichtlich, dass große Händler mit dem Mengenbonus wenig faires Marktgeschehen schaffen. Die Hersteller versuchen außerdem über die Margensysteme die Händlernetze zu optimieren und somit die Händlernetze zu Gunsten der Herstellerziele optimierend zu beeinflussen. Man denke an die Provisionsspreizungen zwischen A- und B-Händlern von bis zu 6%. Ob über diese Schiene wirklich eine Reduzierung der Konkurrenzsituation herbeigeführt wurde? Wir verfügen inzwischen über ausreichend Anschauungsmaterial, wonach sich der Intrabrand-Wettbewerb nach reduzierter Händlernetzdichte nicht ertragsverbessernd auswirkte.

Margen- und Bonussysteme in Europa

In Sachen Marge kann derzeit keine europaweite Harmonierung der Vertriebsinstrumente festgestellt werden. In Deutschland gewähren die Hersteller dem Handel mit 18,2% die höchste Marge, während britische Händler mit einer Gesamtmarge von 14,1% bedacht werden. Der Konzentrationsprozess in Großbritannien ist so weit fortgeschritten, dass die großen Händler dort höhere Skaleneffekte erzielen können. Deutsche Händler haben ihren Aufwand durch ein niedrigeres Verkaufsvolumen zu amortisieren. Tatsache ist, dass in Deutschland die Profitabilität des Autohauses geringer als in vielen europäischen Ländern ist. Ein möglicher Grund: Für die meisten Hersteller ist Deutschland ein »Key Market«, das heißt, jeder Hersteller kämpft besonders intensiv für eine gute Stellung in diesem Markt. Eben, mit variablen Margenbausteinen Bei den in Europa in jedem Land verschiedenen Preisen und Margensystemen ist es schwierig, einen Überblick zu behalten.

5.15 Automobile Neuwagen-Preiswüste

Das Maß aller Dinge ist der Gewinn! Auch im Automobilhandel. Im Neuwagenhandel seit Jahren sehr mäßig verdient. Die Rabattschleuderei hat in der Branche eine Dimension erreicht, die sich wirtschaftlich – auch für den Hersteller – nicht mehr durchhalten lässt. Der Handel wird inzwischen durch den Service im Autohaus quersubventioniert. Die folgende Checkliste zeigt den preispolitischen Standort für das Neufahrzeuggeschäft. Neue Pakete sind gefragt.

CHECKLISTE:
RABATTSCHLACHTEN-MANAGEMENT

1. Das Maß aller Dinge ist der Gewinn!
2. Ziel der Preispolitik sind Preiszufriedenheit und Preisvertrauen.
3. Das Marktanteilsdenken in der Branche, sprich Menge um jeden Preis, führt zu der irrigen Vorstellung, dass deren Gesamtsumme größer als 100 % sein könnte. Der Handel ist herstellkonform konditioniert, die Jahreszielvereinbarung um jeden Preis in den Markt zu drücken. Und das im »fairen« Wettbewerb mit seinen Markenkollegen
4. Die gängige Aussage vom »ewigen Mengenwachstum« führt in manchem Handelshaus zu expansivem Mengenstreben, das letztlich über den Preis, nicht aber über Ertrag herbeigeführt wird.
5. Sinnvolle Preisabsprachen zwischen Intra-Brand-Wettbewerbern funktionieren in der Regel nur in der Theorie. Das Durchbrechen des Teufelskreises der Preisabwärtsspirale ist bislang nicht gelungen.
6. Die automobile Überproduktion sowie die Lagerbestände schaffen im Handel einen Absatzüberdruck, der zu Umsätzen »zu jedem Preis« führt. Der Kunde wünscht keine Stangenware, sondern einen Maßanzug. Mit dem Übergang von der Push- zur Pull-Strategie wird nur das gefertigt, was der Kunde zuvor in Auftrag gegeben hat. Das gilt vor allem unter dem zukünftigen Aspekt, dass die Modellvielfalt noch ansteigen soll. Lagerwagen stören außerdem die Restwerte und schaffen Liquiditätsdruck.
7. Jedes Sondermodell entwertet den Neufahrzeugbestand auf dem Händlerhof. Die Quote an Sondermodellen liegt bei einigen Marken bereits über der 50 %-Schwelle und greift bereits mit dem ersten Sondermodell sechs Monate nach Modellneueinführung.
8. Grauimporte wie Direktverkäufe neuer Fahrzeuge von Herstellern an markenungebundene Wiederverkäufer fördern eine Rabattschlacht mit völlig unfairen Mitteln. 30 % Preisdifferenz zum Werksabgabepreis des Herstellers sind bei diversen Marken an der Tagesordnung. Die Händler haben sich ganz legal am günstigen Querimport zu beteiligen, und zwar ohne Beeinträchtigung ihrer Handelsmarge durch den Hersteller.

9. Negative Preisauswirkungen sind ebenso im Großabnehmergeschäft an Behörden, Autovermieter, vor allem an Großunternehmen auszumachen. Es gibt keine Begründung dafür, einem Großabnehmer einen höheren Nachlass einzuräumen, als dem nach Verkaufsvolumen größten Vertragshändler. Eine weitere Fragwürdigkeit ist mit den damit verbundenen Buy-Back-Fahrzeugen auszumachen, die als günstige Jungwagen nach kurzer Laufzeit zum Wettbewerber für Neuwagen werden und dort erhebliche Preiszugeständnisse einfordern. Oder anders: 50 % der Neuwagenzulassungen werden für den GW-Markt produziert (Tageszulassungen, Werkswagen, Jahreswagen, Vorführwagen, EU-Vermittler, Preisagenturen, Tele-Shopping, Internet-Preistransparenz etc.)

10. Das Handeln ist – dank der Medien, Verbraucherorganisationen, Internet – ein Volkssport mit Wettkampfcharakter geworden.

11. Im Neufahrzeuggeschäft besteht auf dem deutschen Markt ein Überangebot. Das begünstigt den Verkaufsdruck des Automobilkäufers und führte dazu, dass inzwischen der Preis in den absoluten Fokus der Kaufentscheidung gerückt ist. Auch wer es sich leisten kann, rechnet! Der Preis ist das einfachste und zuverlässigste Unterscheidungskriterium. Oder anders, Produkte werden immer stärker über den Preis und immer weniger als Objekte der Begierde verkauft. Je komplexer die Warenwelt, desto illusorischer ist es zu glauben, dass Menschen bereit sind, für komplexe Dienstleistungen auch zu bezahlen. Billig ist eine Folge der Entwicklung in satten Märkten.

12. Der Zugang zu Informationen wird für den Kunden immer leichter. Mit den neuen Informations- und Beschaffungskanälen erhöht der Kunde den Druck auf den Handel und auf den Hersteller. Grundsätzlich ist eine neue Souveränität des Konsumenten zu beobachten. Die Verbraucher sind selbstbewusster geworden und können über den Zeitpunkt ihrer Anschaffung sehr unabhängig entscheiden.

13. In den Autohäusern wird oftmals der Preis selbst als gewichtigstes und erstes Argument im Verkaufsgespräch eingesetzt. Der Verkäufer hat lieber den dünnen Spatz in der Hand, als die fette Taube auf dem Dach. Für ihn gilt die geschriebene Einheit! Erst recht bei Stammkunden.

14. Welche Faktoren bestimmen den Neufahrzeugpreis im Autohaus? Wie kommt er zustande? Welche Möglichkeiten hat der Handel, eine autonome Preispositionierung und Preisdurchsetzung zu gestalten? Sie sind begrenzt! Hat der Handel 8 % Gestehungskosten im Verkauf und räumt 14 % Nachlass ein, dann bräuchte er eine Marge von 24 %, um 2 % verdienen zu können. Dennoch lautet die Kernfrage der Preisbildung: Was ist was wert?

15. Die Transparenz der Einkaufspreise wird auf verschiedenen Ebenen gezielt vernebelt. Das ist der Geheimwettbewerb, von dem zahlreiche Händler leben.

16. Die wirtschaftlich Unvernünftigen, die mit 20 % Nachlass – und das bei Neumodelleinführung – agieren, schaffen für den Hersteller kurzfristig Volumen, lädieren aber faire Spielregeln für den Gesamtmarkt und schaffen beim Konsumenten eine völlig falsche Vorstellungswelt.

Die Branche tut gut daran, das Kaufverhalten des Kunden exakter zu analysieren. Kommt erst die Wahl der Marke und dann die des Modells oder umgekehrt? Welche Bedeutung spielt bei der Kaufentscheidung das Autohaus selbst? Die Gebäudegestaltung, die Professionalität der Verkaufsmannschaft? Die Beziehung zum heutigen Kunden findet auf Augenhöhe statt. Wertschätzung ist angesagt. Dennoch gibt aber für den Konsumenten heute von allem viel zu viel. Modellvielfalt! Alle wollen Genuss ohne Verdruss.

Die Menschen suchen nicht nach noch mehr Optionen, sondern Orientierung.

Bei zu vielen Optionen reagieren sie konfus. Auch darin liegt die Chance für die persönliche Beratung. Less is more! Der Wunsch nach Einfachheit und Entlastung steigt exponentiell. Die Kunden sind allerdings nicht freiwillig bereit für mehr Dienstleistung zu bezahlen. Das Motto heißt heute: schneller, besser, billiger! Womit wir beim Thema Preis wären.

Erodierende Margen, »Geiz ist geil«, Liquiditätsenge, Übermengen u. a. sorgen dafür, dass jeden Morgen ein neuer in der Branche aufsteht und einen noch unvernünftigeren Preis offeriert. Geiz ist eben nicht geil, sondern appelliert an die niedrigsten menschlichen Instinkte. Schnäppchen-Sex hat offensichtlich mental größere Kraft als »Wa(h)re Liebe« – siehe Abb. 5.15.1. Wir sind doch nicht blöd. Zehn »Media Markt«-Frauen zeigen ihre Schnäppchen. Der ständige Preisverfall zieht den sukzessiven Verfall der Sitten nach sich. Wir entwickeln uns nach und nach zu einer billigen Gesellschaft.

Abb. 5.15.1 Preisverfall – Sittenverfall?

Bitte, tiefere Preise bringen tiefere Löhne, tiefere Löhne, tiefere Preise mit sich. Sind denn all jene, die Qualität, Beratung, Erlebnis, Genuss, Service, persönliche Beziehung zu schätzen wissen Deppen!? Die Quintessenz aus der laufenden Entwicklung:

! *Unser Lebensstil wird durch und durch rationalisiert!*

Die Gegenforderung lautet: Um Qualität produzieren zu können, muss ein Verkaufspreis X realisierbar sein. Ein wünschenswertes, dennoch wichtiges Ansinnen!

Liberté, Egalité, Portemonnaie

Bohren wir tiefer. Ist billig nicht eine Folge der Entwicklung in satten Märkten? Wo Überkapazitäten existieren, werden Preise fließend. Im Klartext:

! *Überkapazitäten führen zu Preiskampf.*

Oder anders, die Evidenz, dass Preise fix sein müssen, nimmt ab. Preise gewinnen als Orientierungspunkt immer größere Bedeutung. Der Preis spielt nicht nur beim Einkaufen, sondern auch in der Politik wie in der Ausbildung, der Freizeit, in der Familie eine immer dominantere Rolle. Selbst Kinder, das Wertvollste, sind heute zu teuer. Auch die Moral wird billiger. Markant formuliert: Wer ist auf der Anbieterschiene besser? Wer unter den Besten der Billigste? Wer gewinnt diesen Zweikampf? Das hat mit Schnelligkeit zu tun. Hat die Branche es inzwischen über die Markenkonformität zugelassen, dass alle Anbieter austauschbar geworden sind? Warum soll ein Kunde bei gleicher Qualität bei Anbieter A mehr bezahlen als bei Anbieter B? Die Erklärungsnöte nehmen zu. Lässt der optische »McDonald's«-Auftritt überhaupt jene Differenzierung zu, die der einzelne Händler für seine Markendarstellung, seine Eigenmarke vor Ort noch braucht?! Je mehr Unternehmen Benchmarking betreiben desto ähnlicher werden die Resultate. Ohne Frage trägt auch das Internet über Produkt-Suchmaschinen zur Schnäppchenmentalität bei (www.angebot-info.de; www.preisauskunft.de; www.quoka.de; www.guenstiger.de; www.preistrend.de; www.heise.de; www.clever-tanken.de u. a.). Meinte neulich eine Konsumentin: »Was ich als Halbtagskraft in Steuerklasse 5 ausbezahlt bekäme, hole ich beim Feilschen mindestens herein.«

Intelligente Preissetzung

Was fünfmal teurer ist, muss nicht zwingend fünfmal besser sein. Aldi macht vor, dass das Prinzip billig auch gut heißen kann. Noch wird der automobile Discount im freien Fahrzeughandel und nicht im Markenhandel abgewickelt. Ob die Chinesen oder Inder eines Tages mit eigenen Fahrzeugen für »Survival of the Cheapest« im Automobilbereich sorgen werden? Im Einkauf liegt der Gewinn.

Wichtigste Konsequenz für die Branche: Pricing!

! *Wir brauchen in der Branche ein intelligenteres, professionelleres Preismarketing.*

Das kann der Handel nicht allein entwickeln. Da ist substanziell auch der Hersteller gefordert.

! *Ziel der Preispolitik sind Preiszufriedenheit und Preisvertrauen.*

Dazu gibt es in der Preistheorie verschiedenste Modelle. Target Pricing (kunden- und wettbewerbsorientierte Preise durch ein aktives Kostenmanagement), Conjoint Measurement (statistisches Verfahren zur Erfassung von Preisbereitschaften), Skimming- oder Penetrationsstrategie (Preisfestsetzung bei einem neuen Produkt oberhalb bzw. unterhalb des langfristig avisierten Durchschnittspreises), oder Differenzierungsstrategie, ob Veblen- (Produkt wird wegen seines hohen Preises gekauft) oder Snob-Effekte (Produkt wird wegen einem geringen Verbreitungsgrad gekauft) oder mit Preisbaukasten oder Life-Cycle-Costs (die Kosten eines Produktes werden über seinen Lebenszyklus hinweg optimiert), oder Yield Management (Ertragsoptimierung durch eine dynamische Preis-Mengen-Steuerung zur gewinnoptimalen Nutzung von Kapazitäten). Gerade Yield Management hat für das Kfz-Gewerbe besondere Eignung. Ein Hotelzimmer in Las Vegas kostet am Wochenende mehr als am Dienstag. Im Flugzeug bezahlt jeder inzwischen einen anderen Preis. Die Tageszeitung wird künftig am Abend weniger als am Morgen kosten.
Tatsache ist, dass kein Neufahrzeug mehr zum Listenpreis verkauft wird, obwohl der Listenpreis (UPE) aus Herstellersicht nach wie als wichtigstes Instrument der Preispositionierung gilt. Die Hersteller verfolgen die Politik, ihre Automobile hoch einzupreisen. Schließlich bezahlt der Handel die (über-)hohen Werksabgabepreise. Der Hersteller hat seine festen Einstandspreise, die Preiskorrektur der UPE (Unverbindlichen Preis-Empfehlung) erfolgt dann durch die Nachlässe im Handel. In der Tat: Die Listenpreise lassen sich am Markt nicht mehr durchsetzen.

Inzwischen hetzt eine Aktion die andere: **Sonderpreisaktionen**, Sondermodelle mit besserem Preis-Leistungs-Verhältnis, Zulassungsprämien, Frühbucherrabatte, Auslaufmodelle, Vorführwagen, Jahreswagen, Geschäftsfahrzeuge, Abwrackprämien für Altfahrzeuge, einmalige Finanzierungsofferten bis hin zu Null-Zins-Angeboten, inkludierte Versicherungsprämien, Tankgutscheine, einen Motorroller für 1 € als Beigabe, sagenhafte Hauspreise, Bar- und Sachrabatte (Zubehör, kostenlose Wartungsverträge), überhöhte Inzahlungnahmen von Gebrauchtwagen, Frühbucherrabatt und weiß Gott was noch alles. Abb. 5.15.2 zeigt, welche Zugeständnisse neben den gesamten Verkaufsförderungsaktionen gefahren werden.

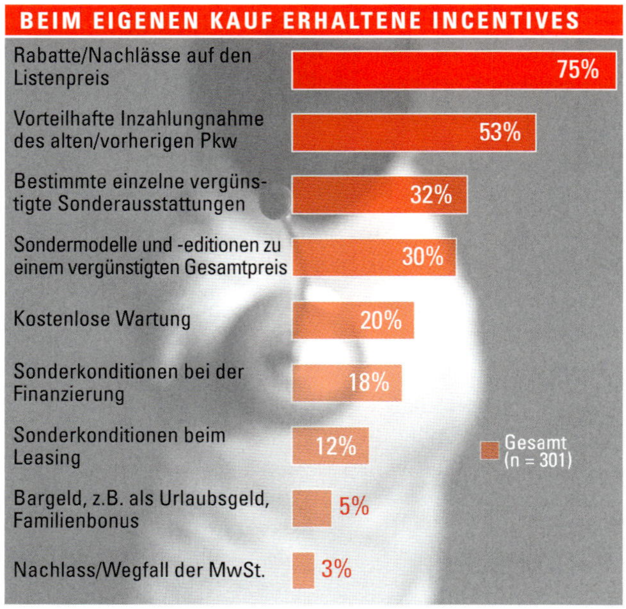

Abb. 5.15.2 Beim Kauf enthaltene Incentives

Wir müssen feststellen:

! *Der Preis rückt im Fahrzeuggeschäft mehr und mehr in den Fokus, in Sachen Kaufrelevanz für den Kunden an die erste Stelle.*

Preisbildungskompetenz ausbauen!
Was kann und muss getan werden? Es sind individuellere Infosysteme zu entwickeln, die Auskunft über das Kaufverhalten wie die Zahlungsbereitschaft der Kunden geben. An der **Differenzierungsstrategie** ist grundsätzlich festzuhalten. Differenzierung muss aber zum Nutzenvorteil für den Kunden führen. Die UPE sollte sechs Monate nach Markteinführung eines Neufahrzeuges aufgelöst werden. Händler der gleichen Marke sind – trotz allem – auf höherer Vernunftebene zusammen zu führen. Dazu ist seitens des Systemführers Hersteller eine Strategie für wirkungsvolles, vernünftiges Zusammenarbeiten von Händler zu Händler derselben Marke zu entwickeln. Für den Direktverkauf seitens der Hersteller sind Preis-Spielregeln zu entwickeln, die ins preispolitische Gesamtgefüge passen. Dasselbe gilt für Großabnehmergeschäfte. Die Überproduktion ist dringlich auf exakte Bedarfsvolumina zurück zu führen. Solang innerhalb von Europa keine Preishar-

RABATTSCHLEUDEREI – WIRTSCHAFTLICHE BETRACHTUNG

	1 Ist-Rabatt %	2 Ist-Nachlass %	3 Notw. Mehrumsatz %	4 NW-Einh. Beisp. 100	5 Mehreinh. bei 1% mehr Rabatt	6 Gesamtumsatz (Fzg.-Preis 20.000 €)	7 Erzielter Rabatt pro Fahrz.	%	8 Gesamt-Rabatt Rabatt (volle Marge)	9 Nachlass-reduzierte Gesamtmenge	10 Minder-Ertrag (verschenkte Marge)
1	17			100		2.000.000	3400	17	340.000		
2	16	1	6,25	106	6	2.120.000	3400	16	360.400	339.200	21.200
3	15	2	13,33	113	7	2.260.00	3000	15	394.400	339.000	55.400
4	14	3	21,42	121	8	2.420.000	2800	14	411.400	343.800	72.600
5	13	4	30,7	131	9	2.624.500	2600	13	445.400	340.600	104.800
6	12	5	41,6	142	10	2.840.000	2400	12	482.800	340.800	142.000
7	11	6	54,4	155	13	3.100.000	2200	11	527.000	341.000	186.000
8	10	7	70	170	15	3.400.000	2000	10	578.000	340.000	238.000
9	9	8	88,8	189	19	3.780.000	1800	9	642.600	340.200	302.400
10	8	9	112,5	212	23	4.240.000	1600	8	720.800	339.200	381.600
11	7	10	142	242	30	4.840.000	1400	7	822.800	338.800	484.000

Ein Neuwagen kostet heute im Durchschnitt 20.000 E (o. MwSt. St.). Bei 17% Händlermarge fallen hier pro Einheit 3.400 E ab.
Die Tabelle verdeutlicht zweierlei: Zum einen den notwendigen Fahrzeugmehrverkauf, so jeweils ein Prozent mehr Nachlass gewährt wird. Zum anderen zeigt sie den gesamten Mindererlös, der durch den Nachlass eingefahren wird.
Beispiel: Wer ursprünglich 100 Neuwagen verkauft und jetzt mit 7% Nachlass arbeitet, also noch 10 Prozent der Marge erwirtschaftet, muss 70 Fahrzeuge mehr verkaufen, also insgesamt 170 Fahrzeuge, um den selben Ertrag wie mit 100 Einheiten und voller Marge zu erwirtschaften.

Abb. 5.15.3 Die wirtschaftliche Seite der Rabattschleuderei

monisierung gegeben ist – auch in Sachen Steuersätzen – hat sich der Markenhandel selbst aktiv um das Re-Importgeschäft zu kümmern. Die Händlerschaft hat von sich aus die Welt des Preisgespräches zu optimieren und flexible Entlohnungssysteme einzuführen, die den Ertrag pro Fahrzeug verbessern. Damit muss das unsinnige Nachlassverhalten der Branche auf ein wirtschaftlich vertretbares Maß einjustiert werden. Das Kfz-Gewerbe hat sich vom Fürsorge-Händler zum verkaufs- und marktorientierten Kommunikator, Verkäufer und Kaufmann zu entwickeln. Man nehme sich die Banker zum Vorbild. Abb. 5.15.3, wie sich jeder Prozentpunkt Marge auf den Ertrag auswirkt.

Der Neuwagenumsatz der Branche liegt derzeit jährlich bei 53 Mrd. Euro. 14% Nachlasspraxis bedeuten ein vom Kfz-Gewerbe finanziertes Wohlfahrtsprogramm von jährlich 7,2 Mrd. Diese gewaltige Wertevernichtung ist als kollektives Harakiri einer Branche historisch einmalig. Volkswirtschaftlich wird jeder den Preiszirkus mit Rabattschlacht bis hin zu unnützen Standards ablehnen. Betriebswirtschaftlich muss sich aber jeder an diesem Wertevernichtungsspiel beteiligen, ansonsten ist er weg vom Fenster. Welche Divergenz! Wer sich volkswirtschaftlich klug verhält, ist betriebswirtschaftlich ein Depp! Nutzenvorteile müssen monetäre Bewertung finden und vom Kunden bezahlt werden, zumal die Kaufverträge mehr und mehr in Nutzenverträge übergehen. Dort sind die Preisbaukästen systematisch auszubauen. Dabei geht es sowohl um die einzelnen Produktmodule wie um Dienstleistungsmodule.

Volkswagen setzte als Marktführer ab 1.7.2006 mit den »All-Inclusive-Wochen« neue und richtige Zeitzeichen. Statt monetärer Nachlässe, die vom Handelsnetz eins zu eins an die Kunden weitergereicht werden, tritt nun eine Paketlösung, die eine günstige Finanzierung mit Kreditabsicherung, eine Kfz-Versicherung mit Vollkaskoschutz, eine Garantieverlängerung und einen kostenlosen Wartungsvertrag beinhalten. Dadurch entsteht eine Gewinnsituation für alle Beteiligten. Der Kunde

Abb. 5.15.4 Das All-Inclusive-Paket von Volkswagen

erhält für die Dauer des Finanzierungspakets eine Planungssicherheit über seine Fahrzeugausgaben, im Gegenzug steigt für Handel und Hersteller die Planbarkeit ihrer Kunden. Abb. 5.15.4 zeigt das preispolitische Meisterstück aus Wolfsburg, das inzwischen viele Nachahmer fand. Finanzierung und Leasing offerieren sich klug eingesetzt als Margenturbo wie als Rabattzügler. Finanzierer und Leasingnehmer bezahlen beim Autokauf mehr, sie wählen höhere Ausstattungspakete, sie feilschen weniger und sind seltener als »Autohaus-Touristen« unterwegs.

Die Möglichkeiten des Handels, eine autonome Preispositionierung und Preisdurchsetzung zu gestalten, sind allerdings begrenzt. Es sind mehr die weichen Faktoren wie Beratungs-, Betreuungs- und Serviceleistungen, Marketingpakete wie Treueprämien, Vermittlungsprovisionen, die Optimierung von Ablaufprozessen, natürlich auch gezielte Verkäufer- und Verkaufssteuerung wie emotionale Beziehungsgeflechte, die der Handel als Einflussmöglichkeiten hat. Wer allerdings als Systemführer in der Branche vernünftige, solidarische Gestaltung auf höherer Ebene herbeiführt, macht das Rennen.*

! *Das Maß aller Dinge ist der Gewinn!*

Auch für den Automobilhändler. Die Kernfrage aller Preisüberlegungen sollte heißen:

! *Was ist was wert?!*

Abb. 6.1 Ein gelungener Gebrauchtwagenplatz (Aventi, Bamberg)

* *Quelle: Meinig, Wolfgang: Wer hat Schuld an der Rabattschleuderei?, ZfAW 3, 2004*
Eckert, Gregor: Die Schlacht um jeden Preis, München, 5. Aufl., 2009

6 Gebrauchtwagen-Management (von Hannes Brachat)

Impulse für ein rentables Gebrauchtwagengeschäft finden Sie hier. Ganz zentral dabei: der gezielte und kundenorientierte Zukauf. Auch die neuen Entwicklungen wie das Internet, GW-Börsen, Mehrmarkenhandel, neue Wettbewerber und GW-Marken werden auf ihre Erfolgsfaktoren hin beleuchtet. Wichtig: Der Gebrauchtwagen ist der Katalysator für ein erfolgreiches Neuwagengeschäft.

6.1 GW-Marktstrukturen in Deutschland

Zahlen sprechen Fakten! Der Pkw-Bestand auf deutschem Boden umfasste zum 1.1.2009 sage und schreibe 41.321.171 Fahrzeuge. Immer wieder sind auch Statistiken zu finden, die über 46 Mio. an Pkw-Bestand ausweisen. Das KBA nahm hier eine Trennung zwischen den zugelassenen Pkw und den zugelassenen zuzüglich der gegenwärtig abgemeldeten Pkw vor. Abb. 6.1.1 zeigt die Pkw-Bestandsaufteilung nach Marken.

Marktführer Volkswagen hat beispielsweise 8,7 Mio. Pkw auf Deutschlands Straßen. Brechen wir die Zahlen auf ein durchschnittliches NW-Zulassungsniveau zwischen 3,0 und 3,4 Mio. Fahrzeuge p.a., so sorgen die Pkw-Anschaffungsplaner Monat für Monat für rund 520.000 Besitzumschreibungen und für 220.000 Neuwagenkäufe! Was steckt hier an Kontrakten dahinter? Was an Logistik? An Verwaltung? Man nimmt auch hier ein Phänomen so selbstverständlich hin, was es aber gar nicht ist. Dennoch ist die Profitabilität im GW-Geschäft ist seit Jahren unbefriedigend. Freie Gebrauchtwagenhändler machen vor, dass 10 bis 15% Bruttoertrag pro Gebrauchtwagen erzielbar sind. Überkapazitäten im Neufahrzeuggeschäft und rückläufiges Service-Volumen geben dem GW-Geschäft eine zusätzliche Priorität. Über ein aktives GW-Geschäft kann im Verbund mit der GW-Garantie in Folge z.B. zusätzliche Werkstattauslastung generiert werden

Werfen wir einen Blick auf das Fahrzeugalter. Von den 46,5 Mio. Pkw im Bestand sind 15,9 Mio. bis zu vier Jahre alt. Dahinter steckt das Kern-Geschäft des Markenhandels. Das

Pkw-Bestand

Pkw-Bestand nach Marken*

Marke	1. Januar 2009 Anzahl	1. Januar 2009 Anteil in %	1. Januar 2008 Anzahl	Veränderung in %
Audi	2.541.147	6,1	2.522 082	0,8
BMW, Mini	2.753.373	6,7	2.678 075	2,8
Chevrolet	176.683	0,4	162 685	8,6
Chrysler, Jeep, Dodge	189.043	0,5	191 628	– 1,3
Citroën	698.163	1,7	670 737	4,1
Daihatsu	151.305	0,4	144 990	4,4
Fiat	1.151.915	2,8	1.153.750	– 0,2
Ford	3.572.579	8,6	3.615.255	– 1,2
Honda	518.888	1,3	515.214	0,5
Hyundai	417.907	1,0	384.438	8,7
Jaguar	45.684	0,1	44.000	3,8
Kia	306.217	0,7	283.844	7,9
Lancia	64.300	0,2	66.982	– 4,0
Land Rover	58.307	0,1	57.566	1,3
Mazda	973.786	2,4	981.094	– 0,7
Mercedes	3.792.462	9,2	3.756.105	1,0
MG Rover, Austin	110.918	0,3	120.643	– 8,1
Mitsubishi	534.701	1,3	553.137	– 3,3
Nissan	863.548	2,1	889.369	– 3,0
Opel	5.551.614	13,4	5.687.637	– 2,4
Peugeot	1.203.828	2,9	1.189.366	1,6
Porsche	143.315	0,3	134.341	6,7
Renault, Dacia	2.162.644	5,2	2.170.743	– 0,4
Saab	70.920	0,2	72.008	– 1,5
Seat	699.763	1,7	696.184	0,5
Skoda	900.962	2,2	816.588	10,3
Smart	304.117	0,7	286.260	6,2
Subaru	124.930	0,3	126.430	– 1,2
Suzuki	394.172	1,0	383.611	2,8
Toyota, Lexus	1.292.491	3,1	1.270.036	1,8
Volvo	415.877	1,0	416.331	– 0,1
VW	8.757.009	21,2	8.764.711	– 0,1

*) ohne die vorübergehend stellgelegten Fahrzeuge!
Quelle: KBA

Abb. 6.1.1 Pkw-Bestand in Deutschland nach Marken (aus Zahlen/Fakten 2009)

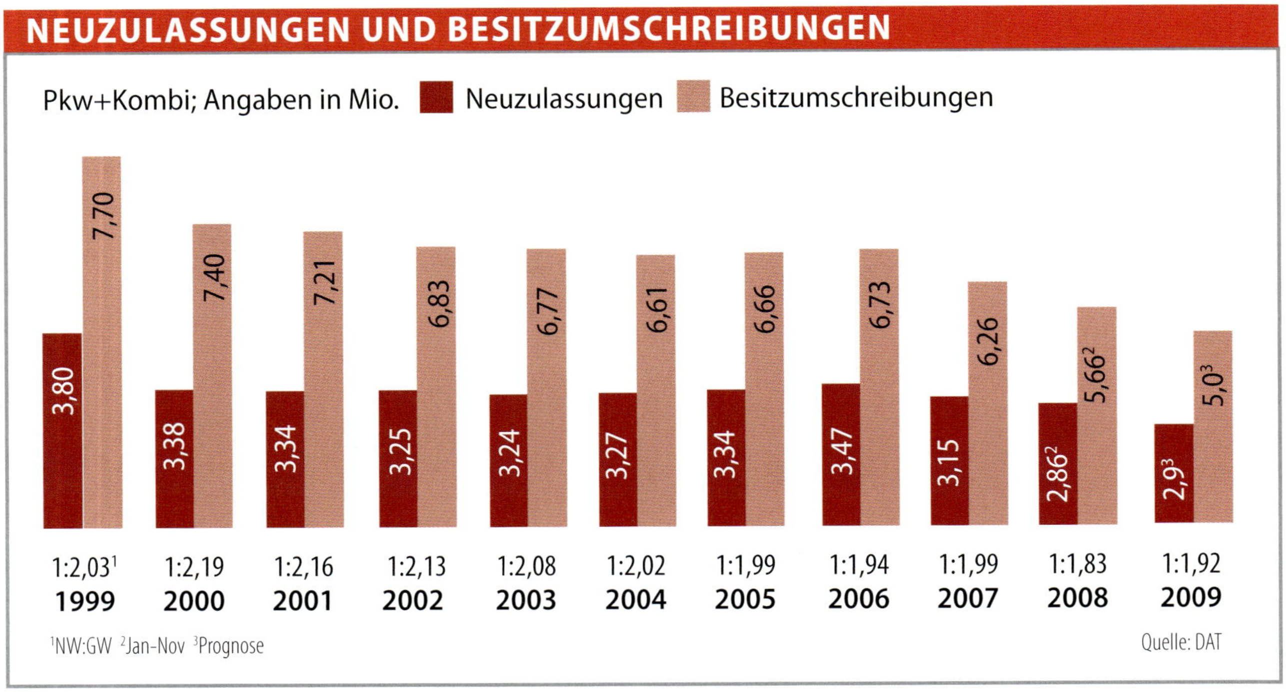

Abb. 6.1.2 Neuzulassungen und GW-Besitzumschreibungen 1999 bis 2009

umfasst 34,2 % des Gesamtvolumens. Ergo: Ein Drittel! Weitere rund 14,8 Mio. Pkw liegen in der Altersschichtung zwischen 5 und 9 Jahre alt. Das sind weitere 32 %. In diesem Segment kann der Fachhandel noch kräftig wuchern! Oder anders: In dieser Altersklasse steckt die Diskrepanz zwischen dem Angebots-Soll und Ist. Bezogen auf das Gebrauchtwagengeschäft fehlen dem Handel die GW in der Altersklasse zwischen drei und sechs Jahren. Und siehe da, zwangsläufig ist das letzte Drittel der Fahrzeuge 10 Jahre und älter (15,8 Mio. Pkw). Darin steckt die eigentliche »Überalterung« des Gesamtfahrzeugbestandes, der in Sachen Abwrackprämie im Zentrum der Erneuerung stand. 1 Mio. erneuerter Fahrzeugbestand sind gerade mal 6,25 %! Man erinnere sich an den Aufschrei der nunmehr fehlenden Werkstattauslastung.

TIPP

Stellen Sie die Bestandsstruktur für Ihre Marke zusammen und leiten Sie daraus erforderliche Strategien für das Neu-, Gebrauchtwagen- und Service-Geschäft ab. Vergleichen Sie die Branchendurchschnittswerte mit Ihren eigenen Werten!

Erinnern Sie sich an das GW-Superjahr 1991? Das GW-Topjahr, geboren aus der Wiedervereinigung: 7.960.842 Besitzumschreibungen! 2008 sind wir bei 6,112 Mio. angekommen. Prognostiziert wurde die künftige Entwicklung aber ganz anders. Wir sollten im Jahr 2008 bereits zwischen 7,9 und 8,7 Mio. Besitzumschreibungen zeichnen. Erste gewichtige Feststellung: Mit dem Millenniumsjahr 2000 muss für den deutschen Markt in Folge ein anhaltend rückläufiger GW-Markt festgestellt werden. Tabelle 6.1.2 weist die Einbrüche nach, die Jahr um Jahr 100.000 Einheiten Reduktion ausmachen. Damit hat sich zwangsläufig die Haltedauer verlängert, nämlich von 62 Monaten im Jahr 2000 auf heute 76 Monate. Auch das Durchschnittsalter der Gebrauchtwagen ist beispielsweise im Westen der Republik von 4,9 Jahren im Jahr 2000 auf 6,3 Jahre im Durchschnitt in 2008 gestiegen. Das einzelne Fahrzeug hat dann gut und gerne 80.000 km auf dem Buckel. Die rückläufige Menge an Besitzumschreibungen lässt u. a. mit dem steigenden Fahrzeugalter erklären. Natürlich trägt auch die spürbare Kaufzurückhaltung zur Abwärtsbewegung bei. Um das Mengengerüst gar zu komplettieren, sei bemerkt, dass jährlich ca. 800.000 GW in den Export gehen und 213.000 importiert werden. Den Schrottweg finden ca. 2,41 Mio. Pkw.

6.2 Prognosen – GW-Besitzumschreibungen

Wer die Zukunftschancen im GW-Geschäft einordnen möchte, ist abermals auf Prognosen angewiesen. Da weist das IfA im Defensiv-Szenario bis 2015 bzw. 2025 die Möglichkeit einer weiteren Mengenreduktion nach – siehe Abb. 6.2.1. Und das Offensiv-Szenario bewegt sich dann in der jährlichen Besitzumschreibungsgröße zwischen 6,86 und maximal 7,10 Mio. Einheiten. Das klingt nach verhaltener Wachstumschance. Oder anders: Die zukünftigen Mengenbandbreiten unterschieden sich wenig von der heutigen Situation. Das Barometer kann sowohl nach oben, aber auch nach unten gehen. Soweit die globale Mengenbetrachtung.

Was aber für die Branche gilt, kann für die einzelne Marke wie für den eigenen Betrieb von wenig Belang sein. Bleibt die Zahl der Verkaufsstandorte in Deutschland stabil? Sicher nicht! Abb. 6.1.2 (Seite 206) zeigt die Relation von Neuwagen zu GW. Je nach Entwicklung bzw. in Abhängigkeit der mengenmäßigen NW-Verkaufsentwicklung werden die Hersteller wie die Importeure umso stärker eingreifen. Der Abschwung geht aus der Verschlechterung der Relation einher. 1999 wurde auf einen NW noch 2,03 GW vermarktet, 2008 waren es »nur« 1:1,83.

Eine der markantesten Entwicklungen im GW-Sektor seit 2000 war die spürbare Strukturveränderung vom klassischen GW-Bestandsmix hin zum »jungen Gebrauchtwagen«, auch »Fast-wie-neu-Wagen« genannt. Man spricht hier von Fahrzeugen, die bis zu 12 Monate alt sind. Unter dieses Dach gehören Werkswagen, Dienstwagen, Tages-/Kurzzulassungen, Flottenrückläufer, Leasingrückläufer, Mietwagenrückläufer. Dies verdeutlicht: Über diese Vertriebsschienen greifen die Hersteller zunehmend direkt ins GW-Geschäft ein. Eigenretail! Und das über die GW-Schiene! Abb. 6.2.2 zeigt die Mengenrelationen, von denen hier die Rede ist!

Wer die Entwicklungsschienen im Leasinggeschäft sieht, stellt Jahr um Jahr Wachstumssprünge von 10 % fest. Mietwagen, Flottenfahrzeuge, die Rückläufer bei den Herstellern selbst fallen dagegen mit weit niedrigeren Wachstumsraten aus. Die Gattung »junge GW« ist stark abhängig vom NW-Rabattgebahren und den Verkaufsförderungsaktionen, die einmal dem Neuwagen, ein anderes Mal dem Jungwagen die Preisattraktivität verleihen. Überzogene Rabatt- und Verkaufsförderungsschlachten haben nicht nur Negativwirkung auf die GW-Restwerte, sondern gehen auch zu Lasten des GW-Ge-

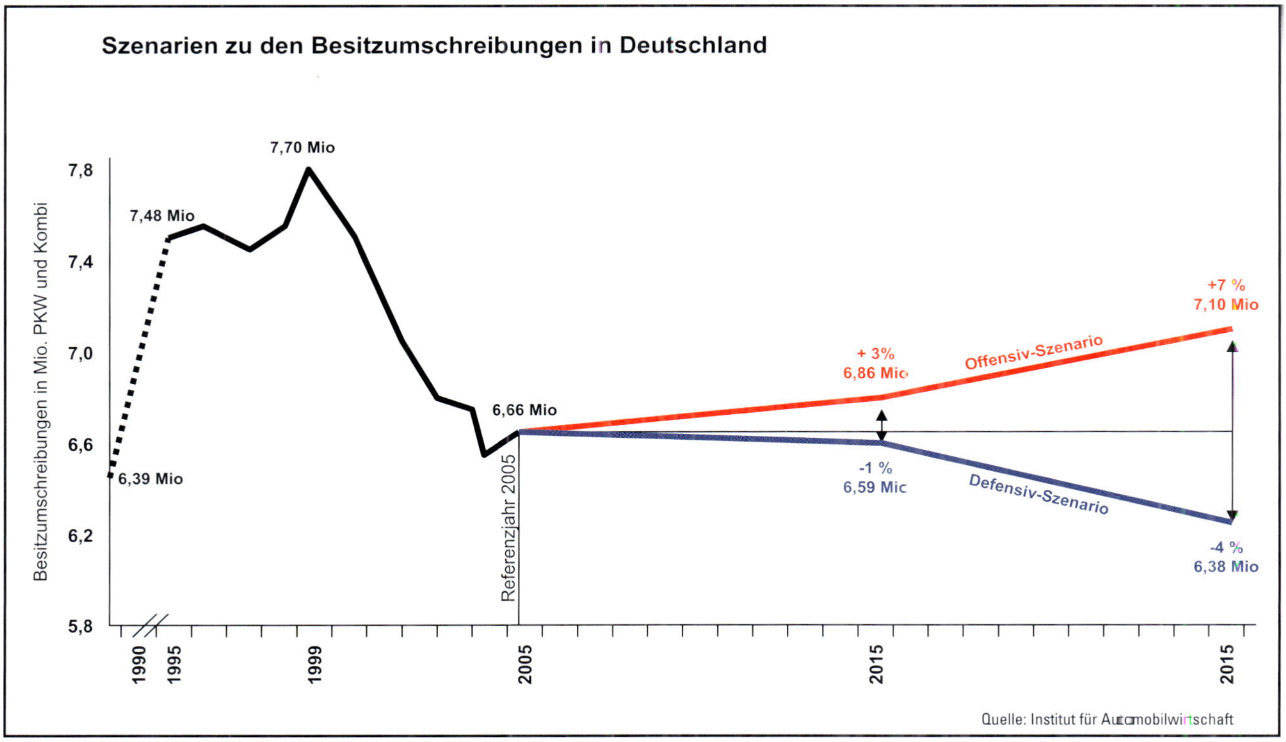

Abb. 6.2.1 Szenarien zu den Besitzumschreibungen in Deutschland

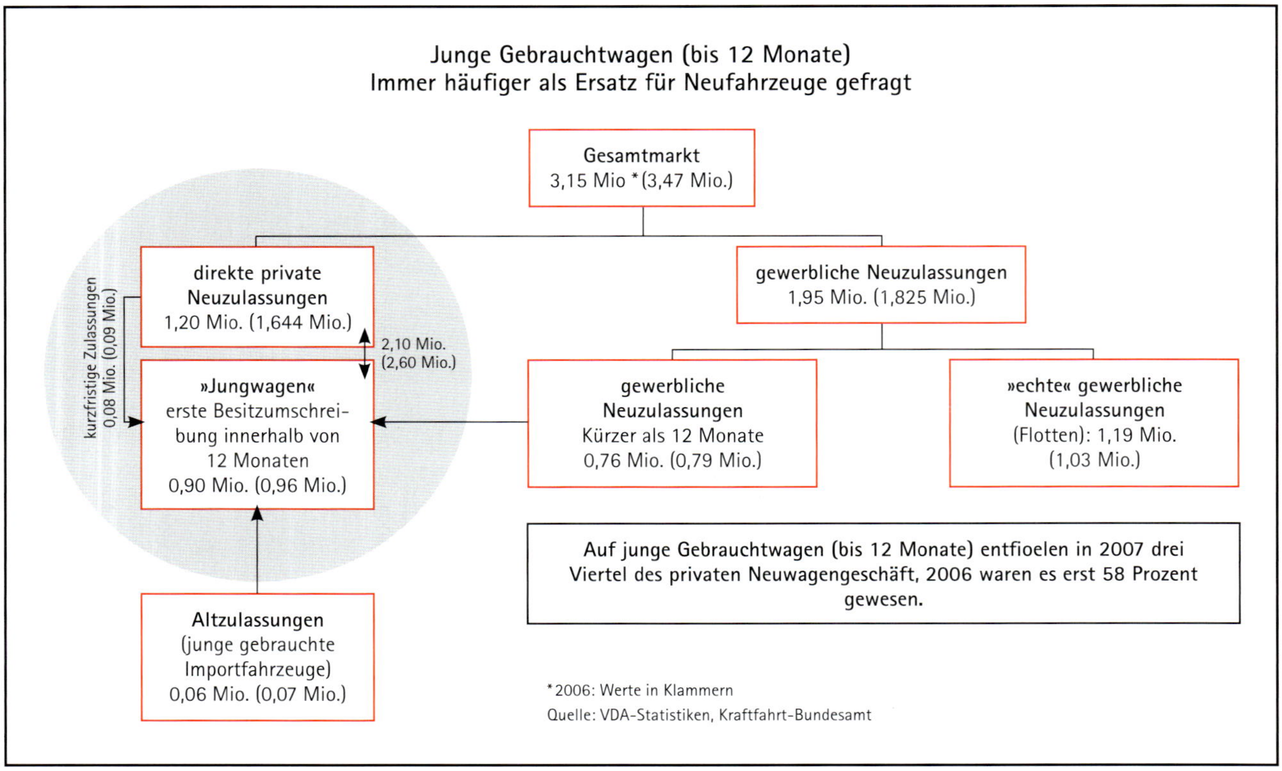

Abb. 6.2.2 Junge Gebrauchtwagen (bis 12 Monate)

schäftes. Der Markenhandel hat mit den »Jungwagen« nicht nur die qualitativ besten GW auf dem Hofe stehen, sondern zwangsläufig ein höheres GW-Durchschnittspreisniveau, das 2008 zwischen 8.500 EUR und 15.000 EUR (11.560 EUR) lag. Die hohe Preissensibilität bei gleichzeitig steigendem Anspruchsniveau an die Fahrzeuge und Dienstleistungen spiegelt das Dilemma Kostendruck der Branche wider. Das neue Sachmängelhaftungsrecht seit dem 1.1.2002 hat sicher zu einer weiteren Stärkung des GW-Hauptwettbewerbers namens Privatmarkt geführt. Der Privatmarkt hält bei GW älter als sechs Jahre alt einen Marktanteil an den Besitzumschreibungen von 61 %!

TIPP

Der Markenhandel sollte im Teich der GW zwischen drei und sechs Jahren gezielter zum Angeln gehen!

Auch wenn die GVO manchen Händler seit 2002 um seinen Vertriebsvertrag brachte, so agieren die »Abgetrennten« umso aktiver im GW-Geschäft. Und dennoch, im Markenhandel werden heute in Deutschland pro Betriebsstandort im Schnitt 90 GW veräußert. Ob da zu viele Händler am Markt, vor allem in Ballungszentren agieren? Als Haupteinkaufsquelle beim Vertragshandel stehen:

- die Hereinnahmen zu 71 % an erster Stelle,
- 22 % der GW werden über Auktionen bzw. den Großhandel zugekauft,
- 6 % über Werkswagen und
- 2 % sind Mietwagen bzw. Leasingrückläufer.

6.3 GW-Strukturveränderungen 2002 bis 2009

6.3.1 Mehrmarkenhandel

Wer mit der GVO 2002 die Handelslandschaft beobachtet, stellt vielfach einen Wandel vom Einmarken- zum Mehr-Markenhändler fest. Das hat zwangsläufig ein erweitertes Marken-Bestandsmixtum auf den GW-Plätzen zur Folge.

6.3.2 Die Händler-GW-Handelsmarke

Mehr und mehr Markenhändler separieren das GW-Geschäft vom Neufahrzeuggeschäft bzw. nehmen Differenzierungen vor. Das hat verschiedene Gründe: Der eine und andere ist dabei, sich zum GW-Megadealer sich zu entwickeln. Diese treten neben der GW-Herstellermarke ganz dominant unter dem Label ihrer eigenen GW-Handelsmarke an. Praktische Beispiele siehe Kap. 6.9. Eine selbstständige Einheit, die sich in ihrem Kerngeschäft ausschließlich auf das GW-Geschäft konzentriert, gezieltes Einkaufsmanagement betreibt und gezielt verkauft, vermag professioneller zu agieren. Da sitzen auf jedem Platz GW-Spezialisten, von den reinen GW-Verkäufern, Einkäufern bis hin zum Verkauf über das Internet.

6.3.3 Internationalisierung des GW-Geschäftes

Deutschland zählt mit Groß-Britannien und Frankreich zu den größten und dynamischsten GW-Märkten in Europa. Primärer Grund: Die Käufer sind stark GW-orientiert. Dabei ist der Vertriebskanals »privat« in Deutschland besonders stark ausgeprägt. Unter den 50 größten deutschen Automobilhändlern engagierten sich inzwischen einige Händler – dank Internet – mit sichtbarer **Internationalisierung**. Strukturell sind viele Markenhändler so angelegt, dass über 80% ihrer GW-Bestände über die GW-Hereinnahme des NW-Geschäftes zustande kommen – s.o. Ein systematisches Zukaufsmanagement wird immer noch nicht systematisch betrieben. Dieses Faktum dokumentiert eine strukturelle GW-Schwäche der Branche. Beweist sie doch, dass der Stellenwert des Gebrauchtwagengeschäftes noch nicht dort angekommen ist, wo es hingehört. Einige Händler haben inzwischen auch vorzeigbare **GW-Kooperationen** aufgelegt – siehe Hersteller- und Händler-GW-Börsen.

Abb. 6.3.1 GW-Discounter Autowelt Leipzig/Brehna

6.3.4 Die Entwicklung des freien GW-Handels

Ohne Frage gibt es nach wie vor die so genannten »Schotterplatz-Händler«. Sie verstehen sich vielfach als Nischenanbieter. Sie wird es auch weiterhin geben. Es haben sich aber in den vergangenen Jahren professionelle GW-Händler etabliert, die wissen, wo der Hammer hängt. Es hat seine Gründe, weshalb der reine GW-Handel von 2002 bis heute seinen Marktanteil im Rahmen der Besitzumschreibungen von 14 auf 19 % erhöhen konnte. Beispielhaft sei einer der größten freien GW-Händler erwähnt. Er hat seinen Hauptsitz in Brehna (Leipzig). An elf Standorten verkaufen die 250 Mitarbeiter pro Jahr 15.000 Fahrzeuge. Die Plätze vermitteln jeweils »offen Fahrzeuge«. In Containern, die sehr ansprechend ausgestattet sind, findet echte Kundenbetreuung statt – siehe Abb. 6.3.1. Discount meint u. a., es wird auch optisch striktes Kostenmanagement betrieben.

www Weitere Details siehe unter www.autowelt.de.

Derartige »GW-Dealer« verkörpern heute hochprofessionelle GW-Center. Sie wissen, wie man vorne mit marschiert. Und vorne ist bekanntlich immer genügend Platz.
Gut zweihundert freie GW-Händler haben sich inzwischen im BVfK (Bundesverband der freien Kfz-Händler) in Bonn formiert. Näheres siehe unter www.bvfk.de. Auf internationaler Ebene trifft sich einmal p. a. der EAIVT (»European Association of Independent Vehicle Traders«). Dahinter stehen die größten freien Händler aus Europa, Kanada, USA, Vietnam, Dubai, Mexiko, Singapur. Die Jahresmitgliedschaft als Partner kostet 650 EUR. Damit geht der jeweilige Partner in Sachen GW diverse qualitative Verpflichtungen ein. Siehe www.eaivt.org.

Abb. 6.3.2 Die Motormeile in Eching

6.3.5 Herstellereigene GW-Zentren

MB und BMW gehen im GW-Geschäft obendrein herstellereigene Wege. Im April 2002 platzierte die DCVD in Eching (München) die »Motormeile« – siehe Abb. 6.3.2. Dort werden junge Gebrauchtwagen verschiedener Marken angeboten.

Abb. 6.3.3 Das BMW-Gebrauchtwagen-Zentrum in Fröttmaning bei München

Damit setzt der erste Hersteller auf den gezielten, herstellergestalteten GW-Abfluss fremder Marken. Wer sich dort immer wieder umsieht, stellt fest, dass die Offerten vielfach aus Re-Importen stammen. Weitere Details unter www.motor-meile.de. Wie lange die Motormeile noch betrieben wird? Wenn schon der Hersteller über eine »freie GW-Marke« sich am Markt betätigen möchte, wäre es sicher sinnvoll, sie in der Verantwortung unter das Dach der ansässigen Niederlassung zu stellen. So ist und bleibt das ein strategischer Fehler!

Im Mai 2003 folgte das BMW Zentrum Gebrauchte Automobile in Fröttmaning (Allianz-Zentrum). Dort wurde mit einem Aufwand von 23 Mio. EUR auf 43.000 qm Fläche ein reines BMW-Verkaufshaus mit jungen Gebrauchtwagen, Werkswagen, Jahreswagen, Leasing-Rückläufer, Tageszulassungen u.a. in Betrieb genommen. Innen werden mehrgeschossig 850 Fahrzeuge, außen 350 präsentiert. 185 Mitarbeiter vermarkten pro Jahr inzwischen rund 12.000 Fahrzeuge – siehe Abb. 6.3.3. Ein zweites Zentrum folgte 2005 in Dreeich bei Frankfurt.

6.3.6 Remarketing Autovermieter

Große Veränderungen sind beim Remarketing für die »jungen GW« wie für die älteren Fahrzeuge, sei es über den Weg der Auktionen bzw. über das Internet, auszumachen. Die Hersteller betonen nach außen immer wieder, dass das Remarketing von Rückläufern ganz wesentlich über den Vertragshandel laufe. Autovermieter wie Sixt, Europcar, Hertz, Avis haben eigene GW-Vermarktungswege, dies sowohl im Verkauf an Händler wie an Privatkunden. Sixt unterscheidet im Internetauftritt – siehe www.e-sixt.de (Autoland – der GW-Markt) zwischen Gebrauchtwagen, Neuwagen und B2B-Bereich. Im GW-Bereich wird eine separate Börse ausgewiesen, ebenso Reifen und sonstiges Zubehör. Sixt offeriert ferner die »Sixt Autoland Franchise« und sucht dafür weitere Partner, die rechtlich als eigenständige Unternehmen auf eigene Rechnung Fahrzeuge verkaufen. Beispiele: Sixt Autoland Berstadt, Sixt Autoland Münster.

Unabhängige Leasinggesellschaften	
DB Rent GmbH	www.dbrent.de
DaimlerChrysler Leasing GmbH	www.daimlerchrysler-bank.com
IKB Leasing GmbH	www.ikb-leasing.de
Albis Leasing AG	www.albis-leasing.de
Maske AG Autoleasing	www.maske.de
Hansa Automobil Leasing GmbH	www.hansa-leasing.de
Bank Deutsches Kraftfahrzeuggewerbe AG	www.bdk-bank.de
ING Car Lease Deutschland GmbH	www.ingcarlease.com
Volkswagen Bank GmbH	www.volkswagenbank.de
DirectLease.de	www.directlease.de
Athlon Car Lease Germany GmbH & Co. KG	www.athloncarlease.de
CAI-Leasing GmbH	www.cai-leasing.de
Santander Consumer Leasing GmbH	www.santander.de
LeasePlan Deutschland GmbH	www.leaseplan.de
akf Servicelease GmbH & Co.KG	www.akf-servicelease.de
atlas Auto Leasing GmbH & Co. KG	www.atlas-leasing.de
Deutsche Leasing AG	www.deutsche-leasing.de
KBC Autolease (Deutschland) GmbH	www.kbc-autolease.de
Banque PSA Finance S.A. Niederlassung Deutschland	www.banque-psa-finance.de
VR-Leasing AG	www.vr-leasing.de
Master Lease Germany GmbH	www.masterlease.de
CC Raule GmbH & Co.KG	www.cc-raule.de
FFS Private Leasing GmbH	www.ffs.de
LeaseTrend AG	www.leasetrend.de
ASL Auto Service-Leasing GmbH	www.asl.com

Abb. 6.3.4 Übersicht unabhängiger Leasinggesellschaften

Unter www.europcar.de werden Links zu diversen GW-Börsen offeriert. www.hertz.de hat seinen Verkauf über Internet unter »Weitere Geschäftsfelder« gestellt. Avis vermarktet einen Teil seiner Mietwagenflotte nach einer Laufzeit von drei bis zwölf Monaten mit Nachlässen auf den Listenpreis von bis zu 40 % an Händler. Darüber hinaus werden EU-Fahrzeuge angeboten. Die Fahrzeuge können an vier verschiedenen Standorten bundesweit besichtigt werden. Die Angebote können beim AVIS-Partner Autoscout24 eingesehen werden.

6.3.7 Unabhängige Leasinggesellschaften

Mit der GVO 1400/2002 können Händler neue Kraftfahrzeuge auch an Leasinggesellschaften verkaufen, so der Leasingvertrag weder eine Übertragung des Eigentums noch eine Kaufoption für das Fahrzeug vor Ablauf des Leasingvertrages enthält. Insgesamt will Brüssel unabhängige Leasinggesellschaften gegenüber herstellereigenen Leasinggesellschaften wettbewerbsfähiger machen. Im Juli 2007 hat das EU-Kartellamt den Parallelvertrieb durch Leasinggesellschaften erschwert. Hintergrund, das so genannte Skoda-Urteil. Skoda will seine Handelspartner durch sein qualitatives, selektives Vertriebssystem vor dem Aufbau eines parallelen Vertriebsnetzes durch Leasinggesellschaften schützen. Die Kartellkommission vertritt die Auffassung, Leasinggesellschaften seien keine Endverbraucher. Die EU-Kommission vertritt die gegenteilige Meinung. Wer unabhängige Leasinggesellschaften wie ALD, Lease Plan, ASL, GE Capital Solutions, Deutsche Leasing GmbH, Sixt Leasing oder Athlon Car Lease in den Entwicklungen der vergangenen Jahre sieht, muss hier erhebliche Wachstumsraten feststellen. Abb. 6.3.4 listet einige unabhängige Leasinggesellschaften auf.
Die meisten Leasinggesellschaften vermarkten ihre Rückläufer nach Ablauf der Vertragslaufzeit nach rund drei Jahren über Händler wie über Privatkunden. An der A1 nahe Bremen hat sich www.AUTOHUS.de auf den Abverkauf von Mietwagen und Leasingrückläufer spezialisiert – siehe Kap. 6.3.10.

Sprich, die Autovermieter wie die Leasingfirmen etablieren sich aktiv im GW-Handel. Dies ist gleichzusetzen mit engerem Handlungsspielraum für den Markenhändler. Umgekehrt arrangieren sich inzwischen zahlreiche Händler mit der Rückläufervermarktung diverser Leasinganbieter.

! *Leasinggeber wie Autovermieter sind für den Automobilhandel attraktive Zukaufsquellen!*

6.3.8 System- und Dienstleistungsanbieter

TÜV wie Dekra haben inzwischen separate Unternehmen aufgebaut, über die gezielte GW-Managementofferten für den Handel erbracht werden. Sachverständige übernehmen die komplette GW-Prozesskette, von der Bewertung bis zur optischen GW-Aufbereitung. Pit-stop offeriert unter »Fleet« mobilen Service. A.T.U. ist mit Fuhrpark-Service und mit A.T.U.-Glas-Service im Boot. Carglass wartet mit dem Vor-Ort-Service auf. Recontec hat sich auf Smartrepair konzentriert. Das bedeutet, für freie GW-Großhändler, Leasingfirmen, Flottenbetreiber haben sich überregionale Dienstleister im Bereich Service aufgestellt.

6.3.9 GW-Börsenparkett

Mit zu den gravierenden Strukturveränderungen im GW-Geschäft gehört das Rundumpaket der E-Commerce-Aktivitäten – siehe Kapitel 6.5 GW-Börsen.

6.3.10 GW-Business in Europa

Die EU-Erweiterung 2004 hat erweiterte Wirkung auf das GW-Geschäft in Europa. In den Kernmärkten (15 Staaten) wechselten bislang p. a. 30 Mio. Gebrauchtwagen ihre Besitzer. Das bedeutet allein für den EU-Marktführer Volkswagen p. a. 3,5 Mio. Besitzumschreibungen, für MB ca. 1,4 Mio. Auffallend, dass in der Regel in den einzelnen EU-Ländern der gewerbliche Besitzwechsel über der Zahl der privaten Besitzumschreibungen steht. Bis heute begünstigt die GW-Preisdifferenz in Europa den internationalen Einkauf. Es gilt aber auch der Umkehrschluss, dass eine NW-Preisanpassung das internationale GW-Business nicht stärken wird. In der Tat, die einzelnen Ländern weisen unterschiedliche Gegebenheiten aus. England weist die höchste Zahl an jährlichen Besitzumschreibungen aus. Aufgrund der Rechtslenkerthematik ergeben sich für die GW wenige Exportchancen. Außerdem nutzen die großen Handelsgruppen in England ihren Professionalismus wie die Degressionseffekte im Einkauf wie in den Kosten aus. Die eigentlichen Wachstumsmärkte liegen in Polen, Ungarn, Tschechien und der Slowakei. Das hat wiederum seinen Grund in der verhaltenen Fahrzeugdichte pro 1.000 Einwohner sowie im höheren Druck auf die Ersatzbeschaffung, da in diesen Ländern ein hohes Fahrzeugdurchschnittsalter festgestellt werden kann.

Die Zahl international tätiger Handelsgruppen hat seit 2002 zugenommen. Beredtes Beispiel ist www.AUTOHUS.de, direkt an der A1 nahe Bremen, Abfahrt Bockel gelegen. Ein Discounter. Die Preise stehen und werden nicht zur Disposition gestellt. Von den über 14.000 Fahrzeugen geht die Hälfte inzwischen ins Ausland. Außerdem schalten sich vermehrt europäische Vermittler ein. Die B2B-Autobörse von Autobid.de ist nur ein Beleg dafür. Die Registrierung der Fahrzeuge für die Online-Auktionen ist bereits mehrsprachig ausgelegt. Die Händler können beispielsweise bei Autobid.de an den Live-Auktionen per Internet in sieben Sprachen teilnehmen. Je nach Börsen trifft man heute bereits auf ein Fahrzeugangebot in 23 Sprachen. Auto-Auktionen-Europa.de hat sich als Vermarktungsquelle für große Insolvenzkanzleien etabliert. Das Internet schlug auch auf diesem internationalen Feld in den vergangenen Jahren wichtige Kerben in die Preistransparenz, legte Grenzen lahm, reduzierte dadurch drastisch die Informations- und Transaktionskosten. Die beiden Börsen-Marktführer AutoScout24 und mobile.de stoßen mit ihren Börsen in Deutschland bereits auf Wachstumsgrenzen und weiten daher ihr Tätigkeitsfeld expansiv ins europäische Ausland aus.

! *Die Automobilhersteller haben über internationale Börsenvernetzungen ein überregionales Retailnetz für den Handel aufzubauen, ein breites und tiefes Sortiment zu gewährleisten und die internationale Verkaufsachse der eigenen »GW-Marke« imageträchtig aufzubauen. Ziel: Ein fundiertes, international angelegtes Einkaufsnetzwerk für alle Handelspartner.*

6.4 Kunden-Prioritäten beim GW-Kauf

Wer die Ertragssituation im Vertragshandel vor sich sieht, weiß, dass unter wirtschaftlichen Aspekten – gleich den USA – eine Bruttoertragsexplosion im GW-Geschäft stattfinden muss! Der Handel streckt seit geraumer Zeit in einem erheblichen Kostendruck- und Preisangebotsdilemma. Wie soll hier eine strategische Neupositionierung im GW-Geschäft gelingen? Nachdem der GW-Markt nachfrage- wie angebotsseitig vom Privatmarkt wesenhaft beeinflusst wird, sind die Kundeninteressen in den Mittelpunkt zu stellen.

! *Im Markenhandel muss im GW-Geschäft eine Bruttoertragsexplosion stattfinden!*

Wir bewegen uns aber mit diesen Aussagen doch sehr an der Oberfläche. Weshalb? Auto ist nicht gleich Auto. Hier haben wir das Premiumsegment, dort die Volumenmarken und hier ein wenig gefahrenes Importmodell. Und schon treffen wir jeweils auf andere Kunden. Wird das Durchschnittsalter des GW-Käufers mit 36 Jahren genannt, und der NW-Kunde bei MB mit 53 Jahren, dann ist das wenig hilfreiche Statistik, sprich graue Theorie! Pro Jahr machen 700.000 18-Jährige ihren Führerschein. Jeder Zweite kauft ein (gebrauchtes) Automobil, obwohl er noch keine 36 Jahre alt ist. Schafft es der Vertragshandel, daraus »Nachwuchs-Stammkunden« zu generieren? Über welche Events, über welchen Internetauftritt und über welche flippig gestylten Offerten und Fahrzeuge? Wie sehen ganz gezielte Finanzierungspakete für die »junge Generation« aus? Wer von den Herstellern/Importeuren hat hierzu im unteren Fahrzeugbereich aktive Kommunikationspakete aufzuweisen? Und was passiert mit den 30 Mio. Autofahrern, die 50+ auf dem Buckel haben? Welche GW stehen für diese Zielgruppe im Fokus?

Kriterien bei GW-Kauf
Beurteilung: 1=sehr wichtig, 4=unwichtig

KRITERIUM	WICHTIGKEIT
Anschaffungspreis	1,4
Kraftstoffverbrauch	1,7
Aussehen	1,8
Wartungsfreundlichkeit	1,9
Ausstattung	2,0
Niedriger Kilometerstand	2,0
Ersatzteilversorgung	2,0
Garantieumfang	2,3
Umweltverträglichkeit	2,3
Dichte des Kundendienstnetzes	2,4
Wiederverkaufswert	2,5
Prestigewert	2,8
Günstige Hereinnahme des Vorwagens	3,0

Abb. 6.4.1 Die Kriterien beim GW-Kauf nach dem DAT-Report 2009

! *Der Fachhandel sollte Kundenbindungspakete im GW-Geschäft aufbauen, die zielgruppengenaue Ansprache ermöglichen. Im Verbund mit dem Hersteller ist hier – auch hinsichtlich Finanzierungs- und Versicherungsofferten – gezieltes Life-Cycle-Management anzugehen.*

Der Vertragshandel hat das strukturelle Problem, dass das vorhandene Sortiment oftmals nicht der Kundennachfrage entspricht. Je nach Marke kommen 70 bis 80 % der ausgestellten GW über Hereinnahmen zustande. Meist handelt es sich um Fahrzeuge bis zu drei Jahren. Es fehlen ganz dominant die Fahrzeuge in der Bandbreite zwischen drei und sechs Jahren. Und nahezu 50 % der Kunden wünschen sich Fahrzeuge jenseits der Altersgrenze von sechs Jahren. Sprich, der Preisrahmen im Vertragshandel liegt vielfach über den Einkommensverhältnissen, die einen GW-Anschaffungspreis zwischen 8.000 und 15.000 EUR ermöglichen. Es ist in der Tat so, dass bereits bei geringem Preisabstand andere Wettbewerber bevorzugt werden. Das Internet beweist diese Verschiebungen, auch wenn qualitative Tests beweisen, dass hier mit der Gutgläubigkeit der Kunden oft Schindluder getrieben wird.

Kauft nun eine Kunde alle drei und mehr Jahre ein anderes Fahrzeug, so ist er dennoch wenig kauferfahren und kann damit auch das echte Leistungsniveau im Vertragshandel gar nicht richtig nachvollziehen. Es herrscht also bei vielen Kunden ein sehr großes Informationsdefizit. Ergo gilt es das Preis-/Leistungsverhältnis wie den Kundennutzen über aktive Kommunikation und Werbung sicher zu stellen. Welche Leistungselemente nimmt der Kunde wirklich wahr? Welche Leistungen führen wirklich zu einer höheren Preisbereitschaft und führen auch zu einer größeren Nachfrage? Das IfA zu Geislingen hat als Kernelemente der Handelsleistungsfaktoren aus der Sicht der Kunden folgende Faktoren zusammengestellt:

- Informationsangebot
- Besichtigungsmöglichkeit
- Probefahrt
- Fahrzeugqualität
- Kaufberatung
- Kaufabwicklung
- Zusatzleistungen
- Nachkaufbetreuung
- Garantieleistungen
- Werkstattservice
- Inzahlungnahme/-gabe

Man staunt beispielsweise bei der Thematik um die Sachmängelhaftung (seit 1.1.2002), dass die Thematik GW-Garantie beim Kunden keine viel größere Bedeutung erhält. Die ganzen GW-Börsen einschließlich des ADAC (www.adac.de – ADAC-Test) stellen den echten Kundennutzen überhaupt nicht ausreichend dar. Der Vorteil einer GW-Garantie ist u. a., dass der Käufer nicht beweisen muss, dass Mängel schon beim Kauf vorlagen. Da gehört eine markenübergreifende Qualitätskampagne mit Signet auf den Tisch, die jedem Verbraucher verdeutlicht, was an Leistung dahinter steckt. Siehe dazu Ausführungen zum Thema GW-Garantie – Kapitel 6.12.

Fazit: Es gibt nicht *den* GW-Kunden! Der eine setzt auf den Preis, der andere aufs mittlere Fahrzeugsegment, der eine legt Anspruch auf eine große Auswahl, der andere legt großen Wert auf die Beschaffung seines Wunschfahrzeuges. Wieder ein anderer auf einen professionellen Internetauftritt, dann auf eine Garantie oder auch guten Folgeservice (s. Abb. 6.4.1).

6.5 GW-Börsen

Das Medium Internet hatte seinen Start in der Automobilbranche 1998. Wer hätte es vor zehn Jahren für möglich gehalten, dass 90 % aller in Deutschland angebotenen Gebrauchtwagen im Internet inseriert würden? Wer hielt es für möglich, dass innerhalb dieser kurzen Zeit eine derartige Konzentration auf wenige GW-Börsen zur Realität würde? Marktführer sind AutoScout24 und mobile.de. Bei AutoScout24 stehen derzeit 1,8 Mio., bei mobile.de 1,4 Mio. Neu- und Gebrauchtwagen im Angebot. Welche Übermenge, wo die meisten Privatnutzer nur 1 Auto suchen! Die Suchkriterien allerdings, sie selektieren! Dennoch, welche Gigantomanie! Ja, und für diesen Wunschwagen ist der Kunde heute bereit bis zu 200 km zu fahren. Und durch die Vorselektion fährt der Kunde dann direkt zum Händler X. Das erste Verkaufsgespräch hat quasi online schon stattgefunden. Ein informierter Kunde tritt auf. Inzwischen werden auch zunehmend Neuwagen in die Börsen gestellt. Dahinter stehen p. a. zweistellige Wachstumsraten, sprich, der NW-Verkauf über Online erhält künftig kräftig an Fahrt.

FAHRZEUGBÖRSEN-KENNZAHLEN IM ÜBERBLICK

Domain	Pkw-Bestand	Anzahl Händler	Händlerkosten (pro Monat)	Ausschnitt der Leistungen, Besonderheiten
Auto.de	1 Mio.	20.000	ab 39,90 Euro	→ Hervorgehobene Listenansicht; Statistiken; 15 Bilder pro Fahrzeug; Fahrzeugverwaltung; Import- und Exportfunktionen; Download von Formularen und Checklisten → Autocommunity: Über 1,5 Mio. potenzielle Käufer pro Monat)
Automobile.de	252.000	2.321	ab 29 Euro (bis zu 30 Fahrzeuge); 69 Euro (bis zu 300 Fahrzeuge)	→ Datentransfer zu allen anderen Online-Märkten; monatliche Erfolgsstatistik → Übersetzung und Veröffentlichung in 18 europäischen Websites → Übersetzung von ausländischen Anfragen
AutoScout24.de	1,8 Mio.	37.000	Ab 99 Euro Zugang B2B-Bereich: 30 Fahrzeuge mit je 15 XXL-Bildern	→ Marktführer mit 5 Marktplätzen: NW, GW, Teile & Zubehör, Motorrad, Nutzfahrzeuge → monatlich 4,7 Mio. Nutzer; eigener Außendienst; eigener Fahrzeugbestand → Geschlossener Händlerbereich mit Dienstleistungen wie Top-Inserat etc. → Auslandsauftritte in 13 Ländern; eigene Vertretungen in 5 europäischen Ländern
Gebrauchtwagen.de	450.000	4.000	kostenlos	→ Fahrzeug-Management-Systems „iCARDO" → Händlerstatistiken; Preisbarometer: Vergleiche der Angebote mit dem Gesamtmarkt → Finanzierungsrate der örtlichen Sparkasse oder Deutschen Leasing
Mobile.de	1,4 Mio.	33.000	2 Monate kostenloser Test; Zugang B2B-Bereich ab 41,99 Euro (2 Fahrzeuge)	→ Marktführer mit 6 Marktplätzen: Pkw, Motorräder, Wohnmobile, Nutzfahrzeuge, Teile & Zubehör, Reifen & Felgen; → Geschlossener Händlerbereich mit Dienstleistungen wie Profiparkplatz, Seite1-Inserat, Blickfänger, Preisberechnung, Erfolgsmonitor, Inseratsticker etc. → Monatlich 40 Mio. Besucher; 8 Sprachversionen; eigener Marktplatz in Rumänien
Motoso.de	400.000	3.500	Teile, Zubehör, Services: ab 29 Euro; Fahrzeuge: ab 59 Euro; Kombiangebote: ab 70,40 Euro	→ Börse für Fahrzeuge und Teile → Vermittlung von Reparaturen und Kfz-Servicedienstleistungen → Vorgefertigte Service-Inserate → Online-to-Print: Kooperation mit mehr als 100 Tageszeitungen
Pkw.de	500.000	10.000	Basic: 99 Euro; Premium: 149 Euro; Einrichtungsgebühr: 149 Euro	→ Größtes Privatkundenportal (nach eigenen Angaben) → Hohe Bekanntheit durch Beteiligung der Ströer-Gruppe (Deutschlands größter Außenwerber); Zahl der eingestellten Fahrzeuge unlimitiert
Webauto.de	230.000	2.300	49,90 Euro für 250 Fahrzeuge im Internet und 20 Fahrzeuge in der Zeitung „Automarkt"	→ Online to Print: Annoncierung im „Automarkt" (45.000 Stück, 12.000 Verkaufsstellen) → Datentransfer auf 60 weiteren Webseiten und Fahrzeugbörsen; Monitoring → 18 Sprachen; in Italien, Schweiz und Österreich als car4you.com → über Partnerbörse auto-m.com in 25 Ländern in der jeweiligen Landessprache
Webmobil24.de	680.000	7.000	Kostenfreie Basisversion; pro Modul Grundgebühr von 30 Euro, pro Fahrzeug und Modul 0,25 Euro	→ 9 Leistungsmodule zur professionellen Präsentation und Vermarktung im Internet → Vollautomatischer Datenexport in bis zu 100 weitere Marktplätze → Übersetzung in 28 Sprachen; 28-sprachige Standard-Homepage; → Programm office-cat für die Fahrzeug- und Rechnungsverwaltung

Abb. 6.5.1 Fahrzeugbörsen-Kennzahlen im Überblick

Abb. 6.5.1 zeigt die Übersicht über die wichtigsten Autobörsen. Und welche Hersteller sind mit GW-Börsen vertreten? Abb. 6.5.2 zeigt sie in der Gesamtschau. Gerade Importeure arbeiten oft mit einer der großen Börsen zusammen. Wer erst bei einem Händler sucht, wird dort auf ein Top-Auswahlregister verwiesen und landet dann beim Anklicken z. B. bei mobile.de (Toyota). Einige Händler setzen auf den exklusiven Verbund im Vertragshändlersystem und gehen eigene Wege. Die einschlägigen Börsen warten inzwischen mit neuen Dienstleistungen auf. Händler nutzen die Online-Plattformen nicht nur für den Ver- und Zukauf, sondern auch zur Bewertung und Einpreisung ihrer Fahrzeuge. In den geschlossenen Händlerbereichen der Autobörsen haben sie die Möglichkeit sich mit Händlerkollegen auszutauschen und ihr Fahrzeugsortiment zu aktualisieren. Auch für die zunehmende Internationalisierung des Handels sind die Fahrzeugbörsen gerüstet. Mehrsprachige Auftritte gehören zum Standardrepertoire. Bei mobile.de kommen inzwischen 40 % der Nutzer aus dem Ausland. Zugleich werden 35 % der verkauften Fahrzeuge ins Ausland exportiert. Besonders erfolgreich ist der Verkauf nach Osteuropa: 31 % der exportierten GW werden nach Polen verkauft, jeweils 13 % nach Rumänien und Russland.

Laut einer Befragung von puls bieten mobile.de und AutoScout24 als GW-Börsen die größten Absatzchancen. Nach über zehn Jahren Einführungspraxis sind – je nach Befragungsinstitut – 70 % der deutschen Bevölkerung online. Oder anders: 90 % aller in Deutschland angebotenen GW werden in den bestehenden Autobörsen geschaltet. Seit 2002 bis heute hat sich das Informationsverhalten beim Autokauf zu Gunsten des Internets verändert. Wenn auch die Tageszeitungen, die Kleinanzeigenzeitungen, die Inseratteile der Automagazine an Anzeigenumfang Einbußen hinnehmen mussten, so kann dennoch auf die Printwerbung nicht gänzlich verzichtet werden. Die GW-Printanzeige hat primär den Charakter der Imagebildung, lenkt Kundenströme, kommuniziert Wertigkeit, trägt zur Differenzierung des Fachhandelsangebots vs. Privatmarkt bei, belegt die besonderen Fachhandelsstärken und damit die Nutzenfaktoren für die Kunden.

GW-Webseiten-Hersteller

Hersteller/ Fahrzeugart	GW-Börse	Suchauftrag	Online-Angebotsanfrage	Finanzierungsangebot	Bestellung + Kauf	Auslieferung bzw. Fahrzeugabholung
Volkswagen						
Gebrauchtwagen	✓	✓	✓	✓	Händler	Händler
Geschäftswagen (VW Kon.)	S	X	✓	✓	Händler	Händler
Jahreswagen (MA)	S	V	✓	✓	MA	MA
Audi						
Gebrauchtwagen	✓	✓	✓	✓	Händler	Händler
Werksdienstwagen (Audi AG)	S	X	✓	✓	**online**	**Händler, KC Ingolstadt**
Opel						
Gebrauchtwagen	✓	✓	✓	✓	Händler	Händler
Privatangebote	✓	✓	✓	X	Anbieter	Anbieter
Jahreswagen (MA)	S	X	X	X	MA	MA
Ford						
Gebrauchtwagen	✓	X	✓	✓	Händler	Händler
MA-Fahrzeuge	✓	X	X	X	MA	MA
Jahreswagen (Ford AG)	✓	X	✓	✓	Händler	Händler
Mercedes-Benz						
Gebrauchtwagen	✓	X	✓	✓	Händler	Händler
Jahreswagen (MA)	✓	X	✓	✓	Händler	Händler
Werkswagen (DC)	✓	X	X	✓	Händler	Händler
„Junge Gebrauchte“	S	X	✓	✓	**online**	**Frei Haus**
BMW						
Gebrauchtwagen	✓	✓	✓	✓	Händler	Händler o. frei Haus
Geschäftswagen (BMW Gr.)	✓	✓	✓	✓	Händler	Händler o. frei Haus
Jahreswagen (MA)	✓	✓	✓	✓	MA	MA

Abbildung 18: Angebote der GW-Börsen auf den Hersteller-Webseiten

Quelle: Eigene Darstellung

✓: wird angeboten
X: wird nicht angeboten
S: separate Börse
V: Vermittlungsformular (siehe Kap. 6.2.1)
MA: Mitarbeiter

Abb. 6.5.2 Die GW-Websiten der Hersteller

WWW Die CarGarantie hat aus dem Wettbewerb mit AUTOHAUS »Die besten GW-Print-Kampagnen« publiziert. Sie können bezogen werden über www.cargarantie.com.

Die Börse motoso hat eine Kooperation mit 100 Tageszeiten. Alle auf motoso.de inserierten Kfz-Anzeigen werden parallel auf den Online-Portalen der Kooperationspartner wie Münchener Merkur, Autobild.de oder WAZ geschaltet.

In Kap. 5.12 und 5.13 haben wir bereits festgestellt: Dem Internetkunden ist grundsätzlich die gleiche Aufmerksamkeit wie dem Ladenkunden entgegen zu bringen. Ferner:

! *Für den professionellen Internet-Ein- und Verkauf bedarf es spezialisierter Mitarbeiter.*

Abb. 6.5.3 gibt Impulse für die optimale Fahrzeugbeschreibung in den Börsen. Abb. 6.5.4 stellt 10 Regeln für Online-Bilder dar. Warum nicht neben die Fahrzeugbilder ein Foto des Ansprechpartners abbilden? Weshalb als Hintergrund immer die »nackte Wand« wählen? Gibt ein attraktives Hintergrundbild nicht mehr Emotion her? Und Abb. 6.5.5 für eine optimale Fotoqualität.*

6.6 GW-Auktion – Unterm Hammer!

Fahrzeugauktionen werden als Einkaufsquelle und Vertriebsweg für den Handel immer beliebter. Die Händler können live vor Ort im Auktionshaus oder per Mausklick am PC mitsteigern. Der Verknüpfung zwischen Live- und Online-Auktion ist Trend in der Branche. Viele Händler sind der Auffassung, dass sie sich am PC besser konzentrieren können und zeitlich nicht einen ganzen Tag für die Live-Auktion investieren müssen. Je nach Auktionshaus kommen pro Auktion zwischen 400 bis zu 1000 Fahrzeuge unter den Hammer. Der Start für die Online-Auktionen wurde 2001 (eBay-motors) gelegt. BCA (British Car Auctions) führt in Deutschland seit 1998 in neun Auktionszentren physische Auktionen durch, die seit 2002 gleichzeitig online übertragen werden.

BCA führte bereits vor 60 Jahren die erste Autoauktion durch und erschloss damit die Versteigerung als effektiven Vertriebsweg für Automobile. Als Marktführer in Europa unterhält BCA inzwischen 38 Auktionszentren in 10 europäischen Ländern. Hier werden jährlich 1,2 Mio. Fahrzeuge in 5.500 Auktionen versteigert. In Deutschland jährlich 140.000. Live- und Online-Auktionen werden für unterschiedliche Kundengruppen in allen Segmenten durchgeführt, also Jungwagenauktionen, Top-Car-Auktionen, Leasingauktionen u.a. Neben Personenwagen, Motorräder, Nutzfahrzeugen und Sonderfahrzeugen der Post und Bahn kommen – je nach Auktionshaus – auch Boote, Lkw, Busse, Wohnmobile, Wohnwagen und Anhänger unter den Hammer. Inzwischen können auf Versteigerungsquoten von 70% verwiesen werden. Außerdem werden auch ganz gezielte Dienstleistungen angeboten. Im Leasingbereich werden beispielsweise mit den Nutzern Rücknahmevereinbarungen getroffen, die Sicherstellung von Fahrzeugen bis hin zum Bestandsmanagement.

** Quelle: Schwickal, Udo, Börsenspiel, in AH 4, 2009 S. 24 ff.*

Zehn Regeln für optimale Fahrzeugbeschreibung

- Fahrzeugbezeichnung vollständig angeben: Hersteller, Modell, Typ, Motorisierung, Karosserievariante, Ausstattungsvariante, Getriebeart
- Ausstattungen vollständig beschreiben: Serienausstattung! Alle Sonderausstattungen mit angeben; die wichtigste Zusatzausstattung zuerst: Navi, Leder, Klimaautomatik, Xenon, Automatik, Schiebedach
- Eigene Erfassungslisten erstellen; nutzen Sie DAT-, Schwacke- und Herstellerangaben
- Qualitätsmerkmale nennen: aus erster Hand, unfallfrei, scheckheftgepflegt, Jahreswagen, kein Mietwagen, mit Dekra-Siegel, mit TÜV-Zertifikat; zusätzlich sollten Sie erwähnen: HU/AU neu
- Gebrauchtwagengarantie nennen
- Leasing- und Finanzierungsangebote darstellen
- Auf Sonderkonditionen hinweisen
- Neufahrzeuge in die Börsen stellen
- Persönlicher Hinweis am Ende der Informationen („Wir hoffen, unser Angebot sagt Ihnen zu, und wir würden uns freuen, Sie als Kunden gewinnen zu können.“)
- Regelmäßig eigene Abfragen in den Börsen machen

Abb. 6.5.3 10 Regeln für die optimale Fahrzeugbeschreibung in den Internetbörsen.

Zehn Regeln für Online-Bilder

- Immer mehr Fotos machen; diese als E-Mail-Anhang vorbereiten
- Beleuchtung: kein Gegenlicht oder Dämmerung
- Fotoecke im Innen- oder Außenbereich einrichten
- Logo und AH-Namen im Hintergrund anbringen
- Stellung der Vorderräder: Je nach Modell bringt das zusätzliche Wirkung
- Sauberkeit: keine Flecken auf dem Boden
- Nur aufbereitete Fahrzeuge fotografieren
- Gute Kamera und ein Bildbearbeitungsprogramm verwenden
- Nehmen Sie Profibilder als Vorgabe für Ihre eigenen Bilder
- Bilder im Internet regelmäßig kontrollieren und schnell reagieren

Abb. 6.5.4 10 Regeln für optimale Online-Bilder

Zehn Regeln für optimale Fotoqualität

- Fahrzeug vollständig ins Bild bringen
- Fahrzeug aus einer Höhe von ca. 1,70 m fotografieren
- Totalansichten: von vorne schräg über die Beifahrer- oder Fahrerseite
- Front und Heck leicht von der Seite aufnehmen
- Armaturenbrett: von der Beifahrerseite aus fotografieren
- Innenansicht vorne und hinten fotografieren
- Bilder vom Motorraum anfertigen
- Den Kofferraum fotografieren
- Cabriolets: Fotos mit offenem und geschlossenem Verdeck
- Detailfotos: Navi, Soundsystem, Leder, Holz, Felgen, Panoramadach

Abb. 6.5.5 10 Regeln für die optimale Fotoqualität

STAMMSITZ	INTERNET	GRÜNDUNGSJAHR	STANDORTE
Auktion & Markt AG Wiesbaden	www.autobid.de	1988	9
Auto-Auktionen Europa Hanau	www.auto-auktionen-europa.de	2004	Internetplattform
Autorola GmbH Hamburg	www.autorola.de	2003 (D)	Online-Auktionen
BCA Autoauktionen Neuss	www.autoauktionen.de	1995 (D)	9 (D)
eBay Motors Luxemburg	www.motors.ebay.de	2001	Berlin
Auto-Countdown Rheinmünster	www.auto-countdown.de	K.A.	Online-Auktionen
Cars on the web Tienen (B)	www.carsontheweb.com	2004	Amberg
VEBEG Frankfurt (Verwertungsgesellschaft des Bundes)	www.vebeg.de	1955	2

Abb. 6.6.1 Auktionshäuser in Deutschland

Auktion & Markt führt seit 1988 physische Auktionen durch. Die erste Online-Auktion unter der Plattform Autobide.de fand 2003 statt. 2008 wurde die neue Auktionsplattform Autobid.de/Base eingeführt. Hier können ausschließlich und vor allem kleinere Händler ihre Fahrzeuge anbieten und andere erwerben. Markengebundene wie freie Händler. Das dänische Unternehmen Autorola.de ist seit 2003 auf dem deutschen Markt aktiv und bietet ganz massiv Fahrzeuge von Privatleuten an. Den gewerblichen Käufern soll damit der schwierige Zukauf zum Privatmarkt erleichtert werden. Umgekehrt können hier Privatpersonen ihre Fahrzeuge einstellen und in einer professionell gemanagten Auktion an Autohändler verkaufen. Die Händler erhalten so einen Zugang zum Privatmarkt. Der Anteil der privat eingestellten Fahrzeuge macht 30 % aus. In der Regel finden Themen- und/oder Partnerauktionen statt. Themenschwerpunkte können sein: Inzahlungnahmen, Leasing-, Miet-, Nutz- oder Behördenfahrzeuge.

Die Auktionshäuser (s. Abb. 6.6.1) sind inzwischen zum Full-Service-Partner des Handels geworden. Das Spektrum reicht vom Einsatz eines Gutachters, der Fahrzeugabmeldung, Brieferstellung, der Aufbereitung, Reklamationsbearbeitung, Zweit-

Beispielkauf/-verkauf eines Fahrzeuges zum Preis von 10.000 €; B2B, Nettopreis								
Kriterien	Auktion & Markt	Auto-Auktionen-Europa.de	Auto Countdown	Autorola	BCA	Cotw-Cars on the web	Ebay motors	Vebeg
Kosten Käufer	Gutachten: 40 € Gebühr: 120 €	Gebühr: 150 €	Provision 2,0%: 200 €, oder monatl. Nutzungsgebühr: 98 €	Keine Kosten	Gebühr: 35 €	Keine Kosten	Gebühr: 10 € Provision: 19 € Zzgl. 3% vom VP, max. 49 €	Individuelle Abrechnungsmodelle
Kosten Verkäufer	Provision 2,2% (mind. 185 €): 220 €	Provision: 150 €	Provision 2,0%: 200 €, Oder monatl. Nutzungsgebühr: 98 €	Gebühr abhängig vom Mindestpreis, hier: 300 €	Provision 2,2% (mind. 185 €) EUR 220	Abonnement: 450 € pro Jahr, zzgl. 70 € je Kfz Ohne Abonnement: 95 € je Kfz	Keine Kosten	Individuelle Abrechnungsmodelle
Einnahmen Auktionshaus	380 €	300 €	400 €	300 €	255 €	verschieden	78 €	verschieden

Abb. 6.6.2 Kostenvergleich beim Verkauf eines Fahrzeugs zum Preis von 10.000 Euro.

schlüssel sowie Briefhandling, bis hin zum Inkasso bzw. Finanzierung und Fahrzeugzustellung. Eine Kernbotschaft der Auktionsanbieter ist, ideales Vertriebsinstrument vor allem für Langsteher und Leasingrückläufer zu sein. Die Internet-Adressen der deutschen Auktionsanbieter in nebenstehender Tabelle schaffen ergänzende Informationsmöglichkeiten – siehe nachfolgende Tabelle. Abb. 6.6.2 zeigt den Kostenvergleich der Auktionsplattformen.

! *GW-Auktionen können im GW-Handel noch intensiver für GW-Remarketing und Bestands-optimierung genutzt werden.*

6.7 Hersteller-Strategien zum GW-Management im Vertragshandel

6.7.1 Strategische Bedeutung des GW-Geschäftes

Wer die Leistungsfundamente im Autohaus vor sich sieht, also Neuwagen, Gebrauchtwagen, Teile + Zubehör sowie Service, weiß um die Bedeutung von deren Vernetzung. Es sind permanent wachsende Verknüpfungen, die eine gesamtheitliche Sicht der Dinge notwendig machen. Das liegt u. a. am begrenzten Mengenwachstum, hier im Neuwagen- wie im Gebrauchtwagen-Gesamtmarkt. Gesättigte Märkte schaffen spezifische Gegebenheiten. Die Modelloffensive im Neufahrzeuggeschäft kann innerhalb der jeweiligen Marken nur gelingen, wenn das Gebrauchtwagengeschäft den wachsenden Anforderungen entspricht. Neuwageneroberungskäufe, Markenbindung, das lässt sich nur mit Erfolg gestalten, wenn das GW-Geschäft richtig positioniert ist. Gewichtige Feststellung:

! *Ein erfolgreiches Neuwagengeschäft lässt sich ohne Gebrauchtwagen nicht realisieren!*

Die Ertragsperspektiven für den Service sahen schon hoffnungsträchtiger aus. Nimmt der Druck auf die Öl-Perle sowie auf das Karosserie- und Lackiergeschäft wettbewerblich weiter zu, so ist zu fragen: In welchem Leistungsbereich soll ein Autohaus künftig seine Renditen einfahren? Die Finanzdienstleistungen allein können dieses Manko nicht herausreißen. Gewichtige Feststellung:

! *Das Gebrauchtwagengeschäft wird zu einem noch wichtigeren Stabilisator für die Werkstattauslastung! Mittelfristig sind die Erträge über den Sektor Gebrauchtwagen spürbar auszubauen. Das GW-Geschäft ist künftig ausschlaggebend für den Gewinn des gesamten Händlerbetriebes.*

Wie kann das gelingen? Über eine langfristig angelegte (internationale) Gebrauchtwagen-Gesamtstrategie zwischen Hersteller und Handel. Die für das GW-Geschäft vorgegebene Liberalität im Rahmen der GVO 2002 bleibt davon unberührt. Sie möge zwar dem einen und anderen Hersteller weiterhin als Alibifunktion dienen. Strategisch würde dabei aber auf beiden Seiten zu kurz gesprungen.

! *Die Hersteller haben eine GW-Gesamt-Konzeption aufzulegen, die Prozesse klar zu definieren und sinnvolle GW-Standards an möglichst vielen Standorten sichtbar nach vorne zu bewegen*

Das strategische Zusammenwirken soll dem **Handel**, dem Hersteller wie dem Kunden dienen. Für den Handel steht zuerst die Differenzierungsstrategie gegen dessen Hauptwettbewerber, dem Privatmarkt sowie einem wachsenden freien Automobilhandel im Vordergrund. Im Markenhandel werden nachweislich die qualitativ besten Gebrauchtwagen offeriert. Hierzu gilt es, die internen und externen Abläufe im GW-Geschäft im Markenhandel zu optimieren – siehe Kap. 6.10.

Der **Hersteller** hat ein wichtiges Steuerungsinstrument für die eigenen Markenpotentiale, kann Marktunebenheiten egalisieren, qualitative Beurteilungskriterien über die eigenen Fahrzeuge erhalten (Produktqualität), die Restwerte beeinflussen und hoch halten, Vermarktungsstrategien der Rückläufer umsetzen, die GW-Politik für »Junge GW« prägen, internationale Ausformungen entwickeln, auf den gesamten Lebenszyklus eines Fahrzeuges einwirken, auf aktuelle Marktveränderungen reagieren bzw. den Gesamtbereich Verkauf am Markt aktiv gestalten.

Für den **Kunden** steht der Faktor Sicherheit im Vordergrund. Diese deckt der Handel über technisch und optisch aufbereitete GW sowie die GW-Garantie ab. Weitere Details siehe in Kap. 6.4, Kunden-Prioritäten beim GW-Kauf. Daraus leiten sich Kundenleistungsstandards ab, Anforderungen an den Produktstandard sowie an Kommunikationsstandards.

6.7.2 Konzeption der GW-Hersteller-Programme

Die meisten Hersteller können auf eigene GW-Konzeptionen verweisen, auch wenn diese sich inhaltlich unterscheiden. Analysieren wir die Ausführungen in Kap. 6.9, so gibt es ganz wenige Marken, die ein Gesamtkonzept, geschweige denn eine wirklich eigene GW-Marke, vorlegen können. Die reinrassige GW-Marke gibt es auf dem deutschen Markt zur Stunde nicht. »Weltauto« ist gegenwärtig die einzige international geschützte Handelsmarke. Sie dient der österreichischen Volkswagen-Audi-Organisation (PIA, Salzburg) zur Vermarktung von Gebrauchtwagen. Die meisten Hersteller fahren eigentlich ein Programmpaket. Nochmals Programme! Es wird bewusst nicht von einer GW-Marke gesprochen, ob Audi mit Audi Gebrauchtwagen:plus, BMW Premium Selection, Fiat Auto Export, Citroen Eurocasion, Ford A1 Programm, Hyundai Gecheckt & Perfekt, Jaguar First Class Quality, Lexus Select, MB Junge Sterne, Opel Zertifizierte GW, Peugeot Qualitäts-GW, Renault 7-Sterne Gebrauchtwagen oder Volkswagen First Class. An den »Alibi-Marken-Bezeichnungen« erkennt man vielfach deren internationale Ausrichtung. Bislang beteiligt sich je nach Hersteller zwischen 50 bis 80 % der Händlerschaft an den empfohlenen GW-Programmen. Eine (internationale) Flächendeckung ist nicht gegeben. Einige Hersteller sprechen in Sachen GW zur Stunde keinerlei Empfehlung geschweige denn Programm aus. Andere üben sich schon seit Jahren – z. B. Ford A1 – in der Umsetzung. Viele Projekte verlieren an Elan und schlafen wieder ein, je nachdem, wer auf dem »GW-Stuhl« des Herstellers sitzt.

Wer aktiv die GW-Programme leben möchte, ist gefordert. Da dürfen beispielsweise – so vorgegeben – keine anderen Fahrzeuge als die Programmfahrzeuge vertrieben werden. Die Programm-CI ist nur für die Programmfahrzeuge zugelassen. Natürlich ist der Bezug von Programmfahrzeugen über den Hersteller möglich. Schließlich nutzt der Hersteller diesen Kanal als eigenen Absatz-Katalysator. Die verkauften GW sind an den Hersteller zu melden. Die Teilnahme am Programm ist vielfach an eine Betriebsgröße – bei Skoda beispielsweise 80 GW-Verkäufe pro Jahr – gebunden, an vorhandene Ausstattung, ans Erscheinungsbild etc. Die CI-Berechtigung ist immer nur für einen Standort ausgesprochen. In der Regel ist ein GW-Verantwortlicher vorgegeben. Auch hinsichtlich der Info-Technologie werden Vorgaben gemacht. Der Teilnehmer unterhält einen eigenen Internet-Auftritt und setzt die Marketinginstrumente aktiv ein. Der Programmname ist regelmäßig einzusetzen. Jährlich wird die Einhaltung der Standards überprüft, wie der Hersteller auch Umsetzungsempfehlungen ausspricht. Fremdmarken sind ganz klar abzugrenzen. Der Händler integriert in sein System auch die GW-Herstellerbörse. Bei Volkswagen sind die Fahrzeuge bis zu vier Jahre alt und auf 100.000 km Laufleistung begrenzt. Opel differenziert sein Programm mit Premium, Select und Economy. Dazu gehören jeweils unterschiedliche Bausteine.

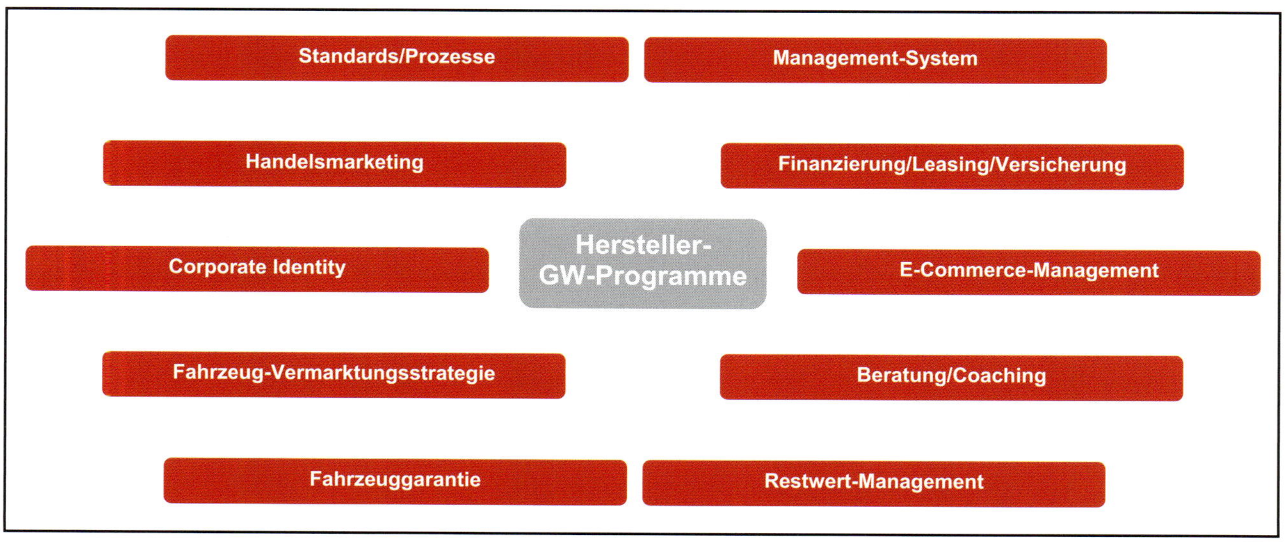

Abb. 6.7.1 Übersicht der einzelnen Leistungsbausteine von verschiedenen Hersteller-GW-Programmen

Die einzelnen Bausteine im Detail: Das Thema **Management-Systeme** wird in Kap. 6.11 bearbeitet.

Unter die Rubrik **Handelsmarketing** fallen die nationale Kommunikation, Werbemittel, Werbekostenzuschüsse, Verkaufsförderung, Dokumentenmappe, POS-Materialien, Testkäufe, lokale Werbung, GW-Verkaufsaktionen, GW-Aktionswochen etc.

Unter das Dach der **CI** fällt die komplette Signalisation, Fassade, Tafelwand, Anzeigenauftritt, ein separater, befestigter GW-Platz, die Beflaggung etc.

E-Commerce-Management – siehe Kap. 6.5 – umfasst die Themen der (eigene) GW-Börse, Online-Kanäle, Remarketingangebote, Zukaufsmöglichkeiten, Sonderbonus, Dienstwagen, etc.

Der Dachbegriff **Beratung, Schulung, Training** beinhaltet die betriebswirtschaftliche Sicht der Dinge, Prozessabläufe, Systemtraining, Produkttraining, strategische Themen, Neukundengewinnung, GW-Kennzahlen, Präsentation und Auszeichnung, Bestandsmanagement, Einkaufskalkulation, Sortiments- und Bestandorganisation, Nachbetreuungsmöglichkeiten, Fahrzeugbewertung, Internet-GW-Verkauf, Remarketing-Geschäfte, Verkäufersteuerung, GW-Bezugsquellen, Preisstrategie, An- und Zukaufsquellen, Kundenerwartungen, Marktanalyse, Rechtsfragen, Finanzdienstleistungen.

Fahrzeuggarantie

Sie ist ein gewichtiges Differenzierungskriterium gegenüber dem Privat-Markt und wird in der Regel im GW-Verkaufspreis inkludiert angeboten. Die professionellste und beste GW-Garantie offeriert der Fachhandel! Zahlreiche Hersteller haben sich für eine spezielle GW-Garantie ausgesprochen. Immer mehr wird auch eine NW-Anschlussgarantie verkauft (siehe Kap. 6.12). In diese Rubrik gehören auch die angebotenen Mobilitätsgarantien, das Umtauschrecht sowie die Rückkaufgarantie für den Kunden.

Finanzierung – Leasing – Versicherung

Wer mit offenen Augen durch die GW-Verkaufslandschaft geht, stellt gerade bei den Herstellerbanken fest, dass die GW-Finanzierung einen unterbelichteten Status hält. Das gilt sowohl für die GW-Einkaufsfinanzierung und die GW-Endkundenfinanzierung. Ältere Gebrauchtwagen werden gleich gar nicht finanziert. Auch die GW-Leasingprogramme werden mit großer Zurückhaltung gefahren. Details siehe Kap. 6.8.

! *Das Thema GW-Finanzierung muss auf die Branchenagenda gesetzt werden!*

Fahrzeug-Vermarktungsstrategie

In diese Rubrik fällt die komplette Vermarktung der Rückläufer. Der Kunde interessiert sich über www.mercedes-benz.de für einen GW. Er konfiguriert ihn und kauft ihn direkt bei MB. Der Kunde kann sogar seinen Altwagen zurückgeben. Es kommt innerhalb von acht Tagen vor Ort ein Sachverständiger, der das Fahrzeug auf diesen Wert hin real überprüft. Dann wird der »neue GW« dem Kunden direkt geliefert und der »alte GW« zurückgenommen, in Kippenheim aufbereitet und dem weiteren GW-Vermarktungskreislauf zugeführt.

Die Vermarktung von Jungwagen, Jahreswagen, Werkswagen, Autovermiet-Rückläufern, zunehmend auch Flottenfahrzeuge betreibt MB über »Die Drehscheibe«. Dort wurden letztes Jahr 150.000 Fahrzeuge vermarktet. Es vergehen i.d R. keine 20 Tage vom Eingang auf der Drehscheibe bis zur Lieferung des Fahrzeuges direkt ins Autohaus. Als Verkaufssystem dient YUCON. Seit August 2007 werden über die Drehscheibe auch GW aus Europa angeboten. Projekt: European Wholesale Plattform (EWP). Die Internationalisierungsoffensive soll spürbar ausgebaut werden.

In diese Rubrik gehört auch die Hersteller-Unterstützung für aktiven Zukauf. Über den Hersteller bzw. über die Händlerverbände könnten elektronische Einkaufssysteme entwickelt werden. In Sachen Langsteher stehen Abverkaufsaktivitäten auf der Forderungsliste. Interne, sprich geschlossene Händlerbörsen. Wenn gezielte Neuwagen zu verkaufen sind, dann bedarf es gezielter GW-Subventionen. Dem Handel fehlen Autos zwischen 3 bis 6 Jahren. Da sind die Halter der Vorgängermodelle anzusprechen etc. Auch die eigenen GW-Center wie die Motormeile von MB in Eching oder der BMW GW-Center in München und Frankfurt – siehe Kap. 6.3.5 – gehören zur direkten Vermarktungsstrategie der Hersteller. Gleich welche Vertriebsachse: Die zu vermarktenden GW unterliegen alle vorgegebenen Standards.

6.8 Restwert und GW-Preisentwicklung

Die überwiegende Zahl der Leasing- und Finanzierungsgeschäfte, die über Markenhändler abgewickelt wird, beinhaltet die so genannte feste Restwertkalkulation. Dem Kunden wird damit nach Ende der Laufzeit ein fester Inzahlungnahmepreis für den GW kalkuliert und vertraglich festgeschrieben. Der Händler ist in der Verpflichtung, diese fest geschriebenen Inzahlungnahmepreise (= Restwert) gegenüber der Leasing- oder Finanzierungsgesellschaft einzulösen.

Bei diesen Restwerten handelt es sich um prognostizierte Werte für einen Zeitraum von 18-60 Monaten. Aus der Praxis ist bekannt, dass diese Prognosen häufig von den dann tatsächlich geltenden Marktpreisen erheblich abweichen. In früheren Jahren waren diese Restwerte in der Regel sehr vorsichtig kalkuliert. Der GW-Verkauf des Händlers erhielt nach Ablauf der Vertragslaufzeit einen sehr interessanten GW zu einem sehr günstigen Restwert. Diese »Sahnestückchen« wurden mit hohem Gewinn entweder an Endverbraucher verkauft oder zusammen mit Langstehern in einem Paket an einen Wiederverkäufer veräußert.

Der extrem hohe Wettbewerb im Neuwagengeschäft veranlasst sowohl Hersteller als auch Händler diese Restwerte immer höher anzusetzen, um die Raten so niedrig wie möglich zu halten (Kap. 4.8). Die zurückkommenden GW aus diesen Geschäften haben dann viel zu hohe Restwerte und gelten als hohe Verlustbringer für den GW-Verkauf des Händlers. Sie stellen in Wahrheit für die gesamte Branche inzwischen ein strukturelles Defizit dar. Übrigens, sinkende Restwerte sind kein deutsches, sondern ein weltweites Phänomen.

Fazit: Die unselige Welt der Rabattitis hat die GW-Restwerte in den Keller getrieben und führt zwangsläufig zu sinkenden Restwerten. Die wichtige Erkenntnis: Was heute zu Umsatz führte, führt Morgen zu Verlusten. Oder anders: Die Rabattschlachten von heute führen zu Verlusten von Morgen. Eurotax-Schwacke geht von sinkenden Restwerten bis 2010 aus. Im Jahr 2011 werden die Restwerte über alle Segmente hinweg stabil bleiben, bevor sie bis 2013 sogar wieder leicht steigen.

Unter **Restwert** ist der tatsächliche Wert eines Wirtschaftsgutes zu verstehen, der in der gegebenen Marktlage erzielt werden kann. Das **Restwertrisiko** beim Leasing bezeichnet die Gefahr, dass der tatsächliche Wert des Leasingobjektes nach Ablauf der Vertragslaufzeit unter dem zu Vertragsbeginn festgelegten, **kalkulierten Restwert** liegt. Der kalkulierte Restwert hat maßgeblich Einfluss auf die Leasingraten. Wird ein niedriger Restwert kalkuliert, so sind die monatlichen Leasingraten relativ hoch. Wird dagegen ein hoher Restwert einkalkuliert, ergeben sich niedrige und somit sehr attraktive Raten. Abb. 6.8.1 veranschaulicht mögliche Restwertverläufe.

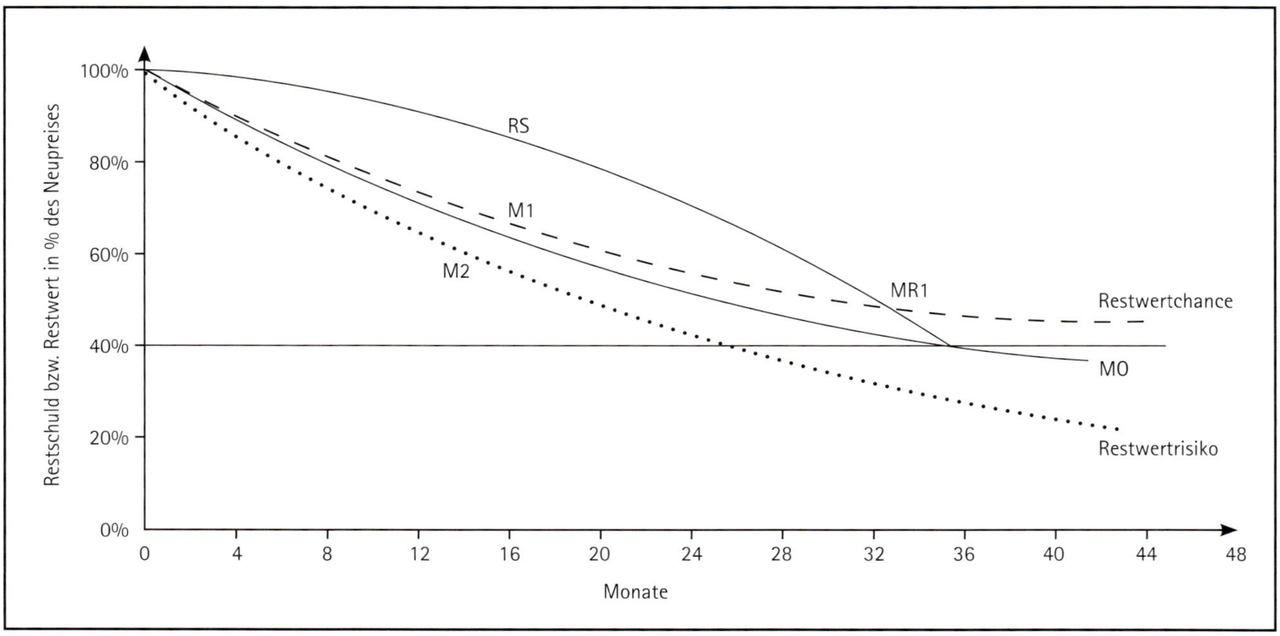

Abb. 6.8.1 Restwertrisiko bei einem Teilamortisationsvertrag

Die Kurve RS zeigt den Verlauf der Restschuld, die dem Leasingvertrag zugrunde liegt. Die Kurve MO den bei Vertragsabschluss kalkulierten Restwertverlauf. Wenn sich die Gebrauchtwagenpreise positiv entwickeln, so verschiebt sich der Kurvenverlauf zu M1. Der Träger des Restwertrisikos kann somit beim Weiterverkauf einen höheren Preis erzielen als kalkuliert und einen zusätzlichen Gewinn einstreichen. MR1, der Schnittpunkt der Kurven RS und M1 wird als Risikoumkehrpunkt bezeichnet. Entwickeln sich die GW-Preise dagegen negativ und sinken weiter als eingeplant, so verschiebt sich die Kurve zu M2 und der Träger des Restwertrisikos muss einen Verlust in Kauf nehmen.

Zu den Verträgen bei denen das Restwertrisiko beim **Leasingnehmer** liegt zählen die Verträge mit Gebrauchtwagenabrechnung, mit Andienungsrecht und die Verträge mit Kündigungsklausel. Die mit weitem Abstand beliebteste Vertragsform beim Leasing ist der Leasingvertrag mit Kilometerabrechnung. Diese Vertragsvariante hat eine Abschlussquote von rund 60 % des Vertragsbestandes bei herstellerabhängigen Leasinggesellschaften und ist gerade bei Privatkunden sehr gefragt. Warum? Weil überall dem Käufer eindringlich empfohlen wird: Wer privat leasen will, sollte das Restwertrisiko dem Händler, dem Hersteller oder der Leasing-Firma überlassen. Das liegt auch daran, dass der eigentlich stärkste Kostenverursacher, nämlich der Wertverlust, bei der Kaufentscheidung häufig unterschätzt wird.

Die hohe Herausforderung besteht in der Kunst, realistische Restwerte zu vereinbaren! Wir wissen jedoch, dass sinkende Restwerte seit Jahren Realität sind. Man muss fragen, ob Restwertprognosen von drei Jahren überhaupt noch realistisch kalkulierbar sind? Der GW-Markt ist gesättigt. Es gab in den vergangenen Jahren ein GW-Überangebot. Dieses konnte teilweise durch Export ins osteuropäische Ausland abgebaut werden. Diese Märkte sind im Rahmen der Finanz- und Wirtschaftskrise weggebrochen. So ließ der aggressive Vertrieb von Flottenfahrzeugen in den letzten Jahren die Zahl der Leasingrückläufer anwachsen. Oder durch die Abwrackprämie 2009 war das Warenangebot so attraktiv, das Leasingrückläufer zu den früheren Restwerten weder konkurrenzfähig noch nachgefragt waren. Jeder Neuwagen oder Tageszulassung stellte eine interessantere Offerte dar. Der Wertverlust der GW wurde von Schwacke für 2009 mit 36 Mrd. EUR ermittelt. Solange die Hersteller viel mehr Autos als nachgefragt produzieren, solange die Hersteller mit hohen Rabatten und viel zu niedrigen Leasingraten die Autos in den Markt drücken, werden die Restwerte der Fahrzeuge weiter sinken. Man darf beim Neuwagengeschäft nicht den Gebrauchtwagen ignorieren, sonst ist der Wert der Marke auf Dauer gefährdet. Es sei nochmals grundsätzlich festgehalten, dass sich ein klarer Zusammenhang zwischen Neuwagen-Rabatten und GW-Restwerten nachweisen lässt. Insbesondere Bar-Nachlässe wirken sich negativ auf die Restwerte aus. Optionspakete sind da von weitaus weniger negativer Auswirkung auf die Restwerte. Nachdem die Hersteller in den vergangenen Jahren die Nettopreise ihrer Neuwagen in Europa stark angeglichen haben, überträgt sich diese Preisangleichung auch auf die Gebrauchtwagen. Auch die Zahl der jungen Gebrauchten ist weiter herunterzufahren, um den GW-Markt nicht mit zu vielen fast neuwertigen Fahrzeugen zu überschwemmen und damit die Preise zu drücken. Eigentlich müsste auch der Direktverkauf von Flotten reduziert werden. Das Volumen an Neuwagen, insbesondere im Bereich gewerblicher Zulassung, beeinflusst die Restwerte von Gebrauchtwagen. Ein Phänomen, das für sämtliche europäischen Märkte zutrifft.

Eine Umfrage von AUTOHAUS Pulsschlag zeigt, dass der Handel bei 70 % der abgeschlossenen Leasingverträge das Restwertrisiko trägt. Untragbar! In den USA beispielsweise ist die rechtliche Situation so, dass die Hersteller das Restwertrisiko der Leasingrückläufer tragen müssen. In Deutschland vermitteln die Händler das Leasinggeschäft an die Leasinggesellschaft und verkaufen der Leasinggesellschaft das gewünschte Auto. Aufgrund von Rücknahmevereinbarungen (Buy-Back-Verträgen) muss der Händler nach Ablauf des Leasingvertrages, den im Leasingvertrag zwischen Kunden und der Leasinggesellschaft vereinbarten Restwert an die Leasinggesellschaft zahlen. Der Händler trägt also – sehr einseitig – das Risiko des Geschäftes. Die Hersteller und ihre Leasinggesellschaften argumentieren, dass sich der Händler als Kaufmann nicht auf das Geschäft einlassen muss. In der Realität sieht es aber so aus, dass die in der Presse beworbenen konkreten Leasingangebote der Hersteller angeboten werden »müssen«, sofern man die Wettbewerbsfähigkeit wahren will. Da den Händlern die gesamte Leasingkalkulation in der Regel vorgegeben wird und sie die Bedingungen überhaupt nicht verändern dürfen, ist Klärungsbedarf angesagt, ob hier kein kartellrechtlicher Verstoß gegen die GVO vorliegt. Außerdem ist zu fragen, ob die Leasingverträge das Transparenzgebot erfüllen?

Strategische Überlegungen für die Hersteller

Einige Hersteller unterstützen ihre Händler bei Leasinggeschäften. Als **erste Unterstützung** wird meist gemeinsam mit den Händlern in so genannten Restwertkommissionen die Restwerttabelle erstellt und überarbeitet.

Als **zweite Unterstützung** wird vom Hersteller je nach Kalkulationsmodell ein (erheblicher) Teil des Verlustes nach Verkauf des Rückläufers getragen. Bei der Erstellung der Restwerte liegen vielen Herstellern nicht genügend Informationen über Ist-Zahlen, d. h. von GW-Verkäufen innerhalb ihres Netzes, vor. Wenige Hersteller haben EDV-Systeme, die die tatsächlich erzielten Verkaufspreise ihrer Niederlassungen und Händler beinhalten. Vielfach muss auf die üblichen DAT- und Schwacke-Listen zurückgegriffen werden.

! *Die Hersteller sollten sich auf Basis professioneller EDV-Systeme ein transparenteres Bild über die GW-Verkaufspreise ihres Vertriebsnetzes beschaffen, damit die prognostizierten Restwerte realitätsnaher kalkuliert werden können.*

Zusätzlich sollten die Hersteller im Einverständnis mit ihren Händlern die tatsächlichen Ergebnisse der verkauften Leasing- und Finanzierungsrückläufer auswerten. Diese Ergebnisse sind bei den meisten Händlern negativ.

Warum machen die meisten Händler beim Verkauf der Leasing- und Finanzierungsrückläufer so hohe Verluste?

Dafür sind hauptsächlich zwei Gründe maßgeblich:

1. Die Restwerte sind zu hoch.
2. Die Händler kalkulieren nach der Bottom-up-Methode.

Die meisten Händler verlangen von ihrem GW-Verkauf, dass die Restwerte als Einkaufwerte übernommen werden und der GW-Verkauf die Verluste zu tragen hat. Die häufig angeführte Argumentation dafür ist, dass der GW-Verkauf in früheren Jahren auch die Gewinne der niedrigen Restwerte für sich verbuchen durfte.

Da der GW-Verkauf keine Möglichkeit hat, die im Restwert enthaltene Überbewertung dem Neuwagenverkauf zu belasten, wird versucht, beim geleasten GW einen höheren Verkaufspreis zu erzielen. Es wird also nicht Top-down (von oben nach unten, wie das Beispiel in Abb. 6.8.2 zeigt), sondern Bottom-up (von unten nach oben, wie es das rechte Beispiel darstellt) kalkuliert. Die fatale Konsequenz ist, dass diese überteuerten GW nicht verkauft werden und deswegen lange Standzeiten produzieren. Nach langer Standzeit wird dann dieser Langsteher meist an einen Wiederverkäufer abverkauft. Damit geht zusätzlich der Werkstatt ein interessantes Auto in der Betreuung verloren. In den Händlerbetrieben zeigt sich folgendes Bild:

! *Von den 10 ältesten Langstehern sind in der Regel 6-7 GW Leasing- und Finanzierungsrückläufer. Die Branche setze den richtigen Prozess der Inzahlungnahmekalkulation bei Leasingrückläufer an.*

D. h. Leasingrückläufer sind genauso zu kalkulieren wie normale Inzahlungnahmen von Neuwagenkunden. Zu hohe Restwerte müssen durch eine nachträgliche Überbewertung reduziert werden. Diese Überbewertung ist nach dem Verursacherprinzip dem Neuwagenverkauf zu belasten.*

GESCHÄTZTER VERKAUFSPREIS BEI		HOCH ADDIERTER VERKAUFSPREIS	
Inzahlungnahme NW	20.000.- €	Leasingrückläufer	23.000.- €
- Instandsetzungskosten	600.- €	- Instandsetzungskosten	600.- €
- Aufbereitungskosten	100.- €	- Aufbereitungskosten	100.- €
- Garantieprämie	400.- €	- Garantieprämie	400.- €
- Gemeinkostenpauschale	1.200.- €	- Gemeinkostenpauschale	1.200.- €
- Verkäuferprovision	200.- €	- Verkäuferprovision	200.- €
= Hereinnahmepreis GW Verkauf	17.500.- €	= Hereinnahmepreis GW Verkauf	20.500.- €
+ Überbewertung	3.000.- €	+ Überbewertung nicht absetzbar	3.000.- €
= Inzahlungnahmepreis v Kunden	20.500.- €	= Leasingrestwert (EUR 3.000.- zu hoch)	20500.- €

Abb. 6.8.2 Top-down- und Bottom-up-Kalkulationen im Vergleich

* *Quelle: Rostek, Franz: Restwertentwicklung und professionelles GW-Geschäft, in givit Gebrauchtwagenreport 2008, München, 2008*
Munk, Jan: Ursachen und Wirkungen von Restwerteinbrüchen im Pkw-Leasinggeschäft, Geislingen, 2009

6.9 Die »GW-Marke« als Teil der Herstellermarke

6.9.1 Die »GW-Marke« des Herstellers

Das GW-Geschäft ist im Vertragshandel sehr eng mit dem Neuwagengeschäft verkettet. Das bedeutet, die Hersteller haben ihr GW-Geschäft hauptsächlich auf die Felder ausgerichtet, in denen sie eine unmittelbare und kurzfristige Auswirkung auf das Neuwagengeschäft oder den Abverkauf ihrer Jahres- und Geschäftswagen erkennen. Der Rest der Handlung ist sporadische Aktion. Im Markenhandel stehen in der GW-Offerte vornehmlich hochwertige, sprich jüngere Gebrauchtwagen – siehe Kap. 6.1. Das hatte in der Bestands- und Sortimentszusammensetzung zu einem grundsätzlichen Wandel in der Angebotsstruktur geführt. Ergo: GW-Strukturwandel!

Die Ertragsstruktur im Vertragshandel beweist, dass das Neuwagengeschäft ohne ein gesundes GW-Geschäft nicht existieren kann. Je größer die Abhängigkeit vom Neuwagenverkauf ist, umso gewichtiger werden die Hersteller ihre Schwerpunkte im GW-Geschäft setzen. Die Kunst liegt darin, im GW-Geschäft das angestammte Markenimage in geeigneter Weise zu transportieren. Stellt sich die Frage, ob man bei den Markennamen wie BMW Premium Selection, Fiat Auto Expert, Citroen Eurocasion, Ford A 1 Programm, Audi Gebrauchtwagen: plus, Volkswagen First Class, Jaguar First Class Quality, Lexus Select, Opel G2 zertifizierte GW, Peugeot Qualitäts-GW, Hyundai: Gecheckt & Perfekt oder Renault 7 Sterne-GW, bei MB »Junge Sterne« von eingetragenen internationalen »GW-Marken« sprechen kann? Oder sind es nur Marken im weiteren Sinne? Oder ist die »GW-Marke« Teil der Marke? Tatsache ist, ein Gebrauchtwagen kann nie besser als der Neuwagen der gleichen Marke sein. Liegt darin das Markendilemma begründet? Welcher Kunde erfasst die aufgeführten »Programme« als Marke? Für welchen Kunden ist sie Träger von klaren Bedeutungen, Botschafter? Oder hat eine dieser Marken zur Stunde nachweislich Einfluss auf das Kaufverhalten der Konsumenten? Ist eine der Marken so stark, dass sie sich positiv auf Menge und Preis auswirkt? Oder ist nicht feststellbar, dass es eine Inflation der Produkte und der Marken gibt? Die Konsumenten verlieren den Überblick in der Vielfalt. Sind viele Marken nicht quasi austauschbar? Wäre nicht viel sinnvoller, der Markenhandel würde sich auf eine einheitliche überfabrikatliche GW-Marke festlegen, diese mit Inhalt füttern und unisono kommunizieren?

Abb. 6.9.1 Die GW-Marke Weltauto

Abb.: 6.9.2 Die GW-Marke »Junge Sterne« von MB wurde 2009 auf dem Markt eingeführt .

Wer dennoch seine »GW-Marke«, bzw. Markendifferenzierung fährt, muss diese über kommunikative Aktionen ausfahren. Wer stellt dazu die finanziellen Mittel zur Verfügung? Umgekehrt wird der Händler durch seinen direkten Kontakt zum Kunden wichtiger. Gerade bei liberalisiertem (europäischen) Markt. Die so genannten »GW-Marken« gibt es je nach Marke schon lange. Ein Beispiel sei die »alte« GW-Garantie von Ford A1. Dennoch haben diese Marken keine Kontinuität, weil sie nicht ganzheitlich angelegt und nicht kontinuierlich gepflegt wurden. Das war und ist jeweils von den handelnden Personen und von den Marktgegebenheiten abhängig. Bei Neubauplanungen von Autohäusern wird das Thema GW gerne aus finanziellen Erwägungen (bewusst) in der Prioritätenskala nach hinten geschoben. GW verteuern nur die Bausumme, sind (Risiko-) Sache des Händlers.

Nicht zuletzt haben die Käufer junger Gebrauchtwagen eine vergleichbare Erwartungshaltung wie die Neuwagenkunden und orientieren sich sehr stark an fabrikatsspezifischen Angeboten. Und dann gilt eben der Satz: Das Autohaus und die Marke sind nur so gut wie die Mitarbeiter! Der einzelne Verkäufer ist im direkten Kundenkontakt der, der die wichtige Quelle des Markenwissens in sich trägt. Markenimage und Markenbekanntheit tragen wesentlich zum Markenvertrauen bei. Nicht nur das, er verkörpert, ja personifiziert die Marke. Markenzufriedenheit und Markenvertrauen bilden die Markenbindung. Eine Marke besteht immer aus den Elementen der Markenidentität (Ausdrucks- und Inhaltsebene), aus Markenwerten sowie dem Markennamen.

Die meisten Hersteller sprechen im GW-Bereich – wie angesprochen – nicht von Marke, sondern von Konzepten bzw. Programmen! Es werden Nutzenmerkmale herausgearbeitet, um eine Differenzierung herbeizuführen. Nutzenbündel mit nachhaltiger Differenzierung. Es gibt auf alle Fälle eine GW-Marke, die international als geschützte Handelsmarke eingetragen ist. Ihr Name: Weltauto. Sie gehört PIA, Salzburg und dient der österreichischen Volkswagen-Audi-Organisation zur Vermarktung von GW. Weltauto ist zugleich Österreichs führende GW-Börse und wird überregional beworben.

Bei Weltauto (s. Abb. 6.9.1) wurde durch geschickte Markenführung der Unternehmenswert langfristig gesteigert und der Bekanntheitsgrad der Marke nachweislich erhöht. Ein praktisches »Marken«-Beispiel der Hersteller: Junge Sterne (s. Abb. 6.9.2).

6.9.2 Die GW-Eigenmarke im Automobilhandel

Neben der Hersteller-GW-Marke gehen mehr und mehr Händler dazu über, ihre eigene GW-Marke, sprich Händlermarke, zu etablieren. Oftmals weist der Gebrauchtwagenplatz der Händlermarke einen separaten Standort vom Neuwagensektor entfernt auf. Außerdem werden unter dem GW-Markendach des einzelnen Händlers mehrere GW-Filialen geführt. Der eine und andere Händler trennt auch das GW-Geschäft rechtlich von seinem Markenhandelshaus. Das hat bilanzielle Erwägungen bis hin zu Basel II-Beurteilungskriterien, bis hin zur Offenlegungsfrage sämtlicher Daten vor dem Hersteller.

Hier einige praktische Beispiele:

Abb. 6.9.3 AUT.OS, VW-Audi-Händler Ostermaier in Vilsbiburg

Abb. 6.9.4 Solid Automarkt, MB-Vertreter Widmann Aalen

6.10 GW-Prozesse wirkungsvoll gestalten

Standards wie Prozesse haben den Sinn, auf allen Ebenen nach innen und außen Qualität zu produzieren. Die Schlüsselfehler werden ganz dominant im Einkauf und in der Prozesskonsequenz (GW-Produktion) gemacht. Abb. 6.10.1 zeigt den exakten GW-Prozess.

Die häufigsten Fehlerursachen:

- kein GW-Verantwortlicher
- keine GW-Planung (Markt, Jahresabsatz, Kapital)
- mangelhafter GW-Zukauf
- keine klare Verantwortlichkeit bei Einkaufs-Preisfindung
- kein definierter Übernahmeprozess
- keine Hereinnahmebewertung
- keine Nachkalkulation
- Unvollständigkeit der Unterlagen
- mangelhafte Kommunikation im Betrieb
- keine klare Prozessdefinition
- keine Prozesssteuerung, -sicherheit

Die Stärke des GW-Handels kann eigentlich nur das Einkaufen von Waren und das Vertreiben dieser Waren an den Endverbraucher sein. Und das sowohl bei Fahrzeugen, als auch Teilen und im Dienstleistungsbereich. Die Kerndomäne der dort Beschäftigten ist die Herstellung von qualifizierter Kontakten zum Verbraucher, um ihn dann mit Produktargumenten, Überzeugungskraft und Sympathie vom Kauf zu überzeugen. Alles

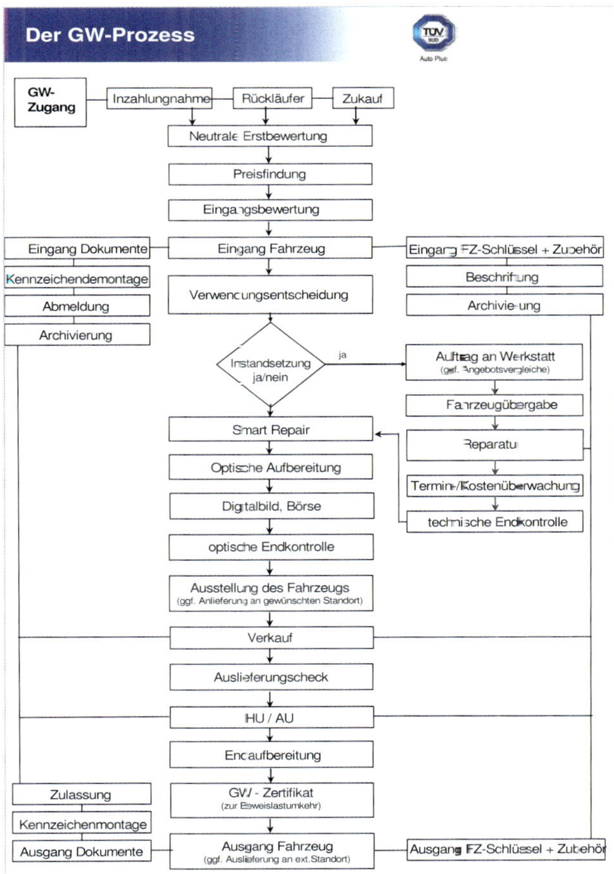

Abb. 6.10.1 Der GW-Prozess

andere ist ein Verbiegen bzw. Vergewaltigen des Verkaufs. Um die häufigste Ausrede des Zeitmangels zu beseitigen, muss das Aufgabengebiet des Verkaufsleiters auf diese genannten Tätigkeiten reduziert werden. Und seine eigentliche Aufgabe ist es, die Verkaufsmannschaft auf Erfolgskurs zu bringen. Dazu ist er leider oft nicht richtig qualifiziert. Nicht selten ist es der beste Verkäufer, den man mal irgendwann zum Verkaufsleiter gemacht, obwohl er für das Unternehmen den größten Nutzen im direkten Verkaufsgeschäft einfahren könnte.

Wenn Verkaufsleiter und Verkäufer immer wieder mit »vertrieblichen Nebensächlichkeiten« belastet werden (GW-Produktion), wird der Erfolg blockiert. Es hat viele Jahre gedauert, bis man festgestellt hat, dass einige Arbeiten, die ein traditionelles Autohaus bis dato selbst erbracht hat, gewinnbringender ausgelagert werden können. Der Erfolg war bessere Qualität, zu günstigeren Konditionen und höherer Kundenzufriedenheit. Man denke da nicht zuletzt an die Auslagerung der Gebrauchtwagenaufbereitung. Oder an die Konzentration der GW-Aufbereitung für sämtliche Firmenfilialen.

Mittlerweile bietet der Markt ein komplettes Gebrauchtwagenmanagement, das dem Verkauf die Arbeit von der Hereinnahme, über die Überwachung der Durchlaufprozesse, die An- und Abmeldung von Fahrzeugen bis hin zur Kontrolle der ausgeführten Arbeiten, abnimmt. Abgesehen davon, dass so nützliche Nebeneffekte wie durchschnittliche Standzeiten die Liquidität und den Ertrag stützen, wird auch hier wertvolle Zeit für den Verkaufsleiter zur professionellen Führung seiner Verkäufer freigesetzt und die Verkäufer haben Zeit sich auf das Wesentliche zu konzentrieren.

6.11 Gebrauchtwagen-Management-Systeme

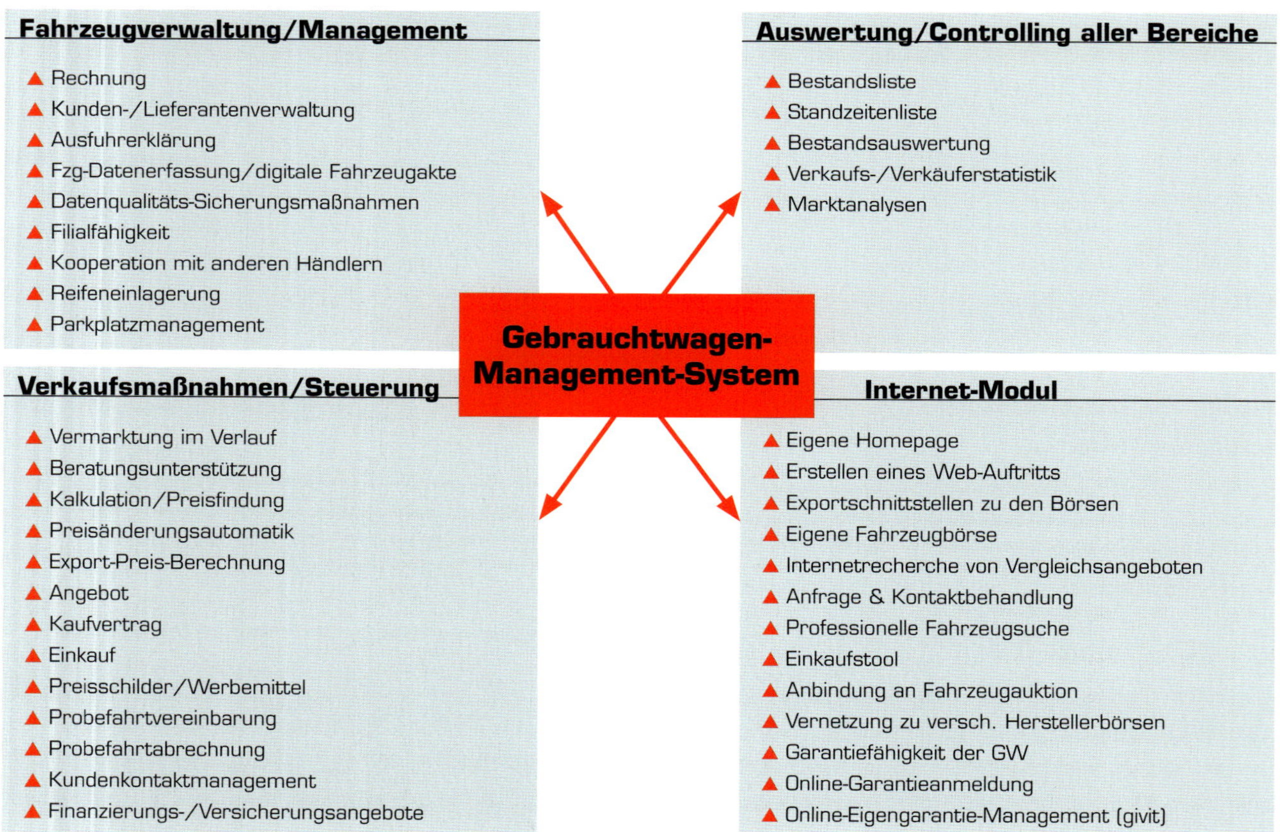

Abb. 6.11.1 Gebrauchtwagen-Management-Systeme

Übersicht Anbieter und Hersteller von Gebrauchtwagen-Managementsystemen

2Simple GbR	40237 Düsseldorf	www.2simple.net
AutoDo GmbH	29221 Celle	www.autodo.de
Autogenial.de	63512 Hainburg	www.autogenial.de
Real Garant Software AG / AutoPro	73765 Neuhausen	www.rgswag.de
Indusoft e.V. / AVA/IVA	64354 Reinheim	www.indusoft.de
DD Computer Consulting GmbH / CarBase	50354 Hürth	www.carbasesys.de
Carcopy.com	10365 Berlin	www.carcopy.com
DEKRA Automobil GmbH / CarOperator	70565 Stuttgart	www.dekra.de
Dotzilla GmbH & Co. KG	47059 Duisburg	www.dotzilla.de
F&F Computer GmbH / GWM BMW	80686 München	www.ff-muenchen.de
InfoServe GmbH / ICARDO	66115 Saarbrücken	www.icardo.com
Modix GmbH	56182 Urbar	www.modix.de
EurotaxSchwacke GmbH / SchwackeNet	63477 Maintal	www.schwackenet.de
BW Solution GmbH / Web-Disposition	22607 Hamburg	www.bwsolution.de
TÜV Süd Auto Plus GmbH	70597 Stuttgart	www.plus-service.de
ICO-International GmbH / Webmobil24	60437 Frankfurt	www.webmobil24.com

Abb. 6.11.2 Anbieter von GW-Management-Systemen

Für die optimale Vertriebsgestaltung im Gebrauchtwagengeschäft wurden inzwischen zahlreiche spezielle EDV-Programme entwickelt. Zum Teil beinhalten sie die komplette Prozesskette des GW-Geschäfts, zum Teil stellen sie Speziallösungen dar, z. B. E-Mail-Beantwortung, Parkplatz-Management u. a. Abb. 6.11.1 zeigt die einzelnen Leistungsbausteine eines GW-Managementsystems: rasche Einmalerfassung der Daten, automatischer Import von Fahrzeugbeständen, Schnittstellen zu diversen Dealer Management Systemen, der Abgleich mit den Internet-Kfz-Börsen.

Empfohlene GW-Managementsysteme der Hersteller (in alphabetischer Reihenfolge)

Hersteller	GW-Programm	Empfohlenes GW-Managementsystem
Audi	Audi Gebrauchtwagen:plus	Keine besonderen Vorgaben
BMW	BMW Premium Selection Gebrauchte Automobile	BMW stellt den Händlern ein eigenes GebrauchtWagenManagementsystem (GWM) mit Schnittstelle zu empfohlenen DMS zur Verfügung. (Empfohlen wird Incadea engine [Navision]).
Chevrolet	Siehe Opel	Siehe Opel
Citroën	Eurocasion	AutoPro (GW-Verwaltungsprogramm der RealGarant)
Fiat	AutoExpert	Keine Angaben
Ford	A1 Programm	Ford-eigenes GW-Managementsystem Kosy. Dieses System verfügt über umfangreiche GW-Kontroll- und Steuerungsinstrumente, über das notwendige Formularwesen sowie über die Schnittstellen zu den Börsen, den Rückversicherern und zu den Bewertern DAT und EurotaxSchwacke.
Honda	in Planung	Keine Angaben
Hyundai	Gecheckt&Perfekt	Neben dem DMS-System des Händlers wird die Nutzung der GW-Systeme von DAT Silver DAT oder Schwacke empfohlen.
Jaguar/Land Rover	First Class Quality	Keine Empfehlung für ein bestimmtes System
KIA	in Planung	Keine Angaben
Lexus	Lexus Select	Hauseigenes DMS
Mazda	Zertifizierter Gebrauchtwagen	Eigenentwicklung; in DMS „MACS“ (Abdeckung rund 95% im Mazda-Händlernetz) integriert
Mercedes-Benz	Junge Gebrauchte	Daimler empfiehlt das Händlersystem Autoline. Die Unterstützung des GW-Geschäftes ist hierbei integraler Bestandteil und bietet im Einsatz Mehrwerte durch eine bereichsübergreifende Prozessunterstützung (z.B. CRM/Marketing, Werkstatt).
Mitsubishi	Diamant Gebrauchtwagen	Es wird ein internes und ein externes Produkt zur Wahl stehen.
Opel	G2 Zertifizierte Gebrauchtwagen	DAT und Schwacke-Produkte
Peugeot	Qualitäts-Gebrauchtwagen	Keine bestimme Empfehlung.Es wird nur geprüft, ob diese Systeme in der Lage sind, alle Informationen an die Peugeot-Börsen zu transportieren.
Porsche	Porsche Approved	Internationaler Porsche Locator (IPL)
Renault	7-Sterne-Gebrauchtwagen	Silver DAT II und Schwacke Net
Rolls Royce	Provenance	Keine Angaben
Seat	eSEAT	ISA-Gebrauchtwagen
Škoda	1+ Gebrauchtwagen mit Bestnote	DAT im Sinne eines elektronischen GW-Bewertungssystem, das sich auch zur GW-Verwaltung eignet
Saab	Siehe Opel	Siehe Opel
Toyota	Geprüfte Gebrauchtwagen	Hauseigenes DMS- und auch Controlling-Tool, das auch den GW-Bereich abbildet.
Volkswagen	Volkswagen First Class	Keine besonderen Vorgaben
Volvo	Quality 1	Es wird keine Empfehlung ausgesprochen, die Volvo-DMS sind mit verschiedenen Systemen kompatibel bzw. bedienen verschiedene Schnittstellen.

Abb. 6.11.3 Herstellerempfehlungen für GW-Management-Systeme

Es geht ferner um die Übertragung an die Zielmärkte wie Zeitungskunden, Händlerkollegen, Börsenkunden, Internetkunden, an die Auktionsanbieter, dann um individualisierte Preisschilder, um die Garantiefähigkeit der Gebrauchtwagen. Allesamt gewichtige Bausteine! Abb. 6.11.2 zeigt die Leistungsanbieter von GW-Management-Systemen. Und welcher Hersteller empfiehlt welches GW-Managementsystem? Abb. 6.11.3 gibt die Übersicht dazu.

An einem Beispiel sei dargestellt, wie sich die Anwendungen verfeinern und damit optimieren lassen. AutoDo! bietet das eMQS (E-Mail Quality System) an – siehe www.auto.do.de. Fragen wir zunächst, wie E-Mails im Hause beantwortet werden? Die Regel ist, im vorgegebenen standardisierten E-Mail-Raster. Abb. 6.11.4 zeigt, dass heute mit einfachen Mitteln die E-Mails gestaltet werden können. Zunächst sind diverse professionelle Textvorlagen hinterlegt, die individualisiert werden können. Es können dann vergleichbare Fahrzeuge dem Kunden im Anhang mit offeriert werden oder Finanzierungs-, Leasing-, Versicherungsangebote. Das Ganze kann im Anschreiben farblich unterlegt werden und mit einem Bild des antwortenden Verkäufers oder Chefs etc. ausgestattet werden. Da erhält eine E-Mail eine ganz andere, nämlich individualisierte Wirkung!

TIPP

Nutzen Sie die Individualisierungschancen der GW-Management-Systeme. Fangen Sie mit individualisierten E-Mails an.

Anbieter wie die DAT oder Schwacke haben gezielte, internetbasierte GW-Systeme. Bei Schwacke hat der Anwender online Zugriff auf die aktuellen EurotaxSchwacke-Daten, per Knopfdruck den Gesamtfahrzeugbestand, die Möglichkeit der Fahrzeugbewertung (bis zu 20 Jahre altes Automobile), Reparaturkalkulation, einen Neuwagenkonfigurator, technische Daten, Händler-Homepage, Standzeitenmanagement, Vor-, Zwischen- und Nachkalkulation, Jahresinventur, Reportings u.a.

Abb. 6.11.4 Die individuelle E-Mail; Beispiel aus dem Autohaus Mothor

6.12 Der Absatzmotor GW-Garantie

Die Gebrauchtwagengarantie hat sich seit ihrer Erfindung und Markteinführung durch Peter Patzelt (Gründer der Car-Garantie) im Jahre 1971 zum markantesten Kundenbindungsmedium in Sachen Gebrauchtwagen im Fachhandel entwickelt. Aus der Additiv-Garantie von damals entwickelte sich die Reparaturkostenversicherung, später in Zusammenarbeit mit dem ADAC die Rundum-Garantie-Formel C auf der Grundlage der Allgemeinen Bedingungen für die Garantieversicherung von Kraftwagen. 2004 kam als weitere Innovation das givit Garantie Management System. Die GW-Garantie ist heute aktives Verkaufsförderungsmittel, dient markengebunden und überfabrikatlich der Werkstatt-Auslastung, einer besseren Kundenbindung und ist je nach strategischer Ausrichtung ein substanzieller Ertragsbringer.

! *Der GW-Durchschnittspreis im Fachhandel beträgt 12.000 EUR. Der Preis für die GW-Garantie liegt im Durchschnitt zwischen 190 EUR und 250 EUR. Die GW-Garantie macht damit zwischen 1,5 und 2 % vom Anschaffungswert aus. Kein Kunde verzichtet auf die NW-Garantie! Und warum ist dies beim GW nicht selbstredend ein Muss?!*

Wir haben die Zahlungsbereitschaft des Kunden für die GW-Garantie hinterfragt. 48 % der Kunden zeigten eine hohe Bereitschaft, sprich jeder zweite GW-Käufer. Folglich stecken im Verkauf einer GW-Garantie noch hohe Potentiale. Fragen wir den GW-Käufer, wie wichtig eine GW-Garantie bzw. ein Gütesiegel für ihn ist, dann hat die Garantie für 68 % der Befragten ein hohe oder sehr hohe Bedeutung.

GW-Garantiearten – ein breites Kundenbindungsspektrum

Grundsätzlich ist zwischen der GW-Garantie beim Fachhändler und der GW-Garantie unter Privatleuten zu unterscheiden. Die GW-Garantie beim Fachhandel wird heute in der automobilwirtschaftlichen Theorie den »Automobilen Finanzdienstleistungen« zugeordnet – siehe Kap. 4.8. Danach wird eine grundsätzliche Unterscheidung nach:

1. Gebrauchtwagengarantie
2. Anschlussgarantie
3. Mobilitätsgarantie (Schutzbriefleistungen)

vorgenommen. Von den heute mehr als zwanzig »Garantie-Gesellschaften«, die Prämieneinnahmen des Autohandels entgegennehmen, arbeitet die eine oder andere Gesellschaft exklusiv mit dem markengebundenen Fachhandel zusammen, während andere Garantieversicherer auch den Privatmarkt bedienen.

Anbieter auf dem Privatmarkt sind Condor (www.condor-versicherungen.de) und Garantie Direkt (www.garantie-direkt.de). GW-Garantien im Privatmarkt werden zu einer Jahresprämie ab 190 EUR bis 320 EUR (bis 150 KW) inkl. 19 % Versicherungssteuer angeboten. Hinter »garantie-direkt.de« steckt die German Assistance AG, die auch den Kfz-Fachhandel mit ihren »Garantieprodukten« bedient. Der ADAC, der die Garantie für den Privatmarkt noch bis 2006 anbot, scheint sich aus diesem Geschäft zurückgezogen zu haben. Laut Informationen von Condor mussten zwei Drittel der privat erworbenen Pkw innerhalb der ersten drei Monate nach dem Kauf in die Werkstatt. Eine Garantie- bzw. Reparaturkostenversicherung rechnet sich für diesen Markt aufgrund zu vieler Unwägbarkeiten nicht. TÜV, GTÜ, KÜS und Dekra bieten interessierten Käufern wie Verkäufern GW-Fahrzeugchecks, allerdings ohne jegliche Garantien an. ATU prüft und verschickt speziell für eBay-Kunden ein GW-Zertifikat per E-Mail: Preis 35 EUR.

Zurück zur GW-Garantie im Fachhandel. Die meisten Automobilhersteller sprechen eine Empfehlung für einen bestimmten GW-Garantieanbieter aus oder betreiben über ihrer Versicherungsvermittlungsdienst das Geschäft selbst (z. B. über den Volkswagen-Versicherungsdienst oder den Fiat-Versicherungsdienst). Diese Empfehlung geschieht bei dem hochprofitablen Garantiegeschäft nicht ganz uneigennützig, sowohl bei der GW-Garantie als auch der NW-Anschlussgarantie. Dennoch ist der Händler – trotz anders lautender Aussagen diverser Außendienste – in der Handhabung seiner GW-Garantieauswahl frei. Wer beispielsweise als BMW-Händler die EuroPlus Garantie anwendet, kann diese trotz BMW-Empfehlung für einen Garantieversicherer selbst managen und ist auch in der Gestaltung der EuroPlus-Service-Stelle frei.

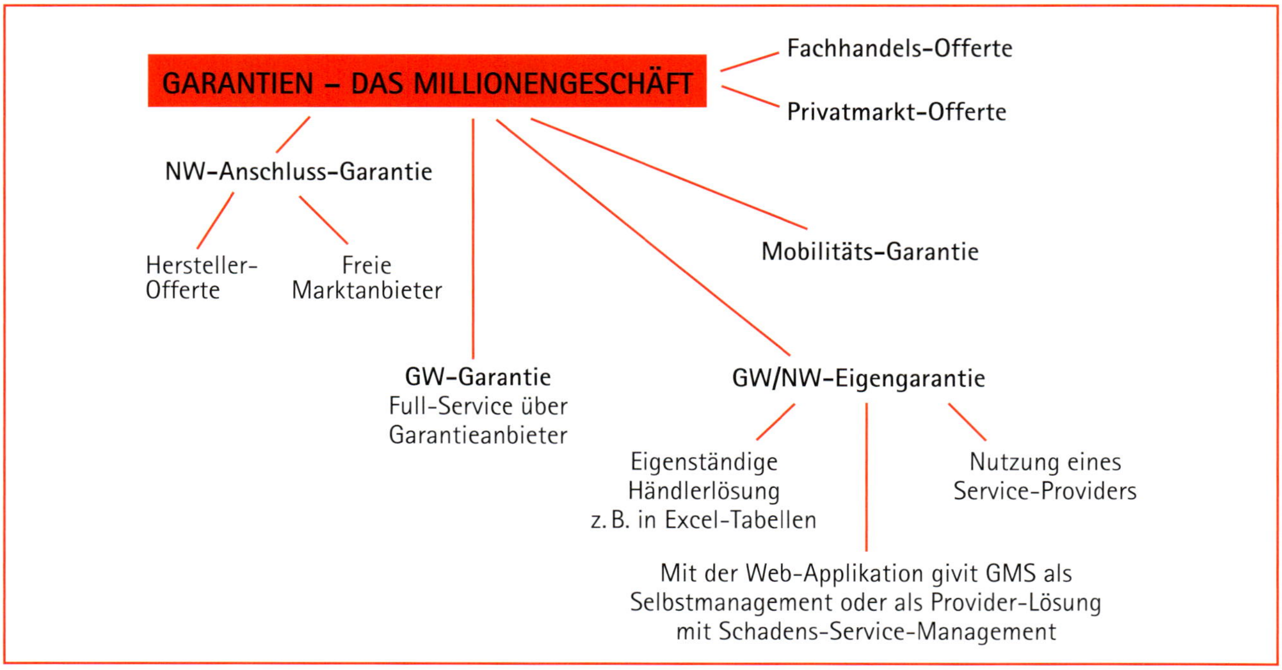

Abb. 6.12.1 GW-Garantien

Abb. 6.12.1 zeigt die weitere Differenzierung der **klassischen GW-Garantie**. Zum einen wird in der verbreitetesten Form die GW-Garantie als Full-Service-Garantie des Versicherungsgebers gefahren. Der Händler braucht sich weder um das Bedingungswerk noch um Formulare oder um die technische Abwicklung von Schäden kümmern. Er wird rundherum vom Versicherer betreut. Dass das seinen Preis hat, spiegelt sich in den glänzenden Bilanzen der Garantieversicherer wieder. Mit dem Verkauf von Gebrauchtwagen wird auch heute noch überwiegend eine Baugruppengarantie (gilt auch für Neuwagen im Anschluss an die Werksgarantie) zugrunde gelegt, die dem Inhalt der vom ZDK empfohlenen Baugruppengarantie entspricht.

Die Fehlerart der vorkommenden Schäden unterstreicht zwar die Bedeutung einer Garantie für den Gebrauchtwagen, ist aber versicherungstechnisch aufgrund der durchschnittlich regulierten Schadenhöhe nicht unbedingt erforderlich. Der am häufigsten auftretende Schaden tritt bei der elektrischen Anlage auf, gefolgt von der Kraftstoffanlage, dem Motor, dem Kühlsystem, und dann an der Lenkung. Am wenigsten Schäden ereignen sich am Automatikgetriebe, wobei der am wenigsten auftretende Schaden allerdings mit einem Betrag von rund 1.100 EUR zu Buche schlägt, gefolgt von Schaltgetriebe und Motor. Der am häufigsten auftretende Schaden, also die elektrischen Anlagen, verursachen einen Reparaturaufwand von rund 200 EUR. Weitere Erkenntnis: Zwei Drittel der auftretenden Schäden bewegen sich in der Größenklasse bis zu 250 EUR, weitere 20 % in der Schadenhöhe bis zu 500 EUR. Schäden bis zu 5000 EUR machen maximal 1 % aus!

TIPP

Die Vorzüge einer GW-Garantie sind noch viel wirkungsvoller gegenüber dem Kunden zu artikulieren!
Und wie gelingt das? Die Nutzenfaktoren herausstellen!

Kunden-Nutzen-Faktoren der GW-Garantie:

1. Garantie schont den Geldbeutel.
2. Garantie-Entgelt (Prämie) schafft Kostentransparenz.
3. Garantie deckt wichtige Baugruppen und Teile, die dafür Sorge tragen, dass das Auto funktioniert.
4. Garantie geht beim Verkauf an Privat auf den Erwerber über, dadurch Neukundengewinnung und zusätzliche Folgegeschäfte.
5. Garantie sichert höheren Wiederverkaufswert des Fahrzeuges.
6. Garantiegeber sind bestrebt, eine unkomplizierte Garantieabwicklung sicherzustellen, oftmals auch durch einen Hotline-Service.
7. Garantiebedingungen enthalten überwiegend klare Vertragsgestaltungen.

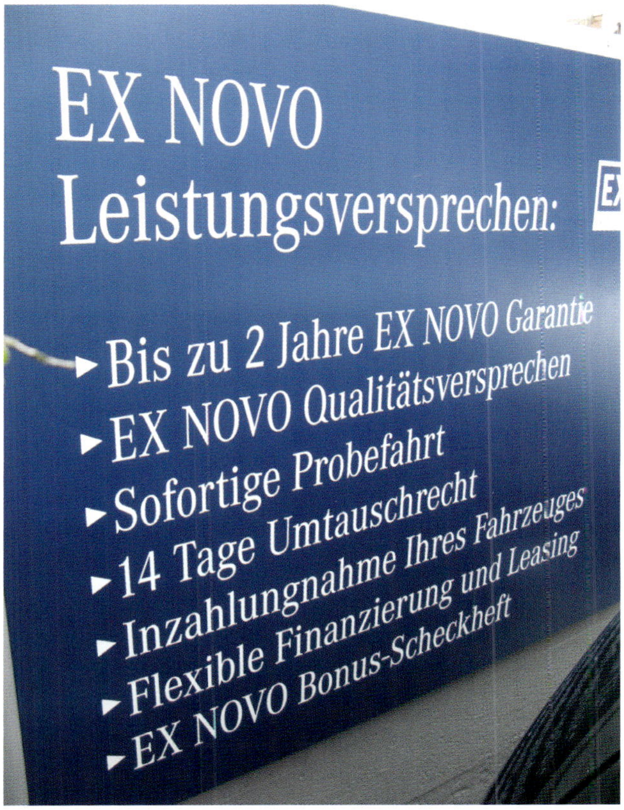

Abb. 6.12.2 Ex Novo – die Leistungsversprechen der GW-Garantie, Autohaus Kestenholz, Basel

Und wie setzt man das sichtbar in der Praxis um? Abb. 6.12.2 zeigt ein Praxisbeispiel von MB-Vertreter Kestenholz in Basel.

Unter »Risikoaspekten«, soweit das je nach Fahrzeugtyp beurteilt werden kann, ist nicht jeder GW-garantiefähig. In der Branche wird jeweils von »garantiefähigen Fahrzeugen« gesprochen. Je nach Garantiegeber bzw. Garantieversicherer sind hier Fahrzeuge gemeint, die z. B. nicht älter als zehn Jahre sind bzw. eine begrenzte Fahrleistung haben. Auch die Kundenbeteiligung an den Materialkosten ist abhängig von der gefahrenen Kilometerzahl. Bis 50.000 km wird meist das Material zu 100 % ersetzt, darüber hinaus trägt der Kunde einen Selbstbehalt zwischen zehn und 60 %, wenn die Garantiebedingungen nicht andere Regelungen vorsehen. Das unterscheidet sich von »Garantiepaket zu Garantiepaket«. Abb. 6.12.3 sind die Gesellschaften auf dem deutschen Markt abgebildet, die sich allgemein mit dem Thema Garantien beschäftigen.

Individualisierte GW-Garantie-Systeme

Bei der zweiten Gestaltungsart der GW-Garantie, im Fachhandel nennen wir sie »GW-Garantie Kombi«, werden die Abwicklung und das Schadenmanagement über einen Dienstleister (Service-Provider) durchgeführt. Der Händler ist selbst Garantiegeber und nutzt quasi das Bedingungswerk und den Abwicklungsservice des Service-Providers. Das ist umgekehrt der Lohn für eine qualifizierte, gute technische Fahrzeugaufbereitung. Der Anbieter versorgt den Händler auch mit Managementinformationen (Statistiken, Kennziffern u. a.m.). Das Garantie-Entgelt wird teilweise auf dem Bankkonto des Service-Providers geparkt, von dem dieser dann die Garantiefälle reguliert. Der Händler spart in solchen Fällen zwar einen Großteil der Verwaltungskosten des Versicherers ein, bezahlt aber immer noch die Service-Provider-Kosten für das Handling der Garantiefälle, statistische Informationen, Außendienstgesuche u.v.a.m. Der Kostenfaktor für dieses Handling liegt pro Garantievereinbarung zwischen 18 und 42 EUR. Der Händler kann die »GW-Garantie-Kombi« auch europaweit abwickeln lassen. In diesem Garantiespektrum werden heute schon sehr individuelle Maßanzüge geschaffen.

Die GW-Eigengarantie oder das Selbstmanagement von Garantien

Mehr und mehr Händler entscheiden sich für die **GW-Eigengarantie.** Dank Internet hat z. B. givit über einen Server eine eigenständige Garantielösung für die Branche geschaffen und 2004 zu einem »GW-Garantie-Management-System« (GMS) entwickelt. Neueste Internettechnologien, zuverlässige Datenübertragung und -sicherung machen die Wende im GW-Garantie-Geschäft organisatorisch wie wirtschaftlich erst möglich. Es können genau die Garantieprogramme, -bedingungen und -prämien (als Garantie-Entgelte bzw. -Rückstellungen) hinterlegt werden, mit denen der Händler heute schon arbeitet. Von der Rückstellungsbildung, der händlerindividuellen Garantievereinbarung für mehr und bessere Kundenbindung, der Regulierung mit und ohne Selbstbeteiligung sowie der Abwicklung im Garantiefall bis hin zum optimalen Reporting aller Varianten, das ist heute alles machbar. givit ist das erste, webbasierte GW-Garantieprogramm der Branche. Das givit Garantie Management System (GMS) ist eine intelligente Form der Kostensenkung und Ertragssteigerung.

! *Die Eigengarantie wird für viele Autohäuser zum Maßanzug für die Zukunft!*

Gesellschaften im Garantiemarkt	
Garantieversicherer	**Web-Adresse**
CG Car Garantie Versicherungs-AG	www.cargarantie.com
Condor Allgemeine Versicherungs-AG	www.condor-versicherungsgruppe.de
Europ Assistance Versicherungs-AG	www.europassistance.com
German Assistance Versicherung AG	www.german-assistance.com
GGG Kraftfahrzeug-Reparaturkosten Versicherungs-AG	www.ggg-garantie .de
Real Garant Versicherung AG	www. realgarant.de
(Garantie-)Versicherungs-Vermittler, Service-Provider:	
APC Adams GmbH	www.apc-adams.de
Car-Garantie GmbH	www.cargarantie.com
Fiat Versicherungsdienst GmbH	www.fiat.de
GSG Garantie-Service-GmbH	www.garantie-service-gmbh.de
Inbtec Kfz-Garantie GmbH	www.intec-garantie.de
Meneks Gebrauchtwagen Garantie AG	www.meneks.de
Mondial Assistance Deutschland GmbH	www.mondial.de
MultiPart Garantie AG	www.multipart.de
Pro Garant Garantiesysteme GmbH	www.progarant.de
Pro-Car Versicherungsdienst AG	www.pro-car-garantien.de
Rekoga AG	www.rekoga.de
Volkswagen Versicherungsdienst GmbH	www.volkswagen.de
Tissen-Kruck GmbH	www.tissen-kruck.de
Wena-CAR Produkt GmbH	www.wencar.de
Gesellschaften, die aussschließlich Software, Web-Applikationen für das Selbstmanagement von Händlergarantien anbieten:	
givit ag. Garantie Management Systeme*	www.givit.de
*auch Schadenservice möglich	**Die Übersicht stellt keine Gewähr für die Vollständigkeit dar.**

Abb. 6.12.3 Gesellschaften im Garantiemarkt

Die Neuwagen- und Gebrauchtwagen-Anschlussgarantie
Die **GW-Anschlussgarantie** hat funktionell dieselbe Aufgabe wie die **Neuwagen-Anschlussgarantie.** Diese Garantieform wird sowohl über gezielt Herstellerempfehlung wie auch über freie Versicherungsgeber am Markt offeriert.

! *Garantie-Kundenbindungsprogramme führen beim Kunden zu Vertrauenspositionen – in Folge auch im Unfallgeschäft zur natürlichen Bindung inklusive einem angehängten Mobilitätsservice.*

Die **Neuwagen-Anschlussgarantie** wird in der Regel auf ein Jahr im Anschluss an die Werksgarantie für das 3. bzw. 4., oder 3. und 4., bzw. 4. und 5. Jahr abgeschlossen und ist europaweit ausgelegt. Vergütet wird im Schadenfall der volle Lohn, beim Material wird mit Abschlägen gearbeitet. Der Kunde wird mit der Anschlussgarantie über die Kulanz hinaus vor möglichen Reparaturkosten geschützt. Je nach Anbieter liegt ein unterschiedliches Bedingungswerk vor. Zahlreiche Anbieter begrenzen die Garantie für Fahrzeuge bis zu bestimmten Leistungsstärken und einer Laufleistung, die überwiegend zwischen 120.000 km und 150.000 km liegt.

! *Kundenbindungsprogramme bzw. Life-Cycle-Programme führen zu wirkungsvoller Werkstattauslastung.*

Mobilitätsgarantie (Schutzbriefleistungen)
Die Mobilitätsgarantie wird in Anspruch genommen, wenn eine Weiterfahrt mit dem Auto nicht mehr möglich ist, sei es

durch technische oder gesundheitliche Probleme oder gar einen Unfall. Der Versicherer unternimmt die erforderlichen Schritte und stellt die finanziellen Mittel bereit, um dem Autofahrer in seiner Situation zu helfen. Zum Leistungsumfang der Mobilitätsgarantie gehören unter anderem Abschleppservice, Pannenhilfe, Leihfahrzeug, Übernachtungen vor Ort und Rücktransport von Kranken. Von einigen Autoherstellern wird die Mobilitätsgarantie automatisch angeboten, wenn das Fahrzeug regelmäßig zur Inspektion in die Vertragswerkstätten gebracht wird. Auch einige freie Werkstätten bieten ihren Kunden bei regelmäßiger Kontrolle des Fahrzeugs die Mobilitätsgarantie an (www.im-auto.de). In der Praxis werden die Mobilitätsgarantien bzw. Schutzbriefleistungen oftmals von anderen, darauf spezialisierten »Assistance-Gesellschaften« im Auftrag von Automobilherstellern bzw. Importeuren gemanagt (ADAC Schutzbrief-Versicherung, Europ-Assistance).

Bundeseinheitliches GW-Qualitätszertifikat

Es wurde in den vorangehenden Kapiteln die Bedeutung der GW-Garantie herausgearbeitet. In Kapitel 6.7 haben wir die GW-Programme der einzelnen Hersteller und Importeure vorgestellt und Kapitel 6.9 die Thematik GW-Marke. Es stellt sich die zentrale Frage: Was nimmt der Kunde in der Wirkung von den angebotenen GW-Programmen, was von der GW-Garantie z. B. in den Börsen wahr? Ein großes Verwirrspiel!

Wer gar den GW-Börsenauftritt diverser Anbieter analysiert, findet dort das Thema GW-Garantie beim Fachhandel nicht mit einem Wort erwähnt. Da werden allenfalls Leasing, Versicherung, Finanzierung genannt. Immerhin versieht AutoScout24 bei der GW-Schnellsuche den Auftritt mit der Option: »mit Garantiesiegel«. Oder in der Rubrik »Finden Sie Ihren Gebrauchtwagen!« wird ganz unten, nochmals, ganz unten unter Garantie und Prüfungen die Thematik GW-Garantie aufgerufen und auch ein paar Beispiele von GW-Herstellergarantien beispielhaft angesprochen. Die Garantie von Ford, Peugeot, Porsche, Audi und Toyota. Und das war es. Wo bleibt der einheitliche Branchenauftritt? Wer die Printanzeigen in den Zeitungen studiert, findet wenig Hinweise auf die GW-Qualität. Und Qualität schafft für den GW-Käufer Sicherheit.

Der ZDK kreierte 1988 das »GW-Vertrauenssiegel«. Eurotax entwickelte für Österreich schon sehr früh das Konzept »Fair Play«. Wir brauchen jetzt einen neuen, abgespeckten Anlauf. Es sollte ein qualitativer Mindeststandard für die GW entwickelt werden. Jedes Fahrzeug, das dieses technische Level erfüllt, wird mit einem Signet versehen. Dieses Signet taucht bei jedem GW in der GW-Börse wie in den Printanzeigen auf. Dieses Signet wird überfabrikatlich entwickelt und deutschlandweit beworben. Die Initiative dafür sollte vom Fachhandel ausgehen. Er sollte die Maßstäbe dafür setzen, zumal es die qualitativ besten GW beim Marken- und Fachhandel gibt. Das hat zumindest auch der ADAC festgestellt.

! *Hersteller und Handel sollten über den VDA-VDIK und ZDK ein überfabrikatliches GW-Qualitätszertifikat generieren, das über ein einheitliches Logo in sämtlichen Printmedien (Anzeigen) wie in den GW-Internet-Börsen das einzelne Gebrauchtfahrzeug zum qualitativen Unikat erhebt. Egal ob garantieversichert oder mit Händler-Eigengarantie angeboten.*

6.13 Gebrauchtwagen-Kennzahlen-Management

Kennzahlen sind Richtgrößen für das Alltagsgeschäft. Sie geben in der Kurzfristigen Erfolgsbetrachtung Informationen über den gestalteten Ist-Zustand und sind wichtige Indikatoren für die zukünftige Ausrichtung. Bei der Beurteilung überfabrikatlicher Durchschnittswerte ist jeweils zu trennen zwischen den einzelnen Betriebsgrößen, den unterschiedlichen Marken, zwischen markengebundenem und freiem Handel, zwischen Endkunden- und Wiederverkäufergeschäft.

Der Vertragshandel hat das strukturelle Phänomen, dass 70 bis 80 % der GW-Geschäfte über Hereinnahmen aus dem Neufahrzeuggeschäft zustande kommen. Und das hat nicht nur buchhalterische Ewigkeitsabgrenzungsprobleme zum Inhalt. Die deutlich besseren Renditen im freien Gebrauchtwagenhandel kommen über den besseren bzw. qualifizierteren GW-Einkauf zustande. Oder anders formuliert, wer kein aktives Zukaufsmanagement betreibt, wird in Sachen Renditen Enge erleben. Das wiederum ist wieder eine Frage der Betriebsgröße, der personellen Ausstattung, der Kapitalausstattung etc.

Eine Kennzahl allein ist nie der alleinige Maßstab. Dennoch gibt es in der Bedeutung unterschiedliche Prioritäten. Der Gewinn pro Fahrzeug steht ganz oben an. Der Durchschnittsverkaufspreis eines GW im Fachhandel liegt bei 8.000 EUR bis 12.000 EUR (o. MwSt.). Die Rendite pro Fahrzeug sollte – je nach Betriebsgröße – zwischen 2 und 6 % liegen. Bitte, der freie GW-Handel schafft eine Durchschnittsrendite von 4 %! Da sind sogar Händler dabei, die mehr als 1.000 GW verkaufen und zweistellige Renditen schreiben! Das ist im Markenhandel nicht darstellbar, im freien GW-Handel aber Realität! Wenn im Neufahrzeugeschäft nicht mehr viel zu holen ist, wo sollen auf Dauer die Erträge eingefahren werden?

Abb. 6.13.1 zeigt die durchschnittliche Soll-Kostenstruktur im Markenhandel. Anders formuliert, wer pro GW 4 % Umsatzrendite erzielen möchte, braucht pro GW 21 Prozent Bruttoertrag! 8 bis 10 % sind die Realität. Wer die einzelnen Kostenblöcke analysiert, kann überlegen, welcher Kosteneinfluss fixer Natur und welcher beeinflussbar ist. Der Personalkostenfaktor ist besonderer Erfolgsgarant. Dennoch, variable, erfolgsabhängige Provisionssysteme sind selbstredend. Besondere Beeinflussungsqualität hat das Standzeitenmanagement. Wer kalkulatorisch insgesamt 270 EUR pro Fahrzeug rechnet und die Standkosten pro Tag mit 9 EUR ansetzt, kommt auf 30 Standtage. Darüber hinaus läuft die »Kiste« bereits in den roten Bereich. 9 EUR Standkosten pro Tag ist aber keine überzogene Größenordnung. Die Standzeit pro GW sollte unter 60 Tagen liegen. 6 Mal GW-Umschlagsfaktor sollte erzielt werden. Oder anders, die Standzeit ist der größte Gewinn-Killer! Die Frage ist zudem, ob an der Preisschraube gedreht werden kann? Oftmals werden die GW in den ersten 30 Tagen zu niedrig abgesetzt. In der Tat: Es kommt heute auf jeden 50 EUR-Schein an!

Also muss zusätzlich im Einkauf kräftig poliert werden. Mit dem Einkauf steht und fällt der Gewinn! Und der Einkauf ist wiederum maßgeblich abhängig vom aktiven Zukauf. Wer beispielsweise die Kennzahl Verkaufsrelation Neuwagen zu Gebrauchtwagen analysiert weiß, dass hier als Idealwert 1:1,25 angesehen wird. GW-Dynamiker puschen u.a. die Rücknahmequote auf GW, also »Gebraucht auf Gebraucht«. Insider fordern heute die doppelte Menge an GW (inkl. Jungwagen) wie Neuwagen! Die folgende Übersicht gibt die aktuellen GW-Soll-Werte für die Branche wider.

! *Die Zielrendite im GW-Geschäft sollte bei 4 % liegen. Das bedeutet pro Fahrzeug einen Bruttoertrag von 21 %! Hauptmanko ist der überbezahlte Einkauf! In Zukunft ist die Relation NW: GW zu Gunsten des GW deutlich nach oben zu schrauben.*

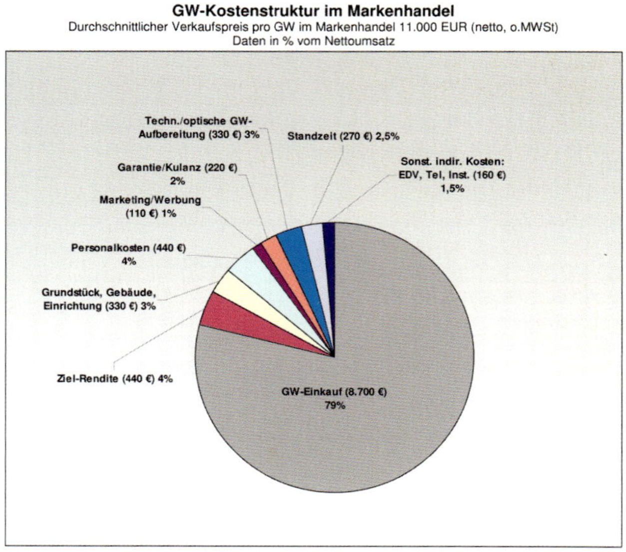

Abb. 6.13.1 GW-Kostenstrukturen im Markenhandel

Betriebswirtschaftliche Kennzahlen Gebrauchtwagen (Durchschnittswerte)
Soll-Werte

Bruttoertrag pro GW	8-15 %
Deckungsbeitrag III	4-7 %
Durchschnittliche Standzeit	unter 60 Tage
Standkosten pro Tag	13-16 EUR
Umschlag GW-Bestand pro Jahr	6-mal
Anteil Eigen- zu Fremdmarke	70-80 % Eigenmarke
Verkaufsvolumen pro GW-Verkäufer	180 GW – 240 GW p.a.
Aktiver GW-Zukauf in Relation zur Gesamtverkaufsmenge GW	30 %
Tauschquote NW:GW	1:1,4
Technischer Aufwand pro GW	190 EUR
Optischer Aufwand pro GW	130 EUR

Standzeitenstruktur:

Bis 30 Tage	40 %
Bis 60 Tage	35 %
Bis 90 Tage	20 %
Bis 180 Tage	3 %
Über 180 Tage	2 %

7 Teile- und Zubehörmanagement (von Hubert Aichler)

Im Teile- und Zubehörbereich liegt noch viel verborgenes Potential. Hier finden Sie Anregungen und Impulse zur Optimierung dieses Geschäftsfeld. Die Prozesse, die Lagergestaltung, die Aufgaben der Mitarbeiter, der Einkauf und die Analyse der Lagerbestände sind nur einige der Stellschrauben. Wichtig ist auch der aktive Verkauf von Zubehör (wie Reifen und Öl).

7.1 Freiheiten nutzen – Initiativen ergreifen – Erträge sichern

Der Geschäftsbereich »Teile und Zubehör« wird von vielen Autohausinhabern und Führungskräften immer noch als »der ungekrönte Rendite-König«, »die Ertragsperle« oder als »Selbstläufer« bezeichnet. Das mag für das Teilegeschäft mancher Automobilhersteller und Importeure gelten, ein Blick auf die Entwicklung der Händler-Teile-Ertragszahlen der letzten Jahre und die sich daraus abzeichnende Tendenz sieht anders aus: Ein immer komplexer werdendes Geschäft mit hohem Anspruch an Management und Mitarbeiter. Längst ist auch in diesem Geschäftsfeld vollkommene Transparenz über die Produkte, deren Qualität, die Verfügbarkeit und den bestmöglichen Preis durch alle Handelsstufen hindurch bis zum Endabnehmer vorhanden.

Das Überangebot führt zu Preisdruck und Renditeverlusten; immer mehr Kunden- bzw. Abnehmergruppen erhalten Rabatte auf Ersatzteile; im Durchschnitt wird nur noch aus 40 % der Umsätze die volle Handelsspanne im Autohaus gehalten. Der großzügige Umgang mit wertvoller Marge wird überwiegend von der Neu- und Gebrauchtwagen-Vertriebsseite eingeleitet, mit dem Stückzahlen- und Umsatzdenken der Teilelieferanten fortgeführt und endet vielerorts bei nicht im Verkauf ausgebildeten Teileverkäufern am Barverkauf.

Die Folgen der durch die GVO ermöglichten Freiheiten, von der Herstellung der Teile bis hin zum Vertrieb, haben mehr Veränderungen mit sich gebracht als mancher markengebundene Betrieb mit dieser Tatsache in Verbindung bringen mag. Der überwiegende Teil der Automobilhändler und Servicebetriebe jedoch hat die gegebenen Möglichkeiten nicht genutzt hat Initiativen nicht ergriffen und ist in der Entwicklung abwartend, in passiver Verhaltensweise verharrt.

Gefangen in der Bonus-Falle

Die Auszahlungen des Teilebonus durch Hersteller und Importeure in fünf- und sechsstelliger Höhe retten das Abteilungsergebnis, oder anders gesehen, sollte der Bonus ausbleiben, wird das Ergebnis schnell rot, manchmal tiefrot. Vielfach ist aus diesen Gegebenheiten ein Teufelskreis entstanden, zum Jahresende wird zur Zielerreichung nochmals kräftig eingekauft, obwohl die Regale gut gefüllt sind, vorweggenommene Einkäufe, deren Umsatz im darauffolgenden Jahr fehlt. Die Spirale ist in Bewegung. Die Folge ist eine ständige Verstärkung der Abhängigkeit vom Lieferanten und die dauerhaft zu hohen Bestände. Folglich wird auch die Einkaufsmöglichkeit bei anderen Anbietern blockiert und der Wettbewerb ausgehebelt.

Für die Zukunft des Teilegeschäfts im Autohaus wird es mehr denn je darauf ankommen, zu erkennen und zu akzeptieren, dass die Sichtweise und Zielsetzungen von Lieferanten und Handel sehr unterschiedlich ausgeprägt sind. Für den Handel ist mehr Egoismus gefordert, die Freiheiten im Einkauf sollten konsequent ausgeschöpft und die Marktmacht als guter Kunde selbstbewusst genutzt werden. Es gibt keinen Schalter, der einfach umzulegen ist, damit es besser wird, nein, es sind viele kleine Bausteine, die ineinander greifend zum Ziel führen. Der Verfasser möchte in den nachfolgenden Ausführungen neben der Analyse auch die möglichen Verbesserungspotentiale und die damit verbundenen Maßnahmen aufzeigen. Je nach Betriebsgröße und Gegebenheiten sind Anpassungen bei der Umsetzung vorzunehmen. Entscheidend für den Erfolg ist aber die Veränderungsbereitschaft und Einstellung der Mitarbeiter sowie die Platzierung des Themas mit höchster Priorität innerhalb der Autohausführung.

7.2 Der Teile- und Zubehör-Markt

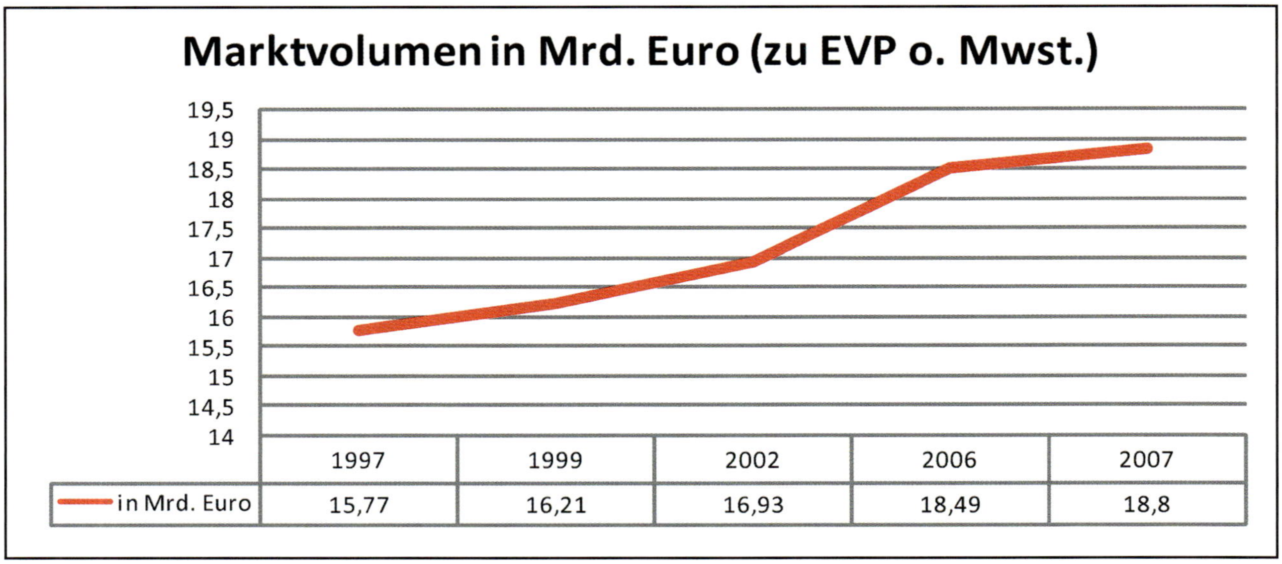

Abb. 7.1 Das Marktvolumen des Teileumsatzes in Europa (Quelle: BBE, Köln)

Die Entwicklung des Teileumsatzes über die Jahre 1997 bis 2007 in Deutschland zeigt, dass das durchschnittliche jährliche Wachstum von 1,92 % nur geringfügig über der allgemeinen Preissteigerungsrate (1,39 %) liegt. Umgerechnet auf den Fahrzeugbestand werden für jedes Auto rund 447 Euro pro Jahr für Teile und Zubehör umgesetzt.

Betrachtet man die Verteilung des Marktvolumens nach Produkt- und Warenarten im Jahr 2007 fällt auf: Mit 11,53 Mrd. € ist der Ersatz-und Verschleißteilebereich der bedeutendste. Dann folgen Reifen, Autochemie und Zubehör zu gleichen Teilen.

Die Marktanteile bei der Herstellung der Ersatz- und Verschleißteile: 80 % aus diesen Sortimenten werden nicht vom Automobilhersteller produziert. Bezogen auf das gesamte Marktvolumen incl. Reifen, Zubehör und Chemie beträgt der Anteil der Automobilfabriken an der Produktion noch rund 12 %. Es darf also durchaus behauptet werden, dass das Ersatzteil- und Zubehörgeschäft der Automobilhersteller sich mehr und mehr auf das Großhandelsgeschäft reduziert. Die Teilevertriebsformen vermischen sich zusehends, Hersteller und Importeure bieten eine zweite Teileschiene, freie Teilegroßhändler bemühen sich erfolgreich um Originalteil-Vertriebsverträge, neue Anbieter lassen z. B. in China Originalteile nachbauen bzw. bedienen sich der bereits für die Automobilhersteller arbeitenden Teilehersteller.

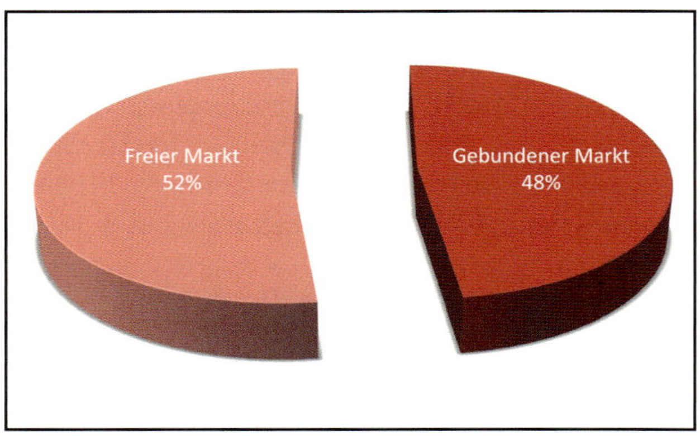

Abb. 7.2.1 Teileverkauf über den freien und gebundenen Markt

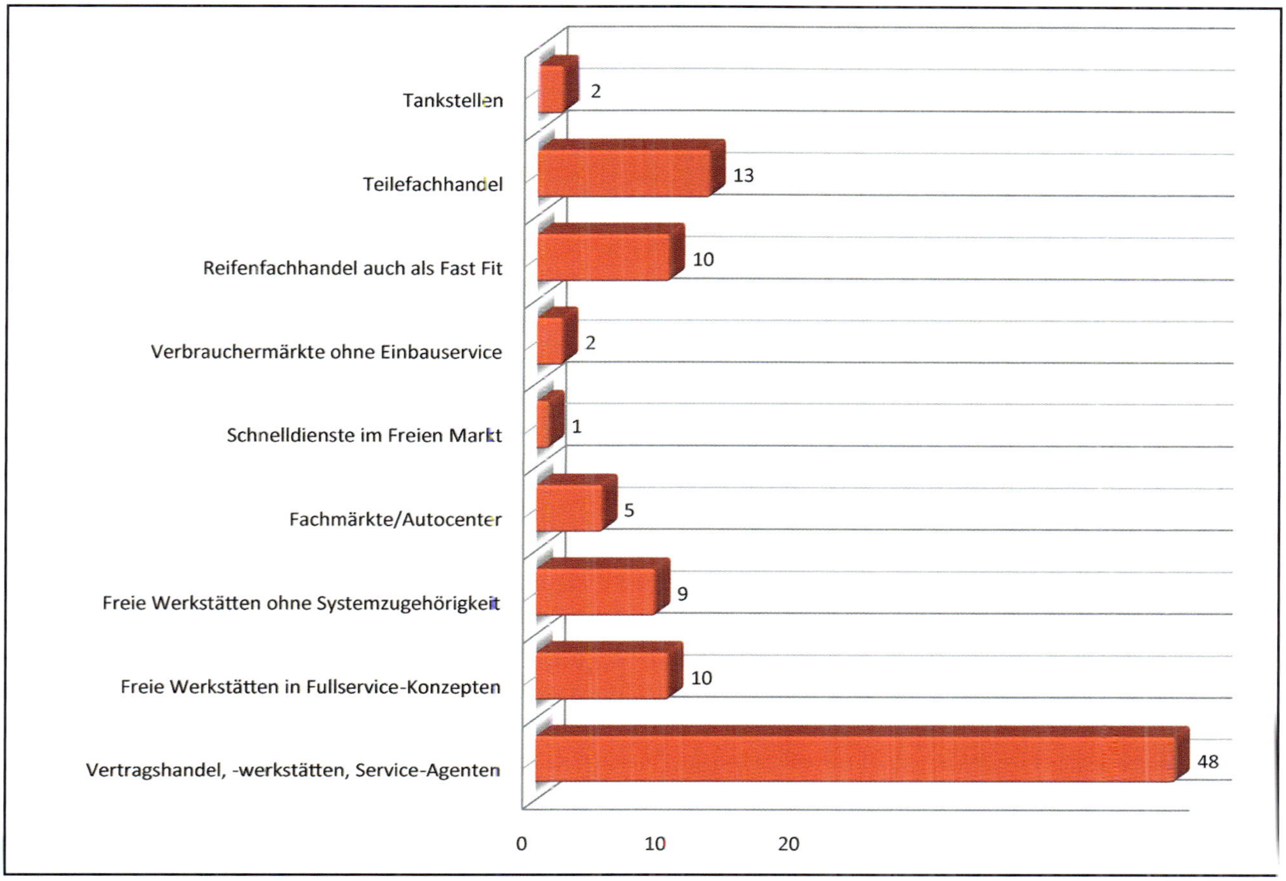

Abb. 7.2.2 Teileverkauf über verschiedene Vertriebswege

In den Abbildungen 7.2.1 und 7.2.2 ist der Absatzweg des Marktvolumens von rund € 18,8 Mrd. zum Kunden dargestellt. Häufig wird die Betrachtung des Wettbewerbs nur auf die gebundenen Betriebe versus freien Markt gelenkt. Die Überproduktion von Ersatzteilen und die zunehmende Konkurrenzsituation zwischen den Anbietern des freien Marktes werden den Wettbewerb, besonders bei den Massenartikeln weiter verschärfen. Diese Preisspirale hat unmittelbare Auswirkungen auf die gebundenen Betriebe.

FAZIT ZUR BEURTEILUNG DES TEILE- UND ZUBEHÖRMARKTS:

- Ein immer geringer werdender Anteil an Ersatzteilen und Zubehör wird von den Fahrzeugherstellern hergestellt. Die Hersteller sind überwiegend nur noch Großhändler.
- Zulieferer als die tatsächlichen Hersteller der Ersatzteile werden verstärkt auch den After-Sales-Markt (auch wegen der Krise im Neuwagenbereich) bedienen.
- Es ist mit einer weiteren Zunahme des Überangebots im After-Sales-Markt zu rechnen, diese wird besonders bei den Massenteilen auf Preis und Rendite drücken.
- Automobilwerkstätten stehen zwischen Großhandel (gebunden und frei) und Kunden und werden den Preisdruck entweder aus eigener Marge ausgleichen oder an ihre Lieferanten weitergeben werden.
- Nur Markenhändler- und Werkstätten, die eine starke Position als Kunde bei ihren Lieferanten aufgebaut haben, werden die Marktsituation des Überangebots für sich nutzen können.

7.3 Der Teiledienst innerhalb des Autohauses im Wandel

Abb. 7.3 Modell- und Typenvielfalt haben Auswirkungen auf das Teilegeschäft

Veränderungen in den automobilen Produktionsprozessen werden schon mal als Revolution im Automobilbau bezeichnet, wir wissen es und nehmen es inzwischen als selbstverständlich hin: Die Lieferung ans Band erfolgt auf die Stunde genau geplant, Vorräte gibt es bei der Produktion so gut wie keine mehr. Wo bleibt die Revolution in den Logistikprozessen innerhalb des Autohauses? Eindeutige Entwicklungen und daraus abzuleitende Trends schreien geradezu nach einer Neuausrichtung.

Die Teilevielfalt explodiert

Die Teilevielfalt ist deutlich gestiegen und wird noch weiter steigen. Für viele Autohäuser bzw. deren Teiledienste hat sich das verfügbare Sortiment der Lieferanten in den letzten zehn Jahren verdoppelt. Der Umsatzwert stagniert bzw. steigt nur noch bedingt durch die Verteuerung der Komponenten; die absolute Zahl der verkauften Teile wiederum ist rückläufig. Die Folge daraus ist eine geringere Umschlagszahl der Teile. Dabei sind ganze Sortimente betroffen, deren Bevorratung im eigenen Lager vor Ort früher selbstverständlich war, die heute aber aus wirtschaftlichen Gründen nur noch bei Bedarf bestellt werden. Aus immer mehr Lagersortiment wird Bestellsortiment! Mehr als 60 % des Umsatzes wird mit den speziell für den Kunden bzw. den Reparaturfall bestellten Teilen erzielt. Dadurch steigt der Aufwand für eine funktionierende Logistik.

Das multipliziertes Teilesortiment ist eine indirekte Auswirkung der GVO-Freiheiten: Wer eine zusätzliche Marke mit in den Service aufgenommen hat, erweitert dadurch auch sein Teilesortiment. Häufig hat die neue Marke aber nur die Werkstatt-Auslastungsverluste der Stammmarke ausgleichen können, dies bedeutet gleichbleibender Teile-Umsatz bei mehr Aufwand in Lagerung und Beschaffung.

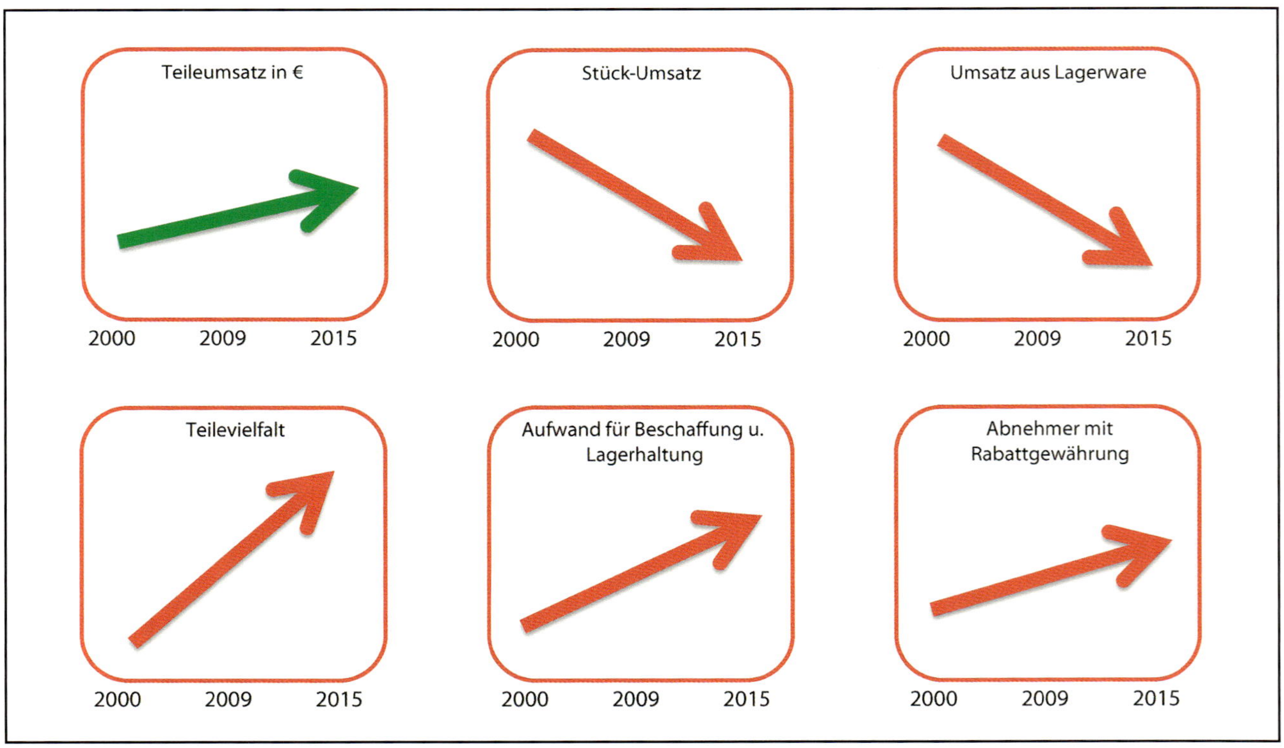

Abb. 7.4 Trends im Teilegeschäft

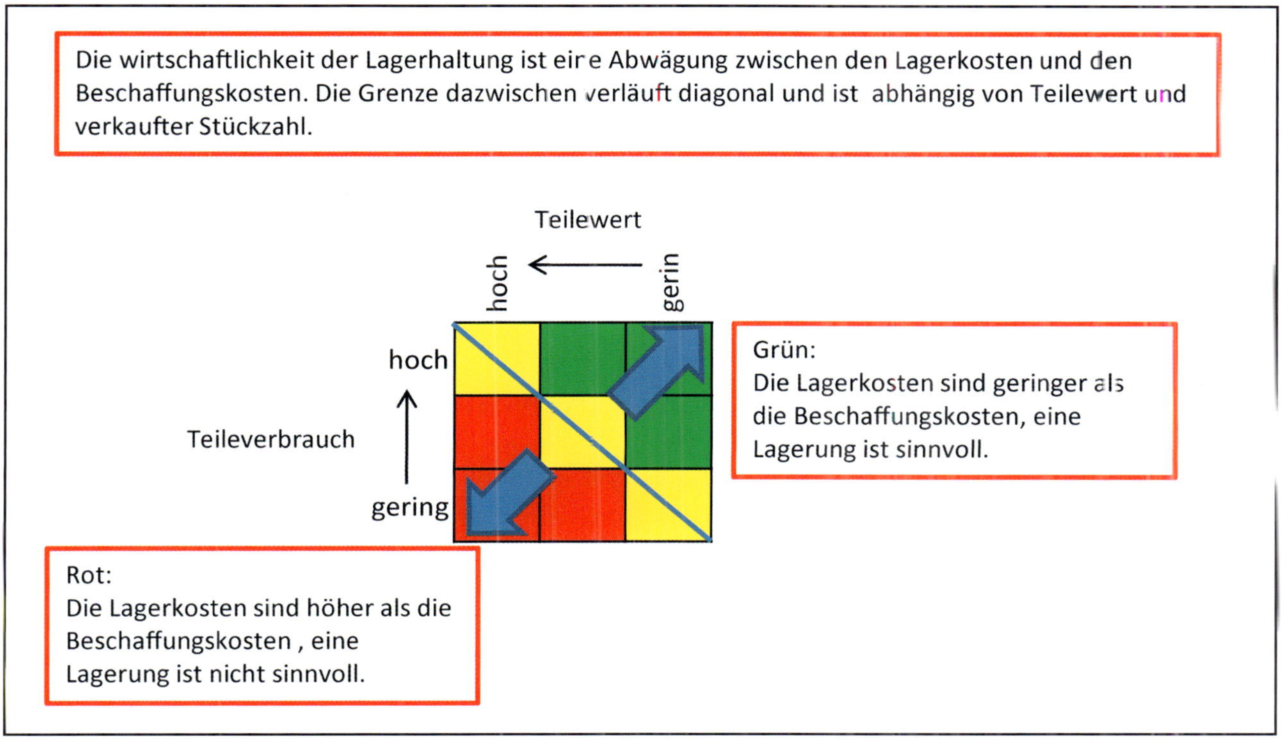

Abb. 7.5 Die Lagerhaltung ist abhängig von Lager- und Beschaffungskosten.

Bei Renault im Juni 2009 – gleich fünf Premieren auf einmal (s. Abb. 7.3): immer kürzere Modellzyklen und eine steigende Zahl an Varianten. Trotz Plattformstrategie, die Teilevielfalt hat sich in den letzten 15 Jahren mehr als verdoppelt und wird noch weiter steigen.
Die Abbildung 7.4 zeigt die wichtigsten Entwicklungen im Teiledienst. Der einzige Trend, der von Experten in Frage gestellt wird, ist das Wachstum im wertmäßigen Teileumsatz!

Ist eine Lagerhaltung zukünftig noch notwendig?
Unter rein wirtschaftlicher Betrachtung ist für eine Lagerung von Teilen nur der Vergleich von Lagerkosten und Beschaffungs- und Logistikkosten gemessen am Teilewert entscheidend.

- Bei Teilen mit geringen Anschaffungswerten, häufig sind dies auch noch Kleinteile mit wenig Raumbedarf, sind die Lagerkosten gering, aber die schnelle Beschaffung überproportional hoch.
- Bei teuren Produkten, die häufig auch noch in Verbindung mit hohem Platzbedarf stehen, fallen nur verhältnismäßig geringe Beschaffungskosten an. Eine Lagerung dagegen führt hier zu hohen Kosten.

! *Wer sein Lager nach dieser wirtschaftlichen Regel führt, wird auf bis zu 80 % seines heutigen Bestandes (Wert) verzichten können.*

Teile mit geringem Wert können auch bei geringer Gängigkeit wirtschaftlich sinnvoll gelagert werden, die Beschaffungskosten sind hier gemessen am Teilewert zu hoch. Die genaue Betrachtung finden Sie in Abb. 7.5.

FAZIT ZUM WANDEL DES TEILEDIENSTES INNERHALB DES AUTOHAUSES:

- Die Herausforderungen der Zukunft heißt Teilevielfalt. Es muss gelingen, den steigenden Aufwand in den Griff zu bekommen.
- Die Lagerung von Ersatzteilen ist dann sinnvoll, wenn der Beschaffungsaufwand die Lagerkosten übersteigt.
- Die sich ständig verändernden Rahmenbedingungen erfordern dringend eine Weiterentwicklung der Logistikprozesse im Autohaus.

7.4 Analyse der Situation und Lösungen

7.4.1 Analyse der Erfolgszahlen Umsatz und Ertrag

Es ist weder ein zu hoch gesetztes Ziel noch eine überzogene Forderung: Die ET-Abteilung soll einen Gewinn von 10 % nach Abzug aller Kosten (berechnet nach Vollkostenrechnung und ohne die Erträge aus dem Schmierstoffgeschäft) erreichen! Auf den ersten Blick erscheint die Realisierung dieser Zielsetzung nicht allzu schwierig, viele der Autohausunternehmen berechnen einen Preisaufschlag auf die Ersatzteilpreise von mehr als 10 % und müssten somit problemlos die gewünschten Erträge erreichen. Weitere nutzbare Stellschrauben sind dann noch in den Konditionen der Einkaufspreise und auf der Kostenseite im Teiledienst zu finden. Bemerkenswert aber ist die große Bandbreite des erzielten Ergebnisses sogar im Vergleich innerhalb einer Marken und bei gleicher Betriebsgröße. So werden in der Branche Bruttogewinne (BRG) zwischen 26 % bis 34 % erzielt, die Kosten im Verhältnis zum Umsatz liegen bei 22 % bis 28 %. Bei diesen Werten reichen kleine Abweichungen, um positive Ergebnisse schnell in Verluste zu verwandeln. Wer die Durchschnittswerte von 30 % BRG und 25 % Kosten, also einen Gewinn von 5 % erreicht, bewegt sich aber keinesfalls auf der sicheren Seite, zwei Prozent mehr Rabatt und gleichzeitig eine Kostensteigerung um 3 %, und schon bleibt vom Abteilungsergebnis nichts mehr übrig. Mut machen soll uns die Tatsache, dass auch mit wenig Aufwand die Wende zum Positiven eingeleitet und sogar Spitzenergebnisse erzielt werden können.

Die Sensibilisierung der Mitarbeiter, zeitnahe und aussagefähige Kennzahlen, bei denen der Ertrag im Vordergrund steht und ein vorbildliches Verhalten aller Führungskräfte, wenn es um die Sicherung der Ergebnisse geht, sind dazu notwendig. Häufig sind es nämlich Entscheidungen außerhalb der Abteilung z. B. durch die Geschäftsleitung, die das Teileergebnis positiv oder negativ beeinflussen. So dürfen z. B. interne Verrechnungen der Neu- und Gebrauchtwagenaufbereitung nicht kostendeckend berechnet werden, großzügig werden Teile und Zubehör zum Einkaufspreis von Neu- und Gebrauchtwagenkäufern als Zugabe gegeben. Auch Teilerabatte bleiben nicht mehr nur den Großkunden vorbehalten, sondern werden als Verkaufsargument und Kundenbindungsmittel bereits bei Kleinflotten eingesetzt. Kunden, die z. B. bei Audi einen Rahmenver-

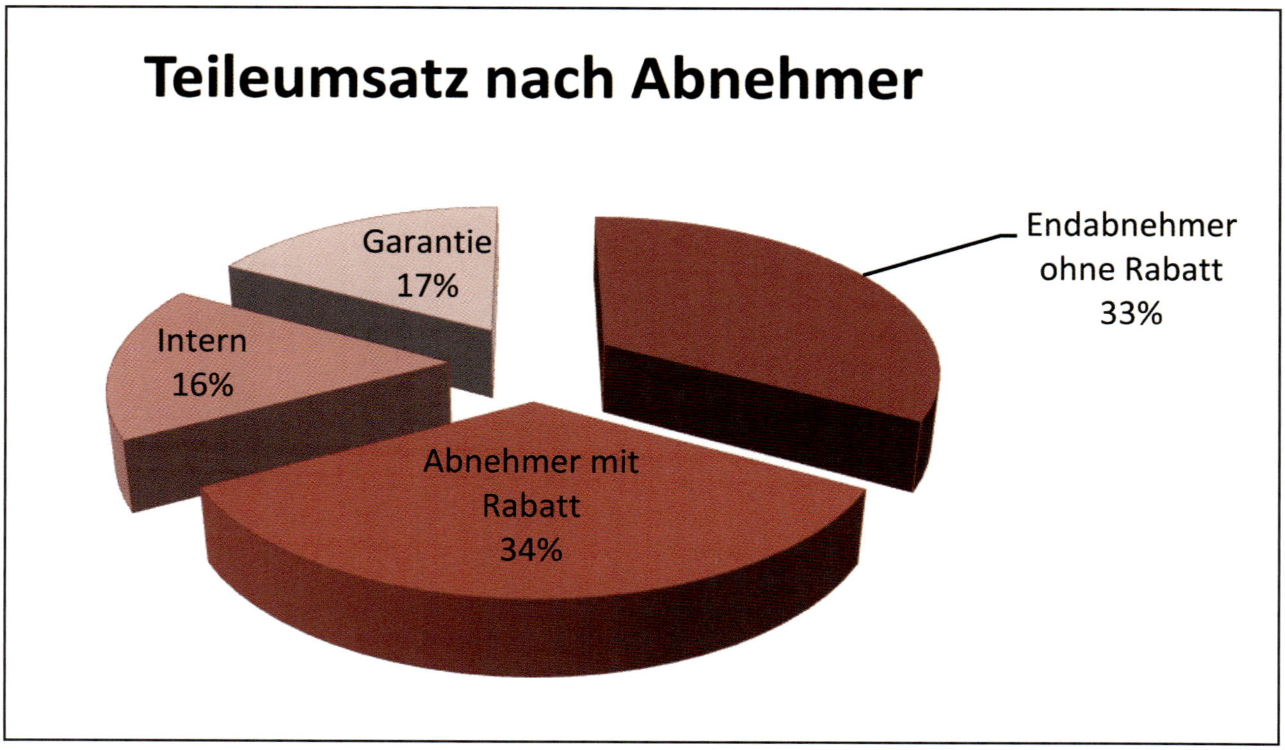

Abb. 7.6 Teilumsatz nach Abnehmer

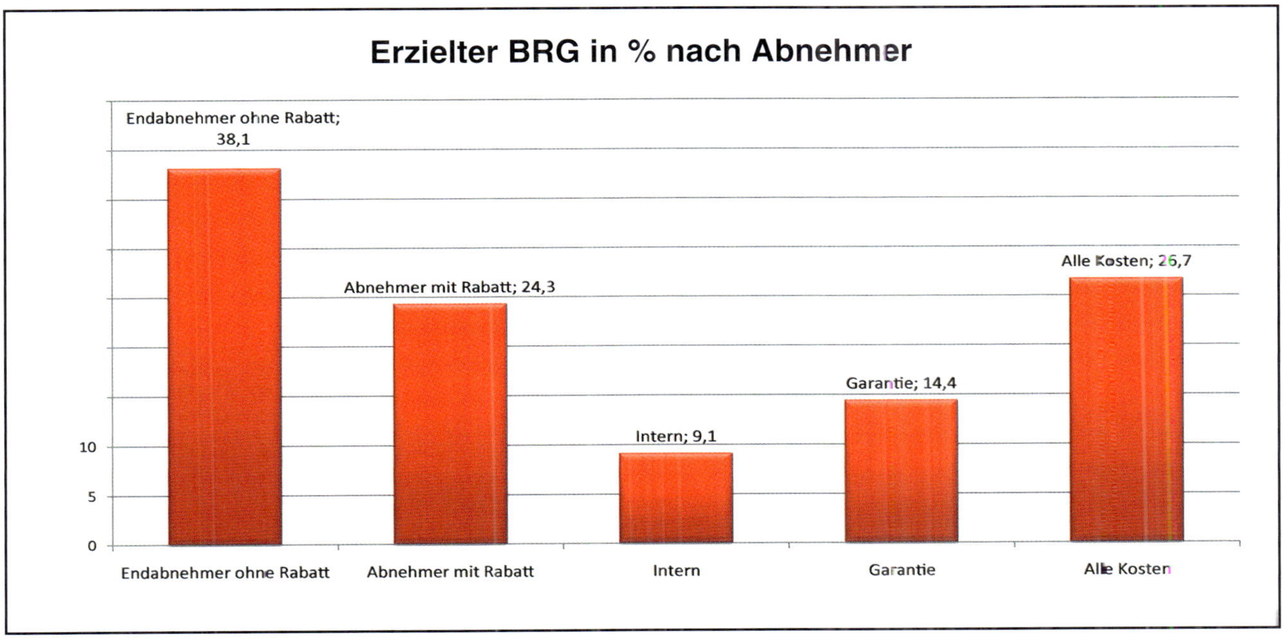

Abb. 7.7 Erzielter BRG in % nach Abnehmer

trag über den Kauf von vier Fahrzeugen innerhalb von 12 Monaten abschließen, erhalten bis zu 40 % Teilerabatt! Immer mehr Kunden erhalten Rabatte auf die Teilepreise, nur noch ein Drittel der verkauften Ware geht zum vollen Preis über die Theke (Werkstatt, Barverkauf und Zustellung). Vereinbarungen mit negativen Ertragserwartungen werden über die Köpfe der Teileverantwortlichen hinweg getroffen. Fatal an dieser Vorgehensweise ist die Signalwirkung an die Teiledienstmitarbeiter, denn die sollten doch eigentlich für den Ertrag verantwortlich sein! Die Verteilung des erzielten Bruttogewinns zeigt die Bedeutung des Endkundengeschäftes. Die Mischkalkulation geht zu Lasten der Endabnehmer, alle anderen Abnehmergruppen erreichen nicht einmal die Kostendeckungsgrenze!

Die Beispielrechnungen in Abb. 7.8 zeigt: Mit 7,13 % sieht das Abteilungsergebnis in diesem Beispiel auf den ersten Blick gut aus, wer die Rechnung aber ohne Boni und Zuschüsse macht und auch noch die Schmierstofferträge separat betrachtet, wird zu einer anderen Bewertung kommen.

Die Abhängigkeit vom ständigen Erreichen der Bonusziele und der Schmierstofferträge ist offensichtlich. Oftmals überdecken genau diese genannten Posten die vorhanden Schwachstellen und lassen notwendige Strukturmaßnahmen als nicht dringlich erscheinen. Das Ziel eines profitablen Teilegeschäftes (auch ohne Boni und Schmierstoffe) darf jedoch nicht aufgegeben werden.

TIPP

Konkrete Ansatzpunkte zur Ergebnisverbesserung:

- Ertragsorientierung statt Stückzahlen- und Umsatzdenken. Kampf um jeden Prozentpunkt Ertrag bei Einkauf und Verkauf.
- Den Teiledienst gegenüber allen anderen Abteilungen gleich stellen. Preise für die interne Verrechnung von Teilen und Zubehör kostendeckend festlegen.
- Ambitionierte Ziele für Umsatz und Ertrag.
- Beteiligung der TD-Mitarbeiter bei der Erreichung des Ertragsziels.
- Schaffen Sie Transparenz. Nirgendwo können Fehler so gut versteckt werden wie im Teiledienst. (Auch die Fehldiagnosen in der Werkstatt sind oft genug im Teileregal zu finden).
- Vermeiden Sie Verlustgeschäfte, vor allem im Zubehörbereich.
- Vergleichen Sie Produkte und Preise beim Einkauf.
- Stellen Sie alle Kosten des Teiledienstes auf der Prüfstand. Seien Sie ehrlich zu sich selbst und betrachten Sie auch die Umlagen aus dem Service und der Verwaltung. Nicht selten wurden in der Vergangenheit die Ertragsstärke der Teile und die Verhandlungsschwäche der Teiledienstleiter ausgenutzt.

Beispiel einer Erfolgsrechnung Teile, Zubehör und Schmierstoffe		
	Werte in €	% vom Umsatz
Umsatz Verrechnete Anschaffungskosten (VAK) Bruttoertrag	1.500.000 990.000 510.000	100,00 66,00 34,00
Gewährte Rabatte (Erlösschmälerungen) Boni und Zuschüsse Nettoertrag	65.000 42.000 487.000	4,33 2,80 32,47
Kosten (Direkt u. indirekt u. Verwaltungskostenanteil)	380.000	25,33
Abteilungsergebnis	107.000	7,13

Beispiel einer Erfolgsrechnung Teile, Zubehör (ohne Schmierstoffe)		
	Werte in €	% vom Umsatz
Umsatz Verrechnete Anschaffungskosten (VAK) Bruttoertrag	1.380.000 954.000 426.000	100,00 69,13 30,87
Gewährte Rabatte (Erlösschmälerungen) Boni und Zuschüsse Nettoertrag	65.000 0 361.000	4,71 0,00 26,16
Kosten (Direkt u. indirekt u. Verwaltungskostenanteil)	380.000	27,54
Abteilungsergebnis	-19.000	-1,38

Abb. 7.8 Beispiele einer Erfolgsrechnung für den Teile- und Zubehörbereich. Einmal mit Schmierstoffen – einmal ohne.

Ziel-Kennzahlen Umsatz und Ertrag (ohne Schmierstoffe)

Verhältnis Lohnerlöse zu Teileumsatz	1:1,1
Bruttogewinn Ersatzteile	> 30 %
Gesamtkostenanteil am Umsatz	< 25 %
Abteilungsergebnis	10 %
Teileumsatz je Teiledienstmitarbeiter p. a.	€ 500.000
Bruttogewinn je Teiledienstmitarbeiter	€ 150.000

FAZIT ZUR ANALYSE DER ERFOLGSZAHLEN:

- Die Schmierstofferträge und Boni retten das Teileergebnis, überdecken aber auch die Schwachstellen.
- Viele Betriebe schreiben im Teiledienst rot. Positive Beispiele der Branche zeigen aber auch, dass immer noch Spitzenergebnisse erzielt werden können.
- Der Ertrag im Teiledienst wird überwiegend durch Entscheidungen von außerhalb der Abteilung beeinflusst. Diese Vorgaben müssen dringend geprüft werden.
- Der Teileabsatz ist nicht bei allen Abnehmergruppen kostendeckend kalkuliert und muss angepasst werden.

7.4.2 Analyse der Lagerbestände

Für die Bewertung des Lagerbestands ist die bisher gebräuchliche und verwendete Kennzahl des Teileumschlags (TU) nicht mehr aussagefähig. Diese Kennzahl gibt lediglich das Verhältnis zwischen dem gesamten Teileumsatz und dem durchschnittlichen Lagerbestand wieder, wenn nun aber der überwiegende Teil des Umsatzes nichts mehr mit dem Lagerbestand zu tun hat, weil es sich um Bestellware handelt, wird das Ergebnis und die Vergleichsmöglichkeit verfälscht. Die Abbildung 7.9 zeigt, wie sich trotz verbesserter Kennzahl des Teileumschlages (TU) die Wirtschaftlichkeit des Bestands verschlechtert. Wer sich zu sehr auf den Teileumschlag (TU) als Bewertungskennzahl verlassen hat, ist irregeleitet worden. Als sinnvolle Messgröße ist die Lagerumschlagszahl (LU) zu verwenden, hier wird nur der Umsatz aus Lagerware mit dem durchschnittlichen Lagerbestand verglichen. Wer diese Zahl das erste Mal für seinen Betrieb ermittelt, kann durchaus erschrecken. Umschlagshäufigkeiten von unter zwei sind die Regel, teilweise wird nicht einmal mehr die eins vor dem Komma erreicht. Wurden in der Vergangenheit (10 bis 15 Jahre) 90 % des Umsatzes mit Lagerware (grüne Säule links) erzielt, sind es aktuell (grüne Säule rechts) noch rund 30 %. Der Teilegesamtumsatz (rot-gestrichelter Rahmen) hat sich erhöht, der Lagerbestand (rote Säulen) ist gestiegen. Das Verhältnis zwischen Umsatz aus Lagerware (grün) und dem Lagerbestand (rot) ist ungünstiger geworden. Der Vergleich des Gesamtumsatzes (rot-gestrichelter Rahmen) mit der Lagerware ist zwar günstiger geworden, hat aber bezüglich der Wirtschaftlichkeit der Bestände keine Aussagekraft. Ganz im Gegenteil!

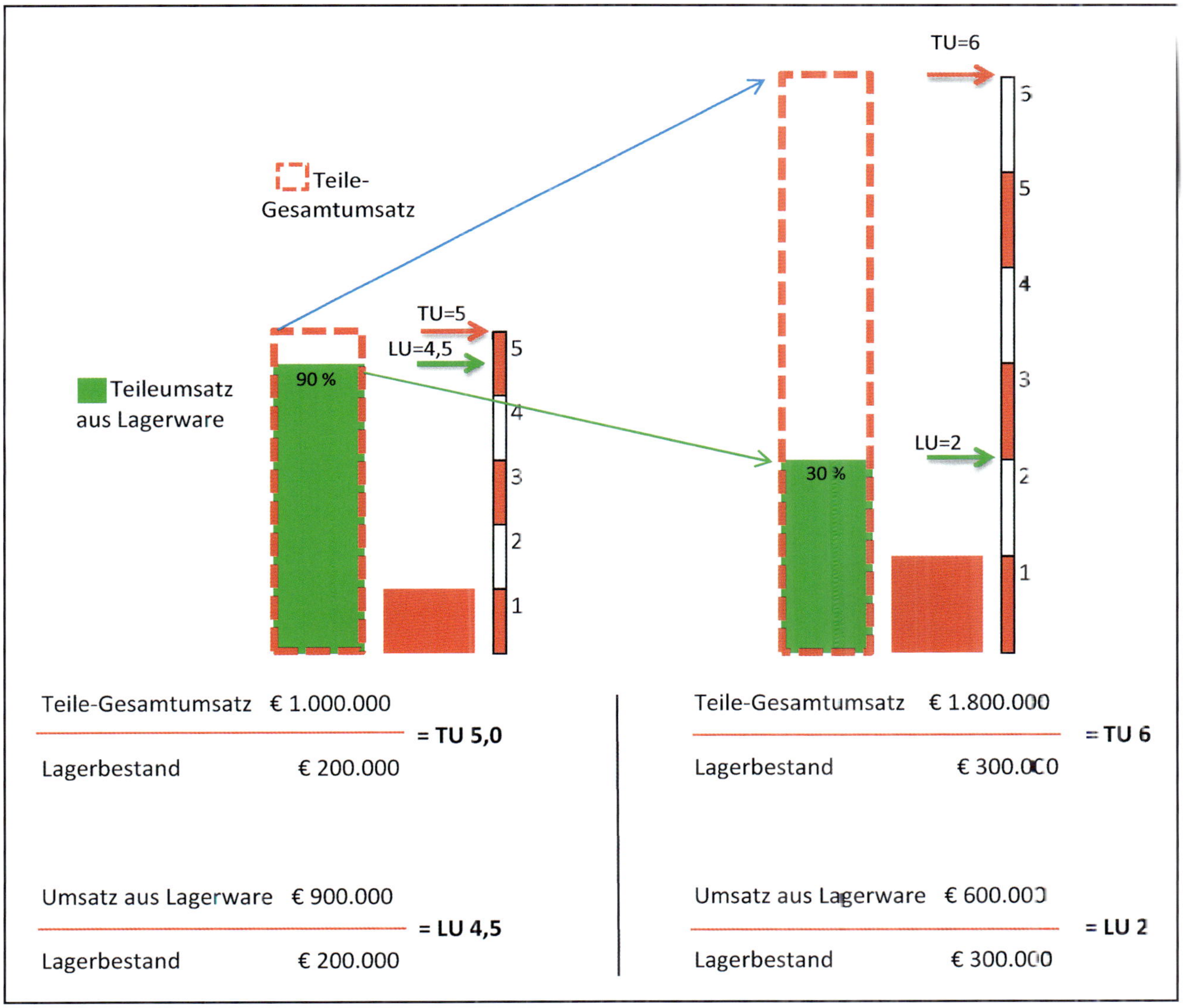

Abb. 7.9 Analyse der Lagerbestände

0	Aufnahme des Teils innerhalb der letzten 6 Monate
1	Bevorratungsdauer kleiner 3 Monate
2	Bevorratungsdauer größer 3 und klener 6 Monate
3	Bevorratungsdauer größer 6 und kleiner 9 Monate
4	Bevorratungsdauer größer 9 und kleiner 12 Monate
5A	Bevorratungsdauer größer 12 und kleiner 18 Monate
5B	Bevorratungsdauer größer 18 und kleiner 24 Monate
5C	Bevorratungsdauer größer 24 und kleiner 36 Monate
5D	Bevorratungsdauer größer 36 und kleiner 48 Monate
5E	Bevorratungsdauer größer 48 Monate
5F	Teil noch nicht verbraucht, Aufnahme 6 bis 12 Monate zurück
6	Letzter Verbrauch 12 bis 24 Monate zurück
7	Letzter Verbrauch 24 bis 36 Monate zurück
8	Letzter Verbrauch 36 bis 48 Monate zurück
9	Letzter Verbrauch 48 Monate und länger zurück

Abb. 7.10 Einteilung des Lagerbestandes in Klassen nach dem VW-System. In der Klasse 2 (die zweitbeste) wird ein Lagerumschlag von 2 bis 4 Mal pro Jahr erreicht!

Schritt für Schritt zu Verbesserungen:
Bei diesen Analyseergebnissen (Abb. 7.10) ist es zwingend notwendig, die bisherige Lagerstrategie kritisch zu hinterfragen: Ist die Einteilung der Teile-Gängigkeitsklassen und damit die erste Bewertungsgrundlage noch zeitgemäß und entspricht diese den wirtschaftlichen Anforderungen? Beispiel System der Volkswagengruppe: Die beste Einstufung im Volkswagen-System (Gruppe 1) enthält Teile, die sich mindestens viermal im Jahr drehen, in der zweitbesten sind Teile mit einem Umschlag von zweimal bis viermal zu finden. Wer in den besten Gruppen nur so geringe Umschlagszahlen realisiert, wird im Durchschnitt aller Gruppen einen noch sehr viel schlechteren Lagerumschlag erzielen.

Festlegung des Maximalbestands und des angestrebten Lagerumschlags
Die Berechnung des optimalen Lagerbestands ergibt sich auf der Grundlage selbst ausgewählter Kriterien. Der angestrebte Lagerumschlag (LU) sollte mit mindestens fünf Mal p.a. angesetzt werden. Zuerst ist der geplante Teileumsatz (evtl. auf

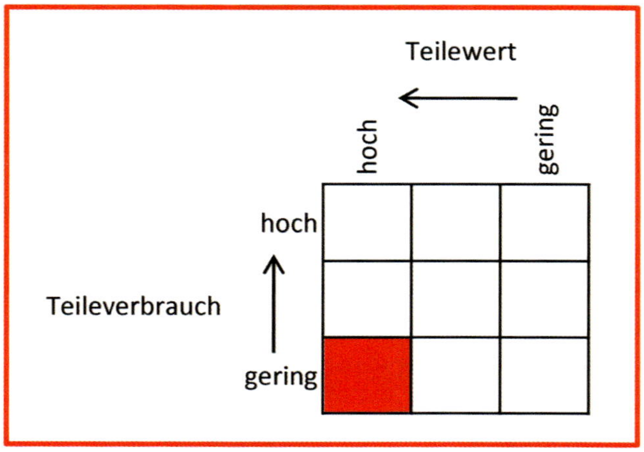

Abb. 7.12 Teilewert und Teileverbrauch müssen beim Bestandabbau berücksichtigt werden.

Teileumsatz (VAK)	1.000.000
Kalulierter Umsatzanteil aus Lagerware 35 %	350.000
Angestrebter Lagerumschlag (LU)	5
Optimaler Lagerbestand	70.000
Berechneter TU	14,29

Abb. 7.11 Höhe des Kapitalbedarfs

Basis des Vorjahres) festzulegen, dann der Umsatz aus der Durchlaufware zu berechnen (durchschn. Branchenwert 65 %), und der verbleibende Umsatz (aus Lagerware) durch den angestrebten Lagerumschlag zu dividieren. Das ergibt den optimalen Teile-Bestand. Die Abbildung 7.11 zeigt die Höhe des Kapitalbedarfs nach dieser Berechnungsweise auf.

Von der aktuellen Ist-Situation zum Soll-Bestand (berechneter optimaler Lagerbestand)

Das Delta zwischen Ist- und Sollwert stellt ein erhebliches Potential zur Liquiditätsverbesserung dar. So schön diese Aussichten erscheinen mögen, hinter der Umsetzung und der Reduzierung von hunderten von Teilepositionen steckt viel aufwendige Detailarbeit. Um sich nicht in langen Teilelisten zu verlieren, ist eine strukturierte Vorgehensweise notwendig. Das Pareto-Prinzip trifft auch bei der Bestandsoptimierung

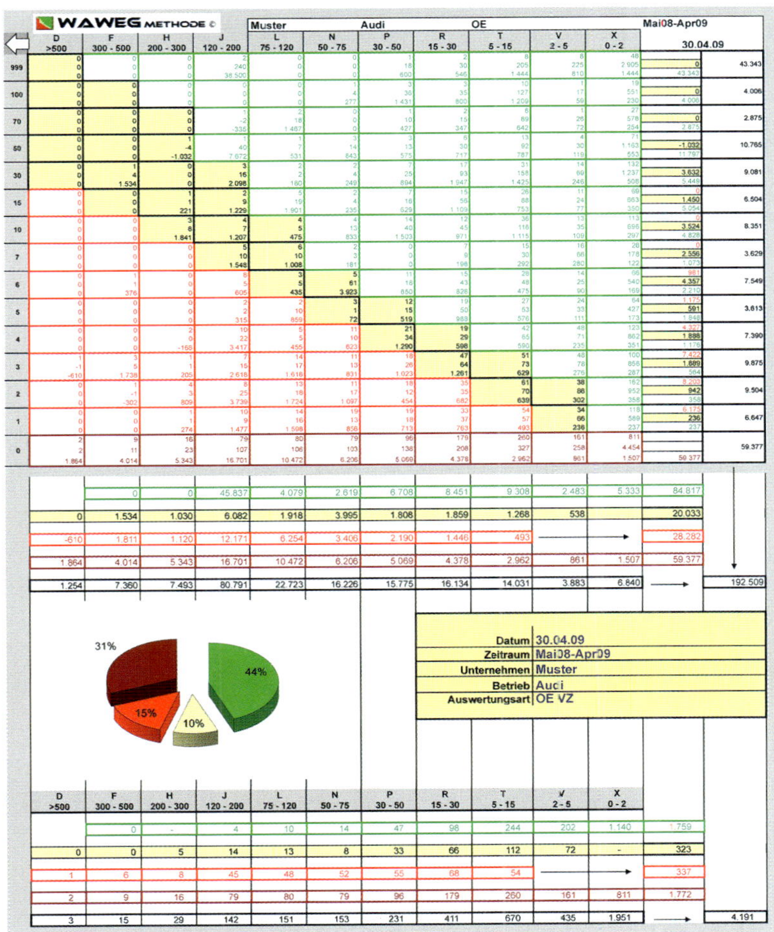

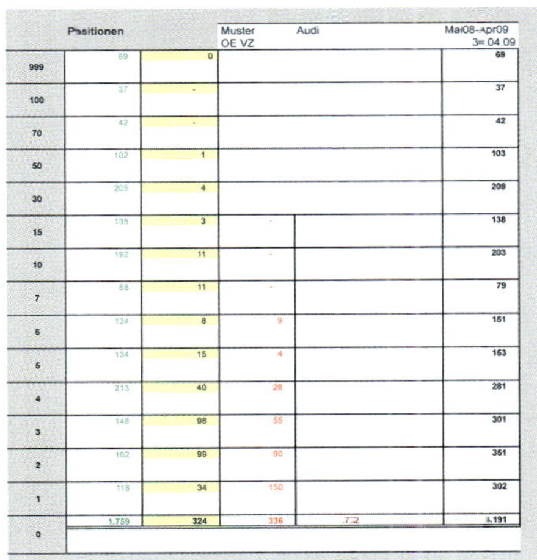

Abb. 7.13 Ersatzteil-Analyse: So können Sie herausfinden, welche Teile besser nicht gelagert werden sollten.

zu: Mit 20 % der abzubauenden Positionen können rund 80 % des Potentials erreicht werden. Von entscheidender Bedeutung für die Bestimmung der interessantesten Teile für den Bestandsabbau ist die Gängigkeit der Teile mit deren Einzelwert in Verbindung zu setzen. Es stellt einen Unterschied dar, ob es sich bei gleicher Umschlagzahl um Kleinteile mit geringem Wert oder um teure Teile handelt. Hochpreisige Produkte mit geringem Umschlag haben höchste Priorität beim Bestandsabbau.

Mit professionellen Controllingtools können Sie herausfinden, welche Teile in welche Gängigkeitsklassen fallen:

- Bereich Grün = Lagerung wirtschaftlich sinnvoll
- Bereich Gelb = Lagerung sinnvoll, Entwicklung beobachten
- Bereich Rot = Lagerung wirtschaftlich nicht sinnvoll
- Bereich Dunkelrot = Teile ohne Bewegung

Zu beachten ist, dass Teile mit sehr geringem Wert (0-2 Euro) selbst beim Verbrauch von nur einem einzigen Teil p. a. im grünen Bereich zu finden sind.

Die ET-Analyse am Beispiel eines Autohauses zeigt, dass vom Gesamtbestand 192.509 € (4.191 Positionen) rund 46 % der Teile (im Diagramm rot und dunkelrot) im Wert von 81.659 € (2.109 Positionen) aus wirtschaftlicher Sicht nicht sinnvoll für eine Lagerung sind.

Die Analyse hat ergeben, dass die Reichweite bei den »gelben« und »grünen« Teilen durchschnittlich drei Monate beträgt. Eine Absenkung der Reichweite um einen Monat würde weitere 34.950 € Bestandsabbau ergeben. Das Gesamtpotential der Bestandsreduzierung liegt in diesem Beispiel bei 116.609 € (60,6 %).

Über welche Kanäle können die Überbestände abfließen?
Rote Teile: Oberste Priorität haben die »roten«, also die gering gängigen Teile. Diese Teile können im Zuge des normalen Tagesgeschäfts abgebaut werden (es bestehen ja noch geringe Gängigkeiten), es muss lediglich eine Nachbestellung bzw. der automatische Nachschub verhindert werden.

Dunkelrote Teile: Bei den »dunkelroten« Teilen, also Teile ohne Gängigkeit sollte als erstes versucht werden, mit dem Lieferanten eine Rückgabe bzw. ein Kompensationsgeschäft auszuhandeln. Zusätzlich sind die Teile in Internet-Teilebörsen/Plattformen anzubieten (mehr zu diesem Thema unter dem Kapitel 7.6), bei Zubehörprodukten kann auch gezielt im eigenen Fahrzeugbestand nach einer sinnvollen Verwendung gesucht werden, auch die Selektion im Kunden- und Fahrzeugbestand kann zu potentiellen Käufern führen. Wichtigste Erkenntnis aus diesen zugegeben sehr mühsamen Abverkaufsaktivitäten, ist es, die Ursachen für mögliche Fehlentwicklung zu erkennen und darauf aufbauend das Entstehen ungängiger Bestände zu verhindern. Hohe Bestände und ungünstige ET-Strukturen sind kein Zufall!

Gelbe und grüne Teile: Die Teile-Reichweitenreduzierung bei »gelb und grün« ist mit der Anpassung der Parameter in den automatischen Nachschubsystemen der Lieferanten zu vollziehen. Die Betriebe sind dort auf einen hohen Nachschubwert eingestellt, nur wer nachfragt und auf dessen Reduzierung besteht, wird auch im Nachschubsystem angepasst. Wer nicht fragt, bleibt auf dem hohen Niveau stehen.

TIPP

Konkrete Maßnahmen zur Bestandsreduzierung

- Zielsetzung über Maximalbestand und Mindestlagerumschlag (LU)
- Herstellen von Transparenz in den Lagerdaten
- Festlegen gewünschter Lagerware nach den Kriterien Teilewert in Verbindung mit der Gängigkeit
- Information der Mitarbeiter (auch Werkstatt) über die Situation und Zielsetzung mit möglichen Auswirkungen auf das Tagesgeschäft
- Festlegung nicht mehr gewünschter Sortimente (z. B. Karosserieteile)
- Bestellung und Nachschub gering gängiger bzw. nicht mehr gewünschter Teile verhindern
- aktiver Verkauf des ungängigen Bestands: Nutzung von Teilebörsen, Kompensationsgeschäfte mit Lieferanten, Kundenaktionen bei Zubehör

Zielkennzahlen des Teilebestandes	
Lagerumschlagszahl (LU)	> 5-mal p.a.
Reichweite der gängigen Teile	max. 1 Monat
Anteil der ungängigen Ware	max. 5 %
Anteil Umsatz aus Lagerware	max. 35 %
Teileumschlagszahl (TU)	>12-mal p.a.

FAZIT ZUR ANALYSE DES TEILEBESTANDS:

- Viele Betriebe könnten durch die Optimierung der Teile-Lagerbestände erhebliche Liquiditätsverbesserungen erreichen.
- Häufig ist das Bewusstsein um die Situation nicht vorhanden oder man hat sich damit abgefunden.
- Der entscheidende Grund für Fehlentwicklungen ist fehlende Transparenz.

7.4.3 Analyse der Teiledienst-Organisation im Autohaus

Die Teiledienstmitarbeiter in den Autohäusern sind überwiegend Allrounder, jeder kann alles, jeder macht alles. Gerade in kleineren Betrieben wird dies aber durch die immer komplexer werdenden Prozesse zum Zeitproblem, dabei könnten auch hier einfache bzw. Hilfstätigkeiten delegiert werden. Stundenweise arbeitende Aushilfskräfte oder die Auszubildenden aus der Werkstatt erledigen nach kurzer Anlernzeit wiederkehrende Aufgaben wie z.B. den Wareneingang und das Bereitstellen der Teile.

Untersuchungen in den Autohäusern zeigen die Vielfalt der Aufgaben mit dem jeweiligen Zeitbedarf. In diesem Beispiel werden nur 25 % der geleisteten Arbeitszeit (der TD-Fachkräfte) für den Verkauf von Ersatzteilen aufgewendet. Bei den restlichen Tätigkeiten handelt es sich um Logistikleistungen, Verwaltungstätigkeiten oder andere Dienstleistungen.

! *Ziel der Prozessoptimierung ist es Zeit für die Kundenberatung und den aktiven Verkauf zu gewinnen.*

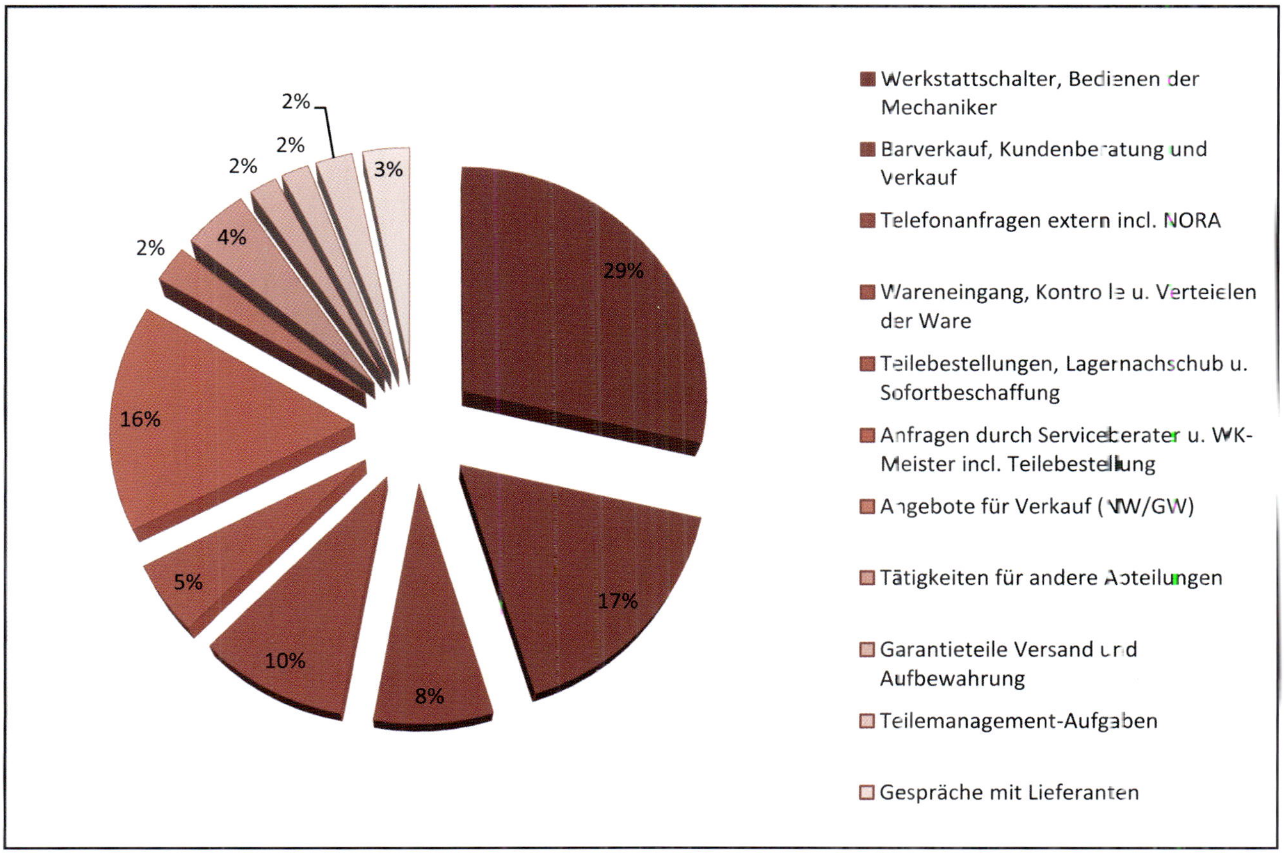

Abb. 7.14 Zeitverteilung des Teiledienst-Mitarbeiters

Die Abbildung 7.15 zeigt den gelungenen Umbau eines früheren Teilelagers in einen modernen Logistikbereich. Im Mercedes Autohaus Anders in Vechta können durch die Nachrüstung von Schubladensystemen (120 Schubläden) in die bestehende Regalanlage 800 m² früherer Lagerfläche jetzt anderweitig genutzt werden. Aus der früheren Lagerfläche sind großzügige Logistikflächen für die optimierten Abläufe und rund 600 m² für die Einlagerung von Kundenrädern gewonnen worden. Die Laufwege wurden vereinfacht und verkürzt, da sich nahezu alles ebenerdig befindet. Das Investitionsvolumen lag durch die Einbringung von Eigenleistung unter € 25.000. Das Autohaus Anders ist ein nachahmenswertes Beispiel, mit wenig finanziellem Aufwand, aber hoher Eigeninitiative wurde ein Musterteiledienst geschaffen.

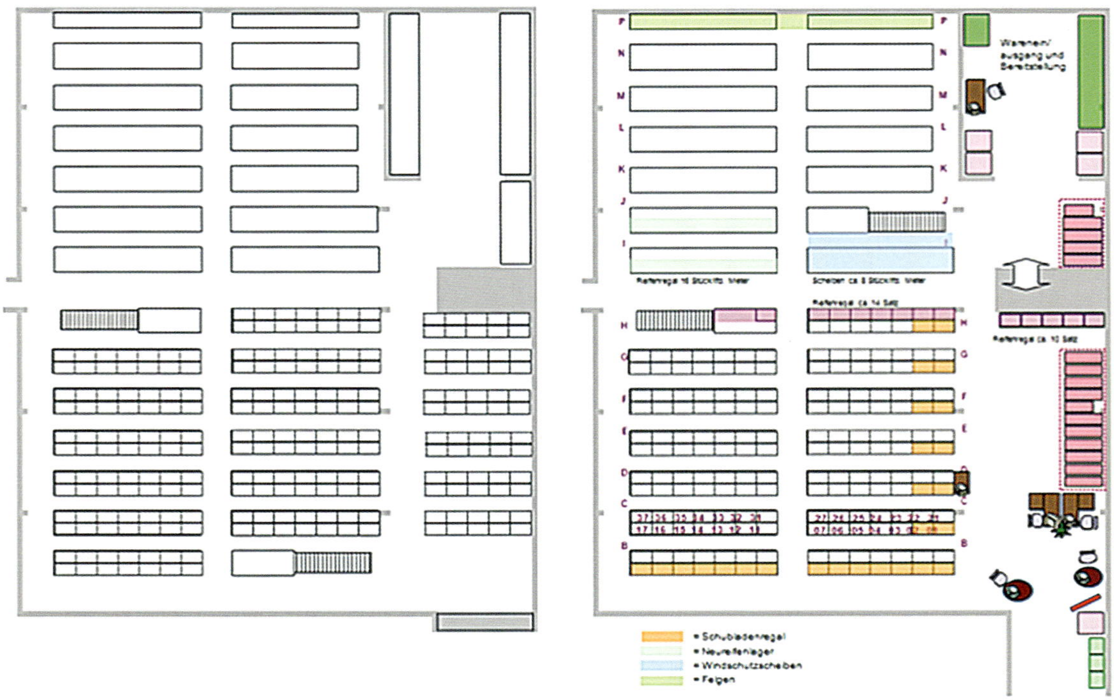

Abb. 7.15 Vorher (oben links) waren 1.600 m² auf zwei Ebenen verteilt belegt, nachher (oben rechts) alles auf einer Ebene mit großzügigen Bewegungsflächen. Das Obergeschoss steht nahezu komplett für andere Zwecke zur Verfügung.
Abb. 7.16 Links (vorher) die Platzverschwendung und rechts (nachher) die optimale Nutzung. Ware aus fünf laufenden Metern Regal wurden in einem einzigen laufenden Meter Schubladenregal untergebracht.

Der Teiledienst ist so zu organisieren, dass die rund dreiviertel der aufgewendeten TD-Arbeitszeiten (die nichts mit dem Verkauf der Ware zu tun haben) deutlich reduziert werden. Erste Voraussetzung dafür ist die Ordnung und Sauberkeit im gesamten Logistikbereich. Der Spruch »Ordnung ist die Voraussetzung für geordnete Abläufe« könnte für das Teilelager nicht besser formuliert werden. Es setzt sich fort mit einem Wege- und raumoptimierenden Lagerortsystem. Hier ist bereits kritisch zu hinterfragen, ob die Wege und die Nutzung der Flächen optimal sind. Vielerorts wurde, der ISO-Zertifizierung bzw. der Standards wegen, ein Lagerortsystem über die vorhandene nummerische Lagerung gelegt. Auf kürzere Wege und die bessere Ausnutzung der Räume wurde aber, vermutlich des beträchtlichen Aufwands wegen, verzichtet.

Gestaltung des Logistikbereiches/Lagers

Wareneingang, Bereitstellung bzw. Zwischenlager und Warenausgang sind so zu organisieren, dass die jeweils damit verbundenen Tätigkeiten ineinander greifen und möglichst rationell abgewickelt werden können. Der Grundsatz für Ordnung im ET-Lager gilt dort im Besonderen, denn vielerorts ist der benötigte Platz dafür anderweitig belegt. Die Flächen im Lager sind Regalen zugestellt, die wiederrum nur spärlich gefüllt sind. Die Lösung heißt: Unnötige Ware abbauen, den verbleibenden Rest komprimiert lagern und mehr Grundfläche für die Logistik frei machen.

Ein weiteres Beispiel für die gelungene Raumoptimierung ist das VW-Audi Autohaus Ostermaier in Vilsbiburg. Der Großteil der Ware für die Mechaniker ist vorbereitet, für den Fall, dass der Mechaniker für den Restbedarf ins Lager kommt, stehen moderne Beratungsplätze zur Verfügung. Auf eine Theke oder andere Barrieren wurde bewusst verzichtet. Die gängigste Ware und alle Kleinteile befinden sich in Griffweite.

Offenes Lager und Selbstbedienung der Mechaniker?

Diese häufig gestellte Frage kann mit den genannten Konzepten innerhalb der Schnittstelle (Kapitel 7.4.4) und der damit verbundenen weitreichenden Teilevorbereitung leicht beantwortet werden. Ein offenes Lager funktioniert nur bei hoher Lagerverfügbarkeit der benötigten Ware. Wer also optimale Bestände anstrebt, kann die Vorzüge eines offenen Lagers nur bedingt nutzen. Wer seine Abläufe zielgerichtet auf eine umfassende Teilevorbereitung auslegt, macht das Suchen der Teile durch die Mechaniker größtenteils überflüssig. Ausnahmeregelungen sind lediglich für Notdienstzeiten oder Arbeitszeiten der Mechaniker, die über die der Teiledienstmitarbeiter hinaus reichen, zu organisieren. Hier muss es möglich sein, dass auch ein Teil ohne den Teiledienstmitarbeiter gefunden und berechnet werden kann.

Die grundsätzliche Selbstbedienung der Mechaniker ist lediglich bei einem begrenzten Sortiment der Ware, welche nach Muster gesucht werden kann, sinnvoll. Überwiegend sind dies Kleinteile und Verbrauchsmaterial. Das Finden dieser Teile kann leicht organisiert werden, die Schwierigkeit liegt lediglich in der zuverlässigen Erfassung auf den Auftrag und die Nachbestellung der entnommenen Teile.

Professionelle Hilfsmittel für die Abläufe einsetzen

Anstatt den Ablauf mit einer Notiz-Zettelwirtschaft oder selbst erstellten Excel-Listen zu organisieren, empfiehlt sich die Investition in effiziente Warenwirtschaftssysteme oder Ergänzungstools. Studien in Autohäusern zeigen, dass ein Teiledienstmitarbeiter innerhalb eines Tages zwischen 60 und 120 Minuten nur für Informationspflege (z. B. Excel-Listen),

FAZIT ZUR ANALYSE DER ABLÄUFE INNERHALB DES TEILEDIENSTES

- Um die Verbesserungspotentiale der Ablauforganisation feststellen zu können, ist eine Analyse der Tätigkeiten und des Zeitbedarfes im Teilelager notwendig.
- In vielen Betrieben wird nur rund ein Viertel der Arbeitszeit der TD-Mitarbeiter für den Verkauf von Teilen- und Zubehör genutzt.
- 60 bis 120 Minuten werden täglich für Rückfragen und unnötige Suchen der Ware aufgewendet.
- Notwendig sind den Abläufen entsprechend angepasste Logistikbereiche und keine klassischen Teileläger mehr.
- Mit verbesserter Lagertechnik und einem platz- und wegeoptimierten Lagerortsystem können erhebliche Raumgewinne erzielt werden.
- Für die Optimierung der Abläufe und des Informationsflusses sind moderne und professionelle Hilfsmittel einzusetzen.
- Ein offenes Lager bzw. die Mechaniker-Selbstbedienung ist nur in begrenzten Bereichen sinnvoll.
- Viele kleine Einzelverbesserungen führen in der Gesamtheit zu erheblichen Zeitgewinnen.

Recherche und Informationsweitergabe aufwendet. Wer kennt nicht die Situation, dass schnell eine Information über bestellte oder reservierte Teile benötigt wird, der ET-Mitarbeiter, der darüber Bescheid weiß, nicht am Platz ist und nun die hektische Suche beginnt? Ein ausgeklügeltes System bietet hier die Firma ATBAS an. Der komplette Prozess, durchgängig von der Bestellung bis zum Warenein- und -ausgang erhält Transparenz und Struktur. Auch die Servicemitarbeiter haben Zugriff auf das System und können jederzeit Auskunft über den Teilestatus erhalten. Viele Funktionen sind automatisiert. Z.B. werden nach dem Scannen der eingegangen Teile die Serviceberater oder die Kunden (auch Barverkauf und NORA) automatisch per SMS oder E-Mail über das Eintreffen der Ware informiert. Der Zeitgewinn im Teiledienst und Service ist enorm, außerdem steigt die Servicequalität. Wareneingang, Bereitstellung und Warenausgang greifen ineinander. Jeder Mitarbeiter innerhalb oder außerhalb des Lagers kann mit Eingabe unterschiedlichster Selektionskriterien (Fgst.Nr, Auftragsnummer, Kundenname, Teilenummer usw.) den Lieferstatus bzw. den Zwischenlagerort erkennen und finden.
Im Autohaus Ostermaier wird der Wareneingang per Scanner festgestellt. Der Teilebesteller (das kann der Serviceberater, der Teileverkäufer oder der Kunde sein) erhält automatisch die Informationen per E-Mail oder SMS übermittelt. Rückfragen entfallen!

7.4.4 Schnittstelle Service – Teiledienst – Werkstatt

Der beste Kunde des Teiledienstes ist die eigene Werkstatt. Mindestens 70 % des Umsatzes wird gewöhnlich über diesen Absatzweg generiert. Die Bruttogewinne sind deutlich höher als beim Barverkauf, Internetvertrieb oder dem Geschäft mit freien Werkstätten. Der Teiledienst hat gegenüber der Werkstatt den Auftrag eines Dienstleisters zu erfüllen und so zu agieren, dass die Werkstatt ihr Geschäft möglichst erfolgreich gestalten kann. Es ist ständig an Verbesserungen der Abläufe zu arbeiten. Bei jeder Optimierung der Schnittstellen-Prozesse gibt es vier Gewinner: Die Werkstatt mit steigender Produktivität, der Teiledienst mit frühzeitigen Beschaffungsmöglichkeiten, die Finanzseite des Autohauses durch Verringerung der Kapitalbindung im Lager und Steigerung der Erträge und nicht zuletzt der Kunde durch einen verbesserten Service. Ob in Ihrem Hause Optimierungsbedarf besteht, kann mit einer einfachen Erfassung der Ist-Situation festgestellt werden. Halten Sie in Stichproben sämtliche Kontakte am Werkstattschalter fest. Werten Sie dann aus, wie viel Zeit vor und hinter der Theke verbraucht wurde. Danach erfolgt die Bewertung der einzelnen Kontakte. Was hätte anders laufen können bzw. müssen. Seien Sie kritisch und sehen Sie in jeder Frage eine Möglichkeit zur Verbesserung.
Die Abbildung 7.17 zeigt den Zeitbedarf vor- und hinter dem Teileschalter. Messungen haben ergeben, dass jeder Mechaniker durchschnittlich täglich mehr als eine Stunde für die Teilebeschaffung benötigt. Je Durchgang sind zwei Kontakte mit jeweils 11 Minuten Dauer festgestellt worden. Bei drei Werkstattdurchgängen sind dies 66 Minuten je Mechaniker und Tag.
Hochgerechnet ergibt sich ein fast unglaublicher Zeitbedarf. Kann das stimmen? Bei einer Werkstatt mit 10 Mechanikern wäre demnach immer ein Mechaniker am Lagerschalter oder auf den Weg dorthin. Angenommen es gelingt den Zeitbedarf der Mechaniker zu halbieren und gleichzeitig die gewonnene Zeit zu verkaufen, dann ergibt sich das in Abb. 7.18 dargestellte Potential:
Das Verbesserungspotential ist einfach zu ermitteln. Nehmen Sie Stichproben an verschiedenen Wochentagen zu unterschiedlichen Uhrzeiten. Beispiel: Montag 08.00 Uhr, 11.00 Uhr und 15.00 Uhr; Mittwoch 09.00 Uhr, 13.00 Uhr, 16.00 Uhr; Freitag 08.00 Uhr 11.00 Uhr und 14.00 Uhr. Die Beobachtung soll jeweils eine Stunde andauern. Wichtige Empfehlung: Alle Mitarbeiter müssen über die Maßnahme informiert werden, die Zielsetzung ist zu erklären. Wie gesagt, es gibt nur Gewinner dieser Optimierung. Am besten wird die Erfassung von abteilungsunabhängigen Personen (evtl. kaufm. Azubi) erstellt. Das Erfassungsformular wird ausgewertet. Wie viel Zeit wurde am Teileschalter verbracht? Bei wie vielen Kontakten hätten die Teile frühzeitig vorbereitet werden können?

Der Schlüssel liegt in der frühzeitigen Informationsverarbeitung.

Wenn erst der Mechaniker die Teilebedarfs-Information an den Werkstattschalter bringt, ist es zu spät. Ein einfacher, aber zugleich genialer Lösungsansatz ist es, einen Teiledienstmitarbeiter direkt an den Stellen der Informationsentstehung zu platzieren.

Im Mercedes-Autohaus Anders in Vechta wurde der Arbeitsplatz eines Teiledienstmitarbeiters (Teileberater) direkt in die Dialogannahme verlegt. Er bekommt dort die Information des festgestellten Teilebedarfes und leitet die Beschaffung ein. Er gibt an den Serviceberater sofort die Rückmeldung über Teilepreis und Verfügbarkeit zurück. Der Vorteile liegt in der räumlichen Nähe, per Blickkontakt oder Zuruf kann der Teileberater mit in die Annahme einbezogen werden.

Zeitbedarf und Auslastung am Werkstattschalter

Werkstattseite:
Eventuell Wartezeit weil Schalter belegt.
Informationsübermittlung des Teilebedarfes.
Wartezeit wegen der Teileermittlung durch TD-Mitarbeiter/in ermittelt.
Wenn das Teil auf Lager ist, Wartezeit bis Teil gegriffen.

Zeitbedarf ca. 5 Minuten je Kontakt
zusätzlich Zeit für den Weg zum Teileschalter und zurück ca. 6 Minuten (inkl. ev. Rückfragen beim Meister)
Je Werkstattdurchgang finden 2 Kontakte statt

Lagerseite:
Teil aus dem Elektronischen Katalog bestimmen.
Wenn Teil auf Lager – Teil greifen.
Teil auf Auftrag erfassen.
Wenn Teil nicht auf Lager – Teil bestellen.

Zeitbedarf ca. 5 Minuten je Kontakt.

Abb. 7.17 Zeitbedarf am Teileschalter

Der Prozess beginnt bereits unmittelbar nach jeder Terminvergabe. Der Teileberater erhält von der Serviceassistentin direkt im Anschluss eine Auftragskopie. Jeder Auftrag wird von ihm zeitnah auf die Teileverfügbarkeit geprüft. Auch wenn aufgrund der Kundenaussagen nur in geringem Umfang eine Teilevorbereitung bzw. Bestellung möglich ist, so können doch im Vorfeld offene Fragen geklärt werden. Der große Vorteil liegt im Zeitvorsprung und in der Vermeidung von Überraschungen am Tag der Dialogannahme. Beides zusammen, die Vorbereitung auf den Reparaturfall und die Unterstützung bei der Dialogannahme führen zu hohen Teilevorbereitungsquoten. Der Zeitverlust der Mechaniker durch Rückfragen oder Informationsübermittlung an das Lager sind halbiert worden. Die vorbereiteten Teile werden nach den vereinbarten Terminen sortiert. Für jeden Wochentag steht ein Bereitstellungswagen zur Verfügung. Der aktuelle Tag befindet sich im Ausgabebereich, die anderen Wagen im Wareneingang bzw. Bereitstellung. Alle Teile befinden sich in Boxen und sind mit den Auftragsdaten einschließlich Termin versehen. Der Vorteil liegt in der Transparenz, denn am Abend muss der Vorbereitungswagen des aktuellen Tages leer sein. Übrig gebliebene Teile müssen umgehend nachverfolgt werden.

Überbestände durch bestellte Teile werden so auf ein Minimum begrenzt. In der Abwicklung ist jedoch höchste Disziplin erforderlich, für jede Bestellung muss auch ein Termin festgelegt werden, Aussagen wie »Bestell mal und sag mir Bescheid, wenn die Teile da sind« gibt es nicht mehr. Die Grundsätze lauten: Keine Bestellung ohne Auftrag, kein Auftrag ohne Termin! Auch hier hat der Teileberater in der Dialogannahme eine Schlüsselfunktion.

Teile-Vision 2020

Die etwas fernere Zukunft müsste so aussehen: Eine manuelle Bestimmung der Teilenummern wird nur noch in wenigen Ausnahmefällen nötig sein. Die Verbindung zwischen Diagnose, Reparaturaufwand laut Arbeitspositionen und dem benötigten Ersatzteil ist geschaffen. Ein separater Teiledienst im Autohaus wird in der heutigen Form nicht mehr benötigt.

Beispiel: Die Reparaturannahme/Diagnose hat ergeben, dass der Wasserkühler undicht ist und ausgetauscht werden muss. Nach der Texteingabe »Wasserkühler« im System werden nun automatisch das Ersatzteil und die mitzuverwendenden Teile mit dem Arbeitspreis angezeigt. Der Gesamtpreis und die Verfügbarkeit stehen ebenso ohne Rückfragen und ohne weitere Eingabe sofort zur Verfügung. Entscheidet sich der Kunde für die Reparatur, so ist wieder nur eine Bestätigung in Form eines Mausklicks notwendig und die Beschaffung ist so automatisch ausgelöst. Für die Logistik bis hin zum Werkstattarbeitsplatz sorgt der Lieferant. Bei allen so gesteuerten Reparaturfällen muss ein eigener Teiledienstmitarbeiter nicht mehr eingreifen. Der Serviceberater, besser der Serviceverkäufer, hat alles in die Wege geleitet, verfügt sofort ohne weiteren Aufwand über alle Informationen für den weiteren Reparaturprozess. Mindestens 70 % des Teilebedarfs könnten so durch die

	BEISPIEL 30 DURCHGÄNGE	BEISPIEL 50 DURCHGÄNGE
Zeitbedarf in Min./Kontakt	11 Minuten	12 Minuten
Zahl der Kontakte/Durchgang	2	2
Anzahl der täglichen Durchgänge	30	50
Zeitbedarf Summe/Tag in Std.	11,0	18,3
Angestrebte Verbesserung	50%	50%
Summe Stunden p.a.	1375	2292
Stundenverrechnungssatz	80,00	80,00
Potenzial in €	110.000,00	183.333,33

Abb. 7.18 Mit gesparter Wartezeit lässt sich zusätzlich Geld verdienen.

Reparaturannahme organisiert werden, nur für die restlichen 30% wird der Spezialist aus dem Teiledienst benötigt, und der sitzt nicht mehr im Lager, sondern kommt zum Mechaniker.

Alle Informationen sind idealerweise immer fest mit dem Fahrzeug verbunden. Dies dürfte auch kein Problem sein, denn bereits vor der Produktion des Autos stehen alle zu verbauenden Teile fest. Mit Anschluss bzw. Funkverbindung des Diagnosegeräts stehen dem Serviceverkäufer der fahrzeugspezifische Teilekatalog mit den Teilenummern und die Arbeitspositionsliste mit Zeitbedarf zur Verfügung. Nur die händlerindividuellen Teilepreise und Stundenverrechnungssätze befinden sich noch auf dem Rechner des Servicemitarbeiters.

Viele gute einzelne Ansätze gibt es bereits. Häufig sind es aber noch unverknüpfte Einzelmodule mit hohem manuellem Anwenderaufwand. Es wird nur noch eine Frage der Zeit sein, und in einigen Jahren wird der Lagerist in der heute vorhandenen Form nicht mehr benötigt. Die Aufgaben im Teilelager und im Bereich Logistik werden neu verteilt. Viele einfache Arbeiten werden von Hilfskräften erledigt, andere Aufgaben werden anspruchsvoller und wieder andere Tätigkeiten werden ersatzlos entfallen. Die spannende Frage wird sein, wie viele der heutigen Teiledienstmitarbeiter den zukünftigen Anforderungen gewachsen sind. Auch die Anforderungen an die Nutzung der Immobilien bezüglich der Lager- und Logistikflächen in Verbindung zur Reparaturannahme und Ausführung werden sich den Abläufen anpassen müssen. Freie Werkstätten in Zusammenarbeit mit freien Teilelieferanten und abgestimmten EDV-Systemen sind hier deutlich weiter in der Entwicklung, während in einem markengebundenen Autohaus heute noch rund 80% der Marge durch anfallende Kosten aufgebraucht werden, bleibt den freien Werkstätten nahezu die komplette Handelsspanne erhalten. Diese Tatsache sollte zum Nachdenken veranlassen.

Abb. 7.19 Für jeden Tag wird ein Teile-Bereitstellungswagen vorbereitet.

7.5 Im Einkauf liegt der Gewinn

Lieferantenauswahl							Sotiment					
			Lieferant 1		Lieferant 2		Lieferant 3		Lieferant 4		Idealer Lieferant	
Kriterien	**Prio**	**Gew.**	**Pkte**	**NW**	**Pkte**	**NW**	**Pkte**	**NW**	**Pkte**	**NW**	**Pkte**	**NW**
Preis	1	8	10	80	5	40	3	24	10	80	10	80
Qualität	2	7	7	49	8	56	8	56	5	35	10	70
Lieferversorgung	3	6	5	30	3	18	5	30	5	30	10	60
Beratung	6	3	1	3	2	6	5	15	1	3	10	30
Gar./Kulanz	4	5	4	20	8	40	7	35	2	10	10	50
Zahlungskonditionen	5	4	10	40	5	20	5	20	4	16	10	40
Entfernung	8	1	1	1	5	5	2	2	1	1	10	10
Service	7	2	4	8	4	8	8	16	2	4	10	20
		Punkte	42		40		43		30		80	
		Nutzwert		**231**		**193**		**198**		**179**		**360**

Abb. 7.20 Kriterien zur Auswahl Ihrer Lieferanten

Welches Autohaus hat geschulte und versierte Einkäufer? Dieser Aufgabenbereich wird häufig allzu einfach dargestellt. Nach dem Motto »jetzt sind die Freiheiten da und los geht's mit dem Einkaufen« kann und darf nicht verfahren werden. Neben dem Preis gibt es für Teile und Zubehör weitere wesentliche, sogar wichtigere Kriterien, die sorgfältig abgewogen werden müssen. Vor allem ist die Auswirkung auf die Abläufe und die Kundenbeziehung zu berücksichtigen.

Das Beispiel (Abb. 7.20) einer Nutzwertanalyse zeigt die Kriterien, die vorgegebenen Prioritäten und deren Gewichtung. Jeder Lieferant erhält im Vergleich zu den Wettbewerbern für jedes Kriterium Punkte, diese Punkte multipliziert mit der Gewichtung ergeben den Nutzwert.

Diese Vorgehensweise erscheint dem Praktiker im Teiledienst sehr aufwendig und übertrieben. Der Denkfehler liegt in der Projektion auf einzelne Produkte. Wer jedoch komplette Sortimente (z. B. Reifen, Schmierstoffe, Bremsenteile usw.) zum Vergleich heranzieht, kann mit dieser Methode großen Nutzen erzielen. Gerade in Zeiten der Liquiditätsschwäche kann

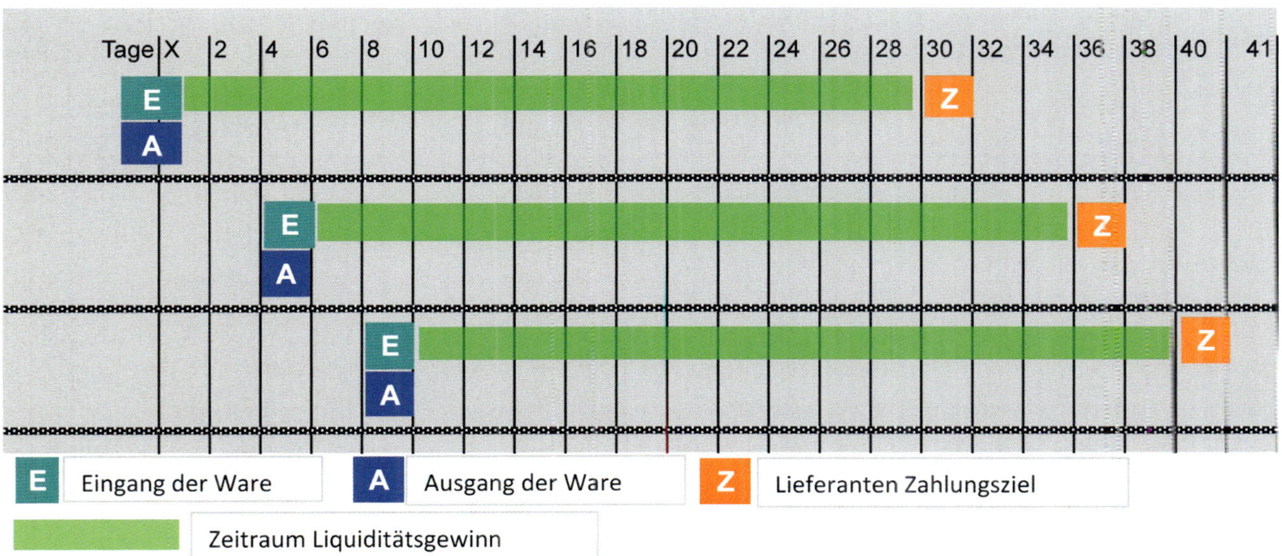

Abb. 7.21 Die Abbildung stellt den Liquiditätsgewinn einer »just in time Lieferung« in Verbindung mit großzügigen Zahlungszielen dar. Wenn es sich bisher um gelagerte Ware handelt, ist dazu noch die verringerte Kapitalbindung aus der bisherigen Lagerware hinzuzurechnen. Der grüne Balken zeigt den zeitlichen Liquiditätsgewinn auf.

mit entsprechender Gewichtung der Zahlungskonditionen und der Lieferversorgung eine strategische Steuerung der Einkäufe vorgenommen werden.

Der Einkauf als Liquiditätsbeschaffer

Wenn die Verbesserung der Liquidität hohe Priorität hat, kann mit der Umstellung auf Zahlungsziele eine wesentliche Verbesserung erreicht werden. Wer mit seinen Lieferanten eine mehrmalige tägliche Lieferung und z. B. ein zugesichertes Zahlungsziel von 30 Tagen vereinbart hat, kann seinen Lagerbestand auf ein Minimum reduzieren und gewinnt mit jedem durchlaufenden Teil zusätzliche Liquidität. Vorausgesetzt es gelingt, dass die verkaufte Ware sofort nach Rechnungsstellung vom Kunden bezahlt wird. Je höher der Teileumschlag, umso größer wird bei diesem Modell der Liquiditätszugewinn (s. Abb. 7.21).

Einkauf von Originalersatzteilen bis zu 50% unter dem normalen Einkaufspreis!

In den Lägern der deutschen markengebundenen Autohäuser liegen ungängige Ersatzteile und Zubehör im geschätzten Wert von mindestens 300 Mio. €, das ist die Chance für den qualifizierten Einkäufer! Auch der Aufkauf aus Insolvenzmassen kann durchaus lukrativ sein. Wer so gezielt zukauft, kann dabei sogar der Originalersatzteil-Philosophie mit allen Vorteilen (z. B. Garantie) treu bleiben. Eine weitere Fassette der Einkaufsoptimierung ist die Nutzung von Sondereinkaufsmöglichkeiten beim Hersteller oder Importeur. Voraussetzung ist, dass der eigene Lagerbestand an Verschleiß- und Wartungsteilen niedrig gehalten wurde (Anleitung siehe Kapitel 7.4.2). Wenn jetzt attraktive Angebote vom Hersteller kommen und auch der finanzielle Spielraum vorhanden ist, kann durchaus eine Margen-Verbesserung von 10% und mehr erzielt werden.

Freier Einkauf kompletter Sortimente

Im Vergleich der absolut gängigsten Teile haben die Hersteller und Importeure die Preise überwiegend am Markt ausgerichtet, würde man nur für diese Ware einen Preisvergleich durchführen, ist kaum mit einer Ersparnis zu rechnen. Bei der Betrachtung kompletter Sortimente ist der freie Einkauf eine zu prüfende Alternative. Es empfiehlt sich dabei folgende Vorgehensweise: Aus dem Warenwirtschaftssystem werden alle verkauften Positionen des ausgewählten Sortiments der vergangenen 12 Monate mit Teilenummer, bisherigem EK-Preis und der verkauften Menge (auch Teile ohne Lagerbestand) gelistet. Daraus ist ohne großen Aufwand das Einkaufsvolumen zu ermitteln. Mit dieser Liste und deren Qualitätsanforderungen fordern Sie sich von leistungsstarken, freien Lieferanten Angebote an. Die Entschlüsselung der Original-Teilenummer nimmt der Lieferant vor.

Einkaufsmacht durch Zusammenarbeit multiplizieren

Was wäre an Potential zu holen, wenn sich mehrere Betriebe der gleichen Marke zum gemeinsamen Einkauf verbünden würden? Abb. 7.23 zeigt ein Beispiel von 20 Betrieben mit je € 1 Mio. Einkaufsvolumen.

Mit zunehmender Einkaufsgröße kann auch der Direktbezug von Teilen beim Teilehersteller möglich werden. Eine weitere Möglichkeit bietet der Handel über die Landesgrenzen hinaus.

Zahl der teilnehmenden Betriebe	20
Einkaufsvolumen in €	20.000.000
Kosten einer professionellen gemeinsamen Einkaufsabteilung p. a. in €	120.000
Kosten Anteil vom Einkaufsvolumen %	0,60%
Monatliche Kosten je Betrieb in €	500,00
Angestrebtes Ziel der Senkung der Einkaufspreise in %	4,00%
Potenzial in € nach Abzug der Kosten	680.000,00
Durchschnittliches Potenzial in € je Betrieb	34.000,00

Abb. 7.22 Potential einer Einkaufsgemeinschaft

FAZIT FÜR DEN EINKAUF VON ERSATZTEILEN UND ZUBEHÖR

- Der Einkauf muss professionell betrieben werden, bestens dafür geschultes Personal ist zwingend notwendig.
- Neben dem reinen Einkaufspreis sind auch weitere Kriterien zu berücksichtigen.
- Die Kooperation mehrerer Autohäuser schafft Einkaufsmacht. Mit zunehmender Größe ergeben sich vielfältige Möglichkeiten.
- Ein Einkaufsziel kann die Schaffung zusätzlicher Liquidität sein.
- Überbestände in der Handelsorganisation sind ein interessanter Markt für den Einkauf.
- Wer die Initiative ergreift, kann im Einkauf noch viel Potential heben.

7.6 Aktiver Verkauf von Ersatzteilen und Zubehör

Grundsätzliches zum Ersatzteile- und Zubehörverkauf

Durchschnittlich werden im Autohaus 20 bis 25 % des ET-Umsatzes im Thekengeschäft (inkl. Teilezustellung) erzielt. Die Zeit des Mangels an Ersatzteilen oder die Monopolstellung der Lieferanten ist vorbei. Auch in diesem Geschäftsfeld besteht ein Überangebot an Produkten und Anbietern, was zu einer zunehmenden Verschärfung des Verdrängungswettbewerbs führt. Produktqualität und Preis sind die vorrangigen Verkaufsargumente im Markt. Egal welcher Absatzweg besteht, ein Teilebedarf hängt immer mit einem Reparatur-, Wartungs- oder Aufrüstungsfall zusammen. Neben den Teilen wird immer öfter auch die technische Information für den Einbau der Teile benötigt. Über die Frage der Herausgabe technischer Einbauinformationen gibt es in der Branche eine kontroverse Diskussion. Es gilt zu bedenken, wann immer ein Teilekäufer am Tresen des Autohauses auftaucht, ist die Entscheidung des Kunden über die Ausführung der Reparatur schon getroffen. Wenn man jetzt nur das Produkt (Teile) anbietet, wird immer der Preis das entscheidende Kaufkriterium sein. Wer jedoch wichtige Einbau-Tipps weitergibt und Unterstützung anbietet, kann auf diese Weise Zusatznutzen schaffen und höhere Erträge erzielen. Wie man auch immer zu diesem Thema steht, durch eindeutige Vorgaben muss Klarheit bei den Mitarbeitern im Kundenkontakt geschaffen werden. Wie kann der Teiledienst den Verkauf ankurbeln? Wichtigste Voraussetzung ist die richtige Einstellung zum Verkauf. Wer seine Lageristen jetzt neu als Teile- und Zubehörverkäufer bezeichnet, Verkaufsziele vorgibt und die Rahmenbedingungen dafür verbessert, hat die wichtigsten Voraussetzungen geschaffen. Die Verkaufsziele sind für Umsatz und Ertrag festzulegen und der Weg zur Verbesserung der Ergebnisse ist durch vielfältige Unterstützung aufzuzeigen.

Teileverkauf im direkten Kundenkontakt (Endkundengeschäft)

Jeder Kundenkontakt bietet die Chance des aktiven Verkaufens. Auch für den Teile- und Zubehörverkäufer gilt es, den Bedarf zu erkennen, Lösungen aufzuzeigen und mit Nutzenargumenten zu arbeiten. Der darzustellende Kundennutzen richtet sich nach den Bedürfnissen und Wünschen der einzelnen Zielgruppe. Diese Vorgehensweise muss geschult und trainiert werden, sonst wird nicht viel mehr kommen als das bekannte »darf es sonst noch etwas sein«.

Abb. 7.23 Der Teileverkäufer beim Verkauf mit dem Kunden.

Das Geschäft mit den freien Werkstätten oder Großkunden

Bei diesem Geschäftsfeld gilt es auf die Ertragsqualität der Geschäfte zu achten. Häufig hat sich – angeheizt durch die Hersteller und Importeure – ein ausgeprägtes Stückzahlen- und Umsatzdenken etabliert. Jeder Verantwortliche im Autohaus sollte sich immer den vorhandenen Kostenanteil (25 % Branchenschnitt) vor Augen führen. Aber wie kann man bei verschärften Wettbewerbsbedingungen die Erträge verbessern? Zu allererst ist auch hier nach dem Zusatznutzen für die Zielgruppe zu suchen. Beratung und Zustellung der bestellten Teile ist Grundvoraussetzung und reicht heute zur Differenzierung im Markt nicht mehr aus. Eine Möglichkeit ist auch hier wieder die Verbindung des Teileverkaufs mit technischer Information bis hin zum Aufbau einer Partnerschaft mit dem Kollegen »freie Werkstatt«. Einige Autohäuser bieten dazu die Kombination von Außendienst, Zustelldienst und technischer Unterstützung an. Diese Aufgaben werden von einem ehemaligen Mechaniker erledigt. Dieser Service kommt bei den Kunden so gut an, dass neben der Umsatz- und Ertragssteigerung auch die sonst immer für Unmut sorgenden Zustellkosten nicht mehr diskutiert werden. Ein weiterer positiver Effekt ist, dass die freien Werkstätten immer häufiger technisch aufwendige Arbeiten an das Marken-Autohaus vergeben. Vertrauen und Kundenschutz sind eine wesentliche Voraussetzung dafür. Diese Strategie setzt eindeutig auf die Unterstützungsqualität und die hat auch ihren Preis.

Internethandel

Der Teileabsatz über das Internet gewinnt im Teilemarkt immer mehr Bedeutung. Für die überwiegende Anzahl der Kunden steht das Auffinden der günstigsten Angebote im Fokus. Dementsprechend wird auch von den Anbietern in diesem Medium geworben. Rabatte bis zu 70 % werden versprochen. Ein großer Anteil der Internetnutzer möchte jedoch lediglich die örtlichen Anbieter von Ersatzteilen und Zubehör ausfindig machen. Schon allein aus diesem Grund ist es wichtig, in den Suchmaschinen gefunden zu werden. Wer hat es schon mal bei Google getestet und als Beispiel »Renault Ersatzteile München« eingegeben? Leider befindet sich kein Renault-Händler auf der ersten Seite der Trefferliste! Nach der Grundvoraussetzung, gefunden zu werden, ist als nächster Schritt die Darstellung des Angebots entscheidend. Wer sich nicht auf die Preisschiene begeben will, sollte bei der Gestaltung der Seite alles dafür tun, dass der Kunde den Weg zur persönlichen Beratung (telefonisch oder vor Ort im Autohaus) geht. Argumentieren Sie mit konkretem Zusatznutzen, der mit dem Teilekauf in Verbindung steht.

Ein vielversprechendes Konzept für den Verkauf an freie Werkstätten über das Internet bietet die Plattform www.hotas.de. Ursprünglich für den Abverkauf von Teileüberbeständen und ungängigen Teilen konzipiert, bieten sich heute weitreichende Möglichkeiten des Vertriebs. So kann zum Beispiel die freie Werkstatt über den in der Teilebörse integrierten elektronischen Teilekatalog die Originalteilenummer selbst bestimmen und sich die Trefferliste aus der Datenbank anzeigen lassen. Mehr als zweitausend Kfz-Betriebe stellen dort Teile zum Verkauf ein. Neben diesem Beispiel gibt es noch weitere Plattformen und Börsen. Erhebungen zeigen auf, dass über 50 % der Autohäuser in keiner einzigen vertreten sind! Handeln ist angesagt!

7.7 Das Zubehörgeschäft

Das Zubehörgeschäft bietet den Autohäusern nach wie vor ein großes Ertragspotential. Aktiver Verkauf ist angesagt. Der größte Teil des Ertragspotentials jedoch dürfte in vielen Autohäusern in diesem Bereich daraus resultieren, wenn künftig auch hier wirtschaftliche Grundsätze berücksichtigt werden. Wer kennt sie nicht die Vitrinen mit Armbanduhren, exklusiven Schlüsselanhängern und vergoldeten Kugelschreibern? Oder die Mountainbikes, Kinderspielzeuge und Textilien in der Fahrzeugausstellung? Bis auf wenige Ausnahmen liefern diese Artikel keine kostendeckenden Erträge, verursachen zusätzliche Kosten, Kapitalbindung und teilweise sogar Kundenverärgerung aufgrund der überteuerten Kalkulation. Außerdem: wenn ein verkauftes Mountainbike einen Garantiemangel aufweist, was dann?

Ein weiterer Faktor ist das Erkennen unterschiedlicher Trends, insbesondere wenn sich Trends ändern. Schnelle Umsetzung ist hier angesagt, das bedeutet kurze Informationswege zum Kunden und auch autohausintern. Dazu bieten sich die elektronischen Medien wie E-Mail und die Verlinkung zur Internetseite bestens an.

Abb. 7.24 Ein vorbildliches Beispiel der Präsentation in der Dialogannahme: Fahrzeugpflege, Verbandskasten, Fußmatten, Mitnahmeöl, Saisonartikel etc. können am besten durch die Empfehlung des Serviceberaters verkauft werden.

Präsentation von Zubehör

Als erstes ist auf Ordnung und Sauberkeit zu achten! Das mag banal klingen, aber leider ist dieser Fingerzeig in vielen Häusern dringend notwendig, man sehe sich z. B. die verstaubten Dosen der Fahrzeugpflegeartikel und manche Komplettradsätze an. Die Ware ist gut auszuleuchten, die Beschriftung ist deutlich und auch ohne Lesebrille erkennbar anzubringen. Weiter ist der richtige Ort der Präsentation entscheidend. Hier ist neben dem Empfangs- und Kassenbereich besonders der Dialogannahmeplatz ein wichtiger POS (Point of Sale). Bitte das Zubehör nicht im Teilelager verstecken! Eine Begehung der Lagerräume bringt es an den Tag, dort liegen oft die Produkte, während sie in der Fahrzeugannahme fehlen.

Ein guter Zubehörshop geht auch auf die jahreszeitlichen Gegebenheiten ein. Bei der Kaufentscheidung spielen Emotionen die größte Rolle, machen Sie deshalb aus Ihrem Zubehörshop eine kleine Zubehör-Show! Es liegt auch nahe das verkörperte Lebensgefühl Ihrer vertretenen Fahrzeugmarke in diesem Bereich zu inszenieren (Beispiel Fiat, Alfa, Lancia und Italien).

Die Preisangabe sollte immer als Mitnahmepreis und ggf. als Komplettpreis inkl. Montage erfolgen. Zusätzlich erhalten hochpreisige Artikel ein Teilzahlungsangebot mit niedrigen Raten. Z.B. nie wieder Eiskratzen durch ein vorgewärmtes Auto ab nur 49,- € /Monat für die Nachrüstung einer Zusatzheizung.

Das aktive Zubehörgeschäft steht und fällt mit der Person, die es managt. In Betrieben mit einem Zubehör-Umsatzpotential von mehr als 30.000 € je Monat kann sich ein separater Zubehörverkäufer rechnen. Häufig kann schon durch Verlagerung der Aufgaben im Teilelager die notwendige Kapazität für den Zubehör-Verkauf frei gemacht werden (siehe Kapitel 7.4.3).

Zusammenarbeit mit den Abteilungen NW-/GW-Verkauf

Der Automobilverkäufer ist in den Beratungs-, Verkaufsgesprächen und der Fahrzeugauslieferung der Besitzer der Zubehörzielgruppe. Wer als Zubehörverkäufer dort erfolgreich sein will, muss alles dafür tun, dass der Kollege aus dem NW-/GW-Verkauf ohne großen Aufwand und mit etwas persönlichem Nutzen das Zubehörprogramm anbieten kann. Unerlässlich dazu sind neben dem Prospektmaterial verlässliche Angaben zu Preis (inkl. Montage), Liefer- und Einbaumöglichkeiten. Möchte der Verkäufer etwa eine Anhängevorrichtung für ein gängiges Fahrzeug anbieten, darf keine Rückfrage nötig sein, die Information muss systemseitig vorliegen.

7.8 Schmierstoff-Management

Was wäre, wenn Motoren keinen Ölwechsel mehr benötigen würden und fehlendes Öl nur noch nachgefüllt werden müsste? Oder wenn sich der Elektroantrieb im Automobil durchsetzt und somit der Schmierstoffverkauf dramatisch zurück geht? Die Ertragsperle »Schmierstoffe« wäre weitestgehend verloren. Experten streiten sich darüber, ob es einmal so kommen wird und wann dies der Fall sein könnte. Die Auswirkungen auf die Rendite der Autohäuser wären dramatisch!
Die folgende Tabelle stellt die Bedeutung des Ölertrags für das Gesamtunternehmen dar. Wer seine Umsatzrendite erhöhen will, setzt am besten beim Ölverkauf an. In diesem Beispiel könnte mit dem Zusatzverkauf von täglich 12 Litern Motorenöl die Umsatzrendite des gesamten Autohauses um nahezu 0,2 % verbessert werden!

Spezialbetrachtung der Schmierstofferträge losgelöst vom Abteilungsergebnissen

In der Abteilung, in der die üppigen Schmierstofferträge gebucht werden, wird die tatsächliche Leistungsfähigkeit verzerrt. Während z. B. die Autohäuser der Volkswagen-Organisation die Schmierstoffumsätze der Werkstatt zuordnen, werden sie bei Betrieben anderer Marken aber dem Teilelager gutgeschrieben. Eine solch unterschiedliche Verbuchung erschwert den Vergleich zwischen den Marken und sorgt für Diskussionen zwischen den Abteilungsleitern. Am besten wäre es die Schmierstoffe als eigener Erlös/Kostenstelle zu führen.

	Beispiel	Ihr Betrieb
Gesamtumsatz im Autohaus in €	20.000.000	
Betriebsergebnis vor Steuer in €	160.000	
Betriebsergebnis vor Steuer in %	0,80	
Erzielter Bruttoertrag* der Schmierstoffe in €	88.000	
Anteil am Gesamtumsatz des Autohauses in %	0,44	
Angestrebter Zusatzverkauf von Motorenöl je Tag in Liter	12	
Zusätzlicher Bruttoertrag ** in €	33.000	
Neues Betriebsergebnis in %	**0,97**	

* 8000 Liter mit € 11 BE/Liter
** 12 Liter x 250 Tage x € 11 BE

	täglich	**BE in € p.a.**
Aktives Ölnachfüllen	2 x 0,5 Liter	2.750
Verkauf Mitnahmeöl im Service	5 x 1,0 Liter	13.750
Zusätzlicher Ölwechsel	1 x 4,5 Liter	12.625
Verkauf Mitnahmeöl bei NW/GW Auslieferung	1 x 1,0 Liter	2.750
Summe	**11,5 Liter**	**31.875**

Abb. 7.25 Die Bedeutung des Ölertrags für das gesamte Unternehmen.

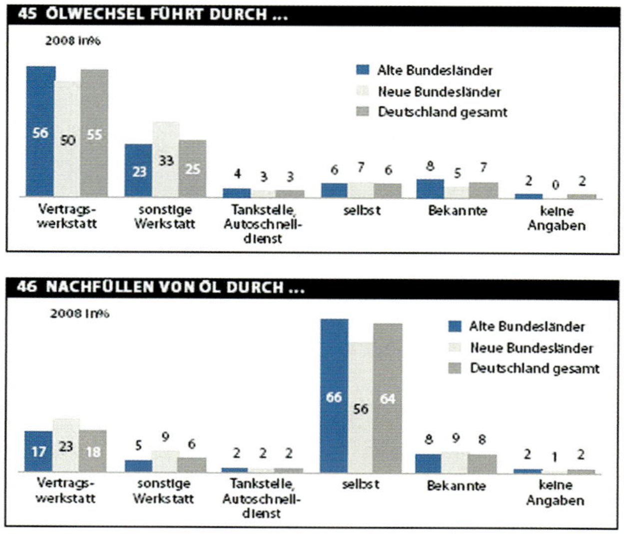

Abb. 7.26 Ölwechsel (Quelle: DAT-Report 2009)

Der Schmierstoffmarkt

Der Trend zu immer längeren Ölwechselintervallen bei neuen Fahrzeugmodellen ist zwar momentan gestoppt und bei manchen Motorvarianten sogar wieder etwas zurückgenommen worden. Anhand der Aufzeichnungen des jährlich erscheinenden DAT-Reports über die Ölwechselgewohnheiten der Autofahrer geht die Zahl der durchgeführten Ölwechsel weiter zurück. Im Jahr 2008 wurden nur noch 0,91 Ölwechsel je Fahrzeug und Jahr durchgeführt, 2005 waren dies noch 1,04. Die verschiedenen Intervallverlängerungen der Hersteller in der Vergangenheit zeigen Wirkung.

Der Nachfüllanteil des Markenhandels beträgt 18 % (2007 waren es noch 21 %). Hier ist für die Kfz-Betriebe noch jede Menge Eroberungspotential vorhanden. Eine Tatsache ist, dass rund einem Drittel der Kunden die im Autohaus verwendete Ölsorte gar nicht bekannt ist, eine Steilvorlage für das aktive Angebot von Mitnahmeöl bei jedem Servicekontakt.

Fakt ist:

- Jedes zweite Auto fährt ohne ausreichend viel Öl.
- 25 % der Autofahrer kontrollieren ihren Ölstand nicht.
- Mindestens drei von zehn Kunden kennen die verwendete Ölsorte nicht.

Abb. 7.27 Entnahme und Verbuchung von Flüssigkeiten aller Art (hier Scheibenreiniger) mit moderner Technik können rationell organisiert werden. Der Teiledienst behält den Überblick und die Mechaniker sparen Zeit.

Wie können diese Tatsachen gewinnbringend für das Autohaus genutzt werden?

- Bei jedem Werkstattbesuch den Ölstand prüfen.
- Nachfüll-Öl aktiv bei den Servicekontakten anbieten.
- Bei den Neu- und Gebrauchtwagenauslieferungen Mitnahmeöl verkaufen
- Zusatzölwechsel verkaufen.
- Der umsatzstärkste Platz für das Mitnahmeöl ist in der Dialogannahme.

Immer Ölstand prüfen !

Stück-zahl	Bezeichnung	ET-Nummer	Mitarbeiter Zeichen	Stück-zahl	Bezeichnung	ET-Nummer	Mitarbeiter Zeichen
✍	Motorenöl Leichtlauf	1942190		✍	Scheibenwasch-zusatz	40400201	
✍	Motorenöl vollsyntet.	7003040		✍	Kühlflüssigkeit	1940651	
✍	Geriebeöl	1940768		✍	Bremsflüssigkeit	1942422	
✍	Servoöl/Automatiköl	1940700					

Abb. 7.28 Ein Praxisbeispiel: die Rückseite des Reparaturauftrages als Checkliste mit der Verpflichtung zur Ölstands-Kontrolle. Wenn etwas nachgefüllt wird, kann der Bedarf sofort hier eingetragen werden.

7.9 Reifen-Management

Laut dem Bundesverband Reifenhandel (BRV) liegt der Reifenabsatz mit 44,87 Millionen vom Handel an Verbraucher gelieferten Pkw-Reifen im Vergleich zum Vorjahr um durchschnittlich 3,7 % unter Vorjahr. Der Anteil der Sommerreifen am Gesamt-Stückabsatz lag bei rund 52 %. Die kurzfristige Zukunftsprognose fällt wegen der gesamtwirtschaftlichen Situation schwer. Im Pkw-Segment könnte jedoch die Tatsache, dass das durchschnittliche Fahrzeugalter bei 8,5 Jahren liegt und ein unverändert hoher Bestand an Pkw- und Kombifahrzeugen existiert, positive Impulse bringen. Kurzfristig eher kontraproduktiv werden in der Reifen-Branche allerdings die Auswirkungen der »Abwrackprämie« gesehen, denn ein Teil des Reifenbedarfes verschiebt sich erst einmal in die Zukunft. Von dieser Auswirkung dürften allerdings überwiegend der Reifenfachhandel und weniger die Markenautohäuser betroffen sein. Der Reifenersatzkoeffizient liegt trotz des leichten Rückganges in 2008 bei 1,0. Im Vergleich dazu lag diese Kennzahl vor zehn Jahren noch bei 0,7 (Quelle BRV).

REIFENERSATZGESCHÄFT 2008	IN MIO. STÜCK
Pkw-Reifen	44,87
davon: Sommerreifen Neu	23,05
Sommerreifen Neu Runflat	0,37
M+S Reifen Neu	20,30
M+S Reifen Neu Runflat	0,65
Pkw-Reifen runderneuert	0,50

Abb. 7.29a Die Marktverteilung und deren Entwicklung. Der Onlinevertrieb mit einem Anteil von rund 4 % oder ca. 1,8 Mio. Reifen gewinnt langsam an Bedeutung (Quelle: BRV).

Reifenstrategie für das Markenautohaus

- Ein professionelles Reifengeschäft erzeugt wertvolle Kontakte für das Autohaus.
- Die Kontakte sind konsequent für Zusatzverkäufe zu nutzen.
- Die Einlagerung der Zweitbereifung im Autohaus ist zurzeit die wirksamste Kundenbindung.
- Über das Reifengeschäft können Neukunden für den Service im Autohaus gewonnen werden.
- Das Geschäftsfeld »Reifen« bietet noch Ertragswachstum.

Die von manchen Kollegen als Chaostage bezeichneten Radwechselzeiten im Frühjahr und Herbst werden inzwischen in vielen Autohäusern professionell organisiert und als Chance für den stetigen Kundenkontakt gesehen. Die Kunden erleben bei diesen beiden Werkstattbesuchen die Kundenorientierung des Autohauses »live«. Die Kreativität und damit die Differenzierungsmöglichkeit der ausführenden Werkstätte zu seinen Wettbewerbern kann hier bestens dargestellt werden. Der Radwechsel kann mit anderen Serviceangeboten, z. B. dem Räderwechsel-Frühstück, kombiniert werden: Die Möglichkeiten sind vielfältig. Wann sonst kann man so viele Kunden mit so einfachen Mitteln ins Autohaus locken? Wer diese Strategie verfolgt, sollte jedoch gut vorbereitet sein, andernfalls kann sich die angestrebte positive Kundenbegegnung schnell ins Gegenteil verwandeln.

Das Reifengeschäft als Kundenbindung an das Autohaus

Fahrzeuge der Kunden, die ihre Zweitbereifung im Autohaus eingelagert haben, befinden sich eben auch zweimal jährlich auf der Hebebühne. Der Reifenersatzbedarf ist den Autohäusern stets bekannt, zusätzlicher Reparaturbedarf am Fahrzeug kann erkannt und daraus Zusatzgeschäfte generiert werden. Gemessen an der Zahl der Stammkunden haben Kunden mit der Rädereinlagerung einen Anteil von 10 bis 15 %. Wenige Spitzenbetriebe schaffen aber auch Werte von 30 %. Marke und örtliche Lage (z. B. Stadtgebiet oder ländliche Gegend) können die Ausschöpfung des Potentials beeinflussen. Der wirklich entscheidende Faktor für gute Ausschöpfung bei der Kundenrädereinlagerung jedoch ist die Einstellung im Autohaus. Dies zeigen Beispiele immer wieder auf.

Die Auswertung der Rädereinlagerung liefert einen wichtigen Hinweis zur Kundenloyalität im Autohaus. Auffällig ist auch hier die Abwanderung der Kunden mit zunehmendem Fahrzeugalter. Die wenigsten eingelagerten Räder sind von Fahrzeugen aus dem Segment II und III. Diese Werte sollten in jedem Autohaus bekannt sein, Verbesserungsmaßnahmen eingeleitet und die Entwicklung kontrolliert werden.

SEGMENT	I				II			III		
Fahrzeugalter	1	2	3	4	5	6	7	8	9	>9
Anzahl der eingelagerten Radsätze	162	198	177	104	109	57	17	8	4	4
Summe der eingelagerten Radsätze nach Segmenten	641				183			8		

Abb. 7.29 Einlagerung der Kundenreifen

Das Renault Autohaus Müller in Freising (s. Abb. 7.30) hat sich der Kundenrädereinlagerung als Kundenbindungsstrategie verschrieben und ein Paket geschnürt, das den Kunden bzw. das Fahrzeug bis weit ins Segment III an das Autohaus bindet. Wichtige Anmerkung: Der Kunde bezahlt für dieses Paket einen einmaligen angemessenen Betrag und erhält dafür die Leistungen ein Autoleben lang.

Neukundengewinnung durch den überfabrikatlichen Reifenservice im Autohaus

Durchschnittlich befinden sich in jedem Haushalt 1,8 Pkws. Alle Kunden, bei denen nicht der komplette »Familienfuhrpark« durch Ihr Haus versorgt ist, bilden einen Erfolg versprechenden Ansatzpunkt, z. B. Räderwechseln und Einlagern zum Familienpreis!

Ertragsverbesserung durch neue und hochwertige Produkte

Die Reifenforschung und gesetzliche Anforderungen könnten neue Ausblicke für das Reifengeschäft ermöglichen. Reifen mit geringerem Rollwiderstand und dadurch Kraftstoffersparnis, Sicherheitsverbesserungen im Nassbremsverhalten, die Umstellung auf Runflat-Reifen und Elektronikbausteine im Rad erfordern höheren Beratungsaufwand aber auch Chancen für die Reifenspezialisten unter den Autohäusern.

Wer die Kundenkontakte hat, sollte sie für den Verkauf nutzen! Eine perfekte Präsentation am richtigen Platz, in der Dialogannahme, erleichtert die Argumentation der Serviceberater. Eine gute Schulung der Mitarbeiter ist aber unerlässlich.

Gute Organisation der Kunden-Rädereinlagerung

Wer die Maßnahmen zur Verbesserung der Lagerorganisation wie im Kapitel 7.4.3. beschrieben umsetzt, hat Platz für die Kundenräderlagerung. Jetzt noch gut organisieren und das Geschäft macht auch Spaß. Wer hier nicht sorgfältig vorgeht, schafft sich ein Ärgernis! Die Regalbaubranche bietet dazu vielfältige Konzepte mit schneller finanzieller Amortisationsmöglichkeit.

Im Räderlager hat jeder Radsatz einen eindeutigen Lagerort, eine Lagerung zwischen den Gängen usw. darf es nicht geben. Unterschiedliche farbige Markierungen an den Rädern helfen bei Ein- und Auslagerungen.

TIPP

Fakten zum aktiven Reifenverkauf:

- Bei der Direktannahme ist auf das Prüfen der Reifenprofile zu achten.
- Für den Winterreifenverkauf ist die direkte Ansprache des Kunden bereits bei Neu- oder Gebrauchtwagenkauf sinnvoll. Und dies das ganze Jahr über!
- Die wichtigste Zeit im Reifengeschäft ist die Reifenwechsel-Saison im Oktober und im April. Das Augenmerk muss hier auf die Reifenpräsentation gelenkt werden.
- Speziell die Reifeneinlagerung bringt den Kunden mind. 2 Mal pro Jahr ins Autohaus. Hier muss der Verkauf von Neurädern forciert werden.
- Nicht zu unterschätzen ist ein Reifen-Schnell-Service, speziell bei plötzlichem Wintereinbruch.
- Das Thema Mitarbeitermotivation ist im Reifengeschäft besonders leicht durch Einzelprämien umsetzbar und deshalb sehr effektiv.
- Paketangebote sind zu schnüren, eine Differenzierung zum Wettbewerber ist dadurch besser möglich.
- Mit einem Reifencheck-Programm werden besonders sicherheitsbewusste Kunden angesprochen. Besonders gut kombinierbar ist dies mit der Beleuchtungsaktion im Oktober.

Abb. 7.30 Die Serviceflatrate (Quelle: www.service-flatrate.eu)

Abb. 7.31 Die Ablaufoptimierung bedarf spürbarer Verbesserung. Dazu sollte der spezielle Reifenmontier-Arbeitsplatz unmittelbar vom Reifenauswuchtgerät, Reifenreinigungsgerät und Felgenabziehgerät umgeben sein. Optimal, wenn sich das Reifenhotel in unmittelbarer Umgebung befindet. Der Maßstab ist die Formel I: Pro Reifenmontage 7 Sekunden! Das wär's!

Abb. 7.32 Die Präsentation der Reifen in der Dialogannahme unterstützt den aktiven Verkauf.

8 Service (von Manfred Schlegel)

Der Service ist oft die Abteilung im Autohaus, die die Rendite rettet. Erheben Sie Ihr Marktpotential und verbessern Sie Ihre Prozesse. Dieses Kapitel gibt Ihnen einige Anregungen in welchen Geschäftsfeldern noch Handlungsmöglichkeiten und Potential liegt. Und vor allem: Lassen Sie sich keinen Umsatz von der Konkurrenz wegnehmen.

8.1 Der Servicemarkt

Wie ein Fels in der Brandung stabilisiert der Automobilservice seit Jahren die wirtschaftliche Situation im Automobilvertrieb. Obwohl dieses Geschäftsfeld lediglich zwischen sieben und 30 % des Umsatzes ausmacht, generiert es oft mehr als 3/4 des Gesamtertrages von Autohäusern. In manchen Häusern muss der Service sogar die als Folge des anhaltenden Verdrängungswettbewerb verursachten Defizite auffangen – also den finanziellen Super-GAU verhindern.

Doch auch das Servicegeschäft bekommt die wirtschaftliche Schieflage zu spüren. Wir sind bereits mittendrin in der Phase des Nachfragerückgangs. Konnte der durch technische Innovationen und verbesserte Qualität der Fahrzeuge verursachte Rückgang an Serviceaufwand in der Vergangenheit noch durch die Zunahme des Fahrzeugbestandes kompensiert werden, ist dies künftig nicht mehr möglich. Der Fahrzeugbestand wird sich in Deutschland langfristig bei 50 Millionen Pkw fixieren.

Gemischte Gefühle löst der Rück- und Ausblick auf das Servicegeschäft aus. Pluspunkt Nummer eins: 2008 konnte der Anzahl der Serviceaufträge und der Umsatz gegenüber dem Vorjahr nochmals gesteigert werden. 72,2 Millionen Reparaturaufträge bedeuten ein Plus von 1,3 % gegenüber 2007. Dies brachte dem Service ein durchschnittliches Umsatzwachstum von 0,73 % ein. Betrachten wir die Zukunftsprognosen des Instituts für Automobilwirtschaft (IFA) in Geislingen (Abb. 8.1), stellt sich die Frage, ob 2008 als letztes Jahr des Wachstums einen historischen Tiefpunkt darstellt. Das mit der Abwrackprämmie verbundene verfrühte Ausscheiden von 2 Millionen älterer (reparaturintensiver Fahrzeuge) trägt sein übriges dazu bei.

Bis 2020 prognostiziert das IfA einen Rückgang des Reparatur- und Wartungsbedarfs zwischen 14 und 27 % gemessen am Jahr 2005. Mittelfristig stellt sich ein Reparatur- und Wartungsbedarf von etwa drei Stunden pro Fahrzeug pro Jahr ein. Welche Entwicklung die Elektrofahrzeuge, von denen 2020 eine Million auf unseren Straßen rollen sollen, mitbringen, ist derzeit noch offen. Sicher ist, dass ein Elektromotor mechanisch um ein Vielfaches simpler und damit erheblich verschleißärmer ist.

Die schrumpfende Nachfrage ist die zentrale Herausforderung für das Servicemanagement der Zukunft. Die Kernfrage lautet: Wie kann ich trotz des schrumpfenden Marktes mein Geschäft zumindest auf bisherigem Niveau halten? Dies funktioniert nur, wenn der individuelle Marktanteil gesteigert werden kann. Verzichten kann kein Betrieb auf das Servicegeschäft. Denn wie im Folgenden dargestellt wird, ist das Geschäftsfeld After-Sales der renditestärkste und damit der überlebensnotwendige Bereich des Autohauses. In Kapitel 8.7 stellen wir Geschäftsfelder vor, in denen der Markt weiter erobert werden kann.

Obwohl der Service nur 5-15 % zum Gesamtumsatz des Unternehmens beisteuert, erwirtschaftet dieser Bereich zwischen 35 und 45 % des Gesamtergebnisses. Addiert man dazu noch den Ertrag des zum großen Teil durch den Service un-

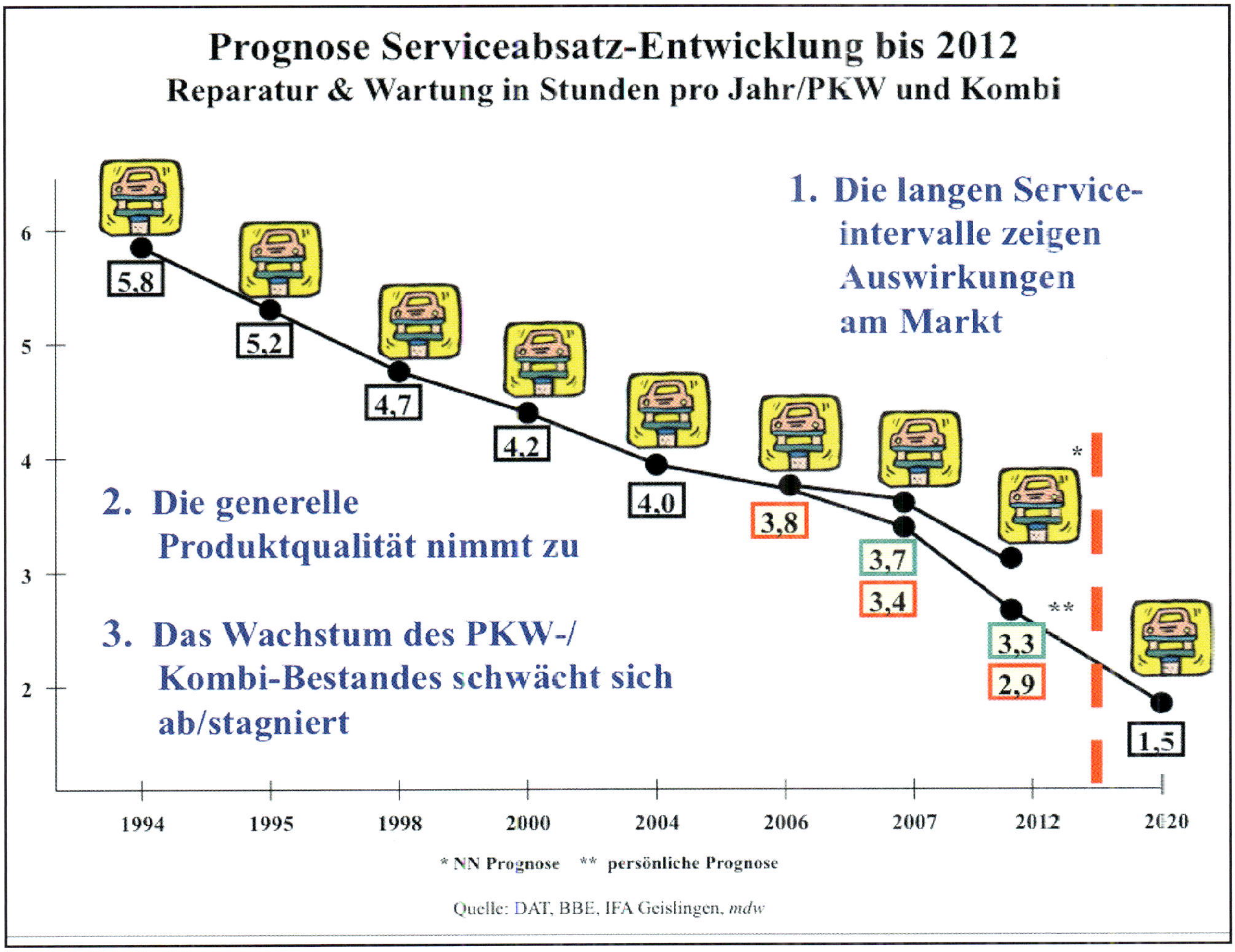

Abb. 8.1 Entwicklung des Wartungs- und Reparaturmarktes in Deutschland

mittelbar verursachten Teilegeschäfts, gilt es festzuhalten, dass zwischen 55 und 80 % des Gesamtertrages durch die After-Sales-Aktivitäten verdient werden. Dieser hohe Anteil am Gesamtergebnis unterstreicht die Bedeutung für das Gesamtgeschäft des Autohauses.

Der Verdrängungswettbewerb, wie er bisher vor allen Dingen im Neuwagengeschäft stattfindet, wird sich in der Folge noch stärker auch auf das Servicegeschäft übertragen. Es dürfen keinesfalls dieselben Fehler wie im Neuwagenvertrieb, sprich die Rabattitis, wiederholt werden. Doch im Gegensatz zum Neuwagengeschäft, wo der Handel dem Produkt des Herstellers mehr oder weniger einflusslos ausgeliefert ist, lässt sich im Service viel gestalten – und damit auch neue Chancen erschließen.

! *Kreative Konzepte, die intelligenter sind als stupides Preisdumping, sind gefragt.*

Werkstattsterben auf Rekordhöhe

Der Rückgang des Servicevolumens hat einen ungebrochen starken Konzentrationsprozess zur Folge. Reduzierten sich die Markenbetriebe von 2005 auf 2006 um nur 100 Unternehmen, so schrumpfte die Zahl der Vertragswerkstätten 2008 um 800. Davon mussten viele Betriebe komplett aufgeben, andere machten als freie Werkstatt weiter.

Halten wir fest:

- Mit bis zu 80 % Beitrag am Gesamtergebnis ist der Service das renditestärkste Geschäftsfeld im Autohaus.
- Das Servicevolumen ist zukünftig deutlich rückläufig.
- Im Zuge des Konzentrationsprozesses scheiden zahlreiche Werkstätten aus. Diese Kunden fallen den verbleibenden Werkstätten zu und federn den Rückgang ab.
- Herausforderung Nummer eins im Servicemanagement ist die Sicherung der Auslastung durch noch aktivere Vermarktung und Ausbau des Angebots.

UMSATZ- UND ERGEBNISSTRUKTUREN IM AUTOMOBILHANDEL

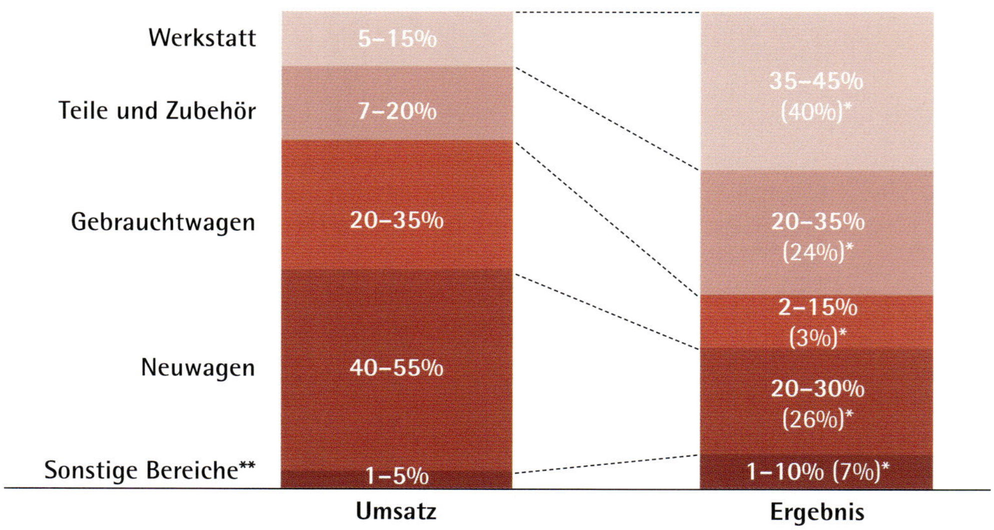

(*) In Klammern die Durchschnittswerte für das Jahr 2004
(**) Sonstige Bereiche wie z.B. das Ersatzwagen- und Vermietgeschäft sowie betriebsfremde und außerordentliche Erträge

Quelle: Auto Business Verlag/Institut für Automobilwirtschaft 2005

Abb. 8.2 Umsatz- und Ergebnisstruktur im Automobilvertrieb

Abb. 8.2.1 Kundenbindung durch eine gute Dialogannahme ist für das Überleben der Werkstatt unerlässlich. (Foto: Ford WW Press)

8.2 Der Wettbewerb

62 MARKTANTEILE IM WARTUNGS- UND REPARATURMARKT

2000 bis 2008 ohne Unfallreparaturen

Marktanteil	2008	2007	2006	2005	2004	2003	2002	2001	2000
Vertragswerkstatt	55%	58%	59%	51%	52%	60%	61%	69%	62%
sonstige Kfz-Werkstatt	33%	35%	36%	36%	35%	28%	28%	24%	27%
Tankstelle	0%	0%	0%	0%	0%	0%	1%	0%	0%
selbst ohne fremde Hilfe	4%	0%	3%	5%	4%	3%	6%	4%	5%
mit Hilfe eines Bekannten	5%	5%	1%	4%	6%	1%	3%	2%	6%
keine Angaben	3%	2%	1%	4%	3%	8%	1%	1%	0%

Abb. 8.3 Marktanteile der einzelnen Anbieter (DAT-report)

Die Kehrseite der guten Rentabilität des Automobilservices ist, dass der Markt von vielen verschiedenen Anbietern umkämpft ist. Insbesondere die Kettenbetriebe erfreuen sich immer größerer Verbreitung und Beliebtheit bei den Kunden. Obenstehende Tabelle zeigt die Verteilung des Geschäfts auf die verschiedenen Anbieter auf.
Erneut mussten die Vertragswerkstätten 2008 einen historischen Tiefstand ihres Marktanteils hinnehmen. Mit etwas über 50 % landet nur noch jeder zweite Auftrag in einem Markenbetrieb. Im Spitzenjahr 2001 waren dies noch fast 70 %. Als Gewinner in der letzten Jahre dürfen sich die freien Werkstätten freuen. Sie konnten sich kontinuierlich auf einen Marktanteil von über 30 % entwickeln.

Auf den ersten Blick wirken die Wettbewerber »selbst ohne fremde Hilfe« oder »mit Hilfe eines Bekannten« mit knapp 10 % Anteil harmlos. Führt man sich jedoch vor Augen, dass dahinter zu einem großen Teil die Schattenwirtschaft, sprich Schwarzarbeit steckt, stimmen die Dimensionen bedenklich. Die Teilnehmer der DAT-Studie, die mit »keine Angaben« geantwortet haben, werden sich unter Umständen aus ähnlichen Gründen in Schweigen gehüllt haben.

Auswirkungen auf künftige GVO
Diese Tatsachen sind dringend in die Betrachtungsweise mit einzubeziehen, wenn es um die Fortführung der Gruppenfreistellungsverordnung geht. Wir brauchen Markenbetriebe – aber zu praxisgerechten Standardanforderungen, die der Kunde bereit ist zu bezahlen. Denn der technik-bedingte Rückgang von Reparatur- und Wartungsintensität wird sich auch künftig in voller Intensität fortsetzen. Ergo: Mit immer weniger Werkstattdurchgängen müssen die Fixkosten der Standards finanziert werden. Weiter steigende Stundenverrechnungssätze sind die zwangsweise Folge.

Boxenstopp statt Glaspalast
Fakt ist die Tatsache, dass das (Standard-bedingte) hohe Serviceniveau der Vertragswerkstätten offensichtlich immer weniger Kunden anspricht. Wie sonst ist der Rückgang des Marktanteils der Vertragswerkstätten an den erteilten Aufträgen zu erklären? Die Kunden scheinen die Boxenstopps der freien Werkstätten den Glaspalästen vorzuziehen.

Auf der Anbieterseite stehen den 18.900 fabrikatsgebundenen Werkstätten 20 200 freie Servicebetriebe gegenüber. Nach ihrer Einführung im Jahr 2002 sorgte die GVO zunächst für einen Run auf die Serviceverträge, die bei Erfüllen der Herstellerstandards nicht mehr verweigert werden durften. 2006 erreichte die Anzahl der Markenbetriebe mit über 26.000 Betriebsstätten ihren Höhepunkt. Mittlerweile scheint oftmals die Anfangseuphorie den Anforderungen und Problemen des Alltags – sprich die hohen Aufwendungen für die Einhaltung der Herstellerstandards – gewichen zu sein.

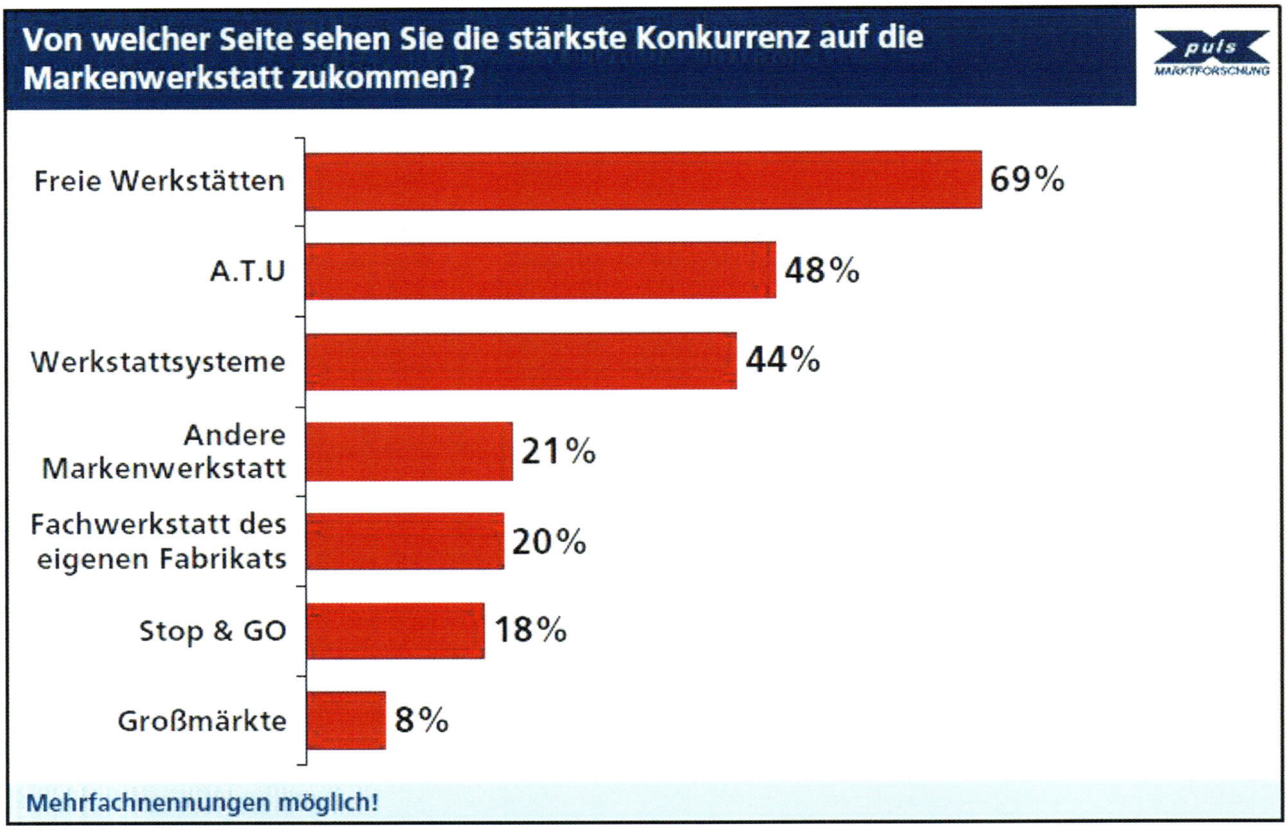

Abb. 8.4 Die Macht der Wettbewerber aus Sicht der Markenbetriebe

Abb. 8.5 Mehr und mehr Markenhändler – wie hier Hyundai – integrieren ein freies Werkstattsystem in ihrem Haus. Hier Bosch-Service.

!

Zwei Faktoren sind für die Wahl der Werkstatt ausschlaggebend: das Alter des Fahrzeuges und die Art der Reparatur. Je jünger das Fahrzeuge und je komplexer die Reparatur umso eher entscheidet sich der Autofahrer für die Markenwerkstatt.

Die künstliche Verjüngung des Fahrzeugbestandes aufgrund der Abwrackprämie im Jahr 2009 könnte zur Folge haben, dass sich die Marktanteile zumindest vorübergehend wieder zu Gunsten der Vertragswerkstätten entwickeln. Trotzdem darf dies nicht darüber hinwegtäuschen, dass der Wettbewerb nicht zwischen den Markenwerkstätten, sondern zwischen den Markenwerkstätten und den freien Betrieben stattfindet. Hier ist alles daran zu setzen, die Abwanderung der Kunden zu verhindern.

8.3 Kundenbindungsmaßnahmen

Vor allem mit Ablauf der Werksgarantie oder dem Auslaufen von Leasing- und Finanzierungsverträgen lässt die Loyalität ab dem 4. Jahr von 70 auf 43 % sprunghaft nach. Seit einigen Jahren versuchen die Hersteller gemeinsam mit dem Handel die Abwanderung mit Anschlussgarantien und Mobilitätsdienstleistungen im Pannenfall zu verhindern.

Aus der Schweiz stammt die Idee »Service inklusive«. Unisono statten dort alle Marken ihre Fahrzeuge mit einem mindestens 6-jährigen Full-Service-Paket aus. Änderungen in der Steuergesetzgebung waren hier die Geburtsstunde für diese clevere Idee der Kundenbindung. Bei Opel heißt dieser Service »Opel All-in« und deckt alle Wartungsarbeiten innerhalb der ersten fünf Jahre sowie alle Reparaturen innerhalb der ersten drei Jahre ab. Wie lange braucht die Umsetzung dieser kundenfreundlichen Strategie in Deutschland noch?

Bis dahin ist die Eigeninitiative der Händler gefragt: Drei Jahre Wartung anstelle von Prozentschleuderei beim Fahrzeugverkauf. Ford hat diese nach Jahren endlich nach Deutschland zumindest ansatzweise importiert und bietet die Modelle vier Jahre lang inklusive sämtlicher Wartungen an.

Abb. 8.6 Die Ford-Flatrate sichert die Werkstattauslastung.

VERTRIEBSKANÄLE PKW-REIFENHANDEL DEUTSCHLAND 2004

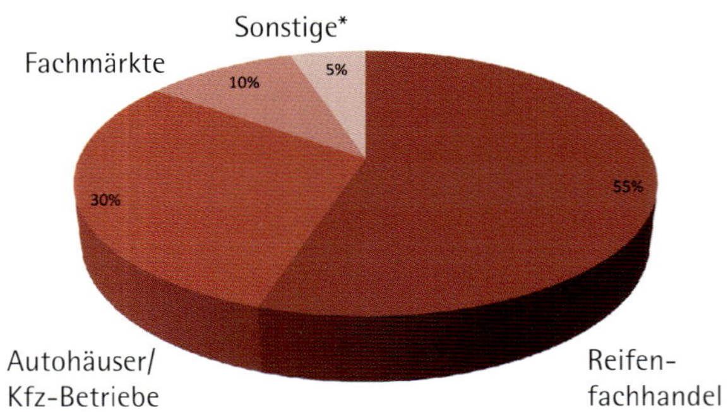

**Sonstige: Tankstellen, Baumärkte, Internet, Versandhandel*

Quelle: BRV/eigene Erhebung NEUE ReifenZeitung 9/2005

Abb. 8.7 Nur ca. 30% der Reifen werden über die Werkstatt verkauft!

Der Rückgang des Marktanteils der Vertragswerkstätten darf nicht tatenlos hingenommen werden. Die Auslastung ist allein zur Finanzierung der Fixkosten unabdingbar notwendig. Dahingehend haben sich die Anstrengungen zu konzentrieren.

Preiskampf schafft nur Verlierer

Die meisten Konzepte basieren auf der Reduzierung des Stundenverrechnungssatzes für ältere Fahrzeuge. Zweifelsohne spielen die Kosten in wirtschaftlich schwierigeren Zeiten eine immer bedeutendere Rollen. Doch die »billige« Idee der absoluten Preisführerschaft wird auch künftig nicht die anzustrebende Philosophie des vertragsgebundenen Automobilservices sein. Zahlreiche Versuche von Rabattaktion wie beispielsweise die 2% pro Jahr von VW konnte außer temporären Mindererträgen kaum neue Kunden dauerhaft an das Autohaus binden. Betrachtet man die Misere bei ATU genau, kommt man zu dem Schluss, dass der Kunde nicht unbedingt »billig« sucht, sondern klar dem »preis-werten« den Vortritt einräumt. Genau hier kann die Vertragswerkstatt punkten: Mit hochspezialisiertem Service auf qualitativ unschlagbarem Niveau, umfangreichen Garantien, Herstellerkulanzen und qualitativ hochwertigen Originalteilen. Ernüchternde Tatsache: 30% der Autofahrer lassen gar keine Wartungen durchführen. Man möge sich vor Augen führen, was dies für die Verkehrssicherheit bedeutet.

Gebrauchtwagenkunden nur zu 50% in der Werkstatt

Jeder zweite Gebrauchtwagenkäufer kommt nach dem Kauf nicht in die vertragsgebundene Werkstatt. Hier drängt sich die Frage auf: Warum stellen wir dem Neuwagenverkäufer den Servicebetrieb vor und lassen die umsatzstarken Gebrauchtfahrzeugkunden außen vor? Hier muss ein Umdenken in der Form einkehren, dass für die Auslieferung von Gebrauchtwagen dieselben Anforderungen wie für die Übergabe von Neuwagen zu gelten hat (zur NW-Auslieferung siehe Kap. 5.7). Ein weiteres Feld sind die eingelagerten Reifen verkaufter Gebrauchtwagen. Am besten, sie bleiben bis zur Wechselsaison eingelagert. Dies ist zum einen kundenfreundlich und generiert zum anderen ohne weiteres Zutun einen zwangsläufigen Werkstattkontakt.

Geschäfte zurückerobern

Eine weitere notwendige Chance liegt darin, Geschäftsfelder, die bisher ein Schattendasein im Autohaus führten, aktiv zu bearbeiten und zurückzuerobern. Dazu gehört vor allen Dingen das Reifengeschäft (siehe auch Kap. 7.9). Nur 30% der jährlich 46 Millionen verkauften Reifen gehen im Autohaus über den Ladentisch. Den Löwenanteil haben sich in wirtschaftlich guten Zeiten die Reifenfachhändler einverleibt. Die Vertragswerkstätten sind in diesem Geschäftsfeld mittlerweile im Gros auch preislich durchaus wettbewerbsfähig aufgestellt. Zudem bedeutet das Reifengeschäft zwangsläufig mindestens zwei zusätzliche Kundenkontakte pro Jahr, die sich für weitergehenden Serviceverkauf nutzen lassen.

Ein ähnliches Bild zeigt sich in Sachen Autoglas-Service. Ein Geschäftsfeld, auf das sich erst vor wenigen Jahren spezialisierte Ketten stürzten. Man muss anerkennen: mit Erfolg. Viele Kunden wissen offensichtlich noch nicht, dass auch ihre Vertragswerkstatt über die Kaskoversicherung kostenfreie Scheibenreparaturen durchführen kann (siehe auch S. 288).

8.4 Neue Anbieter im Markt – Werkstattsysteme

Wie im vorangegangenen Kapitel dargestellt, bietet vor allem das Segment der älteren Fahrzeuge einerseits und die weniger anspruchsvollen Reparaturen wie Reifen, Bremse, Fahrwerk und Auspuff andererseits viele Renditechancen. Nicht ohne Grund stürzen sich die freien Werkstattkonzepte genau auf dieses Segment.
War der freie Markt früher von inhabergeführten kleineren Werkstätten geprägt, haben sich hier in den letzten Jahren massiv die Systemanbieter durchgesetzt. Nicht ohne Grund: Die steigende Komplexität gerade im elektronischen Bereich ist von einer autark agierenden kleinen Werkstatt nicht mehr zu erbringen. Dasselbe Bild stellt sich in Sachen Marketing.

Die Anzahl der Systemwerkstätten nahm in den vergangenen Jahren rasant zu. Heute haben sich über 9.000 freie Werkstätten und damit knapp die Hälfte der 20.200 freien Werkstätten für ein Werkstattsystem entschieden. Die Systemführer entlasten ihre Partner, so dass sich diese voll auf die Reparatur der Fahrzeuge konzentrieren können. Damit senken sich dort die unproduktiven Kosten gewaltig.

Gerade in Sachen Teileversorgung glänzen die Werkstattsysteme. Mehrmals täglich liefern sie ihren Partnern die wenige Stunden zuvor bestellten Teilen. Bei verschiedenen Systempartnern sind diese sogar für den jeweiligen Reparaturauftrag separat verpackt. Der Monteur braucht dann nur noch seine fast an den Arbeitsplatz gelieferten Teile zu verbauen. Das schafft Effizienz.

WWW Weitere Informationen zu Werkstattsystemen finden Sie unter www.autoservicepraxis.de im Bereich »Werkstattsysteme«.

Werkstattsysteme / Outlets	1999	2000	2001	2002	2003	2004	2005	2006
1a autoservice	-	600	717	1.037	1.140	1.254	1.282	1.404
AC Autocheck	-	-	70	130	205	270	312	403
ad-Auto Dienst	550	620	630	600	650	500	460	495
AutoCrew	455	542	505	620	670	650	458	500
Autofit	1.000	800	750	680	700	781	766	982
Automeister	68	87	87	89	89	89	69	70
Auto Mobil Meisterw.	-	-	-	10	50	70	81	220
Auto-Service-Partner	-	85	155	200	225	250	288	370
Bosch Car Service	640	600	640	653	770	800	852	904
Coparts Plus	732	850	920	1.103	1.103	1.000	872	796
Meisterhaft	550	700	750	900	1.160	1.239	1.323	1.526
Motoo	-	-	-	-	-	-	80	104
Fullservicekonzeptverträge	3.995	4.884	5.224	6.022	6.762	6.903	6.843	7.774

➔ Die Systembildung auf der Werkstattebene wird sich weiter fortsetzen.

Abb. 8.8 Die Werkstattsysteme werden sich auch künftig noch ausweiten (Quelle: BBE 2008).

TEILEFACHHANDEL: FILIALISTEN UND KOOPERATIONEN IM FREIEN MARKT

Einzelhandel	ATU	pit-stop	Kooperationen CARAT	TEMOT	ATR	COPARTS	SELECT AG	
Umsatz* in Mio. EUR								
1995	410	50	-	562	562	562	-	-
1996	475	58	-	614	614	562	-	-
1997	525	67	1.500	665	665	614	-	-
1998	600	70	1.400	716	715	620	-	716
1999	675	80	1.300	-	-	640	-	-
2000	700	86	1.400	485	1.100	655	92	-
2001	1.000	101	1.200	620	1.400	664	151	-
2002	1.100	104	1.200	620	1.500	700	170	700
2003	1.150	117	1.200	640	1.700	720	-	-
2004 / 2005	1.240	130 / 138	1.200	640	1.900	738 / 745	200 / 250	700 - 720
2006	1.390	146	1.700	700	2.500	>750	280	-
2007	-	-	-	-	2.700	>850	290	-
Mitarbeiter/ Gesamtorganisat	13.500	1.344	5.000	3.100	5.600	2.610	1.210	7.500
Outlets aktuell	584 (europaweit)	381	500	130	185	90	80	100
Plan	800	600	-	-	-	-	-	-
Gesellschafter			156	2	3	13	14	6

* **Teilweise aus veröffentlichten Daten und Schätzungen**

Abb. 8.9 Konzepte des Teilefachhandels: mit 2.000 Standorten vertreten.

12 TIPPS AUF DEM WEG ZUM RICHTIGEN WERKSTATTSYSTEM

(aus asp Werkstattsysteme, Juni 2009; von Frank Schlieben)

Tipp 1: Leistungsspektrum

Legen Sie vorab genau fest, welches Leistungsspektrum Sie in Ihrem Betrieb anbieten wollen, und gleichen Sie das mit Unterstützungsleistungen der Systemgeber ab. Prüfen Sie in Ruhe, welche begleitenden Leistungen (Marketing, Kundenbindung, Weiterbildung, etc.) rund um den Werkstattservice Sie selbst erbringen können und welche Sie von einem Systemgeber erwarten.

Tipp 2: Unternehmensprofil

Definieren Sie vorab, was Sie mit Systemunterstützung erreichen wollen und wie Sie sich die Integration des Systems in Ihr Unternehmen vorstellen. Nur dann können Sie Ihr Konzept glaubhaft dem potentiellen Systempartner, Mitarbeitern und Kunden darstellen. Nicht zuletzt werden Sie auch die Banken nach dem Unternehmenskonzept fragen, wenn es um die Fortführung oder gar Erweiterung des Kreditengagements geht.

Tipp 3: Kommunikation

Prüfen Sie die Maßnahmen der Systemgeber für Kundenpflege und -neugewinnung. Besonders wer neu als Mehrmarkenprofi startet, muss sich möglichst schnell einen attraktiven Kundenkreis aufbauen. Unter diesem Aspekt sollten Sie auch die Werbe- und Marketingkonzepte der Systemgeber überprüfen. Wenn das Angebot passt, informieren Sie Ihre Kunden früh über die neue Unternehmensstrategie. Das gilt als Erstes für die Stammkundschaft. Ebenso wichtig ist der Kommunikationsaufbau mit potentiellen Neukunden.

Tipp 4: Frühzeitige Information

Klären Sie Ihre Mitarbeiter frühzeitig über Ihre Pläne für das Unternehmen auf. Nur dann können Sie sie motivieren, mitzuarbeiten. Binden Sie Mitarbeiter an Schlüsselpositionen außerdem in Gespräche mit ein, die Sie mit Ihrem Systempartner führen. Das schafft nicht nur Vertrauen, sondern hilft Ihnen, Detailfragen, z. B. zu Technik und Werkstattausrüstung, im Vorfeld zu klären. Frühzeitiges Einbinden der Mitarbeiter gibt Ihnen außerdem die Möglichkeit herauszufinden, ob alle wirklich hinter dem Konzept stehen. Nicht selten sind Betriebe im freien Markt daran gescheitert, dass einzelne Mitarbeiter weiterhin »Markenpolitik« betrieben haben, indem sie bestimmte Fahrzeuge nicht betreut oder Teile weiterhin nur beim Hersteller bestellt haben. Von solchen Mitarbeitern müssen Sie sich im Interesse Ihres Unternehmens schnell trennen. Fragen Sie Ihren Systemgeber auch gezielt nach Maßnahmen zur Mitarbeiter- und Servicequalifizierung. Permanente Weiterbildung und die regelmäßige Überprüfung des eigenen Leistungsniveaus wird aufgrund komplexer Fahrzeugtechnik und steigender Kundenerwartungen immer wichtiger. Die Qualifizierungsangebote Ihres Systemgebers sollten solche Entwicklungen ständig berücksichtigen.

Tipp 5: Potentialanalyse

Eine Potentialanalyse untersucht Ihren Standort unter Berücksichtigung des lokalen und regionalen Einzugsgebiets, ermittelt für dieses Gebiet die Wettbewerbssituation, liefert Ihnen Daten zur Bevölkerungsstruktur oder über zugelassene Fahrzeuge nach Marken, Modellen und Alter in diesem Gebiet. Wenn Sie sich bislang nur mit Ihrer Vertragsmarke beschäftigt haben, ist eine aussagekräftige Potentialanalyse das Fundament Ihrer künftigen Mehrmarkenaktivitäten. Die dort gewonnenen Daten bedürfen allerdings der Interpretation. Ihr neuer Systempartner sollte Sie dabei unterstützen, die Ergebnisse der Analyse in praxistaugliche Konzepte für Ihre Marktbearbeitung umzusetzen. Fragen Sie bei Systemgebern nach Art, Umfang und Kosten für eine Standort- und Potentialanalyse und den Maßnahmen, mit denen die Systemgeber deren praktische Umsetzung begleiten.

Tipp 6: Technische Unterstützung

Prüfen Sie, ob die technischen Unterstützungsleistungen der Systemgeber für den von Ihnen gebotenen Service und die überwiegend betreuten Marken Ihren Anforderungen entsprechen. Testen Sie die Angebote im Zweifelsfall oder sprechen Sie mit bestehenden Partnern über deren Erfahrungen.

Tipp 7: Beratung

Die Beratungsangebote vieler Werkstattsystemanbieter beginnen naturgemäß mit der Vertragsunterschrift. Doch auch vor dem Beitritt bieten viele Systeme Beratungs- und Informationsgespräche an. Wenn Sie keine Vorstellung von den Strukturen im freien Werkstattmarkt haben, nutzen Sie diese Angebote, denn sie bieten eine gute Grundlage für Ihre Entscheidung. Fragen Sie dabei auch nach Unterstützungs- und Beratungsleistungen für die betriebswirtschaftliche Unternehmensführung. Der kaufmännischen Seite Ihres Betriebes sollte der Systemgeber genauso viel Aufmerksamkeit widmen wie der technischen.

Tipp 8: EDV-Support

Beim Wechsel in ein Werkstattsystem sollten Sie klären, wie vorhandene Kunden- und Fahrzeugdaten aus der bislang genutzten (Hersteller-)Software vollständig in ein neues System überführt werden können. Sollten Sie neben dem Systemvertrag bspw. einen Servicevertrag mit einem Hersteller haben, müssen Sie außerdem klären, ob diese Daten in einem neuen System gemeinsam verwaltet werden können oder zwei separate Systeme eingesetzt werden müssen. Antworten auf Detailfragen zum Thema EDV sollten Ihnen spezialisierte System-Berater liefern können.

Tipp 9: Stammkunden

Der Wechsel vom Markenspezialisten zum Mehrmarkenprofi vollzieht sich schleichend. Umso wichtiger ist es, die Stammkundenklientel in den ersten Monaten nach dem Wechsel eng an sich zu binden. Das kann neben der Kommunikation (s. u. 3.)

auch über besondere Aktionen geschehen (Tag der offenen Tür, Treueaktionen etc.). Die signalisieren nicht nur Ihre Mehrmarkenkompetenz, sondern wirken auch dem Eindruck entgegen, dass mit dem Verlust der Marke das Ende Ihres Unternehmens einher gehe. Auch hierzu bieten Systemanbieter praxiserprobte Konzepte.

Tipp 10: Systemkosten

Vergleichen Sie detailliert die Systemkosten mit den gebotenen Leistungen. Berücksichtigen Sie dabei, was Sie aus eigener Kraft an Initiative und finanziellen Mitteln aufwenden müssten, um die gleiche Wirkung zu erzielen. Informieren Sie sich in diesem Zusammenhang auch darüber, ob und in welcher Höhe in einem System Teilebezugsverpflichtungen bestehen. Sprechen Sie mit bestehenden Partnern darüber, ob diese Bezugsverpflichtungen unter realistischen Bedingungen zu erfüllen sind und ob Warenbestellung und -lieferung reibungslos funktionieren.

Tipp 11: Betreuung vor Ort

Die erste Kontaktaufnahme mit dem Systemanbieter gibt Aufschluss über die spätere Betreuungsqualität. In der Regel wird die Betreuung vor Ort von einem Mitarbeiter des örtlichen Teilehändlers übernommen. Testen Sie ihn auf Herz und Nieren. Stellen Sie dabei fest, dass Sie mit Ihrem zuständigen Betreuer »nicht können«, dürfte sich auch die künftige Zusammenarbeit schwierig gestalten.

Tipp 12: Teileversorgung

In vielen Fällen beziehen Werkstätten Systemunterstützung und Teileversorgung aus einer Hand. Das gilt insbesondere für die vom Teilehandel getragenen Full-Service-Systeme. Diese Kombination ist nicht zwingend, empfiehlt sich aber häufig wegen der regionalen Nähe. Wenn Sie mit einem Teilelieferanten und Systemgeber zusammenarbeiten wollen, der nicht direkt in Ihrer Region ansässig ist, achten Sie darauf, dass dennoch eine schnelle und reibungslose Teileversorgung durch Ihren Partner oder einen seiner Kooperationspartner gewährleistet ist.

Mehrmarkenkonzept oder Werkstattsytem

Für viele Betriebe stellt sich bei den rückläufigen Marktentwicklungen die Frage, wie sie ihre Werkstatt auch künftig auslasten können. Neben der intensiven Marktbearbeitung vergrößert die Aufnahme einer weiteren Marke oder eines Werkstattkonzepts die Anzahl der potentiellen Kunden.
Allerdings ist die Entscheidung neben den Kosten für die zu erfüllenden Standards auch von einigen weiteren Risiken geprägt. Oben an steht die Frage, ob sich Geschäftsleitung und Mitarbeiter voll mit dem Werkstattkonzept bzw. der weiteren Marke identifizieren können. Die Entscheidung ist von grundsätzlicher Natur. Sie wird nur dann Erfolg haben, wenn sie auf die volle Überzeugung aller Beteiligten bauen kann.

Fremdmarken-Anteil verdoppelt – ein Praxisbeispiel

2005 »outete« sich das Autohaus Lederer mit ihrer Serviceleidenschaft für ältere Fahrzeuge. Sie ergänzten den seit 30 Jahren bestehenden Mazda-Betrieb um die freie Servicemarke »1a autoservice«. Im Rückblick hat sich die Strategie bewährt. Machten in der »reinen« Mazda-Zeit Fremdfabrikate in der Werkstatt noch einen Anteil von 20 % aus, verdoppelte sich dieser auf mittlerweile 40 Prozent. »Zudem bekommen wir wieder ältere Mazdas in unsere Werkstatt«, ergänzt Junior Robert Lederer.

Dreimal täglich erfolgt die Lieferung von Teilen: Was bis 9:00 Uhr bestellt ist, ist um 10:30 Uhr da. Teilebevorratung beim Händler? Fehlanzeige! Man vergleiche die Lieferfristen der Hersteller und Importeure. Hier herrscht Nachholbedarf!

Konsequent und fairerweise bezahlen die Kunden immer denselben Stundenverrechnungssatz – egal ob als Mazda- oder als 1a-Kunde. Lediglich bei den Teilepreisen gibt es hier und da Unterschiede. »1a-Teile sind meist billiger, aber eben nicht immer!«, ergänzt Sohn Robert.

Ungefähr 8.000 Euro investierte das Autohaus Lederer in die Aufnahme der »Zweitmarke«. Im Wesentlichen umfasste diese Investition die Aufrüstung der Testgeräte, die Außengestaltung des Betriebes, EDV und Werbung. Heute betragen die monatlichen Kosten 49 Euro für das System und vor allen Dingen für die Marketing-Unterstützung.

8.5 Das Marktpotential

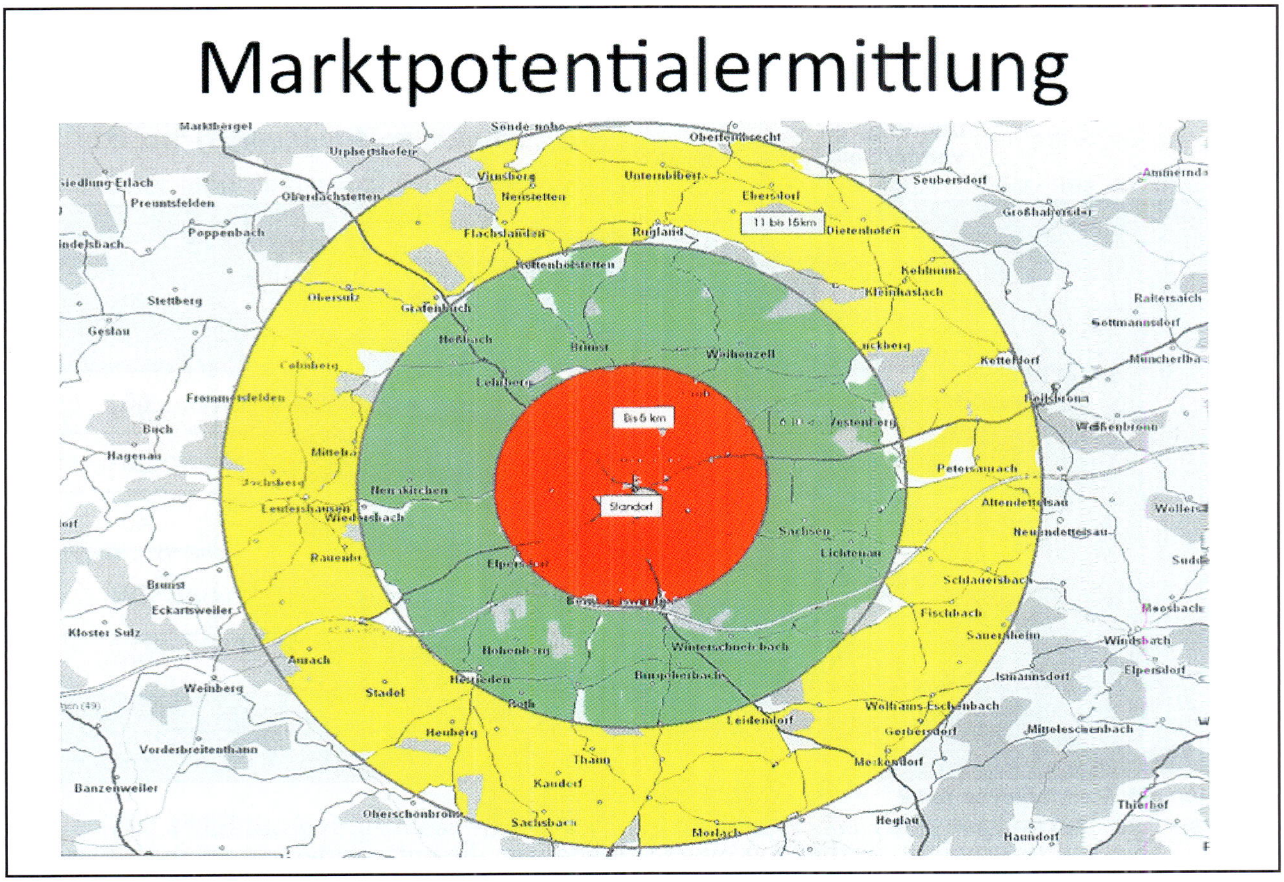

Abb. 8.10 Marktregionen

Bis zu 30 Minuten ist ein Autofahrer in der Regel bereit, zu seiner Werkstatt zu fahren. Damit ist das Marktgebiet einer Werkstatt einfach und klar umrissen.

Zur Ermittlung des Marktpotentials wird im ersten Schritt der Markt in verschiedene Regionen eingeteilt. Dazu empfiehlt sich folgende Rasterung:

- Standort
- bis 5 km
- über 5 bis 10 km
- über 10 bis 15 km
- über 15 km

Diese Einteilung ist deshalb sinnvoll, weil mit der Entfernung auch von Kundenseite die Bereitschaft abnimmt, den Betrieb als seine Werkstatt anzunehmen. Ebenfalls sind andere Wettbewerber dann oft schneller oder gleich gut zu erreichen. Diese Erkenntnis gilt es in die Ermittlung des Potentials mit einzubeziehen.

Zur weiteren Ermittlung des Marktpotentials werden folgende Daten benötigt:

- Anzahl der Einwohner
- Fahrzeugbestand aller Pkw (markenübergreifend)
- Marktanteil oder Fahrzeugbestand der eigenen Marke
- (geschätzter) eigener Marktanteile bzw. Wettbewerber-Anteile

Die Einwohnerzahl und der Gesamtfahrzeugbestand wird der Übersichtlichkeit halber mitgeführt. Sind die Zahlen zu den Fahrzeugbeständen nicht vorhanden, lässt sich dieser aus der Einwohnerzahl und dem Motorisierungsgrad (in Deutschland: 0,5 Fahrzeuge pro Einwohner) einfach errechnen.

Teil 1: Errechnung des Fahrzeugbestandes

AREAL	EINWOHNER	MOTORISIE-RUNGSGRAD	FAHRZEUGBE-STAND (GESAMT)	EIGENE MARKE	
				PROZENT	STÜCK
Standort	10.000	0,5	5.000	10	500
< 5 km	5.000	0,5	2.500	10	250
5–10 km	12.000	0,5	6.000	10	600
10–15 km	15.000	0,5	7.500	10	750
< 15 km	20.000	0,5	10.000	10	1000
Summe	62.000	–	31.000	–	3.100

Teil 2: Errechnung der betreuten Fahrzeuge

AREAL	EIGENE MARKE	MARKTANTEIL WETTBEWERB		MARKTANTEIL EIGEN	
		PROZENT	STÜCK	PROZENT	STÜCK
Standort	500	20	100	80	400
< 5 km	250	30	75	70	175
5–10 km	600	40	240	60	360
10–15 km	750	50	375	50	375
< 15 km	1.000	70	700	30	300
Summe	3.100	–	1490	–	1.610

Teil 3: Errechnung Marktpotential

1.600 BETREUTE FAHRZEUGE	POTENTIAL PRO FAHRZEUG	POTENTIAL SUMME
Wartung und Reparatur	3,5 h	5.600 h
Karosserie	1,3 h	2.080 h
Lack	1,3 h	2.080 h
Summe		9.760 h

Teil 4: Errechnung Umsatzpotential (nur Wartung und Reparatur)

Lohnumsatz:
Stunden x durchschnittlicher Verrechnungssatz:
5.600 h x 65 EUR= 364.000 EUR

Teileumsatz:
Verhältnis Lohnumsatz : Teileumsatz= 1:1,2
364.000 EUR x 1,2= 436.800 EUR

Teil 5: Errechnung Bruttoertrag

Lohn:
Branchenschnitt: 70 % Bruttoertrag
364.000 EUR x 70 % = 254.800 EUR

Teile:
Branchenschnitt: 30 % Bruttoertrag
436.800 EUR x 30 % = 131.040 EUR

Mit dem Wissen um das eigene Marktpotential sind einerseits die Grundlagen für eine weitergehende Rentabilitätsrechnung beispielsweise bei Neugründunge oder im Rahmen der Aufnahme des Mehrmarkenservices geschaffen Andererseits können dem ermittelten Marktpotential (SOLL) die erwirtschafteten Zahlen (IST) gegenübergestellt werden. So stellt sich schnell heraus, in welchen Regionen noch besonders viele von Wettbewerbern betreute Autofahrer sitzen. Sie gilt es für das eigene Unternehmen zu gewinnen.

8.6 Von der Dialogannahme zum Service-Marktplatz

Ein Branchen-Novum von weitreichender Bedeutung schuf Egon Senger 1972: die Dialogannahme. Er gab ihr damals noch den Namen »Annahme-Bahnhof«. Ihr Sinn bestand darin, dass der »Arzt« in direktem Kontakt den »Patienten« diagnostizieren sollte. Das System wurde dann Zug um Zug von sämtlichen Automobilherstellern und Importeuren in Deutschland übernommen und sogar im Rahmen der Standards wie der Margensysteme zu einem Muss für jeden Markenhandels-Service entwickelt. Das System ist heute selbst bei Werkstatttests von »auto-motor-sport« ein Beurteilungskriterium, für TÜV und Dekra im Rahmen von Werkstatttests selbstredend.
Checklisten im Rahmen der Direktannahme haben zweierlei Funktion. Zum einen geht es um die Ablaufsystematik. Mit ihrer Anwendung ist gewährleistet, dass der Serviceberater nach einem erprobten Muster seine Diagnose durchführt und an alles denkt. Die zweite Funktion liegt im damit verbundenen Werkstattauftrag. Der Mechaniker erhält durch die sorgfältig erstellte Checkliste einen ganz exakten Auftrag und weiß ganz konkret, was er im Kundenauftrag zu »produzieren« hat. Derartige Checklisten für die Direktannahme gibt es als manuelles Formular oder auch bereits auf IT-Basis. Die Erfahrung zeigt, dass Betriebe mit einer konsequenten Prozessqualität eine messbar bessere Kundenzufriedenheit produzieren. Nachdem auch die Kundenzufriedenheit in der Bonifizierung beim Hersteller eine Rolle spielt, der Hersteller den konsequenten Einsatz der Direktannahme dringlich empfiehlt, kann die konsequente Umsetzung im Autohaus nur empfohlen werden. Es ist in der Praxis erwiesen, dass Betriebe mit einer systematischen Direktannahme einen Mehrumsatz und Mehrertrag von mindestens 10 % erreichen.

Abb. 8.11 Aktive Dialogannahme – der Schlüssel zu Kundenzufriedenheit und Mehrertrag (Foto: dpp).

Vorzüge der Dialogannahme:

1. Betriebe mit einer Dialogannahme weisen einen höheren Kundenzufriedenheitsfaktor aus.
2. Betriebe mit einer Dialogannahme können eine niedrige Reklamationsquote belegen.
3. Die Dialogannahme führt zu kürzeren Wartezeiten.
4. Die Dialogannahme produziert Vertrauen, schafft Transparenz für den Kunden und damit zusätzlich Preistransparenz.
5. Die Dialogannahme führt zu exakterer Termineinhaltung.
6. Die Dialogannahme garantiert einen exakten Werkstattauftrag. Dies reduziert Nachfragenotwendigkeiten, intern wie extern.
7. Die Dialogannahme schafft im persönlichen Kundenkontakt Kundennähe, ermöglicht unmittelbare Erfüllung der Kundenwünsche und gibt außerdem die Chance zu wirkungsvoller Kundenbindung.
8. Die professionelle Dialogannahme ist ein gewichtiger Differenzierungsfaktor.
9. Die Dialogannahme stellt die Bedeutung des Service dem Fahrzeugverkaufsauftritt gleich.
10. Die Dialogannahme führt zu nachweisbar höheren Umsätzen wie Ertrag.

8.6.1 Die Prozesse in der Dialogannahme

Die Dialogannahme soll ein Plus an Kundenzufriedenheit, mehr Umsätze und durch klarere Aufträge auch mehr Arbeitsqualität ermöglichen. Und dabei soll der eigentliche Dialogannahme-Prozess am Fahrzeug mit 15 Minuten in einem sehr kleinen Zeitfenster stattfinden.

Der kritische Erfolgsfaktor für eine funktionierende Dialogannahme ist nicht die tolle Einrichtung, sondern die ausgeklügelten Prozesse, die von allen Beteiligten (einschließlich der Kunden) gelebt werden.

Deshalb ist es notwendig, als erstes die Prozesse sauber zu organisieren. In insgesamt zehn Prozessschritte lässt sich das »System Dialogannahme« gliedern (Abb. 8.12).

Für das Gelingen der Dialogannahme sind insbesondere die Schritte 1, 2, 4, 5 sowie 7 und 8 maßgeblich. Sie sind im Folgenden en detail beschrieben.

Terminvereinbarung und Werkstattplanung

Mit der Terminplanung steht und fällt das System Dialogannahme. Sie entscheidet, ob sich der Serviceberater die notwendigen 20 Minuten pro Kunden nehmen kann. Sie entscheidet darüber, ob die Kunden pünktlich kommen.

Terminentzerrung heißt das Stichwort. Es ist dafür zu sorgen, dass nicht alle Kunden morgens um halb acht am Tresen stehen, sondern im Idealfall »just-in-time« im Autohaus aufkreuzen. Gerade dies halten viele Betriebe, welche die Dialogannahme noch nicht etabliert haben, für unmöglich. Funktionierende Beispiele in der Praxis widerlegen dies.

Bewährt hat sich, dass die Termine für die Kunden im 20 Minuten Takt vergeben werden. Nach drei Terminen ist immer ein »Leer-Takt« für ungeplante Kundenbesuche (Notfälle) oder Telefongespräche einzuplanen.

Die Frage ist, wie man es schafft, die Kunden so zu »erziehen«, dass sie pünktlich kommen. Auf die Fragestellung kommt es an: »Wir haben am Donnerstag Zeit für Sie. Passt es Ihnen besser um 9.00 Uhr oder um 10.40 Uhr?«

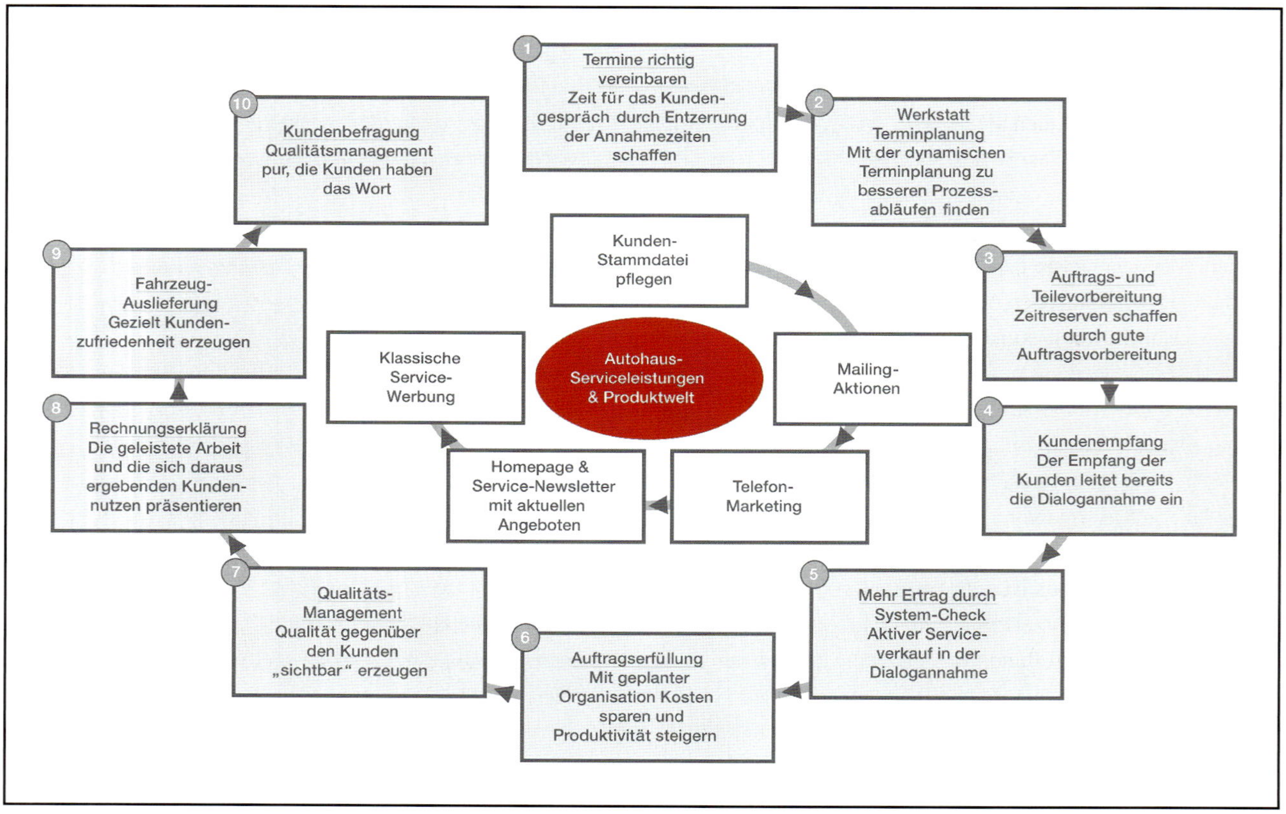

Abb. 8.12 Erst sauber organisierte Prozesse machen die Dialogannahme möglich. (Quelle: Erlebnis Dialogannahme, 2003)

Mittels der Technik der »Alternativfrage« führt die Serviceassistentin den Kunden freundlich, aber klar auf eine Terminentscheidung zu. Die minutiös-konkreten Terminvorschläge lassen schon erkennen, dass es wichtig ist, pünktlich zu sein. Dies sollte noch verstärkt werden mit dem Hinweis, dass der Serviceberater sich extra für den Kunden 20 Minuten Zeit nimmt, um den Auftrag ganz nach den Wünschen des Kunden aufzunehmen, was aber ein pünktliches Erscheinen voraussetzt.

»Wir freuen uns, Sie am Donnerstag um 10.40 Uhr bei uns zu begrüssen. Unser Serviceberater, Herr Buck, hat dann schon alles für sie vorbereitet.«

Dieser Satz schließt das Gespräch ab und vertieft nochmals den Kern des eben vereinbarten.

Die meisten Betriebe arbeiten heute mit einer elektronischen Terminplanung. Auf einen Blick sind hier sowohl die freien Termine der Serviceberater als auch die noch vorhandene Werkstattkapazität ersichtlich. Mit der Terminvereinbarung werden die notwendigen Arbeiten oder Kundenwünsche bzw. -beanstandungen hinterlegt. Nach Einschätzung der benötigten Zeit passt das System die verfügbaren AWs automatisch wieder an.

Der Kundenempfang

Der Empfang des Kunden gehört zu den wichtigsten Momenten im Rahmen des Serviceprozesses. Durchdacht und kundenorientiert ist er entscheidend für eine gute Atmosphäre.

Für den ersten Eindruck gibt es keine zweite Chance – was schon bei der telefonischen Annahme erste Regel war, gilt ein weiteres Mal für den Kundenempfang im Autohaus. Die Stunde der Wahrheit ist gekommen: Der Kunde macht sich persönlich auf den Weg zu »seiner« Werkstatt. Er macht sich auf den Weg mit seinem Anliegen, vielleicht sogar seinen Nöten mit seinem Automobil. Er erwartet in erster Linie Verständnis, Lösungen und vor allem Vertrauen.

Der Weg zum Autohaus ist Teil des Empfangs

Kundenempfang – die meisten denken dabei an personenbezogene Dinge wie Begrüßung und Betreuung des Kunden Der Kundenempfang fängt aus Kundensicht viel früher an. Spätestens, wenn der Kunde sich auf den Weg macht, beginnt für ihn mental der Besuch. Für den ersten Eindruck gibt es jetzt viele Chancen. Man denke an die Ausschilderung des Anfahrtsweges, Parkmöglichkeiten und das betriebliche Leitsystem. Sind diese so geschaffen, dass der Kunde möglichst unkompliziert und schnell im Servicebüro ankommen kann? Man teste das Autohaus bei der nächsten Fahrt auf diese Faktoren selbst.

Dabei sind es oft Kleinigkeiten, die ein noch so schönes Autohaus nicht so wirken lassen. Befindet sich die Ausschilderung im Blickfeld des Kunden? Findet er einen ausgewiesenen, freien Kundenparkplatz vor? Ist das Leitsystem wirkungsvoll und sind die Begriffe vor allen Dingen für den Kunden verständlich? Gerade bei diesen Dingen macht sich oft die Betriebsblindheit breit.

Grußkultur schaffen

Grüßen ist der Schlüssel zur Freundlichkeit. Jeder Mitarbeiter, vom Lehrling angefangen, ist ein Teil des Unternehmens und trägt somit immer auch eine Botschaft mit sich, repräsentiert das Unternehmen. Es ist eine Frage der Unternehmenskultur, dass JEDER Mitarbeiter jeden Gast grüßt. Selbstverständlich trägt jeder Mitarbeiter ein Namensschild.

Im Servicebereich begrüßt eine Gästetafel den ankommenden Kunden. Bewusst steht jeder Kunde dort mit seinem Termin: Für die rechtzeitigkommende eine Anerkennung, für die »Trödler« eine Orientierung.

Viele Kunden sind es gewohnt, direkt zu »ihrem« Serviceberater zu gehen. Ist dieser bereits mit einem Kunden beschäftigt, kann dies zu Störungen führen. Besser ist es, die Kunden gezielt an die Information oder zur Serviceassistentin zu führen. Dort können bereits erste Vorbereitungen getroffen werden. Besonders während der Einführungszeit kann dies bedeuten, dass das dortige Personal aktiv auf den Kunden zuzugehen und ihn zu leiten hat.

Jetzt findet das statt, was die meisten gemeinhin als Empfang verstehen: die Begrüßung. Auf jeden Fall mit Blickkontakt, am besten mit Aufstehen, um auf »Augenhöhe« zu sein. Ob die Begrüßung mit oder ohne Handschlag stattfindet, sollte individuell geklärt sein. Am ehesten bewährt hat sich eine situative Vorgehensweise, also wenn das Gefühl signalisiert, dass es passt. Im Zweifelsfall lieber ein Händedruck mehr.

Lob für Pünktlichkeit

Kommt der Kunde pünktlich, so motiviert ihn ein ausdrückliches Lob dafür, auch nächstes Mal wieder pünktlich zu erscheinen. Ein am Arbeitsplatz präsenter Ausdruck der Werkstattplanung erleichtert übrigens die Begrüßung des Kunden mit seinem Namen erheblich.

Der nächste freie, oder der vom Kunden gewünschte Serviceberater nimmt sich den Anliegen an. Bei diesen Anliegen handelt es sich nur oberflächlich um rein technische Anliegen. Jeder Kunde hat seine ganz speziellen Bedürfnisse: sorgenfrei in den Urlaub fahren zu können, wieder ein unbeschädigtes Fahrzeug zu haben etc. Diese Anliegen und Bedürfnisse sind gleich beim Empfang in Erfahrung zu bringen. Mindestens genauso wichtig aber ist, in welcher Form der Kunde betreut werden möchte. Die ersten Worte, also der Empfang, sind verantwortlich für das Verständnis und den Aufbau von Vertrauen.

Leistungsverkauf in der Dialogannahme

Wer heute über den Sinn der Serviceberatung am Fahrzeug nachdenkt, dem fallen meist als erstes Leistungsverkauf und Servicerendite ein. Zweifelsohne sind dies die beiden wichtigsten Ziele der Direktannahme. Doch eine gut durchgeführtes Auftragsgespräch erfüllt noch mehr: Je besser das Auftragsgespräch, desto besser die Werkstattauslastung, desto geringer die Missverständnisse, Fehlarbeiten, Beanstandungen und der Ärger. Je besser die Direktannahme desto zufriedener die Kunden – nachweislich!

Der Mensch im Mittelpunkt

Vielmals steht das Kundenfahrzeug im Mittelpunkt der Direktannahme, schließlich dreht sich ja alles darum. Für eine erfolgreiche Direktannahme und zur Erreichung oben genannter Ziele muss ein Umdenken stattfinden. Die beteiligten Menschen sind in den Mittelpunkt zu stellen. Der Serviceberater und der Kunde sind die Hauptakteure. Die Direktannahme ist die Bühne für den Serviceberater. Hier muss er seinen Rolle spielen. Zu dieser gehören:

- der Aufbau von Vertrauen
- die Ermittlung von Bedürfnissen
- das Erarbeiten mehrere Lösungsmöglichkeiten
- die Herbeiführung einer gemeinsamen Entscheidung: dem Werkstattauftrag.

Kunden stellen die Qualifikation ihres Autohauses bei jedem Besuch erneut auf die Probe. Der Serviceberater spielt hier die zentrale Rolle. Gibt es ein besseres System als die Direktannahme, um Kunden das Gefühl zu geben, den qualitativ besten Service zu erhalten? Qualifikation schließt an dieser Stelle ausdrücklich auch die Qualitäten im zwischenmenschlichen Bereich ein – an erster Stelle sogar. Mit Erläuterungen zum Fahrzeug und dem Reparaturvorhaben in der Sprache des Kunden, der profunden Beantwortung von Fragen qualifiziert sich der Serviceberater und hat damit die Möglichkeit ein großes Maß an Vertrauen aufzubauen.

Checklisten dokumentieren Professionalität

Die konsequente Anwendung von Checklisten dokumentieren flankierend die Professionalität des Arbeitsverständnisses im Autohaus. Zusätzlich sichern sie durch die garantierte Vollständigkeit des Checks nachhaltig die Qualität. Eine im Rahmen der Direktannahme konsequent abgearbeitete Checkliste hätte schon bei manchem Werkstatttest bereits in diesem frühen Stadium die meisten Fehler entpuppt.

Berater und Verkäufer?

Viele Serviceberater befinden sich tagtäglich in dem Dilemma zwischen Beratungsorientierung einerseits und Verkaufsorientierung andererseits. Dieser vermeintliche Widerspruch muss keiner sein. Die gekonnte Gesprächsführung schafft Möglichkeiten, die Entscheidungen stets in die Verantwortung des Kunden zu legen.

Kundenorientierte Serviceberatung kann die Erwartungen von Kunde und Unternehmen unter einen Hut bringen. Kundennutzen schaffen und Kundenbindung festigen, lauten die Herausforderungen.

! *Kundennutzen in den Vordergrund stellen.*

Machen wir uns klar: Kein Kunde hat den Wunsch Winterreifen zu kaufen. Vielmehr stecken hinter dem Kauf von Reifen ganz andere Wünsche. Am naheliegendsten ist der Wunsch nach Verkehrssicherheit. Andere Motivationen für den Kauf können sein: Laufruhe, gute Optik, hohe Kilometerleistung – die Reihe ließe sich noch lange fortsetzen.

Für eine kundenorientierte Serviceberatung ist es notwendig, die Bedürfnisse des Kunden zu kennen. Zu wissen, ob dem Kunden der Preis wichtig ist, er viel Wert auf Styling legt oder Sicherheit oberste Priorität hat – oder ein Mix daraus.

TIPP

Fragen liefern Argumente

Nur ein Weg eröffnet die Bedürfnisse des Kunden: Fragen!

Also:
Was ist Ihnen wichtig beim Kauf Ihrer Autoreifen?
Wie waren Sie mit den bisherigen Reifen zufrieden?
Welche Erwartungen haben Sie?

Mit diesen Antworten gibt der Kunde seine Erwartungen preis, sagt worauf es ihm ankommt. Nun ist es ein leichtes, die Produkte und Dienstleistungen auszuwählen, welche die Erwartungen des Kunden am besten erfüllen. In der Argumentation für den Leistungs- und Teileverkauf spiegeln sich nun genau diese Bedürfnisse des Kunden wider. Er erhält das, was sich genau an seinen Wünschen orientiert. Kundenorientierung pur!

Spannend wird es regelmäßig dann, wenn Kunden mehr nachfragen, besseres und meist teureres wollen, als der Serviceberater seinem eigenem Fahrzeug zu Gute kommen ließe. Hier gilt es die eigene Welt zu verlassen und die Wünsche des Kunden in den Vordergrund zu stellen. Auch wenn dies etwas schwer fallen mag. Mehrverkauf auf Basis von Kundenbedürfnissen hat nichts mit »Abzocke« oder »Übervorteilung« zu tun. Dem Kunden Nutzen zu stiften heißt, kundenorientiert zu handeln!

Möglichkeiten anbieten

Beratungsqualität heißt, auf Basis der gewonnenen Kundenpräferenzen mehrere Lösungsmöglichkeiten anzubieten. Wenn es Sinn macht, dürfen diese in Form von Empfehlungen kommentiert werden. Die Empfehlungen orientieren sich natürlich nicht an den eigenen Werten des Serviceberaters. Vielmehr kommen die gewonnenen Informationen über die Vorlieben des Kunden ein zweites Mal zum Einsatz. Das Beispiel fortgeführt könnte dies in etwa heißen: »Dieser Reifen bietet…, deshalb habe ich den Eindruck, dass er Ihren Wünschen besonders nahe kommt.«

Zuletzt ist es dem Kunden zu überlassen, für welche Lösung er sich entscheidet, wie der genaue Auftrag lautet. Kommt es jedoch in Richtung Kaufabschluss, sollte ein kleinerer Rollentausch vom Berater hin zum Verkäufer stattfinden. Abschlusssicherheit ist das Thema. Schließlich stehen in der Regel nur max. 20 min für das Auftragsgespräch zur Verfügung. Neben offenen Fragen wie beispielsweise »Für welchen Reifen können Sie sich entscheiden?«, führt vor allen Dingen die alternative Frageform zum Abschluss. In unserem Beispiel müsste sie lauten: »Wollen Sie eher den Michelin oder den Goodyear-Reifen auf Ihrem Wagen haben?«

Fassen wir zusammen: Verkaufen heißt in erster Linie Kundenwünsche zu erkennen. Dazu bedarf es einer hohen beraterischen Kompetenz. Die Kundenwünsche sind die Basis, um passende Leistungen zu finden und entsprechende Nutzenargumente zu formulieren – die verkäuferische Kompetenz. Kommen diese Kompetenzen zusammen, ist Serviceberatung keine bisweilen tückische Gratwanderung mehr, sondern ein aktives Gestalten erstklassiger Kundenbeziehungen und ein Erzielen hoher Serviceumsätze.

Die Dialog-Rückgabe (Rechungserklärung und Fahrzeugauslieferung)

Zwei Dinge konfrontieren den Kunden bei der Abholung seines Fahrzeuges: die Rechnung und sein repariertes Fahrzeug. Während er ersteres schwarz auf weiß in die Hände bekommt, kann er an seinem Auto in den wenigsten Fällen eine Veränderung wahrnehmen. Sprich: Er bezahlt, ohne dass er spürt, dafür etwas zu erhalten.

Diesen Eindruck zu ändern, ist die Haupt-Herausforderung für die Gestaltung der Fahrzeugrückgabe nach erfolgtem Service. Es gilt, dem Kunden (be-)greifbar aufzuzeigen, was die Werkstatt leistet, also was er für sein Geld bekommt. Die mittlerweile in vielen Autohäusern obligatorische Fahrzeugwäsche nach erfolgter Reparatur ist ein erster Schritt in diese Richtung.

Momente der Wahrheit

»Momente der Wahrheit« erfährt der Mensch besonders intensiv. Einen solchen Moment erlebt der Kunde bei der Abholung seines Fahrzeuges aus oben angeführten Gründen. Die hohe Wahrnehmungsintensität gilt es in positive Bahnen zu lenken, für die Unternehmensbotschaften des Autohauses zu nutzen.

Aus emotionaler Sicht beginnt die Fahrzeugrückgabe für den Kunden schon bei der Annahme seines Fahrzeuges. Nämlich dann, wenn er den Preis für die Reparatur genannt bekommt, also was er am Abend zu berappen hat. Schon in dieser Lage kann dem Kunden im Rahmen der Dialogannahme aufgezeigt werden, was sich an seinem Fahrzeug bis zu Abend ändert. Es heißt also künftig nicht mehr: »Der alte Auspuff muss raus!«, sondern »Hier montieren wir ihren neuen Auspuff.«

Neben den Kosten bringt ein Werkstattaufenthalt vor allen Dingen auch den Verzicht auf das eigene Auto mit sich. Diese Zeit wollen die meisten Kunden so kurz wie möglich halten. Neben einer möglichst präzisen Terminsteuerung für die Abholung gibt es darüber hinaus die Möglichkeit, den Kunden bei tatsächlicher Fertigstellung zeitnah zu informieren. Moderne Autohäuser setzen hier auf High-Tech. Technisch ist es möglich, eine Internet-Kamera am Rückgabeplatz zu installieren. So kann jeder Kunde zu Hause oder im Büro am Computer checken, ob sein Fahrzeug fertig gestellt ist. Moderne Werkstattplaner ermöglichen den Versand einer SMS an den Kunden bei Fertigstellung. Diese Methoden eignen sich besser als Telefonanrufe. Denn dabei ist mit Nicht-Erreichen und Rückfragen zu rechen. Eine zeitaufwändige Angelegenheit.

Der letzte Eindruck bleibt!

»Der erste Eindruck prägt, der letzte Eindruck bleibt!« unter diesen Grundsatz ist die Durchführung der Fahrzeugrückgabe zu stellen. Den Eindruck prägen in erster Linie die beteiligten Menschen, die Rechnung und das Kundenfahrzeug. An diesen Stellhebeln ist anzusetzen.

Es gleicht beinahe einer Versteigerung, werden an Stammtischen über die Höhe der Inspektionskosten diskutiert. Eines haben diese »Fachgespräche« gemein: Als Preis wird meist der jeweilige Rechnungsendbetrag genannt. Unabhängig davon, ob zusätzlich zur eigentlichen Inspektion noch weitere Leistungen wie Bremsinstandsetzungen oder Auspuffreparaturen erbracht wurden. Trotz bester Rechnungserklärung scheinen Kunden nicht differenzieren zu können. Abhilfe kann hier die Erstellung separater Rechnungen für die Inspektion und die weiteren Arbeiten leisten. Sicher eine zeitliche Investition. Aber allemal besser als dass sich der Kunde plötzlich vermeintlich billigeren Anbietern zuwendet.

Besondere Aufmerksamkeit ist der Rechnungsstellung und -erläuterung entgegenzubringen. Häufig übernimmt das Servicebüro beide Tätigkeiten. Hier ist neben kommunikativen Fähigkeiten auch auf die technischen Kenntnisse des Personals zu achten. Als Grundsatz muss gelten, dass die Rechnung so formuliert sein muss, dass der Kunde sie auf jeden Fall verstehen kann. Wie soll dies möglich sein, wenn sich in der Praxis manche kaufmännische Mitarbeiter im Autohaus schon schwer damit tun? Hier ist in vielen Fällen Verbesserung notwendig.

Mittlerweile ist es glücklicherweise überwiegend Standard, dass Rechnungen bei ihrer Aushändigung erläutert werden. Hier sind zu den einzelnen Arbeitspositionen direkt die benötigten Teile zu nennen. So kann der Kunde Zusammenhänge erkennen. Es spricht übrigens nichts dagegen, die Rechung in Netto-Beträgen zu erläutern und erst abschließend die Mehrwertsteuer hinzuzurechnen. Dies lässt die Positionen günstiger erscheinen und zeigt auf, dass ein Teil des Geldes direkt dem Fiskus zugute kommt.

Vor allen Dingen langjährige Unternehmen haben bisweilen Probleme damit, ihren Kunden die Barzahlung nahe zu bringen. Viele wollen traditionell überweisen. Horrende Außenstände sind die unweigerliche Folge. Zwei einfache Maßnahmen, dem entgegen zu wirken: Erstens: Klärung der Zahlungsart ist bereits Inhalt der Fahrzeugannahme. Zweitens: Kunden, die eine Einzugsermächtigung erteilen, erhalten besondere Anreize.

Leistung meist nicht wahrnehmbar

Trotz perfekt erläuterter Rechnung kann der Kunde in den meisten Fällen keine Veränderung oder Verbesserung seines Fahrzeuges als Folge der (teuren) Wartung oder Reparatur fest stellen. Ergo: Er nimmt keinen Gegenwert für seine geleistete Bezahlung wahr.

Dieser Eindruck darf nicht entstehen! Verhindert werden kann dieser Eindruck ganz simpel durch ein Präsentieren des Geleisteten am Fahrzeug. Es hat eine Dialog-Rückgabe ähnlich der Dialog-Annahme stattzufinden. Dabei ist kein 20-minütiger Rundum-Check notwendig. Der Kunde bekommt lediglich die Stellen aufgezeigt, an denen der Mechaniker etwas geleistet hat. Also: »Hier haben wir die Bremsflüssigkeit erneuert und hier können sie die neuen Stoßdämpfer erkennen. Das sichert im Ernstfall kurze Bremswege.«

8.6.2 Rentabilität der Dialogannahme

Vorab: Alleine die Einrichtung einer Dialogannahme bringt noch keinen Zusatzertrag. Erst wenn der Serviceberater (oder besser Serviceverkäufer) das System lebt, kann die Dialogannahme auch Zusatzerträge ermöglichen.

So ist es verwunderlich, dass zwar fast alle Autohäuser (83 %) über eine Dialogannahme verfügen, sie aber nur bei jedem zweiten Werkstattauftrag auch genutzt wird.

Den Beweis, dass sich eine Dialogannahme auch in finanzieller Hinsicht lohnt, wollen wir im Folgenden angehen: Erfolgreiche Betriebe beweisen, dass sich mittels richtig durchgeführter Dialogannahme pro Auftrag eine halbe Stunde Werkstattleistung zusätzlich verkaufen lässt.

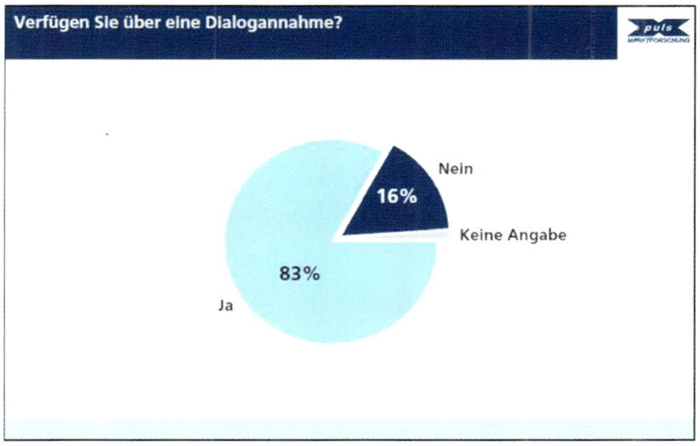

Abb. 8.13 Fast alle Autohäuser verfügen über eine Dialogannahme

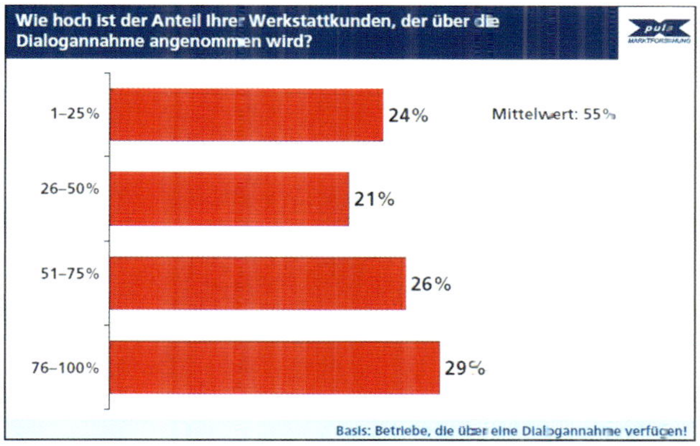

Abb. 8.14 ... aber nur bei jedem zweiten Kundenauftrag wird eine Dialogannahme durchgeführt.

Abb. 8.15 Die Dialogannahme bietet Gelegenheit für Zusatzgeschäfte (Foto: Audi)

Die exemplarische Rechnung für einen Serviceberater sieht so aus:

Ausgangsbasis:
- 12 Durchgänge pro Tag
- ½ Stunde Mehrleistung pro Auftrag
- 209 Arbeitstage/Jahr
- Stundenverrechnungssatz: 60 Euro

= 12 x ½ Std. x 209 x 60 EUR
= Lohnerlös-Plus 75.240 EUR
= Teileerlös-Plus von 75.240 EUR
∑ Mehrerlös pro Jahr 150.480 EUR
∑ Mehr-Bruttoertrag (48 %) 72.230 EUR

72.230 Euro mehr Bruttoertrag lassen sich pro Jahr je Serviceberater in der Dialogannahme verdienen. Das Gute daran: Der Bruttoertrag wird sich fast 100 %-ig auf den Ertrag auswirken, da sich die Gemeinkosten, Löhne für unproduktives Servicepersonal etc. so gut wie nicht erhöhen.

Mehr als nur Zusatzertrag

Über den Zusatzertrag hinaus lohnt sich die Dialogannahme noch weiter. Die exakte Auftragsabklärung verhindert nachträgliche Auftragserweiterungen massiv. Führen wir uns vor Augen, dass jede Auftragserweiterung, die durch den Monteur angestoßen wird, 35 EUR kostet. Denn jede Erweiterung führt zu einer Arbeitsunterbrechung des Monteurs und einer Abklärung mit dem zuständigen Serviceberater. Zudem muss dieser erst aufwendig die Genehmigung durch den Kunden einholen. Weil der Auftrag direkt mit dem Kunden abgeklärt wird, sorgt dies automatisch für eine signifikant höhere Zufriedenheit. Hohe Kundenzufriedenheit wiederum erhöht die Kundenloyalität.

8.7 Neue Servicegeschäfte und altbekannte Potentiale

8.7.1 Ökoservice

Umweltschutz und Automobilität sind längst keine Gegensätze mehr. Jeder vierte Autofahrer ist bereit, für alternative Antriebe Geld auszugeben. Im Schnitt knapp 1.300 Euro.

Gib Gas mit Gas

Gasbetriebene Fahrzeuge stehen vor einem Wachstum wie kein anderes Segment. Waren es 2005 noch eine kleine Minderheit von knapp 30.000 Autogas-Fahrzeugen sind 2009 bereits knapp 400.000 Fahrzeuge mit dem umweltfreundlichen Gasantrieb unterwegs. Das Tankstellennetz wuchs in der selben Zeit von 600 auf 5.000 Tankstellen. Bis 2015 sollen nach aktuellen Prognosen mehr als 1,5 Millionen Fahrzeuge mit Autogas-Antrieb auf deutschen Straßen unterwegs sein.
Von diesem Wachstum können auch die Werkstätten profitieren. Neben der Ausrüstung der Fahrzeuge ab Werk tut sich im Moment ein großer Markt für Nachrüstungen auf. Hinter jeder Nachrüstung stecken 1.500 bis 5.000 Euro Umsatz für die Werkstatt.

Vielfahrer und Spritfresser profitieren

Nur wenige Kunden sind in Sachen Gas informiert und wissen um ihre Einsparmöglichkeiten. Aktives Informieren und Verkaufen sind gefordert! Für Vielfahrer und großvolumige Fahrzeuge lohnt eine Umrüstung besonders schnell. Denn gespart wird pro getanktem Liter. Erinnern wir uns: Gasfahrer tanken so billig als würde ein Liter Benzin nur 70 Cent kosten. So rechnet sich eine Nachrüstung oft schon bei Jahresfahrleistungen von 10 bis 15 Tausend Kilometern.

Gas-Geschäft braucht aktives Marketing

Den meisten Kunden ist nach wie vor nicht klar, wie viel Geld sie mit einer Gasnachrüstung einsparen könnten. Machen Sie sich zum Freund des Kunden und weisen Sie ihn auf die Möglichkeiten hin. Der Kunde wird es Ihnen danken. Die klassische Anzeigenwerbung ist das eine, das direkte Zugehen auf den Kunden noch besser. Er benötigt Informationen, ist bezüglich Gas u. U. verunsichert. Hier empfiehlt sich das konkrete Angebot im Rahmen der Werkstattbesuche. Unter www.amortisationsrechner.de lassen sich in Sekundenschnelle die verschiedenen Antriebsarten vergleichen. Als Ergebnis lässt sich die Amortisationszeit und die Ersparnis nach fünf Jahren ermitteln – und für den Kunden ausdrucken. Das ist individuelles Marketing!!

Aber auch Flyer-Aktionen auf Parkplätzen machen Sinn. Wichtig ist immer mit einem konkreten Angebot und einer Rechnung der Einsparungen zu werben. Je konkreter umso besser!

Abb. 8.16 Aktives Marketing für Gasumrüstungen direkt an der Tankstelle

Gebrauchtwagen umrüsten

Fahrzeuge mit großem Hubraum, die »Spritfresser«, tun sich auf dem Gebrauchtwagenmarkt schwer. Als Langsteher fristen sie oft ein monatelanges Dasein im Autohaus. Dabei sind sie meist vergleichsweise günstig zu haben. Der Grund für die vielen Standtage liegt in den hohen Betriebskosten. Eine Umrüstung auf Autogas wirkt hier als Absatzbeschleuniger! Schlagen Sie Ihrer Gebrauchtfahrzeug-Abteilung doch konkret Umrüstungen vor. Ein Geschäft, das sich für beide Seiten lohnt.

Gas ist sicher!

Viele haben beim Gedanken an Autogas dramatische Filmszenen explodierender Autocrashs vor Augen. Doch das gibt's nur im Film. Nach zahlreichen Tests konnte der ADAC den Gasfahrzeugen ebenso hohe Sicherheitsstandards wie benzinbetriebenen Modellen bescheinigen. Also kein Grund zur Beunruhigung. Sprechen Sie diesen bei ihren Kunden unter Umständen vorhandenen Vorbehalt in Sachen Sicherheit ganz bewusst an und entkräften sie die Zweifel.

www

www.gibgas.de
www.autogastanken.de
www.autogas-einbau-umbau.de
www.gas-tankstellen.de
www.amortisationsrechner.de
www.vdafg.de

notwendige Investitionen:
Umrüst-Software: 300 Euro
Motortester: 10.000 Euro*
Fehlerauslesegerät: 400 Euro*
Abgastester: 6.000 Euro*
Werkzeuge und Verbrauchsmaterial: 2.000 Euro
Schulung: 170 bis 1.000 Euro

* meist in Werkstätten schon vorhanden

Partikelfilter
Schlechter hätte es nicht laufen können: Filterskandal und überschaubare staatliche Förderung prägten das Umrüstgeschäft mit den Rußfiltern.

Die Förderung in Höhe von 330 Euro für die Umrüstung läuft Ende 2009 aus. So bleibt auf der finanziellen Seite lediglich ein kleiner Vorteil seitens der Kfz-Steuer übrig. Doch das ist nur eine Seite der Medaille. Bis zu 46 Umweltzonen sind bis 2011 in Deutschland geplant. Hier geht es nun um die existentielle Frage, ob mit dem Fahrzeug in selbige noch eingefahren werden darf.

Das Geschäft mit den Partikelfilter war bisher für Transporter eher weniger lukraktiv. Denn im Gegensatz zu Pkw erhielten Nutzfahrzeuge keine staatliche Förderung für Nachrüstungen. Doch in den kommenden Jahren planen einige Kommunen die Einfahrtsbeschränkungen weiter zu verschärfen. Ergo: Für Fahrzeuge mit roter und später auch gelber Plakette ist die Einfahrt in die Städte gesperrt. Die Betreiber sind nun auf eine Nachrüstung mit einem Rußfilter angewiesen. Dieses Geschäft gilt es frühzeitig zu bewerben, um das Potential auszunutzen, aber auch um Engpässe zu vermeiden.

Elektrofahrzeuge
Spätestens seit der IAA 2009 steht die Automobilwirtschaft im wahrsten Sinne des Wortes »unter Strom«. Die Weichen für die Zukunft von Elektrofahrzeugen sind gestellt.

Offen ist noch die Frage, welche Konsequenzen dies für den Service nach sich zieht. Genaue Prognose gibt es noch so gut wie keine. Doch sicher ist, dass sich Wartungs- und Reparaturaufwand nochmals deutlich reduzieren werden. Bei dem 2-sitzigen Tesla-Coupé, das seit 2008 in Serie produziert wird, lässt sich die Triebwerkseinheit in etwa 30 Minuten wechseln. Instandsetzungen im Autohaus sind hier eher Fehlanzeige – Austausch ist im Falle von Defekten angesagt. Zudem reduziert sich der Wartungsumfang massiv – und was sich am schmerzlichsten auswirkt: Es ist kein Ölwechsel mehr nötig. Dabei macht in manchen Autohäusern das Ölgeschäft bis zu 30 % des Gesamtertrags aus. Versiegt die Ertragsquelle des gewinnbringenden schwarzen Golds?

Andererseits machen die Elektro-Autos ganz neue Kompetenzen in den Werkstätten erforderlich. Schließlich hantieren wir hier mit 400V-Spannung bei Leistungen bis zu 250 Kilowatt. Schon macht hier das Elektrikerhandwerk Besitzansprüche geltend. Hier ist die Herausforderung, die Weichen bereits jetzt richtig zu stellen, dass auch die Elektroautos in den Kfz-Werkstätten vollumfänglich gewartet und repariert werden. Die Kfz-Mechatroniker sind entsprechend zu qualifizieren.

Ein weiterer Marktbereich liegt in der Überprüfung des Elektroantriebs. Denn im Zweifelsfalle kann der Elektroantrieb zur tödlichen Gefahr werden. Man denke nicht nur an die Hochspannung, sondern auch an die chemischen Gefahrstoffe der Batterien. Es liegt nahe, dass hier ähnlich der AU Sonderprüfungen eingeführt werden müssen. Diese gilt es für analog den Gesetzmäßigkeiten der AU für das Kfz-Gewerbe zu sichern.

8.7.2 Glasservice

Jahr für Jahr werden 3,8 Millionen Windschutzscheiben in Deutschland beschädigt. Sprich beinahe an jedem zehnten Fahrzeug ist die Windschutzscheibe defekt. Von den 3,8 Millionen Scheiben werden nach einer Studie von J. D. Powers 2,5 Millionen ersetzt und 400.000 Stück repariert. Doch nur 42 % davon werden in einer Vertragswerkstatt behoben. Über die Hälfte des Marktes haben also ähnlich wie beim Reifengeschäft andere Anbieter wie Carglass etc. für sich eingenommen.
Ganze 900.000 Autofahrer fahren trotz defekter Scheibe weiter. Ein Sicherheitsrisiko!

Parkplatzaktionen mit einem freundlichen Hinweis auf vorhandene Glasschaden bringen Kunden in die Werkstatt. Und hier ist auf eine schnelle und effiziente Reparatur zu achten. Der ZDK und die Firma Würth haben Software entwickelt mit der sich Schäden unbürokratisch an die Versicherer übermit-

Abb. 8.17 Eine Präsentation in der Dialogannahme macht den Kunden auf die Leistung aufmerksam.

teln lassen – diese sichern im Gegenzug eine schnelle Zahlung zu. Das Programm autoglas plus vom ZDK hilft Ihnen bei der organisatorischen Umsetzung. Für Partnerbetriebe stellt diese Initiative sogar Werbematerial zur Verfügung.

8.7.3 Stoßdämpfer

Etwa jedes siebte Auto ist mit defekten Stoßdämpfern unterwegs. Umgerechnet auf den Fahrzeugbestand in Deutschland bedeutet dies, dass insgesamt 6,5 Millionen Fahrzeuge mit defekten Stoßdämpfern herumfahren. Dies bedeutet ein nicht unwesentliches Sicherheitsrisiko. Denn defekte Stoßdämpfer verlängern den Bremsweg. Zudem neigt das Fahrzeug eher zum Schleudern.

Noch haben die Markenwerkstätten den größten Marktanteil in dem Marktsegment der Fahrwerkstechnik. Doch schon mehr als die Hälfte aller Stoßdämpfer werden in anderen Betrieben ersetzt. Hier gilt es die Stoßdämpfer-Prüfung im Rahmen der Dialogannahme deutlich zu forcieren. Das ideale Hilfsmittel ist eine Stoßdämpferkontrolle bei der Einfahrt auf die Annahmebühne. Viele Hersteller von Dialogannahmen bieten diese Einrichtung bereits an.

8.7.4 Tuning und Zubehör

Wer von Tuning und Zubehör redet, spricht von Zusatzrendite, spricht von Emotionen. Dabei hat professionelles Tuning heutzutage nur noch wenig gemein mit dem »tiefer, breiter schneller« der 70er und 80er. Tuning bedeutet heute ein Upgrade und eine Individualisierung des Standardproduktes Kraftfahrzeug. Und dennoch fristet das Thema Tuning und Zubehör in den meisten Autohäusern ein Schattendasein. Völlig zu unrecht, wie eine aktuelle Studie des Instituts für Automobilwirtschaft aufzeigt. 27.785 Euro gibt jeder Kunde durchschnittlich in seinem Autofahrerleben für Zubehör aus. Von diesem Kuchen gilt es so viel wie möglich in der eigenen Werkstatt zu erwirtschaften.

Zielgruppe: Ältere Autofahrer
Doch wo steckt nun die ideale Zielgruppe für Tuningabsatz? Der Verband deutscher Auto-Tuner (VDAT) ermittelte Spannendes: Erwartungsgemäß geben eher jüngere Autofahrer Geld für Tuning aus. So planen 78,6 % der 18- bis 21-Jährigen den Kauf von Tuningteilen. Diese Kauflust nimmt mit steigendem Alter bis auf 8,7 % in der Gruppe der 51- bis 60-Jährigen ab. Spannend ist, dass die Kauflust bei den Ü-60-Jährigen schlagartig wieder auf 40 % schnellt. Diese älteren Kunden grenzen sich mit ihren Wünschen sicher deutlich von dem jüngeren Klientel ab.

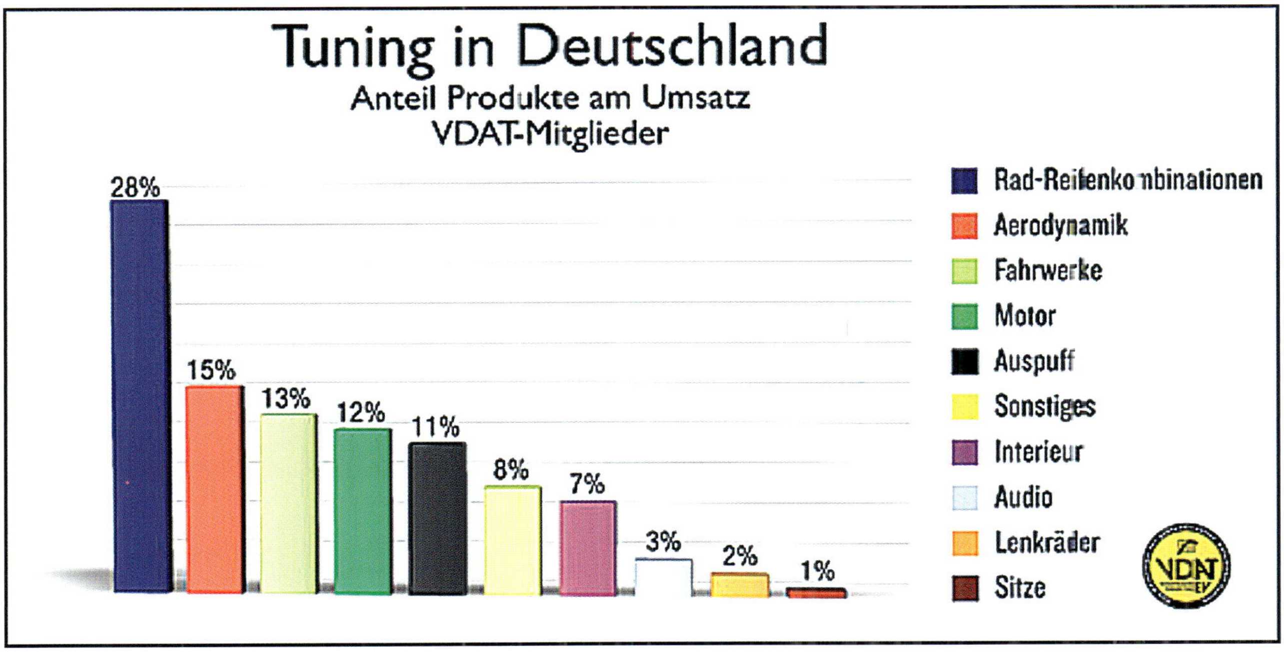

Abb. 8.18 Und was kauft die Kundschaft? Alufelgen stehen mit über 80 % Anteil hoch im Kurs der Kundschaft, dicht gefolgt von Auspuffanlagen mit knapp 60 %. Rang drei und vier belegen Fahrwerk (55,1 %) und Interieur (38,7 %).

Der Erfolg im Verkauf von Tuning und Zubehör hängt vor allen vom aktiven Verkaufen ab. So geht's:

- Direktannahme ist Verkaufsraum Nummer 1 für Zubehör und Tuning. Die Teile sind hier ansprechend auszustellen.
- Beim Ersatz von Auspuff und Felgen immer eine Alternative mit Sportauspuff und Alufelge anbieten.
- Passende Finanzierungen erleichtern den Verkauf von Tuning und Zubehör.
- Zusammenarbeit mit örtlichen Fanclubs oder VIP-Veranstaltungen bringen das richtige Publikum wirksam mit den Produkten in Kontakt.
- Das Auge isst mit: Tuning verkauft sich besser, wenn es am Ausstellungsfahrzeug gezeigt werden kann.
- Über vorbereitete Komplettpreis-Angebote lässt sich Tuning unkompliziert verkaufen.
- Lieber mit wenigen Lieferanten intensiv statt mit vielen Lieferanten oberflächlich zusammenarbeiten.
- Herstellereigene oder -nahe Tuninganbieter (AMG, Irmscher etc.) garantieren in der Regel hochwertige Qualität, Verkehrszulassung und Unterstützung bei Anbau und im Gewährleistungsfall.
- Tuning und Zubehör ist Emotionssache. Nur wenn der Verkäufer davon begeistert ist, wird er dies erfolgreich verkaufen können.
- Ein tuningbegeisterter Mitarbeiter unterstützt den Verkauf und die Serviceberater mit seinem Fach-Know-how.
- Tuning verkaufen bedeutet Erfolg und Erfolg macht Spaß.

Link in's Netz:
http://www.tune-it-safe.de/
http://www.vdat.de

8.7.5 Smart Repair

Fleißige Serviceberater halten auf ihren Dialogannahme-Checklisten zuverlässig Karosserieschäden, vom Kratzer in der Fahrertür bis hin zum Parkschaden, fest, um sie sich vom Kunden bestätigen zu lassen, damit festgehalten ist, dass es die Schäden schon vor dem Service da gab. Und genau damit lässt sich auch Geld verdienen. Warum nicht dem Kunden gleich eine Reparatur des Kratzers oder der Delle anbieten? Die Verkaufschancen reichen hier vom Verkauf eines Lackierstiftes zur DIY-Instandsetzung bis hin zur professionellen Schadenbehebung.

Abb. 8.19 Vorher-Nachher-Präsentationen unterstützen die Verkaufsbemühungen der Serviceberater. Hier ein Beispiel für Smart Repair-Angebote von VW/Audi-Autohaus Ostermaier in Vilsbiburg.

8.8 Controlling mit Kennzahlen

Ziele bringen nichts, solange sie nicht auch messbar erreicht werden können. Je nach individueller Schwachstelle bzw. Entwicklungsziel ist die richtige Zielgröße zu finden und festzulegen. Wir stellen nachfolgend die bedeutendsten Kennzahlen für den Automobilservice vor.

8.8.1 Der Leistungsgrad

$$\frac{\text{Verkaufte Stunden}}{\text{Produktive Stunden}} \times 100$$

Die Kennzahl gibt das Verhältnis der fakturierten Stunden zu den für die Leistungserbringung tatsächlich benötigten Stunden wieder. Also, wie schnell der Mechaniker seine Arbeit im Verhältnis zur vorgegebenen Sollzeit erledigt. Der Sollwert liegt bei mindestens 100 %.

Wie schon angedeutet, misst der Leistungsgrad die Leistungsfähigkeit des jeweiligen Monteurs. Soll diese verbessert werden, sind die Stellschrauben in der Qualifikation der Mechaniker und den Abläufen in der Werkstatt zu suchen:

- Wie professionell arbeitet der Mechaniker?
- Was lenkt bei der Durchführung der Arbeit ab?
- Wie motiviert arbeitet der Mechaniker?
- Sind die Aufträge so gestaltet, dass es keine Rückfragen gibt? (Auftragserweiterungen kosten wertvolle Arbeitszeit!)
- Sind die Anstehzeiten am Teileschalter minimiert?
- Ist die Werkstattausrüstung in bestem Zustand?
- Sind keine langen Wege in der Werkstatt erforderlich?

Aber Achtung: Kein hoher Leistungsgrad, indem die Soll-Zeiten verkürzt werden – also zu Lasten der Produktivität.

8.8.2 Die Auslastung (Produktivität)

Angesichts rückläufiger Servicevolumina wird sich diese Kennzahl in vielen Betrieben zur wichtigsten Kennzahl entwickeln. Sie beschreibt zu welchem Anteil der Anwesenheitszeit der Mechaniker tatsächlich am Kundenauftrag gearbeitet wird.

$$\frac{\text{Produktive Stunden}}{\text{Anwesenheitsstunden}} \times 100$$

Ihre Funktion ist umso wichtiger je mehr der Anteil der Fixkosten in der Werkstatt steigt. Denn diese müssen während der produktiven Stunden erwirtschaftet werden. Erinnern wir uns, dass der Bruttoertrag I im Service ca. 70 % beträgt. Der Soll-Wert der Produktivität liegt bei 90 %.

Die Produktivität zeigt auf, wie effizient die von der Mechanikern potentiell zur Verfügung gestellte Leistungszeit auch vermarktet wird. Sie zeigt also die Wirksamkeit der Serviceorganisation wie beispielsweise Werkstattabläufe auf. Ebenfalls gibt sie Hinweise, ob das Servicemarketing richtig funktioniert. Soll die Produktivität verbessert werden, ist zu hinterfragen:

- Steht der potentiellen Leistungsfähigkeit der Werkstattmannschaft der entsprechende Markt gegenüber? (vgl. Kapitel 8.5 zum Marktpotential)
- Stimmen die Prozesse von Auftragserteilung durch den Kunden bis zur Auftragsdisposition durch den Werkstattmeister/Serviceberater?
- Steht der Folgeauftrag für den jeweiligen Monteur schon vor Abschluss des aktuellen Auftrags zur Verfügung?
- Greifen die Marketingaktionen, die den Verkauf zusätzlicher Werkstattstunden zum Ziel haben?
- Funktioniert die Dialogannahme?
- Findet aktiver Serviceverkauf statt?
- Werden alle Geschäftsfelder wie Reifer, Zubehör und Glas professionell bearbeitet?
- Wie hoch ist der Anteil unproduktiver Arbeiten wie Werkstattreinigung, »Kundentaxi« etc.?

8.8.3 Der Anwesenheitsgrad

Der Anwesenheitsgrad drückt aus, wie viele von den bezahlten Stunden der Monteur tatsächlich im Unternehmen ist.

$$\frac{\text{Anwesenheitsstunden}}{\text{Bezahlte Stunden}} \times 100$$

Die Soll-Wert des Anwesenheitsgrad beträgt ca. 85 %.

Nur während der Anwesenheit kann der Monteur auch für produktive Tätigkeiten eingesetzt werden. Die Stellhebel zur Verbesserung der Anwesenheitsgrad lauten:

- Wie hoch ist die Krankheitsquote?
- Wie motiviert ist die Mannschaft? (Stichwort Absentismus – Krank »feiern«)
- Wie viele Schulungstage finden statt?
- Welche weiteren Ursachen stecken hinter bezahlten, aber vom Arbeitsplatz fern gebliebenen Tagen?

8.8.4 Der Bruttoertrag

$$\frac{\text{Lohnerlöse Service ohne Fremdleistungen ./. gezahlte Produktivlöhne}}{\text{Bezahlte Stunden}} \times 100$$

Diese Kennzahl gibt an, welcher Anteil des Serviceumsatzes nach Abzug der Kosten für die Mechanikerlöhne zur Deckung der weiteren Kosten zur Verfügung stehen. Der Soll-Wert beträgt 70 %.

Damit ist die Serviceabteilung die Abteilung mit dem höchsten Bruttoertrag im Autohaus. Dieser hohe Bruttoertrag ist notwendig, um die hohen Fixkosten, welche der Automobilservice mit sich bringt, zu decken.

Ursachen eines zu geringen Bruttoertrags liegen in folgenden Fragen:

- Ist der Stundenverrechnungssatz ausreichend hoch kalkuliert?
- Ist der Anwesenheitsgrad größer als 80 %?
- Sind Leistungsgrad und Auslastung ausreichend?

Literaturhinweise zu Kapitel 4.5

Bücher

Bruce, A./Pepitone, J. S., **Mitarbeiter motivieren – Der Praxisratgeber für die neue Führungsposition**, Frankfurt, New York, 2007

Drumm, H. J., **Personalwirtschaft**, Berlin, 2008

Falk, S., Personalentwicklung, **Wissensmanagement und Lernende Organisation in der Praxis**, München und Mering, 2007

Fank, M./Scherf, B., **Handbuch Personaleinsatzplanung**, Frechen, 2005

Fersch, J.-M., **Leistungsbeurteilung und Zielvereinbarung im Unternehmen**, Wiesbaden, 2002

Jung, H., **Personalwirtschaft**, München, 2008

Knoblauch, R.: **Motivation und Bindung der Mitarbeiter als Personalbindungskonzepte**, in Bröckermann, R./Pepels, W.: Personalbindung, Berlin, 2004

Mertens, R.: **Personalmanagement im Automobilhandel**, in Diez, W./Reindl, S./Brachat, H. (Hrsg.): Grundlagen der Automobilwirtschaft, Auto Business Verlag, München, 2005

Mertens, R./Kramer, W.: **Entlohnungssysteme in Automobilhandel und -Service – Leistungsorientierte Vergütung**, Auto Business Verlag, München 2008

Nicolai, C., **Personalmanagement**, Stuttgart, 2006

Zeitschriften

Nohria, N./Groysberg, B./Linda-Eling, L.: **Mitarbeiter richtig motivieren**, in: Harvard Business Manager, Hamburg, September 2008

Gesetzestexte

Beck Texte: **Arbeitsgesetze**, München, 2003

Studien

Fricke, K./Mertens, R., **Automotive Perspektive 2009**, Stimmung – Zukunft – Führung, AUTOHAUS-Verlag, München, 2009

Gallup GmbH, **Engagement Index Deutschland 2008**, Potsdam, 2009

Towers Perrin, **Towers Perrin Global Workforce Study 2007-2008**, Deutschland-Report, Frankfurt, 2008

Vergütungsspiegel 2007, AUTOHAUS-Verlag, München, 2007

Vergütungsreport 2009, AUTOHAUS-Verlag, München, 2009

Internetquellen

Bundesministerium für Arbeit und Soziales

Demografie, http://www.der-demograf.de (Stand 07/2009)

Employer Branding Akademie

Employer Branding im Mittelstand: Chancen und positive Effekte, http://www.foerderland.de (Stand 07/2009)

Gemeinschaftsinitiative Gesünder Arbeiten e.V.

http://www.gesuender-arbeiten.de (Stand 07/2009)

Smarek, S./Teuber, S.

Employer Branding-mehr als nur gutes Personalmarketing, http://www.loquenz.de (Stand 07/2009)

Statistisches Bundesamt

Bevölkerungsentwicklung, Erwerbstätigkeit, http://www.destatis.de (Stand 07/2009)

Autorenverzeichnis

Prof. Hannes Brachat, Dipl.-Kfm., Jahrgang 1948, zeichnete sich schon früh durch praxisnahe Fachbeiträge sowie mehrere Buchtitel zu Themen rund um das Autohaus aus. Seine Tätigkeit als Seminarleiter der Akademie für Unternehmensführung im Kfz-Gewerbe, Bonn, und an der Bundesfachschule für Betriebswirtschaft im Kfz-Gewerbe, Calw, führten 1984 zur Übernahme der Chefredaktion von AUTOHAUS; zum 1. Januar 1993 wurde Brachat die Herausgeberschaft von AUTOHAUS übertragen. Seit September 1991 nimmt Hannes Brachat an der Hochschule für Wirtschaft und Umwelt Nürtingen/Geislingen einen Lehraufrag für Autohaus-Management wahr. Zum 1.9.2002 wurde Hannes Brachat zum Professor für Automobilwirtschaft, insbesondere Autohaus-Management an die Hochschule in Geislingen berufen. Seit 1998 schreibt Brachat in AUTOHAUS-online den Wochenkommentar »HB o.F.«. Brachat ist ferner als Moderator, Referent wie Veranstalter von Seminaren, Kongressen und Fachtagungen der AUTOHAUS-Akademie bekannt.

Hubert Aichler, geboren 1962, ist gelernter Kfz-Meister und war bis 1999 Inhaber eines VW/Audi-Autohauses. Seit 1999 ist er als Unternehmensberater für Autohäuser mit dem Schwerpunkt After-Sales tätig. Als Spezialist für Teiledienst und Logistik hat er mehr als 600 Betrieben in diesem Bereich analysiert. Seit 2001 ist er Referent der Autohaus-Akademie.
Ziel von Hubert Aichler ist es, dem Teilegeschäft innerhalb des Automobilen-Handelsgeschäftes einen höheren Stellenwert zu verleihen.

Andreas Finkenberg, Jahrgang 1958, ergänzte seine Berufsausbildung zum Bankkaufmann bei der Commerzbank AG mit dem Abschluss eines wirtschaftswissenschaftlichen Studiums. Nach einer Trainee-Ausbildung bei der Commerzbank AG absolvierte er die Bankakademie und arbeitete erfolgreich als Geschäftsstellenleiter. 1989 gehörte er zum Team der ersten Stunde beim Aufbau der NISSAN Bank in Deutschland, wo er schon bald in die Geschäftsführung berufen wurde. 1999 wechselte er in den Vorstand der auf das Auto-Finanzierungsgeschäft spezialisierten AKB Privat- und Handelsbank AG, Köln, die im Jahre 2001 mit der CC-Bank AG fusionierte. Von 2006 bis 2009 wirkte Andreas Finkenberg als Vorstandsvorsitzender des dann unter Santander Consumer Bank AG firmierenden Institutes, unterstützte die Santander-Gruppe durch Aufsichtsratsmandate in Spanien, Polen, Frankreich, Ungarn, Tchechien sowie den Niederlanden und erarbeitete sich durch die Entwicklung innovativer Konzepte in der Kfz-Finanzierung den Ruf des Auto-Finanzierungs-Experten.

Prof. Dr. Ralf Mertens, geboren 1956 in Herne, studierte Sport, Englisch, Wirtschaftswissenschaften sowie Psychologie und Pädagogik. Nach seinem Referendariat, einer Fahrlehrer- und Automobilverkäuferausbildung arbeitete er von 1985 bis 1990 als Projektleiter Personal Handel für SCREEN GmbH Training und Beratung im Auftrag der Volkswagen AG. Er war Mitglied der Arbeitsgruppe Personalentwicklung DIHT und nahm zwischen 1990 und 1998 verschiedene Aufgaben als Führungskraft in den Bereichen Personal sowie Aus- und Weiterbildung bei Klöckner-Moeller und der AUDI AG wahr.
Seit dem 1. September 1998 ist er Professor für Betriebswirtschaftslehre, insbesondere für Managementlehre, Personal, Aus- und Weiterbildung an der Fachhochschule Stralsund. Er ist lizensierter Structogramtrainer, NLP-Business-Practitioner sowie zertifizierter Geschäftspartner der Profiles GmbH.

Martin Sauer, geb. 1945, ist seit 1977 Dozent und seit 1988 Vorstandsvorsitzender der Bundesfachschule für Betriebswirtschaft im Kfz-Gewerbe. Nach einer kaufmännischen Lehre studierte er Betriebswirtschaft an der Universität Würzburg. Neben seiner Tätigkeit im Automobilhandel war er u. a. Geschäftsführer einer von ihm gegründeten Werbeagentur sowie Pressesprecher der Kfz-Innung Reutlingen-Tübingen, Vorstandsmitglied des Opel-Händlerverbandes und Vorstandsmitglied im Landesverband Baden-Württemberg des Kfz-Gewerbes.

Manfred Schlegel berät als Inhaber der autopro GbR Autohäuser in Strategie und Organisationsfragen. Besonders am Herzen liegt ihm die praktische Umsetzung der Ideen, welche er im Training mit den betroffenen Akteuren sichert. Darüber hinaus ist Manfred Schlegel Journalist für das Magazin AUTOHAUS und verantwortet als Chefredakteur die Zeitschrift »ServiceProfi«. Aufgewachsen ist Manfred Schlegel in naher Verbindung zum elterlichen Autohaus. Nach seiner Ausbildung zum Kfz.-Mechaniker, die er als 1. Bundessieger der Kfz.-Mechaniker abschloss, studierte er Automobilwirtschaft bei Prof. Brachat und Prof. Dr. Diez an der FH Nürtingen-Geislingen.

Erwin Wagner, geboren 1951 in München ist seit 1989 als selbstständiger Berater, Trainer und Coach mit seiner Agentur für Marketing in der Automobilwirtschaft in der Kfz-Branche tätig. Mit regelmäßigen Veröffentlichungen im Fachmagazin AUTOHAUS und zahlreichen Fachbüchern sowie seiner langjährigen Seminartätigkeit für die Autohaus Akademie ist er einem großen Personenkreis in der Automobilbranche bestens bekannt. Seine Arbeitsschwerpunkte liegen im Bereich der Kundengewinnung und Kundenbindung in Sales- und Aftersales.

Stichwortverzeichnis

R

S

T

U

V

W

Z

Folgen Sie uns
in die Zukunft!
Individuelle Finanzierungs-
lösungen mit Weitblick!
Santander
CONSUMER BANK
WERTE
AUS IDEEN
www.santander.de